岭南名著丛书

林雄 顾作义 主编

广东新语

导读本

（清）屈大均 著

林锐 整理导读

南方传媒
广东人民出版社
·广州·

图书在版编目（CIP）数据

广东新语：导读本 /（清）屈大均著；林锐整理导读. —广州：广东人民出版社，2025.2
（岭南名著丛书 / 林雄，顾作义主编）
ISBN 978-7-218-16349-9

Ⅰ.①广…　Ⅱ.①屈…　②林…　Ⅲ.①笔记—中国—清代—选集　②广东—地方志—史料—古代　Ⅳ.①K249.066　②K296.5

中国版本图书馆CIP数据核字（2022）第248100号

GUANGDONG XINYU（DAODUBEN）
广 东 新 语（导 读 本）
（清）屈大均　著　林锐　整理导读

出 版 人：肖风华

策划编辑：王俊辉
责任编辑：李永新
责任技编：吴彦斌　马　健

出版发行：广东人民出版社
地　　址：广州市越秀区大沙头四马路10号（邮政编码：510199）
电　　话：（020）85716809（总编室）
传　　真：（020）83289585
网　　址：http://www.gdpph.com
印　　刷：广州市豪威彩色印务有限公司
开　　本：889毫米 × 1194毫米　1/32
印　　张：20.5　　字　　数：477千
版　　次：2025年2月第1版
印　　次：2025年2月第1次印刷
定　　价：138.00元

如发现印装质量问题，影响阅读，请与出版社（020-85716849）联系调换。
售书热线：（020）87716172

《广东新语》导读

一、引言

《广东新语》是明末清初广东著名诗人、学者屈大均的重要著作，它不仅详细地记载了广东的自然地理、历史文化，还反映了当时的社会风貌和学术倾向，是一部百科全书式的史料笔记。作为广东历史上最负盛名、最有影响的一部史料笔记，《广东新语》具有很高的文献价值，是研究广东历史文化的重要参考资料。

二、屈大均其人

屈大均（1630—1696），字翁山，又字介子，别号很多，有泠君、华夫、五岳外氏、九卦先生、髻人等，广东番禺人。他从小在父亲屈宜遇（字原楚，号澹足）的督责下读书，“日诵不问何书，必以数千言为准”（《翁山文外·先考澹足公处士四松阡表》）。又天资聪颖，“年十四五，甫知问学，即皇皇亲师友，从里中贤豪长者游”（《翁山文钞·黎太仆画像记》）。南明弘光元年（清顺治二年，1645），他经名僧天然和尚推荐，师从顺德名士陈邦彦读书于越秀山，治《周易》、《毛诗》，兼及捭阖、阴阳、剑术、舆地之学。

屈大均生活的年代，正值明清鼎革之际，社会极为动荡。崇祯十七年（1644）三月，李自成攻入北京，十九日，崇祯皇帝自缢于煤山。五月，清军入北京；九月，清顺治帝入关，随后清军一路南下。而在南京、福州、广州等地的明代遗臣，则陆续拥立数位明宗室进行激烈抵抗，以图延续明王朝的气数，史称“南明”，其中在广东就分别建立有绍武、永历两个政权。清王朝作为以少数民族入主中原而建立的新政权，他们在南下征服的过程中大肆杀戮，造成百姓流离失所，民族间的矛盾异常尖锐，反清复明成为这个时代众多士人的主要使命，屈大均也不例外。南明隆武二年十二月（1647 年 1 月），清军攻陷广州，永历元年（1647）春，陈邦彦起兵高明山中，以舟师先攻顺德，约大学士陈子壮起南海、侍郎张家玉起东莞、参政黄公辅起新会，互为犄角，以抵御清军。屈大均之从兄屈士燝、屈士煌也破产起兵，屈大均则从其师陈邦彦而独当一队。九月，陈邦彦兵败被执，惨遭磔杀，屈大均舆尸拾发齿而囊之；不久，张家玉、陈子壮亦兵败，相继殉国。

永历三年（1649），屈大均赴肇庆行在，向永历帝上《中兴六大典书》，将授以中秘之职，旋以父疾而归里。是年冬，其父澹足公去世。明年，广州再度陷落，屈大均乃避入空门，选择在番禺雷峰山海云寺出家，礼天然和尚函昰，法名今种，字一灵，从此开启十馀年的“僧服儒心”的生活。直到康熙元年（1662）四月，他才回到故乡，蓄发归儒，然而他匡复之志未改，一直在为抗清事业积极奔走。从永历六年（1652）起，屈大均数次度岭远游，往来于吴越、幽燕、齐鲁、荆楚、秦晋、辽东等地。他在所到之处，探访明代遗墟废垒，结交志节之士，还曾与魏耕暗通郑成功反攻镇江、南京。康熙四年（1665）他复上北京，游历西安、代州等地，与李因笃、顾炎武结交。康熙八年（1669），他回到番禺老家，次年移居东莞，旋游高州、雷州、廉州等地。

康熙十二年（1673）十一月，吴三桂在云南发动兵变反清，各地响应者众。次年，屈大均到湖南上书吴三桂言兵事，后奉命由湘入桂，以“广西按察司副使”身份为“安远大将军”孙延龄的监军。不久，他便发现吴三桂只是图谋私利，并非真心奉明朝为正朔，于是在康熙十五年（1676）二月选择辞职归里。康熙二十二年（1683），郑成功之孙郑克塽以台湾降清，清王朝从此统一全国。屈大均深知匡复无望，遂隐不复出，转而埋头从事于著述，《广东新语》即是他晚年完成的一部重要著作。乡居期间，两广总督吴兴祚曾有意疏荐其出仕，但屈大均婉言相拒，秉持夷齐之志直至终老。康熙三十五年（1696）五月，屈大均病逝，终年六十七岁。而在此前一年，他在父亲澹足公墓右下方自营生圹，并命儿子于其死后书墓碣曰“明之遗民”。

屈大均一生历尽艰难困苦，如其所言：“六十六年之中，无日而不蒙乎患难，无时而不处乎困穷，险阻艰难，备尝其苦。”（《翁山屈子生圹自志》）但他却至死不改素志。他才气横溢，长于词章，尤擅于诗，与梁佩兰、陈恭尹被誉为“岭南三大家”。他又是著名学者，晚年主要从事著述。其著作等身，主要作品有《翁山诗外》、《翁山文外》、《翁山易外》、《广东新语》、《皇明四朝成仁录》、《翁山文钞》、《道援堂集》、《广东文选》、《永安县次志》、《四书补注兼考》等。

三、《广东新语》的编纂

屈大均在自序中提及撰写此书的缘起：“予尝游于四方，闳览博物之君子，多就予而问焉。予举广东十郡所见所闻，平昔识之于己者，悉与之语。语既多，茫无端绪，因诠次之而成书也。”其友潘耒所作序言说得更全面：“粤东为天南奥区，人文自宋而开，至明乃大盛，名公巨卿，词人才士，肩背相望。翁山既已掇其精英为《广东文选》矣，又以山川之秀异，物产之瑰奇，气候之参错，与中州绝异，未至其地者不闻，至其地者不尽见，不可无书以叙述之。于是考方舆，披志乘，验之以身经，征之以目睹，久而成《新语》一书。”

那么，为何要将此书命名为《广东新语》呢？他解释道：“或曰：子所言止于父母之邦，不过一乡一国，其语为小。予曰不然。今夫言天者，言其昭昭，而其无穷见矣；言地者，言其一撮土，而其广厚见矣；言山言水者，言其一卷石，言其一勺，而其广大与不测见矣。夫无穷不在无穷，而在昭昭；广厚不在广厚，而在一撮土；广大不在广大，而在一卷石；不测不在不测，而在一勺。故曰：语小，天下莫能破焉。夫道无小大，大而天下，小而一乡一国；有不语，语则无小不大。然而何以“新”为名也？曰：吾闻之“君子知新”，吾于《广东通志》，略其旧而新是详，旧十三而新十七，故曰“新语”。

《广东新语》的编纂，诚如作者所言，做到“略其旧而新是详，旧十三而新十七”，书中除小部分内容如《黑人》、《诸番贡物》等内容明显取材于明代《广东通志》等志书外，大部分是他亲身所历所闻所思之事。屈大均有“广东徐霞客”的美称，他的游踪遍及广东多数州县，所至之处，他都注重观察、思考和记录。《黄泥湾》一条，就是记述他自黄泥湾乘船至阳春县一路的风景，并感叹道：“岭南多佳山水，此乃羊肠小路，行旅罕经，故无有言及黄泥湾者。”他晚年受聘参与编纂《广州府志》、《永安县次志》等地方志书，熟悉地方史料，同时也积累了大量有关广东的文字，为《广东新语》的编纂奠定了良好的基础。《广东新语》中的不少条目就是根据其平时所记的文字略作修改而成，如《永安县》一条，其文字与《入永安县记》（见《翁山文外》卷二）大体相同；书中有关永安县的记载还有不少，大多与《永安县次志》的相关内容大同小异，可见他是以纂修该志的资料为基础，根据《广东新语》的编写特色加以改编而成的。

屈大均撰写《广东新语》时旁征博引，除直接引用旧志外，有时还引用同时代学者或友朋的文字。如《银》中介绍白银的使用历史时，主要引述顾炎武《日知录》的相关观点；《南越之星》所引关于南极的论述，则出自方以智的《物理小识》。从中可见，他善于吸收其他学者的研究成果，在一定程度上也反映了当时的学术倾向与特色。

书中有个别条目，则径引其友人之述说，如《潭滘河》一条，末称“薛炎洲记”，薛炎洲即屈大均的友人薛起蛟；又如《杀鳄鱼》一条，文中对韩愈祭鳄的做法颇不以为然，其末称“此何礌之说也”，何礌是屈大均晚年结识的友人，两人合撰有《四书补注兼考》。《广东新语》中《端州山水》、《南海庙》等也是何礌所作。此外，书中的个别条目题名存在重复或非常接近的，如《地语》有《珠玑巷》、《珠玑巷名》，《介语》中有两《白蚬》，《木语》中有两《龙眼》，《石语》中前有《端石》，后有《端溪砚石》，但记述的具体内容又有所不同。有个别条目的内容是引用自古人的。如《器语》中前有《铜鼓》一条，详细描述南海神庙及他处所藏若干铜鼓的出处、形制和装饰等，介绍各种有关铜鼓来历的说法，以及广东地区使用铜鼓的习俗和铸鼓的方法等；而该卷中另有《铜鼓器》一条，主要是摘录自陆游有关铜鼓的记载和议论。由此可见，屈大均在与友人的交往或日常阅读中，只要看到相关合适的内容，他都会将其收录到此书之中。

屈大均非常重视《广东新语》，他曾将此书与自己的另外四种著作《翁山诗外》、《翁山文外》、《翁山易外》、《皇明四朝成仁录》合称为“屈沱五书”。他在自序中指出：“《国语》为《春秋》外传，《世说》为《晋书》外史，是书则广东之外志也。不出广东乎之内，而有以见夫广东之外。虽广东之外志，而广大精微，可以范围天下而不过。知言之君子，必不徒以为可补《交广春秋》与《南裔异物志》之阙也。”

四、《广东新语》的内容和特色

《广东新语》全书共二十八卷，计有天语、地语、山语、水语、石语、神语、人语、女语、事语、学语、文语、诗语、艺语、食语、货语、器语、宫语、舟语、坟语、禽语、兽语、鳞语、介语、虫语、木语、香语、草语、怪语，每卷叙述一类事物，依次为天、地、神、人、物、怪异事件等，具有较严密的分类体系，涉及天文地理、经济物产、人物风俗、文化艺术、民间传说等方方方面，合共869条，每个条目字数从数十字至近万言不等。它所涵盖的地域范围，为明代广东所辖的广州、韶州、南雄、惠州、潮州、肇庆、高州、廉州、雷州、琼州十府及罗定州，包括今广东的大部、香港、澳门、海南全部和现属广西的灵山、钦州、合浦等地。书中记载的事物，由于时代变迁，如今大多不复存在，如罗浮大蝴蝶、放鸽会、佛山大爆、放鹞会、番禺大洲龙船等，描写得极为精彩生动，读之令人神往；而当年“所卖止素馨，无别花”的广州花市，今天早已变为百卉争艳，读之不免令人兴起一种古今之叹。

广东在地理上处于中国的最南端，屈大均认识到这里的气候、物产乃至风俗都与此地理位置和环境有关。在《云》中，他认为："粤地每多赤云，盖粤本炎方，火之用事，火在地中则丽而为丹山，在水则澄而为碧海，在天则光怪而为赤云，是皆离明之所发也。"屈大均生于斯长于斯，对广东有着特殊的感情，对广东历史文化更是充满热爱和自信。在他看来，广东地区虽然对中华文化的向化较晚，但却能得华夏的正统："盖其位在离，离中虚，故广南之地多虚，极南之地在海中尤虚。虚而生明，故其人足文而多智，学得圣人之精华，辞有圣人之典则，以无忝乎海滨邹鲁。盖自秦、汉以前为蛮裔，自唐、宋以后为神州，虽一撮之多，非洲非岛，在烟水渺弥、蛟鼍出没之间，亦往往有衣冠礼乐存焉。"(《地》)又称："吾广于舆图为极南，值离位丙午之间。离者，文明之气也。自禹八年入午会，上下二三千年，天地山川之运适合。故自汉、晋以来，扶舆清淑之化始毓而生人才。"(《解元》)在他的心目中，"吾粤阳明之国，天地盛德"，而且是"金山珠海，天子南库"(《贪吏》)，为天下富庶之区。这里的居民大多为秦、汉以来南下的移民，"大抵皆中国种"(《真粤人》)。他盛赞南海九江的风俗淳美："地狭小而鱼占其半，池塘以养鱼，堤以树桑，男贩鱼花，妇女喂爱蚕，其土无馀壤，人无敖民，盖风俗之美者也。"(《鱼花》)又赞扬广州"风俗尚礼"(《礼议》)。

正如屈大均自序中所言，相对于《广东通志》来说，此书是"略其旧而新是详，旧十三而新十七"，其多数内容为旧志所没有涉及的，当中有很多内容是其亲身所经历的，甚至有一部分就是记录他自己及家族相关的事务。作为诗人、学者，屈大均并非是整天困坐书斋、埋首故纸堆的人，他早年四处游历，足迹半天下，又曾务农、经商，人生经历非常丰富，这是他相较于当时一般文人的特别之处。书中的不少记载，即来自他本人的亲身考察，故能叙述得细致入微，翔实可信。如在《渔具》中，他对各种捕鱼工具及使用方法有细致的描述，末称："予生长海滨，知渔事，故具记之。然此乃吾番禺茭塘都取鱼之具，非全粤如此。"他到合浦调查珍珠养殖情况："予尝至合浦，止于城西卖鱼桥，故珠市也。"（《珠》）他曾做过荔枝小贩："予亦尝为荔枝小贩，自酸而食至甜，自青黄而食至红，自水枝食至山枝，自家园食至诸县，月无虚日，日无虚晷，凡四阅月而后已。"甚至还有贮藏荔枝的妙法："予又得藏荔枝法，就树摘完好者，留蒂寸许，蜡封之，乃剪去蒂，复以蜡封剪口，以蜜水满浸，经数月味色不变。"（《荔枝》）他还亲身登上荷兰船舶："贺兰舶亦尝至广州，予得登焉。"（《洋舶》）并详细记载了他在船上的所见所闻。康熙二十八年（1689），他曾到过澳门，《澳门》一条即记录其所见所闻。从全书的内容来看，粤中、粤西、粤北等他曾经生活或游历过的地区，其条目数量明显多于粤东等地，这也从侧面反映出此书内容多是屈大均所亲身所历的。

在书中，屈大均经常试图对一些事物的本原进行探究。在《月》一条中，他提出："月无光，以日而为光；日无光，以火而为光。日以火而为光，则月亦以火而为光也。又火无体，因物而为体。人心亦然。心体于物，而日体于火，月又体于日。则日者火之精，得之于昼者也；月者火之气，得之于夜者也。"他对火、日、月三者之关系的辨析，已具有相当程度的科学性。他对木棉和榕树在广东人心目中所拥有的特殊地位有中肯的解释："（木棉）其树易长，故多合抱之干；其材不可用，故少斧斤之伤。而又鬼神之所栖，风水之所藉，以故维乔最多，与榕树等。"（《木棉》）榕树则"干多中空不坚，无所可用，故凡为社者，以之得全天年，大者至数百岁"，又称"榕易高大，广人多植作风水，墟落间榕树多者地必兴”。(《榕》) 他对一些传统观点进行辨伪，如《吕相祠》一条，他通过对史料和实地情况的考察，认为顺德桂洲堡的吕相祠所祀者并非民间所传的宋代吕文焕，而应是南越相吕嘉。这些都与当时顾炎武等学者提倡的辨别源流、审核名实、注重实证的治学作风相接近，体现了一种时代风尚。

在《学语》、《文语》、《诗语》等卷中，他对广东的理学传统和文学史作了较为系统的回顾，具有较高的学术价值。

本书在分卷上也体现出明显的广东特色。广东地处南海之滨，珠三角地区水系发达，生活在这里的人民自古以来都善操舟楫，大多以此为生，因此屈大均在书中专门设置了《舟语》一卷。又，广东海上交通发达，很早就与海外有密切的联系，对外贸易兴盛，很多舶来品通过广东销往全国各地，省城广州成为洋货辐辏之地。在众多的舶来品中，香料算得上是一个极重要的品种，而广东的海南、东莞、罗浮等地也都盛产香料，因此广东的香料品类非常丰富，贸易也十分活跃。由于利润丰厚，香料的生产和贸易成为当地居民的重要收入来源。屈大均在书中特辟《香语》一卷，正是基于此点。

除了《香语》等较具广东特色的事物独立成卷外，《广东新语》中还有大量关于广东与海外交流的记载。其中单独成篇的《洋舶》、《洋船桅》、《诸番贡物》、《番狗》、《机铳》、《贝多罗》等，都是与海外交流有关。如《过洋乐》，称宋末东莞人李竹隐至日本，以诗书教授日本人，死后日人以鼓吹一部送丧归里，“至今莞人送丧，皆用日本鼓吹，号过洋乐，乐人皆倭衣倭帽以象之。”如《鹦鵡》之西洋鹦鹉，《硕鼠》所称“番舶至，购以重金”之硕鼠，为中外贸易中的特殊品种。还有不少海外的珍奇花木，如“其种自大洋来”之羊桃、贝多罗，“从洋舶来者珍。

番奴口常含嚼，以代槟榔”之丁香，“来自番舶，以轻重为价，粤人以作小器具，售于天下”之紫檀，“其种来自西洋，广人多杂以玉绣球、蔷薇、凌霄等花，环植庭除，开时诸色相间，谓之天然锦屏”之西洋莲，等等。由于对外贸易的兴盛，当时的市场上还出现仿制甚至假冒外来货品来牟利的行为，书中对此时有记载，如“玻璃来自海舶……广人或铸石为之，然殊不及”（《玻璃》）；白氎织为巾，“广州人殓死者以为面衣，是曰西洋布，以来自番舶者为真”（《绵布》）；“龙脑香，出佛打泥者良，来自番舶，粤人以樟脑乱之”（《龙脑香》）。还记载了粤人仿制的西洋服饰：“天鹅绒……粤人得其法，以土鹅管，或以绒物，品既下，价亦因之。一曰琐袱……粤人仿之，似素纺绢而自起云，殊不逮也。”（《鸟服》）他还不时将中外产品作比较：“合浦珠名曰南珠，其出西洋者曰西珠，出东洋者曰东珠。东珠豆青白色，其光润不如西珠。西珠又不如南珠……”（《珠》）可见，当年的舶来品已经深度融入粤人的生产和生活中。书中还介绍了一些远销海外的广东产品，如《纱缎》提到：“广之线纱与牛郎绸、五丝、八丝、云缎、光缎，皆为岭外、京华、东西二洋所贵。”他最早提及后来垄断对外贸易之著名的广州十三行，有《广州竹枝词》纪其盛况：“洋船争出是官商，十字门开向二洋。五丝八丝广缎好，银钱堆满十三行。”《黩货》称“东粤之货，其出于九郡者曰广货，出于琼州者曰琼货，亦曰十三行货”。通过这些记载，我们约略可想见当时广东海外通商贸易之盛况。

屈大均是一位才气横溢、成就极高的文学家，他在岭南诗歌史上的影响尤大，为清初“岭南三大家”之首。这一点，在《广东新语》中也有体现。他的文字叙述极富想象力，加上他在行文中大量地引用自己或他人的诗句，使得这部史料笔记增添了浓厚的文学色彩。他又是一位旅行家，游历过很多名山大川，写下不少精彩的游记。书中所介绍的山川名胜，有不少就是他亲身游历过的。他以游览者的视角对景物进行细致生动的刻画，给读者以一种身临其境之感，颇具感染力，如《三峡》、《二禺》、《连峡》、《七星岩》、《阳春岩洞》、《永安县》等，都可作为游记来欣赏。这也构成了《广东新语》的一大特色，使其有别于一般的史料笔记。

屈大均少年时曾从陈邦彦学《易》，对《易》学深有研究，著有《翁山易外》，并重视《易经》在日常中的应用。他常以八卦及五行相生相克等观念分析事物，注重区分事物的体与用、始与终，形成自己的一套独特的论证方式。他这样解释自己在零丁洋所看到的日出现象："又日中有青色四道，一直而三横，其左一横最长，欲出轮外，右二横微短，皆以为树也，予谓不然。盖日以离为体而震为用，离始乎震，日中之青则震之象也。震为天地玄黄之始，玄出为青，青出为红，红转为黄。青则火之始，红则火之中，黄则火之终。"（《日》）他分析广州女子犯绿郎以死的原因："盖由嫁失其时，情欲所感，致为鬼神侵侮。睽之象，兑女泽动而下，则见有豕负涂；离女火动而上，则见有鬼一车。此其征也。绿郎者，车中之鬼也。未得夫而张之弧，已得夫而说之弧。夫者雨也，遇雨则吉矣。"（《绿郎》）对于岭南雾和瘴的成因，他认为："岭南之地，火气多而常郁积，火极则水生，生之时，未成水而先成雾。雾者瘴之本，以雾始，必以瘴终。"（《雾》）这些也构成本书在叙述方式上的一大特色，其中虽不乏可取之处，但也有不少是出于臆测，纯属牵强附会。

此外，《广东新语》有不少内容怪诞、观点荒谬的地方，带有明显的时代局限性。如对罗浮山的介绍，屈大均仍沿用前人旧说，认为是浮山是从海外浮来依附罗山，两山合而为一而成为罗浮山（《罗浮》）；又认为“白蚬多生于雾”（《白蚬》）、“咸水之鱼多生于鲎”（《鲎》）、鲨鱼能化为虎，以及鹌始由鼠化，终复为鼠，鹑由虾蟆、黄鱼所化；等等。以上种种，用现代人的眼光来看自然是无稽之谈，但古人往往信以为真。

五、《广东新语》的思想性

《广东新语》是在特殊的时代背景下撰写而成的，因此也带有强烈的时代性，较为集中地体现了屈大均的思想。

明末清初是我国历史上一个特殊时期，明王朝在内忧外患中覆亡，清军入关并最终统一全国。这一时期，民族间的矛盾异常尖锐，大多数文人不仅抱有亡国之痛，更有华夏道统断绝之忧。尤其在清王朝平定“三藩”、台湾郑氏归降之后，天下大局已定，明遗民们对复国已然无望，他们大多转而致力于维系华夏文化血脉，以图有朝一日恢复汉家江山。在这种大背景下，他们一方面致力于传统文化的整理和保存，一方面又极其注重于“华夷之辨”。屈大均所著的《广东新语》自不例外。在书中，屈大均对南下清军极为敌视，指控他们所犯下的滔天罪行，同时记录了清代初期统治阶级对广东社会、经济所造成的严重破坏，尤其是对康熙初年“迁海”恶政进行了深刻的揭露。追念前朝，他深深体会到清王朝统治下的广东社会和经济之衰落，感叹道：“当盛平时，香珠犀象如山，花鸟如海，番夷辐辏，日费数千万金，饮食之盛，歌舞之多，过于秦淮数倍，今皆不可问矣，噫嘻！”（《濠畔朱楼》）又云：“比年以来，岭海亦大空虚矣。”（《黩货》）

由于注重“华夷之辨”，他在书中除大力表彰明末岭南殉国诸节烈外，同时还高度褒扬了宋末岭南的抗元人士，如《琼人无仕元者》称“宋末，琼州人谢明、谢富、冉安国、黄之杰，从安抚赵与珞拒元兵于白沙口，皆被执不屈以死，于是终元之世，郡中无登进士者。明兴，才贤大起，文庄、忠介，于奇甸有光，天之所以报忠义也”云云。

番禺沙亭屈氏，其祖上南宋初自关中迁至南雄，复迁至番禺沙亭，号称“南屈”。屈大均常以身为屈姓后人为荣：“自有大夫，而天下之姓遂以屈之姓为天下之姓之至高至美者。”（《翁山文外·闾史自序》）他立志以屈原为榜样：“予为三闾之子姓，学其人，又学其文，以大均为名者，思光大其能兼风雅之辞，与争光日月之志也。”（《翁山文外·自字泠君说》）

明末清初的时代背景和屈氏的家族背景，无疑对屈大均强烈的忠君爱国思想的形成起到重要的作用。

屈大均作为一个典型的儒家知识分子，是儒家思想和价值观的坚定捍卫者和实践者。在他看来，儒家文化代表着华夏文化。在明王朝覆亡之后，很多士大夫削发为僧，遁入空门。屈大均也不例外，但这对于他来说只是无奈之举。屈大均坚定地将儒家视为正统，在《归儒说》中称：“予二十有二学禅，既又学玄。年三十而始知其非，乃尽弃之，复从事于吾儒。盖以吾儒能兼二氏，而二氏不能兼吾儒；有二氏不可以无吾儒，而有吾儒则可以无二氏云尔。”他弃释返儒后，对佛教持严厉的批评态度。他对大批士人逃禅的现象忧心忡忡，称：“今之世，吾不患夫天下之亡，而患夫逸民之道不存。吾党二三子者，身遭变乱，不幸而秉夷齐之志，亦既有年于兹矣。然吾忧其所学不固而失足于二氏，流为方术之微，则道统失，治统因之而亦失。”（《书逸民传后》）尽管他声称《广东新语》是广东的外志，但该书在记录广东人物方面，与一般地方志多在“列传”中辟有专章介绍佛道人物不同，《人语》中竟无一条目涉及方外之人，《女语》中仅有《罗浮女道人》一条，但介绍的却是女道人素月种梅花之举及其诗句，而非其修道之事。他对佛道的人物、事迹、著作等均避而不谈，即有涉及亦多持否定的态度。如中国佛教史上重要人物禅宗六祖惠能和尚，书中并未有专门条目介绍，这固然可理解为是遵循“略其旧而新是详”的撰写体例，但书中《卢村》、《六祖发塔》两条，均与六祖有关，其持否定、批评之意至为明显。不过，他在《僧祖心诗》中，则高度赞扬函可和尚一家的忠义行为，并感叹道：“嗟夫！圣人不作，大道失而求诸禅；忠臣孝子无多，大义失而求诸僧；春秋已亡，褒贬失而求诸诗。以禅为道，道之不幸也；以僧为忠臣孝子，士大夫之不幸也；以诗为春秋，史之不幸也。”从中也可以看出他对当时遁于佛门之士人的同情和惋惜。

屈大均在书中不遗馀力地宣扬儒家的忠孝、节烈、义勇等伦理观念，在《人语》、《女语》、《事语》、《学语》、《文语》、《诗语》诸卷中屡见不鲜，勿庸赘述。即使在《怪语》中，他所记载的事物亦多为此类，如《黄宾臣》记载黄宾臣为高州人民祈雨而死的感人事迹，《孝陈》则是有关主人公“始为女而终为男”的孝行故事。当然，作为儒家伦理的重要组成部分，女德也是该书宣扬的的重要内容。在“女语”卷及其他涉及女性的条目中，屈大均除了少部分是描述和赞美女性的忠义行为外，更多地集中在女性恪守孝道和以“妇德”为主要表现形式的贞节伦理观念方面，其中充斥着大量许字未嫁的女性为夫守节甚至殉节的故事，也不乏对愚孝一类行为的褒扬。这些都是其时代和个人认识所导致的局限性。

屈大均高度重视维护国家的统一。对汉初割据一隅的南越国主赵佗，屈大均肯定其“明哲炳于几先，故能变逆为顺，以相安于无事耳”（《尉佗书》），称其“有功德于民”（《刘龑墓》），但同时也批评他“不以礼乐自治以治其民，仍然椎结箕倨，为蛮中大长，与西瓯、骆越之王为伍，使南越人九十馀年不得被大汉教化，则尉佗之大罪也”。而对于有机会割据自立的秦末汉初之梅鋗和元末明初之何真，他则不吝赞美之词：“鋗可以为赵佗，真可以为刘岩，而皆不为，与冯盎者亟以二十州县归唐，皆可谓能知天命者也。”对平定岭南有功的陆贾、马援等人，他均深表敬意。在《五女将》中，他所表彰的并不是曾经称王的征侧、征贰及“女贼之雄”赵妪等人，而是保境安民、维护国家统一的二冼氏等人，认为她们“可称女中豪杰”。在《铜柱界》中，他对明王朝“弃交趾，使铜柱旧封，日沦异域”深感痛心。

屈大均有经世致用的思想。他留心世务，在书中能够经常见到他对国计民生相关问题的思考和建议。他还深刻地体会到民间的种种不幸和艰辛，了解其中的根源，因此在书中体现了一定的民本主义思想，如他针对当时的官员借势经商所导致的民间疾苦而大声疾呼：“嗟夫！在昔国之富藏之于民，今也藏之于官，复藏于官而贾者，藏于贾而官者。民日穷而盗贼日炽，其祸不知所底。非有圣君贤相，端本澄源，以节俭为之倡率，禁难得之货，明贪墨之刑，则东粤一隅，何以有匹夫匹妇之性命也哉？噫！”

六、结语

《广东新语》成书后，屈大均曾将其刻版，但一度因家贫而无法印行。不过，此书独特的价值很快引起各方的重视，后世也多有翻刻者。乾隆年间，由于屈大均诗文中存有强烈的反清思想，《广东新语》连同他的其他著作一同被清廷禁毁。但是，《广东新语》的影响依然非常广泛，即使是在文字狱极其严酷的清中期，仍有不少学者在著作中引用它的资料和观点。其中最为著名的例子，是乾隆年间任广东学政的四川绵州人李调元，他在其《粤东笔记》中就大量地采用甚至照搬此书的材料。时至今日，有关《广东新语》的研究成果还不时地涌现，足见其价值仍有待我们进一步发掘和认识。

本书以广东省社会科学院图书馆藏清康熙年间木天阁刻本为底本进行整理，为便于普及，以简体横排形式出版。此次整理不作注释，遇有明显误刻之字则径改之；其讳改字如“尝”、“简”径改为“常”、“检”（个别有歧义者则仍其旧）；形近而混用之字如“己已巳”、“戊戌戍”，亦径改之，不另出校。原书之分目置于各分卷之前，今统一移置书前总目之后，以便读者检索。

总目

广东新语序…… 1

广东新语自序…… 3

卷一　天语…… 1
卷二　地语…… 23
卷三　山语…… 52
卷四　水语…… 101
卷五　石语…… 140
卷六　神语…… 160
卷七　人语…… 176
卷八　女语…… 205
卷九　事语…… 221
卷十　学语…… 245
卷十一　文语…… 253
卷十二　诗语…… 275
卷十三　艺语…… 290
卷十四　食语…… 296
卷十五　货语…… 321
卷十六　器语…… 348
卷十七　宫语…… 369

卷十八　舟语……………………………………………… 382
卷十九　坟语……………………………………………… 394
卷二十　禽语……………………………………………… 408
卷二十一　兽语…………………………………………… 426
卷二十二　鳞语…………………………………………… 438
卷二十三　介语…………………………………………… 458
卷二十四　虫语…………………………………………… 471
卷二十五　木语…………………………………………… 489
卷二十六　香语…………………………………………… 538
卷二十七　草语…………………………………………… 550
卷二十八　怪语…………………………………………… 588

分目

卷一　天语……1

日……1
戴日……3
日南……3
月……4
星……4
老人星……6
南越之星……6
星聚……6
风……7
旧风……9
风候……10
雷风……12
冬雷……13
旧雷……13
阴雷……13
雷耕……14
云……14
雨……15

冰 …… 16
霜露 …… 17
甘露 …… 17
雾 …… 17
瘴 …… 18
半虹 …… 20
河汉 …… 21
雹 …… 21
变风 …… 22
风火 …… 22

卷二　地语 …… 23

地 …… 23
南交 …… 24
越裳 …… 24
越 …… 25
三关 …… 26
海门 …… 26
虎头门 …… 27
厓门 …… 28
甲子门 …… 28
澳门 …… 28
南澳 …… 30
铜柱界 …… 31
河南 …… 34
安澜门地 …… 34

西场 …… 35
陈村 …… 35
茭塘 …… 36
沙贝 …… 36
梅村 …… 37
梅滘 …… 37
洸口 …… 37
虚 …… 38
四市 …… 38
新兴村落 …… 39
珠玑巷 …… 39
石涌 …… 39
卢村 …… 40
雷州海岸 …… 40
沙田 …… 41
买官田 …… 43
义田 …… 43
议建府县治 …… 43
开拓黎地 …… 44
禁凿石砺 …… 45
迁海 …… 45
大小箍围 …… 47
珠玑巷名 …… 47
茶园 …… 47
永安县 …… 47
永安三都 …… 49
火带 …… 50

秋乡 …… 51

卷三　山语 …… 52

梅岭 …… 52
腊岭 …… 53
五岭 …… 55
三峡 …… 56
二禺 …… 57
连峡 …… 60
诸峡 …… 61
两三峡 …… 62
三山 …… 62
白云山 …… 64
灵洲山 …… 65
罗浮 …… 66
西樵 …… 78
霍山 …… 79
斧柯山 …… 79
顶湖山 …… 80
东安诸山 …… 81
锦石山 …… 82
丹霞山 …… 83
官富山 …… 84
翁山 …… 84
春山 …… 85
五指山 …… 85

北甘山 …… 86
三白水山 …… 86
白鹤峰 …… 86
圭峰 …… 87
春冈 …… 87
七星冈 …… 88
茶托冈 …… 88
七星岩 …… 88
玲珑岩 …… 90
扬历岩 …… 91
三洲岩 …… 91
白面岩 …… 92
穿镜岩 …… 92
阳春岩洞 …… 92
碧落洞 …… 95
穗石洞 …… 95
甘泉洞 …… 96
紫霞洞 …… 96
浈溪石室 …… 96
山火 …… 97
山影 …… 97
南岭 …… 97
端州山水 …… 98
韶阳诸峰 …… 99
东峤 …… 99
石砺山 …… 100

卷四　水语……101

西江……101
南江……102
三水……102
涨海……103
海水……103
潮……106
广州潮……107
琼潮……108
惠州西湖……108
樵湖……109
二湖……110
陷湖……110
照镜湖……111
夫溪……111
月溪……111
银溪……112
陆溪……112
香溪……112
沉香浦……113
昌乐泷……113
白鹅潭……114
赌妇潭……115
十龙潭……115
灃川……116
思乡水……116

黄塘 …………………………………………116
黄泥湾 ………………………………………117
迷坑 …………………………………………117
潮水泉 ………………………………………117
贪泉 …………………………………………118
丰湖二泉 ……………………………………118
醴泉 …………………………………………119
寿泉 …………………………………………119
三泉 …………………………………………119
瓮泉 …………………………………………119
十三叠瀑泉 …………………………………120
海中淡泉 ……………………………………120
朋泉 …………………………………………121
温泉 …………………………………………121
毒泉 …………………………………………124
风井 …………………………………………124
九眼井 ………………………………………125
绿珠井 ………………………………………125
何仙姑井 ……………………………………126
亚姑井 ………………………………………127
龙井 …………………………………………127
海月岩井 ……………………………………127
官井 …………………………………………127
肇庆七井 ……………………………………128
流杯曲水 ……………………………………128
湳 ……………………………………………129
澿 ……………………………………………129

七夕水 …………………………………… 129
水之异 …………………………………… 130
广州城濠 ………………………………… 131
塞新河 …………………………………… 132
开河 ……………………………………… 132
潭滘河 …………………………………… 133
潮泉 ……………………………………… 134
三井 ……………………………………… 134
罗汉井 …………………………………… 134
永安五江 ………………………………… 134
西樵三十二泉 …………………………… 137
日月二泉 ………………………………… 137
潮候 ……………………………………… 138
移肇庆水宴 ……………………………… 138
开浚河头小河 …………………………… 138
第十六条坑水 …………………………… 139
南江水口 ………………………………… 139
贵谷坑 …………………………………… 139

卷五　石语……………………………………… 140

韶石 ……………………………………… 140
大英石 …………………………………… 141
小英石 …………………………………… 141
蜡石 ……………………………………… 142
三石 ……………………………………… 142
五羊石 …………………………………… 144

相石 ……………………………………………145
望夫石 …………………………………………145
南台石 …………………………………………146
九曜石 …………………………………………146
罗经石 …………………………………………146
雨之石 …………………………………………147
犀象二石 ………………………………………147
海石 ……………………………………………148
石粪 ……………………………………………148
西樵石 …………………………………………149
端石 ……………………………………………149
锦石 ……………………………………………154
石笠 ……………………………………………155
四石镜 …………………………………………155
石船 ……………………………………………155
石的 ……………………………………………156
石床 ……………………………………………156
端溪砚石 ………………………………………156
洗头盘 …………………………………………159

卷六　神语……………………………………160

雷神 ……………………………………………160
飓风神 …………………………………………161
罗浮山神 ………………………………………162
海神 ……………………………………………163
南海神 …………………………………………164

南海之帝 ……………………………………………… 166
真武 ……………………………………………… 166
五帝 ……………………………………………… 167
五谷神 ……………………………………………… 168
禾谷夫人 ……………………………………………… 168
伏波神 ……………………………………………… 168
飞来神 ……………………………………………… 169
天妃 ……………………………………………… 170
龙母 ……………………………………………… 170
斗姥 ……………………………………………… 171
西王母 ……………………………………………… 171
花王父母 ……………………………………………… 172
金华夫人 ……………………………………………… 172
东莞城隍 ……………………………………………… 172
祭厉 ……………………………………………… 173
绿郎 ……………………………………………… 174
二司 ……………………………………………… 174

卷七　人语……………………………………………… 176

高固 ……………………………………………… 176
梅鋗 ……………………………………………… 176
士燮 ……………………………………………… 177
韩瑗 ……………………………………………… 179
崔清献 ……………………………………………… 179
何真 ……………………………………………… 180
海忠介 ……………………………………………… 180

杨文懿 …… 181
黄宗大 …… 181
报仇三孝子 …… 182
广州二孝子 …… 183
梁孝子 …… 183
一味孝子 …… 184
长寿人 …… 184
吾祖多寿人 …… 185
真粤人 …… 185
马人 …… 186
黑人 …… 187
瑶人 …… 188
黎人 …… 191
畬人 …… 194
疯人 …… 195
盗 …… 196
疍家贼 …… 200
黄盗 …… 200
永安诸盗 …… 201
永安黄氏三孝子 …… 202

卷八　女语 …… 205

五女将 …… 205
南海女子 …… 206
卢眉娘 …… 209
刘三妹 …… 209

陈烈母 ……………………………………………… 210
屈美人 ……………………………………………… 210
冼母 ………………………………………………… 210
欧阳桂 ……………………………………………… 211
东莞三贞女 ………………………………………… 211
聂娘 ………………………………………………… 212
二妃 ………………………………………………… 212
某氏妇 ……………………………………………… 213
林氏、李氏 ………………………………………… 213
天濠街妇 …………………………………………… 214
四孝烈 ……………………………………………… 214
李氏 ………………………………………………… 214
麦氏 ………………………………………………… 215
顺德六贞女 ………………………………………… 215
谢氏 ………………………………………………… 215
莫烈妇 ……………………………………………… 216
二烈妇 ……………………………………………… 216
顺德某氏女 ………………………………………… 216
长乐兴宁妇女 ……………………………………… 217
黎母 ………………………………………………… 217
罗浮女道人 ………………………………………… 217
椓者 ………………………………………………… 218
割股妇 ……………………………………………… 218
坠楼妇 ……………………………………………… 219
锦桂女 ……………………………………………… 219

卷九 事语……221

南越初起……221
四路下南越……222
两伏波楼船……222
白沙逸事……222
悟主……223
孝感……224
终养……224
状元……225
五里四会元……226
解元……226
文敏父子……227
乡试命题……227
全作五经题中式者……227
海外衣冠胜事……228
琼人无仕元者……228
五大司成……228
贤督学……229
司教……229
教官不拜……230
辞署县……230
乡约……230
唐氏乡约……231
礼议……232
嫡子不释丧服……233
作七……233

为师服 ……………………………… 234
教俭 ……………………………… 234
师弟六皓 ……………………………… 234
九老雅集 ……………………………… 235
称寿 ……………………………… 235
合食 ……………………………… 235
养士 ……………………………… 236
请迁寺 ……………………………… 236
过洋乐 ……………………………… 237
狱中拜节 ……………………………… 237
白血 ……………………………… 237
麦公雨 ……………………………… 237
孝子粟 ……………………………… 238
沉原壤 ……………………………… 238
广州时序 ……………………………… 239
放鹞 ……………………………… 240
拾灯 ……………………………… 240
打仔 ……………………………… 241
吹角卖物 ……………………………… 241
赌蔗斗柑 ……………………………… 241
采青 ……………………………… 242
永安崇巫 ……………………………… 242
祝灶 ……………………………… 242
吹田了 ……………………………… 243
贪吏 ……………………………… 243

卷十　学语……245

白沙之学……245
甘泉之学……246
弼唐之学……247
事师……248
白沙弟子……250
罗公为师……250
翟先生善教……250
拜五经……251
斋居拜先师……251
白沙从祀……252

卷十一　文语……253

广东文集……253
尉佗书……256
粤人著述源流……257
郭从事碑……258
赵进士文……258
刘御史集……259
钟左丞文……260
易史……261
日本遗书……261
二礼……261
补乐经……262
乐典……262

古小学……263
大学衍义补……263
三字经……264
朱子学的……264
晦翁学验……264
壶教……264
疑耀……265
同文编……265
外志……266
极衍……266
二铁塔铭……267
秋痕……268
赤雅……268
张孟奇所著……268
谶……269
土言……269
讲学……274
皇明通纪之谬……274

卷十二　诗语……275

诗始杨孚……275
曲江诗……275
陈琴轩诗……276
罗勉夫诗……276
神童诗……276
白沙诗……277

区海目诗……………………………………………… 278
黎美周诗……………………………………………… 278
邝湛若诗……………………………………………… 279
僧祖心诗……………………………………………… 280
零丁山人诗…………………………………………… 281
张璩子诗……………………………………………… 281
屈氏诗谱……………………………………………… 282
屈道人歌……………………………………………… 282
诗社…………………………………………………… 283
宝安诗录……………………………………………… 285
粤歌…………………………………………………… 285
采诗歌………………………………………………… 289

卷十三　艺语…………………………………………290

白沙书………………………………………………… 290
诸家画品……………………………………………… 291
鼓琴…………………………………………………… 292
黄仲亨刓玉…………………………………………… 294
刻印…………………………………………………… 294
制砚…………………………………………………… 295
陈孟长瓦器…………………………………………… 295

卷十四　食语…………………………………………296

谷……………………………………………………… 296
黍稷…………………………………………………… 301

麦…………301
豆…………302
仓谷…………302
诸饭…………303
茶素…………304
盐…………304
茶…………306
酒…………308
油…………310
糖…………310
糖梅…………311
茶蘼露…………311
燕窝菜…………312
石钟乳…………313
云母…………314
石耳…………314
菹…………315
鲊脍…………315
碱…………315
舟楫为食…………316
谷…………316
御米…………317
获…………317
火酒…………318
拳物…………319
食盐…………319
汰盐商…………320

卷十五　货语……321

金……321
银……322
铜……325
古钱……325
铁……326
连……328
珠……328
玉……332
水晶……333
珊瑚……333
琥珀……334
贝……334
玻璃……335
骐驎竭……335
龙脑香……336
勾漏砂……336
辟珠……336
绵布……336
葛布……338
茧布……341
鸟服……341
纱缎……342
纸……342
诸番贡物……343
黩货……346

卷十六　器语……348

钟……348
鼓……348
铁鼓……349
铜鼓……349
宝剑……352
彭中丞剑……352
刀……352
鸟枪……353
大铳……354
机铳……356
佛山大爆……356
弩……357
木枪……358
战车……359
水车……359
香碓……360
木牛……360
罗浮古器……361
大甑……361
冠巾……361
瘿冠……362
笄……362
茅笔……363
金鱼缸……363
古瓦盘……363

屐…………………………………………………… 363
蒲葵扇………………………………………………… 364
席…………………………………………………… 365
酒器………………………………………………… 366
椰器………………………………………………… 366
槟榔合……………………………………………… 367
锡铁器……………………………………………… 367
铜鼓器……………………………………………… 368
温坑瓦瓮…………………………………………… 368
石涌瓮……………………………………………… 368
笄制………………………………………………… 368

卷十七　宫语………………………………………369

楚庭………………………………………………… 369
四台………………………………………………… 370
三闾大夫祠………………………………………… 370
大忠祠……………………………………………… 372
祖祠………………………………………………… 372
明诚书院…………………………………………… 373
白云书院…………………………………………… 373
西樵三书院………………………………………… 374
万卷堂……………………………………………… 374
合道山房…………………………………………… 374
三楼………………………………………………… 375
六楼………………………………………………… 375
碧玉楼……………………………………………… 376

高楼……377
名园……377
祖香园……379
狼家屋……379
慈元殿……379
吕相祠……379
南海庙……380
文选楼……381
濠畔朱楼……381

卷十八　舟语……382

操舟……382
战船……384
洋舶……386
藤埠船……388
洋船桅……388
船帆……388
泷船……389
蛋家艇……389
大洲龙船……391
龙船……391
诸舫……393
梦香船……393

卷十九 坟语……………………………………………………394

鼻天子冢……………………………………………… 394
赵佗墓………………………………………………… 395
任嚣墓………………………………………………… 396
楚冢…………………………………………………… 397
刘龑墓………………………………………………… 397
刘𬬮墓………………………………………………… 398
永福陵………………………………………………… 398
杨太后陵……………………………………………… 399
香头坟………………………………………………… 399
李子长墓……………………………………………… 399
彭烈女墓……………………………………………… 400
双燕窝冢……………………………………………… 401
丁公二子坟…………………………………………… 401
山场…………………………………………………… 401
塔……………………………………………………… 402
六祖发塔……………………………………………… 402
四塔…………………………………………………… 402
榴花塔………………………………………………… 403
将军墓………………………………………………… 403
孝子墓………………………………………………… 404
忠僮陈添桂墓………………………………………… 404
二烈妇墓……………………………………………… 404
厉布衣所相坟地……………………………………… 405
王将军墓……………………………………………… 405
孝女墓………………………………………………… 406

戴节妇墓……407
素馨斜……407

卷二十　禽语……408

凤……408
鹤……409
孔雀……410
白鹇……411
鹦鹉……412
五色雀……413
鸱鸮……414
山鹧、画眉……414
翡翠……415
红翠……416
鸺鹠……416
比翼鸟……417
花燕……417
石燕……417
青雒……417
四雀……418
诸鸡……418
鹅鹳……420
鸭……420
宝鸭……421
野鸭……421
松凫……421

灵鹅……………………………………………………… 421
淘鹅……………………………………………………… 422
鸦……………………………………………………… 422
鹌鹑……………………………………………………… 422
鸽……………………………………………………… 423
焙鸭……………………………………………………… 424
白头公……………………………………………………… 424
江鸥……………………………………………………… 425

卷二十一 兽语……………………………………………426

虎 ……………………………………………………… 426
犀 ……………………………………………………… 427
鹿 ……………………………………………………… 427
牛 ……………………………………………………… 428
果下马 ……………………………………………………… 428
马会 ……………………………………………………… 429
熊 ……………………………………………………… 429
猿 ……………………………………………………… 431
猴 ……………………………………………………… 431
狨 ……………………………………………………… 431
兔 ……………………………………………………… 432
麂 ……………………………………………………… 432
麞 ……………………………………………………… 433
獴猜 ……………………………………………………… 433
狗 ……………………………………………………… 433
番狗 ……………………………………………………… 433

乳羊 …… 434
獭 …… 434
箭猪 …… 434
香狸 …… 435
硕鼠 …… 435
竹鼬 …… 436
义象 …… 436
凶年虎 …… 437

卷二十二　鳞语 …… 438

龙 …… 438
石龙 …… 439
金龙 …… 439
土龙 …… 440
蜃气 …… 440
海鳅 …… 441
怪鱼 …… 442
暨鱼 …… 442
潜龙鲨 …… 443
黄雀鱼 …… 443
鼠鲇、乌贼 …… 444
鱼 …… 444
鱼花 …… 447
鱼生 …… 449
渔具 …… 450
鳝 …… 453

养鱼种 …… 454
鱼牌 …… 454
龙虾 …… 455
鲨虎 …… 455
鱼饷 …… 455
插箔 …… 456
飞鱼 …… 456
似嘉鱼 …… 457
鲥鱼 …… 457

卷二十三 介语……458

蚩 …… 458
珠鳖 …… 459
玳瑁 …… 459
龟 …… 460
蟹 …… 460
石蟹 …… 462
蟛蜞 …… 462
蚝 …… 463
蠕 …… 464
白蚬 …… 464
蛤 …… 465
璅珪…… 466
螺 …… 466
蚌 …… 468
蚩子 …… 468

白蚬 …… 468
杀鳄鱼 …… 469
玳瑁 …… 469
吊 …… 470
白鳖 …… 470
仙蟹 …… 470
鲮鲤 …… 470

卷二十四 虫语 …… 471

八蚕 …… 471
天蚕 …… 472
蝉 …… 472
大胡蝶 …… 472
蝙蝠 …… 474
蠬蜂 …… 475
蜂蜜 …… 475
虾 …… 476
天虾 …… 477
水母 …… 477
禾虫 …… 477
萤 …… 478
金花虫 …… 478
荔枝龙眼二虫 …… 478
蚊 …… 479
海珠 …… 479
蜈蚣 …… 480

蜞 …………………………………………… 480
雨师、云师 ……………………………… 481
蛊 …………………………………………… 481
水蛊 ……………………………………… 482
木蠹 ……………………………………… 482
蟋蟀 ……………………………………… 482
大蚁 ……………………………………… 483
白蚁 ……………………………………… 483
蚺蛇 ……………………………………… 484
诸蛇 ……………………………………… 485
蛤蚧 ……………………………………… 485
白蜡虫 …………………………………… 486
禾虫 ……………………………………… 486
蝇异 ……………………………………… 487
蝶异 ……………………………………… 487
蚱蜢异 …………………………………… 487
断草乌 …………………………………… 488
虾母 ……………………………………… 488

卷二十五 木语……………………………………489

松 …………………………………………… 489
水松 ……………………………………… 490
柏 …………………………………………… 490
漆 …………………………………………… 491
杉 …………………………………………… 491
梅 …………………………………………… 491

桂 …… 493
枫 …… 493
木棉 …… 493
榕 …… 495
桄 …… 497
菩提 …… 497
荔枝 …… 498
龙眼 …… 502
梨 …… 503
橄榄 …… 504
槟榔 …… 505
桄榔 …… 506
椰 …… 507
橘柚 …… 508
波罗树 …… 510
诃子 …… 511
羊桃 …… 511
山桃 …… 512
蒲桃 …… 512
夹竹桃 …… 512
蜜望 …… 513
宜母 …… 513
人面 …… 514
诸山果 …… 514
苦楝 …… 516
牡丹 …… 516
木芙蓉 …… 516

夜合 …… 517
木樨 …… 517
月贵 …… 517
茉莉 …… 518
贝多罗 …… 518
杜鹃花 …… 519
丁香 …… 519
女青 …… 519
山丹 …… 519
佛桑 …… 520
瑞香 …… 521
合欢 …… 521
指甲花 …… 521
南烛 …… 522
四种花 …… 522
栎 …… 522
九里香 …… 523
山矾 …… 523
蝇树 …… 523
药树 …… 524
花不应候 …… 524
花木历 …… 525
海南文木 …… 526
山木 …… 528
移榕 …… 529
柊叶 …… 529
山大丹 …… 530

步惊 …… 530
槌子 …… 530
红豆 …… 530
果日 …… 531
粤东荔支早熟 …… 532
大荔、细荔 …… 532
御摘荔支 …… 532
龙眼 …… 533
泡木 …… 533
海苔树 …… 533
油葵 …… 533
海枣 …… 533
盐醋子 …… 534
刺桐 …… 534
香桃花 …… 534
散沫花 …… 534
朱槿 …… 535
琼南花木 …… 535
添色芙蓉 …… 536
孔雀花 …… 536
椰叶 …… 536
刺桐叶 …… 536
檄末 …… 537

卷二十六　香语 …… 538

沉香 …… 538

伽𠋢 …………………………………………………… 541
莞香 …………………………………………………… 542
鹤顶香 ………………………………………………… 545
兰香 …………………………………………………… 545
诸香 …………………………………………………… 546
檀香 …………………………………………………… 547
煎香 …………………………………………………… 547
心字香 ………………………………………………… 548
南方花皆可合香 ……………………………………… 548
种排草香 ……………………………………………… 548

卷二十七 草语……………………………………………550

竹 ……………………………………………………… 550
芭蕉 …………………………………………………… 553
朱蕉 …………………………………………………… 554
蔗 ……………………………………………………… 555
兰 ……………………………………………………… 556
赛兰 …………………………………………………… 558
菊 ……………………………………………………… 558
薏苡 …………………………………………………… 559
仙茅 …………………………………………………… 559
素馨 …………………………………………………… 559
葵 ……………………………………………………… 561
西洋莲 ………………………………………………… 562
秋海棠 ………………………………………………… 563
凤尾花 ………………………………………………… 563

凤仙花 …… 563
露头花 …… 564
水仙 …… 564
换锦 …… 564
胡蝶花 …… 565
夜落金钱 …… 565
雁来红 …… 566
蕹 …… 566
藤菜 …… 566
莼 …… 567
葱 …… 567
茄 …… 567
莲菱 …… 567
瓜瓠 …… 568
苦瓜 …… 568
姜 …… 569
黄姜 …… 569
高良姜 …… 569
猴姜 …… 570
三藾 …… 570
鲜草果 …… 571
香花菜 …… 571
缩砂蔤 …… 571
益智子 …… 571
葳蕤 …… 572
椒 …… 572
芝 …… 572

著 …… 573
芋 …… 573
地肾 …… 574
茯苓 …… 574
木耳 …… 575
菌 …… 575
落花生 …… 576
藊豆 …… 576
留求子 …… 577
桃金娘 …… 577
二兰菜 …… 577
百合 …… 578
麻藍 …… 578
葛花菜 …… 578
蕨 …… 578
藜 …… 579
薯莨 …… 579
莓苔 …… 579
睡菜、睡莲 …… 580
海菜 …… 580
菭树 …… 580
仙人掌 …… 581
慎火 …… 581
诸异草 …… 582
毒草 …… 583
藤 …… 584
人参 …… 586

同心兰 …………………………………… 586
烛竹 …………………………………… 586
油草 …………………………………… 587
蕨粉 …………………………………… 587
水蜡烛 …………………………………… 587

卷二十八　怪语……………………………………588

黄野人 …………………………………… 588
幻女 …………………………………… 589
三烈魂 …………………………………… 590
卢琼仙 …………………………………… 591
王小姑 …………………………………… 591
黄宾臣 …………………………………… 591
北门邪 …………………………………… 592
孝陈 …………………………………… 592

广东新语序

古来诗人，罕能著书。诗本性情，书根义理。作诗尚才华，著书贵学识。故前代曹、刘、颜、谢及四杰十子之徒，绝不闻有书传世；而刘勰、崔鸿、颜师古、刘知几辈，亦不闻以诗名。其有能兼工并美者，一代盖无几人也。番禺屈翁山先生以诗名海内，宗工哲匠，无不敛衽叹服，比于有唐名家，然人知其诗而已。余游岭南，见其《广东新语》诸书，又知其善著书也。粤东为天南奥区，人文自宋而开，至明乃大盛，名公巨卿，词人才士，肩背相望。翁山既已掇其精英为《广东文选》矣，又以山川之秀异，物产之瑰奇，风俗之推迁，气候之参错，与中州绝异，未至其地者不闻，至其地者不尽见，不可无书以叙述之。于是考方舆，披志乘，验之以身经，征之以目睹，久而成《新语》一书。其察物也精以核，其谈义也博而辨，其陈辞也婉而多风，思古伤今、维风正俗之意，时时见于言表。游览者可以观土风，仕宦者可以知民隐，作史者可以征故实，摛词者可以资华润。视《华阳国志》、《岭南异物志》、《桂海虞衡》、《入蜀记》诸书，不啻兼有其美。善哉，可以传矣！翁山之诗，祖灵均而宗太白，感物造端，比类托讽，大都妙于用虚。此书则博核精详，又善于摭实，才士固不可测，亦以见先生中年敛华就实，留心世故，练达多通，有用世才，非词人墨客大言无当者比。惜乎生不遇时，终于不用也！先生著书凡十馀种，其《四书补注兼考》与何东滨共成者，殊有功于经传，虽经镂板，未行于中州；其《成仁录》表章尽节诸臣，尤有裨世教，惜未大成，仅有稿本藏于家，将就泯灭矣；独此书流行。余得交先生，在其暮年，今来坟草宿矣。从其子索观遗集，有赠余诗四章，不胜感怆，因为叙是书，聊以当山阳怀旧之赋云尔。

康熙庚辰仲春，吴江潘耒撰。

广东新语自序

《广东新语》一书，何为而作也？屈子曰：予尝游于四方，闳览博物之君子，多就予而问焉。予举广东十郡所见所闻，平昔识之于己者，悉与之语。语既多，茫无端绪，因诠次之而成书也。或曰：子所言止于父母之邦，不过一乡一国，其语为小。予曰不然。今夫言天者，言其昭昭，而其无穷见矣；言地者，言其一撮土，而其广厚见矣；言山言水者，言其一卷石，言其一勺，而其广大与不测见矣。夫无穷不在无穷，而在昭昭；广厚不在广厚，而在一撮土；广大不在广大，而在一卷石；不测不在不测，而在一勺。故曰：语小，天下莫能破焉。夫道无小大，大而天下，小而一乡一国；有不语，语则无小不大。然而何以“新”为名也？曰：吾闻之“君子知新”，吾于《广东通志》，略其旧而新是详，旧十三而新十七，故曰“新语”。《国语》为《春秋》外传，《世说》为《晋书》外史，是书则广东之外志也。不出乎广东之内，而有以见夫广东之外。虽广东之外志，而广大精微，可以范围天下而不过。知言之君子，必不徒以为可补《交广春秋》与《南裔异物志》之阙也。书成，自《天语》至于《怪语》，凡为二十八卷。中间未尽雅驯，则嗜奇尚异之失，予之过也。

番禺屈大均翁山撰。

卷一　天语

日

罗浮称“朱明之天”，日之初出，山上辄先见之，有见日台焉。俯临三千馀仞，所处高，故所见早。人见之于旦于昼，予则尝见之于中夜，求之于未出之前，得之于将出之际，为之恭敬导引，寤寐不遑，而取火气之精，光明盛实，以丽其德焉。盖夜中见日，自昔皆言罗浮之异。尝有客宿于山巅，夜分见第三重峰有块火，大如车轮，光怪回翔，与他火异，怪之。一客曰：“此为天灯，久之当有鸡鸣，所谓‘天鸡’也。梵书云：‘日宫一树而有鸡王栖其上，彼鸣则天下鸡皆鸣。’天鸡者，日中之鸡也。”已而空中果闻鸡鸣，声亮而长，则日出于苍莽中矣。太白云：“半壁见海日，空中闻天鸡。”刘梦得云：“咿喔天鸡鸣，扶桑色昕昕。”子瞻云：“人间有此白玉京，罗浮见日鸡一鸣。南楼未必齐日观，郁仪自欲朝朱明。”山故有二石楼，其南楼，则观日之所也。然扶胥之口地以卑，而见日若凌倒景，比罗浮所见乃益奇。郁溪云：“日自地出，而行于水之外；水自天来，而行于日之中，故观日尤宜于水。”扶胥者，广东诸水之汇也，南海之神庙焉。其西南百步有一峰，岿然出于林杪，是曰章丘。俯瞰牂牁之洋，大、小虎门之浸，惊涛怒飓，倏忽阴晴，洲岛萦回，远山灭没，万里无际，极于尾闾，诚炎溟之巨观也。一亭在其上，以“浴日”名。吾尝中夜而起，四顾寥寂，潮鸡始声，月影未息。俄而狮子海东，光如电激，由红而黄，波涛荡涤，半晕始飞，鸿濛已辟，火云一烧，天海皆赤。潮头高以数丈，日体大可百尺，因咏子瞻“坐看旸谷浮金晕”，与白沙“赤腾空洞昨宵日”之句，心荡神摇，欲拟之而茫然未得也。盖日之初出，其体甚大，故《泰山记》云：“日观鸡一鸣时，见日始欲出，长三丈所。”而吾尝舟出零丁，四更月上，忽见大洋东畔，涌出一山甚大，色深红，其形如覆半月。舟人呼曰：“日出矣！”已而渐升，尽出水，约之尚可三五十丈，比泰山所见乃益大。又日中有青色四道，一直而三横，其左一横最长，欲出轮外，右二横微短，皆以为树也，予谓不然。盖日以离为体而震为用，离始乎震，日中之青则震之象也。震为天地玄黄之始，玄出为青，青出为红，红转为黄。青则火之始，红则火之中，黄则火之终。郁溪云：“凡月以玄为体，而生光则白，金之生水也；日以黄为体，而生明则红，木之生火也。”黄者离之元，玄者坎之元也。混沌之初，天欲开而一真之泄于坎为玄，地欲辟而一真之泄于离为黄。日也者，一真之泄于离是也。如曰日中有树者，日以震生，震为木；而扶桑者，震木之大，在于海东，故郑渔仲云：“日在木中曰东。”木，若木也，日所升焉者也。日中有树，是或扶桑之影所入也。又日生于木，木者日之本，本在于日体之中，无象而有象者也。日体之大，则南方距日不远，故见日大；南溟距旸谷不远，故见日大。又见其外体，故大也。外体者，明也；内体者，光也。初出时先见其外体，明而未光，阴而未阳，为山林川泽之气所映盖，故大而且沧凉也。亭曰浴日者，《淮南子》云：“日浴于咸池。”咸池者，旸谷也。凡日出之处，皆曰旸谷。南海阳明之谷，谷之大者也。《书》云：“宅嵎夷。”嵎，海隅也。章丘在海隅，亦嵎也。嵎夷、旸谷，一也。日出于谷，而天下皆明，故观日者必于谷。上有罗浮，下有章丘，于高见日之小，于卑见日之大，而皆在于夜中。然西樵亦有见日台，在大科峰顶，冬时日行南，无罗浮之蔽，则见日尤早。盖月姤于午之半，故昼中生月；日复于子之半，故夜中生日。而夜中生日，天下惟泰山与罗浮见之，以边大海也。西樵亦然，见日台犹之乎日观也哉！

戴　日

《尔雅》言："距齐州以南，戴日为丹穴。"盖南人最事日，以日为天神之主，炎州所司命，故凡处山者登罗浮以宾日，处海者临扶胥以浴日，所谓戴日之人也。又日之所中，在其首上，故曰戴。其地亦曰日下。日下者，《尔雅疏》云"去中国以南，北户以北，值日之下，其处名丹穴"是也。

日　南

汉明帝时，合浦人张重为日南郡从事，举计入洛。帝问重："日南郡北向视日也？"对曰："天下北有云中，南有日南。云中非必在云之中，日南岂必在日之南？日南之日亦出于东耳。"帝善其言。吾以为日南者，非在日之南，乃日在于南也。日南者，又天之南也。不曰天南，以其地在南方，积阳之极，人多文明，物多瑰丽，皆日之精华所发，故曰日南也。南方为离，离为日，以日名南，以其得日之多也。日出于南，是南为日之所有；月出于坎，是北为月之所有。日有其南，而月不得有，故曰日南也。又《易》称："日月得天而久照。"日得天之南，而天遂以南归之，若天不有其南然者，故曰日南也。

月

南海水咸，月出时，光照波涛，有如白日。盖光生于咸，咸为火气，月得咸而益光，非月光也，咸之光也。故曰山之月光如水，海之月光如火。《庄子》云："月固不胜火。"非不胜也，为火之光所乱也。然吾意月之在南海也，得水之精十之四，得火之气十之六，何也？月无光，以日而为光；日无光，以火而为光。日以火而为光，则月亦以火而为光也。又火无体，因物而为体。人心亦然。心体于物，而日体于火，月又体于日。则日者火之精，得之于昼者也；月者火之气，得之于夜者也。故谓南海之水火水也，南海之月火月皆可也。

星

秦二世二年，五星会东井，倍于南斗。说者曰："东井秦分，未分也；南斗越分，丑分也。丑与未相背，秦失王气，则越得霸气，故尉佗应之而兴也。"按《星经》：河戍六星夹东井，当南北两河各三星，南曰南戍，主越门；北曰北戍，主胡门。则观南越之星者观南戍，观南戍者观南斗。故汉元鼎六年春，荧惑守南斗，而建德以亡。梁大同五年冬，彗出南斗，东南指，长一丈馀，而李贲称帝交州。隋大业九年夏五月丁亥，荧惑入南斗，其八月贼帅陈瑱陷高要，九月贼帅梁慧尚陷苍梧。十二年秋九月，有二枉矢出北斗魁，委曲蛇形，见于南斗，而豫章刘士弘自称楚帝，地及番禺。宋皇祐元年秋九月乙巳，太白犯南斗，而广源蛮侬智高反。四年夏五月，寇封川，复围康州，破之，直攻广州。十月丙子，太白复犯南斗，而智高败死，广南平。绍定元年秋七月，荧惑犯南斗。咸淳五年夏五月，有星孛于斗牛，其后南恩州、肇庆、新、封等州俱降于元。祥兴元年秋八月庚申，月贯南斗；乙巳，星陨于海如雨。其明年夏五月，师溃厓山，丞相陆秀夫抱帝赴海死。元至元二十一年秋九月癸巳，太白犯南斗，时岭南义兵数起，发江西等兵击破之。二十五年秋九月癸卯，荧惑犯南斗，时贺州贼焚掠封川。大德七年秋九月，荧惑犯南斗。明年，瑶贼李宗寇新州。元统三年冬十月甲寅，荧惑犯南斗，其后增城朱光卿等兵大起。明洪武八年冬十月，有星孛于南斗；永乐十三年夏，有星孛于南斗，其后德庆瑶凤广山、泷水瑶赵普旺作乱，僭称将军，高要民吴大甑聚党应之。又其后，南海盗黄萧养起，僭称东阳王，攻犯广州。天启三年六月望，荧惑入南斗，自下而上，守斗中十有四日，自西转东。其冬，流贼自新会焚掠高明、四会。南斗之于越，古今皆有占验如此，南斗固越之司命也。然《后汉书》云："粤地牵牛、婺女之分野。"《宋书》云："牛宿六星，三星主南越。"韩愈云："百粤之地，其次星纪，其星牵牛。"故汉献帝永建六年十二月壬申，客星出牵牛，于时士燮保郡二十馀年，疆埸无事，民得安生，羁旅之徒，皆蒙其荫。而伪南汉时，月食牛、女间，刘晟叹曰："吾当之矣。"是秋而卒。则牛、女之间，皆可以占南越也。司马迁云："凡濒海泽国，当系南斗。"粤之平陆，上游则系牛、女，然以度数考之，得牛、女为多；以灾祥考之，则独系于南斗。然晋义熙六年春三月乙巳，月掩斗衡，而始兴太守徐道覆反。四月，卢循寇湘中，陷没巴陵，率众逼畿辅。衡者，北斗之第五星，实殷南斗者也。而广州与廉相去仅千馀里，而廉属翼轸，与江楚同度。故宋熙宁八年十月彗星入轸，未几交趾蛮陷钦州、灵山。则斗衡与翼轸，亦可以占南越也。

老人星

粤尽溟海，其次居丙丁。秋分之曙，南极老人见其位。《星书》云“老人星，常于秋分见丙丁之位”是也。老人星，亦曰南极老人星，以在南极之上，近于南极，故曰南极老人，亦犹之乎北斗之非北极也。

南越之星

南越之星，多于天下。唐时有人行琼海，以八月时见南极老人星下，有大星无数，皆古所未名。元微之云：“交间南极渐高，北极渐低，规极外星辰至多，《星经》所不能载。”有诗云：“规外布星辰。”方愚者云，南极下有海石、金鱼、飞鸟、小斗、附臼诸星，于南极甚近，《汉书》载《海中星占》一卷，或即此等星。均按：琼州于芒种日以星候秧枷，犁尾星出则秧死，猪尾星出则秧黄。此二星亦老人星下，古所未名者。

星　聚

日月星起于斗宿，古之言天者，由斗、牛以纪星，故曰星纪。星纪为十二次之首，而斗、牛又二十八宿之首，故斗、牛与中星明，则其地儒道大兴。中星在正南，又吾粤之所宜候者。洪武、永乐间，五星两聚牛、斗，占者谓黄云紫水间当有异人，已而白沙先生出。其后成化丙戌，中星明于越之分野，而甘泉以是岁生。自此粤士大夫多以理学兴起，肩摩踵接，彬彬乎有邹鲁之风。祭酒伦右溪，尝筑二堂于越山，一曰中星，一曰聚星，与名儒十有一人讲学，以应其祥。王青萝云：“五纬惟三星合者有之，四星合则鲜矣，五则又鲜。”四星合曰昌，五星合曰祥，故五星聚东井，馀气及于越门，而南武霸业以立；五星聚牛、斗，光芒射于南海，而江门道学以兴，天象诚不虚垂示也。罗公洪先云：“甘泉考终之夕，有一星从东南来，其大如斗，光景烛天，至贡院之中而陨，声若雷震。”先生之生，应中星之见；其没也，应中星之陨。噫嘻，岂非一代之哲人者哉！

风

南粤之风，当寒时，天明无雨，从西北暴至，为颓为猋，其名曰飄，亦曰飕。当暑时，天昏有雨，从东北暴至，其气纯青，是曰青东。青东之起，气甚寒，亦曰青冻。天昏无雨，从西北暴至，如雨雹声，又如乱石搏击，是曰石尤。其气赤，亦曰赤游。赤，火气也；游，谓火之游气也。天色淡然，微有日光，无雨而作，如龙气往来不常，是曰狂龙。馀则夏秋之交多飓，冬则多搅霜，以红霞暮起为兆。或腊月而大南骤作，曰送年南；大北骤作，曰暴北，又曰咸头，曰泥浪。此皆风之变者也。平常则多南风，然南风暖，利于物而不利人。盖岭南阴少阳多，故四时之气，辟多于阖，一岁间温暑过半。以日在南，故风自南来者恒暖，嘘噏太阳之气，与火俱舒。又多起于赤天之暑门，故恒暖。暖风所至，百膸蠕蠕，铁力木出水，地蒸液，墙壁湿润生咸，衣裳白醭，书册霉黕。而粤人疏理，元府常开，毛腠不掩，每因汗溢，即致外邪。盖汗为病之媒，风为汗之本，二者一中，寒疟相乘，其疾往往为风淫。大抵岭南春夏多南风，秋冬多北，反是则雨。故凡疾病多起于风，故观卦“风行地上”，而君子必以观我生、观其生为务。盖风主虫，人为倮虫之长，以风生，亦以风死。风之不正，莫甚于广南，故多疯疾。“疯”

字从风，可以知其患之所自矣。《内经》云："卑下之地，春气长存，故东南之民，感风症多。"《陆胤传》云："南海岁有旧风、障气之害，风则折木飞砂转石，气则雾郁，飞鸟不经。自胤至州，风气绝息。"孝陵敕使臣云："炎方多热少寒，其气柔弱，最易冒风，非仁人君子不得而寿，并不得而寿斯民。"圣言哉！

谚曰："南风尾，北风头。"盖地势北高而南下，南风从下而起，故为尾。又南风愈吹愈大，其大在尾；北风初起即大，其大在头故也。粤处南方，当岁寒时，每三二日南风则有雾。北方不然，三二日南风则有雪。凡雾从地起，南风之尾为之，是曰南风雾。其散必以北风，以暖而起，以寒而止也。雪自天来，北风之头为之，是曰北风雪。其晴必以南风，以寒而起，以暖而止也。

海南三四月时，昼有南风，夜则无之，至五月乃有过夜南。谚曰："半北半南三二月，南风过夜必端阳。"然琼周岁皆东风，夏秋必飓。琼苦飓风，崖则南风亦苦。盛夏时，士庶出入，率以青布裹头，盖南风为厉，一侵阳明，则病不可起云。

风之起，潮辄乘之。谚曰："潮长风起，潮平风止。风与潮生，潮与风死。"凡朔望越二三日，潮初起，风必大；上下弦越二三日，潮渐退，风必小。盖风者水之母，水生于风者谓之阴水，潮是也；雷者水之父，水生于雷者谓之阳水，雨是也。雨起于山，潮起于海。海为阴，故潮亦阴。潮以阴故咸，风乘咸潮而起，谓之咸头。

凡海中，以子时末阴与阳合而潮生，为阳水；午时末阳与阴合而汐生，为阴水。水乘气而生，风亦因之。气为水之本，风为水之末，气自北来而水长，风自南来而水消。长者自北而南，为南海之潮；消者自南而北，为北海之汐。

旧　风

南海岁有旧风，亦曰风旧，盖飓风也。其起也，自东北者必自北而西，自西北者必自北而东，而俱至南乃息，谓之落西，亦曰荡西，又曰回南，凡二昼夜乃息，亦曰风痴。若不落西，不回南，则逾月复作，作必对时。日作，次日止；夜作，次夜止。谚曰："朝北暮南子夜东。"又曰："朝三暮七，昼不过一。"盖其暴者不久，或数时，或一日夜。其柔者久，或二三夜。有一岁再三作者，有三四岁不作者。凡岁有一鬼打节，则有一飓；有二鬼打节，则有二飓。鬼，鬼宿也；打节者，或立春、立夏等节值鬼宿也。又凡六月有北风，必作飓，谚曰"六月无闲北"。北风为正风旧，东风为左风旧。风旧以铁飓为大，无坚不摧，故曰铁，回南时势尤猛烈。

粤在南方，故其风起于南者为顺，起于北者为逆。顺者为正风，天地之仁气也。逆者为飓风，始于北而终于南，从不仁以归于仁也。仁，阳也；不仁，阴也。飓起多以仲夏以午，仲夏与午，阴长阳消之始也。飓得阴气之先，初起时，有雷则不成飓，未纯乎阴也。飓作数日，有雷则止者，阴气为阳所夺也。起于朝者三日，于暮者七日，暮而阴气益盛，故飓发之久也。然七日而无雷，则飓亦止。七者数之尽，阴与阳皆以七日而复也。又飓之暴者不久，而柔者久；柔，阴之极也。奋雷者阳畜之极，故不终日；飓者阴畜之极，故多日。不终日之雷，其雷多吉；终日之风，其风多凶。飓，终日之甚者也，凶之气也。天地之道，雷欲其有初而无终，雷而有终，斯为振恒之凶；风欲其无初而有终，风而无终，斯为终风之暴。

《说文》有颶而无飓，或以为颶即飓也。予谓飓起于日南，日之风也。日者火之本，飓者风之本，颶与日交，风随火发，故为最烈之气，则谓飓曰颶亦可也。昌黎诗“雷霆逼飓颶”，飓颶二字相连，则飓、颶一也。颶从日者，《律书》：“南方景风夏至至。”景，大也。日至夏始大，阳气长养也。飓风大者皆以夏月发，日气过盛，故掀山簸海而訇哮不止也。唐官制有颶海道，不曰飓海者，以琼海为日南之地，飓多从琼海而起，故海曰颶海也。

飓者，具四方之风也。凡飓以东北方而始，必以北以西而中；以西北方而始，必以北以东而中，而皆以南而终。盖南方之风，以南为正，始于不正终于正，故飓必回南乃止，归于其本方也。南人以飓为惧，飓，又惧也。惧于始，复惧于终，惧其再作、终而又始也，故曰飓者惧也。当惧之时，人不望飓风之止，惟望迅雷之作，雷作而飓止矣。然雷亦必以飓回南而后作，飓不终，则雷不作也。二者必相代而不相夺，以为天地之用者也。飓莫甚于琼，雷、廉次之，广又次之，至韶南而力末矣，故琼人最惧飓风。其发也，先期数日，有声微作，作而旋止，急而旋缓，谓之练风。于是炎云郁结，雷声殷殷，有虹欲断欲连，下饮海水，海翻声吼怒，波浪沸腾，矶石搏触，有浊气凝结成破布，或若烂苔，遍流而北，水鸟惊飞，木叶南侧，于是飓风作矣。益之以暴雨、以惊潮，则其势弥暴。屋飞于山，舟徙于陆，颠仆马牛，摧拔树木，海水涌高数丈，洋田浸没，卤咸所留，稼穑不育，是之谓铁飓。

风候

广州风候，大抵三冬多暖，至春初乃有数日极寒。冬间寒不过二三日复暖。暖者，岭南之常，寒乃其变。所以者，阳气常舒，南风常盛，火不结于地下而无冰，水不凝于空中而无雪，无冰无雪故暖。

凡水之气欲其升，故《传》曰“水无沉气”；火之气欲其降，故《传》曰“火无灾燀”。广中火之房，气常不降，故多燠。又《传》曰：“天无伏阴，地无散阳。”广中之阳多散，故四时常燠。大抵阳贵聚而不贵散，阴贵散而不贵聚，故《易》之《离》言“畜牝牛吉”。畜者何？言贵乎阳之聚也。

凡地之阳气自南而北，阴气自北而南。比年岭表甚寒，虽无雪霜，而凛烈惨凄之气，在冬末春初殊甚，北人至止，多有衣重裘坐卧火炕者。盖地气随人而转，北人今多在南，故岭表因之生寒也。予诗：“边人带得冷南来，今岁梅花春始开。头白老人不识雪，惊看白满越王台。”又云：“一自边人至，南中得雪看。炎天无旧暖，涨海有新寒。”

立春宜微寒。谚曰：“春寒春暖，春暖春寒。”盖南中以春寒为祥，其望春寒，所以望春暖也。春，立春也；一春之寒暖，以立春卜之。立春又宜晴。谚曰：“春晴一春晴，春阴一春阴。”而元日则宜微雨，宜北风，宜西北、东北风，不宜南风。东风有微雨，而北风则寒，寒亦为春暖之兆。又以是日权水，水重则雨多，轻则雨少。日直其月，至十二日而止，以测十二月之水旱。寒故水重，水重者多雨，而年丰之兆也。

岭南之地，其属韶阳者，秋冬宜寒而反热，春夏宜热而反寒。青草、黄茅二瘴，即土著亦有染者。大抵冬不甚寒而春寒，夏不甚热而秋热，似与岭北气候较迟。而风鸢之戏，岭北以八九月，岭南以二三月，则地气升降，不惟稍迟，亦似相反，则亦楚之风候也。旧以隶属桂阳，盖亦有说。

岭南濒海之郡，土薄地卑，阳燠之气常泄，阴湿之气常蒸。阳泄，故人气往往上壅，腠理苦疏，汗常浃背。当夏时多饮凉冽，至秋冬必发痎疟，盖由寒气入脾，脾属土，主信，故发恒不爽期也。阴蒸，故晨夕雾昏，春夏雨淫，人民多中𢈼湿，间发流毒，则头面四肢，倏然瘇痒。医以流气药攻之，每每不效，是曰走马胎。以灯火回环爆之，或男左女右，于手尺泽穴以艾灸之。其或霍乱、痁疟，腹痛不堪，是曰急沙。以炒盐沃清水饮之，或于足下股上，寻其紫色筋脉，以鏹刺血出之，谓之刮沙，皆可愈。谚曰："缓沙急沙，刺出血花。走马之胎，火爆如雷。"

雷 风

东粤之地，阴阳二气恒不得其和，而雷、琼二州尤甚。雷州在海北多阴，雷生于阴之极，故雷州多雷；琼州在海南多阳，风生于阳之极，故琼州多风。凡风生于火者阳风，生于水者阴风；雷出于山者阳雷，出于泽者阴雷。琼州在水中，其风多阴；雷州在山中，其雷多阳。而二州雷风往往相应。雷州雷，则琼州风；琼州风，则雷州雷。琼州风甚，则雷州雷亦甚；雷州雷甚，则琼州风亦甚。其气常相摩荡也。雷人事雷，琼人事风，皆甚谨。风以飓为大，凡南海之飓，皆起于琼，琼之飓又起于崖。崖为海之极南，其地最虚，去州东百有馀里，有一巨穴，飓风恒出其中，呼于山则为迅雷，吸于泽则为淫雨，常与之终始，盖地气不得其平所致。黎人虔祷是山，飓风辄息，名曰息风之山。琼有息风，雷有擎雷，二山洞窍皆相潜通者也。擎雷为雷州镇山，或谓雷州以擎雷之山得名，非也。州多雷，而是山高大能擎是州，雷多从之而出，故名擎雷。所以然者，州之南地濒于海，其陂塘堤岸不能自固，鲲鹏之所变化，瘴母之所凭陵，民日夜以怀襄为惧，疆域虽延袤千里，求一夕之安，未易数数然也。所恃擎雷之山，以为砥柱。所关不小，风水之灾，皇皇焉拜跪不宁。噫嘻，雷州则诚危地也哉！嗟夫！地至雷州极矣。北极出地仅二十度有奇，琼又少一度，自雷至琼，浮海百馀里耳。度数已别，则地势之卑，视北海不啻倍蓰。昔人谓地形欹，信矣。地以卑故，阳力微薄，不能厚畜其震惊之性，而雷动往往非时。州名曰雷，言多雷之变也。

冬 雷

岭南以冬雷为常。盖濒海地薄，不能固畜其火，故阳气早泄而冬雷。又其地最下，而雷州地形如舌，吐出海滨三百里，为卑下之极，故多雷。语云："北方寒，有无雷之国；南方热，有无日不雷之境。"地最下故热，以其与日近也；与日近，故与雷近；无日不热，故无日不雷。阳气太盛，常奋击而为声耳，然冬雷终属灾异。

旧 雷

雷州之俗，以雷在春前者为旧雷，交春为新雷。岁除时，旧雷与新雷相接，其占为明年大稔。有咏者云："腊底雷鸣是旧雷，新雷声向岁朝开。"旧雷之称奇甚。雷州有旧雷，琼州有旧风，可以并举。

阴 雷

雷州之雷，其无声者曰阴雷。阳雷以生，阴雷以杀，天之所以为道也。其阴雷何也？有受害者诉于神，其仇雠忽震以死，人皆弗闻也者。顶有一孔，气出若硫磺，背篆书数行莫可辨，雷州人以为阴雷也。盖阳雷在天，阴雷在人。阴雷之出无时，人实为之，故君子畏阴雷也。

雷　耕

相传雷州阴晦之夕，谓之雷耕，晓视田中有开垦迹，非雷耕也。雷州地暖，春初时雷始发声，农则举趾而耕，故曰雷耕。雷出田中，故疑有开垦之迹也。又雷州无日不雷，故农人无日不耕。其稻有六十日而熟者，有九十日而熟者，有二月种而十月熟者，有十一月种至明年四月而熟者，或历两时，或三时，或四时。其稻无日不种，亦无日不获也。雷人之耕，盖有异乎他郡之耕也，故曰雷耕。

云

粤地每多赤云，盖粤本炎方，火之用事，火在地中则丽而为丹山，在水则澄而为碧海，在天则光怪而为赤云，是皆离明之所发也。而广州北山多白云，或以为珠海之气所化。海，大泽也。大泽者，吐嗡兑之精华，其气多白，气成形为云，云之诸色，则昏旦之日与水气相映而成者也。山临珠海，每当晴霁，如积雪浮空，半天皆素，或作龙文，或鱼鳞微带金彩。语有云“越云如龙”，殆谓是也。

客有登新安杯渡山者，见一缕烟从海出，渐次缭绕上天，化作稠云。顷之，海中复有千万烟缕上出，天乃大雨。盖雨者云之所为，而云从山中出者多晴，从海中出者多雨。《易》曰：“云上于天，需。”云者，雨之所需也。气始为烟，中为云，终为雨也。

山之湿气，蒸而为云；泽之燥气，动而为风。风生于燥，云生于湿，故山气清则月明，泽气清则日丽。广州治背山面海，地势开阳，风云之所蒸变，日月之所摩荡，往往有雄霸之气。城北五里马鞍冈，秦时常有紫云黄气之异，占者以为天子气。始皇遣人衣绣衣，凿破是冈，其后卒有尉佗称制之事。故粤谣云："一片紫云南海起，秦皇频凿马鞍山。"而新会当宋皇祐间，龙山下有黄云郁起，水色变为紫者旬日，人以为文明之瑞。明兴，白沙遂符其兆。故今学宫书云："圣人门青天白日，新会学紫水黄云。"

或云："南海多蛟蜃，故云色驳。"盖蛟蜃乃雉所化，雉有文采，形虽化而其气未化，气杂于海云之中，故云色驳也。大抵海之云，生于水气者十之七，生于蛟蜃气者十之三。《记》曰："天降时雨，山川出云。"此真云也。

雨

凡天晴暴雨忽作，雨不避日，日不避雨，点大而疏，是曰白撞雨，亦曰过云，亦曰白雨。谚曰："下白雨，娶龙女。"白雨者，炎热之气所蒸，夏间为多，其势苦暴，邵子所谓"火雨"也。岭海炎方，夏日火尤盛，故多白雨。六月火在天上，故先下火雨，乃为水雨而滂沱也。子瞻诗："夏畦流膏白雨翻。"升庵云："俗以暑雨乍落乍晴，日光穿漏，谓之天笑。"即白雨也。白雨宜早稻，谚曰："早禾壮，须白撞。"或日色微黄，且日且雨，是曰黄日雨，亦曰黄雨。其气溽而蒸，是生螟螣，禾最患之。故曰："白雨宜禾，黄雨不宜禾。"予诗："炎天白雨早禾宜，更为园林熟荔支。今岁无多黄雨下，农夫相庆酒杯持。"又早禾宜朝雨，晚宜夜雨。广州夏雨恒多，宜早禾；高、雷秋雨恒多，宜晚禾。其或东望浓云，有雷电而雨，西则否；或南望浓云，有雷电而雨，北则否，是曰分龙雨，亦禾之宜。其不宜者二蛊，蛊者，虫也。其生于雨者曰雨蛊，生于风者曰风蛊。

琼于广州，风气绝殊。琼冬至宜雨，谚曰：“冬干年湿，禾米莫粒。”而广冬至不宜雨，谚曰：“干冬湿年，禾黍满田。”琼元日宜晴，谚曰：“冬湿年干，仓廪团团。”而广元日宜微雨，谚曰：“年湿冬干，农夫加餐。”琼三月三日雨，天蚕损秧；四月八日无雨，虫盛禾苗坏。而广四月八日雨，十四日无雨，则谷多。琼端午日暮而雨宜田，早而雨则下田伤，不雨则高田伤。而广五月朔宜雨，雨则井泉浮，年丰；初二日不宜雨，雨则井泉干，年歉；五日亦不宜雨。琼七月七夕有雨，则八月有雨。广七月七夕有雨，则八月无雨；处暑无雨，则白露有雨。白露雨谓之苦雨，禾沾之白飏，果生虫，蔬菜味苦。凡雨有甘苦，故《诗》曰“以祈甘雨”，《左传》曰“秋无苦雨”。盖春雨为甘，秋雨为苦，甘则生物，苦则杀物。

冰

粤无冰，其民罕知有南风合冰、东风解冻之说。岁有微霜，则百物蕃盛。谚曰：“勤下粪不如早犁田。”言打霜也。冰生于霜，粤无冰，以无霜也。故语曰“岭南无地着秋霜”，又曰“天蛮不落雪”。即或有微冰，辄以为雪；或有微雪，以为冰。人至白首，有冰雪不能辨者。大抵阳火之气下积，阴水之气上凝，则为冰。岭之南，阳生多而阴杀少。火畜于地，而水不敛于天，天之水常融，地之火常结。故隆冬之候，泽腹不坚，间有薄冰，亦不崇朝而释，故其人辄不识冰也。冰者霜之终，霜者冰之始。

凡九月而阳未尽，则霜不严；十二月而阴未纯，则冰不厚。岭南地暖，阴道不凝，故或以露始，而不以霜终；或以霜始，而不以冰终。坤道之驯，至于寒极而战，未尽与大《易》准也。或极寒，亦有微霰，然未至地已复为雨矣，少陵云“南雪不到地”是矣。

霜 露

广州有霜而无雪，然霜亦微薄不可见，秋深以木叶微红，知其为霜耳。霜者，白露凝戾而成。广州地暖，白露出于土者难晞，故霜在有无之间。所以然者，露者纯金之气也，岭南火盛而金衰，秋深犹热，金气不能成液，故少露。露少，故不结为霜而杀草也。然亚岁后，霜亦微降，贫者无絮以御冬，手足微有皲瘃，亦非疾痛害事，盖以霜不严故也。

甘 露

方文襄尝与王青萝、邓敬所、何古林讲学西樵，甘露连降三日。青萝诗云：“同德之磋，如气之和。同心之涵，如露之甘。”

雾

岭南之地，火气多而常郁积，火极则水生，生之时，未成水而先成雾。雾者瘴之本，以雾始，必以瘴终。每当日出，山野间有白气缕缕自下而上，须臾森弥四布，蒙如轻尘，咫尺不辨人物，此乃浊阴乘太阳而升，为瘴之所从出，而与风相因者。

盖瘴者风之属，气通则为风，塞则为瘴。《易》曰："山下有风，蛊。"风止于山，故成蛊。瘴者，蛊之所蕴酿者也。故凡浊阴胜，则为冷风冷瘴；浊阳胜，则为热风热瘴。其源因于雾，亦因于风。盖雾之为瘴十而七，风之为瘴十而三。岭南多雾瘴，滇、黔多风瘴，是皆气候之最恶者也。岭南之雾，近山州郡为多，自仲春至于秋季，无时无之。暖极而雾，是谓南雾，言南风之雾也；寒极而雾，是谓北雾，言北风之雾也。南雾三日，必有大雨或大风。北雾必晴，晴而自旦至午，雾犹不分。暑雨冲激，其气毒淫，瘴之所结，蓊勃如云，而香花瘴尤甚。当木樨开时，山岚气随之而发，行者闻有异香出林，味如桂菊，氤氲不散，则香花瘴之所为也。瘴以香诱人，爱其香而以鼻呼吸，则其毒灌入心脾，不可药矣。近海州郡，地气稍舒，风潮之所荡涤，清淑之所扶舆，虽一日之间，昼多燠而夜多寒，晴甚燠而阴甚寒，寒或多积雾，燠或多淫霖，而偏沴之气，方生即散，故为诸瘴绝少。天以阳施，地以湿感，寒暑相搏，但为疟疾而已，无甚疫疠之害也。故凡瘴之中人也，疾多黄羸，足重而偏枯，癖疥不一；雾之中人也，体倦而脚酸，上呕下泻。疗治之法，有宜散其寒邪，有宜下其热毒，必诊视所中何如，然后针药从之。

凡十月朔有雾，则明岁正月雨；初二有雾，则明岁二月雨。一日应一月。是日无雾，则明岁是月无雨。雾者，雨之征也。十月为水生之始。水将生，先之以雾。雾为雨始，雨为雾终。

瘴

岭南之地，愆阳所积，暑湿所居，虫虫之气，每苦蕴隆而不行。其近山者多燥，近海者多湿。海气升而为阳，山气降而为阴，阴常溢而阳常宣，以故一岁之中，风雨燠寒，罕应其候。其蒸变而为瘴也，非烟非雾，蓬蓬勃勃。又多起于水间，与山岚相合，草莱沴气所郁结，恒如宿火不散，溽熏中人，其候多与暑症类，而绝貌伤寒，所谓阳淫热疾也。故入粤者，饮食起居之际，不可以不慎。当唐、宋时，以新、春、儋、崖诸州为瘴乡，谪居者往往至死。仁人君子，至不欲开此道路。在今日岭南大为仕国，险隘尽平，山川疏豁，中州清淑之气，数道相通。夫惟相通，故风畅而虫少；虫少，故烟瘴稀微，而阴阳之升降渐不乱。盖风主虫，虫为瘴之本，风不阻隔于山林，雷不屈抑于川泽，则百虫无所孳其族，而蛊毒日以消矣。在《易》之蛊，刚上而柔下则不交，故巽而止，止而蛊。父之蛊，父之气止也；母之蛊，母之脉止也。天气止，则为父之蛊；地脉止，则为母之蛊。干之者，静则为阴，以通水之脉；动则为阳，以通火之气。吾之中和致，则天地之中和亦至，故曰干。今之岭南，地之瘴亦已微薄矣，独人心之蛊未除耳。犀象、珠玑、金玉，心之蛊也。沉速、多罗绒、雨缎，心之蛊也。客游于斯者，其亦以清廉之药治之，毋徒自蛊以蛊其子孙，可乎！

瘴之名不一。当八九月时，黄茅际天，暑气郁勃，有若釜鬵，人行其间，苦为炎毒所焮，昏眩烦渴。轻则寒热往来，是谓冷瘴；重则蕴火沉沉，昼夜若在炉炭，是谓热瘴。稍迟一二日，则血凝而不可救矣。最重者，一病失音，莫知所以，是谓哑瘴。冷瘴者，与痎疟相似，秋来多患之，天凉及严寒少有。若回头瘴，则因不能其水土，冷热相忤，阴阳相搏，遂成是疾。摄养者知此，亟宜自慎，毋多早行，毋多露宿，毋多日中而驰。盖日中酷暑，骤雨初消，阴阳之气交剥，草木蒸变，行人最忌，宜少驻驾以避之。而又毋轻解衣，衣解即服，凉勿逾时，斯为勿药之喜。又常有温中固下、升降阴阳之法以相济，使其天和不伤，真气不耗，则亦何瘴之足云？嗟夫！天地一气之始甚微，粗而为风，浊而为烟雾为瘴，而天地之真气隐矣。惟人亦然，神明荡则其真气亦隐，于是而阴阳俱浊，为烟为雾为瘴，以自昏蒙，有不能保其天年者矣。故惟心存而后气存，气存于一念之中，而心周于天地之外，斯能清明在躬，志气如神，而无瘴疠之患。

瘴之起，皆因草木之气。青草、黄梅为瘴于春夏，新禾、黄茅为瘴于秋冬，是名四瘴，而青草、黄茅尤毒。青则为草，黄则为茅，一盛一衰，而瘴气因之。盖青草时，恶蛇因久蛰土中，乘春而出，其毒与阳气俱吐。吐时有气一道上冲，少焉散漫而下如黄雾。或初在空中如弹丸，渐大则如车轮，四掷，中之者，或为痞闷，为疯症，为汗死。若伏地从其自掷，闭塞口鼻，不使吹嘘，俟其气过方起，则无恙。盖炎方土脉疏，地气易泄，百虫之气易舒，而人肤理亦疏，二疏相感，汗液相诱，而草木之冷气通焉。其名中草子，吐与下之皆不可，宜于中脘、气海、三里灸之，或于大指、五指灸之，或以针刺额及上唇，以楮叶擦舌出血，徐以药解之，内热除则愈。此邝露之言也。

半虹

雷之州，每见天边有晕若半虹，长数十丈，初圜而黑，渐乃广阔如破帆，其名风篷，亦曰飓母，又曰瘴母。瘴母起，则飓风随之。飓生于瘴，瘴为气，飓为风，气者风之母，故曰飓母。飓母先成形而为半虹，胎风其中，经四五日而后飓发，积之久者发之暴，其候不爽，故苏过云“断霓饮海而北指”。断霓，一作断虹，即半虹也。广州四时虹见，半虹则以将飓而后见。半虹饮水，水气腥，又吐为犁头云，是曰飓云。先为虹而后为云，虹断而云作犁头状，夹日以翔于南，其色纯赤，此火之气也。火以生风，故为飓之母。又飓将作，先期一二日，有云片漫空疾飞，海人称为飓潮。风本云也，而以为风，见云而知其为风也，云得气之先者也，此阴云也。阳之云为雷之始，阴之云为风之始也。

河 汉

宓山谓："河汉以十月隐，二月见，天下皆然。"而岭南腊月晴暖之夜，河汉仍见不隐。予谓："河汉亦海之散气也，南海水大而气温，水暖则天亦暖，故河汉至冬不隐。"凡水之精华，以春而上浮于天，则河汉见；以冬而下沉于地，则河汉隐。南海之水，其精英常浮，以阳气太盛，其地又疏理，闭藏不坚，故冬有雷，有河汉。予诗："炎天河汉异，南海大星多。"

雹

吾粤无雹。盖雹者冰之所为，冰以盛阴而坚，盛阴胁乎盛阳，则雨冰而为雹。吾粤盛阳之地，阴气不凝，当寒时不结而为冰，则当暑时不散而为雹。《左氏》云："雹者，冬之愆阳、夏之伏阴所致。"吾粤冬而衍阳多有之，夏而伏阴则少。白首老人，不识冰之为冰与雹之为雹也，故或见霰而以为雪，见霜而以为冰，见白雨而以为雹，以为珍珠雹也，不知其为白雨也。粤在天南多白雨，白雨在北则为雹，雹在南则为白雨。白雨者雹之所散，雹者白雨之所凝也。白雨盛夏益多，谚曰："六月六，白雨足。"

变风

风之始发，恒以月七八之日，及早暮二时，过此即甚暴烈，多不终朝。谚曰："七风八到，九日无来风过造。"又曰："朝三晚七，半夜下风无过日。"然近海多风，亦不尽如所云。三伏时有飓母起，数日间即有巨风起东北，必回南转西而后解，或未转西而解，则数日必复暴发。凡先西北而后东南曰左飓，辄起辄止曰石尤。石尤多以夏秋间潮上时发，发必三日连发，望西北云起如蟛蟧脚，瞬息即至，船行宜早避之。

琼州有知风草，每能变化，乃虫所变。叶面背岁或一折，或二三折，或无之。每岁叶叶相同，无间彼此，土人以候岁之飓风有无多少。王佐诗："飓母崩腾山岳移，方当海未练风时。琼南琼北无消息，独有知风小草知。"琼州最多飓风，飓风有祠，岁五月五日，郡守而下视祭，他郡则否。

风火

火生于雷，亦生于风。丁巳八月二十夜，顺德县有大风起，暴雨随之，拔木发屋，破坏民居无数，凡三日夜乃止。风触物辄有火光，木摧朽处皆焦烂，此乃天之阴火也。阴火生于风，阳火生于雷。阴火多生于海，阳火多生于山。

卷二　地语

地

地至广南而尽。尽者，尽之于海也。然琼在海中三千馀里，号称大洲，又曰南溟奇甸。他若广之大奚，为急水、佛堂一门之障，周回有三十屿，广二百里。其西南之老万山又过之。潮之南澳，中分为四，与肇庆之海陵，皆广三百馀里；廉之龙门岛，高之硇洲，雷之涠洲、蛇洋洲，皆广百里，开辟之可以为一县，皆广南之馀地在海中者也，则地亦不尽于海矣。地不尽于海，凡海中之山，若大若小，其根蒂或与地连，或否，是皆地矣。虽天气自北而南，于此而终；然地气自南而北，于此而始。始于南，复始于极南，愈穷而愈发育，故其人才之美有不生，生则必为天下之文明。盖其位在离，离中虚，故广南之地多虚，极南之地在海中尤虚。虚而生明，故其人足文而多智，学得圣人之精华，辞有圣人之典则，以无忝乎海滨邹鲁。盖自秦、汉以前为蛮裔，自唐、宋以后为神州，虽一撮之多，非洲非岛，在烟水渺弥、蛟鼍出没之间，亦往往有衣冠礼乐存焉。地之尽于海者，与诸夏而俱穷；其不尽于海者，不与诸夏而俱穷。南而又南，吾不知其所底矣。

南 交

南交者粤也，陶唐之南裔也，故举南交而可以概粤矣。然史称周武王巡狩，陈诗南海。又《诗》曰："于疆于理，至于南海。"则举南海，又可以概粤矣。汉称粤为交州，盖本于唐；秦分粤地为南海郡，盖本于周。然扬雄《交州箴》有曰："南海之宇，圣武是恢。"又曰："交州荒裔，水与天际。"则举交州而南海在其中矣，举交州亦可以概粤矣。其称曰交趾，交州之趾也。粤趾于中原，而交趾趾于粤也。交趾自高阳时已砥属，而尧名为南交，故论地名以南交为古，论事以宅南交为古。

越 裳

越裳，在象林界外，越之裳也。越诸上郡为衣，而诸下郡为裳也。南极入地，至南海而益下，故称交州为天下之趾，而象林界外为越之裳也。谚曰"裙田裙沙"，言乎为边之幅也，裳之说也。又古言疆域皆曰服，越为荒服。汉文帝赐尉佗书曰："服领以南，王自治之。"《史记》："领南沙北。"刘安云："其入中国，必下领水。"《汉书》"岭"亦作"领"。领者，衣领也。五岭之于荒服，犹衣之领，故曰岭。其边海之地，则曰裳也。越故剪发文身，非中华冠带之室，汉高帝尝遗尉佗蒲桃宫锦，而文帝赐上、中、下褚衣，其欲以衣裳袭彼鳞介也。春秋重衣裳之会，盖以黄帝、尧、舜垂衣裳而天下治，天下而皆有其衣裳，而天下治矣。衣裳取诸乾坤，无衣裳，斯无乾坤矣。越西有瓯骆，其众半裸，南面称王。越裳之地而有衣裳，是犹知夫礼义，非同裸国之民也。古者衣与裳相连，犹乾与坤不相离也。越裳而欲通于中国，盖欲以其裳连乎中国之衣也。

越

《元命苞》云："牵牛流为扬，分为越国。"故越号扬越，谓扬州之末土，扬之越也。《尔雅》曰："越，扬也。"注谓"发扬也"。又其性轻扬也。李巡曰："江南其气燥劲，厥性轻扬。"《太康地纪》云："以扬州渐太阳位，天气奋扬，履正含文，故取名焉。"越又曰蛮扬。《风俗通》云："蛮，慢也，其人性慢。"故又曰蛮越也。其曰百越者，以周显王时，楚子熊商大败越，越散处江南海上，各为君长也。曰勾越者，《淮南子》云："吴人语不正，言吴而加以勾也。勾，夷俗之发声也。"颜师古云："吴与越音声多同，太伯自号曰勾吴，故越亦曰勾越也。"大均按：《春秋》书于越，于亦勾也。勾践名践，勾亦语发声也。曰大越者，勾践自称其国也。曰于越者，始夏少康时。曰扬越者，始周武王时。曰荆越者，以在蛮荆之南，与长沙接壤，又当周惠王时，归附于楚也。若蛮扬则始于汤也。曰南越者，吴王夫差灭越，筑南越宫，故佗因其旧名，称番禺为南越也。佗自称南越武王，已而又称武帝，生而自谥为武，此蛮夷大长之陋，盖始于秦政也。当是时，梅鋗与无诸摇皆起兵从楚灭秦，又从汉灭楚，有大功劳，不愧为勾践之子孙。顾佗倔强一隅，乘机僭窃，甘与冒顿分南劲北强以苦汉，斯诚勾践子孙之所深恶痛疾者也。盖勾践之霸，少康之馀烈也；鋗与无诸摇之勋，勾践之馀烈也。佗非其种族，故宜其弃冠带，反天性，甘与裸国之王争雄长也。夫使南越之不得早为中邦，渐被圣化，至汉兴七十有馀载，始入版图，佗诚越之罪人也。

三 关

湟溪、阳山、洭口，皆有秦关，名曰三关。清远、汇口亦有之。盖粤东要害，首在西北，故秦所置三关，皆在连州之境，而赵佗分兵绝秦新道亦在焉。佗既绝新道，于仁化北一百三十里，即今城口筑城，以壮横浦；于乐昌西南二里，上抵泷口筑城，以壮湟溪。盖仁化接壤桂阳，乐昌接壤郴州，当时东岭未开，入粤者多由此二道，即使南安有守，而精骑间道从郴、桂直趋，可以径薄韶阳，横断南北，此佗设险之意也。或曰乐昌古城，任嚣之所筑，其在隔河二里之城，乃佗所筑，以夹武溪之水者。盖自宜章而下，三泷水最湍急，舟可两日至韶，二城夹扼泷口，则西北之要害据矣。自韶至英德，水路一日，故佗又筑万人城于浈水也。伏波出桂阳，下汇水为奇兵，即此道也。楼船出豫章，下横浦为正兵，其道直，无泷水之险，故先至，攻陷寻陕。伏波从衡岳而下，道远，亦以二城夹扼，费攻坚之力，故后期也。武帝平南粤，以曲江、浈阳、浛洭三县属桂阳郡，隶荆州，所以扶粤之门户，为犬牙参错，意深哉！

海 门

南海之门最多。从广州而出者曰虎头门，最大；小者曰虎跳、曰鸡踏、曰鸡啼、曰三门、曰东洲。此中路之海门也。从东莞而出者，曰南亭；从新安而出者，曰小三门、曰屯门、曰急水、曰中门、曰鲤鱼、曰双箸、曰南佛堂、曰北佛堂；从新宁而出者，曰大金、曰小金、曰寨门、曰官门；从惠来而出者，曰甲子；从潮阳而出者，曰河渡；从澄海而出者，曰水吼。此东路之海门也。从新会而出者，曰厓门、曰松柏；从顺德而出者，曰黄杨；从香山而出者，曰金星、曰上十字、曰下十字、曰马骝、曰黄麖；从吴川而出者，曰限门；从海康而出者，曰白鸽。此西路之海门也。凡三路，东起潮州，西尽廉，南尽琼崖，皆有水寨以守。水寨在潮者曰柘林，在惠曰碣石，在广曰南头，在高、肇庆曰恩阳，在雷曰白鸽，在琼曰白沙，凡六寨。六寨之信地，其港深者，在南头有屯门、佛堂；在柘林有东山、下河渡；在恩阳有神电、马骝；在白鸽有北隘头，可泊大船；馀则港浅，洋中皆有暗沙，大船不利。在白沙有清澜，可泊大船，若白沙与万州，其港亦浅。鬼叫门亦有暗沙。在碣石有白沙湖可泊大船，馀港多外浅内深，难于出入。碣石卫则海石嵯岈，船易冲磕。甲子门其港亦浅。盖海防甚难，一遇飓风，船无湾泊之所，每多覆溺；船少又难以战守，故必量各寨广狭置船，多为之备。

虎头门

广州山有三路，分三门，而以大庾为大门；海亦有三路，分三门，而以虎头为大门。虎头者，天地之阳气所从入，刘安所谓“阳门”也。地体阳而用阴，海者地之宗，故祀南海神于虎头门之阴。门在广州南，大、小虎两山相束，一石峰当中，下有一长石为门限。潮汐之所出入，东西二洋之所往来，以此为咽喉焉。出虎头咫尺，则万里天险，与诸番共之。诸番非表，而吾非里也。大唐之地止乎此，然止而不止；天下山川之气，亦止乎此，然止而不止。止者地之势，而不止者天之行也。自虎头而入为滥口，次曰大滥，又次曰二滥，至滥尾则为波罗之江。予家在其上，终岁间南风多而不大热，以海水盛也；北风多而不大寒，以山火盛也，盖得安居之乐焉。

厓　门

厓门在新会南，与汤瓶山对峙若天阙，故曰厓门。自广州视之，厓门西而虎门东。西为西江之所出，东为东、北二江之所出，盖天所以分三江之势，而为南海之咽喉者也。宋末，陆丞相、张太傅以为天险可据，奉幼帝居之，连黄鹄、白鹞诸舰万馀，而沉铁碇于江。时穷势尽，卒致君臣同溺，从之者十馀万人，波涛之下，有神华在焉。山北有一奇石，书“镇国大将军张弘范灭宋于此”十二字。御史徐瑁恶之，命削去，改书“宋丞相陆秀夫死于此”九字。白沙先生谓，当书“宋丞相陆秀夫负帝沉此石下”，瑁不能从。光禄郭棐谓：“如白沙者，则君臣忠节胥备，其有关于世教更大。”而予则欲书“大宋君臣正命于此”，凡八字，未知有当于书法否？

甲子门

甲子门，距海丰二百五十里，为甲子港口，有石六十，应甲子之数。又有奇石十八，屹立如人。宋承奉郎范良臣尝刻“登瀛”二字于石，取十八学士之义。景炎元年，端宗航海而至，良臣给军食三日，留帝像登瀛石上。今石中像端然临者，帝也；跪而进食者，良臣也。予铭其上云：“天留一石，以作天家。君臣遗影，苔蚀如霞。芜蒌之饭，化作琼沙。衔珠青鸟，以瘗重华。”

澳　门

凡番船停泊，必以海滨之湾环者为澳。澳者，舶口也。香山故有澳，名曰浪白，广百馀里，诸番互市其中。嘉靖间，诸番以浪白辽远，重贿当事，求蚝镜为澳。蚝镜在虎跳门外，去香山东南百二十里，有南北二湾，海水环之。番人于二湾中聚众筑城。自是新宁之广海、望峒、奇潭，香山之浪白、十字门，东莞之虎头门、屯门、鸡栖诸澳悉废，而蚝镜独为舶薮。自香山城南以往二十里，一岭如莲茎，逾岭而南，至澳门则为莲叶。岭甚危峻，稍不戒，巅坠崖下。既逾岭，遥见海天无际，岛屿浮青，有白屋数十百间在烟雾中，斯则澳夷所居矣。六十里至关，关外有番百馀家。一寨在前，山巅有参将府握其吭，与澳对峙。澳南而寨北，设此以御澳奸，亦所以防外寇也。初至一所曰青洲，林木芊郁，桄榔、槟榔之中为楼榭，差有异致。又十里至澳。澳有南台、北台，台者山也，以相对，故谓澳门。番人列置大铜铳以守。其居率为三层楼，依山高下。楼有方者，圆者，三角者，六角、八角者，肖诸花果形者，一一不同，争以巧丽相尚。己居楼上，而居唐人其下，不以为嫌。山顶有一台，磴道横贯，常登以望舶。其麓有东望洋寺、西望洋寺，中一寺曰三巴，高十馀丈，若石楼，雕镂奢丽。奉耶稣为天主居之，僧号法王者司其教。凡番人有罪至寺，法王不许忏悔，即立诛斩；许忏悔，则自以铁钩钩四体，血流狼藉，以为可免地狱之患。男女日夕赴寺礼拜，听僧演说。寺有风乐，藏革柜中不可见，内排牙管百馀，外按以囊，嘘吸微风入之，有声呜呜自柜出，音繁节促，若八音并宣，以合经呗，甚可听。有玻璃千人镜，悬之，物物在镜中。有多宝镜，远照一人作千百人，见寺中金仙，若真千百亿化身然者。有千里镜，见三十里外塔尖，铃索宛然，字画横斜，一一不爽；月中如一盂水，有黑纸渣浮出，其淡者如画中微云一抹，其底碎光四射，如纸隔华灯，纸穿而灯透漏然。有显微镜，见花须之蛆，背负其子，子有三四；见虮虱毛黑色，长至寸许，若可数。又有自鸣钟、海洋全图、璇玑诸器。花则贝多罗、丁香，禽则红白鹦鹉、幺凤、倒挂；兽则獴狷、短狗以为娱。人以黑毡为帽，相见脱之以为礼。锦罽裹身，无襟袖缝绽之制。腰带长刀，刀尾拖地数寸，划石作声。其发垂至肩，绀绿螺蜷，鬅如也。面甚白，惟鼻昂而目深碧，与唐人稍异。其侍立者，通体如漆精，须发蓬然，气甚腥，状正如鬼，特红唇白齿略似人耳。所衣皆红，多罗绒、辟支缎，是曰鬼奴。语皆侏㒧不可辨。每晨食必击铜钟，以玻璃器盛物，荐以白氎布，人各数器，洒蔷薇露、梅花片脑其上。坐者悉置右手褥下不用，曰此为触手，惟以溷，食必以左手攫取。先击生鸡子数枚啜之，乃以金匕割炙，以白氎巾拭手，一拭辄弃置，更易新者。食已皆卧，及暮乃起，张灯作人事。所积著西洋货物，多以妇人贸易，美者宝鬘华襕，五色相错，然眼亦微碧。彼中最重女子，女子持家计，承父资业。男子则出嫁女子，谓之交印。男子不得有二色，犯者杀无赦。女人寺，或惟法王所欲，与法王生子，谓之天主子，绝贵重矣。得一唐人为婿，举澳相贺。婿欲归唐，则其妇阴以药黧黑其面，发卷而黄，遂为真番人矣。澳人多富，西洋国岁遣官更治之。诸舶输珍异而至，云帆踔风，万里倏忽，唐有司不得稽也。每舶载白金巨万，闽人之为揽头者分领之，散于百工，作为服食器用诸淫巧以易瑰货，岁得饶益。向者海禁甚严，人民不得通澳，而藩王左右阴与为市，利尽归之，小民无分毫滋润，今亦无是矣。

南　澳

南澳，在饶平东南二百里，盖海中之山，而潮之边幅，全粤之东蔽也。地周三百馀里，中分四澳：东折为青澳，风涛险恶，泊舟者患之；西折为深澳，环以黄、赤二屿，一口裁通，可容千艘，而隆澳其门户也；其曰钱澳，则宋帝所尝驻跸，是为四澳。钱澳有洲曰辞郎。景炎元年，帝舟迁于甲子门，邑人张达率义徒扈从，其妻陈璧娘送之至此，故曰辞郎。其名甚悲，夫妇之义，盖与此洲而长存焉。洲之青径口，有陆丞相疑墓，及丞相母赵氏太夫人墓、少子九郎墓。周弘禴诗“身死厓山勤少帝，魂归南澳恋慈闱”是也。其曰沙园者，有学士馆遗基，莲花石磉高丈许。海涯有太子楼，垒石为之，旁有行宫及指挥司甬道。区区尺土，在波涛浩渺之中，为闽越闰馀地，天偶忘之，故患难君臣，得以相保须臾耳。噫！

铜柱界

钦州之西三百里有分茅岭，岭半有铜柱，大二尺许。《水经注》称：“马文渊建金标，为南极之界。”金标者，铜柱也。《林邑记》云：“建武十九年，马援植两铜柱于象林南界，与西屠国分疆。铭之曰：‘铜柱折，交趾灭。’交趾人至今怖畏。有守铜柱户数家，岁时以土培之，仅露五六尺许。”铜柱不一，考唐、晋皆立铜柱；马援所立在林邑南大浦，其铜柱五；唐开元时，何履光以兵定南诏，取安宁城及盐井，复立铜柱；其后安南都护张舟立铜柱；元和中，马总为安南都护，又立二铜柱于汉故处，镵著唐德，以名伏波之裔；晋天福五年，楚马希范平群蛮，自谓伏波子孙，立二铜柱于溪州。铜柱故不一。马援所立在林邑，则分茅岭铜柱，必马总之遗也。今人但知为马援铜柱，岂以后人所立，亦即前人之所立乎？然柱之以铜，何也？吾粤不多产铜，而伏波所为铜物，处处多有。吾意古时蛮里多以铜为兵，伏波既平交趾，或尽收其兵销镕。既铸铜柱五，以表汉疆；又为铜船五、铜鼓数百枚，遍藏于山川瘴险之间，以为镇蛮大器。于钦州北，又铸铜鱼为窦，今有铜鱼之山焉。而伏波善别名马，又尝以铜铸马式上于朝。而合浦之北铜船湖复有一大铜牛，时浮出水。横州乌蛮滩亦有铜船，每风雨晦冥，有铜篙、铜桨冲波而出，声若震雷，舟人往往见之。是皆铜之物也。伏波故有神灵，为徼外蛮酋所畏。自汉至今，恪遵约束，岁时媵腊，或祭铜柱于西屠，或祠铜船于合浦；其涉乌蛮之滩，渡朱厓、儋耳之海者，亦必精心祈祷，乃得安流。今虽山川移易，铜柱湮沉，而蠢尔跣夷，犹惴惴然以遗忏为忧，不敢埋没故迹，盖震慑将军之威灵若此。吾观交趾之山，其脉发自贵州，贵州为川之馀，其山自巴蜀而来，大率过龙，如波涛万叠，奔腾不止，直至交趾而后结成国土。云南为其后门，广西为其前户，东界则广东钦州也。其地城郭不完，兵止徒卒，器止交枪，绝无中国长技。向者乘我艰危，阻绝天使，某将军以数百骑突之，夷椎数万，踉跄溃走；所乘象闻丛雷大炮，亦辄崩奔，其脆弱可见矣。汉弃朱厓，今朱厓为文物奥区，名公卿比肩而出。明弃交趾，使铜柱旧封，日沦异域，极目关河，非复元封、建武之盛。使有伏波其人者出，安知不可荡平，复为衣裳礼乐之地耶？霍尚守云：“永乐中讨平陈氏，收复交南，千载之奇勋也。倘于斯时，地濒广东者，割二三郡隶之；濒广西者，亦割二三郡隶之；各置大帅，屯重兵以分其势，命张英公世镇，如沐西平故事，交趾之境，岂不若泰山而四维之哉？马骐贪暴而酿祸于先，王通弃地而委弱于后，柄国者复执贾捐之之说，于是封疆竟归黎利矣。嘉靖中，黎、莫变生，廷议征讨，文敏公欲遣大司马按兵境上，诏谕交人，以郡归者授之郡，以州归者授之州，使人自为守，若广西之土官然，可不血刃而定。湛文简权论亦如此，人咸惜其议不行云。且夫交趾，其为郡十七，为州四十有七，为县一百五十有七，岁入司农一千三百六十馀万，举闽、广、滇、黔之赋，犹不足以当之。乃宣德初，当国者弃之若弁髦，且旋师仓卒，曾不少待，使中国官吏工商，沦陷异类，亡虑数十万，计亦左矣。豪杰之士，恶得不以此为痛恨哉！”

考伏波铜柱，一在钦州东界，一在凭祥州南界，三在林邑北为海界，五在林邑南为山界。林邑者，秦之林邑县，地属象郡；汉之象林县，属日南郡者也。自伏波削平其地，至后汉末，有区连者，杀县令自号为王。连死，外孙范逸代立；逸死，奴范文篡位，攻并旁国及日南郡，据之。文死，子佛立，犹屯日南。晋九真太守灌邃，率兵讨佛，走之，追至林邑。今横州东三十里有地曰平佛，疑即灌邃战胜处。其后隋文帝平陈，乃遣行军总管刘方击之，其王范志率蛮徒乘象而战，大败走。方入其都，获庙主十有八枚，皆铸金为之，盖有国十八叶矣。此亦一小南越也。尉佗王后，凡五世九十三岁而亡，而林邑自桓、灵之季至隋，乃得十有八传。蛮酋之力，其亦强盛也哉！《赤雅》云：林邑王范文，本牧羊奴，于涧中得二鳢鱼，欲私食，郎知检求之，文曰：“非鱼，砺石也。”郎至，鱼化为石，其质如铁。文异之，就冶作刀。刀成，举之向石祝曰：“文当有国，石即中开。”石破，遂王林邑。子孙宝之，以鱼刀比之斩蛇剑云。林邑即越裳，今曰占城，在崖州之南，风顺一二日可至。丘文庄言：“昔史臣纪《禹贡》山川，而终以圣化所至，其东、西、北皆以地言，至于南，独言其方。”盖以圣人体天为治，面之所向，目之所视，其明德之光被，初不可以地里限计也。数千年以来，三方皆未尝越之而有加，惟南则日辟日远。崖州在当时远在荒服之外，今既开拓为提封，则占城他日安知不复为吾郡县之地耶？去崖州南六百里，即占城，每南风顺，闻占城鸡声如洪钟，自海外悠扬而至，其近若斯。琼、崖屏障广东，占城亦可以屏障琼、崖者也。

河 南

广州南岸有大洲，周回五六十里，江水四环，名河南。人以为在珠江之南，故曰河南，非也。汉章帝时，南海有杨孚者，举贤良，对策上第，拜议郎。其家在珠江南，尝移洛阳松柏种宅前，隆冬蜚雪盈树，人皆异之，因目其所居曰河南。河南之得名，自孚始。岭南天暖无雪，而孚之松柏独有雪，气之所召，无间远迩。雪其为松柏来耶？为孚来耶？予诗云："能将北雪为南雪，为有苍苍自洛来。松柏至今虽已尽，花田常见雪花开。"花田者，河南有三十二村，旧多素馨，花时弥望如雪，故云。

孚字孝元，其宅在河南下渡头村。越本无雪，至是乃降于孚所种洛阳五鬣松上，可谓异矣。唐许浑诗："河畔雪飞杨子宅，海边花发粤王台。"有张琼者，尝掘地种菱，得一砖云"杨孝元宅"。琼异之，因号"南雪"。

安澜门地

会城南有安澜门。其地自伪南汉时，从百宝水浮来，上有田，禾苗方茂，其主以为天赐，甚喜。识者谓："地宜静定不宜动，一旦浮至，在水旁而有米有田，于字惟'潘'；禾者五谷之美，其必有姓名潘美者来获斯土乎？"未几，宋太祖遣潘美平粤，符其兆焉。

西　场

陆贾初至南越，筑城于番禺西浒以待佗，名曰陆贾城。其遗基在郊西十里，地名西场，一曰西候津亭。出城凡度石长桥一、短桥二乃至。予之生，实在其地。所居前对龟峰，后枕花田，白鹅潭吞吐其西，白云山盘回其东，泉甘林茂，有荔支湾、花坞、藕塘之饶，盖贾之所尝经营者也。其汤沐在锦石之山，其魂魄或常游此。予尝欲以宅地作贾祠，私俎豆之。

陈　村

顺德有水乡曰陈村，周回四十馀里，涌水通潮，纵横曲折，无有一园林不到。夹岸多水松，大者合抱，枝干低垂，时有绿烟郁勃而出。桥梁长短不一，处处相通。舟入者，咫尺迷路，以为是也，而已隔花林数重矣。居人多以种龙眼为业，弥望无际，约有数十万株；荔支、柑、橙诸果，居其三四。比屋皆焙取荔支、龙眼为货，以致末富。又常担负诸种花木分贩之，近者数十里，远者二三百里。他处欲种花木，及荔支、龙眼、橄榄之属，率就陈村买秧。又必使其人手种博接，其树乃生且茂。其法甚秘，故广州场师，以陈村人为最。又其水虽通海潮，而味淡有力，绍兴人以为似鉴湖之水也，移家就之，取作高头豆酒，岁售可数万瓮。他处酤家，亦率来取水，以舟载之而归。予尝号其水曰酿溪，有口号云："龙眼离支十万株，清溪几道绕菰蒲。浙东酿酒人争至，此水皆言似鉴湖。"又云："渔舟曲折只穿花，溪上人多种树家。风土更饶南北估，荔支龙眼致豪华。"

茭塘

茭塘之地濒海，凡朝虚夕市，贩夫贩妇，各以其所捕海鲜，连筐而至，甿家之所有，则以钱易之；蛋人之所有，则以米易。予家近市亭，颇得厌饫。尝为《渔者歌》云："船公上樯望鱼，船姥下水牵网。满篮白饭黄花（皆鱼名），换酒洲边相饷。"又云："鳝多乌耳，蟹尽黄膏。香粳换取，下尔春醪。"

沙贝

增城者，五岭山水之丛。盖大庾西来，由韶、英德、番禺至增城而止；罗浮东来，由汀、惠、博罗至增城而止；北江自南雄北来，由韶、英德趋虎门而入海；东江自惠东来，由龙门、博罗趋虎门而入海。甘泉湛公，世增城之沙贝，前对虎门，为山水汇会之区。语曰"山川孕灵"，不其征欤？大抵中原之山至岭而穷，至虎门而益穷。其水亦然。然而穷之所在，大通以之。予尝欲移居沙贝，以翕受地灵。且所产多荔支异种，与香柚、甘蕉之美，实野人乐志之胜区也。况予沙亭乡去沙贝仅五十里，扁舟乘潮，半日可至。沙贝在扶胥之北，沙亭在南，或渡江先至南海神祠，从祠外东行三十里即至。有湛子钓台在于江曲，五湖烟水一亭在于林间，前贤之流风，悠然其未远也。昔白沙以江门钓台授甘泉，而甘泉以蒲葵笠与弼唐，以为传道之契。予亦垂竿人也，先哲神明，其必有以默相予哉！

梅　村

梅村，在翁源县北三十里。自梅鋗至越，而岭有梅岭，岭之上有红梅驿、红梅村；翁源则有梅村，是皆鋗之汤沐地也。梅村有一岩，上隙通明，为宋进士梅鼎臣读书之所。乾道乙酉，梅氏举族避寇岩中，寇以火烟薰之，仅一孕妇以口伏地得不死。产子名继祖，实嗣梅氏。宣城、麻城是其分支，盖梅鋗之后裔云。鋗以兵从汉破秦，有大功德，子孙蕃衍，有由哉！

梅　潦

自乳源治北行，出风门，度梯上、梯下诸岭，磴道崄巇，尺寸斗绝，民悬居崖壑之间。有出水岩、双桥、梅花、潦水四处尤险。其险皆在石。石之气，使人多力而善斗，跳荡而前，无不以一当十。以石为盾，火为兵，虽瑶蛮亦畏惮之，勿敢与争。子生八九龄，即以鸟枪、鹿铁教之，发必命中。予诗："人人持鹿铁，处处见熊伸。"

洸　口

自英德南山寺，沿城西北行，一路清溪细流，随人萦折。路皆青石甃砌，泉水浸之。人家各依小阜以居，茅屋周围有石笋千百丛，与古木长松相乱。草柔沙细，水影如空，薪女露趺，乱流争涉，行者莫不踟蹰其际。行数十里，至洸口，山渐平豁。湛文简尝欲于此立石，刻"衡岳东门"，以识重游之路。有诗云："洸口寻常路口，岂知衡岳东门。"洸口为南楚咽喉，湟川、桂水之所会。宋设浛洸县于此，米芾尝为尉，有"宝藏"二大字刻石在焉。自洸口而上，皆高滩曲峡，直至连州，山水之最胜处也。

虚

粤谓野市曰虚。市之所在，有人则满，无人则虚；满时少，虚时多，故曰虚也。虚即廛也。《周礼注》云："廛，市中空地也。"即虚也。地之虚处为廛，天之虚处为辰。辰亦曰躔，其义一也。叶石洞云："昔者圣人日中为市，聚则盈，散则虚。"今北名集，从聚也；南名虚，从散也。商征而市井之租不入于少府，或封君汤沐邑，自开阡陌，岂惟爰田，市亦非县官矣。豪植之徒，役财兼并，以武断于乡曲，恣睢圉夺，擅管山海之利。故先仁义，后争夺，上教化，下货贿。公利于人，而恶其私于己，莫善于东莞之章村。章村有虚，为肆若干，或肆有常人，或肆有常人无常居，十日为三会。坐肆之租有常，负戴提挈贸于涂者无常，薄取之，岁入若干镪，会民读法，春秋赛祠，问高年，宾髦士，凶荒祈望，一岁经费皆取给焉。粤之虚，立法惟章村善。

四　市

东粤有四市。一曰药市，在罗浮冲虚观左，亦曰洞天药市。有捣药禽，其声玎珰，如铁杵臼相击，一名红翠。山中人视其飞集之所，知有灵药。罗浮故多灵药，而以红翠为导，故亦称药师。一曰香市，在东莞之寥步，凡莞香生熟诸品皆聚焉。一曰花市，在广州七门，所卖止素馨，无别花，亦犹洛阳但称牡丹曰花也。一曰珠市，在廉州城西卖鱼桥畔。盛平时，蚌壳堆积，有如玉阜，土人多以珠肉饷客，杂姜齑食之，味甚甘美。

其细珠若粱粟者，亦多实于腹中矣。语曰：“生长海隅，食珠衣珠。”粤东所在，颇多难得之货，士大夫逾大庾而南，罕有不贪婪丧其所守。濠畔之肆，佛山、澳门之肆，其为灵台之蟊贼者，不可数计。噫！

新兴村落

新兴村落，多以云为名。东有云盏，西南有云稠，正西有云秋、云芜，西北有云洞，正北有云座、云吟、云山、云硬，东北有云敏、云河、云礼、云罗、云端、云右。山则有云斛，在县北一十五里，高百馀仞，岩谷幽深。岁旱祷之，石中泉出，即雨。有云秀，在县东南四十里，常有五色云见。有曰云干，在县西，高二百馀仞，直如木干，上耸云霄，下有桄榔古寺。盖新兴在万山中，其地多云，居人所见无非云。云之静者为山，山之动者为云，云与山一也。地在山中，不以山名，而多以云名，从其动而能变者也。

珠玑巷

吾广故家望族，其先多从南雄珠玑巷而来。盖祥符有珠玑巷，宋南渡时，诸朝臣从驾入岭，至止南雄，不忘枌榆所自，亦号其地为珠玑巷，如汉之新丰，以志故乡之思也。

石　涌

石涌，在顺德西南二十里。吕嘉败时，与其王建德亡入海，伏波将军路博德追至石涌，得嘉。今有桥在顺德南门外，名伏波桥，有吕姓者，家其傍及石涌，云嘉之后。南越之亡以嘉，而土地人民得去蛮为华，亦以嘉。

卢　村

新兴卢村，乃六祖生身之所，至今屋址不生草木。近其居者，毛发稀秃，此地之不幸也。

雷州海岸

雷郭外，洋田万顷，是曰万顷洋。其土深而润，用力少而所入多。岁登，则粒米狼戾，公私充足，否则一郡告饥。然洋田中洼而海势高，其丰歉每视海岸之修否。岁飓风作，涛激岸崩，咸潮泛滥无际。咸潮既消，则卤气复发，往往田苗伤败，至于三四年，然后可耕，以故洋田价贱，耕者稀少。故修筑海岸，最为雷阳先务。修之之法，分顷计方，每田一方，大约种稻百石，一石出夫一人，夫至百人，则领以岸长。秋成后，官督岸长，岸长督夫，以修所分得之岸。修之不已，约十年，积成丘阜，斯风潮之患永绝矣。雷地偏，民无生业，多半托命于田，而虞干虞溢，莫东洋为甚。东洋田延袤数十里，大都资灌溉于罗湖、特侣二渠，藉捍御于长堤、乌岸，修则穰，弛则荒，固往事之验也。雷人冯彬有此说，其诗曰："长堤隔断咸潮水，曲堰萦回特侣泉。"罗湖者，西山诸流所汇，自宋时何、戴二太守筑堤成湖，而开东西二闸，引水西流以溉白沙田，引水南流以溉东洋田，民大获利。岁久湮塞，治雷者能以此为先务，则雷民其不饥矣。又潮称海郡，海水咸卤，不宜于田，凡三农皆藉溪潭，以收灌输之功。水少则引之溉田，水多则泄之归海，于是乎岁无涝旱，而田亦无荒废。潮民之以水讼者，比比矣，有司者当询其利病以断之。

沙　田

广州边海诸县，皆有沙田，顺德、新会、香山尤多。农以二月下旬，偕出沙田上结墩，墩各有墙栅二重以为固。其田高者牛犁，低者以人秧莳。至五月而毕，名曰田了，始相率还家。其佣自二月至五月，谓之一春，每一人一春，主者以谷偿其值。七八月时，耕者复往沙田塞水，或塞簖箔，腊其鱼、虾、蟮、蛤、螺、蜌之属以归，盖有不可胜食者矣。其田皆一熟，或种秋分，或白露，或霜降，必兼种之，使自八月至十月，月月有收。其以八九月熟者曰小禾，秋分、白露、霜降等种是也；以十月熟者曰大禾，赤秥是也。沙田咸卤之地，多种赤秥，粒大而色红黑，味不大美，亦名大秥，皆交趾种也。其黄秥、花秥，惟内地膏腴者多种。禾既获，或贮墩中，或即舟载以返。盛平时，海无寇患，耕者不须结墩，皆以大船载人牛，合数农家居之。丧乱后，大船为官府所夺，乃始结墩以居。自癸巳迁海以来，沙田半荒，主者贱其值以与佃人。佃人耕至三年，田熟矣，又复荒之，而别佃他田以耕。盖以田荒至三年，其草大长，佃人刈草以售，每一日之功，可充十日之食；又有鱼、虾、蟮、蛤、螺、蜌之属，生育其中，潮长辄塞簖箔取之，其利甚饶。草之未尽刈者，则燔以粪田。田得火气，益长苗，而田荒之至三年，又复肥沃。故佃人每耕之三年，必荒之三年，不肯为田主长耕，如数纳谷，此有沙田者之苦也。沙田既多荒弃，于是赔赎虚粮，为累未已，而阴以其田贱赁于沙头。有司捕问，则里长以沙头告，沙头乃上限状于有司，请先输粮而后获。沙头者何？总佃也，盖从田主揽出沙田，而分赁与诸佃者也。其以沙田为奇货，五分揽出，则取十分于诸佃，不俟力耕，而已收其利数倍矣。此非海滨巨猾，不能胜任。当盛平时，边海人以沙田而富，故买沙田者争取沙裙，以沙裙易生浮沙，有以百亩而生至数百亩者。今则以沙田为累，半委之于莫可如何者矣。

粤之田，其濒海者，或数年或数十年，辄有浮生。势豪家名为承饷，而影占他人已熟之田为己物者，往往而有，是谓占沙。秋稼将登，则统率打手，驾大船列刃张旗以往，多所伤杀，是谓抢割。斯二者，大为民害，顺德、香山为甚。岩野先生尝请著为令，凡浮生沙滩，悉以入官，官募民耕种，以其租为赈饥饷军之需。如有能清察报闻者，与垦田同功。此则既绝争端，又资国用，诚为长利之策。或曰：古时五岭以南皆大海，故地曰南海，其后渐为洲岛，民亦蕃焉。东莞、顺德、香山又为南海之南，洲岛日凝，与气俱积，流块所淤，往往沙滩渐高，植芦积土，数千百亩膏腴，可跰而待。而农民又辄于田边筑坝，以致对岸之田崩没，而流其泥沙至坝，以为浮生，以故争讼日甚，有司者每不能平。使能于沙田已报税者按籍给之，无籍者即没于官，召民承买，而取其价以供公，斯则绝讼之术也。

香山土田，凡五等。一曰坑田，山谷间稍低润者，垦而种之，遇涝，水流沙冲压，则岁用荒歉。二曰旱田，高硬之区，潮水不及，雨则耕，旱干则弃，谓之望天田。三曰洋田，沃野平原，以得水源之先者为上。四曰咸田，西南薄海之所，咸潮伤稼，则筑堤障之，俟山溪水至而耕。然堤圮，苗则稿矣。五曰潮田，潮漫汐干，汐干而禾苗乃见。每西潦东注，流块下积，则沙坦渐高，以篑草植其上，三年即成子田。子田成，然后报税，其利颇多。然豪右寄庄者，巧立名色，指东谓西，母子相连，则横截而夺之，往往构讼，至于杀人。其或子田新生者，田主不知多寡，则佃人私以为己有，有田而无税，利之幸而得者也。故凡买潮田者，视其不至崩陷，而大势又可浮生，虽重价亦所不辞矣。香山人但以田之纳谷多少为度，不以亩为度，问其田若干，则曰纳谷若干，不曰亩若干也。以故田主寄命于田客，田主不知其田之所在，惟田客是问，礼貌稍疏，其患有不可言者。田客者何？佃人也。

买官田

东莞袁伯益令南安，欲捐赎锾买官田。田在某乡，则以某乡为仓，立仓长以司出入。春夏青黄不接，米价高，则开仓发粜，其银随以买田。如官能于赎锾外设法多买，上台量行奖励，以示将来，官任其劳，上稽其力，十年之外，可使田谷如京，民无不足之患。

义　田

湛文简尝设义田，族人冠婚丧葬者，读书者，给谷有差。庞弼唐请分为三等，以田七十亩为上，五十亩为中，一二十亩为下，上者勿给，中者量给，下者全给。若田至三五顷以上，须每年量出租谷入于家庙，以助周急之需，庶所积厚而施无穷。

议建府县治

清远向称寇盗渊薮。庞惠敏公有疏，谓清远当萧梁时，尝建为郡，乃全省西北之要冲，而韶、广二州之襟喉也。据其形势，宜于此增设一府，而割广之连州、阳山、连山，肇庆之四会、广宁，梧之怀集隶之。又移连山一县于洸口，以扼上游，而堵截瑶贼渡水之路，则南雄、韶可以无虞。如怀集有言，则以肇庆之开建易之。盖开建与贺切邻，去梧甚近，且田粮户口相当，宜无不可。夫惟设一府治，控山带江，与广、韶相望，势如常山之蛇，上足增西北之门户，下足树东南之屏蔽，斯亦久安长治之计也。又肇庆当两粤冲，大司马节镇之所，环郡阻山。独阳江一面濒海，西枕高凉，引四郡，通交南，孤悬海上，错列于神电、广海之间，去郡五六百里，议者亦欲别立郡治。又嘉桂岭去会城之北二百馀里，当番禺、南海、三水适中，连接从化、清远山峒，为盗贼往来冲要。隆庆间，何端恪、王青萝同游中洞、玉蕊诸山，见嘉桂双峰独秀，其地在万山之中，盘据五邑之界，云峦环抱，土田衍平，风气聚而海潮通，可以建城立县，控制要害，安戢峒蛮，为保障一方之利。昔人谓治广以狭，诚上策也。订议多年，以浮论而止。为剧寇巢穴，直至于今。又新会多盗，有议者欲因仓步旧城，益以新会之古博、平康，新兴之双桥置县，招集流亡，复里甲。又有议者，欲复高凉旧县于电白废基，以控诸寨，卫府城。又谓博白县介高、廉二州之间，自石城至合浦，陆程五百馀里，往来不易，欲以肇庆之开建易博白，在梧、肇庆不为损，在廉则甚利。此皆经略之上策。

开拓黎地

琼之地，譬之人身，黎岐心腹也，州县四肢也。心腹之疾不除，势且浸淫四肢，而为一身之患。黎之为害，何以异？自昔以来，叛服无常，始之萌芽不折，终则斧斤寻之。明兴百馀年，以大征见者凡三，其间近者十数年，远者四五十年，辄复蠢动，黎情亦大略可知矣。海忠介言：“黎峒其地四方仅可三四百里，不能及罗旁三之一，诚能以兵三五万，纵横其中，势同压卵。荡平之后，伐山开道，立州县以治之，移一二屯所，若南流、青宁等处以守之，不过数年，可使尽入版籍，化为编民。斯亦王者无外之举也。”

禁凿石砺

广州东有石砺山，在澫洲之下，虎门之上，高数十丈，广袤数百顷。其势自大庾而来，一路崇冈叠嶂以千数，如子母瓜瓞，累累相连。人村大者千家，小者数百。自广州治至茭塘，大岭凡百馀里，皆在瓜蔓之中，互相钩带，或远或近，或合或离，血脉一一相贯，以受地灵蜿蜒磅礴之气。山至虎门，则耸为大兽者五，以收海口而控下关。有一浮莲塔，上矗云霄，与赤冈、澫洲二塔东西相望，为牂牁大洋之捍门，南越封疆之华表，盖一郡风水之所系焉者也。比者奸徒盗石，群千数人于其中，日夜锤凿不息，下至三泉，中訇千穴，地脉为之中绝，山气为之不流。一峰之肌肤已剥，一洞之骨髓复穷，土衰火死，水泉渐焦，无以兴云吐雨，滋润万物而发育人民。此愚公之徙太行而山神震惧，秦皇之穿马鞍而山鬼号哭者也。崇祯间，尝勒有司之禁，所以为天南培植形势，其意良厚。今宜复行封禁，毋使山崩川竭，祸生灾沴，是吾桑梓之大幸也。

迁　海

粤东濒海，其民多居水乡，十里许，辄有万家之村，千家之寨。自唐、宋以来，田庐丘墓，子孙世守之勿替，鱼盐蜃蛤之利，藉为生命。岁壬寅二月，忽有迁民之令，满洲科尔坤、介山二大人者，亲行边徼，令滨海民悉徙内地五十里，以绝接济台湾之患。于是麾兵折界，期三日尽夷其地，空其人民，弃赀携累，仓卒奔逃，野处露栖，死亡载道者以数十万计。明年癸卯，华大人来巡边界，再迁其民。其八月，伊、吕二大人复来巡界。明年甲辰三月，特大人又来巡界，遑遑然以海防为事，民未尽空为虑，皆以台湾未平故也。先是，人民被迁者，以为不久即归，尚不忍舍离骨肉，至是飘零日久，养生无计，于是父子夫妻相弃，痛哭分携，斗粟一儿，百钱一女，豪民大贾，致有不损锱铢、不烦粒米而得人全室以归者。其丁壮者去为兵，老弱者展转沟壑，或合家饮毒，或尽帑投河。有司视如蝼蚁，无安插之恩；亲戚视如泥沙，无周全之谊。于是八郡之民，死者又以数十万计。民既尽迁，于是毁屋庐以作长城，掘坟茔而为深堑，五里一墩，十里一台，东起大虎门，西讫防城，地方三千馀里，以为大界。民有阑出咫尺者，执而诛戮，而民之以误出墙外死者，又不知几何万矣。自有粤东以来，生灵之祸，莫惨于此。戊申三月，有当事某某者，始上展界之议，有曰："东粤背山面海，疆土褊小，今概于海濒之乡，一迁再迁，流离数十万之民，岁弃三千馀之赋。且地迁矣，又在在设重兵以守，筑墩楼，树桩栅，岁必修葺，所费不赀，钱粮工力，悉出闾阎。其迁者已苦仳离，未迁者又愁科派，民之所存，尚能有十之三四乎？请即弛禁，招民复业，一以补国用，一以苏民生，诚为两便。"于是孑遗者稍稍来归，相庆再造，边海封疆，又为一大开辟焉。

大小箍围

下番禺诸村，皆在海岛之中，大村曰大箍围，小曰小箍围，言四环皆江水也。凡地在水中央者曰洲，故诸村多以洲名。洲上有山，烟雨中望之，乍断乍连，与潮上下。予诗："洲岛逐潮来。"

珠玑巷名

珠玑巷得名，始于唐张昌。昌之先，为南雄敬宗巷孝义门人。其始祖辙，生子兴，七世同居。敬宗宝历元年，朝闻其孝义，赐兴珠玑绦环以旌之。避敬宗庙谥，因改所居为珠玑巷。予沙亭始祖迪功郎讳禹勤，初从珠玑巷而至。族谱云："南屈珠玑实始迁。"

茶　园

岭南香国，以茶园为大。茶园者，东莞之会，其地若石涌、牛眠石、马蹄冈、金钗脑、金桔岭诸乡，人多以种香为业，富者千树，贫者亦数百树。香之子，香之萌蘖，高曾所贻，数世益享其利。石龙亦邑之一会，其地千树荔，千亩潮蔗，橘、柚、蕉、柑如之。篁村、河田甘薯，白、紫二蔗，动连千顷，随其土宜以为货，多致末富。故曰："岭南之俗，食香衣果。"

永安县

自归善水东，溯东江而行，凡三日，至苦竹派。取轿历桥田、月角岭至义容屯，涉溪四五，夕宿宽清溪寨。次日历员墩、白溪，上岭者六七，涉溪十有二三，岭路逼仄，皆蛇盘。沿溪以行，或在溪左，或溪右，穿竹披茅，雾露沾湿，至午岚气不开，郁燠蒸人，甚苦之。一路山谷间，皆茅屋，或一二家，或十馀二十馀家，高者曰寨，平者曰围，或曰楼。或在山绝巅，或在隘口，一径微通，一夫可守，皆绝险。自白溪以东，道旁多古松，樵火所燔，膏液迸注，往往凝结成芝菌，大者如盘，色莹白。松或被斫伐横卧，鳞甲四散，磴道多为所碍。至林田，渐有大村，高下棋列，稻田随山势开垦，徂夷相半，多狭长细畛，无有方广至数十亩者。十里间两涉秋乡江，至铁潭渡抵县。县所处稍卑，丹嶂宫之。嶂者何？盖于诸山杰出，最高大，如屏障横空，故曰嶂。其最著者，如羊角、燕尾、鸡冠，以形名；白叶、紫帘、乌禽，以五色名；鸡公、鹿母、黄麞、鹿慷，以鸟兽名；柏树、柏兴、漆木、黄草、黄花，以草木名。馀如天字、宝峒、描眉、上濑、宝山、企壁、吹螺、茅滩等，凡分三纪，其名一一皆美，状亦奇秀。而鸡冠嶂，当予所居紫金书院前，大小为峰者八九，色丹紫多变，烟翠欲流，尤可爱。羊角嶂南当学宫，其旁一峰，与县庭相直，名文笔，锐而不高。县中士夫，倘能人以一罂一瓮实土覆其上，立可培高数丈，势益峭拔矣。县境多水，水从诸嶂而出，大小皆数百折。大者为江，江有五，以为之经；小者为溪、为坑涧，凡百馀道，为之纬。四面争流，或分或合。而秋乡江最长，自火带径以下二百馀里，皆号秋乡江，纳小水三十有八，自南而北而西，又而南而西，以入东江。使从城南铁潭口至牙溪以下，稍疏浚之，排其淤沙，燔其礌石，使滩泷三百六十，一无所阻，三篷四篷船子可通行，则谷贾四方辐辏而谷贵，谷贵则种峑者多，益尽地力。田虽稀少而峑多，无农不峑，则无山不为村落，县之富庶，可计日而俟也。

永安三都

永安者，惠州府岩邑。先是，嘉靖三十九年，蓝能贼长驱府之东郊，破涌口，旬日乃去，不能以一矢加遗。自是两江群盗并兴，弥满归善、长乐、海丰之间，大群数千人，小群数百，凡数十百群。执官吏，攻乡保，齮龁坟墓，系累子女，屠戮人民，首身分离，暴骸骨于薮泽，假息城郭，不能尽去。高垒相守，往往陷没，从衡六七百里，攻劫恣行。或至郊垌，乃遣一卒道归，且行且劫，猥去爰处，上下相匿，以文辞避法，百姓嗷嗷，无所控诉。自万历初年，五军合剿，贼乃荡平。府以归善秋乡、凤凰冈、磜头等违县五日，海丰鹅埠岭违归、海两县亦各二日，山海之寇，倏忽出没，最要害，度地创县控制便。南赣督府下其议，竟寝。叶春及谓："昔人论广以狭治之。广中一县常五六百里，缓则不驯，急则啸聚，未可归之山川与有司绥抚失策也。贼不畏民，朝廷之畏，官亦然，故贼鲜犯城，官惟城兢兢，民蔑如也。永安县民乃免于锋镝，咽而固有，食可废哉？"永安既县，违惠州府城二百馀里，重茧三日乃至，水行自倍，皆崎岖万山中。异时未县，罪人梨来者鲜，龙蛇易生，盗贼蝟毛而起，其地然也，县宜矣。县有古名、宽得、琴江三都，幅员几七百里，连叆复嶂尽其地，徯隧谽谺少夷衍，或二三十里无室庐，然地肥美，饶五谷，三都皆然。三都一曰古名都，自榄溪入，笮行二百里至火带。自火带以下，皆秋乡江，旁溪注之甚众，水道纡曲。舟行半日，从陆以趋，尚不及数里云。两山巃嵸，江流如线，树木蔚荟，多郁燠之气。民皆佃作，地腴多谷。秋冬间，衔接漕归，水湍石径，滩三百六十，乃至泷头。上益浅，不可漕，载不过十石。邑令尝议疏浚之，排其填淤，而凿横江之石，亦锐矣。春夏水涨，沙随之行，石礌礌京积，恐不能卒就也。围子囗、李郊、苦竹、车峒间，皆有瑶，依凭崖谷，伐山而畬，爇草而播，患吾扰，彼不为患。一曰宽得都，北界河源，二合南趾、古名东入县，而佛子凹绾毂其口，龙川江西下，都之门户在焉。义容、神两江皆皇流，衡贯都内，入龙川江；而神江之源最远。聚落数十，盘错两江间，被山排崎，丰草茂树，散为夷陆，原隰衍沃，自昔以为上田。沥口其望姓也。蓝能作难，则柏埔不能安枕，桃子园厄塞，弄兵之民负焉。上、下窖铁冶，昔尝鼓铸。下凤凰冈，隃梁化，因材于山，以入幕府佐饟。后贼大起，因之是惧，不敢言鼓铸事矣。一曰琴江都。石马西驰，突起鸡公嶂，过芙蓉径入都。白叶、帘紫、官山诸嶂，怵臭南走，隃貉獠坪至南岭，出漏里。海丰、归善之山，由此始矣。是为邑之脊旅。水东西分流，若两胁然，西皆入秋乡江，东会琴口，入横流渡。民务稼穑，饶积聚，有馀以出米潭、大梧至潮，上镇、中镇其会也。上方近河源密坑、海丰、长乐之间，逃军坑直其下方。异时两处矿开，奸民趋之，如水赴壑，则南岭、赤溪以至上镇，当其要道，日夜行輷輷不绝。东与海、揭、程乡地比，三县盗起，不得安枕而卧矣。故昔垒寨，是都为独多云。宋末，文信国提兵至循，屯南岭。南岭信险固，不义之民往往负之，乃设文武将吏屯戍其地，今空垒矣。狡然思逞其凶，何日蔑有，其可忽诸？

火带

火带在永安县古名，距城四十里。一径如带，丹崖翠壁夹之，日射霜林，赩艳如火，故名火带。永安景有“火带长林”，“火带”名亦佳。有咏者云：“逼侧双崖道，长林一带红。嶂从丹竹见（南有丹竹凹相对），路向鹧鸪通（径由鹧鸪塘入）。鸟语泉声里，人行树影中。沿溪看不尽，恍与赤城同。”又有咏者曰：“石路纡回古木深，染霜枫叶满高岑。知谁昔日烧丹灶，一带长林艳至今。”

秋　乡

秋乡，在永安县西南。川流自铁潭渡汇合众水，奔泻而西。距城二百馀里，为县水口，合于大江。凡艘艇皆泊于此，怪石嶙峋，惊涛湍急，村灯渔火，隐映垂杨深竹之间。此地又多枫林，秋时叶丹，如火艳艳，一望烧空无际，绝与秋色相宜，故名秋乡。予诗：“人家秋色在秋乡。”

卷三　山语

梅　岭

梅岭者，南岳之一支。《星经》曰“南戒门户”，《汉书》曰“台山”，《舆地志》曰“台岭”，其名不一。其曰秦关者，以始皇三十四年，所适治狱吏不直者所筑也。《南康记》云“南野三十里至横浦，有秦时关，其下曰塞上”是也。南越吕嘉叛，杀汉将军韩千秋，函封使者节置塞上，即此，故又曰汉塞也。曰东峤者，以居五岭东偏也。曰台者，以高而平；曰峤者，以高而峭锐。台专言梅岭，峤则兼言五岭也。五岭，一岭也，其在东则为梅岭也。然自昔皆以梅岭为五岭之第一岭也。五岭皆越门，若台关，则秦所筑，故亦曰秦南门也。汉之北塞至寒门，南塞至暑门，台关又暑门之大者也。以其山曰台山，故关亦曰台关，又曰横浦关。而梅岭之名，则以梅鋗始也。鋗本越勾践子孙，与其君长避楚走丹阳皋乡，更姓梅，因名皋乡曰梅里。越故重梅，向以梅花一枝遗梁王，谓珍于白璧也。当秦并六国，越复称王，自皋乡逾零陵至于南海。鋗从之，筑城浈水上，奉其王居之，而鋗于台岭家焉。越人重鋗之贤，因称是岭曰梅岭。其曰大庾岭者，汉元鼎五年，楼船将军杨仆出豫章击南越，裨将庾胜城而戍之，故名大庾。其东四十里，胜弟所守，名小庾。是则岭名梅以鋗，岭名庾以胜兄弟；秦之时岭名梅，汉之时岭名庾也。然汉时亦称梅岭。《史记》云“汉破番禺，东越兵不至，杨仆请从便击之，上令屯豫章梅岭以待命。馀善闻之遂反，入白沙、武林、梅岭，杀三校尉。上乃遣仆出武林，王温舒出梅岭击之”是也。然此或豫章梅岭也。《史记索隐》云：“豫章三十里有梅岭，在洪崖山，当古驿道。”要之，梅岭皆以鋗名，非以梅。盖鋗奉其王自梅里至豫章，又至台山，亦名台山曰梅岭。其姓为梅，复从梅里至，以台山为梅岭，犹之乎以皋乡为梅里也。然鋗之王亦姓梅，则梅岭又非以鋗名，盖以鋗之王名也。今俗称梅岭为越王山，人皆以为赵佗，不知乃鋗之王故治。故予诗云：“禺峡本因黄帝子，梅关亦以越王孙。”而世乃谓陆凯折梅寄友，岭遂名梅，因筑折梅亭其上，谬矣。岭有红梅驿，驿有城，当岭路之半，累石为门，南北以此为中，相传鋗所家在焉。自驿至岭头六十里为梅关。从大庾县而南者，望关门两峰相夹，一口哆悬，行者屈曲穿空，如出天井。从保昌而北者，一路冈阜绵亘，岩磴倾斜，梅与松石相亚涧林间，或蔽或见，偃松大皆合抱，或数百或千年物，有张文献手泽存焉。关路乃文献所辟，行者歌之。以关出入甚易，号为人关，以与西粤北流鬼关相对。鬼，鬼方也。在西为阴，故曰鬼方；东阳，故曰人。故梅关一名阳门。

腊　岭

五岭之第二岭，在郴州南境曰骑田。骑田之支，曰腊岭，在乳源西境，壁立峭拔，高四百馀仞，周三十里，盖天所以分骑田之险者。大岭为骑田，而腊岭其小者也。曰腊岭者，以乳源在万山中，风气高凉，于粤地暑湿不类，是岭尤寒，盛夏凛冽如腊也。一曰折岭，以岭高不可径度，从岭边折叠而行，如往如复，故曰折也。又西北境有关春岭，岭之左为梅花峒，山谷阴寒，夏多积雪，梅花繁盛亚梅关，一名小梅岭，一曰梅花路，亦曰小岭，盖又以梅岭为大岭也。初，梅岭未辟，小岭为西京孔道。韩昌黎赴潮时，以昌乐泷险恶，舍舟从陆道出乳源蓝关，蓝关或即此小岭也。梅岭自张文献开凿，山川之气乃疏通，与中州清淑相接，荡然坦途，北上者皆由之矣。予尝谓昔称五岭，以人迹所绝，车马不通，天地所以隔内外，故尉佗绝新道，拒三关，而盗兵即不得至。今梅岭之旁，连峰叠嶂间，小径纷纭，束马悬车，纵横可度，虽使千夫捍关，万人乘塞，而潜袭之师，已至雄州城下。又况郴之腊岭，与连之星子、朱冈，皆可以联镳径入乎？雄州居五岭之首，为二广冲，韶石耸其南，大庾峙其北，豫章、吴、楚、闽、越，皆以此一关为限，诚东南天地一大枢键，非仅为岭表第一门也。或谓任嚣称"番禺负山险，阻南海，东西数千里"，盖秦时以负北一带为番禺，其南皆为南海。佗移檄告横浦、阳山、湟溪关，乃备粤之北门。汉五将军，或出桂阳下汇水，或出豫章下横浦；出零陵，或下离水，或抵苍梧，或发夜郎兵，下牂牁江，而咸会番禺，此则粤之门户俱入矣。其东则隔于东越，此东越王馀善所为请以卒八千，从楼船将军至揭阳，以海风波为解也。横浦之道为直，故杨仆先陷寻陕、石门；桂阳由衡岳下，稍纡浅，故道远后期。观于此，则所以为越守者不难矣。予曰："虽然，夫以南越窃据为雄，已历世五王，历年九十有三矣。天将以土地归神华，为衣冠文物之区，所以爱斯民也甚厚，使建德、吕嘉善守，终亦覆亡。"故刘铱时，广人见群星北流，知为举国归中原之兆。天之所废，虽阻险无所用之，故曰"固国以德"。

五　岭

唐李侗以衡阳为五岭门，以五岭之中，皆南岳之奥室也。南岳，君也；罗浮其东，诸侯也。罗浮分南岳之司以治五岭，而朱明洞与南岳之朱陵洞相通，则罗浮者，南岳之神气所聚者也。南岳之都在南岳，而离宫别馆在罗浮，故亦称罗浮为南岳。

北之太行，西岳之臂也；南之五岭，南岳之臂也。然五岭以大庾为首，则始安、临贺、桂阳、揭阳，又大庾之臂也。故予诗："五岭南拖衡岳臂，迢遥直与海天长。"

或谓台城之峤在大庾，骑田之峤在桂阳，都庞之峤在九真，萌渚之峤在临贺，越城之峤在始安。是岭有五，而广东得其一，广西得其三，湖广亦得其一。然骑田今属阳山，去阳山城北二里，一名黄岑，即古湟溪关也，则广东得岭之二矣。又乳源西五里有腊岭，为五岭之一，亦名骑田。连揭阳而言，则广东又得岭之三。

五岭之称，始《史记·张耳传》，曰"秦南有五岭之戍"。师古曰："西自衡山，南东穷海，一山之限耳，而别标五者，裴渊《广州记》曰：'大庾、始安、临贺、桂阳、揭阳，是为五岭。'邓德明《南康记》曰：'大庾一，桂阳骑田二，九真都庞三，临贺萌渚四，始安越城五。'"《舆地记》："一曰台岭，一曰塞上，即大庾也；二曰骑田；三曰都龙；四曰萌渚；五曰越岭。"方以智谓九真太远，当以裴说为是。王伯厚曰："骑田即郴州腊岭，都庞即道州永明岭，甿渚即道州白芒岭。"则道州有二，可疑也。大抵五岭不一。五岭之外，其高而横绝南北者皆五岭，不可得而名也。

三 峡

自英德至清远有三峡，一曰中宿，一曰大庙，一曰浈阳。大庙介二峡之间，尤险狭，故尉佗筑万人城于此。汉杨仆先陷寻陕。姚氏云："寻陕在始兴三百里，地近连口。"即此。然其险盖与蜀异。蜀三峡，其险在滩；粤三峡，其险在峡。自皋石山而下，危峦峻巇，为铁步障，为玉屏，凡数百里不断。其在中宿者，有南北二禺，南禺峰三十有六，北禺少其四，峰峰相抱，一水萦回而出，水如环肉，北禺为之好。而北禺之山且憩，南禺之山且行，行而南，以东至广州为白云诸峰，又东至海上为罗浮。其憩者耸而为峰，两两壁合，镵锐绝特，望之若攒玉插天。其下苍磴屈盘，篝丛茂密，临危飞石，与古木互相撑拒，往往有崩陷之患，盖粤山之第一崄。南禺路陡绝，挽舟者率从北禺，衣钩箐挂，乍却乍前。至浈阳，路益紧束，彼此绳索相牵，腾藉而上，踝血沾溉利石，往往至剧。陈岩野先生诗云："双峰若人立，举手相攀摘。步障四十里，恺崇势均敌。磴道虽新凿，猿猱苦绝壁。往年罥牵夫，山鬼至今嗅。"其险如此。大庙峡，一曰香炉，当虞夫人庙右，有一峰状若香炉，故名。其前有二小峰，曰狮子、眠羊，横当湾环之间。舟人畏之，歌曰："朝见眠羊，估客烧香。暮见狮子，梢公化纸。"自此至清溪、濛里二驿，一路多虎，又歌曰："清溪濛里，早眠晏起。"而中宿峡往时尝有潮至，经宿乃返，予则歌曰："潮上飞来，一宿即回。飞来潮上，二禺皆响。"峡中又有望夫台，予歌曰："望夫台，侬今化为石，郎且不须回。"望夫台，一名望夫山。又歌曰："望夫山，侬虽化为石，犹自待郎还。"自南禺以下有七湾，则歌曰："一湾复一湾，朝流侬泪去，暮流郎泪还。"又歌曰："一湾复一湾，朝流郎泪去，暮流侬泪还。"盖皆言行旅之苦也。

凡自韶阳而下先浈阳，自广州而上先中宿。予歌曰："浈阳头，中宿尾，中央一峡香炉是。"又歌曰："头中宿，尾浈阳，香炉一峡是中央。"峡中复多怪石，或有两两相抄，状如牛斗者，曰牯牛滩，则歌曰："过得牯牛，舟子白头。"有名龙头硬者、鳖背者，歌曰："舟上龙头，一沉一浮。舟上鳖背，一进一退。"有曰狮子角者，歌曰："水冲石口，狮子哮吼。水石争飞，舟船却走。"有时滩水甚浊，不见石，石激水成花乃敢行，歌曰："船行莫行，看石花生。"有名银瓶钓丝滩者，则歌曰："大银瓶，小银瓶。酒香鱼味美，沉醉卧沙汀。"又歌曰："天晴钓丝短，天雨钓丝长。但求滩水满，不用鲤鱼尝。"有曰磨刀滩者，歌曰："石为刀，舟为砺。朝磨暮磨，人与之敝。"又歌曰："舟石相磨，舟奈石何。"有曰弹子矶者，远望之，一峰锐竦，欹壁千仞，绝似太华南峰之背。上有穴，亦与蜚蠦穴相似，云黄巢弹子所穿。是中空洞，一声入之，如震雷盘旋石腹，四山传响。壁上花木，与石色青白红紫相间，若锦屏。其南有数十峰，亦皆绝壁，石乳下滴，半空沾濡，时时坠一巨石，与惊湍日夜舂击。过此，又有数峰相连，一壁横出，高广不及弹子矶，而迤逦若层城。盖皆与弹子矶本一圆峰，而削其半以为壁者，此巨灵斧凿之迹也。山翠空蒙，阴者如烟雨，晴者如云霞，为日光所夺，不能自主。日午色多绿，薄暮多青，青而岩崿，千百乃可数。越十馀里，又一峰若弹子矶，上有洞曰碧落，僧嵌壁为楼，俯临潭水，势甚危。

二禺

二禺在中宿峡，相传轩辕二庶子，长太禺，次仲阳，降居南海，与其臣曰初、曰武者隐此。太禺居峡南，仲阳居峡北，故山名曰二禺。在南者曰南禺，北曰北禺，七十有二峰相对，一一奇峭，而北禺以飞来寺尤称胜。由十九福地坊而上，有嘉会亭。迤而西，一崖曰苍雪，异石矗立，如叠古琼，老榕横架其上，轮囷盘攫，风常飕飕不绝。逾涧，有轩辕二帝子别业，祠二禺君。二禺君者，太禺、仲阳也。右为山晖堂，祠二禺臣，则初与武也。其下复有二帝子读书台，皆邑人朱叔子所建。台旁为飞来新寺。折而西，地稍夷旷，有叔子清音楼。泉自上行，锵锵有声，乃子瞻所谓"仰看泉落佩，俯听石转毂"者。四壁多青脂石乳，及海棠、红踯躅之属，有泉渗出，萦纡伏流，凡九曲，可以泛觞。左折沿涧而上，东望有一瀑布，其下为淙碧轩。子瞻以溪水太峻，当少留之，教寺僧于轩北作小闸，潴为澄潭，使水常雷轰雪溅。又夏秋水暴，可为启闭之节。用阴阳家言，寺当少裕云。历磴二百馀级，至一洞，镌"仙源"二字，瀑布发源处也。下有桥曰流香，是为第三桥。沿涧西行，竹林中有阮俞径。昔二帝子善音，采阮俞之竹吹之，凤凰来集。至今月明，犹仿佛闻其遗响焉。两厓摩崖，皆作翠褐色，古木苍藤，垂阴水际，烟波隐映中，时有渔舠往来，篙落一声，岩壑四应，是为石洞最幽之处。其巅最高峰，林木益深，希见天日。有一岩广数百步，多钟乳，地下有石棋子，大者径二寸，凡百馀枚。下为和光洞，安昌期丹灶在焉，常产五色榴花。折而西，为归猿洞，孙恪妻留玉环之处也。又一岩有古窑器，函黄金蜕一具，壁上刻"秦时五百人避难于此"九字。上即古飞来寺，梁普通年，二帝子自舒州移至此，一角遗于梅关，今为云封寺。粤故有客山二，一曰浮，一曰逃石；有客寺二，一曰飞来，一曰云封。飞来寺颇多题咏。区海目云："客帆山寺两依依，闻道飞来便欲飞。若使客帆同此寺，不烦一宿也能归。"予和云："潮至胥江力渐微，峡门开处野猿归。空王亦爱禺阳好，飞寺而今更不飞。”寺后绝壁有“云隐”二字，罗隐所篆。上常生异云，祷之辄雨，称云台峰。距古寺数里，又有一岩，内分三洞，甚高广。唐时望气者言，南海有灵山产神草，遣使求之，果于此得金芝数十茎，锵然作金钱声，因名金芝岩。岩中床、几、瓶、炉悉具，一丹井与海眼通，石盂中有乳英满注。岩上又有天池二,一大一小，其水散为北禺诸泉。南禺巅为缥幡岭，与北禺之巅并高。下有钟楼冈，一巨钟旧悬其上，俄飞入水。每寺中伐鼓，水底钟隐隐相应。今渔者歌有云：“山上钟声水底闻，南禺飞落北禺云。”谓此也。由冈西折，有一洞，又数百级，有岩二、坞三、平台一，皆产金粟花。泉分数道而下，流为花溪。自一湾至于五湾，湾尽为百花洲。第五湾上，有奇石三叠，高五十尺，平衍而白，名瑶台。下有花阡，叔子瘗落花之所也。二禺皆多水，凡山罅辄有流泉迸出，而南禺尤多。泉所冲啮，厓崩堑断，每为桥以便牵挽。宋时有栈阁七十馀间，今易以石，岩路如丝，缭绕峰麓。舟上者，百缆纠缠，钩藤罥石，乍断乍连，呼号多凄惨声，如哭如相杀，一散为百,百散为千，远近相应。自二禺至浈阳，凡三日皆然。浈阳峡小而长，其西壁益巉岩，可蛇行者仅尺许，故于东壁凿梯为平路。浈阳有连州水口出贼，大庙峡径路四通，花山、铁山诸寇，率从此乘龙艇出。每艇二十馀桨，首尾如一，上下互为首尾，轻捷如飞，多用砂炮利器，遥见黑烟一点，即已中人。又数从庙东杀鸡坑而出。坑口下，又有湛江、大燕两水口，及黎峒坑，皆贼要冲，戍兵往往与通，咫尺间辄不赴救。哨船塘铺，皆在大庙对岸，不当隘口，名为御寇，实避之。

连 峡

自洭口西北行，有数坻石横江，状若桥，云神人之所设。滩势澎怒，篙者胸肿痛，钩者手酸，十人之力常不给。上一峡，不知其名，连峡自此始。越三十里，又一峡，下有豆豉村，望前山如千叶芙蓉，半包半解，解者为峰峦，包者为石，绝与西华相似。峰峰有树，树树有峰，瀑布横穿而出，其不成瀑布者，纷披四注，如雨雪。密叶丛篁中，有影无声，每与猿鸟幽咽。此连峡中第一境，如此者二十馀里。上一峡，绝壁颇宽广，上有石窟数口，前后相穿，緪藤梯棘，从峰罅而上，人方营治飞巢，为避乱之所。自此水益湾环，滩益高，石益廉利，鱼陂高低，水车硺击，舟行益艰苦。既至阳山县，县西二里有石刻，曰“韩文公钓矶”。矶左为祠，一石刻文公像，为南海陈昂所写。城绝卑小，郭外屋高于城，茅茨数十间，火烟寥落。文公所云：“隔江荒林密箐，小吏十馀家，鸟言夷面。”今恍然在目也。二十里至老牙、大理二峡，夹壁嵌叠，状若颓城，无数古木支拄，石色苍绿，皆作云水纹，松、杉、茶子诸树羃之，怪藤千尺，多有黄猿啸牵而下，或戏丸堕之，空中犹能翻接柔枝。已入晾纱峡，水叩石牝，呜咽有声，水石相吞，久之始答。有数复岩喷水，从风飘滴，峡尽犹沾濡不已。又入一峡，名同冠，壁之石皆为白笋芽，丛乳葳蕤，倒披而下。有一洞甚大，多文石，丹青绮分，树影森沉，瀑光明灭。驻舟其下，久之，峡转峰旋，舟层层如入螺尾，乍出阴崖，乍入阳窦，凄神寒魄，一日不知几变。一潭曰龙湫，湫旁有三穴甚深，水出穴中，为瀑布者二。上有洞，洞中石柱无数，自上生下，复自下生上，望之有如堂厦。又有小瀑布五六道，与峰上诸水相连，为大水帘。其前有滩，滩上为羊跳峡，言峡小羊可跳而越也。一巨石塞峡，沿石角欹侧过之，一岩张其口，若吸舟状。数里，得楞伽峡，峡势欲堕，两崖相磓，石皆雕镂通透，如破莲蓬。内外有悬乳千万枝，长者逾千尺，白者成人，黑者成物。石脉所出者色多白，石肤所出者多黑。有一大瀑布，作数折，大风一激，腾跃三四峰乃散。一石人，传为丁兰所化，旁多篆刻，苔蚀不可读。越半里，林上又一瀑布，参差与数折者对，土人谓之双龙灌水。水在峡中又绝异，日光所荡，含草色则绿，含石色则青，亦多金沙丹砾，粼粼可拾。自此至铜鼓、龙涎二峡皆然。龙涎峡去连州南五里，其水发源九陂，流二十里，或隐不见，乃自峡之腰吐一小乳，喷薄而出，因曰龙涎。予以为此真龙乳，易名龙乳峡，刻石其上。盖自洭口至此，峡凡十馀，皆绝奇，奇在两壁，奇在多瀑布，奇在水，而峡止矣，而上滩犹甚竣也。

诸　峡

峤南之山，自西自北，自西北自东北，皆两山相夹成峡。西自德庆至高要，有大湘、小湘、羚羊三峡。北自英德至清远，有浈阳、香炉、中宿三峡。西北自乐昌平石下六泷，有泠君、蓝豪二峡。东北自连州至涟溪口，有楞伽、羊跳、同冠三峡。而乐昌二峡尤险，其险在六泷。六泷之险在水，诸峡之险在山。连州兼山水之险，羚羊峡山水稍平。东上揭阳，则蓬辣、乌蛮诸滩亦甚险，盖以居上流多石故也。柳子厚谓："楚之南，少人而多石。"石者，未化之雷；雷者，已化之石。峤南多石，故亦多雷。隆冬而雷未收声，新雷与故雷常相接也。《易》艮为石，反艮则震，震始于十一月，故冬有雷。雷者，石之反也。雷之斧与霹雳碪，皆石之所为化而未尽化者也。其化也，多在峡中，峡中为石之薮，故亦为雷之薮。

两三峡

浈阳、香炉、中宿，为北三峡；大湘、小湘、羚羊，为西三峡。从西而下者，先大湘；从东而上者，先小湘。小湘下二十馀里，有小峡曰香炉。香炉峡尽为高要，城东二十里则羚羊峡至矣。羚羊比大、小湘较长，渔者歌云："长者羚羊，短者二湘。香炉一峡，亦在中央。"盖中宿、浈阳以香炉峡为中，此亦如之。或谓香炉即小湘，然小湘与大湘本一峡，长仅十里，其首名大湘，其尾故名小湘耳。予诗："大湘未尽小湘来，两岸丛峰束不开。直到羚羊江始放，西江倒卷北江回。"西江既出羚羊，势乃沛然，与北江合为一大川。每当夏涨，水如万马奔腾，岩壑尽崩，舟与惊涛相为勍敌。其性既湍悍，又苦峡门隘小，稍失势，则帆樯倒下千尺。予诗："六月滇黔水大来，端州城门不敢开。左右双江争一口，白波倒卷失崧台。咽喉最苦羚羊小，水花四飞如白鸟。洪涛鼓舞不因风，一出峡门成浩淼。"又云："水如奔箭穿霞壁，舟与浪花相拒敌。千岩万壑势将崩，一石中流犹荡击。"又云："北江势比西江缓，水性西江尤劲悍。时时一口似龙门，万里飞流束欲断。"峡口之西有亭，曰束江，其上为灵山寺。登之俯视，建瓴水头十丈，排山而下，真滔天之势也。

三　山

会城中故有三山。其在番禺治东南一里者，曰番山；迤逦而北一里，曰禺山；其北曰粤秀。昔人尝以尧山及番、禺为三山，与五岭并称。今尧山莫知其处，疑即粤秀也。三山之脉，自白云蜿蜒而来，为岭者数十，乍开乍合，至城北耸起为粤秀，落为禺，又落为番，禺北番南，相引如长城，势至珠江而止。自刘龑凿二山以为宫阙，而番、禺遂平。今郡学有小丘，高仅数丈，则番山之馀也。禺山自谯楼、双阙，连西竺至玄览台一带皆是。登高望之，犹见其盘旋不断、回抱三城之势。盖司马迁所谓“番禺一都会”，刘安所谓“一军处番禺之都”，任嚣所谓“番禺负山险阻”，皆指此三山之中也。番禺之名最古。《山海经》云：“黄帝生禺阳、禺号。禺号处南海，生徭梁。徭梁生番禺。番禺者，贲隅也。”禺阳、禺号者，黄帝之庶子也；番禺，黄帝之曾孙也。则番禺之名，以黄帝之曾孙也。若中宿之山曰二禺，亦曰禺阳，则以二庶子也。然番禺之山甚大，《山海经》云：“桂林八树，在番隅东。”隅，禺也。又曰：“南禺之山，鹓雏是出。”而《罗浮记》云：“罗山之顶有桂，所谓贲隅之桂。”贲，番也。则又以罗山为番禺也。或曰：“罗浮之西麓为白云，番禺者，白云之南麓也。”则白云、罗浮皆可名番禺也。《山海经注》曰：“丹穴之东，是曰南禺之山，其广四千七百三十里，有凤凰、鹓雏。”或曰：“南禺谓罗山之南，番禺之东也。”则禺山甚广大，处处皆可名禺山也。今会城之禺山虽没，而自清远至博罗，谓皆禺山之所磅礴焉可也。番禺之山甚大，故秦、汉时，以广州之地总称番禺。不然者，城中之番、禺二小山，特培塿耳，昔人合之以名广州，其义何居？地理家众山皆尊，小者为主，夫岂其然耶？“番”与“贲”同音“潘”，“禺”与“嵎”通作“隅”。《史记》“宅隅夷”，《列子》“隅谷”，亦作“禺”。禺之名，惟广州有之，而说者谓番禺旧读翻容，故谚有云：“北人不识番禺，南人不识盩厔。”然不知又何以读番禺也。西竺，山名，在今城隍祠后，然亦平矣。而南海县治西南，有坡山高五六丈，俯临大市，亦皆三山之支云。粤秀耸拔三十馀丈，旧有番、禺二山前导，今巍然三峰独峙，为南武之镇。城跨山腰而出，下有二门，左曰大北，右曰小北。中峰之正脉，落于越王故宫，故都使司署是也。山上有朝台故址，相传台象北斗为之，圆基千步，平顶三亩，复道飞轩，逶迤曲折，是南越王朔望升拜以朝汉，自称“蛮夷大长老夫臣佗昧死再拜上书皇帝陛下”之处也。《南越志》云：“熙安县东南有固冈，高数十丈。冈西面为羊肠道，尉佗登此望汉而朝宗，故曰朝汉台。台从西历番、禺二山以上，石路纡回。”《广州记》以为“直峭百丈，螺道登进”是也。台西有歌舞冈，乃佗三月三日修禊之处。刘龚叠石为道，名曰呼銮，夹栽甘菊、芙蓉其间，与群臣游宴，又名此冈曰游台。台久废，今但曰台冈。此三山之大概也。

白云山

白云者，南越主山，在广州北十五里，自大庾逶迤而来。既至三城，从之者有三十馀峰，皆知名。每当秋霁，有白云蓊郁而起，半壁皆素，故名曰白云。其巅为摩星岭，岭半有寺，亦曰白云。左一溪曰归龙，其上飞流百仞，盘舞喷薄，陈宗伯潴以为湖。湖东北为楼馆十数所，环植荔支、梅、竹之属，名云淙别业。下有古寺二，右景泰，左月溪，林径水石皆绝异，黎太仆譬之“仙女见人，散发垂腰，而姿态自远，绝不染烟火之气”。亦一说也。月溪下有九龙泉，流为大小水帘，志所称“重重挂玉帘”处。其北为鹤舒台，安期昔上升，有白鹤舒翅以迎，故曰鹤舒。又北一里，有峰曰宾象，上有动石，游人叱之辄动。前有泉，因虎跑而得，甚甘。其西南五里，有太霞洞，泰泉之水出焉。故有李忠简玉虹饮涧亭、小隐轩，及孙典籍白云山房，今皆废。又一里，有洞曰玉虹，其南曰聚龙冈。折而西，有宋高宗御书阁。又七里，为蒲涧水。安期旧居此，始皇遣人访之。太白诗所云“秦帝如我求，苍苍向烟雾”是也。《记》称：“安期将李少君南之罗浮，至此涧，采菖蒲一寸十二节者服之，以七月二十五日仙去。”今郡人多以是日采菖蒲，沐浴灵泉，以祈霞举。而宋时郡守尝醵士大夫往游，谓之鳌头会云。涧旁有寺曰蒲涧，前为丹井，水甘温，微有金石气。其阳有滴水岩，水瀸微不断，无风则滴，有风则不滴。上有一石状悬钟，人至辄铿然有声。其下又有水帘溅洒如雾，时大时小，下注为流杯池。沿涧而南为文溪，为上下二塘。至粤秀山麓，则分流为二，左曰菊湖，右曰越溪。又会东溪之水至此山下，为甘溪，冰驰雪骤，喧豗震山，是曰簕簕水。吴刺史陆胤、唐节度使卢均，尝疏浚以通舟。胤传云“州治临海，海流秋咸，胤畜水，民得甘食”是也。均又筑堤百馀丈，潴水给田，建亭榭其上，列植木棉、刺桐诸木，花敷殷艳，十里相望如火。伪南汉引以流觞，与宫人荒宴，称甘泉苑。是山之胜尤在水。其大水凡二，其源于月溪者为溪一，曰双溪，溪本一而名曰双，以其上为月溪，而下复为此溪也。溪上瀑布交流，陈宗伯尝筑邀瀑亭焉。其源于泰泉者为涧一，曰蒲涧。涧流为溪者二而湖一。

灵洲山

灵洲山，在广州西北七十里郁水之中。西、北二江之来至广州，先以灵洲为砥柱，次以海珠，次以海印，次以禺珠，皆在水中央，所谓“鳌峰”也。而灵洲尤高大，山根如鼎足。其西曰象岭、曰三台，南曰鹿马、曰钵盂。北为读书冈，上有宝陀院，超然、妙高二台，苏学士遗迹存焉。伦公以训云：“岭南英气，钟于会城，而秀发于灵洲。其溢而出者为海珠，奇观相望。”郭璞占之曰：“南海盛衣冠之气。”盖后千古而言益征云。

灵洲以北一带，古谓肃连山。其势若断若续，春夏水溢，与灵洲同一浮沉，常欲远于江岸然者。盖炎方在大海滨，地薄而多浮，山之浮者有浮山，而浮丘为之门户；石之浮者有海珠，而灵洲为之肺腑也。而韶州城北二十里，旧有浮岳山，其地蹑一处，则百步内皆动，后没于五溪水。然则浮者，亦终必沉欤？

罗浮

蓬莱有三别岛，浮山其一也。太古时，浮山自东海浮来，与罗山合，崖巘皆为一。然体合而性分，其卉木鸟兽，至今有山海之异，浮山皆海中类云。《汉志》云："博罗有罗山，以浮山自会稽浮来傅之，故名罗浮。"博，傅也，"傅"转为"博"也。浮来博罗，罗小，浮博而大之；罗卑，浮博而高之，故曰博罗也。或曰：罗山亦蓬莱一股，故浮来依之，罗主而浮客，客蓬莱而依主蓬莱，故袁宏、竺法真作《登山疏》，皆言罗而不及浮，言主而客在其中也。然罗为浮主，而罗浮之东麓有博罗之白水山焉，西麓有番禺之白云山焉，与之鼎立，人亦以为三岛，则罗浮又为白水、白云之主矣。其峰四百三十有二，罗与浮半之。游者自西而入，则罗多而浮少；自东而入，则浮多而罗少。罗之巅曰飞云，其西有三峰，亦峭绝鼎峙，往往中夜可候日。而浮山极巅，每当雨霁，白云汹涌四出，大风荡漾，乍往乍回，若尚在大海之中，浮而未定，常欲远于罗山然者。或曰首阳、太华一山而分，罗与浮二山而合，实有巨灵主之，分之者所以通黄河，合之者所以镇南海。然二山下合而上分，其巅有分水凹，是曰泉源，山之交屿也。水分于西则为罗，分于东则为浮。浮之水与罗相吐吞，罗之山与浮相补缀，水分其上而山合其下，故观其合而得山之情状焉，观其分而得水之情状焉。当二山之交，有磴穹然如衡，二砥柱峙其两端，而色苍黝，是曰铁桥。非桥也，一石飞空，袅袅数十百丈，上横绝巘，下跨悬厓，以接二山之脉，故曰桥也。盖浮山善浮，下有浮碇冈以定之，上又有铁桥以贯之，而后与罗长合而不离也。山故有二铁桥，皆天生石梁，而此为上铁桥，其在大石楼南者，曰下铁桥。大石楼在上铁桥西，相去五里许，有小石楼，三石对峙，上下俱方，峻削崭空，岌岌欲堕。登之则重檐四柱，窗户相通，烟霞开阖，常若有人往来。度其高，仅得山顶十分之四，然俯视沧溟，夜半见日，亦不减飞云之上焉。二石楼两峰相际，其脊乃铁桥。故凡登飞云者，自二楼而上，必度此桥，率以此为铁桥矣，不知乃下铁桥也。盖石楼二，以大小分；铁桥二，以上下分也。下铁桥西有一大瀑布，所谓分水嶴泉源，为二山之界者。罗浮瀑布凡九百八十有奇，流为长溪者七十有二，潴为潭七，为神湖一，为渊池者六，天下名山未有瀑布多于此者。最高为分水嶴之泉源，从二顶而下约三千丈。大则蝴蝶洞之水帘，次高则明福观之小水帘。黄龙洞之二瀑布，夜乐洞之瀑布，流杯池之两瀑布，龙王坑之瀑布，东麓之白水，皆以数百仞计。其在神湖者，上一瀑布输之，下众瀑布派之，转相高下，倾泻如注霤，尤奇。其他渊潭之水，一一皆然。大约水斜则为帘，直则为布，石壁平则合悬而为布，不平则分落而为帘也。罗浮石壁多平，故水之为悬布多，而为垂帘者少也。水帘凡二，有大小之名。自梅花村西行二十馀里，及大水帘。冬时水势小，从旁披洒，不及石上三之一。春夏之交，水尽冒出石上，内澎湃而外霏微，乃极穿云络雨之致。或曰：凡水以山为屏，山以水为障。大水帘在罗山，所以蔽二石楼；小水帘在浮山，所以蔽蓬莱、夜乐二洞。是山盖有璇台、瑶室七十二所，多隐于瀑布之中。而朱明洞者，尝有人缒下至五丈许，下视无底，日月星辰无不备，初有白云，须臾散漫五色。《茅君传》谓："其北与句曲洞天相通，中皆大道，可达林屋、岱宗。"甘泉云："朱明在冲虚观后，左倚虾蟆、玉女，右挹麻姑、石楼，流水瀌瀌，从岩口而出，有大石刻曰朱明洞者是也。"泰泉云："罗浮之洞，周回五百里，盖举其全，犹人之一身也。以朱明洞为在冲虚后者，犹人之有腧穴也。"而叶䌹斋谓："山两肘下，右砠卓起，曰麻姑峰，蒲伏而东；左蜿蜒乘之，绾毂其口，环中皆朱明。"

秦置博罗县，言博罗而浮之奇可知矣，故不言浮。然浮博于罗，其事荒诞，而始皇信之，至以名县，亦可谓好怪者矣。考浮来之说，本《封禅书》，谓："三神山未至，望之如云；及至，三神山反居水下；临之，风辄引去，终莫能至。"浮山乃蓬莱一股，是必此山无根，随风来往，故方士可望不可即。其与罗山合也，浮而遂定，故其东麓、北麓有二小山，皆名浮定，谓昔浮而今定也。始皇尝使人入海求三神山，未能至，以其一峰澌来，傅于罗山，因以博罗名县，盖亦甘心之所至也。罗浮之名，自陆贾始言之，而后司马迁称之为南岳佐命。贾者，开辟罗浮之祖也。

大庾东驰，至海而尽，广州宅南之隩，自为堪舆。而罗浮离立天外为之镇，有浮而罗山益其博厚。县曰博罗，博者，博厚之谓也。其博也，环博罗之山，皆罗浮也。有曰："象头山者，在博罗东北二十里，其高大几与罗浮埒。"南有白水山，云萝杳冥，号为仙窟。其佛迹岩，则梯山首路也。罗浮之东麓迄白水，而西麓迄番禺之白云。博罗之四履皆罗浮，则白云亦罗浮也。其专以四百三十二峰为罗浮，犹华山周回千万峰皆华山，而独以落雁、明星玉女、莲华三峰当之也，则番禺亦罗浮之主也。

罗浮之状，雨则二山相合，晴则二山相离，常有白云如水，汪洋数十百里，诸峰漂散，如有海在于山中然者。铁桥者，天之所以拘系二山，使之不随白云流浪者也。铁桥，一石也，其形如鞍，横亘倒垂，从二石楼间登之，高五十馀步，两端有石柱二，色如铁，名曰铁柱。铁桥以缰锁二山，铁柱以镇铁桥，巨灵之用心苦矣。

罗浮乍合乍离，变态不定。予有《罗浮曲》云："可怜罗浮山，离合亦有时。天雨罗浮合，天晴罗浮离。"盖其合也，以铁桥而合；其离也，以铁桥而离。铁桥者，罗浮之司命也。予又有《铁桥曲》云："浮山不复浮，与罗合为一。若非一铁桥，安得如胶漆。"又云："罗浮若夫妇，一合不复离。只恐铁桥断，大川来间之。"又云："飞桥天半接罗浮，铁柱双标在两头。锁住蓬莱东一股，浮山不逐海潮流。"

浮山有二碇石。其在博罗西者曰浮定冈，在增城东者曰焦石岭，亦曰浮定冈，高可三百馀丈，盘踞二十里。相传浮山初来，以此二山为碇。盖天地之象，天在水外，地在水中，地以山为碇，而山以石为碇，势诚如是。宋人诗云："乃知云浮山更浮，二山长与三山流。"二山谓罗与浮也。盖罗以碇而后长有浮，浮以碇而后长不浮，一卷之多，浮恃之，罗亦恃之。

向称罗浮在海之中，不知海乃在罗浮之中。自朝至暮，白云如波涛，浩浩无际。予身渺然，乃一叶之舟，尝言登罗浮有如浮海，赋诗云："霴霴太古云，至今未开辟。山气日汹涌，随风洒精液。触石生洪波，微茫在咫尺。登山若浮海，舟航即轻策。浮山复浮去，与罗万里隔。仅馀玉女峰，娟娟在肘腋。"

罗浮向在海中，今离海甚远，岂岁久陵谷变迁耶？罗山以在海中，故浮山自海浮来傅之。自远望之，浮小而罗大，浮卑而罗高。罗之大之高本以浮，浮既以其大其高与罗，而以小以卑自处，可谓有谦德者矣。罗善取，而浮善与，其体合，其神气亦复不分，二山之得其友如此。

自惠阳东下，两山夹江，忽一峰横出中流，形如蒲卢，谓之蒲卢岭。博罗县城环之，以为主山。遥望罗浮，如昆仑巨舶，此山在其东三十里为碇，若罗浮之大小二石楼，则帆樯也，故是山名浮碇冈。风涛作时，冈势隐隐欲动，故名浮碇。浮山为蓬莱之一股，是冈亦浮山之一拇指耶？

山远视之，一云也。大约阴则云在上，晴则云在下，半阴半晴则云在中，以为常。顶曰飞云，言常在云中不可见也。又罗山在西多阴，故云常在其上；浮山在东多阳，故云常在其下。日之出，浮山先见，而罗山次之，以云在其下故也。

天晓时，云如万箭从崖石隙飞出，遇风则彼此相射，如战斗状。山大，故气盛，盛而其势怒发不可御，为石所压，故缕缕触之而出。大抵云出于石不于土，石刚，故云必触之乃出。出时四山摇荡，惟闻风雨驰骤声，岩岫漂流，乍远乍近，乱峰浮者如泡沫，沉者如坠云，日光隐隐，如五采绮罗。日东则雨西，日西则雨东，日下则风雨上，风雨下则日上，是皆云之所变怪。非亭午云在山腰来往，不复上绕，罗浮二顶不可得而见。《山志》云："山高绝处，匪惟人迹不到，即日月亦不曜，烟雾霏霏，四时若雨，故顶以飞云名。"

罗浮之洞凡十馀，最胜者曰黄龙，葛洪西庵之故基也。南汉主刘𬬮，尝梦神人指罗浮之西，有两峰相叠，一水对流，可以为宫。访之，得斯洞。又梦黄龙起宫所，因名洞曰黄龙。两峰相叠者，大、小石楼也；一水对流者，洞左右交飞瀑也。瀑水落厓下成潭，潭上有歌舞石，可坐千人，而麻姑、玉女诸峰隐见林际，若窥人微笑然者。玉女峰在小石楼旁，小石楼状似老人伛偻，一名老人峰。予诗："笑他玉女峰娟妙，长伴云边一老人。"

杜少陵诗："南为祝融客，勉强亲杖履。结托老人星，罗浮展衰步。"山中有老人峰，一石老人向北箕踞而坐，俯视石楼。相传老人星降精为之，"结托老人星"者，"结托"老人之峰也。

从黄龙洞后以上，路皆壁向。有一峰绝锐，童石戴之，侧有微磴，陟者顶踵相接。磴尽，为玉女峰。当罗浮肩脊之交，险势稍平，上有地数丈，上戴罗浮两顶，若冠若髻；下则诸峰累累，如腰肿之附于身，而肢体脉络无弗相贯然者。从玉女旁以上，至锦绣峰，有一岩可达绝顶，身屈折如穿九曲之珠，下视大、小石楼，皆培塿也。玉女在群峰中，秀丽而小，绝与太华玉女峰相似。太华玉女峰在东峰右腋间，婉娈怀抱，状若有情，予尝有"东峰襟玉女"之句。

朱明洞为一山之根本，譬之人身之脐，精神所穴，日月归宿其中，故曰洞天。临菑有天齐，当天中，斯洞其亦天齐乎？曰朱明者，言纯阳无阴也。盖天好阴，地好阳，洞中而有天，乃阴含阳，太极未分之象也。朱明洞群峰如环，中虚以成奥室，于卦为离，离为日，故曰朱明之洞。日为天之主，洞而有日，天之精神在焉，故曰洞天。天数七，第七洞天，又天之所都也。又凡地皆虚，惟虚，故多其窍穴以为洞府。其曰朱明耀真者，言南粤为大火地，其洞府皆火之所从出，朱明耀真，乃天下之火府也。水府实而火府虚，故与五岳相通。而玉笥之山有八窍，南窍为罗浮，而勾漏、句曲洞天，亦南通罗浮，皆大道。又罗浮在东，西樵在西，彼此相望，日生于东，故罗浮为朱明耀真之天。其曰第七洞天者，七为火之成数，日复于七，罗浮为日之奥府，故为第七洞天也。

凡地中之虚，皆天也。《记》曰"地载神气"，神气者天也。天以地而载，神气出于地中，实出于天中也。仙家所称"洞天"，皆在地中，仙人出入于洞天之中，盖出入于神气之中也。罗浮者洞天之大者也，其小者，凡山之虚处皆然。以其洞，故有天之名，洞者虚也，山即地也。《易》言“天在山中”，盖天不在天中，而在地中也。“大畜”者，大畜其神气以为风霆，为风霆以流庶物之形者也。

☶者，洞天之象也，上之——为山，下之– –为洞，而天在其中矣。第七洞天者，罗浮在南，南之数为七，少阳之数也。少阳为日，故曰朱明之天。朱明之天者，又《尔雅》所谓“距齐州以南，戴日为丹穴”也。日之光华所映射，故丹，此炎方之色也。谓日者内明玄黄，五色无主，不可以一色名者，非也。

公孙卿言，仙人好楼居。罗浮有大、小二石楼，仙人尝见其上。又有瑶石台一，石色如玉，直耸六百馀丈，广七十丈，天之茎台也。台有铜柱，谓之茎。瑶石者，台之柱，其上无盖，张衡所谓“通天渺以竦峙”者也。铁桥之两端，皆有铁柱，高亦数百丈，是亦茎台之类。又昆仑县圃，有五城十二楼，仙人之所常居。罗浮多天成楼台，瑶石而外，有见日、凤凰二台，各为一石，盘踞飞云顶上，旁无依附，色如错铁，然内则玉白莹然，亦一瑶石台也。其下大小麻姑台、华首台，皆与十二楼仿佛。而二石楼相去仅五里，各有门俯视沧海，夜半见日，云霞中常若有人开阖，则仙人之大府也。

石洞多石，一山之石，若皆以此为归，大小积叠无根柢。有曰挂冠石者，一砥一峙，峙者高数寻，砥者可坐人百许，尤杰出。自石罅行百馀武，夹壁一悬泉，仅三十尺，影蔽枫林而下，猿猴饮者，出没水花中，见人弗畏，此洞之最幽处也。

幽居洞后有岩，水从上滴下，既滴又弗即滴，意其上为风所遏，故滴而断续不常。滴间不宜久立，往往寒凛袭人。

石楼之南，有一青石鉴，朝阳倒射，光景照耀林壑，名麻姑妆镜。其旁有麻姑台，尝有登者，见一丽女子散发踞坐，旁有童女十馀，彩衣丫髻，手持乐器。其人趋而避之，童娥皆鼓掌以笑，倏然不见，惟馀歌管声，隐隐空中者久之，意麻姑狡狯之所为也。石鉴下有棋局，黑白棋子各一十有六，执之不起，仙弈也。稍上至飞云顶，南有磨石，甚圆大，两两相叠，中有一小石支之，登山者暮辄隐其下。又南有峰亦平圆，号曰石鼓。上有二石，叩之逢逢，与潮相应。予诗："石鼓声声应海潮。"又书堂坑南有石臼三、药槽一，乃葛稚川炼药之遗。石臼似华山洗头盆，槽亦天成，生在一处，水注自臼至槽。槽下为一瀑布，以石障槽口，则潴为潭也。旁多红翠，一名捣药禽。予诗："玎珰禽捣药，飞向药槽边。"

罗山上有神湖，周回五里，陆贾所谓"罗浮山顶有湖，环以嘉植"者也。贾两至南越，于诸山川皆无称，称止此湖，非以其所处至高，与海潮相应耶？凡高山上皆有天池玉渊，以自滋润。其洞穴与大泽通，故一开而潮升，一阖而汐降。湖本非神，其神皆山泽之气所使耳。飞云顶上，又有瑶池、阿耨池，深三四丈，广数尺，亦与潮应，分为诸峰瀑布，山中人以为罗浮二目云。

山中有罗阳溪，水甚浅，可筏而不可舟。吾常恨南汉刘𬮤于增江水口穿渠达罗浮，其事未成。此渠成，则北从增城舟入罗浮之阴，南从东莞舟入罗浮之阳，无不可矣。

庾岭之脉凡二支。其一南行，自南雄至广州，其末干直走潮州，于潮州又分二支。其一西下惠州至罗浮，而水亦因之。或以为无水不流东，此水乃自龙川县夹城十里西流，道书最贵逆水，此罗浮所以为仙源云。

罗、浮二山接处，一道飞泉界之，东流于博罗，西流于增城，萦回百折，为诸溪涧之源，道书所谓"第三十二泉源福地，仙人华子期治之”者也。二山欲合，而泉故离之，使人得见二山离合之迹者，此泉也。大抵山水之情，合必有分，分必有合。合而不分，无以为形；分而不合，无以为气。有时水合之而山分之者，山之为主者也；有时山合之而水分之者，水之为主者也。水之为主，故福地号曰泉源。盖山水之情，山多则主水无分一勺，水多则主山无分一卷，语山水者所宜知之者也。罗浮山之奇在合，水之奇在分。予尝至分水嶴纵观，因忆苏子瞻诗："何人守蓬莱，夜半失左股。根株互连络，崖峤争吞吐。”此言其奇在山也。又云：“神工自炉鞴，融液相缀补。至今馀隙罅，流出千斛乳。”此言其奇在水也。子期专治此水，以其为罗浮之主也。予诗：“罗浮主客一泉分，泉影天边似白云。汤沐东西双瀑布，仙人谁似子期君。”

飞云顶之南有夜乐池，每夜池底有乐声，人以为怪。予疑池底空虚，石多孔窍，风水相激，故成种种音声，有如奏乐耳。以夜始闻者，盖又夜静响沉，龙鱼吐噏，助成天籁也。

宝积寺有卓锡泉，子瞻以为过于清远峡水，实岭外诸泉之冠。岭外惟惠人喜斗茶，此水殆不虚出云。泉久湮塞，山中人莫知其处。崇祯间，有僧湛若者，尝于昧爽见白气从压石下缕缕而上，疑有异物燔石。发之，得一井，深二尺许，有碑云“古卓锡泉”。饮之味甘以冽，始知为子瞻所称之泉，其石乃震雷所坠也。予为铭曰：“天生灵泉，以石封之。甘而不食，渊默自持。素华夕上，白气朝滋。寒含水玉，暖吐金芝。养蒙既久，时出如斯。于其始达，贵即充之。放乎四海，有本宜师。”又七星坛北有九眼井，晋王叔之所凿，味亦甘，与卓锡泉相似，饮之除病。黄才伯云：“凡水出罗浮者，大抵金液濡滋之所委，清泠甘美，可以蠲邪而起痼，虽人力所凿者皆美。”盖谓此也。然此穴本一泉眼也。

冲虚观后，有葛稚川丹灶，夜辄有光，见于龙虎峰上，或以为霞光，非也。取灶中土，以药槽之水洗之，丸小粒，投于水中，辄有白气数缕，冲射四旁，生泡不已，哈哈有声。顷之，一分为二，二分为四，四分为八，然后融化，服之可疗腹疾，道士号为丹渣，常以饷客。灶高五尺，周六丈。旁有八卦石一方，盖昔时镇炉之用者。黄泰泉云，四山皆有稚川坛址，而丹灶当罗山中脉，可谓神解道之妙徼者。有为铭者云："坚如石，赤如日。灶虽存，火已息。民鲜知，争饵食。岂泥丸，生羽翼。各自有，不爱惜。至哉仙公，万古无极。"

梅花村在山口，前对麻姑、玉女二峰，深竹寒溪，一往幽折，人多以艺梅为生，牛羊之所践踏，皆梅也。冬春之际，以落梅醅酒，于村南麻姑酒田卖之。一茅茨有碑曰"师雄梦处"，予因书高季迪句于楹云："雪满山中高士卧，月明林下美人来。"而自号曰花田酒田之农。酒田一曰卖酒田，属之麻姑者，以麻姑峰在其前也。罗浮故多田。唐有尚书常衮，捐赀开垦千馀亩，以供游者，是曰岚田。自中阁之南，尽梅花村西，皆稻区，畲蛮之所耕种。田上膏，所产白粳岁两熟。《山志》称："浮山有平田七亩，水旱不及，禾稼异常。"今二山皆腴田嘉谷，虽高顶可以耕耘，估客多往彼中籴取，信乐土也。

安期生尝与李少君南之罗浮，罗浮之有游者，自安期始。自安期始至罗浮，而后桂父至焉。秦代罗浮之仙，二人而已，安期固罗浮开山之祖也。其后朱灵芝继至，治朱明耀真洞天；华子期继至，治泉源福地，为汉代罗浮仙之宗，皆师乎安期者也。安期报始皇书云："后千岁求我于蓬莱山下。"而少君云："安期生仙者，通蓬莱中。罗浮者，蓬莱之一股也。"菖蒲之涧，九节绿玉，三花紫茸，安期之所服饵而得仙者，合则见人，不合则隐。其见始皇也，与之语三日三夜，可谓合矣。千岁之期，始皇岂有千岁者耶？当时何不使徐市、卢生等，往求之于罗浮之间耶？要之，安期、徐福之流，皆以始皇为戏，方朔之于汉武亦然，所谓神仙多狡狯，非耶？安期在秦、汉间名最著，故栾大以能往来海中，见安期、羡门之属，而汉武即心艳之，妻以公主。然当时方朔在前，何不以安期事迹一问之耶？

南海冼少汾有书台在青霞洞，王青萝访之，赋诗云："惟有山泉知此意，至今犹作读书声。"是时湛甘泉、方西樵皆在罗浮，甘泉治朱明，西樵治金牛。其后黄泰泉治泰霞，庞弼唐治黄龙，叶䌹斋治石洞，于时讲学之盛，海内莫有过于罗浮者。罗浮遂为道学之山，佛老之宫皆废，此诚四百三十二君之幸也。考罗浮始游者安期生，始称之者陆贾、司马迁，始居者葛洪，始疏者袁宏，始赋之者谢灵运，然皆不如豫章先生者，以圣人之徒来此讲学，辟二氏之烟云，而悬仲尼之日月者也。白沙虽未至，然尝梦长髯翁，遗以罗浮，尽四百三十二峰，一囊括之，开半面以待游筇之入，则未知罗浮在白沙之中耶，抑白沙在罗浮之中耶？章枫山尝寄诗云："有美罗浮仙，金声玉为质。安得辞世纷，云山随杖舄。"噫！必如白沙者，德为圣儒，始可称罗浮之仙也已。白沙诗："长髯遗我一囊山，铁桥流水非人间。我今决策山中去，踏断铁桥无路还。"可想见高逸之致。或曰：长髯翁，先生所自谓也。

四贤祠，在黄龙洞，罗浮最胜处也。祀者为濂溪、豫章、延平、白沙，以四先生皆于罗浮游息，故合祀之。洞在山之南，凡东自浮山，西自罗山入者，皆以之为中。刘铱尝作天华宫，其际有黄龙出见，故名。弼唐尝讲学此洞，谓龙当乾之九二，乃黄龙也，龙而正中者也。此爻既动，则乾变为离，有天下文明之象，故讲学者当以此洞为归，以利见四先生之大人云。叶化甫云："弼唐先生醇儒，结发学孔子之道术，而一禀于六经，士抱一艺而来，如水赴壑，先生为度堂都授其中。黄龙为汤沐邑，施于无穷，是天所以奉先生也。予不佞，逃于石洞，石洞帅四百三十二君，为先生保黄龙。"

罗浮凡有约必不成游。昔梁公实尝与黎瑶石约游罗浮，观沧海日出没，探勾漏令丹鼎，庶几其人一遇，而属海飓作，不可以舟，乃止宿田舍者三夕。飓益甚，山木尽拔，道为徙，而公实亦意尽，乃赋诗而归。是时属寒疾中凑矣，归而疾大作，遂不起，年仅三十有六也。使公实不即旋归，于黄龙、冲虚之间葬骨，罗浮有一诗人冢焉，以与葛洪衣冠冢为邻，岂非罗浮之幸事乎哉？罗浮固灵山也，得游与不得游，良有命焉，观公实可以知之矣。

叶化甫有逃庵在石洞，其铭云："叶子迁宾州守，倦游，至竟上书乞骸骨归。广西巡抚郭应聘劾守春及逃，两广提督殷正茂劾如郭，奉诏削为士伍。臣春及顿首：世之尘垢，欲逃久矣。天地囿我，阴阳缚我，臣安逃哉！逃于罗浮之间，无所往矣。四百三十二君闻之，邀于石洞，筑逃庵以居，遂不复出。万历丁丑"云云。洞左有石如砥，方广丈馀，南海朱完者隶书镵之，字大六寸许，至今犹存。

元次山尝谓九疑当为南岳，予谓罗浮可以当南岳，故尝大书"南岳"二字于朱明洞口，而赋诗云"罗浮亦南岳"，又云"南岳临南海，祝融之所都"。夫北岳在浑源，为天下之极北；罗浮在博罗，为天下之极南。罗浮固宜称南岳，以与北岳对。予所居书曰"南岳草堂"，不知者以为身在罗浮而有怀南岳也，岂知身在南岳而不见其为罗浮也？故以罗浮为南岳佐命者，史之陋也。

西 樵

广州有三樵，曰东樵，曰南樵，曰西樵。西樵者，南海之望，而东樵罗浮之佐也。去广州治西百馀里，奇秀峭拔，揖云霄而上之，望若青莲之华，而四面方立，立皆内向，诸峰大小相联属，皆隐于削成之中，又若芙蕖之未开然者。山之东凡二十峰，南十有五，西十有八，北亦十有八，合为七十二峰，而以大科为绝顶。岩二十有一，洞有十。其飞泉散出于诸峰间，乍合乍分，合者为卧泉，分者为立泉，状各不一。凡泉三十有二，其一在喷玉岩，一在锦岩，一在漱玉岩，二在垂虹洞，左右交流，如双虹下饮，故曰垂虹。又有二泉在云谷。谷中群峰回合，势若层城，有白沙书院，瀑布左右夹之，合流行石上，委曲数里，从岩顶喷飞，因名其下岩曰喷玉。又有泉二在天峰，左者曰左天泉，右者曰右天泉，合奔云谷，注于九曲之溪。有二亭，曰左瀑，曰右瀑，以收其胜。其在广朗洞口者，凡作三级，逶迤而下，冰轰雪吼，倒射青冥，势益暴。又一在水帘洞，是曰水帘，为九曲溪下流，披洒壁间，霏微若珠箔。又一在云端村，其曰泻钱泉者，从空细下，倾击有声，石薄岩虚，琮琤相应，亦一瀑布也。其在碧玉洞者，擘压而出，横直恒无定势，馀气为烟为雾者，冥蒙竟数十丈，望之常若非泉然。盖自喷玉岩至此，为飞泉者十有三矣，而以此碧玉之瀑为最奇。予尝冒雨从飞玉台至泉顶观之，绝爱友人陈中洲“壁立一片雪，风含白云端”之句，书于石上，以与山中人共赏。是山故多泉，诸飞泉外，其迸出石间者，或仄或涌，为乳为汤，大澜小沦，无不极其变怪之态，盘舞喷薄，响振一山，盖西樵一泉山也。山中人沿溪以居，或截流为湖，或筑垦为塘，于四十馀里间，以泛以渔，随舟所至，盖不知山在水中，抑水在山中矣。山中又多平地，可以种茶。茶田中有村十馀，鸡犬鸣吠，若近若远。杜鹃、兰、桂之属，掩苒含风，花栈参差，云畦历乱，游者往往迷路。

霍　山

霍山在龙川县北，周旋七十馀里，为峰三百七十有二，最秀者曰大佛迹。秦始皇时，有霍龙字灵阳者居之，因名霍山。其巅有二岩，东向者曰望月，无甚奇；西向者曰太乙，深八九丈，广倍之，高二丈馀。上有覆石，平如掌，左右两峰夹之，是为霍山洞天。其东有横岩在半壁，岩中有一石，出地数尺，人偶撼之辄动，及力撼之反不动，亦一异也。岩上峰名酒瓮石，崛起平地百馀仞，上锐中博下顿如瓮然，泉涓涓倾出，味甘如醴，因名酒瓮泉。所注成潭，大亩许，清深不测。旁多万年松、风兰、仙人掌、金星草、黄精、白术之属，远近随风，处处芬馥，如入罗浮之百花径矣。大佛迹峰在山南，石上有大人迹十四所，迹有黄牛浆，甚澄澈。邻峰曰石楼，亦有巨人履迹。下有一石，可坐数十人，为仙乐石。又有捣药石，常闻杵声而不可见，寻之，多在志公楼峰之腰。又有七星石井，大各如盆，深数尺，水随汲随盈，不汲不盈，盈必七井一时盈。其上一峰曰船头，凌晨望之，若大舶在海岛中，云气往来，山如鼓枻摇动，亦一异也。酒瓮石，予尝欲终老其间。有诗云："酒瓮峰头石，涓涓出醴泉。愿同鲸吸者，长傍白云眠。"

斧柯山

斧柯山，海内有四。其在端州者，宋时凡采石斧柯，祭以中牢，不尔则雷电晦冥，失石所在。烂柯处在山高顶，王质事，有无不可知，然山下姓王，多有称质子孙者。成化间，东溪严氏子入山，方一假寐，家中妻子，已失之二月矣。所裹未及果腹，启视粳香无恙，土人至今骇言之。山乃桂源第二峰，有仙弈枰，枰中棋子隐起，黑白判然，有手掌痕迹。石如屏如几者七八聚，旁有树甚怪，千百年物也，不知其名，但称之曰仙树。又有树生附石，非椒非榕，冬月作白花颇香，盖兹源之桂云。山石巉岩，游人项背相抵，行于剑脊者、马橛者、蜗穴者，皆不能有所攀援，得猿梯鸟栈，以为康庄矣。如此者，凡历三十六峰乃达。东望山窝数十峰，有青湾瑶；西出谷口，有湴湖瑶，其外有碉田与西岸十三村，皆腴沃而污莱半之。大抵桂源山为峰百数十计，皆黑坟肥饶，巅亦滋润。盖土膏泉脉透灵结液所致，是宜畬禾及桐油、茶、笋、豆、芋之属，而瑶稀力薄，弃为灌莽，极望无一茂阴，可叹也。旧有烂柯寺，今亡。

顶湖山

顶湖者，端州镇山，去郡四十里，从羚羊峡望之，紫翠滴沥，若在帆际。舍舟后，沥水从大蕉园取道入，有白云寺，当山之正麓。寺右溪向产嘉禾，每粒双米，不垂穗已三十年矣。沿涧而东，里许，有锄云精舍；又十里，为上龙湫，所谓上飞水潭也。若不甚深而黝黑可怖，砰訇作势，转下三四折为大龙湫，垂绠测之，百馀丈不得其底。旁通乾穴，可达七星岩水洞。每大风雨，有青白气一缕从中起，其黝黑过于上湫。又东有数叠泉，经小潴潭二，一大瀑布长可三十馀丈，是谓大飞水潭。自西庵而下，又有短瀑布八九，小湫潭四。是皆所谓顶湖也。广中之山，其顶多有积水，而是山为湫为潭者八九，绝与西樵相似。

东安诸山

自六都水口三十馀里至石夹，自石夹以上，峰皆纯石。其中一一空洞，水声入之，鞺鞳四应。瀑泉大者潴成潭，小者成涧，诸小石亦各自为岩穴，鼻口相呀，有惊泉喷薄其中。有一谷两壁嶮岈甚隘，仄身以入，渐宽豁，可藏数百家室。山高林黑，阴风飒飒然，不能以久立也。三十里许至东安山，尤诡怪。城北有天柱峰，拔地峭秀，民居其下，环引清泉灌溉，花竹丛中，与猿鸟相为主客。城南有天马山，乱石惊飞，势若风雨，自天而下者，其石大；自地而上者，其石小，望之以为奔马也。其东为锦鲤峰，上盘危磴百级，四壁皆穿石，中有圆窍六七。窥其下，百千孔穴相连如藕心钱，泉水喷射，作数道而下，注于陂塘。其在城西者有翠屏山，方正如削。在城东北者九星峰，日光照之，如太阿出匣，赤精芒耀。左右有数峰，黛横紫拥与争胜。西南一峰稍平圆，峰半吐一舌为宫观，有栏楯飞接。下有岩曰九星，轩明爽垲，滴水不漏，石气暖干，绝去蝙蝠、松鼠之迹。石乳穿地，履之丁丁有声。其西又有一岩，与众峰连，两水潜出其下，澎湃争流，石梁茅宇，参差映带，有数十人家依之。此近城之山胜概也。其在西北十五里为大绀山，山高绝，云霞常罩其半，樵采者每见有池馆数所，碧桃垂实，白犬吠人，倏忽不知所在，盖仙窟也。其西有路通罗定，从山麓仰行，攀林援葛，手口并运，凡百馀里，经溪涧者四五，皆在积叶之中。谷中时有白云填塞，一望渺弥，间漏出苍厓碧树不可计。自白石墟度桥，桥长者数百步，或木或石架之。溪多坻石，可作鱼梁，水峻急，乃反多鱼，居人持以为鲊。其在西南五十馀里者曰云雾山，在杨柳都者曰圣山，并高千仞。圣山有神祠，岁旱拆去数瓦，以竹引泉过祠下，霖雨立至。其曰书山、厓牢、铁岭、云扶诸山，皆绝高大。则远城之山大概也。

锦石山

山在德庆州西，高百馀丈。一石状天柱，削成而圆。旁有数大石，若箕踞而坐然。盖自崧台而西，舟行三日，夹岸皆土山绵亘，惟此石拔起，若莲茎上矗，旁无附丽。汉大夫陆贾使南越，从桂岭取道至此，施锦步障以登，尝祷山灵，若佗降，当以锦为报。其后佗去帝号，受南越王封，与贾泛舟珠江，溯牂牁而上。贾因以锦包山石，锦不足，植花卉代之，遍岩谷间，望若霞绚，因名锦石山。至今异花甚众，终岁如春，采撷者多不识其名。山之西五十里陆溪水口，旧有大中祠祀贾，祠今毁。予谓贾功名以南越终始，其魂魄当不忘此，宜建祠锦石之下，为贾汤沐，一以报贾安南越之功，一以昭是山效灵于汉之德，此亦炎方之盛事也。又是山当罗旁水口，万历初，泷水诸瑶为贼，常从水口出劫，以此石状若兜鍪，因妄称石天将军，私祷其下。其后瑶贼平，分其地为罗定、东安、西宁三州县。石虽隔大江二十里，而罗旁之口藉以屏蔽，使九十九湾之水不至直泻，有补于西宁形势不小。制府凌云翼尝属黎舍人民表，大书“华表石”三字刻其上，以比伏波铜柱。故今行者讴云：“上不见华表是封川，下不见华表是德庆。”此诚西江之望，而罗旁之镇也。始有功于汉，继有功于明，又为南越之桢干，不可以不铭。铭曰：“繄惟天柱，实砥牂牁。万里南渎，至此无波。效灵汉室，臣服王佗。蛮椎大长，罔敢称戈。大夫奉使，来指山河。梅关拥节，桂岭鸣珂。肃心致祷，步障婆娑。既刑白马，遂表青螺。蒲桃宫锦，覆布岩阿。植花代绣，五采陂陀。木棉烽火，石乳酥酡。斑骓容与，蛮女讴歌。存神过化，精爽相摩。金装宝剑，留与烟萝。频消越霸，永去秦苛。一峰鼓舞，五岭包罗。金标共峙，铜界谁过。舟乘青雀，潭浮白鹅。来斯秩礼，牲醴孔多。山神献异，奇畜纷葩。果骝双脊，鱼翠千窠。一群马鹿，三尺鸡驼。收香作室，吐绶争柯。绿毛倒挂，清响相和。狸呈玉面，蝶弄修蛾。瘴消青草，烟堕红荷。芙蓉九叠，为尔峨峨。西南作镇，奠此江沱。由汉讫明，岩岩瞻尔。神庙初年，瑶蛮蜂起。助贼凶威，妄遭谗毁。大藤既诛，永清泷水。建县东西，开疆千里。维尔之功，盘瓠披靡。花角洞酋，白衣山子。刀税咸输，黄龙永矢。藤弦响绝，铜鼓声死。水口罗旁，险隘无比。汝作塞门，咽喉扼彼。万嶂盘回，千峰纲纪。苍翠如濡，云霞有喜。锡名华表，大书山史。字渥丹砂，擘窠谁似。玉表岩岩，翠屏几几。削成四方，茫无首尾。崧台为终，都峤为始。罗定之宗，所宜禋祀。并为汉臣，筑宫其址。重贶山灵，千葩万蕊。以荐大夫，以惠女士。”

丹霞山

丹霞山，从别传寺右折为锦石岩，岩中多石花，如千瓣芙蕖，大小黄白红绿不一，倒生石腹，朵朵可以攀摘，盖钟乳之所为。左折至海螺岩绝壁下，其悬厓相倚，下如层城，上如列屏，须飞梯垂繘乃可上。上至兰若，其地蜿蜒伸缩，开麓者九，或深三四十丈、二十丈、十馀丈，如西番莲，一一花瓣相附丽。其下临大江，明砂绣发，清澜镜莹。外则远近峰峦，争奇竞峭，多上丰而下削，状若倒生苞笋，盖山水之绝怪处也。有松数百株，瀑水交飞其际，壁半一巨石南向，曰紫玉台，隐者郁彬如先生旧居之。其曰半寨尤险。

官富山

官富山，在新安急水门东，佛堂门西。宋景炎中，御舟驻其下，建有行宫。其前为大奚山，林木蔽天，人迹罕至，多宋忠臣义士所葬。又其前有山曰梅蔚，亦有行宫。其西为大虎头门，张太尉奉帝保秀山即此。秀山之东，有山在赤湾之前，为零丁山，其内洋曰小零丁洋，外洋曰大零丁洋，文丞相诗所云“零丁洋里叹零丁”是也。小零丁洋有二石，一乌一白，对峙中流，高可百馀仞，当时以为行朝双阙，今渔人称曰双箸，其海门则曰双箸门，此皆亡国遗迹也。嗟夫！大命已去，即一洲一岛之微，天亦不肯以与残华，使之暂为根本。浩浩沧波，必尽委君臣于鱼腹之中而后已。天之所以厚其惨毒于宋，抑何甚也！白沙尝作哀歌亭于厓门，其诗曰“义尽君臣俱死节”，感之深矣。

翁　山

翁源县东百里有翁山，相传周王以翁山封庶子，子孙因以山为氏，故曰翁山。山高千馀仞，四面有崇山宫之，襟罗江而带雷溪，延袤三百馀里。上有八泉，会合于灵池中，张文献庙碑所谓“八泉会而为池”是也。八泉曰甘、曰香、曰乳、曰涌、曰温、曰龙、曰珍、曰玉，分为飞流而下，入于浈江。古时有二仙翁临流洗药，居人饮其水，往往眉寿，故号其水曰翁水，而县名翁源。论者谓：“山以水而使人寿，饮其流当思其源。以翁源名县者，欲人不忘其源也。”予尝梦登其峰，有一白玉台，高可百尺，一人散发箕踞，手执卷书。旁有一人指曰：“此子之身，所谓翁山者也。”觉而异之，因以“翁山”为字。天下之知有翁山者，实自兹始。然人徒知翁山，而不知翁水，吾将以翁水字吾妻；若生八子女，则以八泉分字之，其亦于翁山不负矣乎？

舂　山

予所居沙亭宅后，有山曰覆船，其名不美。予以山上多古松，其声与风涛相舂，响震四壁，因名之曰舂山，扁曰“舂山草堂”。“舂”音与“翁”相近，予字“翁山”，使人或误称为“舂山”，无不可者。考《穆王传》云：“舂山天下之至高。”而《淮南子》云：“日经于泉隅，是谓高舂；顿于连石，是谓下舂。”《名山藏》云：“傅说舂于深岩以自给，梦乘云绕日而行。”《汉书》：“梁鸿为人赁舂。”予也少而遭乱，思以耕稼终其身，杵臼之间，其敢自以为苦乎？高舂而作，下舂而息，与日而无穷焉，其志足矣。

五指山

五指山，在琼海中，亭亭直立，上参霄汉，若端人正笏峨冠之象，以故琼州诸邑，多出瑰玮卓特士。五指而外，又有小五指。馀崚嶒巀嶪，若琼山、白石诸岭，皆其支派也。迤逦而来，至丘文庄、王尚书弘诲所居之左，有马鞍冈，与文笔、金鸡二山，错立掩映。文笔从平地特起，高数百仞。天色晴霁，辄有苍烟一道，界破碧空，若天门华表。岁多科第，则吐光如炬。王尚书诗云：“不知浩漾中，地脉潜何寄。突然五指伸，复此擎一臂。”由文笔渡清溪而西，为金鸡岭，尝有金鸡飞鸣其上，故名。苏子瞻诗：“人间文笔无双士，天下金鸡第一星。”至今文士举者，多以酉科。

北甘山

阳江东北二十里有山，名曰北甘。甘非甘苦之谓，土人以穴为甘，以穿为婪，故高要东七十里有古婪水。《春州记》云："岩泉有甘婪之奇。"北甘者，言其山多穿而在北也。山壁立千仞，有泉飞流。相传凤巢其上，大风雨尝坠其雏，盖鹖雀之类。予《春州歌》："生憎雏凤无情性，飞向南甘又北甘。"

三白水山

阳春西南一百三十里有白水山，高二百馀丈，其周四百馀里。上有天池龙井，注为飞泉，一派十三叠，一叠一状，或横或直，在壁中则直，在壁外则横，各随石壁之势。增城之西二十里，有白水山，高千仞馀，上宽平，状若仰盂，可田百亩。有飞泉长百馀丈，直至山足，缭绕丹丘而东。水车所激，无高不至，灌田数千百亩。两崖怪石夹束，如砥柱悬桥者，不可胜数，其旁多云母石，是曰白水丹丘。博罗东北三十里许有白水山，北连象头山，为罗浮东趾。有悬泉百仞下注，山凡八九曲，一曲一潭，深者坠石四五丈不能穷。苏轼诗："劈开翠峡走云雷，截破奔流作潭洞。"又云："坐看惊鸟投霜叶，知有老蛟蟠石瓮。金沙玉砾粲可数，古镜宝奁寒不动。"旁有巨人迹数十，下有汤泉。是为东粤三白水山之胜。

白鹤峰

归善有白鹤峰，下临东江，与丰湖诸山对耸，苏学士故宅在焉。学士《上梁文》所谓"鹅城万室，错居二水之间；鹤观一峰，独立千岩之上”是也。中有思无邪斋，其铭云：“饮食之精，草木之华。集我丹田，我丹所家。昼炼于日，赫然丹霞。夜浴于月，皓然素葩。金丹自成，曰思无邪。”予爱其语，书之于座间。斋前又有德有邻堂，其左为朱池，右为墨沼，木棉、榕、桄之属，古色萧森，学士之所手植也。

圭　峰

圭峰在新会城北二里许，秀拔玉立，其顶四方，名玉台。上有两瀑布，从肘腋间飞出，下注百仞。白沙诗“弄罢飞泉下玉台”，谓此。庄定山云：“吾闻南海之山名玉台者，有巨人，静而无欲，深知所谓潜之道者。”沈石田因作《玉台图》，以寄白沙。山上又有绿护屏，登之可望厓门。邝湛若诗：“绿护天荒南渡迹，玉台钟蠡建和年。”屏半神皋奥衍，灌为天田，田方百亩。有界水三分，与白虹亘天而下，中纽汇处，是曰圣池。池中龙吹息成云，倏歘万状。白沙尝与周镐为云潭之游，有《云潭记》。庄定山见之，谓即濂溪《太极图》云。

春　冈

春冈，在增城城中，一名凤冈。其东麓有唐时何仙姑宅。《罗浮经》云“其阴云母峰，峰之西北曰凤凰冈，神女居之”是也。仙姑常往来罗浮，其行如飞。天后遣使召赴阙，中路失之。天宝九年，五色云起，麻姑坛有仙子缥缈而出，道士蔡太一识其为仙姑也。大历中，又见于小石楼。广州刺史高翚上其事，赐明霞衣一袭，取所作《饵云母诗》入大内。诗云：“凤台云母似天花，炼作芙蓉白玉芽。笑杀狂游勾漏令，却从何处觅丹砂。”仙姑故善诗，孙典籍尝记其《罗浮口占寄家》三绝、《留研屏》一绝。又昔有人见其题黍珠庵东壁一绝，字比晋人差清婉少骨，壁时半毁，惟馀“百尺水帘飞白虹，笙箫松柏语天”十三字，其下必“风”也。越女以能诗知名者，自绿珠始，至唐初有南海七岁女子。若仙姑，尤其清丽者也。予诗云：“绿珠艳曲先南越，争似仙灵更有才。”

七星冈

龙门县有崇冈环之，冈从平地特起，大小相联若七星，其顶皆圆，名曰七星冈。冈之外，自高明铁冈以迄天岭、圣礤诸峰，由北而西，西而复北，而东而南，为山千万，皆如楼台屏障，森列无际，而七星冈其堂奥几席也。譬之大树，千万山为枝为干，七星冈则果实也。果实为精华所钟，其发也必有人文之异。其地在崇山峻巘中，寒冽易生，四时间清温多而炎燥少，风候与广州诸县稍殊，则又灵气之聚也。

茶托冈

茶托冈，在阳江西二十里。冈上有“父母”二字，大二丈馀，深至尺。冈周遭多有青竹，独字画中岁久不生，亦一异也。

七星岩

七星岩，在沥湖中，去肇庆城北六里，一曰冈台山，一曰员屋。七峰两两离立，不相连属，二十馀里间，若贯珠引绳，璇玑回转，盖帝车之精所成，而沥湖则云汉之馀液也。玉屏居七峰之东，是象玉衡。或以七峰纯作金形，上应西方白虎七宿。予谓：《易》称效法谓坤，天有七星以为象，则地有七峰以为法。象者精气之所为。峰无精气，以星为精气，其含云吐雨，居禽兽而生草木，皆星之所为之。石乳者星之津液，宝藏者星之光芒，一卷之多，皆珠斗之子孙也。其或岩间积湿生光，荧荧若星，则咸之所作。咸始于润下，终于炎上。润下为火之阴，炎上为火之阳，亦皆星之变化也。七峰皆中空，各为一岩，岩皆南向，一小者名阿波岩北向。南向者阳明之洞，道书所谓“大天日月，分精照之”者也。日月忽然起灭，不由孔穴，则阳明之所为也。大岩当诸岩中央，有南北二门，前后相通，是为崧台正室。其顶穹窿如盖，高数百丈，上开天井，云气可以直出。折而北，洞户益敞，有龙床，坐人百馀，其平如砥。又有龙磨角石，有大小龙井三四，与潮汐上下。岩中复多石乳，始滴为乳，终滴则凝为石。长者玉柱，短者瑶篸，自上而下，复自下而上，互相撑抵，如此者以千万计。其为人物诸瑰异，五色间错，亦皆石之馀髓，非他物。大抵山空则气蒸于内而为乳，山实则气蒸于外而为云。云暖故散，乳寒故凝，云与乳同类，故皆诡怪万状，变化成章。乳者山之精液，云者山之华也。岩外之石色多白，琼脂的皪，一一穿漏，亦有乳流注其间。乳干者膏腻，嚼之澌澌有声；其薄而成片者，声皆清越。中訇窍穴，以衣覆而叩之作鼓声，杖击则作钟声。其一在厓间者小如碗，吹之呜呜若海螺。又以石击岩馀地，亦作鼓声，谓之地鼓。曰河鼓岩者，亦两门，然皆南出。中有水，圆积如叠鼓，又如半月之弦，其浅处清见数丈。诸岩皆水环石，此独石环水，澄注渊深，故以水胜。曰辟支岩者，距后沥水二里许。舍舟循平田北入，奇石森列，房栊户牖咸具。有水自岩端下注，溉田数百亩，土人于此祀禾花仙女以祈岁。当西水涨时，诸岩皆可舟游，宛似武夷九曲。古时肇庆称两水夹州，盖西江之水，一从城南出羚羊峡，一从七星岩前出后沥水。今此水淤塞，半为田，半为沥湖。沥湖者，言西江之馀沥所成也。两水夹州，则西江势分，无泛滥之患，形势更宜。非常之人，当复有疏凿之者。

东峰名玉屏者，以磴道胜。初折而上，一石半嵌山腰，大丈馀，甚平，为扶啸台。又折而上，峻石夹立如堵墙，中通小径百馀步，一石横卧厓上，若门楣然，长丈，大可五尺，质苍黑，作斧劈皴，与诸岩石不类，疑飞来客石也。两端仅及厓际，离厓寸许，若不着厓然者，欹斜若醉，左右二石扶掖之，是名醉石。自醉石而上，有一罅，两厓相夹，容一二人，上有一石圆而小，半当唇齿之间，旧名含珠径。予以其状若华山千尺𡻕，因刻云“小千尺𡻕”。

七星岩岁久石长，磨厓篆刻皆浅，多所漫灭。李北海书“景福”二大字在岩口，微有画痕，其深不能指许矣。厓门张弘范所刻字形如梯，亦因石长所致。山以石为骨，其生气盛则骨长，所在皆然。

玲珑岩

去始兴江口十里，有二山在城南，崟岑对峙，左大而右小。左山多岩穴，大者曰玲珑岩。岩中有岩，以大小相间，燠室凉房靡不备，类巧者之所为。其最胜者凡八岩。初自南壁上为二小岩，形如半月相环，外隔而中通。数十步一岩差大；上至山半，一岩甚大，可容人数百，日月盛实其中，名天光岩。路左一岩差小，石乳垂莲，有红绿苍翠色。稍上又一岩，两柱屹立如楼阁，一窍当东，日初出，则阳光先贯，朝霞满壁。内有洼，洼水可饮，是谓下岩。自天光前绳屈而上数十级，有一岩穹然，其石乳悬者为杵，陷者为臼，云葛洪炼药之所。又级而上有一岩，石龙势欲昂举，泉自颔垂滴，味甘以冽，下有坎不盈不涸。又有琉璃草生其上，可疗风疾，曰风药。折而左，路稍黑晦，火行数十步，一窍圆明上通，是谓上岩。自半月至此，凡八岩，而山中人但称为上三岩、下三岩云。岩之外，奇石丛罗，谽呀豁閜，诡瑰万状，凡绕玲珑岩者数匝，一一中虚。盖石之上拔者，下必有根，根为云之所畜，故中虚。石山多岩洞，土山则否。云生于石，不生于土也。

扬历岩

扬历岩，在保昌西北二十里，以汉将军杨仆经其下，故名。绝壁有瀑布，瀑布中有祇林寺。瀑布为寺之屏，游者以为入瀑布中，不知其且入寺中也。岩高深各数十丈，广三之，可置室十馀间。而瀑布之横悬，正足蔽之。从外望之，但见瀑布不见寺，并不见有岩。岩下又有一岩，如巨口吸水，水喷薄至雨花台，乃成溪潭，旁有大小蒲团石甚怪。

三洲岩

三洲岩，在德庆州东七十里，哮豁靓深，如堂如房者半。两旁有隙坼二，日光分透。从右壁而上，初甚暗，不数十武即洞如，飞磴盈尺，行者前后不相顾。从穴中屈首穿而出，乃至顶。有一亭，古木丛荫，丹灶、砚池、仙羊窝、石柱皆在焉。古有皎叟修真于此，李纲书“玉乳岩”三大字，祖无择铭之。其石皆苍绿色，摩挲如玉，可爱也。其南又有亭，泷江缭绕足底，下视烟波，茫然无际矣。

白面岩

白面岩，在翁源县东南七十里，石色中青外白，故曰白面。其宽敞可容千人，黑暗处炬之，约深数里，不能穷也。春夏时有泉下滴，日供三四人饮。击其石，片片音响各别，又谓玉磬岩。常有神飞至，居岩一二年辄去。去之日，有大风雨，拔木发屋，人以为异。

穿镜岩

穿镜岩，在灵山县西二里。峰半一孔相通，有如穿镜，望之以为前后二镜也。旁有三海岩，皆高广，石乳森森四垂，肖诸物象。又有吕君洞，出入上下，如环无端，绝与穿镜相仿佛。宋州守陶弼登此，见有螺蚌之异，疑古沧海之变，其玲珑穴漏，或泡沫所成，赋诗纪之。

阳春岩洞

阳春县夹江奇石，自云霖铺至下马水，峰峰峭削，岩岩勾漏，凡百馀里不穷，最著者有空同岩。从郭西三里度水而南，又四里，矗石五六，中方横不甚锐拔者，空同岩峰也。岩口前后斜出，深广数十丈，上下层叠如巨厦，二石柱支之，上有天坼，甚光耀。一石名龙床，云气常湿。其钟鼓石，左扣左应，右扣右应，左右扣则一岩皆应，以是山中空故也。凡石山皆中空，盖艮象一实二虚，二虚，其洞穴也。山以虚，故能通泽之气。山无气，气皆从泽而出，气凝则为乳。洞穴所有物象，皆乳所成，岁久乃坚为石，石者气之渣滓也。岩中又有暗窦，炬行十馀丈，昔有金膏银液之异。出岩，从高流河口行十馀里，有三峰出水，东曰潭西石，道书所谓“潭西玉髓”是也。一穴深广百馀笏，古溜所积，多为云霞鸟兽形钟乳，随手折之，轻松莹透，疑即玉髓。四壁作龙鳞，有草斐亹下垂若龙髯，金翠相映，土人云此金芝也，嗅之辛辣。从潭西乱流数里，为高冈岩。未至岩，一峰庳小为角石，一峰张其口为马口石，二峰相属为莲塘口石，水穿洞腹而出，势甚喷薄，冬月捕鱼人始能行洞底，里许无所触碍。西二里为南岩寺，有元至正碑。束炬稍北为银辉洞。循厓行，螺旋蝼屈，可数十穴，极其幽窅。石莹腻，得火发光，钟乳悬冰，层砢交拄，传有银瓮涌出，不知何世之物也。又循厓行至西岩，得天然洞阙，稍加追琢为之。左右支洞，委宛各高数丈，其奥有一古龙蜕，土人疗疾，每琢石出之，是曰龙蜕岩。又前有童真人骑赤豹处，曰赤豹洞，广敞得龙蜕之半。入里许，上通日光洞，前为合水口。从水口而东，越陂陀三四里，有寺曰川山，旁倚危峰四五。一洞下广上锐，两扉仄暗，扪其壁，高下隐起，有鸟迹书为苔藓所蚀，罅光射处，时见片片琉璃，是曰玉玻岩。从水口而西，一石曰下那虹石，有虹阳洞在水次，其旁小峰曰小那虹石。北有数峰不相属，曰上那虹石。又北有琅阳洞，洞上有三峰，曰大琅、小琅、琅背。从水口而北五六里，经凤罗口，其西岸有峰四五，南户之岩一，北户之岩一，东户之岩一。北户在山麓，不甚广邃。东户去地二百尺，铁壁平削，非人可度。又三四里，则皆东石也。凡三十馀峰，或相属，或不相属，谓之石城。其南巅则多甃垒，北壁直瞰江壖。又有二十馀峰曰合窠石，作四连。北四峰为焦青石，又北三峰为中部石，又北八峰相属为中青石，四峰不相属为乱坑石。又北六峰，相属又不相属，为兵营石；四峰相属为那青石。东北五峰不相属为那乌石，那乌水所自注也。其东三峰为鲸石，又东三峰为荔石，又东二十馀峰为潭葛石。自石城至潭葛，凡百馀峰，屈蟠十馀里，隐隐皆有洞穴，厓岫多藨水皴。潭葛北有石角洞，其悬溜高下相溅，其凝乳洁晶相积，其藓花若剪玉而成，其岚烟时吐五色，土人云宝玉气也。又北三四峰相属，半出陂陀，半入湖浸，为浮曜洞，亦曰小铜石岩。人家在岩口，蕉竹连阴，甚有致。去岩里许，东北有四峰，平坡带岨，曰隔冈石。又北六七峰曰铜石。其东南去人家半里，有磴道数曲至下岩，又百馀级至中岩。岩，刘仙蜕所也。炬探之，乱花瑶芝，倒垂四壁，壁光莹射炬如玉。旁有一石房，床屏盂筐，宛若鬼作。又数十级，壁有周敦颐、祖无择题刻，为玄鹤岩。下坂，则黄泥湾矣。自湾至天塘，道旁有六七峰相属，曰黄泥湾石。北五里许，有八九峰不相属，曰梧桐石。又十数峰横倚平嶂，曰石盎。往往洞户出翠微，或隐林际，或覆重厓下，凡五六见，非钩梯飞絙不可至。又三四里，在群峰相矗间，曰云霖寨。负石而居，曰客寨。前踞泓湖，曰三寨。寨下夹路数峰，高四五丈许，尺尺皴皱，络藤垂篠，青翠涓滴。石上猿狙狎人，冬寒时群至就火，抚弄不去。湖外有云霖洞，历数十磴乃至，瀺灂之声，与风叶相答，洞中急溜，又若泛瑶瑟然。里许，循仄径行，高下不知其几，四旁委洞，时仄身蹲膝窥之，不能悉达也。数百步出后洞门，有白水飞瀑十三叠，岚烟拥蔽其半，与响石、大岩、石窟三竈皆奇绝。白水之山最高大，在阳春西南，去县远。其在城北，有峰隆然起如宝幢者，凉伞冈也。左右则云林、射木、磁木之山，烟翠隐见，皆面江互相映带。江由黄泥湾七十里至县，与左泷水合。又南五十里，与轮水合，入漠阳江。一路皆奇石，或有名，或无名，或石也而以峰名，或峰也而以石名，无不峻削奇诡，玲珑穿空，不可得而穷也。

碧落洞

英德之南约五里，一石壁高千馀仞，上有洞曰碧落。循磴而上，至一洞，其广二丈，袤倍之，高四五之。从洞右仄行，未及半石断，有飞梯出于壁外，阁道空悬，两翼为楯槛承之。仄行复至一洞，两壁牙交容一人，既束复舒，为虚楼一叠，一石吐出，上平下锐，可坐而临水。从洞左仄行，又有虚楼一，其石皆如花草云霞，所垂乳变态千万，将雨则乳枝湿润生云，僧常炽火以辟云。一水洼深二尺许，乳之涓滴所成也。有鱼长数寸，见人弗畏。上有石棺，古仙人蝉蜕于此，盖灵窟也。伪南汉命为云华御室，有记。唐人周夔为《到难篇》云：浈阳之石室，“两崖卷束，势合如屋。孱颜百间，开待朝旭。峭然岚壁，宛矣仙躅。羽容霓色，霏绕瑶局”。又谓：“忽惊呀豁，危赴腾立。背倚青壁，久而汗浃。”是此洞也。洞外峰峦四合，一屏前立，江光树色，掩映虚无，境绝幽丽。

穗石洞

穗石洞，在会城坡山之下。坡山向在江干，称坡山古渡头。山本不高大，为刘龚所凿，今仅一培塿耳。昔有五仙人，持穗骑羊降此，仙人去而羊化为石，故名穗石。洞有一巨石，广可四五丈，上有拇迹，迹中碧水泓然，虽旱不竭，似有泉眼在其下，亦一异也。城中天然之石惟此，馀皆客石。

甘泉洞

甘泉洞，在增城东洲西岭下。湛文简之母陈，因祷是洞生文简，故文简以为号，而建甘泉书院其上。其后文简所至辄为楼，名曰见泉，以示不忘所生之地。王文成尝至甘泉洞中，有《题甘泉居》诗云："渴饮甘泉泉，饥餐菊坡菊。"又云："遥拜罗浮云，奠以双琼环。"洞去罗浮甚近，文成尝与文简相约，未及往游，亦罗浮一憾事也。

紫霞洞

琼州治南二里苍屹山之北，有紫霞洞，洞口一石版，题曰："远七里，近七里，不远不近七里。"壁间复有"盘龙屈曲，自何起伏"八篆书。郡人产子者，多镌名石上，以朱涂之，谓可得长命云。

泐溪石室

泐溪石室，在乐昌治西北三里。其山曰泐溪岭，泐溪在岭下，岭以溪名，石室亦如之。高三丈许，广倍之，左右各有斜窦甚深，渐入若螺蛳尾。一飞来碑，刻《真武赞》八句，字如《岣嵝碑》，不能尽识，云飞自武当，有陆羽题名及"枢室"二楷书，字大四尺。右有石床，长二丈，平整可卧。其东四里，又有岩，纵横十字，平广若大衢，名十字岩。横者甚深，有地道可通泐溪。石室似有阴晖主夜，阳精主昼，形如日月，飞在玄空之中，流入洞天之内，其光明与外无别者。

山　火

粤之山每夜多有火光，郦道元所谓“荧台”，若罗浮之珠灯是也。珠灯之出，大或丈许，小或六七尺，铁桥、瑶石间，吞吐无常。每子夜日出，珠灯与相照耀，岩壑皆光，此皆山火之所为。俗以为火山，非也。然此乃阴火也，盖山之阳火不可见，可见者阴火，以阴火，故见于夜而有灯名。庐杭之野灯，常至万炬，杖击之，其光煠然。噫！吾直以流萤视之矣。

山　影

龙川之霍山，当大旱时，有影出于天际，大小峰峦，与霍山一一相似，移时方没。乡人咸曰：“霍山影见，不出三日雨矣。”凡山影，在地不在天，在天之影，惟霍山为然。他处云也，非山影也。霍山之影，似云而非云，盖霖雨之兆，其神气有以异乎群山也。予诗：“山影在天知有雨，云光如水似非晴。”又云：“山因欲雨偏生影，影满天边不是云。”

南　岭

南岭，在永安貉老坪东，去县东南八十里。其高四百馀丈，周百馀里，四崇中衍，一路微通，险阻可据。旧有城，有守备官，有抚民通判公署。万历二年，分守岭东道参议赵可怀议：“归善、海丰、永安、河源、长乐，皆岩邑也。贼今幸平，补牢是急。新田，海丰屏翰；南岭，永安藩篱，宜城之。移惠参将于新田，兼制海丰、归善；移惠潮守备于南岭，兼制永安、长乐。盖新田、南岭在万山中，昔为巨贼某某窟穴，诸巢环布，膏壤沃野，诚吭背之区，而扃鐍不可缓也。其形势，新田宜城垒左，二水交流；南岭宜城垒右，据高临下，亦东西两溪环之。但南岭当永安、长乐之中，新田隃海丰而东，归善悬隔西江，垒寨攒聚，何止百馀，此皆新抚之民，跛不忘起。而明溪之地，内可以控归善，外可以接海丰，城之，与新田更戍便。当事者以众建力诎，第城新田，令参将、督捕、通判戍之；城南岭，戍以守备及抚民通判。”奏可。万历四年，南岭城及公署成。南岭者，岭东诸山，最险要。宋文丞相天祥，尝以景炎二年兵败于永丰空坑，十一月至循州，屯南岭。三年二月出海丰，三月屯丽江浦，十一月进屯潮阳县，讨贼陈懿、刘兴，执兴诛之。十二月十五日，闻元张弘范兵水陆并进，又入南岭，栅险自固。邹㵯、刘子俊以民兵至自江西，弘范步骑尚隔海港，懿道弘范济潮阳，使弟弘正轻兵直指帐下。二十日，丞相方饭五坡岭被执，㵯自刭不殊，扶入南岭，逾十日死。叶春及云：“永安有南岭，南岭有文信国、邹处置之迹，邑若增而重焉。”信国祠在南岭城中，大均议以邹㵯配享，㵯死国在丞相之先，精灵与文公当长在此。文公为永安重，邹处置讵不足以重永安乎哉？南岭当丙寅岁，有李唐宗者起兵据之，既败，有司夷其城及公署，惟文公祠独存，与五坡岭表忠祠，岿然相望云。又南岭之西有帘紫嶂营者，在琴江丫髻峰东二十里，文公亦尝与邹枢密㵯驻兵于巅，闻黄麖鸣，徙南岭，故嶂又名黄麖嶂，亦曰闻麖。上有阶石尚存，此皆忠臣之遗迹也。

端州山水

何磻云：“自广州过三水县而西，山石奇险，峡江屈曲，高岭之上，小峰万叠，闻斧声丁丁，仰而瞩之，乃辨樵子之与尺树，俨在云岚开合间。长纤溯流，人百其力，舟行迟迟，看山良足也。过峡三十里，至烟萝山，山半有束江亭，此为高峡口，牂牁西来，束以入峡，故名。泉甘石润最可玩。至端州北门，望有茂林飞阁，为宝月台。老树参霄，日景微漏，北窗正对七星岩，南临牂牁，江光明灭，盖为郡城烟火所蔽。台下百顷洿池，时雨平堤，芰荷数里，坐久凉生，非复炎境。二里为七星岩。端州之山，近而易登者，无若七星岩。平地自起小峦，白石如雪，一名玉屏。雨之所淋，黑若点漆，树自石壁挺出，根无所着，而冬夏深翠自固。虽名七星，然大小不齐，约八九峦，高者百仞。北海李邕镌记石壁，风雨剥落，犹可辨识。有洞有泉，却暑避喧，允为佳胜。”

韶阳诸峰

自韶阳而下，多奇峰林立，状如丛笋，插天争出，横斜离合不一。或有诗云：“应是箨龙争化石，灵根一一长儿孙。”予诗：“削出枝枝是箨龙，无人道是一峰峰。山灵作意为韶石，欲使巉岩似次宗。”次宗，华山也。

东　峤

粤有五岭，大庾在最东，故称东峤。孙氏云：“东峤在大庾县南。”岞崿横云，斗上斗下。初陟，弥望荒冈；登降，田畴靡靡。阡陌二十里外，乃连峰侧立，隔树见行人累累从峰上度。将至岭，削壁横亘半空，凿石开径，然后可度。有卓锡泉，涓涓出凿中，分岭两注，漱石长鸣。岭西下，深溪广肆，砂树平连，一一小冈起溪中，与怪石出没。长松被阪三十里，松声随流，波涛四起，一岭南北，顿殊凉燠矣，故又称凉热山。

石砺山

石砺山，在番禺茭塘都。四周裹海，磅礴中流，外即牂牁大洋。中有石壁蹲踞，状如狮子，狮腹中空，可坐六七人。飞泉百丈，为虎门捍山。一岩名锦廊，石如回廊，可百馀步。形家以山为南海捍门，控制内外，险若金汤，故筑城置堠，以为御寇重地。予尝有公揭云："粤省灵秀，全注于牂牁巨溟。所恃狮石、虎门、南冈头诸山，屹然横峙，以峻外防，而留旺气。所谓'水口之重关，海门之金锁'，非耶？乃有亡命奸徒，蜂屯蚁聚，凿石网利，岁致金以十万计。潜导番夷，阴藏剧盗。且运艘出没，讥关难察。铸钱赌博，多匿其间，为乡村蟊贼，种种可忧。况山脉穿海浮沉，肺腑首郡，上则鸭墩、独洲诸阜，下则五兽雄冈，灵气泄藏，兆官民之灾沴，下关崩陷，致形势之不完。近者牛口一屯，喷流黄血；浮莲一塔，迸出黑烟。厓倾石坠，岁岁压死多人。鬼哭连村，山灵哮怒。沿茭塘一带，五里成渊，十里成谷，闾井洼窞，坟墓倾沉，长此不止，势必丘陵大小尽平，高者既下，下者岂能复高？风水既伤，渊薮未已，其为全粤祸患，曷可胜言！万历、崇祯间屡行封禁，今复公然盗凿，群豪虎视，莫可谁何。痛心疾首，其谁同此隐忧也哉？噫！"

卷四　水语

西　江

西有三江，其一为漓，一为左，一为右。右江至浔而汇左为一，而右江之名隐。左江至梧而汇漓为一，而左江之名亦隐，惟曰西江。西江在西粤为三，在东粤为一，一名郁水。《唐志》称："南海名山灵洲，大川郁水，亦曰牂牁江。"予以其源远委长，经流四省，可为一大渎。而《岣嵝碑》有"南渎衍亨"之语，因名之曰南渎。盖东粤江之大者无如牂牁，故南海一名牂牁海，亦曰牂牁大洋。南海固以江而重也，则祠牂牁于广州以为南渎也亦宜。牂牁者，江中两山名，左思云："吐浪牂牁。"西江之水以牂牁之山为始，以厓门之口为终。牂牁其亦西江之岷山也。

牂牁江即今巴盘江。黔之水惟此为大，由滇阿迷、罗雄，径广南泗城、田州乃至粤。自广南以上，皆崎岖不通舟楫，而唐蒙以为一奇，欲从夜郎浮船制南越，计亦疏矣。光武时，牂牁大姓龙、傅、尹、董氏，与郡功曹谢暹保境为汉，自番禺江奉贡。盖陆至广南乃由水道耳。用兵贵取奇道，然深入人国，其势在分。武帝攻南越，兵分五路，其命驰义侯发夜郎兵下牂牁，特以为奇耳。正兵以下横浦为先，下横浦至番禺，水道平而径，故楼船先至寻陕。

西江发自夜郎，尽纳滇、黔、交、桂诸水而东，长几万里。然趋海之道，苦为羊峡所束，咽喉隘小，广不数武，霪雨时至，则狂波兽立，往往淹没田庐人畜，民居城上，南门且筑三版。故老言："伏波平定侧贰，筑堤于其国，使交水不为粤患，自是交人恒虞泛滥，贿粤吏去石一版，遂以我为壑。"考《水经注》，马文渊积石为塘，达于象浦，盖以防交水之患也。文渊此举，与史禄皆有功于粤。粤之上游，如洭，如漓，如横浦，如牂牁，皆湍急多石，其可舟行者，或皆史禄所凿，不止灵渠。自史禄凿灵渠，而两伏波赖之以下楼船。唐蒙所以请从夜郎浮舟，直至番禺西浦者，亦以禄尝开辟此道云。

南　江

南江，古泷水，一名晋康水。其源出西宁大水、云卓之山，会云河、松抱、坎底、上乌之水至大湾，又会东水至德庆南岸，入于西江。予诗："西江一道吞南北，南北双江总作西。"北谓浈水，南谓晋康水也。西江之源最长，北江次之，东江又次之。南江最短，然其水清于西江。西江岁五六月必暴涨，瘴气随之而东而南，饮者腹胀。惟北江绝清，潮之力仅至中宿，故禺峡之水，甘洌不减中泠。流至羚羊峡外，每厓门潮至，则截西江之水使逆流，或半入于北江，而北江之水浊矣。江间见泡沫色黑，则知天将寒，风雨且至，白则否。西江亦然。

三　水

三水者，自肇庆而来者曰牂牁江，为一水；自清远而来者曰浈江，为一水；自广宁而来者曰绥江，为一水；皆会于三水县东南之昆都山下，是为三水。志以牂牁、浈二江达于广州入海者为一水，非也。绥江至四会，会龙江、顾水，东南出南津口以入浈江。又分一支，西南出清岐口以入牂牁江，其水甚大，不减浈江。一源而二流，西、北二江皆受其灌注，可以为一水与二水参。夫以一水而能灌注二江，天下之所少。入西江以为上流，入北江以为下流，而不得合西、北二江以称三水。此前人志山川者之疏也。

涨　海

万州城东外洋，有千里长沙、万里石塘，盖天地所设以堤防炎海之溢者。炎海善溢，故曰涨海。《后汉书》云："交趾七郡献贡，皆从涨海出入。"涨者，嘘吸先天之气以为升降。气升则长，长则潮下虚，下虚十丈，则潮上赢十丈；气降则消，消则潮下实，下实一尺，则潮上缩一尺；皆气之所为，故曰涨。凡水能实而不能虚，惟涨海虚时多而实时少，气之最盛故涨。若夫飓风发而咸流逆起，大伤禾稼，则气郁抑而不得其平，亦涨之说也。涨海故多飓风，故其潮信无定。雷州调黎之东，一日两潮而两汐；西则一。调黎之潮东消而西长，那黄则西消而东长，其风不定，其潮汐因之。风者，气之所鼓者也。平常则旧潮未去，新潮复来，常羡溢而不平，故曰涨海也。或曰涨海多瘴，饮其水者腹易胀，故入涨海者必慎其所养，亦一说也。

海　水

炎洲之水，其边大洋以北者，清而绀；边大洋以南者，碧而黑。西涨暴下则黄浊，黄浊故淤泥壅积以成田。碧而黑则性劲味咸，水卤所生，火膏所发，鬻之可成盐末。故凡海水秋冬咸而春夏淡，咸则益清见底。谚云："咸水清，淡水浊。咸水满洋，不如淡水一掬。”言淡者虽浊而可食也。虎门外之水重，咸也；虎门内之水轻，淡也。舟入虎门则低五寸，出虎门则高五寸，水咸故有力也。凡下海之船日以轻者，水咸且劲，入木而木质坚，故轻也；上江之船日以重者，水淡且柔，入木而木质松，故重也。入夜则海水纯丹，火光万里，波浪乘风，如千万火山冲击，物触之辄生火花，咸故生火也。然海中生火，亦常不必以咸，凡水中必有火也。天地间水不足则火不生，海者，水之至足者也。火之体虚，必丽于物而明，水亦其所丽之物也。水贵乎行，火贵乎畜，畜于山亦畜于水也，故海色之碧与味之咸苦，皆火之所为也。董子谓“火至阳而凉焰”，此凉焰也。木华谓“阴火潜然”，此阴火也。邵子谓“有温泉而无寒火”，此寒火也。大抵火生于山与生于水皆半。山之光，火之所为；水之光亦然。火在山则阳，在水则阴；在山则热，在水则寒。而南海独称炎海者，既接旸谷，复迩扶桑，其精气与日相摩而生火，故曰炎海也。

出澳门，其水纯黑，至琼海则蓝。其分界处，水一蓝一黑不相杂，舟人谓之海昤。盖水积厚则纯黑如靛，以咸故兼碧色，淡则黄白。其咸淡同流，当中必有一直路，两色判然。然掬之在手，黑者亦清，黑者水之真色。又海大，天色沉冥，日月为之不曜，兑之一阴与天同玄，故水黑。

凡潮水两边落至三尺，中间潮心乃高。潮心者，俗谓之昤水。昤者，界也。潮心行乎江中，其白如雪，明明可辨，故曰界。以其在江中流，故曰潮心。心从中而行，独高出于左右之流，盖坎中一阳之象，坎之心亨以此。

水非火之力不流。水之流，地二之火所使也。天一能生水而不能流，须地二生火以流之。地二之火，阳火也，无形之火也。有形则海中之阴火也。故夫求阳水于火中者必于山，求阴火于水中者必于泽。新安海中之火，每成块，大如车轮，随风入城，人惊以为天降火也。风止即旋消灭。以阴火故着物不焦，得湿而愈炎。以水折之，则光焰至天，物穷乃止。盖阴火喜湿，阳火喜燥；阳火可以水灭，阴火可以火灭。以湿伏阳火，以燥伏阴火，其理一也。

凡江阳而海阴，阴故海水重而沉，阳故江水轻而浮。新安灶丁煮盐，俟潮至取注缸中，以饭粒试焉。饭粒之所止，乃可分其咸淡，咸则留之，淡则去之。盖海水阴，有力而能任重，故饭粒止而不沉。能胜饭粒，则可以为盐也。盐与火同类，咸故生火，火故生盐。火者盐之本也，阳也；盐者火之末也，阴也。凡人食淡则血红，淡，阳也，阳纯故红；食咸则血黑，咸，阴也，阴纯故黑。水者天地之血也。

祝融之汪，南海也。停水曰汪，楚曰汪，闽、广曰洋。从广州、虎门而出，水皆曰洋，在东为东洋，西为西洋。五月南风大盛，舟始开洋，亦曰飘洋。从洋皮观水，近低远高，如千重云山，上接霄汉。与在江湖观水，近高而远低者不同。每望黄气知有人烟国土，白气知有山峰，黑气则水，是谓望洋。洋中空旷，风起即知，落帆下矴亦无恙。惟经山岛防旋风，若漏发，载重难寻则沉溺矣。然舟不能轻，轻须以土石实之。风浪既大，非重载不能镇压也。

万州一港，四围有天然石堤，常伏水中不见。港颇宽广，海艟争避风其中，稍不虔，则港口忽生一沙横塞之，须祭禳乃灭。盖海中沙礁，时有时无，皆有鬼神于其间。

廉州海中，常有浪三口连珠而起，声若雷轰，名三口浪。相传旧有九口，马伏波射减其六。予有《伏波射潮歌》云："后羿射日落其九，伏波射潮减六口。海水至今不敢骄，三口连珠若雷吼。"

琼州以海水占年，凡海水热则荒。谚曰："海水莫热，禾谷将结。海水其凉，禾谷登场。"

潮

广人以潮汐为水节，或日一潮而一汐，或日两潮而两汐，皆谓之节。其在番禺之都，朝潮未落，暮潮乘之，驾以终风，前后相蹙，海水为之沸溢，是曰沓潮。一岁有之，或再岁有之，此则潮之变，水之不能其节者也。若以岁之十月，自朔至于十有二日候潮，朔日潮盛，则明年正月必有大水。二日则应二月，日直其月，至于十有二日皆然。此亦潮之常而人罕知之，盖水之神于节者也。然大率潮与月相应，月生明则潮初上，月中则潮平，月转则潮渐退，月没则潮干。月与日会，则潮随月而会；月与日对，则潮随月而对。月者水之精，潮者月之气，精之所至，气亦至焉。此则水之常节也。盖水与月同一坎体，故以月为节者，在在有常；而以日为节者，在在有变也。余靖云："月之所临，则水往从之。故月临卯酉，则水涨乎东西；月临子午，则潮平乎南北。彼竭此盈，皆系于月，不系于日"是也。

张潮谓："潮者气之所为，故谓潮应月可也，谓水往从月、潮系于月则不可。"《临安志》云："潮汐往来，天地之至信。气升而地沉，则水盈而为潮；气降而地浮，则水缩而为汐。"然谓水随气而往来可也，谓水因地而盈缩则不可。尝有候二海之潮者，谓平于东者常先，平于南者常后，每差三时。又有谓北水南来则潮长，南水北来则潮落。夫潮长何以自北而南哉？盖《河图》一六水居北，后天卦位，坎亦居北。夫北，水之汇也，气之关也。天地之喘息，一翕一张，而潮之长落因之。气之张于地也，则水自北奔南而潮长；张之极，则水益南而潮平；张极而翕，翕则水北还而潮落。夫惟气之张翕无停机，故潮之长落应期而不爽。若夫小大早晚之异，《临安志》又云："当卯、酉之月，则阴阳之交也，气以交而盛，故潮之大也，独异于馀月；当朔、望之日，则天地之变也，气以变而盛，故潮之大也，独异于馀日。盖时有交变，气有盛衰，其气机一与月应，故谓海潮应月，理亦昭然。若夫踏残之水，则天地馀气，吸将尽而复出也。春夏昼有踏残，昼之永也；秋冬夜有踏残，夜之永也。永，故馀气复出也。若夜短则汐水无踏残，昼短则潮水无踏残矣，盖皆乘气而往来也。"袁昌祚云："有人于北海往来，见正北一望，海皆平水无潮，返东北隅，始渐见潮有消长。"盖正北方位，先天为坤，后天为坎，皆天一始气，潮从此生而常平，渐乃通诸四海，若循环然。大率应昼夜子午二气为消长之候，有不尽由于月者，虽月常一月而一周天，潮亦常一日而一周地，然皆以先天之气，流行于后天之方位。世儒乌所据而云月配先潮配后也？

广州潮

广州潮，以朔日长至初四而消，以望日长至十八而消，谓之水头；以初四消至十四，以十八消至廿九、三十，谓之水尾。春夏水头盛于昼，秋冬盛于夜；春夏水头大，秋冬小。故防倭者，自清明前三日至大暑前一日，谓之春汛，春汛为大，以水头故言大汛也；自霜降前一日至小寒前一日，谓之冬汛，冬汛为小，以水尾故言小汛也。渔者歌云："水头鱼多，水尾鱼少。不如沓潮，鱼无大小。"沓潮者，潮之盛也，一名合沓水。水之新旧者去来相逆，故曰沓。沓，重沓也。当重沓时，旧潮之势微劣，不能进退，鱼去而复来，故多；鱼大者始能乘潮，故大。

沓潮者，渔人所喜。又粤人以为期约之节，予有《沓潮曲》云："与郎如沓潮，朝暮不曾暇。欢如早潮上，侬似暮潮下。"又云："两潮相合时，不知早与暮。与郎今往来，但以潮为度。"

琼潮

琼州潮，每月不潮不汐二三日，冬不潮不汐三四日。八九月潮势独大，夏至大于昼，冬至大于夜。二十五六潮长，至朔而盛，初三大盛，后渐杀。十一二又长，至望而盛，十八大盛，后又渐杀。大抵视月之盈虚为候。以为随长短星者，妄也。以为半月东流，半月西流，亦非也。盖地形西北高，东南下，琼、雷两岸相夹，见水长而上，则以为西流；见水消而下，则以为东流耳。然陈让云："天下潮汐消长皆同，惟琼海两岸，东西异流。每南岸水流东而长，则北岸水流西而消；北岸水流东而长，则南岸水流西而消。同此一海，两岸异流，彼逆此顺。然东流日仅廿四刻，西流则计时有九，又或数日不流，盖伏流也。"天妃庙碑言："十六七八九四日伏流可渡，至中流始有怒涛，乃东西合流处所，所谓中洋合巢浪也。过此可勿戒心。如风大则半日可渡。"又岁三月二十三日，天妃渡海南，必有北风，舟楫宜候之，以是日须臾可渡。是日广东边海地，亦皆有风雨。

惠州西湖

罗浮介广、惠之间，为二州所瞻。今行者歌云："下不见罗浮是广州，上不见罗浮是惠州。"其厚趾盘回数百里，支走通衢将并海，复奋起为揭岭。其势逆趋而上，蜿蜒不断，至惠则攒峦叠巘，如扆如屏，为一城之拥蔽，其灵秀皆潴于西湖。而惠环城皆水，龙川、淡水会为江，而萦于左；槎溪、濂泉汇为湖，而漾于右。右则密迩罗浮，为朱明之水所归，于是湖遂为罗浮之有，而曰罗浮西湖。罗浮上有神湖、瑶池，与海通；下有西湖，与江通。以其在惠州西，故曰西湖。又以惠有丰山，自疆西迤逦而止于湖，而湖中之利弗禁，鱼、鳖、菱、荷、莼菜之属，施于民者普，故曰丰湖。湖回环二十馀里，分里外湖，为三堤间之。水颇高，注江如建瓴，恃三堤以为蓄泄，故堤岁必修筑。三堤各长里许，有桥六，曲曲相通。中有漱玉滩、点翠洲、明月湾，及大小岛屿，每当烟雨之际，乍有乍无，远近望之，有海上神山之势。吾粤故有三西湖，一在潮，一在雷，而以惠西湖为胜，子瞻以为不让钱唐明圣湖云。

樵　湖

西樵下有湖，环山东南，随水势曲折而成，长亘六十馀里。湛甘泉尝标为二十八曲，与弟子棹歌其中。予追和三章，其一曰："二十三泉一半飞，飞为大小水帘肥。湖中尽是飞泉水，曲曲随舟上翠微。"山上有二十三泉，皆瀑布也，其尤大者水帘。其二曰："东北湖头接白云，东南湖尾大江分。诸峰不在烟波外，七十芙蓉总与君。"山四围皆江水，环有七十二峰，若芙蓉注其趺，故云。其三曰："芙蓉一朵一飞泉，流作湖波荡碧天。廿八花湾行不尽，江风吹上瀑花边。"山上又有天湖，方文襄尝畜三瀑布为之，亦称三瀑布湖。三瀑布者，其一出大科峰北麓，为双泉，流至云表村为西竺泉，注于宝鸭池乃为瀑布而下；其一出小科峰北麓，合碧云二泉注观翠岩，又合紫云溪，径白山村、伏虎台乃为瀑布而下；其一出诸度坑，历银瓶、盘龙石而下。又有二小泉，一出盘龙石侧，绕石泉书院门而东；一出后冈浮石，并会东涧之水而入天湖。天湖凡受大水三、小水二，烟波浩淼，望若无际。流至山下，复为湖。下湖之水，即上湖之水也。每当雨过，辄有飞鱼挂林杪，罾人截湖口而取之。湖口有方子钓台，予尝垂竿其中。

二　湖

会城中故有二湖。其一曰西湖，亦曰仙湖，在古瓮城西，伪南汉刘龑之所凿也。其水北接文溪，东连沙澳，与药洲为一，长百馀丈。岁久淤塞，宋经略陈岘疏浚之，辇龑故苑奇石置其旁，多植白莲，因易名白莲池而湖亡。其东偏，今有仙湖里遗焉。其一曰兰湖。《南越志》："番禺北有芝兰湖。"《广州志》："兰湖在双井街，其水常潴。"今亦亡，其地亦犹曰兰湖里云。城中又有二洲，一曰粤洲，在玄览台西，为白云之水所注；一曰药洲，在越王台西南一里，即龑所凿仙湖，与之为一者也。二水既广，复与番、禺二山青苍映带。每当春秋佳日，登临者不出三城之外，其观已足。今也三城连而为一，三山亦失其二，番与禺仅存培塿，而洲与湖之烟波浩淼，皆不可问矣。王于一有言："世之变也，志风雅者当纪亡而不纪存。"呜呼！吾粤之所亡者，今岂惟二湖二洲之胜概而已哉！

陷　湖

遂溪有陷湖。湖故托、宁二村也。相传隋开皇时，有一白牛过之，村人杀之以食，风雷暴作，二村遂陷为湖。至今渊深不测，有龙居焉。旱则有司杀一白牛，沉于湖以祷，霖雨立至，盖激龙之怒云。其水痕晴则日增，雨则日减。或曰："此为海眼，潜通于海。”凡雨皆自海生，雨则水气上于天，此泉下趋，故日减；晴则水气复弥于海，此泉不泻，故日增。

照镜湖

番禺治东北五十里，有小湖。每旦，湖中有一轮，光明如月，大四五尺，朝日射之，摇荡照耀。土人以为古镜，因名湖曰照镜。有歌曰：“湖中有镜长如月。”然淘之，亦无所有。自掘断后山龙脉，镜光遂隐。

夫　溪

夫溪，在仁化东北百里，昔有妇送其征夫至此，故名。予有《夫溪曲》云：“夫溪溪水水分流，流向东西似御沟。恨绝当年征戍妇，潮痕长与泪痕留。”又德庆东五十里有夫号水，其十里有思夫水。昔有征夫不归，其妻思之，哭以死。比夫归，未及家十里，闻妻死，亦号泣死之。乡人因名其村及水曰夫号。水有二派，东派出西源，西派出富豪，合流入于西江，即思夫水也。水旁有思夫村。其歌云：“思夫之水，流声呜咽。夫号之水，与之同绝。”

月　溪

月溪，在广州白云山之阳，群峰掩映，若云间之月，故曰月溪。宋时有月窟庵。予诗：“月溪如月在云间。”

银　溪

银溪，在大埔西七十里，所产鱼不腥。以其水浣衣，不用粉浆，自然皓白，故曰银溪。咏者云："水有银光是月华。"

陆　溪

陆溪，在德庆西四十里。其源出佛子岭，东流四十里入于江。自陆贾至此，溪名陆，山名锦石，江名锦水，亦曰锦江，以贾所曾濯锦，又名濯锦川。人知蜀有锦水、锦江，不知东粤亦有之。旧有大中大夫祠在锦江上。有咏者云："陆庙春晴候，花飞锦水香。"又云："陆贾祠前锦水香。"仁化亦有锦水，其源一出崇义仙人岭，一出太平山，会于长江水口过龙石。水中石五色如锦，亦曰锦江。

香　溪

有人自石龙得一小水，沿洄于断峡深林之间，三日而至罗浮。舍舟八里，则冲虚观在焉。盖此水即罗阳溪，为罗浮七十二长溪之一。然自来游罗浮者，而东莞，而增城，而博罗，皆由陆路以入，未有荡桨溯流，竟可达朱明之洞者也。此水无名，予以山中贩香屑者时时驾筏往来，因名之曰香溪，以为入山奇道。为诗云："不用仙人绿玉筇，朱明门户水重重。因君识得香溪路，舟入罗浮四百峰。"又云："三日仙源路不穷，冲虚观口系孤篷。自来渔父无寻处，曲曲千岩万壑中。"

沉香浦

沉香浦，在南海治南十里。昔无名，自吴隐之投沉香其中，浦遂名，浦亦幸矣。沉香在隐之，不如其在浦，浦存则沉香长存。士大夫有欲得沉香者，其问诸水滨可矣。自晋至今，南海无沉香也，有则惟浦中沉香而已矣。

沉香浦又一在临高城南。昔有县令投沉香其中，沉香时隐时见。后一县令，使人没水取之。沉香长丈许，大三四尺，出水时波涛汹涌，声若惊雷，久之复自沉没，盖亦有神云。

沉香浦凡二，而墨研沙一。沙本无沙，以墨研而成沙；浦亦无浦，以沉香而成浦。然浦犹有其二，而沙仅一。然则投沉香者，犹易于投墨研者耶？浦与贪泉皆以隐之得名。能饮贪泉者，能投沉香。今之不能投沉香者，皆其不能饮贪泉者也。吾将浚贪泉之源而决其流，放乎三江，盈于五岭，使士大夫饮者，多为沉香而作浦。

昌乐泷

昌乐泷，在乐昌县西北六十里。自泷口以上至平石，凡有六泷，乃郦生所称“崖壁峻阻，岩岭干空，交柯云蔚，霾天晦景，谓之泷中”者。泷中之山名监豪，两峡相抵触，欲崩欲陷，枫、楠、豫章诸大木撑之，天从石罅中出，仅寻丈许，随峡势以为大小，屈曲萦回，百馀里至泷口，乃稍开豁。峡中一名武溪，其水源出桂阳王禽山，入临武，经鸬鹚石南流，合泸水、泠君之水，激为大泷。滩流奡怒，惊湍飞注，凡有六处最险。其曰寒泷者，涛风沫雪，凛冽如深冬。舟出没者衣尽湿，如裸而泅，冻不可忍。上有庙，祀汉桂阳太守周昕，报始疏凿之功也。庙左祀昌黎韩愈。愈昔至此，不敢涉，有《泷吏》诗云："险恶不可状，船石相舂撞。"故亦称韩泷。一曰金泷，其崖昔为雷击，倾裂数百丈，颓波所入，众壑砯冲，鼓若山腾，转如电掣，常有金银光怪。一曰白茫泷，一曰垂泷，悬洪百馀仞，汇为巨潭，濇瀎腾沸，望之茫洋。一曰梅泷，上多梅树，有兽白毛而长臂，旦夕吟啸，人以为猿公。一曰腰泷，言在泷之腰也，亦曰穿腰泷。舟人率以两篙穿腰，舁舟而上，日不能十里、二十里。舟下者，势如劈箭，直入九渊，离巨石常一发许。路或穷，折而入岩窦，则山液滴沥，阴湿毒淫，若有蛟蛇鬼怪之物，欲相搏噬，令人凄神寒魄，不能自持。自寒泷至此皆绝险，舟上者与石争，下与水争。与石争者势在篙，与水争者势在舵。其可为力者，人半之；不可为力者，天亦半之。出峡至泷口，有鹅公石在水中，险若滟预，过此乃敢泊舟。岭南谓水之湍浚者曰泷。诸州皆有泷，英德有泷头水，罗定有泷喉，而以此六泷为大，六泷又以穿腰为大。予有《泷中号子》云："舟子穿腰欲上天，下泷船笑上泷船。上泷争似下泷险，一片风帆乱石边。"又云："舟随瀑水天边落，白浪如山倒翠微。巨石有时亦却立，白鸥欲下复惊飞。"泷口东岸有赵佗古城。佗昔自王，首筑此以扼楚塞。盖以秦新道惟此泷中最险，彼北从湞水、西从漓水以入者，险皆不及泷口。有望泷楼，去县西北三十里。县西门曰西泷，其东曰东川，南曰武水。武水至县南，有龟峰横当水口，水为萦纡倒流，上有一亭，予书曰"武溪亭"，有记。

白鹅潭

珠江上流二里，有白鹅潭，水大而深。每大风雨，有白鹅浮出，则舟楫坏。丙申五月朔，二白鹅状如小艇，随波下上，时无风雨，舟经此者皆见，以小铳逐之，飞数百步没于水。相传黄萧养作乱，船经此潭，白鹅为之先导，亦妖物云。

赌妇潭

赌妇潭，在龙门蓼溪水口。相传有二童男女戏赌，各持竹一边，从上流掷下，云两竹相合，即为夫妇。至下流观之，竹果相合如生，遂成夫妇，故名潭曰赌妇。潭上竹林名媒竹。予有谣云：“两边生竹合无痕，生竹能成夫妇恩。潭上至今媒竹美，枝枝慈孝更多孙。”又博罗有合竹洲，其事亦相类。

十龙潭

十龙潭，在东莞县东南三十里。其山曰深溪，与彭峒、大岭、青嶂相连，甚幽邃。山有一大瀑布，注处辄为一潭。凡十注，遂成十潭。初潭在谷口，春水初生，潭上之石辄掩其直泻，水皆横飞以入潭，状甚诡激。右折为第二潭，水稍平，石齿历历可数。其上苍壁平削，飞溜溅空，白昼轰雷砰磕，破顶门而出，毛骨为之寒竖。其下潴水相环，如双轮回转，为第三、第四两潭。又上，峰益尖峻，水益湍驶。溪中多有美玉，色如绀青，樵人以砺斤斧。异花芬郁，云雾晦冥，白沙朱草之间，虎迹常暖。此山之最深处也，是为第五潭。上百步为第六潭，左右多怪石，突怒偃蹇，横抵飞湍，势若熊罴决斗，以与潭水冲击，常有火光熊熊，随风四射。然火光非生于石也。凡海水寒则生阴火，潭水热则生阳火，此阳火也。潭水寒而与石冲击之，过则热，热故生阳火也。如是者，凡在第七、第八、第九潭皆然。磴道峭危，往往中绝，涉涧蛇蝮行，乃得至大瀑布下。大瀑布高千尺馀，排峰直注，水花成片如云。既坠复起，从空旋舞，备极瑰诡之观。其下为第十潭，水甚黝黑，是为激龙之渊。天旱，人辄怒其龙而投以热铁，则大雨，故曰激龙。石上有古刻“飞泉”及“紫虚洞天”六大字，笔法用颜鲁公。

灅川

灅川，在高明城南，区太史海目之所居也。尝有《泛灅川出三洲口溯大江至石洲》诗，又有《灅川花树歌》云：“正月二月春风微，灅东灅西花乱飞。着水才冲青雀舫，因风复上白鸥矶。”

思乡水

思乡水，源出廉州之废石康县思峒山，至武利江复还本县界内，入晏江。以其去而复还，故名思乡水。予有谣曰：“水亦思乡向故山，人流不似水流还。人流若似思乡水，那有离愁在世间。”

黄塘

端州七星岩西有仙掌峰，峰下有湖曰黄塘，相连数塘为一，广百馀顷，野生荷花菱芡之属甚众，以水深，莲茎长至二丈。予《棹歌》有云：“一丈莲茎二丈花，枝枝高过钓鱼槎。”又云：“莲花二丈穿莲叶，莲叶虽长不及花。”

黄泥湾

舟自黄泥湾乘流至阳春县，一路重峦复嶂，与罗旁诸山相接，百馀里不断。平畴中往往削出奇石，每一石高百馀尺，皆有古木槎枒其上，藤萝下垂如瀑布，苔积如云，苍翠阴寒，停午失景，如此者数十百石。人家在岩洞中，与蝙蝠分其芝房，与胡孙争其果蓏，偃卧者乳床，漱饮者洼尊，多有巢居穴处之遗焉。竟日倚篷玩赏，恨奔流太驶，不能细加领略耳。岭南多佳山水，此乃羊肠小路，行旅罕经，故无有言及黄泥湾者。

迷　坑

广宁县北五十里有圆岭山，横亘十五里，其坑凡九十有九，坑坑相似，失道必三日乃得出。采笋者一一记其处，称曰迷坑。山歌云："莫采广宁圆岭笋，迷人九十九条坑。"

潮水泉

韶州清溪驿东五里许有潮泉。泉有雌雄，雄大而雌小，一雄长则一雌消。日凡三长三消，初以鸡鸣，次午，次酉，消则涓滴不留。惟秋冬间泉无消长，乃有细水长流。土人以泉应潮，名曰潮泉。湛文简云此泉"或如龙蛰，或如雷声，倏忽无时，天下之灵"。予诗云："一泉天半有神灵，吸得江潮上翠屏。千里潮来清远峡，不教一宿返南溟。"连州南亦有潮泉，仲春至孟秋，每日从丑涌流至申；仲秋至孟春，每日从申涌流至丑。其下流又有斟泉，一曰斟溪，或经年无水，或一日十溢十蘸。始兴城东百里，有朔源泉，长于朔，消于晦。新兴北蕨村有井，水泉溢出，高于他水尺馀，平时澄澈可鉴，至辰、未则泉浑浊，流出木屑灰尘诸物，良久如常。是皆与潮通者也。

贪 泉

石门有泉，饮之辄使人贪，名曰贪泉。语云：“登大庾岭，则芳秽之气分；饮石门泉，则清白之质变。”由来久矣。然泉独不能得之于隐之。隐之云：“试使夷齐饮，终当不易心。”则是泉之力，亦有时而穷也。嗟夫！粤处万里，禁网故号疏阔，异时吏者因得以操柄取盈，念无以谢粤民，则委罪于石门之泉，曰：“是饮焉，而能使人易心而墨也者。”而东莞之南黄岭有廉泉焉，长令者亦未闻有饮之而廉者也。何均之泉，而廉者不能使人廉，贪者乃独使人贪？其人累泉乎？泉累人乎？

贪泉一在连州之五溪水，与在石门者为二。二贪泉为吾粤大患，饮者自陆大夫始，数千金之装，捆载而西，千载下士大夫莫不艳之。珠玑、犀、玳瑁、果、布之凑，视者犹外府也，至辄甘心焉，曰泉实然。泉之见罪，非有吴刺史不能释。泉乎泉乎，盖望吴刺史也如望岁哉！

丰湖二泉

惠州丰湖有二泉，曰清醒，曰古榕。清醒在丰湖南姚坑，泉口仅如盂，日汲数十石不竭，水比他泉稍重。古榕在湖峰西麓，迸出石隙，甚芳冽。清醒则甘。然冬尽春初，古榕泉味复与清醒埒。清醒不变，而古榕独变，亦异甚。

醴　泉

醴泉，在开建县一里，从石中流出，味甘如醴，一名酒井。人声一呼，辄有白沙滚起，泉随沙上，涓涓不息。予诗："泉应人声出，潺湲滚白沙。"

寿　泉

寿泉井，在兴宁东二十里。每大雨，诸坑堑浊水交流于井，井水独清。土人名其地为井子唇。浊在唇而清在腹，汲者去其唇之浊，取其腹之清。味甚甘，饮之多寿，是曰寿泉。

三　泉

琼州有三泉。其在府城东北者曰双泉，相去咫尺，一甘一咸异味。苏子瞻名曰洞酌，有诗云："酌彼两泉，挹彼注兹。一瓶之中，有渑有淄。"其在州北郭三里者曰粟泉，出石罅中，甚甘。泉底多银沙星，有粟叶长青，时时浮出粟米，啖之香美。子瞻名为粟泉。或曰泉非真浮粟可食者也，泉脉上涌细白沙，累累若浮粟耳。凡佳泉多兑之所出，乃天地血脉之水，最养人；山中石泉，则天地精髓之水，坎之所出，味寒冽，不甚养人。此泉与大泽相通，又含粟米之气，是真可以久服者。

瓮　泉

瓮泉，在龙门南四十里。有石瓮七，大者径二丈，小者一丈，其深莫测。上有泉，自石间涌出入于瓮，涛声舂天，如雷阗阗。予诗：“石瓮东西七星列，天泉日夜一雷舂。”

十三叠瀑泉

春州十三叠瀑布，为天下飞泉之冠。庐山三叠泉方之，尠如也。予诗云：“匡庐三叠挂虹梁，复有黄山九叠长。争似春州十三叠，交飞白水一天凉。”又云：“阳春白水十三叠，势比增城白水长。更有崆峒岩洞好，龙床偃卧绝清凉。”又云：“一叠冰霜一叠云，峰峰沾湿女萝裙。白猿不敢潭间饮，镇日雷轰隔岭闻。”予平生绝爱瀑泉，尝亭于三叠泉之下，为《三叠泉操》以落之。兹于十三叠泉，益用流连忘返。斯三诗，亦将写之于琴，而名其琴曰“十三叠泉”，铭之曰：“春州十三，匡庐三叠。于此琴中，流声相接。”

海中淡泉

海中淡泉凡六：其在新安七都大洋中者，曰鳌泉；在五都蚊洲者，曰蚊洲泉；在阳江西北六十里三丫港西水旁者，曰三丫泉；在澄迈东海港中者，曰那陀泉；在文昌七洲洋山大海中者，曰淡泉；在陵水东大洋双女屿者，曰淡水井。皆不以海而咸者也。盖天一之水，上出而果行，故淡。此源泉之混混者也。海水者，众流之委，以润下，故咸。咸故不能生物。古人祭川先河，重其有源，又淡而能生物也。物生于淡，淡者一阳之真味，出于坎之心，浮于兑之面，而不少变，阳实于中故也。

朋　泉

陈文忠以抗疏罢归，于城北白云山筑馆，曰云淙别墅。中有镜机堂、宝象林、无畏岩、海曙楼、邀瀑亭、馀箫阁、清泠庵诸胜。尝榜少陵句于门云："天下何曾有山水，老夫不出长蓬蒿。"识者知其有忧世之心焉。公以云淙喷薄，为瀑布下流，其水湍激悍怒，不可瀹茗。一日摩娑岩石，忽有两乳泉从指间觱沸而出，甘洌清寒，具中泠之味。公大喜，谓斯泉有偶，如贤哲之不孤生，因名之曰朋泉。自公殉节，云淙沦于烟草。予视斯泉，犹公之碧血，而不能饮。

温　泉

电白县西三十里，有冷水池。池中有温泉喷出，缕缕如贯珠，至溪则怒流澎湃，触石生烟，热乃愈甚，一二里犹炎蒸，郁郁不散。其馀山谷，亦有温泉四涌，遥见火云蓬勃，丹气炃煴，行者莫不汗流浃体。泉微作流黄气，其热可以汤鸡瀹卵，而寅、午、酉三时尤灼，他时则稍杀。盖丙火生于寅，丁火生于酉，而帝旺于午故也。斯乃神人所暖，主疗人疾，痿、瘵、痱、疴，浸之则痊。故张平子云："览中域之珍怪，无斯水之神灵。"盖火德所钟，非同井之冽寒者也。粤本炎徼，得阳明之精气居多，故其地皆产五金八石。五金之水寒，八石之水热。有五金之所，即有八石；有八石之所，即有五金。而温泉则多为硫之华、丹砂之英之所融液。岭南纯火之地，生八石之所十之六，生五金之所十之四，故温泉之旁，皆有凉水以和其汤，处处皆然。博罗之白水山有二涌泉，相去仅步武，而东泉热，西泉寒，游人以西泉解东泉，然后调适可浴。唐子西以为吹气为寒，呵气为温，而同出一口。不知西泉之寒，五金之水也；东泉之热，八石之水也。五金八石，相比而生，故咫尺间一寒一热各异也。又惠州城北，有三井相连，其泉一冷一温一热。而英德湘陂村有圆水，广二百步，一边暖，一边冷。冷处清绿甚深，暖处白而浑，玄素既殊，凉燠亦异，是名除泉，亦犹江乘之半汤泉也。此皆五金八石之水所分也。英德又有热水湖四，一在潭头，三在太平庵溪左，皆涌沸如汤。乳源县西二十里，有鞋田温泉，出于石长盆中，溜涌如沸，名天汤，人多以蘼芜、香茅杂投其中浴之。其西二十五里，有小汤盆；又西三十里，有西田温泉；西北二百二十五里，有大坪温泉。而海岱温泉有四，与榔木桥水尤热。曲江东南五十里有温泉，每霜雪时益沸涌，炎气云浮，以熟生物，与炊者等候。然时有细赤鱼游其中，弗为灼也。化州有温泉，在州北，为罗水之源。遂溪有温泉，在澗洲，其泥黑，以浣衣可白如雪。新安有汤井，在玉勒村，秋冬常有烟气。新会有汤湖，在城西南一百十里，迤逦长溪，中流一带，其热如汤，上下之流皆冷。东安有热泉，在城西南之西山。从化有温泉，在县东山麓。阳山有温泉，在龙阪滩侧。翁源有温泉，在县北桂竹峒，与韶城通，常有芝麻浮出。龙门有温泉二：一在县西十里，一在县南六十里。清远有温泉二：一在邑东滙江阳塘村，一在邑西善化乡。乐昌有温泉三：一出泠君山下，一出县北之周山，一出九峰汤塘。始兴有温泉，出灵水源上，当隆冬时，蒸气数丈。凡二井，上浴而下烹。又有四温泉：一出凉源，一出跃溪，一出葫芦洞，一出清化。兴宁有温泉三：一出吉湖傍，既泛湖湄，复潜行地中，自窦涌出，居人焊盥以为常；一出南墩，其一出北墩尤热；一出县南泥沙中，广可百尺，如蟹眼者百馀。河源有温泉六：一在和溪，一在黄沙，一在热水，一在立溪，一在黄田，一在康和。

和平有温泉三：一在汤坊水，一在马塘江，其一在浰头者尤热。长乐有温泉六：曰鸡子嶂，在县东南三十里；曰横陂，在县东南五十里；曰下埠，在县东南六十里；曰排岭，在县东南七十里；曰大渡，在县东百里；曰嵩口，在县西二十里。海丰有温泉，在县西北鹅哺岭下。潮阳有温泉二：一在新田山后，深广四五尺；一在县西坤柄山，地曰汤坑。饶平有温泉，在东十里汤溪，流为别溪者三，入于海。惠来有温泉，在西坑，冬时益热。平远有温泉潭，在城东南五十里铁矿山侧。琼山有温泉，在县南西黎都上十三峰下。文昌有汤泉，在县南五十里多寻都，周百馀步，冬夏常温。乐会有温泉二：一在县西上北偏乡，一在城南十五里嘉濂小河之侧，名温泉河。万州有温泉，在西四十里普礼村，凡五六所，而西田埇者尤热。陵水有温泉，在西北五十里。崖州有温泉，在篦箸岭下。又有热水塘，在州北三里。感恩有温冷池，在城东十里许，池周三丈，中分两脉，一温一冷。又有温汤泉，在城北七十里。昌化有水曲泉，在县南黎都，四时恒温。澄迈有温泉三：一曰南滚泉，在县西封平都田中，夏凉冬温；一曰湳艳温泉，在县西青岭东；一曰水曲泉，在县南黎都，四时常温。临高有冷热泉，在县西南百里，其源自讨伦岭，中分冷热。罗定有温泉二：一在平窦白龙堡柏水坪，一在云际山麓，广二尺，一名云沙。信宜有温泉二：一在谭峨乡，一在县城南半里许，春夏温，秋冬大热。阳江有温泉二：一出北惯官路南，秋冬尤热，气蒸蒸常若烟雾；一出南河蚺蛇冈东。阳春有温泉二：一在城东之南乡，方广四丈，深二尺，香洁无流黄气；一在城西北丹竹村，广可三丈，长四尺，深半之。恩平有温泉三：一在那吉峒，一在云立山，一在仕峒之马蹄冈。石城有温泉，在县东北八十里石洞山之北，冬夏如沸。龙门有热水潭，在鸬鹚石上，隆冬水暖可浴。灵山有旺泉，冬温而夏凉。盖岭南十郡，无地不有温泉，而泉又善变，忽寒忽热，盖五金与八石相为制化故也。其多夏凉，则以夏时火在天上也；多冬热，则以冬时火归地中也。温泉者，火之水也，禀纯阳之烈气，为养生者所取资。故古之丹客，率来岭峤，借此正阳津液，以变其纯阴金骨，以水中之火补其阳，以火中之水还其阴。温泉之为功也，盖莫大焉。

毒泉

长乐有两毒泉：其一在曾峒嶂下，相传宋邹太尉引兵征铁板僧，去毒泉二尺许，以剑劐地，泉即随剑入地不为害；一在黄麖岭，有军士误饮而死，文文山移营其上，祷而止之。曲江濛浬驿对岸，亦有毒泉，沾足溃烂。泉所注田数十顷，食其田谷者，一二年辄死，号蛊毒田。斯乃地之孽气所注也，安得有邹、文二公者，以至诚消其患害乎？

风井

风井，在阳江西北五十里南河都山巅，广丈馀，深不可测。天将大风，井中先鸣三日，鸣止则大风起，盖地至虚之所也。凡雷生于地之实，风生于地之虚，以实故雷出地而后鸣，以虚故风在穴中而已鸣，惟虚故生声也。顺德西南三十五里之美山，旁一石孔，有声则风且雨；感恩城东二十五里有一峒，春夏之间，窍中常发南风，猛烈如飓，晨起暮息，或至数日不息，亦皆以虚之故。然此皆阴风也。凡阴风出于地之虚，阳风出于天之虚。出于天之虚者，其风生物；出于地之虚者，其风杀物。

九眼井

九眼井，在歌舞冈之阳，相传尉佗所凿。其水力重而味甘，乃玉石之津液。志称佗饮斯水，肌体润泽，年百有馀岁，视听不衰。又尝投杯于井，从石门浮出，舟人得之以为神，名越王井。《通典》谓“南海有天井门”，天井者，越王井；门者，石门也。井又名越台井，以在越王台之下也。广州诸井，此最古。南汉主亦尝饮之，号玉龙泉。其广丈馀，有九孔，文石为盖，汲者欲得井华，分绠而下，瓶罂各满，毋相抵触，人甚便之。自汉至今，以为尉佗之遗泽云。广州故多佳泉，其知名者有十。正德间，学士黄谏撰《广州水记》，谓城中井水，九眼殊胜；城外则鸡爬井甘冽，因名学士泉。次则九龙泰泉，次蒲涧帘泉，次越井，次双井、甜水巷井，次韸韸水，次洗臼井，次居士泉，次藩司、郡廨二井。学士泉去九眼井五里，石泉也，今烹庙后岕者皆用之。九眼井又一，在龙川治西赵佗故城，名赵佗井，味亦甘冽。

绿珠井

博白县，本高凉白州，东粤之地。其西双角山下，有梁氏绿珠故宅。宅旁一井七孔，水极清，名绿珠井。山下人生女，多汲此水洗之，名其村曰绿萝，以比苎萝村焉。绿珠能诗，以才藻为石季伦所重，不仅颜色之美。所制《懊侬曲》甚可诵，东粤女子能诗者，自绿珠始。今双角山下及梧州皆有绿珠祠，妇女多陈俎豆，其女巫亦辄歌乔知之《绿珠篇》，以乐神听。绿珠又善吹笛，传其弟子宋祎。笛谱旧存祠中，邝湛若尝手录以归，有《苍梧访太真绿珠遗迹》诗云：“云里玉环妃子井，绿萝金谷懊侬村。霓裳欻散华清舞，玉笛难招博白魂。”妃子井在容州云凌里，水最冷冽，饮之美姿容，旁多香草。容州又有绿珠江。予有《容州咏绿珠遗事》诗云：“绿珠江水绿，人向镜中留。金谷知谁似，翔风见亦愁。月中教横笛，花里坠飞楼。自作懊侬曲，风华不可求。”又云：“自舞明妃罢，何曾秘玉颜。裁缝丝布涩，游戏犊车闲。笛响虚无外，楼高烟雨间。容州谁不羡，双角美人山。”湛若云：“绿珠玉笛有尸渗，土花斑驳如绣。昔宋祎持入宋明帝宫。祎死，以此笛为殉。巢贼发宋诸陵得之。后入交趾，清夜闻歌，每能自叫。槃公以名马五十匹易之。其井汲饮者，生女必丽。土人以巨石塞其一孔，女绝丽者，亦损一窍。予尝说其父老，使除之。”大均曰：“绿珠之死，粤人千载艳之，爱其人并及其井。使西子当时能殉夫差，则浣纱溪与此井，岂非同为天下之至清者哉？”予诗云：“懊侬曾照井泉清，一代红颜水底明。”又云：“一自绿珠留此井，风流不道浣纱溪。”

何仙姑井

井在增城会仙观。其深不测，水比他水重四两，味清甘，人多汲之。何仙姑去时脱履其上，故井上有亭曰存仙。吾疑井脉通罗浮，仙姑当时从井中潜出，见于罗浮麻姑之峰，令人取其遗履井上，盖以水府为解也。浮丘为朱明门户，有珊瑚井。井者，朱明门户也，地道四通，以一窍为往来之所自。此井如之。人见以为井，不知其为洞天也。

亚姑井

罗定界石村，有曰东、西二井。万历间，村中有妇善淫，人或犯其小姑，小姑沉东井而死。妇惭悔，亦沉于西井。今东井水至清，居人汲饮，称曰亚姑井。西井则甚混浊。予为铭曰："水不能清，以姑而清。姑之清兮，水之荣兮。水不能浊，以嫂而浊。嫂之浊兮，水之辱兮。惟妇与女，水其因汝。人不知之，水则知汝。吁嗟妇兮！畏此水之知兮。吁嗟女兮！畏此水之因兮。"

龙　井

西宁治东五里，山半有龙井，大仅尺许，深五寸，渗出沙中，不盈不竭，饮之味洌以甘。予诗云："泷西一龙井，涓滴是真泉。有本云根里，无声瀑布边。"

海月岩井

东莞海月岩侧有石井，深六七尺，窥之辄见风帆来往。或有诗云："井底风帆人尽见，非关倒影海中来。"

官　井

乐昌治东南百步，石上有涌泉数穴，味甘洌，名曰官井，亦曰玉井。井水流入小溪，潺潺有声。上有古榕数株，垂阴茂密，人家列居其旁，不用繘井，而水无不至满而溢焉。则溪分两道以流之，溪之水为其所夺，浊而使清，轻而使重，溪盖有厚幸焉。凡井水从地脉远来者为上，近为江湖所渗出者次之。玉井伏流山谷间，至此趵突而出，乃天然美泉，非井也。古之为井者，底以黑铅，镇以丹砂，使长得纯阳之气，饮而无疾，凡以补泉之不足也。泉而天然，则金膏玉髓之所凝，所谓神仙美禄。名曰官井，以在官道之傍，人不得私，亦并受其福之意也。

肇庆七井

包孝肃为端州守，尝穿七井，城以内五，城以外二，以象七星。其在西门外者，曰龙鼎冈井，民居环抱，清源滑甘，为七井之最，此郡城来脉山川之秀所发也。大凡幽溪邃涧之水，饮之消人肌体，非佳泉。佳泉多在通都大路之侧，土肉和平，而巽风疏洁，乃为万灶所需，食之无疾。孝肃此举，端之人至今受福大矣哉！君子为政，能养斯民于千载，用之不穷，不过一井之为功，亦何所惮而不为乎？《易》曰："君子以劳民劝相。"言凿井之不可缓也。江城妇女，冒风雨出汲，在在皆然。惠州城中亦无井，民皆汲东江以饮。堪舆家谓："惠称鹅城，乃飞鹅之地，不可穿井，以伤鹅背，致人民不安。"此甚妄也。然惠州府与归善县城地皆咸，不可以井，仅郡廨有一井，可汲而饮云。

流杯曲水

流杯曲水有二。其一在增城张老岩，石版斜铺十馀丈，一水从石罅中流，萦纡百折。游人每以小石障下流，以畜其势，乃两两夹水而坐，使人酌杯酒置上流，听浮游所至，取而饮之。然有不得饮者，有一再饮者，有杯流至前忽复流而之他者，有顺流而下忽复旋回而上者，于是哗然争饮，相欢以笑。其一在从化之北四十里，一泉自山巅飞下，分为两带，上下凡二级，曰百丈带。其深处汇为渊潭，不可测；浅者流离四出，引之可以浮觞。又龙门有圣礤岭，流水九曲，注为飞泉百十丈，下成深潭，亦可以浮杯逐暑。

湳

琼山县西北二里下田村，有第一水桥，名湳一。又一里，有第二水桥，名湳二。又三里，水桥名湳茂。其南十六里有湳渭溪，西南六十里有湳天桥。澄迈有湳滚泉，有湳渚上都、湳濛陂、湳坑陂、湳艳温泉。定安有湳白江。儋州有湳滩港、湳滩市。万州有湳陵山、湳陵水。崖州有湳漏岭、湳西岭。湳之称，惟琼独有，他处无之，岂以琼在天下之南，名水多以湳者，其犹曰南之水耶？

漈

龙门县其溪滩之极险者，名之曰漈。有曰濠双十二漈，有曰白水漈。漈与泷，皆天下绝景。六泷可比闽之九龙，十二漈可比浙之五泄。舟子歌云："宁上十九龙，莫上一六泷。"

七夕水

广州人，每以七月七夕鸡初鸣，汲江水或井水贮之。是夕水重于他夕数斤，经年味不变，益甘，以疗热病，谓之圣水，亦曰天孙水。若鸡二唱，则水不然矣。《广州竹枝歌》云："七夕江中争汲水，三秋田上竞烧盐。"

水之异

白水山在阳春西南，上有飞泉一道，注于潭中。天霁，潭有声则雨，雨有声则霁。九牛泷，在南雄城南五十里，一名龙罩水。下有深潭，雨久，响则晴；晴久，响则雨。临高之东南迈龙村，江中有滩，久旱，滩响则雨；久雨，滩响则晴。琼山博落溪中，有大石横亘，曰铜铫石，下有六大岩，水注其中有声，旱闻之则雨，雨闻之则晴。澄迈县南王家都有东巽泉，流泻可三丈馀，朝响则雨，暮响则晴，称圣井。仁化有龙王坑，一泉涌出，溉田千馀亩，霪则小流，旱则大流。天久无雨，云自其泉腾至山巅则雨。澄海县南有鸣洋，在南湾海中，声起若雷，自东则风，西则雨。广宁之西三十里有石涧，山泉自窦出，旱则声闻数里，雨则否。南海县治之北有日泉井，东有月泉井，日出则日泉井中先见日，与月泉井相望；月出则月泉井中先见月，与日泉井相望。南海西樵山有金、银井，一赤一白，相距尺许，乌利丹井也。注赤水于银井，赤水不白；注白水于金井，白水不赤。茂名观音山上有金、玉井，潘真人昔炼丹于仙坡，其烟通于金井烟则黄，通于玉井烟则白。茂名上宫湾之水，与府治后龙井相通，名曰龙眼；下宫湾之水，与宝光寺虎井相通，名曰虎眼。信宜东有龙山，其南有石孔曰风窖，北有石孔曰雨窖。韶州有雌雄泉，一日两潮，雄长则雌消，雌长则雄消。始兴有朔水，朔长而晦消。博罗有白水泉，东热而西寒。翁源有燕子泉，春出而秋伏，与燕子同其来去。镇平有长潭，与绿水湖相通，湖清则潭清，浊则潭浊。清远有米贵水，在金钗湾上，中有二水。有谣云：“米贵水流朱溪岸，米贱水流绿林塘。”甘竹滩，在顺德之南四十里。凡滩水皆一流，而甘竹滩两流，潮长则水满而下滩，潮消则水干而上滩。谚曰：“水消水上滩，水长水下滩。”是两流也。盖潮自滩入，汐自滩出也。舟行者每纡道象山之阴以避之，名偷洋滘。文昌有浮山，屹立海中，分潮水西东。朝潮至浮山而东，暮潮至浮山而西，谓之分洲洋。琼海分东西二溜，凡渡海必候流水，东海鸣则风，西海鸣则雨，土人每占之以候渡。又琼海半月潮长则西流，海南易渡；半月潮回则东流，海北易渡。朔望前后潮大，上下弦前后潮小。雷之州东有调黎之水，日两潮两汐；西有那黄之水，日一潮一汐。予有《雷阳曲》云：“郎心好似调黎水，不起风波春复秋。日日两潮还两汐，令侬消却别离愁。”又云：“花下欢闻白马嘶，郎来日日在南溪。莫如琼海潮相似，半月东流半月西。”文昌西北有分水江，一水分两溪，左者色黑右者白，交流至海。始兴有墨江，水黑如墨，流至江口，与浈水合，五里间黑白判然。万州樟树岭石上有人马迹，或沙水上，迹隐则岁丰，见则岁歉。合浦南有涠洲，去海壖可二百里，天阴雨辄望见之，晴霁则否。定安江中有石人，令贤则石人出，否则隐。

广州城濠

广州城北无外濠，以其地纯石。又以山从南岳而来，其首大庾，其足粤秀，粤秀为广州主山，地脉一断，则数千里神气不相贯。故秦始皇凿马鞍冈，而血流数日。冈在粤秀肘腋之间，灵异所结，乃东广人文所恃赖者。然此方近山，又不可不为豫防之计，议者欲于城外筑虚心墩台，台悉从城头而出，以将军大炮护之。又于城头一带，多筑横墙，自相隐覆，使敌人登高觇我，不知城上虚实。亦一策也。

塞新河

郭光禄谓："会城妄将西翼龙沙从中擘断，以为新河，此几于蒙恬之绝地脉。"盖会城沙水气脉，起伏周环，有情有势，真天地造设之奇。惟右臂中断，为害不小。今宜填新凿之河，以培其旧；塞大观之口，以折其流，使水徐至蚬子步乃出海，以顺其势。且也水循故道，性顺而易行；力浚旧河，功省而易集。又宜开通彩虹桥、荔支湾、半塘上流，以引随龙之水，使之迤南而会太平濠，东抱城郭。源既长而风气固，则地富庶而人文大出云。

开　河

陶三广公尝从高州开一河，直达肇庆，功垂成，为人所沮。今因前绪而继之，费不大而成永利。盖雷、廉、高、钦地方所以寥落，由水路不通，少商贩也。开此河则四郡皆为沃壤，寇盗不治自弭，而雷、廉积滞之粟，由河至广州，广州因以资裕，地利至要也。又陶公欲开河三道，一从那龙渡东一里许凿之，以通恩平县南阶山之水，以达蚬冈；一从绵阳涌凿之，使西流以达麻濠之水，皆遇石而废；一从南津港沿海而西，以达丰头港，今淤。然那龙之水达于阶山，不过十里；南津之水达于丰头，不过三里。今取他道另凿，迄有成功，亦百世之利也。恩平诸父老尝以为言，守土大臣欲兴水利，其以此地为先。

南海治西四十里，有两山对峙，吕嘉尝积石其下，名曰石门，盖百粤山川之会也。史称"杨仆先破石门，得越船粟"，即此。水今干浅。三江之水，一由大路峡径九江以入熊海；一由黄雀冈径分水以趋珠江。其分流西南潭者，夏月四之一，馀月十之一，以故舟楫不由石门。郭光禄云："西南潭二支之派，一绕广州，一护顺德、东莞，旧势然也。今则沙淤水涸，不趋石门，会城无朝宗之水，无以贯通元脉，不得不勤君子经纬之虑，然则疏浚之功，不可阙矣。"

潭滘河

潭滘河，在新宁县境。新宁最边海，明初设卫广海，以为备倭厄塞。其前五十里地曰铜鼓角，山势崒嵂，横截海湄，怪石张牙，参错沙际，风水冲激，噌吰成声。舟舶每经，颦蹙震悚，稍不戒，船辄倾覆，盖洋海之滟滪也。地去广州三百馀里，一望汪洋无际，不可驻汛。猝有外寇，并力以渡，过险则扬帆直入，而新会、香山、顺德、番禺等县，边鄙皆震。闻我治兵，辄先出险，徜徉角外。我师至险，方与风水为敌，艅艎不支。惧其犄我也，往往水犀遄旋，阻险而止，寇虽遁而不能追。两广总制吴公巡海至此，念新宁百峰山下有潭滘乡，河形隐隐，堙塞已数百年。浚之径海，可以去患而就安，趋便而夺险，一日制胜，十世之利也。于是下令浚河。河成，逶迤三十里，下通上川、下川以至广州，上通广海大洋以出角背。口子设炮台若干，戍以水军，寇至既不得入，又不敢越我而过险。设或昧于一来，我潜师从潭滘出，表里夹攻，必将片帆不返矣。不宁惟是，潭滘所处，逼近百峰、蕉石诸山，层峦叠嶂，其民犷悍，往往阻罙跳梁，不就戎索。自潭滘开为坦途，兵民络绎，至是奸宄失据，咸俯首而遵约束，此一举诚众善皆得云。薛炎洲记。

潮泉

潮泉，在连州者有三：沉水洞、红扉坪、楞伽峡。在阳山者有五：潮水铺、滑石坑、潮下坑、桃江水口、莲塘村，皆潮泉也。在莲塘村者，即斟水，其穴若井，或弥年而竭，或一日而十盈十竭，每大雨三日则竭。其出也，率以潮为信。自春至秋，丑出而申入，为阳之潮，乘天地之朝气者也；自秋至春，申出而丑入，为阴之潮，乘天地之暮气者也。广南泉水，大抵应潮居多，而斟水尤不爽其候，岂山泽通气独于斯有准耶？

三井

广州有三井。一曰星井，在城西六里，古金肃外绣衣坊，始凿见星于井。一曰月井，在广州城内西南，古月华楼下，今盐仓街旧月泉庵址，旧志："月出则照映井底，光荧澄彻。"又有日井，与月井相望，在旧青紫坊千佛寺侧。今惟月井存，馀皆堙。

罗汉井

罗汉井，在广州城内光孝寺西廊，即古乾明井地。古图经云："寺有诃子，取此水和甘草煎，乳白而甘。"又谓之诃子泉。

永安五江

永安县有五大水以江名，名曰五江。自鸡公嶂至小黄花、佛子凹，冈脊之地，其水四驰：南为秋乡江，其流最长；西则神江诸水；东则琴江；北则蓝口水源。秋乡江、神江、义容江、琴江其大者，小水注之甚众。大者为经，小者为纬，源流见矣。五江，一曰秋乡江，在永安城西南一百二十里，其源二，一出琴江宝峒山，一出官山嶂下，合流而北。过火带社，西纳车峒水，东纳石坑、钟坑水。折而西，田子径水南注之。至县，轿尾水东北注之，堤坑水北注之。南下，猪母坑水又北注之。至半江，东纳牙溪水。至马头山，西纳下濑水，又西纳官坑水，又东纳黄沙水，又东纳双螺浊水，又西纳逆坑水，东南纳军粮水。至凤凰冈，北纳清溪水，又东纳南山水，又西纳龟坑水、吉田水。至曲派，纳下义水，入于东江。《广东舆图》云："其源一出县东，一出县北，众山环绕，万壑交流，百馀折而经驯雉司前，又折而至梅花岭，入于江口。"其曰牙溪者，一出羊角嶂北，一出公坑西，至番流水，合流而北，纳罗坑村水，西至牙溪口，入秋乡江。曰黄沙水者，一出燕尾山，一出乌禽嶂，至磜头合流，北过上下汤、梅子派，西入秋乡江。曰军粮水者，出梅坑径北，过唐田，西北入秋乡江。曰清溪水者，其出宝山嶂者为上下窖水，出狗头山者为员墩水，合流，纳瓦屋头水，过沙子径、神宫前半径至旱塘；其出天子嶂者，为苦竹水，至旱塘合流，至凤凰冈入秋乡江。曰南山水者，出犁壁山北，过南山至石屯；其在归善境者，一出黄草嶂，一出石塘，至溢塘合流，至上石屯合南山水，西北入秋乡江。曰下义水者，出礤石径北为卷蓬水，出犁壁嶂西为犁壁水，过上义高冈合流，纳梅子坝水，过下义至曲派，入秋乡江。二曰神江，在县西北一百一十里。其源二，一源在林村埔北，东出小黄花，西出嶂下；一源在林埔南，东出佛子凹，西出鸡冠山，合流至龙潭胫，北受辣菜坑水，至黄竹径。又北受曹坑水至黄塘，南受白溪水；至横石，又南受苦竹坑水；至鳡口，北受陈田水；至鱼潭径，又北受杨坑水；至陂角沙，南受龙头山、木公坑水；至停塘，北受花坑水；至企山下，南受大梨水；至邓村，又南受禾坑水，入东江。《广东舆图》云：“其源出鸡冠嶂，周回百折，众水注之。经梧桐山之前，又折而至江口，入于东江。”三曰义容江，在县西七十里。发源蒋峒尾，至飞鹅岭，合月角岭水，过义容屯，至乌鹊潭；其出大鲁嶂、猫儿山者，至安全合流。至中田合桃子园水，至乌鹊潭入义容水，至黄泥塘受汤坑，入于东江。《广东舆图》云：“其源出大鲁山，折而至宽仁司之前，复折而入于东江。”四曰东琴江，在县东四十里。自鸡公嶂发源，西受北坑水；至上镇，东受象鼻径水；至水口村，西受塔凹水；至练坊，西受童坑水；至官屋埔，东受甘坑水；至杨梅埔，西受冯坑水；至寺坑，东受黄小塘水；至羊羔，西受黎坑、龟湖水；过长乐米潭至琴口，会南琴江，入于横流渡。黎坑水出逃军嶂，龟湖水出宝峒嶂。《广东舆图》云：“北琴江自帘紫嶂发源，由山谷嶂折四十里入长乐界琴口。”按：东琴江，初志称曰北琴江，故《广东舆图》本之。然此江在县之东，当名东琴江。称北琴江误，今改正。其曰塔凹水者，一出芙蓉径过贺冈，一出解沙径过袁田，至塔凹合流，入东琴江。五曰南琴江，在城东南六十里。其源自西来者，一出嶂下，一出横排岭，合流至龙窝，纳吉峒水；一出公坑嶂，一出岑里，合流至清溪，合施坑水，俱至明亭水合流，至中湖，纳松坑水，至柘口。自南来者，一出磜头，一出黄坑，合流至小鳖，合貉老坪水，过细女滩，纳掩桑水；至柘口，会西水，过长乐大梧；至琴口，会东琴江。《广东舆图》云：“自羊角山发源，沿流由南岭后曲折三十里，入长乐界琴口，与东琴江之水会合，入横流渡。”其曰黄花水者，东出芙蓉径，西出陈塘上不，至鲤鱼头合流，北至散滩径，纳白溪水出康禾。

西樵三十二泉

西樵有三十二泉。其出于大科中峰之南、天峰之北，东流两崖之下，泻于云谷者，为左天泉。南自福老峰，流于天峰之南，泻于云谷者，为右天泉。二泉最高，西樵第一泉也。双流过仰眠峰，飞泻于喷玉岩下，出于大坑。又南，则四峰之泉，注洗研池，出于厓子坑，流于九龙洞，出于西坑口，至于大坑，会喷玉泉而东，入于江。西则烟霞洞泉，伏流洞口，会于锦岩泉，又会于铁泉，又会于龙泉，流于石子田，泻于乐尧庄，为左垂虹泉。其云端井泉二溢，流于龟头社，泻于乐尧庄，为右垂虹泉。合流洞口，出于罗汉岩，达于黄冈，而西入于江。北则大科村泉，流于西竺，会于宝鸭池，西出会于饮马泉，南下为泻钱泉，归于天湖。其碧云三泉，一出流清馆，一出山坳，一出村边。盈积五六池，泻于观翠岩，北会于阶梯泉，与贵峰大槽之泉归于天湖。流出于猪坑，注无底井，又注于官山下，而北入于江。南则云路二泉，流于村南，出于大背山下帽峰，达于江村，而南入于江。噫！一山之巅，九十六峰之间，飞泉四出，其多若此。或有诗云："谁信匡庐千嶂瀑，移来一半在西樵。"

日月二泉

广州城中有日月二泉，日之泉每夜辄有一日在其中，月之泉每夜辄有一月在其中。日泉今失其处，惟月泉在金华夫人庙神座下，有巨石覆之。又有星泉。予诗："月泉西出日泉东，日月光生二井中。南海波潮从口上，朱明门户与心通。朝含真气知天一，夕有清光似碧空。汲取寒华供茗饮，仙人美禄此无穷。"

潮候

昼潮夜汐，天地呼吸之气。广州里海，视大海每迟数刻，径迅纡回之别也。俗传：“初一十五，水上日午。初九二十三，水大牛归栏。”盖潮候左券。琼海潮昼夜惟一汛，半月潮长则西流，半月潮消则东流。予诗：“半月西流半月东，乘潮不必更乘风。”又临高、儋州接壤间，水性迥别，儋州东流，则临高西流；儋州西流，则临高东流。予诗：“琼潮系星不系月，东流半月西半月。昼夜从无两汛时，临高儋耳东西绝。”王佐云：“琼潮东西流之说，非也。海水只有消长，无东西流。盖因地形西北高而东南下，琼、雷南北两岸相夹处，见水长上，则以为西流，消下则以为东流耳。”有分水漾，在琼海中流，漾南属琼，北属雷州。予诗：“一漾分流大海中，南潮北汐不相同。”

移肇庆水窦

肇庆江干多石矶，苦无泊舟之所。或谓东门外三里许，有跃龙桥，其下水窦两重，为崧台石室一带山水之所从出。如徙此窦，深入三四里许，潴水成湾，可泊大小船数百，免风涛不测之患，且于本城下关甚利。窦旁居人稀少，田畴不多，官买之筑堤，费约数千金而已。此似可行。

开浚河头小河

新兴河头，有渠形在林阜中，可以疏凿，使水南行三十里许，直接阳春黄泥湾，以通高、雷、廉三郡舟楫，免车牛挽运之苦。谷米各货往来既便，则东粤全省之利也。此宜亟行。

第十六条坑水

羚羊峡内第十六条坑，其水绝佳，不让灵山寺之水。予诗："羚羊高峡内，第十六清溪。水比灵山好，流当断岸低。"

南江水口

南江水口，有浮沉石在江中。舟人谣曰："要知风雨至，但视石沉浮。"

贵谷坑

增城之正果有贵谷坑，茂林修竹之间，有细泉涓涓流出。乡人云："岁谷贱则泉流而下，谷贵则泉流而上。"因名之曰"贵谷坑"。予为易曰"贱谷泉"，铭之曰："泉乎泉乎，毋以谷贵，而害我农夫。"

卷五　石语

韶　石

粤东之北之西北，皆多石。其所为山，皆石也。居人所见无非石，故皆不以为山而以为石。盖自梅岭以南，湟关以东南，千馀里间，天一石也，而石外无馀天；地一石也，而石外无馀地。岩岩削出，望之不穷。其高而大者以千数，小者纷若乱云，亦无一不极其变。石多中空，或一峰为一洞，或数峰相连为一洞，此出彼入，四际穿漏，外视之皆无所有。色青蓝，间以白理，雨后若新染然。花木蒙茸其上，恍若锦屏，是皆绝奇石也，然尤以韶石为大宗。韶石在韶州北四十里，双峰对峙若天阙，相去里许，粤人常表为北门。旁有三十六石环之，一一瑰谲无端，互肖物象，各为本末，不相属联。有记其状者云："韶石前后怪石相望，直若危柱，削若堵墙，圆若廪囤，半削如瓠瓜，首尾翘翘似舟航，方幅如布帆，廉起如檐宇。"约略尽之。大抵韶之山多奇，而韶石为最，若双阙又韶石之最。他处石亦多诡，特以所处幽邃，故罕知名。然大抵形如火焰，森立崖谷间，以千万计，光芒四射，与日精争烈。盖吾粤处天下正南，其位丙午，火之奥府在焉。故火之山居十之六，水之山居十之四。火之山纯乎石者也，故多中虚而成岩洞，离之象也。韶石皆空心，窍穴相通，风入其中，大小声一时响应，箫韶遗音，犹可仿佛其一二也。东北一里有逃石，高三十馀丈，广圆五百丈有奇，相传从武城逃来，临江壁立，与韶石相丽。语曰：“蓬莱一山，合于罗山。东武一石，附于韶石。”盖谓此。大抵粤之山，罗浮最名；粤之石，韶石最名。浮傅于罗，逃依于韶，是皆能得其所主者也。

大英石

大英石者，言乎英德之峰也。英德之峰，其高大者皆石，故曰大英石。盖地至英德，有石而无土。土不生于英德，石独生焉。其为状多直而少横。每一直石起，辄至数千百仞，各自为根，不相缘引。一石一峰或数峰，峰无馀石，石无馀峰，卑者不相附，高者不相摩，卑者或侧出而多歧，高者必矗竖而特干。盖自英德至阳山，数百里相望不绝，皆直石之为怪。而英德之峰奇而野，阳山则奇而秀。英德之峰少树，阳山之峰多树。树少故其石尽见，见而数百里间，似但有石而无山然者。又一似造物者以此地为无用，而尽以委之石然者。尽以委之石，于是此地之山，皆为石之所掩矣。噫！亦大异甚。

小英石

英州为奇石之薮，其有根者丛起而为峰，无根者散布而为石。石者峰之馀也。峰者山之骨，而石其齿牙也。凡以皱、瘦、透、秀四者备具为良。其出土者曰阳石，受雨雪多，质坚而苍润，扣之清越。入土者曰阴石，则反是。石生山谷间，大小相叠，一一嵌空斗竦，具峰峦岩洞之状。即一卷许，亦辄芙蓉乱削，乳窦交通，巉岩勾漏，小心视之，须五日始尽其一峰，十日始尽其一谷，此以小而奇者也。其大者，土人尝载至五羊，以轻重取值，使工层垒为山，连皴接笋，参差相配，卧者为嵩，立者为华，坐者为衡而行者岱，千岩万壑，磴道周回，错植花木其际，宛若天成，真园林之玮观也。英石外，有曰蜡石，以黄润如玉而有岩穴峰峦者为贵。又有凿取岩中玉乳，长至丈馀或数丈，置水木间，标空峭竖，洁白硄然，是曰山芽。每与英石假山间列，而以蜡石平铺其下，为陂陀起伏之形。远视之，高者为群玉之山，卑者为黄金之谷，翠屏丹嶂，掩映如霞，虽炎洲多奇山水，而恒以此为绝胜。外有罗浮石亦贵。昔牛僧孺嗜石，东第西墅列致之，以太湖为甲，罗浮、天竺为乙。李德裕亦尝使日南太守致罗浮石，而张祐知南海，不持瑰货，惟载罗浮石以归。宋张愈亦尝升罗浮买石。今客于东粤者，珠、香、犀、象之外，未闻有此清赏也。毋乃泉使人贪，而石使人廉耶？

蜡　石

岭南产蜡石，从化、清远、永安、恩平诸溪涧多有之。予尝溯增江而上，直至龙门。一路水清沙白，乍浅乍深，所生蜡石，大小方圆，磥砢多在水底。色大黄嫩者如琥珀，其玲珑穿穴者，小菖蒲喜结根其中。以其色黄属土，而肌体脂腻多生气，比英石瘦削崭岩多杀气者有间也。予尝得大小数枚，为几席之玩，铭之曰："一卷蒸栗，黄润多姿。老人所化，孺子其师。"

三　石

会城有三石，东曰海印，西曰浮丘，中曰海珠，皆地之胏也。海珠在越王台南，广袤数十丈，东、西二江水环之，虽巨浸稽天不能没。语云："南海有沉水之香，亦有浮水之石。"谓此也。相传有贾胡持摩尼珠至此，珠飞入水，夜辄有光怪，故此海名曰珠海，浦曰沉珠，其石则曰海珠云。石上有慈度寺，古榕十馀株，四边蟠结，游人往往息舟其阴。端阳、七夕作水嬉，多有龙郎疍女，脍鱼酤酒，零贩荔支、蒲桃、芙蕖、素馨之属，随潮来往。遥望是寺，鱼沫吹门，蚝光次壁，朝晴暮雨，含影虚无，恍忽若鲛宫贝阙而不可即也。海印，潜石也。在下方之东，半出波际，其上有京观楼，周以雉堞，视海珠、浮丘，隐隐若三台象。浮丘去城西一里，为浮丘丈人之所游。古时浮丘在海中，与海印、海珠若离若合。宋初，有百二十岁老人陈崇艺言："儿时见浮丘山足，舟船数千，山四畔篙痕宛然。"今浮丘距水四里馀矣。丘下有井，葛稚川尝饮之，有海神献珊瑚一株，因名珊瑚井。井旁多莕莶草，三月上巳，游人多往采撷。前有馆曰朱明，馆中有轩曰挹袖，堂曰白云，宋经略蒋之奇所建。盖以浮丘在罗浮之西，为朱明门户；罗浮东有浮碇，西有浮丘，皆朱明之所从出入者，浮山之来，以罗山而定，浮碇以始之，浮丘以终之，斯朱明之首尾也，故观曰朱明。郭弘农诗"左挹浮丘袖"，故轩曰挹袖。予诗云"浮丘舞袖长千尺，东拂罗浮西白云"是也。白云者，山也，亦罗浮之西麓，而浮丘又白云之西麓也。罗浮之路，自浮丘而始，至白云而中，地道潜通，无间远近，故堂曰白云，浮丘又白云之门户也。万历间，学士赵志皋以谪官至，开浮丘大社，与粤中士大夫赋诗，而范浮丘、稚川二仙像祀之。以浮丘公与王子晋吹笙得仙，又为亭曰吹笙，而堂曰大雅，楼曰紫烟，轩曰晚沐，于此地一大开辟。既去，人为亭以留其舄，至今百有馀年矣。荔支梅竹之植，手泽犹存。予每徘徊而不能去，咏区海目诗云："林里时藏蓬岛路，城头半出羽人家。"又云："羽人家在朱明口，却辟此丘为户牖。”又云：“此丘往时在海中，三山烟雾晴蒙蒙。今日丘林带城郭，惟馀海月一片挂长松。”不禁浩然而兴叹也。丘前有撒金巷，予家尝近焉，儿时数就珊瑚井旁嬉戏，为谣曰：“浮丘叔，浮丘丈人同一目。撒豆成金人不知，肩上珊瑚担一束。”相传有二仙，一老一少，两人一目，彼此扶挈而行。居人遗以麦豆，撒之成金，视所荷之薪，则红白珊瑚枝也。老者浮丘丈人，少者浮丘叔也。考《列仙传》，浮丘伯姓李氏，不言浮丘叔，意丈人其即伯欤？然浮丘伯，班固以为荀卿门人，服虔以为秦时儒生。高后时，浮丘伯在长安，楚元王交尝受《诗》于浮丘伯，又遣子郢客与申公俱卒业。当时浮丘伯或与安期生为友，安期生至粤，而浮丘伯亦相从而至耶？

五羊石

周夷王时，南海有五仙人，衣各一色，所骑羊亦各一色，来集楚庭，各以谷穗一茎六出，留与州人，且祝曰：“愿此阛阓，永无荒饥。”言毕腾空而去，羊化为石。今坡山有五仙观，祀五仙人。少者居中持粳稻，老者居左右持黍稷，皆古衣冠。像下有石羊五，有蹲者、立者，有角形微弯、势若抵触者，大小相交，毛质斑驳。观者一一摩挲，手迹莹然。诸番往往膜拜之，薰以沉水，有烟气自窍穴中出，若石津润而生云也。予诗云：“神灵所窟宅，厥惟祝融乡。浮丘与安期，来往亦不常。何者五仙人，各骑一色羊。手持五谷穗，芃芃三尺强。黍稷居两旁，粳稻居中央。羊亦衔果蓏，以种遗炎方。丰年再三祝，倏灭馀景光。越人念粒我，春秋修蒸尝。报赛若先农，水旱仍遑遑。作观楚庭西，五仙列成行。少者反当中，老者左右方。膝前各一石，或蹲或翱翔。或立或僵卧，大小相低昂。抵触势有馀，角形弯以长。言是羊所变，毛质皆青苍。一卷自周时，摩挲历帝王。斑驳见手泽，表里含光芒。番夷多膜拜，薰用苏合香。馀窍出烟气，一缕何飞飏。恍若白云核，氤氲所含藏。尺寸天所留，所关乃雨旸。”

相　石

文信国尝于潮阳与元将李恒战，兵败，马蹶不能起。忽有巨石轰然坠于道旁，追兵惊仆，公得脱。居人异之，因名其石曰相石。今有相石亭焉。嗟夫！天能脱公于潮阳之一日，而不能脱公于燕市之三年，天之所以死公者，盖将以为元也。葛氏云：“公在小楼三年，其意在赵氏之孤。盖宋绝于柴市之杀文山，非绝于厓海之溺秀夫。”

望夫石

清远县有贞女峡，西岸一石状女子，是曰贞女。相传秦世有女数人，采螺于此，风雨昼昏，一女化为此石，即今望夫石也。羚羊峡南亦有望夫石。阳江西一百六十里有望夫山，旁有丫髻石。四会西百里，有新妇石。皆与广西之留人石相反者也。留人石在南宁江之北岸，状如女子。谚曰：“广西有一留人石，广东有一望夫山。”谓此。盖广东之贾，多赘于广西而不返，其怨妇皆以此石留人，西望而诅祝之。予尝代为之辞，其诅云：“留人石，莫留人。风吹石，化为尘。”其祝云：“留人石，既为尘。望夫石，复为人。”

南台石

南台石，在平远城西南八十里。高至四百八十丈，周四里馀，四面壁立，中一径蛇盘而上；巅甚平，可居万家。此天下之奇石也。以其奇，故不以山为名而掩其石；以其平，故名曰台，而石之为用大矣。

九曜石

九曜石，在药洲旁，南汉主刘龑使罪人移自太湖、灵壁，浮海而至者。石凡九，高八九尺，或丈馀，嵚岩嵂兀，翠润玲珑，望之若崩云，既堕复屹。上多宋人铭刻。一石上有掌迹，长尺二寸，旁有米元章诗。一石白色中空，一圆石为顶，若牛头大，可五尺，身中直通至顶，四旁有十馀窦相穿，有刻云："花药氤氲海上洲，水中云影带沙流。直应路与银潢接，槎客时来犯斗牛。"一石通身有小孔如水泡沫。一石独大，合三石为之，下有数萌，长三尺许，瑳如雪。父老云："向未经见，此客石也。"久而生笋，岂地之灵使然耶？然今亦摧折矣。

罗经石

罗旁水口有平石，约二亩许，在大江中。上多纹，纵横若罗经，名罗经石，一名锦被石。西水涨时，望之随波下上。与三水之龟纹石、香山之浮虚山、归善之浮碧山，皆南海浮石之一也。石名锦被，故其江名锦江。锦被石乍浮乍沉，常如浣濯之状，又名濯锦石。

雨之石

雨之石有二。其一在封川西南锦钱山。石上有巨人迹，岁旱，以水濯之则雨，名圣石。盖五行金生水，金为气母，金在天为星，在地为石，星动摇为风雨之候，石津湿为雨水之符。石者气之形，星者气之精。以水灌沐，使之精形相合，而水生致雨，理亦固然。以为神人迹之所为，妄也。盖石上云而星降雨，劳其形以出其精，凡石皆可为之。其一在揭阳黄岐山。山有一洼池，容水数斗。旁有峙石，方厚二丈许。岁旱，积水池中，以戛洒峙石，石滋润即云蒸而雨。有铭者云："元气之核，风雨之胎。我疑尔腹，定有潜雷。"邑人因名其石曰潜雷。岂亦以巨人足迹耶？又高要西南五十里，有白猪石，旱以白泥涂之辄雨。澄迈县西有奇石如龟，名石龟仑，石润则晴，干则雨。是皆雨之石也。

犀象二石

有犀、象二石，在始兴玲珑岩，其色狮青而象白。土人取二石各一片，磨薄置盘中，以醋沃之，二石相去咫尺，辄能相就，离之复合。盖狮之青，阳也；象之白，阴也；磨薄者，以火之力使之阴阳相合，而醋又炎上之苦所作也。有鸡啼石，在从化县东二十里，高丈许，方广称之。相传自他所飞来，以鸡啼而止。有二鱼王石。其一在阳春城北，屹立江潭，古木苍藤羃其上。岁旱祷之，投藤药以毒潭水，有巨鱼纷纷浮出即雨。其一在阳江东南沸村，岁有鸡尾鱼来朝之。有鸳鸯石，在肇庆七星岩口。石凡二，各长丈许，大四五尺，一俯一仰，号曰鸳鸯石。乙卯岁，岩上一巨石坠，击伤俯者。明年春兵乱，妇女多被掳掠，人以为此石破碎之兆。又有鸳鸯石，在德庆云蕴山上。石亦二，一大一小。崇祯间，大石先坠，去平田数里而止；后一日，小石复坠，与大石同止一处，又号公婆石。是皆石之为怪者也。

海　石

海石有二。其一曰海花石，盖琼海咸沫所凝，有似假山者、花树者、人与鸟兽形者。初甚鲜翠，久乃枯槁。其状若盘者，名荔支盘，质如荔支之壳，皱而红紫，以畜养金鲫鱼甚善。其一曰羊肚石，出阳江，大如拳许，浮游水上，左思所云“云雨所储，浮石若桴”者也。以之濯磨污垢亦善。此二石皆水之质，水之渣滓所成。若山之石则火质，火之精华所成也。火之精华者，以紫石英为最。紫石英出东莞爆山，大如指头，小者如石榴子，色纯紫，光明鲜艳，若漳浦茅晶，而多五棱。广人多以饰佩带器物，妇人绝孕十年无子者可疗，以为服食亦善。或有诗云：“增城云母粉，东官紫石英。仙人所服饵，往往得长生。”云母亦火之精华也。有云核者，多产罗浮山中，其黄者出黄云，白者出白云，各以其色，盖亦云之母也。屑之调为浆，久饮之，口能吞吐五色云。

石　粪

从化之北九珠山，是多青石，居民燔灰以粪田，名曰石粪。盖田之瘠以石，而肥以灰。灰有火气，田得其暖而阳气乃生。火生于地，地之火不足，以人力之火补之，亦一道也。英德、阳山诸县，耕石田者十家而九，亦纯用石粪。以石而瘠，亦以石而肥，故其田多谷。予有《畲田诗》云：“畲客石为田，田肥宜石粪。英州石太多，燔石无人问。”又云：“火烧土膏暖，阳气发畲田。尽斩阴阳木，斜禾种绝巅。”

西樵石

西樵诸峰所产石，各各不同：狮脑之石其色白，性刚而粗理；松冈之石其色紫，禾仓之石多青，其用皆可为柱为砖为器；急水之石色红，性最柔，可斩削为炉，或墁地；龙泉之石性坚而理细，色兼紫黑，可为碑及砚，其黄则杂于诸色中。夫以一山而备此诸石，异矣哉！由西樵延亘至王借冈，其下多白石，可甃垣屋，然久而浥烂。一种花膏青，粗而稍坚，经雨则白点星星然出，可为柱及础，性颇耐久。然旦旦凿之，未免损伤地脉。曩御史屠应坤有疏，谓：“广州背岭面海，左罗浮，右西樵。王借，南服一撮聚也。五岭西起衡阳，东尽汀、漳，朱熹所云第三重案山也，今亦神京之案山也。罗浮、西樵，又五岭之门户也。盖山岳气完，则人才生而天下治。古者以山崩川竭为不祥，况于自伤残可乎？且乡民外名凿石，内实开矿，聚众多人，为地方之患，不可不禁。”

端　石

羚羊峡口之东有一溪，溪长一里许，广不盈丈，其名端溪。自溪口北行三十步，一穴在山下，高三尺许，乃水岩口也。匍匐而入，至五六丈为正坑。从正坑右转数丈为西坑，坑门最小；从其旁入为中坑。从正坑左转十馀丈为东坑，东坑外即大江矣。坑中水渊停不竭，以罂瓮传水，注槽笕中，水稍竭，乃可下凿。

石有三层，上层者稍粗，中层多鸲鹆眼，下层在水底，多破碎不受斧凿。凡西、中、东三洞皆然。三洞皆有蕉叶白、火捺，而东洞尤美。其美也以有青花微细如尘，隐隐浮出，或如虮虱脚者为上，粗点成片者次之，盖石细极乃有青花，青花者石之精华也。外则有若黄龙文者、朱砂点者、麻鹊斑者，水气萦折如一道川流者，圆文如水花珠涌有层数者，拖绿纤长如玉带者，黄若丝缕名金线者，斑蚀如虫啮名虫蛀者，两旁色赭名为鳣鱼之边者，凡十馀种。其火捺以紫气奔而回礴，又如血晕散开，有若云雾之气，或小而圆轮若金钱者，蕉叶白以纯白成大片者，黄龙文以黄气散布、鸿鸿蒙蒙者，麻鹊斑以点黄如粟者，朱砂翡翠以红绿分明者为上。眼大者如五铢钱，小者芥子，以活而清朗有黑睛，非肉非泪非死者为上。眼又贵碧不贵黄，贵圆不贵长，贵阳不贵阴；黄明为阳，绿暗为阴。贵多晕，晕至十馀重者。大率晕有奇无偶，然与黄龙、金线等纹，皆石之病。火捺、蕉叶白亦乃石皮。而青花粗者，又岩底最下一层，不足贵。大抵上下及四旁者皆不精，上层为天花板，粗燥；最下为沙板，过细又不精。惟中层者纯深秀嫩，一片真气，如新泉欲流，又如云霞氤氲，温柔长暖，斯乃石之髓也，得之可以尽废诸岩石矣。予尝得其一，名曰水肪，其序云："端石有五质，水质为上，此水之质也，水之精华所结。虚而为云，实而为石，人见以为石，吾见以为水，故以水肪称之。肪者，水之膏腴也。"铭曰："水为石命，火为石性。斯水之精，以玄而圣。其质尚柔，温然可敬。"

唐、宋古砚，大率老坑、新坑等十馀种，落墨而不发墨，虽有墨痕绣蚀，古色可爱，然不费水不费笔墨，未有如水岩之美者。他若黄坑、锦云、梅花坑、屏风背、宣德岩、朝天岩诸石，率燥湿，渴笔饮墨，久用辄成镜面。惟水岩石停墨不干，墨着笔端即起，积痕细薄，披之尽脱，以姜及浮炭片磨洗宿墨，复坚细浮润如故。墨如云气蒸涌，少研辄满。其体重而轻，质刚而柔，摩之寂寂无纤响，按之若小儿肌肤温软，嫩而不滑，秀而多姿。握之稍久，掌中水滋，盖《笔阵图》所谓“浮津耀墨，无价之奇”者也。水岩在老坑之内，宋治平中于此采砚，东坡所谓“千夫堰水，挽绠汲深，篝火下缒，百夫运斤而得之”者。初从头洞至水坑，自高而卑二里许，鱼贯而入，不得昂首直腰。中有轩有窦，或盘或援乃得至。以猪脂渍布燃照，沿洄曲水而行，行皆向东。初至者为西洞，其石无眼。又入为下岩，宋所开坑，名曰康子岩者也。此岩最寒，能伤人。又入为东洞，康子之前为南洞，多蕉叶白。其后为北洞，石弥纯粹水弥深，近外江水，久必有穿漏之患。昔人取石留数柱，虞其颓圮，今名为东留柱、西留柱，亦取之，以木柱代矣。凡石外皆有粗石，粗石内连膘，剖膘乃得石。火捺者，石之坚处，血之所凝，故其色红紫或黑；蕉叶白者，石之嫩处，膏之所成，故其色白。其一片纯洁无斑纇，真紫碧青，微有青花，如秋云绵密，或如水波微尘，视之不见，浸于水中乃见，必须心如毫发，乃知其妙。此石乃在穷渊，水之所凝，云之所成，玉而非玉，冰而非冰，水为其气，云为其神，其石之质欲化，而冰之体已坚。此真端溪之精英，其价过于瑶琼者也。凡香有结，石亦然。香木之结者为香，端石之结者为砚。其石大至数尺，去其不结者，取其结者，仅得掌许，故砚之大而佳者最难得。通水岩中，石之结者无几，非片片皆精好也。

端溪之南第一峰，第一条坑为水岩，第三条为文殊坑，当中一条为虎坑。水岩之上为屏风背，为朝天岩，为新坑，为岩仔，为宣德岩。宣德岩久已无石，西洞今亦凿穿，江水入焉，不可以复凿，即凿亦仅容二斧四人而已。中洞尚可容六斧十二人，东洞可容四斧八人，更番凿之。此岩自宋治平四年重开，有内官魏封勒名其上。封尝与江西石匠数十人，被岩裂压死洞中。今岩口有魏太监坟，葬其客魂而已。石匠常为怪，叫呼掷砾以吓人，入洞者毛发凛然，忧鬼魅之为害，或亦山灵不欲精华尽出于人间也。他若亚婆坑，在峡北，从第一条坑而入；黄坑在峡南，从龙华寺后而入，石皆有眼，而色紫质粗。梅花坑在峡口东，从沙步典水村而入，石亦多眼。眼大而晕重，不甚分明，质青亦粗，则山灵之所不甚吝惜者也。当宋时，水岩未开，皆于七星岩北将军岭之下名为将军坑者取石，其石色黑无眼，质亦粗。至今黄冈砚估尚取之。然诸坑石皆易取，惟水岩积水渊渟，非具大力者不能取。取必于冬始，于春终，天寒江落，峡水浅，乃可列炬而入，杓泉而出。金钱之费虽不赀，然得佳石无几。盖天地之精华有尽，一卷之多，与蛟螭争于水府，崖壁一坼，性命齐捐。噫嘻，可不畏哉！大抵佳石之得，良有命焉，不可以人力强求。予少颇畜砚，以熊制府所开石为最，次则某藩王所开石。今时石皆不如昔，盖端溪精华亦已尽矣。尝从友人得一砚，名之曰大璞。有《乞砚行》，颇能形容其美，辞云："羚羊峡东惟端溪，水岩之口临江低。石师匍匐下绝磴，中穿四洞先东西。使君最嗜紫云片，脚踏青天割为砚。青花细细似微尘，蕉叶白中时隐见。空蒙雨气成黄龙，欲散不散浮水面。猪肝淡紫方新鲜，带血千年色未变。中间火捺晕如钱，半壁阴沉望似烟。翡翠朱砂非一种，斑斑麻鹊点多圆。斯是水岩石中髓，水之精华结渊底。就中纯粹含乾德，纷纷脂玉惭肌理。入手温然暖若春，浮动心花兼意蕊。姑射冰凝总在神，昭仪膏滑那濡水。玉骨虽刚按似柔，生气周身无不靡。鸲鸽何须活眼多，云霞亦是空天滓。使君命匠细磨砻，中有三方最高美。其馀浸润水盘中，水碧金膏尽糠粃。分我东洞一大脔，似方非方非石子。纵横六寸甚端厚，蕉叶青花相间起。前者两片琢未成，赠我已与琼瑶似。使君割爱本非常，不贪为宝吾难已。”而《大璞铭》云：“水岩一角，天然大璞。自成圭璋，不用追琢。蕉叶白凝，火痕丹渥。文圣之纯，潜龙之确。水涌云蒸，书成不觉。一气氤氲，其元在朔。与我心华，殷勤浣濯。”

磨砚，先以水岩口之前亚婆井粗石磨之，次以灵山寺前细沙和粗石磨之，次以蚺蛇坑之石细磨之，又以飞鼠岩之石细细磨之，然后上蜡，使颜色增润。或伪为佳眼其上，蜡以沃之，亦可观。予诗云：“石工欺汝只纤毫，翡翠朱砂总未高。鸲鹆眼多堪抵鹊，梅花坑好可磨刀。”大抵石以纯粹无诸瑕疵、色如羊肝淡紫、生气蒸蒸者为上。眼非所贵，水岩率无眼。眼者石之筋络，亦石颣也。然石美亦不妨有眼。相传下岩旧坑卵石，色黑如漆，细润有眼，眼中有晕，或六七眼相连，扣之清越，研之无声，着墨不热无泡，良久微浸，若油艳发。此至庆历间已少。中岩在山半，名半边岩。其卵石紫嫩肝色，细润有眼，小如绿豆，有绦纹，或白或绿，扣之及研皆无声。外有黄膘包络，久用锋芒不退。宋时此坑取之亦竭矣。中岩新坑，石色淡紫，眼如鸲鹆有晕，其嫩者扣之无甚声，磨墨有微声，久用锋芒退乏，此不及下岩远甚。上岩旧坑有青紫，新坑石皆灰色，紫而粗燥，眼如鸡眼大，扣之磨墨皆无声。有松板纹，久用光如镜面，比中岩又远不及。总之，水岩石佳者有穷，自宋至今，英华日消日削，金矿、银坑、砂窟且已告尽，而况于九渊神髓、美逾琼瑶者乎？比年斧斤不辍，山灵告哀，有力者负之而趋，无以自保。予尝为文以吊水岩，又有歌云：“水岩之石水精子，带血羊肝纯作紫。火捺金钱朵朵圆，白凝蕉叶为肌理。年来岩底采无馀，鬼斧神工多得髓。纷纷散入富豪家，什袭文绫与绛纱。未雨那知泉有本，长干争见墨生花。绿尘半与图书积，安得松烟饱朝夕。真气徒含天一深，空光未有云霞迹。琉璃作匣枉称珍，终日随身讵有人。风雅纷葩思赋客，春秋羽翼忆经神。君今欲采珪璋质，尺寸微瑕皆勿失。天留淳朴与遗人，鬼瞰高明悲巨室。”

羚羊峡西北岸，有村曰黄冈，居民五百馀家，以石为生。其琢紫石者半，白石、锦石者半。紫石以制砚，白石、锦石以作屏风、几案、盘盂诸物，岁售天下逾万金。性多狡黠，善以赝坑石惑人，每得重价。白石，即西洋诸番亦来买取。盖黄冈衣食于石，自宋至今，享山岩之利数百年矣。予有《黄冈诗》云：“村小当高峡，家家拥石林。琢磨儿女力，挥洒圣贤心。”又云：“此地耕桑少，人人割紫云。双缣天际至，一片水坑分。”其南岸金渡村居民，则以龙须蒲席为生。

宋熙宁中，杜咨知端州，禁民毋得采石，而知州占断，人号为“杜万石”。周濂溪时提点广南东路刑狱，恶其夺民之利，因为起请，凡仕于州者买砚毋得过二枚，遂为著令。叶石洞云：“宋贡砚，惟赐史官，故端砚重于天下，杜咨遂以蒙诟。”夫有尤物，皆足厉民。正统后，采砚之使不至，人直砺视之，非为上所好耶？善乎子罕之辞玉也，曰“惧丧吾宝”。嗟嗟！吾宝无丧多矣，而奚人之宝为？传称唐有韦承庆左迁高要尉，有馈紫砚者，置案上，岁馀起辰州刺史，复以还之。包孝肃知端州秩满，有一砚投于羚羊峡口。马晞骥判肇庆府，有潜以奇砚献者，晞骥曰“此亦长物也”，谢之。噫！若三公者，可谓无丧其宝者哉！

锦　石

锦石，出高要峡，青质白章，多作云霞、山水、人物、虫鱼诸象，以为屏风、几案，不让大理石，但质微脆耳。其纯白者，产七星岩，名白端，为柱为础，及几案、盘盂，皓然如雪，皆可爱。盖七星岩内外纯是白石，亦有白质青文，然望之苍黑如积铁，以岁久风雨剥蚀也。最白者妇女以之傅面，名为干粉，与惠州画眉石、始兴石墨，皆闺阁所需。

石　笠

西樵有一巨石，形如笠，文敏公镌曰“霍子笠”。予补之以铭曰：“吾之笠，石所成。吾戴之，云之轻。”又有一石状冠，予镌曰“屈子冠”，铭之曰：“白云为衣，瀑布为带。复此石冠，徜徉天外。”

四石镜

四石镜，一在东莞青紫峰，朝霞则青，暮霞则紫。一在和平仙径，山色明则雨，暗则晴。一在澄迈白石岭，色白则晴，黑则雨。一在罗定八片岭，体甚圆，大可数尺。其下一水横流，水映日，日映石镜而光生焉。譬之月然，受日之光以为光。

石　船

高州潘仙坡有一石船，中圬，两端微起若荷花片，长八尺有半，广四尺。又有石篙一，在云炉洞，长二丈许，相传潘茂名真人遗物。予有《石船铭》云：“至人餐石，以刚为柔。至人乘石，以沉为浮。风将气御，水以神游。芙蕖一瓣，泛泛如舟。虚无之滓，为尔长留。”

石 的

会稽射的山绝壁上有的，盖石的也，讹“石”为“射”也。英德弹子矶上有一孔，亦石的，的有重晕，然不能时玄时白。

石 床

电白汤泉之上有石床，长二丈馀，广七尺，镌“浴沂石”三字。行者浴汤泉毕，多卧其上。万历初，泉忽凉冷。越八十馀年，有客过之，以为阳郁为阴、热郁为寒也，因浚导之，三日后复温。

端溪砚石

侯官高兆固斋云：“端州分野直星纪，僧一行曰：‘天地两戒山河，与天之云汉始末。’谓星纪得云汉降气，为百川下流云。羚羊峡距郡东三十里，束三江之水，其山产石类瑊玏。唐、宋以来，才人文士，采作砚材，苏文忠称为宝石，盖东西粤扶舆之脉蕴閟也。未至峡十里，为大毙山，皆牛毛细皴，宛如画境，峡山青苍对峙，江流泓净，颇似严濑。峡石矿凡十一。北岸坑曰阿婆，曰白婆坟，其石质黯黝不鲜，佳者亦有火捺纹、蕉叶白，可乱水岩、朝天岩，惟青花中黄星密洒如尘，眼大于螺，若人张目，湛湛无神，真赏家以此辨定。碧点长斜，似眼无瞳，每石一片，可得十二三点、十数点者。梅花坑在峡外三水境中，峡将尽岸，南山坳有洞，书“宋治平四年，差太监魏某重开”，土人名曰岩仔坑。其石叩之声泠泠，久磨能滑。旁有冢，相传其时开凿中虚，崩闭数百十人，太监死焉，守土者葬其冠服于此。坑下度小山曰新坑，其石细润微青，蕉叶白亦青。西上越水涧隔里，曰朝天岩（土人名山坑为隔里）。其石坚实，不能滑腻，火捺纹成结不运，若蜡炬着垩壁斜焰，及烧损几案处；蕉叶白色晦气黄，纯洁无痕者亦可贵。古塔岩，其石比朝天岩，无火捺纹、蕉叶白。古塔岩后为屏风背，其石木如，譬猪肝曝于风日。宣德岩在屏风背下，去水岩二里许，其石仿佛水岩，今不可得。岩仔坑东有洞，广如屋，曰栖安洞，旧时开坑石工所栖之所。又东有小山圆阜，下为水坑，折上数十武，有万历二十八年差督理珠池市舶内官监太监李凤开坑封坑月日立石。洞临江口，小于圭窦，石工裸身，盘盛豨膏，燃火腰锤，螺旋而进。入洞西转，有渊不测，先投以石，闻水声，急转西折，不则堕深渊矣。正洞容工一二十人。由正洞入西洞，西洞渐宽。东洞旧纳四人，二人运凿，二人仰卧，膝前置磁盘灯于胸以烛之，不能坐立捧。今容七锤，且十四人矣（取石，一人秉锤，一人捧灯）。三洞，正洞石上上，次东洞，西洞又次之，土人皆名曰老坑。石三层：上层近山沙，透漏如蠹蚀，曰虫蛀，其质微逊中层，常有翡翠杂拉；中层火捺纹、蕉叶白，其绝品；东瓜穰青花及眼生蕉叶白下，石工所名下层石也。又下，麻鹊斑纹成鱼冻，或如唾涎，亦有眼，眼中瞳含沙多脱去，此中石时有蔚蓝者，秀色可餐，不一见。下此底坂石云。中层、下层火捺纹，如朝霞蔚起，散若马尾，若刷丝萦绕，绚采熊熊。大当钱，有芒，曰金钱火捺，品上上。黳然黑色曰铁捺，如蚓曰凤涎，皆石疵。蕉叶白上下四旁，必有火捺纹掩映，旧坑皎洁比纨素，近坑白中杂出青花也。青花上品，若涧沚细藻，朱碧莹然，缥缕隐隐，又如鱼儿队行。青花明显如石花菜者，石工称为芋纹，品中中。三洞眼各异，正洞眼赤圜如珊瑚鸟目，石嫩，眼侵土气者若象牙，其瞳分明，亦足赏。东洞眼碧，色数晕，对之奕奕射人，曰鸲鹆眼，圆正明媚者不易得，他洞偶一有之。西洞眼黑，圜瞳一黍如豉。三洞石，正洞下层第一，入手温润柔腻有生气，鲜洁蒨丽，磨之与墨相亲，摩娑心动。东洞西侧深处曰飞鼠岩，其石有纹曰黄龙，斜亘石面，工指为瑕。正洞亦有黄龙纹，游扬如云气如薄罗，亦移人情。三洞俱水中，冬日引水尽乃可取。正洞北潭底，水深不可引，时有鬼神。东洞径倾仄，水工列小童长跪举杯勺扬水，水乃涸。以故开坑，先引水阅月，费金钱至累千金。旧制把总一员，专辖守坑，律令盗坑石比窃盗论，其厉禁如此。永乐、宣德间开坑，未几俱罢去。崇祯末，蜀人熊文灿总督两广日，指挥苏万邦致石工于江西，组火中夜开坑，不敢自日中也。丁亥后，守禁罢，至今凡六开坑。工受官役，日有程，不择肤理，凿伐坼裂，宋元明五百馀年未闻也。大抵石理日剥，精华日尽，气韵颜色，不能一执成说，要以老坑具妍姿者为定。予至端州，值开坑，所见三十年前石与今异，访之石工，其言殊别，征其说各护所偏。予既喜身亲古人未言之见闻，复重慨夫文明之璞，一旦割裂而出，天地真蕴，山川元气，渐至竭耗，不数十年，此山便成陵谷，无有问津之处。爰述于编，庶几后之君子观览宝藏，知此石实云汉之钟萃，三江五州之荣卫，或可以小慰于真宰也。”陈恭尹跋云：“砚之用，发墨不损毫，二者尽之矣。不损毫常砚皆能之，唯发墨之妙，非亲试水岩不知也。他砚粗则锉墨，细则拒墨；水岩即不然，玉肌腻理，拊不留手，着水研墨，则油油然若与墨相恋不舍，墨愈坚者，其恋石也弥甚。以他砚并之，水之分数同，墨同，手同，而为研之数，水岩常少于他砚十之三四。每春夏间积雨时，墨竟日用之，则棱角软腐反张，唯水岩可免此病。骤以他砚易之，顷刻不胜其苦矣。砚槽之水，隆冬极寒，他砚常冰，而水岩独否。具此数妙，虽使椎朴无文，犹将拂拭用之，况其体质之美，千奇百变，不可殚穷，岂南离文明之德，独萃于端溪耶？固斋所考，剖析辨证，已无遗义。然近岁往往有一二所新出之石，气韵颜色，几足乱真，不深心识别，鲜不为所眩惑。亦有出自水岩，如固斋所云，精华日见，不能一执成说者。”大均跋曰：“予尝撰《石语》一篇，言端溪石颇详核，而以天地英华日消月剥为恨。固斋客端州，尽得三洞之精蕴，辨晰毫芒，大泄神理，俾羚羊宝藏，一一肺肝如见，美恶精粗，莫逃渊鉴。自唐、宋以来，罕有能言及此者，真端溪之幸也。固斋来值开坑，所见三十年前石与今异，其美亦不如昔。因慨夫文明之璞，一旦割裂无遗，天地真蕴，山川元气，渐至竭耗，不数十年，此两峡将成陵谷，将云汉之扶舆，三江之荣卫，无以复完，恐为斯地之灾眚。噫嘻，诚仁人君子之用心哉！”予尝为文吊水岩，有曰：“呜呼水岩，有此宝藏。斧斤自戕，精灵日丧。尺寸之肤，云情水状。气含九渊，无以自养。日燠月寒，昼夜摩荡。似刚似柔，面粹背盎。白叶青花，琼瑶不让。大璞难完，经营巧匠。天地大文，惟人酝酿。岂在一卷，光华可仗。水坑虽美，于宝无当。作者之圣，不以为尚。述者之明，不以相贶。嗟尔三洞，有消无长。山腹穹然，穿穴相向。无石可触，云不能上。发育无功，厉生腑脏。负之而趋，岩岩大创。有力之人，肩项相望。山灵自灾，敢云无妄。曷不崩颓，沦于沆漭。卷彼牂江，以自深广。”

洗头盘

永安苦竹派梅花岩畔，有一石坎，名仙女洗头盘。相传女子就盘沐发，能使发鬒美而长。大均尝镌其下云：“安得仙人九节杖，拄到玉女洗头盘。”

卷六 神语

雷 神

雷州英榜山有雷神庙，神端冕而绯，左右列侍天将，一辅髦者捧圆物色垩，为神之所始，盖鸟卵云。堂后又有雷神十二躯，以应十二方位，及雷公、电母、风伯、雨师像，其在堂复，则雷神之父陈氏鈇也。志称："陈时雷州人陈鈇无子，其业捕猎，家有九耳犬甚灵，凡将猎卜诸犬耳，一耳动，则获一兽，动多则三四耳，少则一二耳。一日出猎，而九耳俱动，鈇大喜，以为必多得兽矣。既之野，有丛棘一区，九耳犬围绕不去，异之，得一巨卵径尺，携以归。雷雨暴作，卵开，乃一男子，其手有文，左曰雷，右曰州。有神人尝入室中乳哺，乡人以为雷种也，神之。天建三年，果为雷州刺史，名曰文玉。既没，神化大显，民因祀以为雷神。此事诞甚，然厥初生民，皆由气化，鳦卵吞于简狄，帝武感乎姜嫄，神圣之生，天必示之怪异。况雷于天地为长子，《易》曰："震，一索而得男。"神生于霹雳，为天地始阳所孕，理诚有之。况雷与龙同体，其从龙而伏也则在山，从龙而起也则在田。雷者龙之声也，电者龙之光也。龙本卵生，故雷神亦卵生。卵不从天降，而从地出，又所谓"雷出地奋"也。又雷与风牝牡也，雷风相薄，雷之精入于风之血，故卵生焉，卵得乾之初气，故为雷子。其生于雷州，则以雷州乃炎方尽地，瘴烟所结，阴火所熏，旧风薄之而不散，溟海荡之而不开，其骇气奔激，多鼓动而为雷，崩轰砰磕，倏忽不常。故雷神必生于雷州，以镇斯土，而辟除灾害也。庙名灵震，创于陈，禋祀于伪南汉，赐王爵于宋，明初改称雷司，定祀上元，俾雷神子孙世守之。岁之二月，雷将大声，太守至庙为雷司开印。八月，雷将闭藏，太守至庙为雷司封印。六月二十四日，雷州人必供雷鼓以酬雷，祷而得雷公之墨，光莹如漆，则以治邪魅惊痫，及书讼牒。得雷屑或霹雳砧，则以辟婴儿惊，以催产。霹雳砧一名雷公石。郁溪云："天地之初，雷起于地，中则起于水，过中则起于石。起于石，雷之最迅烈者，故曰'介于石，不终日'。介者，言乎雷起于石之介也。夏间雷雨骤发，多在午后，而皆不终日，是其验云。"又邵子云："石为雷，而龙常生石中，龙之生，即雷之生也。雷以石为胎，其起也，破石而出，石迸散于人间，故为雷公之石也。"

飓风神

粤在离方，飓者，离风之郁而不得出，火气暴发而为灾患者也。粤岁有飓，多从琼、雷而起，离之极方也。故琼、雷皆有飓风祠，其神飓母，有司以端午日祭，行通献礼，诚畏之也。飓者具也，飓一起，则东西南北之风，皆具而合为一风，故曰飓也。曰母者，以飓能生四方之风，而为四方之风之母，分其一方之风，可以为一大风，故曰母也。又巽为风，乾之长，女主之。雷以复万物之性，有父之道，故曰公；风以复万物之命，有母之道，故曰母也。大风为母，而微风则曰少男、少女也。起于泽为少女风，起于山为少男风，而皆以飓为之母。又巽为风主，巽者月与水之本，月与水皆生于风，故曰母。或曰飓母即孟婆，春夏间有晕如半虹是也。此盖以虹为飓母也，然婆即母也。

天地之神，莫大乎雷、风。雷、风者，所以生日月者也。事雷之神，所以事日；事风之神，所以事月。而雷之神在雷州，风之神在琼州，以二州南之极也。南之极，其地最下，雷生于地之最下，而风从之，故雷与风之神在焉。

罗浮山神

罗浮巍然高大，盖昌黎所谓"最远而独为宗，其神必灵"者也。考罗浮自安期生始游，而青精先生继之，故《茅君内传》云：罗浮山洞名朱明耀真之天，青精朱灵芝治之。今山中伏虎岩上有朱子庵，盖青精之所尝居。青精者，罗浮始开辟之人，故居人称之曰青精君，而号华子期曰玉源君。子期，淮南人，相传角里先生弟子，居罗浮玉源。玉源在分水嶴，所谓泉源福地也。他如阴长生居铁桥，葛孝先居飞云顶，鲍靓居酥醪观，葛稚川居麻姑峰下，单道开居石室，苏玄朗居青霞谷，轩辕集居蛇穴，是皆罗浮君所与共治斯山者。罗浮君亦称四百三十二君，盖山之神也。罗浮君每常出见，陈武帝时见于大石楼上，长三丈所，通体皓然，衣服楚丽，山中人莫不伏拜。其祀肇于晋，著于唐。唐玄宗尝于五龙堂南筑坛以祷，使道士申太芝主之，又于都虚观置守祠者十家。宋乃著为令，岁十月下元，长吏醮山，以礼事神。淳熙甲午，守臣王宁奉祀，有庆云起于祠所，五色轮囷，绘图以奏，谓为太平之应。而先朝永乐中，遣官设醮，瘗所降玉简于观中，盖皆以罗浮之神绝灵，为望秩所必先焉者也。葛稚川云："罗浮乃正神所居，中多地仙之人，可以避难。若有道者登之，则山神援助，其药必成。"故今入山者或是贤哲，山神辄遣五色鸟相迎，或有异云郁起，如幡幢华盖，以覆导之，而神亦常乘哑虎巡山，不使怪物为害。予二十年间数数往来，盖未尝佩五岳之图，服雄黄之粒，以辟除不祥也。

海　神

溟海吞吐百粤，崩波鼓舞百十丈，状若雪山，常有海神临海而射，故海浪高者既下，下者乃复高，不为民害。父老云："凡渡海至海安所，闻涛声哮吼，大地震动，则知三四日内有大风雨，不可渡。又每月十八日勿渡，渡则撄海神之怒。"又云："凡渡海风波不起，岛屿晴明，忽见朱旗绛节，骖驾双螭，海女人鱼，后先导从，是海神游也，火长亟焚香再拜则吉。其或日影向西，巨舶相遇，帆樯欹侧，楼舵不全，或两或三，时来冲突，火长必举火物色之，举火而彼不应，是鬼船也。火长亟被发掷钱米以厌胜，或与之决战，不胜，必号呼海神以求救。海神甚灵。嘉靖间有渡琼海者，见海神特立水上，高可丈馀，朱发长髯，冠剑伟丽，众惊伏下拜，海神徐掠舟而过，有光景经久不灭。次日有三舟复见，大噪拒之，风波大作，舟尽覆。"语云："上海人，下海神。"盖言以海神为命也。粤人事海神甚谨，以郡邑多濒于海，而雷州出海三百里馀，琼居海中，号特壤。每当盛夏，海翻飓作，西北风挟雨大至，海水溢溢十馀丈，漂没人畜屋庐，莫可胜计。盖海神怒二郡民之弗虔也，故以生人饷蛟鱼，蛟鱼食之而弗餍，又为之嘘噏咸雨，放为咸潮，使水卤积于洋田，逆流万顷，禾苗朽烂，数年而不可复耕，以病二郡之民也。噫嘻！民之生长于雷、琼，其不幸若是。然今粤人出入，率不泛祀海神，以海神渺茫不可知。凡渡海，自番禺者，率祀祝融、天妃；自徐闻者，祀二伏波。祝融者，南海之君也。虞翻云："祝，大也；融，明也。南海为太明之地，其神沐日浴月，以开炎天，故曰祝融也。"祠在扶胥江口，南控虎门，东溯汤谷，朝暾初出，辄见楼殿浮浮，如贝阙鲛宫，随潮下上。每当天地晦冥，鲸呿鳌掷，飓风起乎四方，雾雨迷其咫尺，舟中之人，涕泣呼号，皆愿少缓须臾之死，以请于祝融，其声未干，忽已天日晴朗，飘行万里，如过衽席。而天妃神灵尤异。凡渡海卒遇怪风，哀号天妃，辄有一大鸟来止帆樯，少焉，红光荧荧，绕舟数匝，花芬酷烈，而天妃降矣，其舟遂定得济。又必候验船灯，灯红则神降，青则否。其祠在新安赤湾，背南山，面大洋，大小零丁数峰，壁立为案，海上一大观也。凡济者必祷，谓之辞沙，以祠在沙上故云。而二伏波将军者，专主琼海，其祠在徐闻，为渡海之指南。苏子瞻云："自徐闻渡海适朱厓，南望连山，若有若无，杳杳一带耳。舣舟得济，股栗魂丧，相庆再生，咸以伏波为恩我。"李伯纪尝祷于二将军，比得生还，乃书子瞻所作碑，刻石祠中。祠有二，正祠为新息，别祠为邳离。

南海神

南海神庙在波罗江上，建自隋开皇年。大门内有宋太宗碑、明太祖高皇帝碑，其在香亭左右，则列宗御祭文，使臣所勒者也。韩昌黎碑在东廊，宋循州刺史陈谏重书。神自唐开元时祭典始盛，尝册尊为广利王，岁以立夏气至，命广州刺史行事祠下，祝文书御名。宋真宗锡王玉带。至和元年，加王冕九旒、犀簪导、青纩充耳、青衣五章、朱裳四章、革带钩艓、绯韨、素单、大带、锦绶、剑、佩、履、袜，内出花钗九株、袿、襡、簪、鐄，署曰“赐明顺夫人”。明顺者，王之夫人，皇祐所封号也。元时，数遣使奉锦幡、销金幡、金银香盒。吴莱《古迹记》言：“南海庙有玉简、玉箫、玉砚、象鞭；林霭所献铜鼓，面阔五尺，脐隐起，有海鱼、虾蟆周匝；及宋真宗所赐玉带、蕃国刻金书表、龙牙、火浣布，今皆不存。洪武六年，赐黄金香盒，重十六两，黄绫幡一副。藩臬大夫每春秋仲月壬日致祭，先出香盒于官库，赍至神前，祭毕复归藏焉。其礼器：柷一，笾四，豆四，簠二，簋二，爵三，铏如爵之数，篚一，尊一，羊、豕函各一。祭品：羊一俎，豕一俎，和羹三铏，帛一篚，黍稷二簠，稻粱二簠，枣、栗、盐、槁鱼四笾，韭、菹、醓醢、鹿醢四豆，皆有司存。”庙向无祭田，宣德间，吾从祖萝壁、秋泉、南窗三公，始施田六顷六十八亩，在波罗海心沙、东马廊、西马廊、深井、金鼎、石鱼塘。田乃潮田，岁一熟，淤泥所积，子母相生，今又增数顷矣。庙中有道士一房、僧二房，收其租谷。岁仲春十二、十三日，有事于庙，萝壁子孙主道士，秋泉、南窗子孙主于僧，予从兄士煌有碑志其事。而吾乡沙亭，与庙仅隔一江，一舸随潮，瞬息可至，以有祭田之供，辄视之为家庙焉。而沙亭亦有南海离宫，高曾之所俎豆，灵怪之所凭依，世修其祀罔或懈。盖生乎南海之上者祠南海，生乎南岳之下者祠南岳，亦庶民之礼也，非僭也。予尝为文以祭曰：“洪惟灵德，重润南中。茫茫百越，潮汐咸通。火膏滋沃，金气冲融。洋洋发育，天一之功。三门以外，浩淼如空。天墟洒北，日母浮东。君王百谷，莫不朝宗。扶胥南岸，有庙巃嵸。高阳苗裔，俎豆其恭。此方士女，所恃离宫。天吴海怪，饮食咸丰。咸波不溢，禾稼芃芃。分龙有雨，怒飓无风。清和春仲，远近来同。波罗望拜，相应雄钟。虔申礼荐，以达玄聪。”

南海之帝

予尝于南海祠书额曰“南海之帝”，盖以《家语》云“水、火、木、金、土，是为五帝”，又庄生云“南海之帝为倏”故也。南海之帝实祝融。祝融，火帝也，帝于南岳，又帝于南海者。石氏《星经》云“南方赤帝，其精朱鸟，为七宿，司夏，司火，司南岳，司南海，司南方”是也。司火而兼司水，盖天地之道，火之本在水，水足于中，而后火生于外，火非水无以为命，水非火无以为性，水与火分而不分，故祝融兼为水火之帝也。其都南岳，故南岳主峰为祝融；其离宫在扶胥，故昌黎云：“南海阴墟，祝融之宅。”海在南而离宫在北，故曰阴墟也。体阴而用阳天之道，故以阴为宅也。四海以南为尊，以天之阳在焉，故祝融神次最贵，在北东西三帝、河伯之上。

祝融，赤帝也。《淮南子》云“南方之极，自北户之界，至炎风之野，赤帝祝融之所司”是也。《正义》云：“赤帝，南方赤熛怒之神。”赤熛怒者，火赫赫炎炎之象。火者，南人之命，南人之事赤帝，盖事火也。事火者，事其命也。岁之冬日，必为火清之醮，以答神庥，龙车冕服，极其珍丽为之，所在皆然。

真　武

吾粤多真武宫，以南海佛山镇之祠为大，称曰“祖庙”。其像被发不冠，服帝服而建玄旗，一金剑竖前，一龟一蛇，蟠结左右，盖《天官书》所称“北宫黑帝，其精玄武”者也，或即汉高之所始祠者也。粤人祀赤帝，并祀黑帝，盖以黑帝位居北极而司命南溟，南溟之水生于北极，北极为源而南溟为委。祀赤帝者，以其治水之委；祀黑帝者，以其司水之源也。吾粤固水国也，民生于咸潮，长于淡汐，所不与鼋鼍蛟蜃同变化，人知为赤帝之功，不知为黑帝之德，家尸而户祝之，礼虽不合，亦粤人之所以报本者也。或曰真武亦称上帝，昔汉武伐南越，告祷于太乙，为太乙锋旗，太史奉以指所伐国。太乙，即上帝也。汉武邀灵于上帝而南越平，故今越人多祀上帝。

五 帝

汉武帝迷于鬼神，尤信越巫，尝令越巫立越祝祠，安台无坛，亦祠天神、上帝、百鬼，而以鸡卜。至今越祠多淫，以鬼神方惑民菑祥者，所在皆然。诸小鬼之神者，无贵贱趋之，况于五方之帝及五岳神，不更谄事乎哉？吴廷举知顺德，尝禁淫祀，其言曰："律：'祀典神祇，有司致祭；不当祀而祭，杖。'顷行龙山、龙江，见五岳庙，中禺五帝，冕而执圭。夫五岳视三公，诸侯在其域内，乃得祭之。祭用木主，号如其山，坛而不屋，天子有事告以芗，无则已。今帝之而不知其公也，僭诸侯之事而不知其庶人也。季氏旅于泰山，孔子讥之，况庶人乎？淫昏之鬼，充斥闾巷，家为巫史，四十保大抵尽丛祠矣。岁时伏腊，醵钱祷赛，椎牛击鼓，戏倡儛像，男女杂沓，忽祖祢为出门之祭。富者长奢，贫者殚家，甚至攻剽嚚讼之徒，资以决策，是奸盗之主而礼法之蠹也。知县不佞，有人民社稷之寄，民神杂扰，不可放物，罪则在予。四十保淫祠悉毁之，其材以修保之亭坛，有馀输县营缮，象投水火。民孝弟力田奉公，自求多福。不然，于我政人得罪，求助鬼神无及已。"于是毁淫祠八百馀所，御史汪宗器恶之，计竹木斤两以罪。呜呼！不辨善淫，而以其睚眦报，愧淫鬼矣。

五谷神

晋吴修为广州刺史，未至州，有五仙人骑五色羊负五谷而来，止州厅上。其后州厅梁上图画以为瑞，号广州曰五仙城。城中坡山，今有五仙观。春秋粤人祈谷，以此方谷为五仙所遗，一仙遗一谷，谷有五，故为五仙，而五仙当日复有丰年之祝，故皆称为五谷之神。州厅之绘，以重谷也；城名曰五仙，亦重谷也。

禾谷夫人

香山村落多祀禾谷夫人，或以为后稷之母姜嫄云。予谓里有社稷。社，土神也；稷，谷神也。祈年报赛，以二神为归足矣。乃立淫宇而享祀无度，非礼莫甚焉。姜嫄之祠在武功，天下无之，无已则改祠田祖乎？田祖者，先农也。《诗》曰：“琴瑟击鼓，以御田祖。”然古时田祖之祀，与社稷皆坛而不屋。社稷之坛有常，田祖之坛无常；有常以为主，无常以为客。然则社稷而外，民有禖禳禬禜之事，亦可以无之他所矣。

伏波神

伏波神，为汉新息侯马援。侯有大功德于越，越人祀之于海康、徐闻，以侯治琼海也；又祀之于横州，以侯治乌蛮大滩也。滩在横州东百馀里，为西南湍险之最，舟从牂牁至广必经焉。滩有四，曰雷霹，曰龙门，曰虎跳，曰挂舵。每滩四折，折必五六里，出入乱石丛中，势如箭激，数有破溺之患。夹岸皆山，侯庙在其北麓，凡上下滩者必问侯，侯许乃敢放舟。每岁侯必封滩十馀日，绝舟往来。新舟必磔一白犬以祭。有大风雨，侯辄驾铜船出滩，橹声喧豗，人不敢开篷窃视。晴霁时有铜篙铁桨浮出，则横水渡船必破覆，须祭禳之乃已，此皆侯之神灵所为云。凡过滩，每一舟拨招者四人，使舵者四人，前立望路者一人，左右侧竖其掌，则舵随之。然此地仅一姓人知水道，世为滩师，馀人则否，其人亦马流遗裔也。滩为交趾下流，征侧叛时，侯疏凿以运楼船，至今石势纵横，宛如壁垒，大小石分曹角斗，奇阵森然，戈甲之声，喧阗十馀里外，侯威灵盖千年一日也。祠中床帐、盘盂诸物，祝人拂拭惟谨。居民每食必以祭，事若严君。予亦尝以交趾簳珠为荐；簳珠者，薏苡也。

伏波祠，广东西处处有之，而新息侯尤威灵。其庙在交趾者，制狭小，周遭茅茨失火，庙恒不及，交趾绝神之。交趾人每惧汉人诉其过恶于侯而得疫病，于是设官二人守庙，不使汉人得入，而其君臣入而祭者，必膝行蒲伏，惴惴然以侯之诛殛为忧。侯之神长在交趾，凡以为两广封疆也。

飞来神

罗定州西五里许，地曰牛头湾，有尉佗庙。万历间，庙乘风雨飞越数里，至玉树冈谭石乡，民乃增饰而祀之，号其神曰飞来神，庙曰飞来庙，其钟与香炉未飞去者，数移入庙而数去，噫！异甚。越人故俗鬼，越人勇之谓汉武帝云：“越人尚鬼，而其祠皆见鬼，数有效。昔东瓯王敬鬼，寿百六十岁。”佗固东瓯王之流也，以一人之身，而历中原七八主，享国数十年，寿至百有馀岁，意者亦尝敬鬼耶？而其相吕嘉与佗同起，死时亦百有馀岁，皆异人也。佗死而庙食至今，民畏其神，复示之以怪异，其以越人禨故耶？

天　妃

天妃，海神。或以为太虚之中，惟天为大，地次之，故天称皇，地称后，海次于地，故称妃。或曰非也，《易》“兑为泽”，泽通于天，故曰天泽；以海为大，故曰天池；而兑为少女，故曰妃。艮之男为地公侯，故兑之女为天妃。然今南粤人皆以天妃为林姓云。

龙　母

龙母温夫人者，晋康程水人也。秦始皇尝遣使尽礼致聘，将纳夫人后宫。夫人不乐，使者敦迫上道，行至始安。一夕，龙引所乘船还程水，使者复往，龙复引船以归。夫人没，葬西源上。龙尝为大波，萦浪转沙以成坟，会大风雨，墓移江北。每洪水淹没，四周皆浊，而近墓数尺独清。墓之南有山，天将雨，云气必先群山而出。树林阴翳，有数百年古木，人不敢伐，以夫人有神灵其间云。夫人姓蒲，误作温，然其墓当灵溪水口，灵溪一名温水，以夫人姓温故名。或曰“温”者，“媪”之讹也。夫人故称蒲媪，又称媪龙，唐李绅诗“风水多虞祝媪龙”。然媪非生龙者也，得大卵而畜之，龙子出焉。养之以饮食物，龙得长大，盖古之豢龙氏也。始皇以为神，遣使迎媪。以尝闻徐福言，海神之使者铜色而龙形，光上照天，意媪其同类也。求三神山，患且至，船风辄引而去，岂亦龙之所为耶？

斗　姥

斗姥像在肇庆七星岩，名摩利支天菩萨，亦名天后。花冠璎珞，赤足，两手合掌，两手擎日月，两手握剑。天女二，捧盘在左右，盘一羊头、一兔头，前总制熊文灿之所造也。文灿招抚郑芝龙时，使芝龙与海寇刘香大战，菩萨见形空中，香因败灭，文灿以为菩萨即玄女。蚩尤为暴时，黄帝仰天而叹，天遣玄女下，授黄帝兵符伏蚩尤；又尝下天女曰魃，以止蚩尤风雨。古圣人用兵，皆以神女为助，于是倾赀十馀万为宫殿，极其壮丽，以答之。论者谓文灿当时以此十馀万金钱，募召壮士，为朝廷办贼，必有功业可观。当剿贼时，菩萨何不再见，岂所谓福无重至者耶？

西王母

广州多有祠祀西王母，左右有夫人，两送子者，两催生者，两治痘疹者，凡六位，盖西王母弟子，若飞琼、董双成、萼绿华之流者也。相传西王母为人注寿注福注禄，诸弟子亦以保婴为事，故人民事之惟恐后。考西王母见《山海经》、《汲冢周书》、《穆天子传》、《汉武帝内传》，而《庄子》云："夫道在太极之先，西王母得之，坐乎少广，莫知其始，莫知其终。"是则开辟以来，有天地即有西王母。而道家以为西王母者，金母也。木公生之，金母成之，人类之所以不绝于天地间者，以有金母之成之也。金母者，天地之大母，故曰王母。居于西，以成物为事，故曰西王母云。壁上多绘画保婴之事，名子孙堂，人民生子女者，多契神以为父母。西王母与六夫人像，悉以红纸书契名贴其下，其神某，则取其上一字以为契名，婚嫁日乃遣巫以酒食除之。

花王父母

越人祈子，必于花王父母，有祝辞云："白花男，红花女。"故婚夕亲戚皆往送花，盖取《诗》"华如桃李"之义。《诗》以桃李二物，兴男女二人，故《桃夭》言女也，《摽梅》言男也，女桃而男梅也。华山上有石养父母祠，秦人往往祈子，亦花王父母之义也。

金华夫人

广州多有金华夫人祠。夫人字金华，少为女巫，不嫁，善能调媚鬼神。其后溺死湖中，数日不坏，有异香，即有一黄沉女像容貌绝类夫人者浮出，人以为水仙，取祠之，因名其地曰仙湖。祈子往往有验，妇女有谣云："祈子金华，多得白花。三年两朵，离离成果。"越俗今无女巫，惟阳春有之，然亦自为女巫，不为人作女巫也。盖妇女病辄跳神，愈则以身为赛，垂髾盛色，缠结非常，头戴鸟毛之冠，缀以璎珞，一舞一歌，回环宛转，观者无不称艳。盖自以身为媚，乃为敬神之至云。女巫琼州特重，每神会，必择女巫之姣少者，唱蛮词、吹黎笙以为乐。人妖淫而神亦尔，尤伤风教。

东莞城隍

洪武二年三月朔，上在朝阳殿，梦一臣幞头象简，一白髯老者随之，山呼舞蹈，称臣东莞城隍，老者县中钵盂山土地，谨奏陛下："东莞岁中致祭无祀，一次不敷，乞敕有司，递年祭三次，庶幽魂得以均沾。"上觉而异之，召礼部议，乃封东莞城隍显佑伯，仍管城隍司事，赐伯爵仪仗，暨异锦龙缎一端，印曰“东莞县城隍之印”。递年三月三日、九月九日，有司以少牢致祭。别颁敕封钵盂山土地，赐以冠带。诏东莞及天下无祀者，岁中清明日、七月望日、十月朔日致祭，著为令。敕书今藏庙中，而钵盂山土地像塑冠带，与他处幅巾深衣者异。

祭　厉

叶石洞为惠安宰，淫祠尽废，分遣师巫充社夫，遇水旱疠疫，使行禳礼。又遵洪武礼制，每里一百户，立坛一所，祭无祀鬼神。祭日皆行傩礼，或不傩，则十二月大傩。傩用狂夫一人，蒙熊皮，黄金四目，鬼面，玄衣朱裳，执戈扬盾；又编茅苇为长鞭，黄冠一人执之；择童子年十岁以上、十二以下十二人，或二十四人，皆赤帻，执桃木而噪，入各人家室逐疫，鸣鞭而出。各家或用醋炭以送疫，黄冠倡，童子和曰：“甲作食殃，胇胃食虎，雄伯食魅，腾简食不祥，揽诸食咎，伯奇食梦，强梁、祖明共食磔死寄生，委随食观，错断食巨，穷奇、腾根共食蛊。凡使十二神追恶凶，赫汝躯，拉汝干，节解汝肉，抽汝肺肠，汝不急去，后者为粮。”此乃古礼，虽孔子所不敢违也。后世此礼废绝，每逢灾疾，乃至禳星告斗，作诸无益，其伤民财甚矣。予至东莞，每夜闻逐鬼者，合吹牛角，呜呜达旦作鬼声，师巫咒水书符，刻无暇晷。其降生神者，迷仙童者，问觋者，妇女奔走，以钱米交错于道，所在皆然。而诸县寻常有病，则以酒食置竹箕上，当门巷而祭，曰设鬼，亦曰抛撒。或作纸船纸人燔之，纸人以代病者，是曰代人。人以鬼代，鬼以纸代，真愚夫妇之所为也！博罗之俗，正月二十日以桃枝插门，童稚则以桃叶为佩，曰禁鬼也。广州妇女患病者，使一妪左持雄鸡，右持米及箸，于闾巷间皋曰“某归”，则一妪应之曰“某归矣”，其病旋愈。此亦招魂之礼，是名鸡招。人知越有鸡卜，不知复有鸡招，亦曰叫鸡米云。至始死，则召师巫开路安魂灵，投金钱于江，买水以浴，而七七日、百日皆为佛事，破家以从，无贫富皆然。善乎石洞之能导民以礼也，始下车，即召作佛事者云：“知县到任二十日，礼教未敷，致百姓居丧而作佛事，罪在知县。”即取幡幢、鬼魖、铃铎等焚毁，孝子僧众，听讲小学一章。有何选卿者，居丧不作佛事，石洞以为贤于峨冠博带诵法孔子者，特具羊酒，遣父老亲礼其庐，以示旌异。

绿　郎

广州女子年及笄，多有犯绿郎以死者，以师巫茅山法治之，多不效。盖由嫁失其时，情欲所感，致为鬼神侵侮。睽之象，兑女泽动而下，则见有豕负涂；离女火动而上，则见有鬼一车。此其征也。绿郎者，车中之鬼也。未得夫而张之弧，已得夫而说之弧。夫者雨也，遇雨则吉矣。又广州男子未娶，亦多有犯红娘以死。谚曰：“女忌绿郎，男忌红娘。”皆谓命带绿郎、红娘者可治，出门而与绿郎、红娘遇者不可治，此甚妄也。咸之象，二少憧憧，则朋从其思。少女之思往，则绿郎之朋来；少男之思往，则红娘之朋来。皆婚姻不及其时所致。绿郎一曰过天绿郎，亦曰驸马。

二　司

崖有二司神者，一日降魂童言曰：“欲与萧公斗法。”于是二司神各发马脚。马脚者神所附之人也，以枪自刺其腹洞贯焉，刺咽亦如之。有疾病者，许火棚。既愈，如数伐薪，请二司神酬愿，病者率众舆二司神，跳行烈焰，毫发无损。广有三界神者，人有争斗，多向三界神乞蛇以决曲直，蛇所向作咬人势则曲，背则直。或以香花钱米迎蛇至家，囊蛇而探之，曲则蛇咬其指，直则已。有许愿者不还，蛇则腾至人家索饮食。又或有仇怨，于神前书其人年生八字，以碗覆之。神前碗大小纷然，无有敢动其一者。有急脚先锋神者，凡男女将有所私，从而祷之，往往得其所欲，以香囊酬之。神前香囊堆积，乞其一二，则明岁酬以三四。新兴有东山神者，有处女采桑过焉，歌曰："路边神，尔单身。一蚕生二茧，吾舍作夫人。"还家，果一蚕二茧，且甚巨。是夜风雨大作，女失所之。有一红丝自屋起，牵入庙中。追寻之，兀坐无声息矣。遂泥而塑之，称罗夫人。番禺石壁有恩情神者。昔有男女二人，于舟中目成。将及岸，女溺于水，男从而援之，俱死焉。二尸浮出，相抱不解。民因祠以为恩情庙。此皆丛祠之淫者。民未知义，以淫祠为之依归，可悲也夫！

卷七　人语

高　固

高固，南海人。周显王时以才能归楚，为威王相。时有铎椒者，以王不能尽观《左氏春秋》，采取成败，卒四十章为《铎氏微》，由固进之，以故文教日兴。先是，南海有勇获者，仕吴王夫差为将。黄池之会，夫差命王孙雄先与获帅徒师，以为过宾于宋，以焚其北郛焉而过之。南海介荆、扬裔土，周初始通中国，《王会》以翟贡称蛮扬焉，尚力而已。迄附于楚，乃显庸，有文事，则固之为功云。黄佐云："自会稽以南，逾岭皆粤地也。秦、汉之先，盖已有闻人者。"邹阳曰："齐用粤人子臧而强威、宣。"裴渊曰："南海高固为楚威王相时，有五羊衔谷之祥。"欧大任曰："固，越人也，世在越，称齐高傒之族。"

梅　鋗

越人以文事知名者，自高固始；以武事知名，自梅鋗始。当越人之复畔秦也，以鋗为将。鋗下令，户出壮士一人，领以户将，使合傅胡害将之；战则编为什伍，领以队将，使摇毋馀将之。将士受命，乃率之归番君吴芮。鋗劝芮西从沛公伐秦。芮然之，使鋗先往。当是时，郡县苦秦法，多杀长吏以应陈胜等。项梁杀会稽守，田儋杀狄令，刘季以书杀沛令，东阳杀其令以推陈婴。使芮不听銷言，终为秦守，其不同于会稽、狄、沛、东阳者无几矣。銷既行，遇沛公于南阳，与言相合，遂从攻析郦，降之。又从攻武关，破之。秦既灭，项羽封銷为台侯，食台以南诸邑。其后沛公以銷能成番君功名，复封銷广德十万户，广德即今祁门县也。夫以銷之才，为百粤人所归，设当大楚方张之时，使庾胜兄弟绝关自守，其智勇岂遂出嚣、佗之下耶？且是时，銷之王在溃水上，固勾践之本支也。銷即奉其王，以继禹、少康宗祀，亦孝子慈孙之所有事焉者。而銷以为秦者，周之寇仇，非仅越人与六国人之寇仇也。越人首畔秦，吾当帅之，以为周先王报怨。且先君勾践，能灭吴尊周室，其遗风馀烈，子姓当继绍而起，毋以窃据一方，为天下所指名为也。嗟夫！自唐、虞、夏而后，得天下之正者，莫如汉、明。而越人率为功首，能以大义鼓唱诸侯，銷与何真是也。銷可以为赵佗，真可以为刘岩，而皆不为，与冯盎者亟以二十州县归唐，皆可谓能知天命者也。台岭故銷汤沐地，今无銷祠，吾尝叹为旷典。夫任嚣且祀于泷口，佗亦祀于玉山，况銷之贤者乎！祁门地接鄱阳，有銷祠，与鄱阳番君祠相望。今台岭亦即建之，以为銷主祠可也。

士　燮

士燮字威彦，广信人。建安初，为交趾太守，中国士人往依者百数。陈国袁徽与尚书令荀彧书曰：“交趾士府君，处大乱之中，保全一郡，二十馀年疆埸无事，民不失业，羁旅之徒，皆蒙其庆。虽窦融保河西，曷以加之？官事小阕，辄玩习书传。《春秋左氏传》简练精微，皆有师说。”其称之若此。燮兄弟并为列郡，雄长一州，偏在万里，百蛮震服。会交州刺史张津死，汉赐玺书，以燮为绥南中郎将，董督七郡。是时天下丧乱，道路断绝，而燮不废贡职。复下诏拜安远将军，封龙度亭侯。建安十五年，孙权遣步骘为交州刺史。骘至，燮率兄弟奉承节度，权加燮左将军。建安末年，燮遣子廞入质，又诱导益州豪雍闿等东附。权益嘉之，迁卫将军，封龙编侯。论者谓燮不能始终于汉，权乃国贼，与昭烈力争交州，而燮兄弟乃助权为逆，岂诚识《春秋》之义也者？燮卒，而其子徽乃据交州，为吕岱所破，惜乎见之晚矣！后主建兴十三年，有廖式者起兵苍梧，以应诸葛丞相，诸郡应之，此真汉之义士也。燮视之宁无愧于心乎哉！叶春及云："《一统志》：苍梧县即汉广信，苍梧郡治此，故陈元父子载于苍梧。"而肇庆旧志谓封川西一里为广信县，虽非治所，固彼提封，陈氏之隶封川，未可知也。燮亦广信人，身本名儒，兄弟四人，拥兵据郡，岭海归心。中原丧乱，孙权、刘表皆窥南土。燮于此时，以甲兵之力，循赵佗之迹，西连蜀汉，庶几比美桓文哉！奉权节度，复诱益州附之，旄矣，岂度己审势耶？然燮名虽不终，亦可谓一时之豪杰也。大均云："当是时，又有揭阳吴砀者。砀，汉末为安成长，权使吕岱取长沙郡，砀据县以拒之，曰：'砀受天子命为长，知有汉而不知有吴也。'又苍梧衡毅与同郡钱博，皆为郡太守吴巨所信用。建安末，权以步骘为交州刺史。骘至，使人谕巨，巨纳骘而后图之。骘如巨，以诈斩巨首以徇，遂治船兵二万，下取南海。毅、博念巨部曲旧恩，且骘之来非汉命也，乃兴兵逆骘于高要峡口，与战三日。既溃败，毅与众皆投水死，死者千馀人，无一生降。嗟夫！砀与毅、博，又皆汉之忠烈臣也，以列于《季汉书》内传，岂曰非宜？"

韩　瑗

韩瑗，南海人。唐显庆中为宰相，谏废王皇后立武昭仪，高宗大怒。褚遂良又谏，被贬，瑗救之。许敬宗、李义府因诬瑗不轨，贬海南卒。广人为宰相自瑗始，其直谏不回，盖古大臣之谊。张九龄继之，卓识风度，远迈姚、宋，天下称“曲江公”而不名。而瑗也实开其先，故称曲江者，当先称瑗。曲江县，当有唐时，三百年而有张文献，又宋三百年而有余襄公，其忠言大节，不一而足。而谏用牛仙客，安太子瑛，诛安禄山，留范希文，排张尧佐，尤为治乱所关。三言不用而二言用，天宝之败，庆历之隆，夫岂适然而已哉？

崔清献

崔清献公八辞参知政事，十三辞右丞相。家大酉书其集云：“东海北海天下老，亦有盍归西伯时。白麻不能起南海，千载一人非公谁。”文文山云：“菊坡天人。文溪，菊坡样人。菊坡不可作已，愿见文溪。”文溪云：“唐贤相起炎方者三，曰韶之张，曰日南之姜，最后得刘瞻于湟，然皆奇拔于支郡筦府。以广名甚大，山伟海巨，秀灵鸠凝，又迟三四百载，菊坡翁始名在白麻、卧龙、蒲涧之阿，勤天使走半万里莫能致，古未有命之相不屑者，高风全节，可以兴起百世矣。”白沙尝迎清献画像于家，隅坐瞻仰，若弟子之于师者。久之，为文以祭，有云：“卷舒太空之云，表里秋潭之月。淮蜀委之而有馀，凝丞尊之而不屑。故能效力于当年，而全身于晚节。”又有句云：“万里归心长短赋，九天辞表十三陈。”盖实录也。吾广辞相位者，清献而后，有若霍公文敏。而梁文康公迎世宗入继大统，宠眷方隆，乞归益笃，世宗以为兼有张九龄之忠荩、崔与之之风概。若文襄方公，年甫四十，即解相归卧西樵，是皆急流勇退之哲人也。泰泉云："吾广带海陆为郡，山奥川豁，古称珍饶，于卷握若别出堪舆然，故其民素乐清旷而恬仕进。"噫嘻！岂清献之流风所被欤？

何　真

东莞伯何真少时，有相者谓曰："公才兼文武，霸王之器，惜生南方，微带火色，爵位不过封侯。"后果如言。既贵显，先墓常有紫气，人或指为符瑞，辄斥绝之。比事孝陵，夙夜畏威惟谨，在朝名公，如宋濂、方孝孺辈，亟称重之。至论其保障炎邦，识时知命，则谓南越以来所未有云。

海忠介

世庙阅海忠介疏，大书曰："此人有比干之心，但朕非纣也。"持其疏，绕殿而行曰："莫使之遁。"一宫女主文书者在旁，窃语曰："彼欲为忠臣，其肯遁乎？"世庙寻召黄中贵问状，对曰："是人方欲以一死成名，杀之正所甘心，不如囚之使自毙。"世庙是其言，囚之三年，得不死。公之学以刚为主，其在朝，气象岩岩，端方特立，诸臣僚多疾恶之，无与立谈。顾黄中贵何人，乃独知其为忠，曲为拯救，非至诚之极，而能感动若是乎？公尝言："今之医国者只有甘草，处世者只知乡愿。"又言："孟子恶乡愿，其功不在禹下。"湛文简云："老子、乡愿一途耳，乡愿似多一媚字。"尤先得公心。公在狱，闻世庙崩，方食，尽吐下，一恸几绝。琼州有忠介石坊者，崇祯癸未春，石坊每日流血，淫淫若泪。明年五月，威庙哀诏至，血流乃止。盖公之神灵，存没无间，知国之将亡而主殉，故先之哀痛若此。嗟乎忠哉！

杨文懿

杨文懿公临终，于先墓衣冠北拜辞皇帝。或进曰："医诸？"曰："医者，医病也，吾其病乎？"曰："祷诸？"曰："祷者，有所愿也，吾所祷非吾所愿。"曰："若是将何以为归？"曰："亲在安归？"徐起，徘徊四顾，若远行状，乃敛手足，端坐而逝。公为学直窥性宗，而践履真至，故死生之际脱然。

黄宗大

黄宗大先生，香山人，名畿。尝谓："《中庸》，《易》之疏义也。《太极通书》、《定性》、《西铭》，犹《中庸》也。"其读邵子《皇极》，叹曰："自箕子以来，合术于道，其惟尧夫乎？"因作《皇极管窥》十三篇以通之。论学则曰："前之三代，由夏历殷而文成于周。后之三代，由汉历唐而文成于宋。名理醇粹，周、宋其齐轨乎？是故周至玄矣，道同乎伏羲；程至大矣，见卓于颜子；朱至博矣，功亚乎仲尼。再辟浑沦，不亦玄乎？心溥万物，不亦大乎？功在六籍，不亦博乎？"先生所著，又有《皇极经世书传》、《三五玄书》及《易说》。盖粤人书之精奥者，以先生为最。

报仇三孝子

报仇三孝子，一曰黄卿，字庆锡，新会人也。其族有盗魁景贤者，尝杀卿祖父母、叔祖父、父与叔父三人。卿年十二，乞官兵往捕不获，获其一妾一女，某帅甚宠之。于是景贤因妾女以求抚，请输金五千，归就昆弟假贷。帅许之，使数十骑偕往。景贤伟躯多力，虬髭须，虎臂。日从数十骑奴，带刀执弓矢，招摇里市。时时过卿贷金，卿欣然许诺，伪与结欢除宿怨。景贤信之，遂留卿家饮食。卿乃阴约同仇数人，伏前厢室中反键之。一日景贤至，值酷暑，念卿文弱，所服侍仅一小僮无他，乃解衣简所贷金。小僮阴出启扃，卿乘间以匕首刺景贤，中腹。景贤创甚，走呼："杀人！杀人！"伏者踥跔而出，共斫景贤。卿麾之，自割景贤首，剖心取血，祭其祖父母、叔祖父、父、三叔父。其母居隔一巷，卿怀景贤首诣母。未至，首重堕地，途人大惊恐。卿笑曰："此盗渠景贤也。"左手持头，右手探怀中辞授令，曰："景贤杀吾祖父母、叔祖父、父、三叔父，衔之十有二年，今得报之，愿归死司寇无憾。"令念某帅金未偿，恐得罪，将加刑卿。卿曰："刑所以威不服，吾诛大仇自诣，且即死，又何刑为？"问："有同谋伙乎？"曰："无有。"问小僮，曰："主刺杀之，吾割之，无他人也。"令解卿至广州，卿喜曰："卿得报仇，以见先人于地下，死有馀欢矣。"下狱久之，卿以己无子，请释其无辜亲叔父，代己养母，有司许之。寻遇赦乃免。一曰李兼贵，字伯鸾，亦新会人。有大盗吕昌雄者，以小嫌导官兵杀其一家。兼贵寻于黄冈伺昌雄，白日格杀之，持其首，沥血二十里，走端州。有司以其壮士，奏授一官，兼贵固辞不可。一曰宋元亨，字应乾，程乡之贡士也。其父为总兵杨乾所害，元亨乘间即军中刺杀乾，有司系之。予贻以诗云："雄刀三载箭中鸣，报怨而今事已成。何必君恩频见赦，千秋人识子崔名。”

广州二孝子

广州二孝子，一曰曹麟，字圣瑞，番禺五凤庄人。其父以渡江遇盗自溺死，麟号哭水滨十昼夜，闻者哀之。麟曰：“吾生不能得吾父之骸骨，吾其死以求吾父之骸骨乎？”遂抱其母木主，沉于江而死。一曰庞时倬，南海弼唐乡人。丙戌冬，闻敌兵将至，泣告其师曰：“吾父性刚，兵至必将遇害。父苟遇害，则吾以死殉之矣。”师哀其志，然亦未之信也。比城拔，其父被俘执索金，果大愤骂敌兵，兵将杀之。时倬哭请代死，兵不从，竟杀其父。时倬伏尸哭踊，徐以衣衾覆父，投井而死，时年十有三岁。论者谓：二子者，以其父母之身，还之父母，皆可谓不失其身。而庞生当兵未至，先能决其父之不屈，父子天性，夫岂偶然！然其年甚小，则尤异。

梁孝子

梁孝子，名煌晳，别号生洲，东莞人。其所为孝，率本中庸，无有奇诡绝人之行，惟母病刲股，稍为人之所难。然而刲股非古也，或以为天伦之间，有市心焉。而孝子以为亲之遗体，固后于亲者也。亲疾苟瘳，夫亦何所爱焉？性之所至，身斯至之而已矣。孝子尝患背痈，痛楚垂死，谓其弟曰：“吾行矣，人死固如是乎！吾左足大趾，初一点寒如雪冰，渐渐延及五趾，由下而上至胫膝。右足亦然。”乃指其脐曰：“寒至此，中气当绝矣。”其弟曰：“古人言，死生之际，正宜用力。”孝子闭目须臾，乃曰："无可用力，但念老母在堂，情不能割，中心焚如，不觉火从脐起，脐中之热，直驱两足之寒。"其母趋至，孝子遂力疾起曰："儿无恙，寒气退尽，两足仍温矣。"已而病如脱，痈亦旋愈。噫嘻！斯乃孝子性之所至也。盖性冷，则身不可得而热也，故生而若死；性热，则身不可得而冷也，故死而复生。不忍舍其亲以死，斯不死矣。肱可封也，痈可生也，而不可以死也，其斯以为孝子之孝也。孝子大母没，水浆不入口，杖乃能行。父没亦如之。母没，哀恸过伤，里人为之罢舂，未期而卒。

一味孝子

孝子何珍，字嵩山，高明人。幼喜读书，以父母不见为恨，遂绝意功名。每食必恸，不兼味，人称"一味孝子"。

长寿人

崇祯间，东莞多长寿人，若温塘之龙翁，一百有四；寮溪之竹园公，一百有三；鹧鸪坑之尹南峰公，一百有一；石碣之梁翁，万家租之翟公，皆一百。同时同邑，诚天下之所罕者。比岁番禺陂头乡，有四潘翁者，一曰秉彝，年九十八；一曰峋嵝，年九十六；一曰庆存，年八十九；一曰庆馀，年八十八。皆同母之兄弟也，有司表其闾曰"一门四皓"。予谓四翁在异姓则过于商山之四老，在同生则过于南齐之徐伯珍兄弟，盖我八朝先君深仁厚泽之所培养而致者。予尝与峋嵝翁游，听翁谈说隆、万年间太平遗事，神往久之。尝以鹤顶杯引满为翁称寿，翁赋诗见答，可传也。

吾祖多寿人

吾先世人多寿考。有听泉翁者，年八十馀，以耆儒为乡党师。梁文康公储铭其墓曰：“刚毅正大由天成，缜纯温润锻炼精，考槃在涧王侯轻。”其配周氏安人，百有四岁；子沧洲翁，讳漢，年八十馀，有婴儿之慕；孙梅侣翁，亦年八十馀，皆以齿德，屡举乡饮不赴。此吾之高曾也。而曾叔祖图南翁者，讳起鹏，尝十六赴省闱不得解，益攻苦。崇祯壬午，年八十有五，犹赴省闱，监临御史怜之，讽以告老，翁不从。国变后，乃弃诸生。九十馀时，犹设塾乡间，讲诵无虚日。时着高齿散屐，游行田间，有所得，即篝灯作蝇头小楷记之，成《野语》十有四卷。平生喜作经书制义，积稿数千以自娱。年九十八岁乃终。予乡大宗祠，岁冬至日，翁必率宗人千馀，奠爵献俎于始祖。予曾两侍翁饮福，随诸父兄上寿，翁举觞辄釂，酣畅无倦。予祝曰：“天上有寿星，饮酒辄一石。人间有酒龙，为寿亦过百。”翁之谓也。翁大喜，赐以巨觥。

真粤人

自秦始皇发诸尝逋亡人、赘婿、贾人略取扬越，以谪徙民与越杂处。又适治狱吏不直者，筑南方越地。又以一军处番禺之都，一军戍台山之塞，而任嚣、尉佗所将率楼船士十馀万，其后皆家于越，生长子孙，故嚣谓佗曰：“颇有中国人相辅。”今粤人大抵皆中国种，自秦、汉以来，日滋月盛，不失中州清淑之气。其真剪发文身越人，则今之瑶、僮、平鬃、狼、黎、岐、疍诸族是也。夫以中国之人实方外，变其蛮俗，此始皇之大功也。佗之自王，不以礼乐自治以治其民，仍然椎结箕倨，为蛮中大长，与西瓯、骆越之王为伍，使南越人九十馀年不得被大汉教化，则尉佗之大罪也。盖越至始皇而一变，至汉武而再变。中国之人得蒙富教于兹土，以至今日，其可以不知所自乎哉？

马　人

马人，一曰马留。俞益期云：“寿泠岸南，有马文渊遗兵，家对铜柱而居，悉姓马，号曰马留。凡二百馀户，自相婚姻。”张勃云：“象林县在交趾南，马援所植两铜柱以表汉界处也。援北还，留十馀户于铜柱所，至隋有三百馀户，悉姓马。土人以为流寓，号曰马流人。铜柱寻没，马流人常识其处，常自称大汉子孙云。”其地有掘得文渊所制铜鼓，如坐墩而空其下，两人舁之，有声如鼙鼓。马流人常扣击以享其祖，祖即文渊也。有咏者云：“铜鼓沉埋铜柱非，马留犹着汉时衣。”予亦有诗云：“山留铜柱水铜船，新息威灵在瘴天。终古马留称汉裔，衣冠长守象林边。”又云：“朝鸣铜鼓伏波祠，大汉儿孙实在兹。一任金标埋没尽，马人终古识华夷。”铜船在合浦。相传马援铸铜船五，以其四往征林邑，留一于此。天阴雨浮出湖面，樵捕者常得见之，因名湖曰铜船湖。邝露诗“铜船亘奔流”，又云“冒险触铜船”是也。马人今已零落。而钦州之峒长皆黄姓，其祖曰黄万定者，青州人，初从马援征交趾有功，留守边境。后子孙分守七峒，至宋，皆为长官司。元时，以贴浪峒长黄世华有讨贼功，赐金牌印信。洪武初年收之，仍为峒长。其在时休峒者，祖曰禤纯旺，亦马援战士。永乐初，时罗峒长以事被革，移纯旺孙贵成守之。其如昔、博是、澌澟、鉴山、古森五峒，亦皆以姓黄者为长，盖皆万定后裔，马留之人也。然黄氏繁盛而马氏衰，亦独何欤？

黑　人

《林邑记》有儋耳民，以黑为美，《离骚》所谓“玄国”，即今儋州也。其地在大海中，民若鱼鳖。鱼鳖性属火而喜黑，水之象黑，儋耳民亦水之族，故尚黑也。然儋州今变华风，绝无缓肩镂频、耳穿缒为饰之状。独暹罗、满剌伽诸番，以药淬面为黑，犹与古儋耳俗同。予诗“南海多玄国，西洋半黑人”，谓此。予广盛时，诸巨室多买黑人以守户，号曰鬼奴，一曰黑小厮。其黑如墨，唇红齿白，发鬈而黄，生海外诸山中，食生物。捕得时与火食饲之，累日洞泄，谓之换肠。此或病死，或不死即可久畜。能晓人言，而自不能言。绝有力，负数百斤。性淳不逃徙，嗜欲不通，亦谓之野人。一种能入水者，曰昆仑奴。《记》称龙户在儋耳，其人目睛青碧，入水能伏一二日，即昆仑奴也，唐时贵家大族多畜之。有南海郡守，尝赠陶岘昆仑奴摩歌，勇健，善浮游入水。永乐间，娑罗国东王西王，遣使来朝，以黑小厮充贡物，亦是此种。其曰猺者，出暹罗之崛垄，举族巢林樾中，有同猿猱，身短小精悍，圆目黄睛，性专悫不知金帛。夷獠谙其性，常驯扰以备驱使，蒙以敝絮，食以鮿鲅，饮以漓酒，即跃然欢喜，举族受役，至死不辞，虽历世不更他姓。常使之采片脑、鹤顶，皆如期而获。授以毒镖，有犀象辄往刺之，升木而匿，犀象怒，索之弗得，移时毒发而毙。猺取其齿角以输主人。他姓夺之，亦至死弗畀也。有曰奴团者，出暹罗国。暹罗最右僧，谓僧作佛，佛乃作王，其贵僧亦称僧王，国有号令决焉。有罪者没为奴团，富豪酋奴团至数百口。粤商人有买致广州者，皆黧黑深目，日久亦能粤语。又红毛舶至，常以白小子赠人，长仅尺许，面与手足皆如玉雪，独发绀耳。见人辄能脱帽跪拜，语甚细，咿嘤不可辨。

云小人之国所产，男女皆然，不能耕种，有自然粉豆取食可以饱云。

瑶人

万历初，两广寇之剧者曰罗旁瑶。瑶每出劫人，挟单竹三竿，炙以桐油，涉江则编合为筏，所向轻疾，号为五花贼。其峯有九星岩，一石窍深二尺许，瑶辄吹之以号众。又有石，其底空洞，撞之渊渊作鼓声，瑶亦以为号。其谣曰："撞石鼓，万家为我虏。吹石角，我兵齐宰剥。"而罗旁水口有竦石，状若兜鍪，高百仞。瑶每夜隔江呼石将军，石应，则出劫无患，不应则否。将军陈璘以此石为贼响哨妖甚，烧夷石顶，有鲜血迸流，其怪遂绝。盖鬼物之所凭焉。瑶故多妖术。又所居深山，丛箐乱石，易以走险。其谣曰："官有万兵，我有万山。兵来我去，兵去我还。"其大绀、天马诸山尤崄峻，陈璘尝以马不能鞍、人不能甲为虑。大征时，勒兵二十万，部分十道，凡两逾月乃荡平，覆其巢穴八十馀，斩获数千万。今东西山尚有云榄、云洋诸种人，率短小蹻捷，上下如猱玃，带三短刀，持铁力木弩，弩长二尺，重百斤，头作双槽，钉以燋铜错铁；药箭长仅尺许。无事射猎为生，有事则鸣小铓，举众蜂起，以杀人为戏乐。虽设有瑶官、狼目以主之，然薄税轻徭，示以羁縻而已。瑶、狼以语音相别，瑶主而狼客，狼稍驯。初，大征罗旁，调广西狼兵为前哨。今居山以西者有二百馀丁，其后裔也。诸瑶率盘姓，有三种，曰高山，曰花肚，曰平地。平地者良，岁七月十四拜年，以盘古为始祖，盘瓠为大宗。其非盘姓者，初本汉人，以避赋役潜窜其中，习与性成，遂为真瑶。袁昌祚云："罗旁之地，土著之民多质悍，利入瑶为雄长；客籍之民多文巧，利出瑶为囷夺。兹固长蘖之媒也。”则备诸瑶当自齐民始。

罗旁瑶，其稍驯者听约束，与齐民无异，从不入城。有见官长者，还语其类，谓不畏中间坐者，但畏左右鸡毛官，谓皂隶也。妇人皆着黑裙，裙脚以白粉绘画，作花卉、水波纹。僮则以红绒刺绣。瑶贞而僮淫，瑶之妇女不可犯，僮妇女无人与狎，则其夫必怒而去之。瑶欲娶妇，入山见樵采女，辄夺其衫带以归，度己之衫带长短相等，乃往寻求其女负之，女父母乃往婿家使成亲，否则女仍处子，不敢犯也。西宁、东安诸生瑶亦然。邝露谓：“瑶人以十月祭都贝大王，男女连裾而舞，谓之踏瑶。相悦则男腾跃跳踊，背女而去。此西粤之瑶俗也。”又谓：“僮人当娶日，其女即还母家，与邻女作处，间与其夫野合。既有身，乃潜告其夫，作栏以待，生子后始称为妇。妇曰丁妇，男则曰僮丁，官曰峒官。峒官之家，婚姻以豪侈相尚。婿来就亲，女家于五里外，以香草花枝结为庐，号曰入寮。鼓乐导男女入寮，盛兵为备，小有言，则啸兵相鏖。成亲后，妇之婢媵稍忤意，即手刃之，能杀婢媵多者，妻方畏惮。半年始与婿归，盛兵陈乐，马上飞枪走球，鸣铙角伎，名曰出寮舞。婿归则止三十里外，遣瑶眊持篮迎之，脱妇中袒贮篮中，命曰收魂，盖欲其妻悸畏而无他念也。瑶眊者，巫也。”大均尝至西粤，宿僮人高栏之中，颇知僮习俗。其人名曰僮牯老，与瑶不同。东粤有瑶而无僮，吾故详言瑶而略言僮。

曲江瑶，惟盘姓八十馀户为真瑶，其别姓赵、冯、邓、唐九十馀户皆伪瑶。其男子穿耳饰银环，衣服彩绣花边，首裹花帕，腰刀挂弩，下跣足。女人无袴，系重裙，皆绣花边。其戴板者曰板瑶，以油蜡胶发裹于板上，光闪似蜻蜓羽，月整一次，夜以高物庋首而卧，下亦跣足。婚姻不辨同姓。食多野兽，以膏粱酿酒。七月望日，祀其先祖狗头王，以小男女穿花衫歌舞为侑。性亦工巧，或制器以易盐米。有山官约束之，号瑶总，岁时一谒县令。其无板者曰民瑶。耕山者花麻而不赋，耕亩者编户与庶民同。女子饰耳环，妇则屏之。

连山有八排瑶，性最犷悍。其臀微有肉尾，脚皮厚寸许，飞行林壁，自号瑶公。而呼连人为百姓，自称瑶丁曰八百粟，言其多也。称官长则曰朝廷。月送结状至县庭，不跪。纳粮则以委县之里长。里长利其财物与交好，少拂则白刃相加矣。有瑶目八人司约束。岁仲冬十六日，诸瑶至庙为会阆，悉悬所有金帛衣饰相夸耀。瑶目视其男女可婚娶者，悉遣入庙，男女分曹地坐，唱歌达旦，以淫辞相和。男当意不得就女坐，女当意则就男坐。既就男坐，媒氏乃将男女衣带度量长短，相若矣，则使之挟女还家。越三日，女之父母乃送牲酒使成亲。凡女已字，顶一方板长尺馀，其状如扇，以发平缠其上，斜覆花帕，胶以蜡膏，缀以琉璃珠，是曰板瑶。未字则戴一箭竿，发分数绺，左右盘结，箭上亦覆绣帕，自织麦秆帽戴之，出入丛箐，首频侧而不碍，是曰箭瑶。其领袖皆刺五色花绒，垂铃钱数串。衣用布或青或红，堆花叠草，名瑶锦。女初嫁，垂一绣袋，以祖妣高辛氏女，初配槃瓠，着独力衣，以囊盛槃瓠之足与合，故至今仍其制云。《后汉书》言槃瓠诸子“织绩木皮，染以草实，好五色衣服，制裁皆有尾形”，干宝言“赤髀横裙，槃瓠子孙”是也。槃瓠毛五采，故今瑶姎徒衣服斑斓。其性凶悍好斗，一成童可敌官军数人。又善设伏，白昼匿林莽中，以炭涂面，黑衣黑袴，为山魈木魅之状，见商旅则被发而出，见者惊走弃财物，呼曰“精夫赦我”，乃已。精夫者，瑶之渠帅也。自洸口至连州四百馀里，崆路艰险，商旅不敢陆行，行必从水。官军与交通为盗，而瑶官岁入其租税千金，纵容弗问。四方亡命者又为之通行囊橐，或为乡导，分受卤获。其巢窟与连山相对，仅隔一水，官兵至，尽室而去，退则击我惰归，踉跄丛薄中，不可踪迹。拒敌则比耦而前，执枪者前却不常以卫弩，执弩者口衔刀而手射人，矢尽则刀枪俱奋，度险则整列以行，遁去必有伏弩。往时尝勒五省之兵征之，有谓其将者曰："瑶每匿迹不与吾战，乘暮乃出尾吾。宜麾诸军直进，而主将督狼兵于后，散伏险要，乘瑶掩我，反出其后以掩之，归师夹攻，必可歼尽。"此致人而不致于人也，其计诚善矣。

德庆有峼瑶山、峼翁山，皆熟瑶所居。瑶曰峼瑶，瑶之长曰峼翁也。又有峼马山，瑶马之所生，故曰峼马。又瑶人多以其人为马，马多力善走，倏忽百里，故羡之而以为名。其曰狑人者，瑶之别种。狑犹《诗》所谓"卢令令"也。猺人者，旧居文昌东北百里东猺山，其人如猿，故云猺。《诗》"遭我乎猺之间"，注谓"猺，山名"，非也；猺，犬类也。猺人，一作狙人，庄生所谓"狙公"也，与狑人皆高髻雕题，状若猩狒，散居林莽，饥拾橡栗，故庄生有赋芧朝三暮四之言，皆所谓生蛮也。

黎 人

黎母山高大而险，中有五指、七指之峰，生黎兽居其中，熟黎环之。熟黎能汉语，常入州县贸易，暮则鸣角结队而归。生黎素不至城，人希得见。岁壬子，忽有生黎二十馀献物上官，旗书"黎人向化"四字，以槟榔木竿悬之。一人负结花沉一块，大如车轮，外色白，内有黑花纹；一人抱油速一树，长七八尺；二人舁一黑猪熊；二人舁一黄鹿。貌皆丑黑，蓬跣，短衣及腰，以三角布掩下体，观者以为鬼物也。当额作髻，髻有金银钯，或牛骨簪。其纵插者生黎也，横插者熟黎，以此为别。妇女率着黎裲，以布全幅，上与下紧连，自项至胫不接续，四围合缝，以五色绒花刺其上。裙衩作数百细折，用布至十馀丈，长不能行，则结其半于腰间，累累如带重物。椎髻大钗，钗上加铜环，耳坠垂肩，面涅花卉虫蛾之属，号“绣面女”。其绣面非以为美。凡黎女将欲字人，各谅己妍媸而择配，心各悦服。男始为女纹面，一如其祖所刺之式，毫不敢讹，自谓死后恐祖宗不识也。又先受聘则绣手，临嫁先一夕乃绣面，其花样皆男家所与，以为记号，使之不得再嫁。古所谓“雕题”者此也。题，额也；雕，绣也。以针笔青丹涅之，有花卉虫鱼之属，或多或少。而世以为黎女以绣面为绝色，又以多绣为贵，良家之女方绣，婢媵不得绣，皆非也。黎妇女皆执漆扁担，上写黎歌数行，字如虫书不可识。男子弓不离手，以藤为之，藤生成如弓，两端有弰可挂弦，弦亦以藤，箭镞以竹，无羽，但三丫为菱角倒钩，入肉必不能出。被射者以身就竹林下，屈垂竹尾，系箭筸于其上，以多人按定被射者，使身不动，徐放竹尾，镞即出，然筋骨俱已散碎，敷以药散，仅能不死而已。生黎最凶悍，其弓重二百馀斤，戈以标刀，甲以角，盔以香木皮。熟黎弓则以杂木，若担竿状，棕竹为弦，筋竹为箭干，而不甚直，铁镞锋锐有双钩，一小绳系之，临射始置箭端。遇猛兽，一发即及，兽逸而绳绊于树，乃就获焉。凡欲买沉香者，使熟黎土舍为导。至生黎峒，但散与纸花、金胜及锄头长一尺者、箭镞三角者，或绒线针布等物，生黎则喜。每峒置酒饷客，当客射牛中腹，即以牛皮为锅，熟而荐客。人各置一碗，客前满酌椒酒，客能饮则一一尝之，否则竟勿尝也。如或尝或不尝，彼则以为有所轻重，虽尽与客沉香，必要于隘路而杀客。其凶暴若此。生黎以熟黎勾引，常出盗劫，男妇尽室以行，蹻捷如飞，官兵不能追逐。惟妇女以黎裲太长，行稍缓，往往被擒，乃稍屈伏。其别种有生岐者，尤犷悍，虽生黎亦辄畏之。大抵五指山中多生黎，小五指山中多生岐。岐，隋所谓铊也；黎，汉所谓俚也。俚亦曰里，《汉书》曰“九真蛮里”，又曰“归汉里君”是也。熟岐稍驯善，其巢居火种者，为干脚岐，与熟黎同俗。半生半熟者次之。计黎岐疆围，凡一千二百馀里，绝长补短，可四百有奇。山势盘旋若螺然，黎举种尽落居其外，岐居其中。二三十里间辄有一峒，峒有十数村，土沃烟稠，与在外民乡无异。第层峰叠巘，林竹丛深，水毒山岚，氛翳四塞，外人不能恒入，故诸獠得以负固为患。诚能抚绥有道，守御有所，敷教有塾，则民黎熙熙，自可相安于无事，正不必以用兵为务耳。

黎有二种，五指山前居者为熟黎，山后为生黎。熟黎亦有二种，与生黎近者为三差黎，与民近者四差黎，征徭稍稍加焉。熟黎者生黎之稂莠，而粮长又熟黎之蟊贼。凡生黎蠢动，皆熟黎为之挑衅；而熟黎之奸欺，又粮长之苛求所激也。粮长者，若今之里长，其役黎人如臧获。黎人直称之为官，而粮长当官，亦呼黎人为百姓。凡征徭任其科算，尽入私囊，诘之，则曰：“此生黎也，激之恐变。”其奸欺若是。官或诣黎村征粮，所至宜一一尝其酒馔。黎人喜官公平，乃相戒速完国课。如遗其一，即瞋恚，阴挟弓矢伏林间，凶其水草之性矣。赴州县，裸而额髻直竖一雄鸡尾，横插骨簪，斯则其冠冕也。官必欢然笑语，受其所献，赏以银牌红布，彼欣然持归，供之香火为遗爱。或鄙其裸裎，使着衣见，彼递相传语，见者遂希，而纳粮亦怠，不得不委之粮长矣。

黎多符、王二姓，非此二姓为长，黎则不服。欲立长，则系一牛射之，矢贯牛腹而出，则得立。黎长不以文字要约，有所借贷，以绳作一结为左券。或不能偿，虽百十年，子若孙皆可执绳结而问之。负者子孙莫敢诿，力能偿偿之，否则为之服役。贸易山田亦如是。黎死无子，则合村共豢其妇。欲再适，则以情告黎长，囊其衣帛，择可配者投于地；男子允则拾其囊，妇乃导归宿所，携挟牲牢往婚焉。父母死，敛所遗财帛，会黎长与众瘗之。以为父母恩深，我无以报，不敢享其遗赀，而旁人亦不敢窃取，惧其鬼能祟人云。每扛负诸物，惟以一肩，登高陟险不更移，曰祖宗相沿如是，不敢更也。其愚孝又有如此。

黎善咒鬼，能作祟。或与客商牴牾，即咒其已亡父母，逾时其人身如火炽，头腹交痛。知其故，勿暴其过，第曰获罪土神，请为皈谢。觅酒脯与之，祭于地，喃喃其词，祭毕，夫妇分而啖之，病人欻然起矣。其或土商与贸易，欺以赝物，则出伏路旁，执途人以归，极其箠楚，俾受者通信于家，讼其人偿以原物，始释之。如其人不可得，讼其同侣。闻官遣熟黎持牒晓之，虽不识字，睹印文而亦释遣焉。其俗最重复仇，名算头债，然不为掩袭计。先期椎牛会众，取竹箭三，刃其干，誓而祭之。遣人赍此矢告仇，辞曰："某日某时相报，幸利刃锻矛以待。"仇者谋于同里，亦椎牛誓众，如期约。两阵相当，此一矢来，彼一矢往，必毙其一而后已。或曲在此，曲者之妻于阵前横过，呼曰："吾夫之祖父负汝，勿毙吾夫，宁毙我可也。"其直者之妻即呼其夫曰："彼妻贤良如是，可解斗。"亦即释焉，如已报矣。若力微不能敌，则率同里避之。报者至，见无人相抗，即焚其茅茔，曰："是惧我也，可以雪吾先人耻矣。"凯还不再出。

峯　人

澄海山中有峯户，男女皆椎跣，持挟枪弩，岁纳皮张不供赋，有峯官者领其族。峯，巢居也。其有长有丁有山官者，稍输山赋，赋以刀为准者曰瑶。瑶所止曰峃，曰峒，亦曰峯。海丰之地，有曰罗峯，曰葫芦峯，曰大溪峯；兴宁有大信峯；归善有窑峯。其人耕无犁锄，率以刀治土种五谷，曰刀耕；燔林木使灰入土，土暖而蛇虫死，以为肥，曰火耨。是为畲蛮之类，志所称“伐山而畲，爇草而播，依山谷采猎，不冠不履”者是也。潮州有山峯，其种二，曰平鬃，曰崎鬃，亦皆瑶族。有莫瑶，号白衣山子，散居溪谷治生，不属官，不属峒首，皆为善瑶。其曰斗老，与盘、蓝、雷三大姓者，颇桀骜难驯。乐昌有伪瑶，多居九峰司诸山，其始也苦于诛求，以其田产质客户，而窜身瑶中，规免旦夕，久之性情相习，遂为真瑶。相率破犯条要，恣行攻劫，为地方之害，即善瑶亦且畏之。瑶或作繇。《汉书》江都王建遣人通越繇王是也。越东多瑶而无獞，獞惟粤西多有之。自荔浦至平南，獞与民杂居不可辨，大抵屋居者民，栏居者獞。栏架木为之，上以栖人，下以栖群畜，名栏房，亦曰高栏，曰麻栏子。狼人则不然。自荔浦至平南多獞人，自浔阳至贵县多狼人，粤东惟罗定、东安、西宁有狼人，盖从粤西调至征戍罗旁者。族凡数万，每人岁纳刀税三钱于所管州县，为之守城池，洒扫官衙，供给薪炭，性颇驯畏法。

疯　人

粤中多疯人。仙城之市，多有生疯男女，行乞道旁。秽气所触，或小遗于道路间，最能染人成疯。高、雷间，盛夏风涛蒸毒，岚瘴所乘，其人民生疯尤多，至以为祖疮，弗之怪。当垆妇女，皆系一花绣囊，多贮果物，牵人下马献之，无论老少估人，率称之为“同年”，与之谐笑。有为《五蓝号子》者云：“垂垂腰下绣囊长，中有槟门花最香。一笑行人齐下骑，殷勤紫蟹与琼浆。”盖谓此也。是中疯疾者十而五六。其疯初发，未出颜面，以烛照之，皮内赪红如茜，是则卖疯者矣。凡男疯不能卖于女，女疯则可卖于男。一卖而疯虫即去，女复无疾。自阳春至海康六七百里，板桥茅店之间，数钱妖冶，皆可怖畏，俗所谓“过癞”者也。疯为大癞，虽由湿热所生，亦传染之有自。故凡生疯，则其家以小舟处之，多备衣粮，使之浮游海上，或使别居于空旷之所，毋与人近。或为疯人所捉而去，以厚赂遗之乃免。广州城北，旧有发疯园，岁久颓毁。有司者倘复买田筑室，尽收生疯男女以养之，使疯人首领为主，毋使一人阑出，则其患渐除矣。此仁人百世之泽也。

山海多劫质。盗得人，则窒其耳目，灌以蜡膏系之，遣疯人往候赎者于野。赎者至，亦复窒其耳目，束缚以归。既定要约，先纳花红手帕，次输金帛，乃使疯人导所释者于野，委之而去，疯人往往得厚利。或州县有司催粮，亦辄使疯人分行乡落。其人粮未尽输，则疯人相率饮食寝处于其家，日肆骂詈，以秽毒薰染之，使之亦成恶疾。盖有司以疯人为爪牙，盗贼以疯人为细作，其为无用而有用如此。疯人最为人害。家有庆吊，则疯人相率造其门，叫呼骂詈，大得财物酒肴而后去。其首者名曰亚胡，以钱先厚与之，使还分给，则亚胡以一花篮悬系门首，其曹辈见之，弗复至矣。广中丐者，惟疯人最恶，每行乞，男妇三五与俱，人不敢以疾声厉色相待。其为盗贼作耳目，山海间多倚任之。欲除其患，惟在收养园中，使毋他出，然疯人亦不欲他出也。

盗

粤中多盗。其为山盗之渠者曰都。都者多资本，有谋力，分物平均，为徒众所悦服，故曰都。每一营立，远近亡赖者踵至，曰签花红。骁勇者曰花红头目，自大老以至十老，自先锋一以至先锋十，悉以十人为一曹，十人满则更一名号以相统。行劫时，惟都及公王所指。公王者，范铜为之，戴兜鍪持戟，长二寸许。使一妖人为神总，朝夕虔祝，且咒骂以激公王之怒，昧旦以浓茶为献，视茶路以知凶吉。茶路者，茶在碗中，其气散为波纹，凝为物象。有兵至，则茶中分裂，珠花沸起；若出劫卤获众多无患，则茶气为刀枪形外向，否则内向。又以筊杯卜进止。凡盗渠死者，悉召其魂魄至坛，俾公王役使之。神总故多妖术，凡大而攻围，小而椎剽，诸盗皆遵行惟谨。每分赃，则神总坐得其半，盖盗听于公王，公王又听于神总也。其巢皆阻峭凭深，绵络群峒，俚獠蛮逻之属，皆与之扭红盟诅。行劫时，传筹为号，名曰赶马。须臾妕徒四集，蚁聚蜂屯，钯筅如林，不可止遏。其长在巢中者曰飘子，亦曰飘马。在花山一带者曰东飘子，在铁山一带者曰西飘子，皆亡命之雄也。盗本徒卒，而曰马，不欲言人，亦以马有威武也。每十人为一钱，百人为一两。或问几何马，则曰几钱马、几两马也。其在巢外，闻出马而来者，曰搭马。于墟市间佯为商旅牙侩，乘机窃发者，曰牵白线。为细作者，曰亚妹。先登曰斯头。其都或分子营，则其都子都孙称之曰太公，是谓老都。诸村落为所胁服者曰开马路，未胁服者曰生水。谓官兵亦曰水，以财赂官兵曰买水。此皆山盗之所为也。海盗则以龙艇，其长数丈，数十人裸袒操之，出没如飞，亦多用拨桨飘风子。昼则瘗舟泥中，夜则起而行劫。其出沙田耕者，乘便利亦即攻劫，寄盗于农及佣作小贩之属，使人莫测，此其尤不逞者。凡山海盗，皆以捉人为先，勒金取赎。打票为约期，期过则拷掠烧钳，备行惨毒。或投之于豕圈马阑，或尽屠而肝其肉；女为妾婢，妇为干湿奶婆；或以鬻诸澳门，或以质诸当户，或以充作人事，馈遗藩丁。所捉男女，富者曰沉香，贫者曰柴。贼中有金多者，包买沉香以待赎，是曰挑香。金少则挑柴，更得厚利。然其为盗也，大屯小伙，皆有大猾主之。贼以大猾为资，大猾又以贪官为援。其人耳目甚广，牙爪多，急则行贿赂，缓则舞文，持吏短长，与胥役相为囊橐。又善阴行鸩蛊，稍睚眦不平，辄假手金蚕挑生毒杀之。或嗾其党与，词连善类，使污蔑无以自明。而又与藩前有势力者交为奸利，以瑰货子女相胶漆，以故群盗倚藉之，公行无忌。当事欲发官兵而剿，官兵或即其党；欲募土兵而征，土兵或即其人。而且县之令史，乡之巡简，亦往往受其珠贝，多所包容，以致良善之民，噤口而不敢一语。比年剿捕虽行，贼中有保结者得释，无则诛戮。然皆盗之散仔，无足重轻。诸魁渠根株甚固，皆有主持之者，未能芟除其二三也。稍市恩縻以招抚，彼则阳为悔过，阴复横行，出入官衙，与兵吏益习，表里为奸。其抚丁仍居故土，与抚目来往不衰。虽曰归农，其部落仍然未散也。乡民以其既抚也，益畏惮不敢侧目。一告讦，则先为所陷害，身死家倾。反不如其未抚之时，犹畏乡闾指摘，不致白昼纵横也。至有边海之豪，伪为强贼，以图有司招抚。有司不知，辄以询之乡长。乡长受其财物，亦指为真。一得招抚，奉委为首领官标，则负力怙威，横噬里党，父兄任其报复，子弟惟所诛求。诸轻薄之徒，与为羽翼，扬扬志满，反以真贼为荣、伪贼为辱矣。呜呼！民之不轨，丧失其心至此。所由者，内无贤父兄之教诫，外无威明大吏之督责；且上有好者，下必有甚。《易》曰："击蒙，不利为寇，利御寇。"今牧民者，其皆以利为寇，以寇为利耳。四境之内不治，岂尽盗贼之罪乎哉？

广州诸属县多盗，最凶悍者新会，然新会盗又以新宁盗为先锋。千人中得数十新宁人，可以百斗而无敌。其根株往往钩连，山与海相为表里，不可以尽歼。如得一盗即杀一，得十即杀十，得百即杀百，久之其类自少矣。若抚之，使其渠率为兵为总，防汛要害，或放散使尽归农，彼仍然勾引群盗，为患未已。盖诸盗皆以抚丁勾引，无抚丁则无勾引，而抚目尤其臂指之使者。欲绝其患，惟宜择乡而剿，于十郡中分四道，使四监司者带领官兵，所至集其父兄子弟公言之，有五十人共指其姓名，或暗或明，则取而诛之。然亦必责之使首。被首者且勿行刑，多召保甲而质之，辞合则已，否则更加重刑，责之再首。如是者数四，彼盗见首同徒，尚可苟活；不首同徒，遂致立毙三木，未有不甘为共尽者也。大抵无事之时，有司宜时常防备，小有出没，即行捕擒，勿致养寇以遗患。又宜单骑巡行诸险，勤诱谕之，使之十家为甲，百家为堡，平居互相讥察，有事互相救援，有不足互相周济。路径之险要，立为寨围，俾之戮力固守。凡大乡设乡夫哨二，小乡一。每哨乡兵二十人，选乡良夫为练长，募其强武子弟隶焉。其饷则取之乡之富人大贾，及巨姓之蒸尝，与墟市地产之租税。有司无所利焉，乡中兵食各足。又十乡二十乡歃血连盟，一乡有盗，或为盗之哨探，则同盟诸乡共执而溺之于江，而勿以闻。以闻，则有司必须审鞫，囚停智长，为患有不可言者。盖彼凶人者，枭雄狡诈乃天性，不幸见擒，止憾其术之未工，岂有悔其为之不善？是以奇谋诡术，愈练而愈精微，出鬼入神，莫可方物，致有以官门、以囹圄而为巢穴者。其以囹圄为巢穴也，尤为深固。曩者盗遭俘执，必首同徒，今则惟扳良善。盖非义于同徒也，就擒者自知不可复生，必藉未败者供其口食；未败者利其不首，必勤劫以报厚恩。是虽身在幽囚，犹坐享四方之奉也。故诛盗贵勿逾时。

疍家贼

广中之盗，患在散而不在聚；患在无巢穴者，而不在有巢穴者。有巢穴者之盗少，而无巢穴者之盗多，则疍家其一类也。疍家本鲸鲵之族，其性嗜杀。彼其大艟小艑出没波涛，江海之水道多歧，而罟朋之分合不测，又与水陆诸凶渠相为连结。我哨船少，则不能蹑其踪迹；水军少，亦无以当其锋锐。计必兵恒有馀于盗，毋使盗恒有馀于兵。又设为严法，如盗杀一人，则以一兵抵；杀一兵，则以一官偿；劫一民舸，则夺一哨船之食。而责之立功，昼夜巡行，惟盗是索。而疍人则编以甲册，假以水利，每十艇为一队，十队为一长，画川使守。略仿洪武初以疍人为水军之制，择其二三智勇者为之大长，授以一官，俾得以军律治其族，与哨船诸总，相为羽翼。又使诸县富民，仍得朋造乌槽、横江二船，专业渔盐。有警则船人皆兵，分班守直。凡出外海制贼用乌槽，里海制贼用横江船。又使东西二江日渡夜渡诸渡长，皆为哨长，而勿征其饷。如此，则上无养兵之劳，而水师自足，一有事，旦暮可集矣。

黄　盗

黄盗名萧养，初为盗下狱，卧榻枯竹生花，诸囚以为祥也。萧养乃率囚越狱，纠集战船数百艘，直犯广州。于五羊驿僭位，称东阳王，改授伪官百馀人。珠江之南，有伪南汉离宫故址，增筑居之。船抵五羊门外，其手下衣貌与同者数十人，官兵莫能辨，乃以响箭向天射。萧养仰视，一箭直贯其喉，堕水死，其众尽降。于是广州始作外罗城，今南面新城是也。海寇之雄，莫过萧养。前有曾一本，后有刘香，皆力攻广州弗克，盖当盛世则然。

永安诸盗

永安重峦复嶂，昔固盗薮。礤头山与乌禽、天字、清溪等嶂，员墩、黄沙等山，联络归善、海丰、长乐、河源、龙川等县，绵亘险阻。而礤头山故有铁冶，贼往往巢穴其中，分道出掠，官兵屡扑不能绝。贼穷辄还礤头，结寨自固，已复盘据五县。山谷中多良田，流民杂居易啸聚。出则贼多，归则贼少，皆近巢居民半为贼党故也。乘其未获，以大兵临之，乏食自困，乃可擒矣。古名、黄沙贼常伏乌禽嶂，出掠柘园，执求盗通判。蓝能贼复袭郡城外东平，欲席卷去，未至十里而曙觉，遂破涌口营鹿游冈，掳掠子女，责赎稛载而归。当是时，烟火达于谯橹，不能以一矢加遗，东西两江群盗遂炽。先是，长乐、海丰之间逃军坑有银穴，河源密坑亦有之。两处矿开，则豪民往往羶附，及封穴，所获不足，更费折阅，遂剡戟而起。奸民滭沸，乘衅俱发，索随和建名号者不可胜数。程乡、揭阳之盗，又澒洞其间，大群数千人，小群数百，凡数十百群，东至兴宁、长乐、程乡、揭阳，北至河源、龙川，西至博罗，南至海丰、归善，以及东莞，无不罹其锋者。永安其蹂躏之区也，执官吏，质坟墓，掳人民，室妻女，焚庐舍，据土田，死者以谷量，泽若蕉，即欲假息城郭，岂能尽容？数村一垒，贼去则耕，至则闭垒而守，往往陷没。凡贼有大总、二总至于五总，亦曰满总、尾总。分哨为哨总。禽总，演禽者也。书总，掌书记者也。旗总，职志者也。纪纲诸事曰长干，众贼曰散班。其上有甲头，合数群有都总。凡大总死，谋所立，建所授皂旗，束以青茅，以次拜旗。拜而张，则立之矣。张则阴风飒飒，若有凭之者云。其祭旗用人，使目于旗而后杀之，渍旗以血，括其发为旄头焉。其长技有大布旗，旗端系以铁钩。有长竹枪，二三人执之，进如风雨。其出劫，卜于神以决胜负，以诱为知，以覆为奇，以望屋为粮，以阑出为用，以劫质为宝。当是时，盗贼孔棘，民死亡者非其父兄，即其妻子，鹅埠岭乃至千人尽屠，哭泣之声不绝，日夜乞师。有司缩朒主抚，置不省。贼或听，甫入城，辄言愿归旧巢。一出郊关，且归且劫，送者固在。自是良民御贼，反蒙激变之辜，贼益恣行。逼近城府，乃遣一卒导归，而以还乡上报。贼乡安在？其所据者，皆良民之产也。计自万历之末，至隆庆之初，历十三四年，分巢诸乡，声势相倚，出入无时，靡处不到。归善、长乐、龙川三县所破寨，杀卤人民财币牛马，不可胜算。永安寨七十九，寨即围也，一围则数村人居之，多者千馀人，少亦数百，尽破，完者廑八围耳。员冈围杀至千人，三角围杀四百人，樟村围独三人得存。凡破围即据之。其后五军分道大剿，虑各巢并力，遵庙议名讨蓝、赖二贼，而为质各巢，自十月至明年三月，诸贼尽平。盖贼皆草窃乌合之众，语险固则无深沟高垒，语粮食则无储峙飞挽，缓急不相援，利害不相救，得忠诚任事之臣，灭之故甚易也。若夫招抚，则贼愚有司、有司欺朝廷之计耳，乌可蹈哉！大抵寇有山有海有倭，其害则山寇为甚，盖海、倭去来有时，山寇常在境内也。岭东贼本细微，蔓延十三四载，戾夫为之涕下。揆厥所由，上下相遁，无异穆宗诏云：“封疆以讲武为不急，以玩寇为苟安。盗贼隐容，不早扑灭，往往酿成大患。巡按御史参劾。”圣明哉！

永安黄氏三孝子

永安黄氏三孝子者，父曰黄让，子曰启愚，曰启鲁，永安县琴江中镇社人也。让字逊斋，年十六，父母连没，让庐墓三载。其兄为贼所得，让罄私橐三百金赎之。未几，贼叶千复掘让父母冢，质其骨，责赎千金。让不能措，乃不告妻子，身自质贼，易其亲骨，使从者怀归。子启愚、启鲁闻之，哭不自胜，假贷亲友无所得。启鲁乃走贼壁，呼曰："吾家所有者田耳，非家长操书券，田不得鬻，愿质我而归父。"贼然之，归让。让间行，又为他贼黄允所执。叶千以让久不至，乃以绳贯启鲁鼻，又贯其踵倒悬之。启愚闻其事，哭尽出血，昼夜不绝声。诸垒贼哀之，卒归其父与弟。于是让以策干督府吴桂芳，谓："归善之古名，长乐之琴江，其地厄塞，多连峰沓嶂，凶人之穴也。去其县各二百馀里，贼一哨，民无所归命。不如遂县之，以安集其民，然后出兵四讨，贼不足除也。"桂芳以为然，遂上其事。其后卒县永安者，让之策也。隆庆四年，檄林天赐城永安，以让为巡方。让以军法部勒其佣，均劳逸，时糇粮，平板干，称畚筑，四阅月而毕，藩臬大夫旌其功者再。是年率子启愚、启鲁为知县陈哲将乡兵，攻破刘汉江贼，杀汉江。明年，破苏允山贼，生擒允山，启愚为贼所伤死。又明年，督府殷正茂大举讨贼，让散家财募死士百人，从监军道顾养谦为冲锋把总，与永安知县陈立中至各巢说贼，各以精锐相从。至南岭，贼江万松据险抗师七日。让说之，以身质于贼，诱出贼党，官兵遂乘间而入。启鲁以父在贼中，率所募壮士，大呼先登，贼尽披靡，斩十七级，夺让归，启鲁身被数创而死。让前后率兵剿贼，如泥山、帘紫嶂、施坑、南岭等巢，皆为所破，凡斩渠六首，生擒一百五十，贼帅二。说下贼巢四，降贼众一千七百四十八，还被俘者一百二十八，当事屡加厚赏。让为人谦退，志在报发家之仇，不在军功也。每有功，不肯自上，推与同事者，以冠带哨官终。久之，巡按御史有教，访孝节之士，邑人咸上言。御史异之，授以义民冠带。让辞曰："让遭不辰，祸及先人丘垄，破产赎骸，子职常事，何孝之足云？至于待罪行间，赖天子威灵，大将指麾，杀贼以雪家耻，不胜幸甚，敢言功绩乎？非分之荣，义不敢受。”卒不受冠带。御史益异之，记郡县礼奖。初，启愚战死，知县陈哲葬而表之。及启鲁死，至万历十九年，邑人乃请于县，为启鲁建祠。让享年八十一，连举乡饮大宾，以考终。三十六年，有诏旌其闾，树坊于永安县，曰“一门三孝”。让工诗词，善书。

卷八　女语

五女将

越女知名者，自征侧、征贰始。二女者，麊泠县雒将之女也。雒，一作“骆”。交趾有骆王、骆侯，其将曰雒将。二女初起，自称麊泠王，据九真、日南、合浦三郡，兵势张甚。伏波将军马援征之，凡逾两年乃灭。古女子僭号为王，华戎皆所未有，可异也。其后吴赤乌间，有军安县赵妪，常着金箱齿屐，居象头斗战，此亦女贼之雄，然不足道。惟二冼氏及虞夫人、宁国夫人，可称女中豪杰云。冼氏，一在尉佗时，保障高凉，有威德，其知名又在侧、贰之先。故论越女之贤者，以冼氏为首。冼氏，高州人，身长七尺，兼三人之力。两乳长二尺馀，当暑远行，两乳辄搭肩上。秦末，五岭丧乱，冼氏集兵保境，蛮酋不敢侵轶。及赵佗称王，冼氏乃赍军装物用二百担入觐。佗大欢悦，与论时政及兵法，智辩纵横，莫能折，乃委其治高凉，恩威振物，邻郡赖之。今南道多冼姓，皆其枝流云。又冼氏者，亦高凉人，其家世为南越首领，辖部落一万馀户。冼氏幼而贤明，晓兵略，善抚诸蛮。罗州刺史冯融闻其贤，为子宝求娶焉。侯景反，高州刺史李迁仕遣使召宝。宝欲往，冼氏止之。既而迁仕果反。冼氏自将千馀人，步担杂物，唱言输赋，至栅下袭击迁仕，大破之。遂与陈霸先会于赣石。还谓宝曰：“陈都督非常人也。”厚资给之。及宝卒，岭表大乱，冼氏怀集百粤，数州晏然。永定二年，其子仆年九岁，遣帅诸首领入朝，拜阳春郡守。后广州刺史欧阳纥反，召仆至高安，诱以为乱。仆遣使归告，冼氏发兵拒之，纥溃散。诏册冼氏为石龙郡太夫人，赐绣幰卤簿如刺史仪。陈亡，岭南未有所附，共奉冼氏为主，号曰圣母。隋高祖以冼氏所献陈主扶南犀杖遗之，并遣陈主遗冼氏书。冼氏见犀杖恸哭，遣孙暄帅兵迎隋总管韦洸，岭南遂定。未几，番禺人王仲宣反，围洸于广州。冼氏攻破仲宣，领彀骑巡抚诸州，苍梧以西首领皆归附焉。高祖册冼氏为谯国夫人，开幕府，置官属，给印章，便宜行事，降玺书慰劳。皇后以首饰及宴服一袭赐之。仁寿初，年八十卒。夫人智勇兼备，至老未尝败衄，每战辄锦伞宝幰，敌望见以为神，诸蛮皆称锦伞夫人。祠在高州，民奉祀惟谨。有曰虞氏者，英德之虞湾人。唐末黄巢破西衡州，虞夫为寨将，与贼酣战而死。虞躬擐甲胄，率昆弟及乡人迎战。贼败去，虞亦死焉。其后兵瑶为乱，每见虞朱衣白马率兵而来，贼辄惊溃。嘉定间敕曰："夫人生能摧黄巢之锋，殁能制峒蛮之寇，封为正顺夫人。"立祠香炉峡中。有李氏者，雷州人。五代间，声教不暨，以强凌弱。李氏勇敢有谋，众皆信服，遂推以为主帅。伪南汉既平，馀党剽掠，皆为李氏兵所败。一方赖之，号宁国夫人，祠于雷州。有詹氏者，东安人李漆之妻。丁亥，漆集兵勤王，以总兵官战殁。詹氏代领其众，攻复泷东西州县，以功得参将。未几病卒。自二冼氏至詹，粤人以为"五女将"云。

南海女子

唐上元初，南海女子所制有《鞶鉴图》，名曰《转轮八花钩枝鉴铭》。凡一百九十二字，回环读之，四字成句。其构思精巧，寓词箴规，似有得乎风人之旨，可与苏若兰《璇玑图》、范阳杨氏《天宝回文诗》并传。旧有王勃序云："上元二年岁次乙亥十有一月庚午朔七日丙子，予将之交趾，旅次南海，有好事者以《转轮钩枝八花鉴铭》示予，云：'当今之才妇人也。'观其藻丽反覆，文字萦回，句读曲屈，韵调高雅，有陈规起讽之意，可以作鉴前烈、辉映将来者也。昔孔诗十兴，不遗卫姜；江篇拟古，无隔班媛。盖以超俊颖拔，同符君子者矣。呜呼！何勒非戒，何述非才？风律苟存，士女何算？聊抚镜以长想，遂援笔而作叙。太原王勃撰。"复有令狐楚跋云："元和十三年二月八日，予为中书舍人翰林学士，夜直禁中，奏进旨检事，因开前库东阁，于架上阅古今撰集，凡数百家，偶于王勃集中卷末，获此鉴图并序，爱玩久之。翼日遂自摹写，贮于箱箧。宝历二年，乃命随军潘玄敏绘于缣素，传诸好事者。太原令狐楚记。"考唐武后时，有南海七岁女子，武后命赋诗送其兄，即应声曰："别路云初起，离亭叶正飞。所嗟人异雁，不作一行飞。"此女子不知姓氏，岂即为《鞶鉴图铭》者欤？此图曾附子安集以行，复为令狐文公所赏。吁，亦异矣哉！

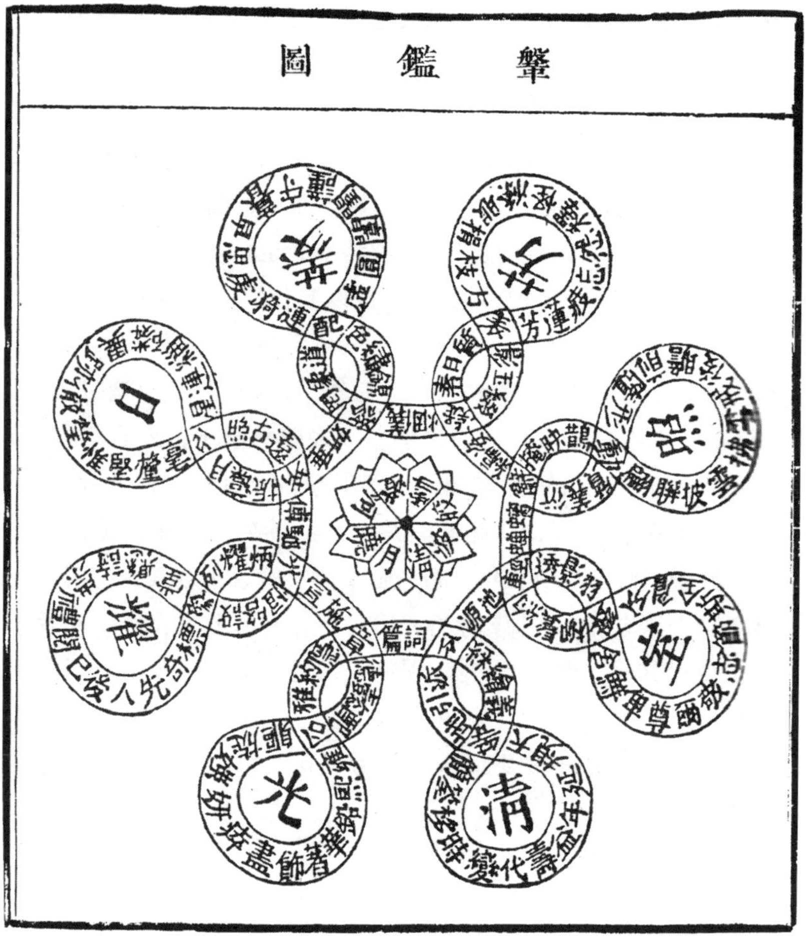

花上八字，枝间八字，环旋读之，四字为句，递相为韵。其盘屈纠结为八枝者，左旋读之，自“篇”字起至“词”字止，当就支、脂字韵；右旋读之，自“词”字起至“篇”字止，当就先、仙字韵。

卢眉娘

唐时南海多奇女子，为《鬘鉴图》女子而外，有七岁女及何仙姑，能为诗；有刘三妹者善歌，称为歌仙；若卢眉娘者，巧于刺绣，皆古今绝奇女也。眉娘生而眉绿细长，人以眉娘呼之。唐顺宗初，南海贡奇女即眉娘，时年十四，能于尺绢绣《法华经》七卷，字如粟粒，而点画分明。又能以五彩丝一缕，分为三缕，于掌中结飞盖五重，中有十洲三岛、天人玉女、台殿麟凤之象，外有执幢捧节之童，不啻千数。其盖广一丈，重三四铢，自煎灵香膏傅之。顺宗叹其工，谓之神姑，因令止宫中，日惟饭胡麻二合。元和中，宪宗赐金凤环以束其腕。知眉娘不乐宫掖，遂度为女道士，放归南海，仍赐号逍遥大师。尸解后，棺中仅一藕屦云。

刘三妹

新兴女子有刘三妹者，相传为始造歌之人。生唐中宗年间，年十二，淹通经史，善为歌。千里内闻歌名而来者，或一日，或二三日，卒不能酬和而去。三妹解音律，游戏得道，常往来两粤溪峒间。诸蛮种类最繁，所过之处，咸解其言语。遇某种人，即依某种声音作歌，与之倡和，某种人奉之为式。尝与白鹤乡一少年登山而歌，粤民及瑶、僮诸种人围而观之，男女数十百层，咸以为仙。七日夜歌声不绝，俱化为石。土人因祀之于阳春锦石岩。岩高三十丈许，林木丛蔚，老樟千章蔽其半。岩口有石磴，苔花绣蚀，若鸟迹书。一石状如曲几，可容卧一人，黑润有光，三妹之遗迹也。月夕辄闻笙鹤之音。岁丰熟，则仿佛有人登岩顶而歌。三妹今称歌仙，凡作歌者，毋论齐民与狼、瑶、僮人、山子等类，歌成，必先供一本，祝者藏之。求歌者就而录焉，不得携出，渐积遂至数箧。兵后，今荡然矣。

陈烈母

陈烈母者，东莞人。宋幼帝驻跸厓山，母命其子李佳应诏。既行，烈母亦趋广州，至黄木湾自沉死。佳赴行在，得潮州教授而还，哀陨莫及，乃筑望慈台于乌沙之阳，朝夕哭奠，闻者伤之。东莞陈琏为辞，有云："南海有烈妇，能执陵母节。泪血满衣裾，泣与爱子别。尔尽忠兮大厓山，吾尽节兮黄木湾。茫茫此恨同精卫，一堕沧溟不复还。"

屈美人

屈美人者，番禺人，洪武二十二年选入宫，擢为美人。屈氏有才德，奉侍恭谨。上恩宠之甚厚，召其父母兄弟诣阙，宴赉有加，复遣官送归。予撰《洪武宫辞》，有云："新选珠娘作美人，潇湘香草满宫春。离骚数为君王诵，讽谏心劳似楚臣。"又云："三闾苗裔在番禺，有女多才似绿珠。一入宫中称第一，不曾歌舞上氍毹。"

冼　母

南海冼主事桂奇母陈氏，性方正，不喜世俗非鬼之祭。闻魏督学校毁诸淫祠，亟取先人旧所崇奉佛像，投诸水火。妯娌中有怵以祸者，陈氏曰："有祸，吾自当之。"桂奇字少汾，以理学称，盖得其母之训云。

欧阳桂

欧阳桂，连州处女。年十八，未嫁而夫亡，孀守至九十五岁乃终。年八十时，当门二大齿长至一寸，人以为异。予家有姻母何，九十四岁时，生三长须，黑色。皆寿征也。

东莞三贞女

东莞三贞女，一曰水南林氏，诸生翼龙女也。许字陈生元耀，生死，女欲奔丧，父母兄弟共难之，不能得，以语其舅。舅重伤其志，许以吉服迎归。既入门，伏夫位长哭。哭已，舅姑相见饮泣，遂易衰绖，执夫丧如礼。丧终，乃奉夫主，祔于先人之寝祀焉。尹守衡曰："夫礼也殇不为后，女不为陈也妇，则陈之不得为殇也后明矣。女为陈也妇，陈欲不为女也后得乎？女归而陈氏子可勿殇已。世徒以女节论，犹浅之乎知女也。"一曰周塘黄氏女，许字张邦俊子。婿死，女欲往临视，母不能夺，与偕行。比至，犹及襄夫殡事。越三日，谢其母使还，曰："女为张家妇，不返矣。"夫葬，遂欲殉之。或止之曰："而姑之初为此子哭也，皇皇不欲生。幸而至，姑乃强为而起。而即死，其若姑何？"女悟，姑哭亦哭，姑止亦止。朝夕奠，辄见有羽虫飞凭女身如俪然。其一曰菉湖陈氏女，许字于叶氏子。亡何叶卒，女闻，曰："生则氏郎君，死非氏郎君乎？"因痛哭，偕媒妁于归。尹守衡曰："嗟夫！藉三女皆不忍其死，三氏子之鬼其不食乎？三女之能不死也，殆有贤于死者也。若三女者，可以风矣。"

聂娘

聂娘，增城人。崇祯庚午，贼于增江口掠得之，戏谓其眉未婉，聂娘从容语曰："女醮始扫眉。若欲婉，请假我刀。"刀得而刎。黎美周作《聂娘婉眉歌》，有云："丈夫髭髯愧如此，半尺垂虬掀不起。紫石棱棱婉婉尔，翠蛾如铁真男子。"又云："人生安能知死期，沙场血战吾当为。借娘眉锋不斩贼，先斩偷生巾帼儿。"

二妃

二妃者，一曰益阳王妃。丁亥某月，王遇害广州。妃某氏色美，兵欲妻之。妃曰："王故夫也，亟具棺衾，得尽一哀，以事新者，当无复恨。"兵出市棺衾，妃阴置小刀数十袒衣中，整刃外向，丧服哭泣视殓含，与兵出葬北山。既毕，兵遽前犯妃。妃大骂。兵怒，抱持益急，身数十处触刃，血漉漉仆地。妃乃反刃自杀。予为歌云："为我殓王，送之北邙。逝将从汝，不惜新丧。王魄已归土，同穴终何补。利刃怀满身，欲切奴为脯。奴血何淋漓，痛楚莫予侮。自刭以报王，黄泉相鼓舞。"一曰滋阳王妃。庚寅春，滋阳、铜陵、兴化、永丰、信阳、永宁凡五王，同客惠州。其六月，广州围急，奉化伯黄应杰者，与副使李士琏袭执五王，以惠州先降，既而悉缢杀之。王子在襁褓者，及宗室女已嫁者，皆捕杀无遗。滋阳既薨，其妃某氏色美，应杰苦欲犯之，裸其上衣，系于柱。妃乘间细析下衣为缕，经死。予为之歌云："夫为王，妃是我。皎如霜，身可裸。何必衣与裳，礼义为包裹。天留一缕丝，以为绝命资。徒劳强暴守，蝉蜕不曾知。"

某氏妇

某氏妇者，顺德人。其夫以贫弗克娶，夫之母自鬻得四金，以与之娶。妇入门知之，哭曰："夫以妇故，而令母自鬻以娶妇乎？得妇而失母。妇以夫故，而令姑自鬻以嫁夫乎？得夫而失姑。是皆不孝。然安所得金以赎姑？"请于父，贷得四金，使甲往赎。甲匿金，给以被窃，妇痛哭两日，计无所施，即自经。邻里闻之，执甲至妇尸所，震雷暴起，击甲死，火燔甲衣，金出于袖。妇闻雷声复苏。屈子曰："噫！雷之能死人，而又能生人也，有如是哉！"乃援琴为《霹雳之操》曰："一声倏兮雷轰，闻之者兮一死一生。呜呼噫嘻兮，雷乃救人。人可救兮，雷何独私于孝妇之身。"

林氏、李氏

林氏者，广州之河南乡人。丙戌城破，林氏投珠江而死。番禺罗宾王吊之，有曰："黄泉随母逝，白璧为夫全。抱玉云飘海，沉珠月在渊。"又李氏者，番禺三元市人。庚寅广州被围，朔骑抄掠得之。不辱，赋诗十章而缢，有曰："恨绝当时步不前，追随夫婿越江边。双双共入桃花水，化作鸳鸯亦是仙。"味其辞，其夫必先自沉者。又有王桂卿者，广州人，为张参戎之妾。丙戌，年始二十。兵至，拜辞其夫，弹琵琶一曲，自经死。邝湛若吊之，有曰："坠楼未散香烟梦，被发犹存石鼓歌。雁柱只今馀玳甲，为怜落木晚风多。"

天濠街妇

庚寅冬，广州城拔，天濠街有妇襁负婴儿，以长绳系腰，接于树，赴池而死。事定，引绳出之，色如生。予为之歌曰："妾身不随波，岂必长绳系。所虑黄口儿，一去无根蒂。"

四孝烈

岁甲午，新会县被围，城中粮尽，守将屠居人以食。有莫氏者，诸生林应雒之妻。姑将就烹，莫请于兵曰："姑老矣，肉不可食。妾幸膏腴，可以供君大嚼也。"兵从之，姑得释，而莫就死。有李氏者，兵欲食其夫，哭拜曰："吾夫五十无子，请君食我。"杀之，以首还其夫，使葬焉。有梁氏女者，其父诸生学谦。女年十一，请代父死。兵不忍杀，女谓兵曰："君以女儿身小，不足以充一饱乎？"将夺兵刀自刭，兵乃杀之。诸生吴师让妻黄氏，亦代夫死，兵哭而杀之。是为新会四孝烈。予哭之，有云："可怜窈窕三罗敷，肌如冰雪颜如荼。再拜乞充君庖厨，解妆请代姑与夫。妾年尚少甘且脆，姑与夫老肉不如。请君先割妾膏腴，味香不负君刀殳。食之若厌饫，愿还妾头颅。姑老夫无子，妾命敢踟蹰？有女年十馀，缇萦亦不殊。哀求赴汤镬，保父千金躯。"

李　氏

李氏，名子秀，连州人，贡生绍英之女，举人莫矜之妻。丁亥，避乱浛洸。贼至，拘其夫及二子以行。李氏跣诣贼所，见其夫被缚，甚急，指贼大骂。贼杀之。以其义烈，为之具棺殓葬，而释其夫与二子。嗟乎！李氏者，盖善于救夫者哉！

麦　氏

麦氏，香山小榄乡人，诸生黄肇扬之妻。癸巳冬被掠，愤骂赴水。兵捉其发系船间，麦氏乘间断发又赴水，既没复涌出，作愤骂状。如是者三，兵竞射之乃没。予吊之云："入水不肯沉，骂奴犹未毕。身轻乘文鱼，三跃江中出。佳人一赫怒，波涛为羡溢。髐箭虽纷纷，难损芝兰质。去为湘妃娣，魂烈知无匹。"

顺德六贞女

六贞女者，顺德龙津李氏处女也。丙辰春，粤东大乱，有强暴谋胁致之。六女惧且不免，以酒相酹，一夕同赴水死。其家合葬之龟山之阴，好事者为植女青其上。予吊之曰："冬青一树分男女，近日男青让女青。不见龙津诸女子，万年枝上显精灵。"万年枝，即女青也。

谢　氏

谢氏玉华，番禺市桥人，同邑曹世兴之妻也。世兴卒，玉华誓不改节。其父母绐之归宁，车至门，女即自刎。家人亟救之，玉华左手探喉，右手引刀再割而瞑。又某氏者，南海兰石人，夫梁。庚寅城破，某氏誓决一死，取二小刀，一与夫，一以自佩。未几兵至兰石，夫被杀死，某氏视含殓讫，即取所佩刀自割。姑惊哭，视其喉未断，欲敷以药，某氏亟再割以死。此二事相类，予为《双刃操》以写之，辞曰："嗟烈烈兮佳人，知义兮不知有身。手持喉兮一再割，血洒地兮纷纷。血洒地兮纷纷，夜有光兮非青磷，鬼伯抱持兮叩天阍。"

莫烈妇

烈妇莫氏，新会人，美而寡，守志不嫁。甲午，新会被围，妇家人登陴拒守。兵窥其室无人，抽刃胁之。妇以首触墙，血流被体。兵杀之，投其首于粪盎中。事平，其姊夫往而收瘗，首重不可举，叹曰："阿姨礼义人也，生与我未尝相见。"走告妇兄。兄举之，应手而起。予吊曰："螓首丘山重，蛾眉日月光。帘帷生不卷，巾帨死犹防。"又曰："一丝嫠妇命，九鼎美人头。"

二烈妇

二烈妇，皆番禺人，失其姓氏。癸巳、甲午间，有蜀人彭襄者，知县番禺。乡民逋赋，襄遣役人捕之，得其邻一妇甚美。襄使妇沐浴，将娆之。妇碎瓦罂自割死。又捕一妇，妇自诉："妾本诸生某妻，家无田，并未逋租。明府役人妄拘妾，欲行无礼，妾死不从，乞明府即治役人之罪。"襄笑曰："汝本农家妇子，为吾衙役所爱，亦何负于汝乎？"妇大恚恨，即触阶石而死。是为番禺二烈妇。比年州县有司遣招抚丁或疯人入乡催粮，妇女被其拘执，以不肯污辱死者，不可胜数。噫！予安得尽其姓氏而纪之？

顺德某氏女

顺德某氏女者，其父以许何氏之仆。何氏寻以讼破家，乃取聘金于女父。女父还之，将以其女改嫁。女使人谓仆，必无二志，且使再纳币焉。币至，女父怒而麾之。女潜出，与仆相持痛哭，约以舟来。至夜舟不至，女遂自经，时年十五。予尝为《待舟操》以写其悲，其辞有云："月将落兮潮水平，舟不来兮伤予情。独立沙洲兮涕泪零，无人知兮惟流萤。挂榕枝兮心战栗，裙带断兮泥没膝。舟迎魂兮更莫迟，波涛惊兮魂恐失。"

长乐兴宁妇女

长乐、兴宁，其民多骄犷喜斗，负羽从军者十人而五，盖其水土之性也。其男即力于农乎，然女作乃登于男。厥夫菑，厥妇播而获之。农之隙，昼则薪烝，夜则纺绩，竭筋力以穷其岁年。盎有馀粟，则其夫辄求之酤家矣。故论女功者以是为首。增城绥福都亦然，妇不耕锄即采葛，其夫在室中哺子而已。夫反为妇，妇之事夫尽任之。谓夫逸妇劳，乃为风俗之善云。

黎　母

琼州府城西，故有黎母庙。相传雷摄一卵于山中，生一女，有交趾人渡海采香，因与婚，子孙众多，是为黎母，亦曰黎姥，盖黎人之始祖妣云。黎本鸟兽之民，其种性自卵而来，固与人殊，自古至今，宜王化所不能及也。

罗浮女道人

罗浮女道人素月，尝募种梅千本于梅花村，雅能诗，有云："玉女峰头人冷笑，杜兰香去嫁人间。"

椓　者

刘鋹时，宦者有为三师三公者，其官号加“内”字、诸“宫使”字，不翅二百。女官亦有师傅令仆之名，目百官为门外人。群臣小过，及进士状头，或释道有才略可备问者，皆下蚕室，令得出入宫闱。亦有自宫以求进者。由是宦者近二万人，贵显用事之徒，大抵皆宦者也，卒用龚澄枢以亡其国。潘美平广州时，有宦者百馀人盛服来见。美曰：“是椓人多矣。”悉令斩之。盖宦者自椓，亦椓人以盛其党，故美以为言。然当时宦者，亦有贤能如邵廷琄者。廷琄今祀东莞乡贤祠。天下宦者得祠，惟廷琄一人。其椓也或因小过，未可知。《诗》云“天夭是椓”，夭者，草之柔长，椓而断之，譬人方少好，荣如桃李，而人作祸以椓之，民之无禄，至于如此也。

割股妇

有李昌期妻者何氏，东莞人，乡贡士何汉臣女也。舅姑有疾，刲股炼糜以进，疾寻愈。乡人嘉异之。夫逝，守节三十年乃卒。宋咸淳十年，邑令袁梦册为立孝妇坊。景炎二年，旌表门闾，赐束帛。元初，重建孝节坊。永嘉梅时举曰：“昌黎尝辩鄠人旌门为非礼。呜呼！人有不爱其身，起亲疾于垂死，乃以不孝律之，俾与好勇斗狠同科，为善者惧矣。仲尼曰：‘有杀身以成仁。’亲亲，仁也，苟可报罔极之深恩，缓终天之巨痛，虽生有所不爱，于尺寸之肤何爱焉？捐父母生我之身以还父母，一念之烈，虽通神明、感天地可也。如虑其因毁灭性，则自古皆有死，鲜闻以刲股死者，不惟不死，父母疾鲜不因以瘳者。天且弗违，而况于人乎？旌之宜也。抑又有说，子事父母，妇事舅姑，一也。父子之合以天，自襁褓已知有父母，至亲也。夫妇之合以人，笄而嫁始知有舅姑，由疏而亲也。事至亲而不自爱其体肤，非人情所难；由疏而亲，虽体肤不敢爱，此人情之至难也。唐房玄龄妻剔目，五代李氏断臂，此各为夫尔，史尚夸诩为奇节，如何氏为舅姑刲股，当进于房、李一等，不谓之孝可乎？夫逝时，世方澒洞，何守志坚厉，尝装遣族女之孤者，倾囊笥，捐簪珥，绝无靳色。是不惟知有孝，且知有节与义者也。呜呼贤哉！”

坠楼妇

有林氏妇者，新会塘下村林子昭之女也，适邻村某。寇至，妇与其稚弟在楼中。楼高六七丈，甚坚。寇攻楼未下，欲焚楼，女曰：“姊弟俱死，则父嗣绝矣。”负其弟于背，从楼上覆身坠地，头面迸裂而死，卒存其弟。过者称其楼曰孝烈楼。予为之铭曰：“妇一坠楼，节孝俱至。一完妇身，一全父嗣。负弟于飞，贤姊有翅。免孤毁伤，杵臼不易。背有鬼神，矢石皆避。前有梁媛，后有林氏。以坠楼传，仁义之事。”

锦桂女

欧氏女锦桂，连州人。其父绍裕，以女许贾继保。将行，而继保卒。锦桂易服奔丧，自矢守节。邻妇劝之，剪发断一指以拒。家贫，手植花果，纺绩自给。有司屡旌其门，以细女红布答之。年八十卒。论者谓妇而守志者，礼因于情；女而守志者，情生于礼。昔王文肃之女昙阳，许字徐氏子。徐早死，昙阳为之缟素。文肃曰：“尔尚未事徐，何以服为？”曰：“隆庆皇帝宾天，士庶哭临，岂皆食君之禄耶？”未嫁而可为夫服，则亦可为夫守矣。嗟夫！女之节也，所以成仁。《易》有《节》卦，为女之仁者而言；有《恒》卦，为妇之仁者而言。锦桂、昙阳，其皆女之仁者哉！

卷九　事语

南越初起

秦以桂林、南海、象三郡非三十六郡之限，乃置南海尉以典之，所谓“东南一尉”也。嚣始为南海尉，佗为令，仅治龙川，秦之报佗也薄矣。然五岭以南，广运万里，秦直以三郡制之，亦疏矣。

秦略定扬越，以谪徙民与越杂处，扬越盖自古迁谪之乡也。他日，任嚣谓佗曰：“颇有中国人相辅。”中国人，即谪徙民也。佗之王，秦实资之，谪徙民得依佗以长子孙，与三千童男侲女，依徐福以安居海上，免于中原之锋镝，秦之德也。为秦留其遗民，非仙人不可。惜安期生计不出此，徒以一身逍遥于菖蒲之涧也。

秦以侲男女三千人与徐福，而百姓悲痛相思，欲为乱者十家而六；以女无夫家者万五千人与尉佗，而百姓离心瓦解，欲为乱者十家而七。然则徐福、尉佗皆秦之陈胜也。

尉佗初起，移檄告横浦、阳山、湟溪关曰：“盗兵且至，急绝道，聚兵自守。”当是时，秦人皆以诸侯兵为盗，谓诸侯之客亦曰盗，史迁据而书之。始皇至博浪沙，为张良所击，而迁书之曰“为盗所击”；微行至兰池见窘，复书之曰“逢盗”。此盗不知何人，视良与荆轲、渐离似胜之，惜迁失其名氏。嗟夫！能为始皇之盗者豪杰也，书盗亦荣甚矣。如佗者，假秦之土地甲兵以自王，乃真始皇之盗耳。

四路下南越

汉当时四路下南越，楼船以偏师先至，其道径也。先陷寻陕，破石门，则南越之险夺矣。复居前，得以自择便处，居东南面，则越之下流据矣。乘暮而疾攻，纵火烧城，计莫善焉。有楼船之锋锐，战如雷霆，而后伏波得以遣使招降，故破越者，杨仆也。然越人至今祀伏波不衰，未尝及仆，则以伏波遣使招降者赐印，复纵令相招，务行其德之故也。太史公以杨仆为酷吏，观其反驱越人入伏波营中，亦可见其惨暴之一端也哉！

两伏波楼船

汉孝武讨南越，遣伏波将军路博德、楼船将军杨仆；其后光武征交趾，亦遣伏波将军马援、楼船将军段志。盖以越人素畏伏波、楼船之威，故仍其号，使闻之而知震惧也。然两伏波至今俎豆，而两楼船无闻，当时实以德济之，不纯用威，故民之不能忘若是。

白沙逸事

白沙先生常戴玉台巾，扶青玉杖，插花帽檐，往来山水之间。有诗云："惟有白头溪里影，至今犹戴玉台巾。"又云："拄地撑天吾亦有，一茎青玉过眉长。"又云："两鬓馨香齐插了，赛兰花间木犀花。"又常披藤簑垂钓。有诗云："何处思君独举杯，江门薄暮钓船回。风吹不尽寒簑月，影过松梢十丈来。"其风流潇洒，油然自得，身在万物之中，而心出万物之外，斯乃造化之徒，可以神遇而不可以形迹窥者，所谓古之狂者非耶？王青萝云：“白沙之学，从孔、颜之乐而得。”然乐有虚实，颜子之乐实，曾点之乐虚，白沙其得颜子之实者耶？

白沙初应聘至广，车由城南至藩台，观者数千万人，图其貌者以百数十计，市井妇孺，皆称为“陈道统”，其感人若是。为人身长八尺，面方而玉润，左脸有七黑子如北斗状，耳长贴垂，两目炯然如星，望而知为非常人。甘泉面上亦有黑子，具日月南北斗之异。庞振卿有《瞻甘泉遗像》诗云：“精华日月在颅首，两耳之旁南北斗。”洪觉山云：“先生生相甚异，颡中双颅隆然若辅弼，两耳旁各有黑子，左七类北斗，右六类南斗。”噫！天之生有道君子，固皆有以异于人乎哉！

白沙先生受官，而康斋不受，一以处士，一以监生也。先生每题碑碣，必书翰林院检讨官衔，盖不敢忘君之赐。其不出而就职，非为高也，以终养故也。当宪庙之升遐也，哀诏至，先生如丧考妣。有诗云：“三旬白布裹乌纱，六载君恩许卧家。”临终，朝服北拜，曰：“吾辞吾君也。”则忠爱之终也。

邓制府之于白沙，尝令本县月给白米一石，岁致人夫二名。白沙辞之曰：“执事所称逋、野，诚隐逸士，如今日之赐，使逋、野受之宜也。其不受，未见其让之过也。章何敢自列于古之名流哉！章无寸善可以及人，有田二顷，耕之足以自养，而又受赐于当道焉，以自列于古之名流，其怠于自修亦甚矣。”李副使又欲为买园池，亦辞之。其介如此。

悟主

梁文康公事武庙，当秦王请塞上沃地，嬖臣朱宁、江彬为援，公独当制，草上曰：“高皇帝令，此地不以封，非有爱也。

地广饶，产善马，士卒刁悍，易生戎心，奸萌纵谀，不利社稷。王受地，毋偭德，毋聚奸人，毋多畜士马谋不轨。”上览之，大骇曰：“不意可虞若是，其勿与！”上欲自称“威武大将军”，而以彬副，召公草制。公奏曰：“制不敢草。陛下为君，乃自卑而列于臣。臣草制，是臣名君，臣不敢草。”上手剑睨曰：“不草齿此。”公免冠伏地，流涕请死，不敢奉诏。上不能强，掷剑叹息而起。予尝为乐府云：“如何圣天子，乃称大将军。当制不敢草，嫌以臣名君。皇帝拔剑起，不草即诛尔。免冠伏殿前，泪流请就死。刚哉古大臣，不辱朝廷体。”

孝　感

钟宝潭先生景星，东莞人，甘泉高弟子也。尝辑濂溪、明道、白沙、甘泉四先生论学精言，为《宋明道学四书》。又注释甘泉《心性图说》，学者多传习之，以宋李竹隐、明林南川与先生为东莞三理学。性至孝，父没，欲绘遗容，默祷之，父见梦画工，一笔而肖。其后杨复所先生欲葬其父肖斋公，未得吉兆，堪舆使先生卜之。先生曰：“枯龟何知，吾将卜之吾父。”是夕，梦肖斋盘膝斗岭之墟，左右指曰：“左列六十四，右列七十二。学问则士希贤，贤希圣，圣希天。人丁则十而百，百而千，千而万。”复指坐席下曰：“兹实祥也，吾其归乎！”先生遂以斗岭定议。是皆孝思之所感，非二先生闻道，安能通于神明若此？

终　养

东莞林公烈，以户部郎督赋江西，奉其父大桥公以行。或曰：“故事，使者不随家。”公曰：“吾岂以三公易一日之养哉！”已而大桥公卒于行署，公得视饭含，人始叹服。香山黄公佐，督学广西，闻母疾，即日疏乞致仕，方校士怀集，弃官竟归。南海伦公以训，年十五举乡试第七人，年十九会试第一，殿试第二，授编修，予告毕姻，遂侍母者七年。会兄御史公以谅告归养，公乃出而供职。后官南京祭酒，迎养太恭人邸中。一日，太恭人有归志，即上疏奉板舆归。弟以诜，年十八举进士，官至武选郎中，例请归养，亦遂不复出。或讽之，则曰：“隐居以求其志，吾盖遵孔子法也。”海阳林公大钦，廷试第一，授编修，寻以母老乞归。东莞陈公建，为教谕数年，擢阳信知县，以母老告归。东莞刘公存业，举进士一甲第二，授编修，简充经筵官，未四载，疏乞归养。时功令非六年不得请，孝宗以其至孝，特诏许之。后以母命趋朝，逾年复上疏乞归。孝宗循览其疏改容，复许之。逾七年，武宗登极，趋赴阙，复充经筵官，纂修《孝庙实录》，公不获已，垂涕行，遂卒于官。之数公者，皆岭峤伟人，其道可以济天下，才可以致公卿，乃以养亲为念，脱屣轩冕，是真可以为世之贪位而忘亲者之针砭也哉！

状　元

吾广于舆图为极南，值离位丙午之间。离者，文明之气也。自禹八年入午会，上下二三千年，天地山川之运适合。故自汉、晋以来，扶舆清淑之化始毓而生人才，其卓然首魁天下者，在唐有莫公宣卿，在宋有张公镇孙，在明有伦公文叙、林公大钦。然莫公记传无闻；张公遭国危亡，不幸遇变；林公以早丧，弗克建立。独伦公名重士林，德高朝野。初传胪时，当宁见其仪表，深喜状元得人，故庞公嵩诗云：“南方间气旋贞会，北阙英标动圣颜。”

五里四会元

南海治西三十里，有村曰石头、黎涌、石硝，相去五里许，有四会元。世称“五里四会元”，是其地也。黎涌则伦公文叙、子以训，石硝则梁公储，石头则霍公韬，而文叙复中状元，以训榜眼，以谅解元、进士，以诜进士，世复称“父子四元双进士”。海内科名之盛，无出其右，所谓“南伦北许”也。陈公绍儒云：“弘、嘉之际，伦氏一门鼎甲，需穗石公探花始全。故事，胪唱后得谒相臣。诸进士咸在，相臣语公曰：‘君对策洋洋，贾、董之流。初列名一甲第三，今二甲，数乎？’公冲挹自如，无几微见于颜色。例二甲为郎，公以次应得北曹，顾辞北而南，且局局户、兵两曹。徒以其间获事亲从兄，爱敬笃至。缙绅如公，谓之仁让兴邦非耶？”湛公若水云：“霍公生十九年而始学，即博而精，文雄而昌大。既中会元，权臣某者嫉之，勿与状元也。盖三印卷而三倒置云。”又伦公文叙、霍公韬皆以儒士入科中式，未尝一日为诸生，是尤可异。

解　元

正统辛酉，番禺陈公政者，以《诗经》发解，二场后，琼山丘公濬请诵所作，惊曰：“解元属之子矣。”遂不终场而去，揭榜果然。次科丘公乃解元。有江潮者，提学广东，谓霍公韬必发解。及考潮州还，亟召霍公，语曰：“今科解元当是萧与成，汝次之。然汝当连魁天下，勋名大出萧上。”后果如言。又王世芳者，提学广东，谓魁元多出潮州，儒士林大钦必魁天下。是科解元胡一化，而大钦壬辰状元，皆潮州人也。杨公起元，年二十，文大有名，督学罗某首拔之，语人曰：“乡冠其惠出乎？予阅有人矣。”明岁果领解元。前辈识鉴，一一不爽如此。

文敏父子

霍文敏登第，谒座主不修门生礼。其后主南宫试，所得士三百人，亦不许称门生。其言曰：“是进士者，天子不敢用为私臣，我岂敢曰士由我进，而以之为我家桃李乎！”里居，于台使者若监司郡县书帖，皆不称“治”字，曰：“士既通籍，朝廷治之，尊无二上也。”其子勉斋知慈溪，称上官不曰“大人”，而曰“先生”。关白上官，不用手本，而用素简。某盐院檄营相府，先生不答，因被劾归。父子皆以古道自处，不肯同于流俗者也。

乡试命题

广东乡试不以《大学》命题，其来旧矣。或以《大学》命题，则贡院被火，或主司者有祸患，而尤忌“圣经”一章云。

全作五经题中式者

明制科，以全作五经题中式者，仅有二人。其一为福建颜茂猷，颜中甲子乡试，时监察御史止誊录其本经。至甲戌会试，颜仍全作五经题，知贡举者左宗伯林某疏闻。奉旨，“念其该博，准与誊录”。主司不知上属意，以置乙榜之首。撤场后，宗伯陈公子壮具揭代请，上准与廷试。取其墨卷进览，命会试录另为一项，列于正榜之前。廷试二甲第二，此异数也。其一为广东王鸣雷，乙酉乡试，以全作五经题中式第八十四名，居榜之末。榜之末，其犹乙榜之首欤？

海外衣冠胜事

广于天下为远藩，仕籍华秩已少，况琼于广又边郡乎？成化二年秋，进薛公远户部尚书、邢公宥都御史、丘公浚翰林学士，皆在一月，虽天下望郡亦希觏，洵海外衣冠胜事也。琼本海中一大洲，去中国绝远，自孝陵称为奇甸，人文因以奋兴。若海公瑞，清刚正直，又为琼之特出者。惟奇甸故产奇人，天语所符，知异时更有比肩而起者矣。

琼人无仕元者

宋末，琼州人谢明、谢富、冉安国、黄之杰，从安抚赵与珞拒元兵于白沙口，皆被执不屈以死，于是终元之世，郡中无登进士者。明兴，才贤大起，文庄、忠介，于奇甸有光，天之所以报忠义也。忠义之钟于人，于海外一洲一岛，殆有甚焉。天不得其子孙而报之，报之于其地，天之穷也。

五大司成

明兴，岭海人职大司成者有五人，若琴轩陈先生琏，若琼山丘先生濬，若甘泉湛先生若水，若白山伦先生以训，若泰泉黄先生佐，允若人师哉！湛先生有《雍语》、《南雍志》，尤有功于太学。

贤督学

吾粤督学使者，在嘉靖时有魏公校者，以德行简士。甫至任，不事考较文艺，辄行黜陟。尝使陈激衷、林克忠二人教诸生静坐，务见仁体。每晨入见，稽所得而开导之。大毁寺观淫祠，以为书院社学。使诸童生三时分肄歌诗习礼演乐，禁止火葬，令僧尼还俗，巫觋勿祠鬼，男子皆编为渡夫，一时风俗丕变。其崇正辟邪之功，前此所未有也。督学之官，非醇儒不可。使得其人，复久任之，如代皇帝之用陈公政提督北直隶学校，直至九年可也。如魏公者，得十有五人焉，分置省直，使之十年二十年专行其教，将见十五国风移俗易，先王之道大兴矣。

司　教

吾粤善司教者有六公。一曰海公瑞。其教谕南平也，以朱子白鹿洞五规、乡愿忠信廉洁之似、孔子刚者之辩、孟子不见诸侯之守，日与诸生讲明。相见拜揖外，不许将一物为贽。一曰杨公守道。其教谕金乡也，诸生执贽见者受之，随以食诸生之贫而有志者。又以所馀俸，置学田三百五十亩，以赡诸生。一曰翟公宗鲁。其教谕宣平也，以典试四川所得聘金，建文明书院，并置田以赡学者。一曰朱公仕夔。其教授南宁也，申苏湖科条以饬之。又作《心学时惕图》，图凡十二格，一格象闰。日凡八圈：上一大圈象卯，以考存养；下一大圈象戌，以考省察；中六小图象辰、巳、午、未、申、酉，以考经书应酬。因时填圈，妨于事则朱之，协于义则白之，蹈于过则黑之。学存乎心，心存乎惕，惕存乎时与人，士勤而行之。一曰林公光。其教谕平湖也，以道为任，尝上“敦风化，养廉耻”一疏，言甚恳切，勉学者穷源探本，反身修行，一时士习丕变。而陈公思贤者，教授漳州，每直指使者至漳，参谒毕，必进问圣躬安否何似。靖难诏至，公恸哭曰：“明伦之义，正在今日。”与其徒六人，坚不迎诏，即明伦堂为旧君位，哭临如礼。被逮至京，与六人者皆死之。噫！今之君子，有司教之责者，平居则以海、杨、翟、朱、林五公为法，临大节则以陈公为师，其亦庶乎无忝于宫墙也哉！

教官不拜

海忠介为教官，御史诣学，公不拜，曰：“若至台院，当以属官礼见。此堂乃师长教士之地，体不应绌。”两训导夹公长跪，公立当中，时谓“笔床学士”。盖教官者，能尊其身而后能尊先圣，不能尊其身，则何以代先圣而行其教，其辱先圣莫大焉。御史如贤，当以忠介之言请于朝，定为仪注。

辞署县

叶公春及为福清教谕，台使者委署连江县，辞曰：“洪武十四年，禁有司差遣学官，则学官教诸生外不当与矣。齐景公以旌招虞人，杀之不往，守道即守官也。学之于县，岂特旌与皮冠哉！职实欲附于虞人之义。”

乡　约

御史季公本，谪簿揭阳，以化民为事，约为条规。乡立约长以总其教，约副以助其决，约正司训诲，约史主劝惩，知约掌约事，约赞修约仪。月朔会民读约讲义。数约复为一总约，以察诸约之邪正。月终轮二人至县，传训诲语。行之二年，风俗移革，境内以宁。顺德何公淡知滨州，取《吕氏乡约》教民，榜行之。每乡慎选老人，亲为演说大义，使训闾里，按季稽考。民以恶闻，则召其乡老，泣谓之曰："吾不能化若，与若不能化乡，其罪一也。然吾则罪首也，民苟三犯，吾当自劾求退，于若何如？"各惭谢而去，讼为之稀。顺德黄公著知安溪，俗喜构讼，市师以爰书训其子弟。公痛除其弊，授以《孝经》，俗为之变。东莞林公培知新化，仿古敛散法，置义仓一十五所，均口赋，以粮为差；建社学，率二十一里一区，选行谊为师。与诸生言朔望，父老言约法，皆首明伦，使还相告教。作《四诫诗》，令童子诵之。修古乡射礼于学宫。南海刘公焕知程乡，创小学四斋，聚童蒙肄业，月试分五等，率三十贯给之。又捐千缗市田为小学租，使学掾主之。宁都丁公积知新会，申明洪武礼制，参以朱文公四礼仪节，为《礼式》一书，每乡择三老主之，月朔进于庭。礼其能者；其不肖者榜门示耻；良家子游惰者聚庑下，使日诵小学，亲为讲解。顺德黄公璋知南康，立"旌善"、"惩恶"二牌于要地，善恶直书其名，人服其公。之数君子者，皆以教养为务，所谓学道爱人者也，是皆可以为州县之法。

唐氏乡约

明初，南海平步有六逸，其一曰唐豫，学者称为乐澹先生，尝立乡约，与乡人行之。有曰："婚礼旧俗，先一夕燕其子，子必据尊席而坐，以为渐老之宴，非礼也。今后止许开筵聚亲，子不得据尊席而坐，为父宜依醮礼命之，庶不违古人之意。"有曰："《礼》云：'父在，子虽老犹立。'今后为子者不许坐，违者叱以辱之。”有曰：“父母之丧，不得饮宴，亲朋来吊，止宜待以蔬素。”有曰：“忌日之祭，当以丧礼处之。读祝后，孝子哭尽哀。是日不饮酒食肉，居宿于外，《传》所谓‘君子有终身之丧’是也。其延亲宾散胙，必待祭毕，庶不分其祭祀之诚。”此四约，最为礼之大者。

礼 议

广州风俗尚礼。南海冼桂奇尝建同母异父昆弟服议曰：“昔公叔木有同母异父之昆弟死，问于子游，子游曰：‘其大功乎？’狄仪有同母异父之昆弟死，问于子夏，子夏曰：‘我未之前闻也，鲁人则为之齐衰三月。’冼子曰：‘礼为出母、嫁母杖期，乃同母异父之服大功，不已重乎？齐衰三月，则已轻矣。亡于《礼》者之礼，贵中也，小功其庶矣乎？’”其为嫂服议曰：“人情于无服之亲则易犯，故服也者，所以饰哀而持情合危者也。今有闻嫂之丧而不戚然哀者乎？哀之，斯服之矣。昔者子思之哭嫂也为位，夫既无服矣，而又为位焉，必其情有所甚不安者矣。故嫂叔不相为服者，礼也；而不得不服者，情也。礼本诸人情而已矣。”其为长子为人后议曰：“昔公仪仲子之丧，舍其孙而立其子，孔子非之。子思兄死，使其子白为嗣，后世无间焉。故宗子死，以嫡为后，礼也。若以庶继嫡，是谓夺宗，非礼也。《礼》曰‘长子不得为人后’者，为支子后言之也。子夏曰：‘为人后者’，孰后？后大宗也。立嫡，正所以后大宗也。若所后非小宗大宗之嫡，而辄以长子后之，是谓诬礼。新会汤敬升曰：‘晋张湛曰：“后大宗者，所以承正统也。”必大宗之主，小宗五世之嫡，死而无后，然后为之置后。支子不得置后，不继祖与祢也。今之非所后而后焉，是曰诬礼。舍天性之爱而父他人，孝子不忍也，是曰抑本。二者皆自悖于先王之教者也。然则支子之无后者，不无厉乎？曰：《礼》曰：‘殇与无后者，祔食于祖，不斩祭也。’如之何为厉也？罗虞臣曰：‘《礼》曰“支子不祭殇与无后者”，殇与无后者，祭于宗子之家。既曰后大宗，则小宗亦不置后矣，况其非小宗乎？既曰祭宗子之家，则不为之立后矣，故立后出继之礼，古所无也。’自此说行，使人子舍其亲而事他人之亲，天理人情必不安。嗟乎！古今之以此陷于不孝不仁者，可胜道哉？《汤氏族谱》之不与为后者，有以也。”

嫡子不释丧服

西宁之连滩，凡冢子有父母之丧未葬，终身不释丧服，庶子则否，虽市井鄙人，亦如是。《礼・丧小记》曰：“久而不葬者，惟主丧者不除。”盖死者以归土为安，丧事既葬始毕。故《记》曰：“兄弟之丧内除，亲戚外除。”外除者，由外饬以散哀也。灵柩未安则服不变，服不变则哀未衰，故《礼》云“主丧不除”，所以欲人子之葬亲当及时也。礼失而求诸野，连滩其亦可称也夫！

作 七

吾粤丧礼，亡之七日一祭，至七七而终。或谓七者火之数，火主化，故小儿生而七日一变。逢七而祭，所以合变化之数也。予谓人生四十九日而魄全，其死四十九日而魄散，始死之七日，冀其一阳来复也。祭于来复之期，以生者之精诚，召死者之神爽，七七四十九日不复，则不复矣。四十九日者，《河图》之尽数，数尽而祭止，生者亦无可如何也。

为师服

白沙先生之没，甘泉翁曰：“道义之师，成我者与生我者等。”为之制斩衰之服，庐墓三年，不入室，如丧父然。其告词有曰：“成吾之身，孰与尽吾之性？教育之恩，何异生养之劳？”在礼经则师无无服之文，在义起则例有缘情之制。昔者孔子没，门人有三年之丧。大抵礼缘情行，例以义起，亦天地之大经，古今之通义云。

教 俭

湛文简为南大司马，令民毋得餐大鱼，市中毋得丛饮；除岁，庶民毋得焚楮祀天，縻财犯礼。盖导民以俭之一端也。

师弟六皓

甘泉讲学天关，有简翁者，年百有三岁，就而问学，将执弟子之礼，甘泉弗受也。延翁忠爱堂上南向坐，己东向坐以宾之，谓：“是翁容貌凝然，所养纯一，赤子之心已复，吾当师而事之。”时甘泉年八十有五，观者谓其以三达之尊，而谦让不遑，致礼布衣一老，诚为有道者之风云。时有黎养真瑞鸾者年八十二，黄慎斋民准年八十一，吴藤川纯年八十，皆游甘泉门下，甘泉称为“三皓”。有歌云：“养真慎斋与藤川，三皓同时及我门。”而袁教授邮者，年七十馀，与慎斋同注甘泉《心性图书》。一堂之上，师弟子皆庞眉鹤发，太古衣冠。好事者因与简翁合绘为图，称曰“师弟六皓”。其后甘泉年九十五，复开龙潭书院，时东莞有钟景星叔辉者年七十有二，增城有张春冈潮者年七十有三，侍之开讲，每展书发挥所得，声响不减少年，皆异人也。

九老雅集

何端恪公维柏家居时，有馈佳味者，即白其父，延里中九老宴集。九老者，达斋唐明府年九十二，沃泉邓宪副八十六，荔湾周太守八十三，狮山周明府八十二，端恪之父通议公七十七，豫斋曾佥宪与虚谷江明府皆七十二，北崖辛通府与惠斋张贰府皆七十一。端恪诗："五仙旧在三城里，九老今同一里间。春日蔬盘真率会，风流长得似香山。"时嘉靖甲寅岁也。

称　寿

世之称寿者，率以十为数。岭南及江西宁都，则以十之一为数。魏禧谓："前十之年，必加一而后成。后十之年，必从一而生。此《大易》贞元之义，于礼为宜。"

合　食

博罗周谦山，常仿花树韦家礼，同祖兄弟合食于四孟朔，同父兄弟合食于每月朔望，费咸己出；罄俸馀置谷百馀石，与兄弟均之，周族之不能给者。

养 士

甘泉翁官至上卿，服食约素，推所有馀以给家人弟子，小宗、大宗有义田，有合食田。相从士二千九百有馀，于沙贝乡则有甘泉、独冈、莲洞馆谷；于增城、龙门则有明诚、龙潭馆谷；于会城则有天关、小禺、白云、上塘、蒲涧馆谷；于西樵则有大科、云谷、天阶馆谷；罗浮则有朱明、青霞、天华馆谷；曲江则有帽峰；英德则有清溪、灵泉馆谷；南都则有新泉、同人、惠化馆谷；溧阳则有张公洞口、甘泉馆谷；扬州则有城外行邁、甘泉山馆谷；池州则有九华山、中华馆谷；在徽州则有福山、斗山馆谷；武夷则有六曲仙掌、一曲王湛会讲馆谷；南岳则有紫云馆谷。平生以兴学养贤为任，所至之地，咸有精舍赡田，以便来学。故所造就士，皆有得于先生之学，以淑其身，以惠诸人。孟氏以得天下英才而教育为乐，如先生者，可谓得其所乐也已。吾人为孔孟之徒，贵而有位，当以先生为法。

请迁寺

翟一东先生宗鲁，初为诸生，以博罗延庆寺逼近泮宫，上书督学魏公校曰：“凤鸱不并树而栖，兰棘不同林而植。今泮宫实压招提，庠声嚣于梵音，青衿杂于左衽，非所以息邪反经，崇儒贞教也。徙寺他所，以其地广学宫便。”魏公从之，谓此议可行于天下。

过洋乐

东莞李竹隐先生，当宋末，使其婿熊飞起兵勤王，而身浮海至日本，以诗书教授，日本人多被其化，称曰“夫子”。比死，以鼓吹一部送丧返里。至今莞人送丧，皆用日本鼓吹，号过洋乐，乐人皆倭衣倭帽以象之。

狱中拜节

陈文忠在刑部狱，值履端及万寿圣节。圜中故事，是早依官班向天北拜。或有谓囚服不宜拜节，有谓朝中亦有青衣小帽拜于墀下者。公谓：“君亲寿考，无日忘之。眇尔罪人，庸知改岁乎！”于是拜圣节，不拜年节。人以为知礼。

白　血

保昌有丘必明者，宋咸淳中进士也。德祐丙子，与东莞熊将军飞力拒元兵于梅关，战败被执，死之，白血飞流，无涓滴红者。其后文丞相遇害，颈中涌白膏，直喷数尺。忠臣之死，每有奇异若此。

麦公雨

麦公贞庵，名秀岐，番禺人，万历间以举人知万年县。县民弃女者载道，公于家乡取乳母十馀人，拾而养之廨中。儿稍长，乃还其父母。天大旱，上官使公祈雨，公不肯祈。问之，则曰：“万年百姓不仁，生女辄弃，天故以大旱罚之。民自今若不弃女，皆上要约于县，县乃为之祈雨。”上官诺之。公于是出教与民约，民皆乐从，愿勿复弃女。公乃徒跣出郊伏祷，大雨如注，民以为麦公雨云。

孝子粟

揭阳有周孝者，幼时问其母曰：“我当何名？”其母曰：“吾欲名汝以孝。”孝喜曰：“甚善！吾能孝，即无读书亦可矣。”家贫，躬耕以养，每晨具衣冠拜母乃出，暮归复然。岁大旱，乡人念惟孝可以动天，请于县令，礼致之。孝至，祷焉，天大雨，民以有年，因称为“孝子粟”。觉浪杖人云：“自古忠臣孝子，莫不以愚鲁而成。当王祥卧冰时，彼惟知有母，不知有身与夫天地造化也，而天地造化卒为之逆施，以答其诚，所谓‘其愚不可及’。”吾于周孝亦云。

沉原壤

陈岩野先生，少应童子试，学使者命题：“幼而不逊弟，长而无述焉。”先生与彭忠愍曜并录进庠。既十馀年，同案生八九十人，无有举贤书者，先生谓忠愍曰：“是岂原壤为祟耶？”乃以刍为原壤像，为文祭之，沉于江。是年忠愍得举。越三年，先生授兵部主事，以拜官日举于乡，冠带就鹿鸣宴，人以为荣。已而与忠愍同死国事，以忠节著。其未经禳除者，卒无一人通显。噫！亦信有兆欤？

广州时序

立春日，有司逆勾芒土牛。勾芒名拗春童，着帽则春暖，否则春寒。土牛色红则旱，黑则水。竞以红豆五色米洒之，以消一岁之疾疹，以土牛泥泥灶，以肥六畜。元日拜年，烧爆竹，啖煎堆、白饼、沙壅，饮柏酒。元夕张灯，烧起火，十家则放烟火，五家则放花筒。嬉游者，率袖象牙香筒，打十八闲为乐。城内外舞狮象龙鸾之属者百队，饰童男女为故事者百队。为陆龙船，长者十馀丈，以轮旋转，人皆锦袍倭帽，扬旗弄鼓，对舞宝灯于其上。昼则踢毽五仙观。毽有大小，其踢大毽者市井人，踢小毽者豪贵子。歌伯斗歌，皆着鸭舌巾，驼绒服，行立凳上，东唱西和，西嘲东解，语必双关，词兼雅俗，大约取晋人读曲十之三，东粤摸鱼歌十之四，其三分则唐人竹枝调也。观者不远百里，持瑰异物为庆头。其灯师又为谜语，悬赏中衢，曰灯信。二月始东作，社日祈年，师巫遍至人家除禳，望日以农器耕牛相市，曰犁耙会。清明有事先茔，曰拜清，先期一日曰划清。新茔必以清明日祭，曰应清。三月二十三日为天妃会，建醮扮撬饰童男女如元夕，宝马彩棚亦百队。佛山则以上巳为真武会，放大爆竹。四月八日浴佛，采面荭榔，捣百花叶为饼。是日江上陈龙舟，曰出水龙；潮田始作。五月自朔至五日，以粽心草系黍，卷以柊叶，以象阴阳包裹，浴女兰汤，饮菖蒲雄黄醴，以辟不祥。士女乘舫，观竞渡海珠，买花果于疍家女艇中。夏至磔犬御蛊毒，农再播种，曰晚禾。小暑小获，大暑则大获，随获随莳，皆及百日而收。七月初七夕为七娘会，乞巧，沐浴天孙圣水，以素馨、茉莉结高尾艇，翠羽为篷，游泛沉香之浦，以象星槎。十四祭先祠厉为盂兰会，相饷龙眼、槟榔，曰结圆，潮州则曰结星。二十五为安期上升日，往蒲涧采蒲，濯辟辟水。八月蓼花水至，有月，则是岁多珠。为大饼象月，浮桂酒，剥芋。芋有十四种，以黄者为贵。九日载花糕萸酒，登五层楼、双塔放响弓鹞。霜降展先墓，诸坊设斋醮禳彗。十月下元会，天乃寒，人始释其荃葛，农再登稼，饼菜以饷牛，为寮榨蔗作糖霜。冬至曰亚岁，食脍，为家宴团冬；墓祭，曰挂冬。小除祀灶，以花豆洒屋，次日为酒以分岁，曰团年。岁除祭，曰送年。以灰画弓矢于道射祟，以苏木染鸡子食之，以火照路，曰卖冷。

放　鹞

南海之佛山，岁九月十日为放鹞会。先期，主者悬式于鹞场。鹞皆以白楚纸为之，凡两翼，一竿一弓。翼广一尺，以平为上。竿长三尺，弓二尺。弦以竹根片或铜片，以薄为上。主者察之，嵌以印。放日，主者立一竿于地，长二丈，人十人为耦，离竿二丈，约之曰：“毋过竿，毋不及竿，出大竿，复出小竿，如是者赏。”约已，依次而度。鹞出于竿末，则以线之直上者为上；线已直上，则竿中更吐一竿，高至三丈，又以线之直出于三丈之末者为上；线既直出于三丈之末，又以鹞之声清和中节，而其态回翔合度者为上。

拾　灯

海丰之俗，元夕于江干放水灯，竞拾之，得白者喜为男兆，得红者谓为女兆。或有诗云：“元夕浮灯海水南，红灯女子白灯男。白灯多甚红灯少，拾取繁星满竹篮。”广州灯夕，士女多向东行祈子，以百宝灯供神，夜则祈灯取采头，凡三筹皆胜者为神许，许则持灯而返，逾岁酬灯，生子者盛为酒馔庆社庙，谓之灯头，群称其祖父曰灯公。八月十五之夕，儿童燃番塔灯，持柚火，踏歌于道曰：“洒乐仔，洒乐儿，无咋糜。”塔累碎瓦为之，象花塔者其灯多，象光塔者其灯少。柚火者，以红柚皮雕镂人物花草，中置一琉璃盏，朱光四射，与素馨、茉莉灯交映，盖素馨、茉莉灯以香胜，柚灯以色胜。

打 仔

下番禺诸乡，岁正月初旬，儿童先集山野间，以拳棒相角，谓之打仔。已而壮者蜂拥至助之，以胜负卜其乡一岁之兴衰。阳江县西有厮打冈，岁五月五日，乡人无老少，咸集奋斗，谓胜则一方吉利。此亦吴俗斗力之戏，各料强弱相敌，事类讲武。然非礼让之风也，宜禁。

吹角卖物

顺德之容奇、桂洲、黄连村，吹角卖鱼。予诗：“吹角卖鱼人，拾灯求子客。”其北水、古粉、龙渚、马齐村，则吹角卖肉。相传黄巢屯兵其地，军中为市，以角声号召，此其遗风也。

赌蔗斗柑

广州儿童，有赌蔗、斗柑之戏。蔗以刀自尾至首破之，不偏一黍，又一破直至蔗首者为胜。柑以核多为胜。有咏者云：“赌蔗斗柑独擅场。”

采青

琼州风俗之敝，尤在上元。自初十至十五五日内，窃蔬者、行淫奔者不问，名曰采青。此宜严禁。

永安崇巫

永安俗尚师巫，人有病，辄以八字问巫。巫始至，破一鸡卵，视其中黄白若何，以知其病之轻重。轻则以酒馔禳之，重则画神像于堂，巫作姣好女子，吹牛角鸣锣而舞，以花竿荷一鸡而歌。其舞曰赎魂之舞，曰破胎之舞；歌曰鸡歌，曰暖花歌。暖花者，凡男婴儿有病，巫则以五彩团结群花环之，使亲串各指一花以祝，祝已而歌，是曰暖花。巫自刲其臂血以涂符，是曰显阳。七月七夕，则童子过关。十四夕，则迎先祖。男子或结场度水，受白牒黄诰；妇人或请仙姐，施舍钗钿。仙姐与女巫不同，女巫以男子为之，仙姐以瞽人之妇为之。山深谷邃，淫昏之鬼或凭藉以为祸福，未可知。县令尝厉禁之，然其根株深固，未能剪除二三也。

祝灶

永安岁除夕，妇人置盐米灶上，以碗覆之，视盐米之聚散，以卜丰歉，名曰祝灶。男子则置水釜旁，粘东、西、南、北字，中浮小木，视木端所向，以适其方；又审何声气，以卜休咎，名曰灶卦。

吹田了

东莞麻涌诸乡，以七月十四日为田了节。儿童争吹芦管以庆，谓之“吹田了”，以是时早稻始获也。予诗：“芦管吹田了，中含祝岁辞。初秋几望日，早稼始收时。”

贪 吏

吾广谬以富饶特闻，仕宦者以为货府。无论官之大小，一捧粤符，靡不欢欣过望。长安戚友，举手相庆，以为十郡膻境，可以属餍脂膏。于是争以母钱贷之，以五当十，而厚责其赢利。其人至官，未及视事，即以攫金为事。稍良者或恣睢掠拾，其巧黠者则广布爪牙，四张囊橐，与胥吏表里为奸，官得三而胥吏得七。蚩蚩小氓，以边徼荒远见欺，淫刑枉法，其亦何求而不得乎？尝见一二婪吏矣，凡构讼者，两造皆勒其长夫。父告其子，则勒其父长夫；兄告其弟，则勒其兄长夫。而子弟亦不得免，皆勒长夫。家有美花珍果，墓有乔木，亦必勒其长夫。一长夫折金十四馀两，胥役携之入署，此婪吏者匿笑而受之曰：“吾不若是锱铢之取也，吾则无以应上官之诛求也。”嗟夫！吾粤之为官者，计其诛求之状，亦大抵以上中下三等相吞而已矣。上官耽耽乎中，中复耽耽乎下，下则无所耽耽也，亦惟于匹夫匹妇之微，穷其巧力而已矣。所由者，官者戾虫，民者甘饵，京师者饿虎之山，权贵者择肉之主。其不足以为水者，东粤之膏脂；不足以为薪者，东粤之筋骨。其以珠贝为泥沙者，取之匹夫而不足；以金钱为粪土者，取之匹妇而已有馀也。嗟夫！吾粤金山珠海，天子南库，自汉、唐以来，无人而不艳之。计天下所有之食货，东粤几尽有之；东粤之所有食货，天下未必尽有之也。故今之官于东粤者，无分大小，率务朘民以自封，既得重赀，则使其亲串与民为市，而百十奸民从而羽翼之，为之龙断而罔利。于是民之贾十三，而官之贾十七。官之贾本多而废居易，以其奇策，绝流而渔，其利常获数倍；民之贾虽极其勤苦，而不能与争。于是民之贾日穷，而官之贾日富。官之贾日富，而官之贾日多，遍于山海之间，或坐或行，近而广之十郡，远而东西二洋，无不有也。民贾于官，官复贾于民，官与贾固无别也，贾与官亦复无别。无官不贾，且又无贾而不官，民畏官亦复畏贾。畏官者，以其官而贾也；畏贾者，以其贾而官。于是而民之死于官之贾者十之三，死于贾之官者十之七矣。嗟夫！在昔国之富藏之于民，今也藏之于官，复藏于官而贾者，藏于贾而官者。民日穷而盗贼日炽，其祸不知所底。非有圣君贤相，端本澄源，以节俭为之倡率，禁难得之货，明贪墨之刑，则东粤一隅，何以有匹夫匹妇之性命也哉？噫！

卷十　学语

白沙之学

吾乡理学，自唐赵德先生始，昌黎称其“能知先王之道，论说亟排异端而宗孔氏”者也。宋则梁先生观国，有《归正》一书，谓苏氏父子所为文，出入禅谛，饰以纵横，非有道者之言。胡待制寅亟称之。明兴，白沙氏起，以濂洛之学为宗，于是东粤理学大昌。说者谓孔门以孟氏为见知，周先生则闻而知之者，程伯子周之见知，白沙则周之闻而知之者。孔孟之学在濂溪，而濂溪之学在白沙，非仅一邦之幸。其言是也。

白沙先生初学于康斋，而未有得。归坐春阳之台，潜心数年，乃恍然有得于孔、颜之所以为乐。其学盖本诸心，其功则得于静，故每以“静中养出端倪”教人，其言去耳目支离之用，非去耳目也，去其支离之用也。其不事著述，而欲归于无言，盖以道之显晦，在人不在言，伏羲著述止数画，而画前又有易，六经而外，散之诸子百家，皆剩言而已矣。又谓此理之妙不可言，吾或有得焉，心得而存之，口不可得而言之，比试言之，则已非吾所存矣。故凡有得而可言，皆不足以得言。

甘泉之学

甘泉初游江门，梦一老人曰："尔在山中坐百日，即有意思。"以问白沙，白沙不以为然。是则白沙亦未尝欲人静坐也。然明道见人静坐，辄叹为善学。紫阳亦曰："半日读书，半日静坐。"甘泉则谓："古之论学，未有以静坐为言者，程氏言之非定论。盖孔门之教，皆欲从事上求仁，动时着力。何者？静不可以致力，才致力，即已非静矣。故《论语》曰'执事敬'，《易》曰'敬以直内，义以方外'，《中庸》"戒慎、恐惧、慎独"，皆动以致其力之方也。故善学者，必令动静一于敬。"又云："涵养在敬，进学在致知。如车两轮，又如人行路，足目一时俱到。"明道云学在知所有、养所有，明道得孔孟之传者也。其语学也，上下体用，一贯中正而无弊，朱、陆各得其一体故也。朱语下而陆语上，宗旨各有所重。

白沙本于濂溪，阳明本于明道，其学未始不同。而当时二家弟子，各执师说不相下。有建宁太守者，为甘泉、阳明创大同书院于武夷，以见二家大同之意。甘泉闻之甚喜，谓："已与阳明，戮力振兴绝学，一以濂洛为宗，致良知以体道，犹磨镜以照物，不是一空知便已，故曰格物。物即为物不二之物，至善是也。知止、定、静、安、虑、能得，则格之矣。吾之言格物，与阳明之言致知，无二旨也。"顾端文云："阳明之知，即甘泉之物；甘泉之格物，即阳明之致知。"大均谓："知在于物，物外无知；物在于知，知外无物。知不可致，必格吾物以致之；物不可格，必致吾知以格之。格致一也。湛、王之说，善会之无有不同，格知中之物，致物中之知，而大学之道尽之矣。"

甘泉先生尝开礼舍僧寺，来学者令习礼三日而后听讲。讲必端坐观心，不遽与言，使深思以求自得。阳明云："甘泉之学，务求自得者也。世未之能知，其知者且疑其为禅。甘泉者，殆圣人之徒也。”青萝云：“阳明之学过于高，惟甘泉所论，纯粹平正，上下皆可企及。至于宋儒之中，专信明道，尤为独得之见。”先是，甘泉在京师，与阳明讲求正学，天下靡然从之，号阳明之派曰浙宗，甘泉之派曰广宗。而阳明早世，甘泉独以高寿作人，学者慕风而至，得以及门为庆幸。噫嘻，可谓盛矣！

甘泉翁年七十有五始得致仕，作歌云：“归来乎，而嗟余其归矣。东西南北之人兮，安所不之矣。水宿山栖兮，忍其饥矣。”因取道江浙，泛钱唐，游憩于武夷久之，尝为《九曲棹歌》，令诸生歌以相乐，有“一篙一篙至无终，篙篙相接终有通”之句。归至罗浮，日夕端坐石上，未尝至家。年八十复游南岳，筑室紫云峰麓，集衡阳人士而诲之，数月乃返。年九十二时，又游南岳，道过吉州，邹文庄率同志数百人趋迎，戒曰：“先生高年，犹殷殷访友，此可征其学矣。古云‘宪老不乞言’，吾侪无多问以烦长者也。”时文庄年亦六十，临别泪落沾襟，翁顾慰之曰：“谦之何悲也，岂以予年老不复再会耶？后十年当再过子。”其后四年，翁九十有六，又欲往游武夷，未行而病，临终为门人谆谆说《易》。昔人云：“人不学便老而衰。”若翁者，其真自强不息之力也哉！

弼唐之学

明兴，白沙氏起，其学以自然为宗、无欲为至，盖天之学也。天无欲而四时行，日月无欲而万物以之变化，圣人有所不知，有所不能，以其无欲焉耳。白沙得其微，当时来学者至倾天下。甘泉扩其绪而大之，及门四千馀人。然以为求友于南，得庞弼唐一人而已。初，弼唐讲学罗浮；官南都时，又讲学于新泉书院。年五十有三致政，乃请为甘泉弟子。甘泉命主天关讲席，都授广州，尝言：“吕泾野在北，庞弼唐在南，二子者，中分吾道而治，可谓不孤。”自甘泉没，弼唐与陈唐山、林艾陵、刘素予、黄莱轩、岑蒲谷、邝五岭、何古林、霍勉衷为天山讲《易》之会，四仲月，则大集天关。弼唐谓：“阳明之所谓‘知’，即朱子之所谓‘物’；朱子之所以格物，即阳明之所以致知，与甘泉体认天理之说不相悖。良知莫非天理，天理莫非良知，原无二旨。”当是时，甘泉、阳明二家弟子，各执其师之说，互有异同。自弼唐为之会通，而浙、广二宗，皆于弼唐悦而诚服。于时乡士大夫翕然和之，若何古林则讲学诃林，薛中离则于金山，黄泰泉于白云，钟叔辉于宝潭，杨肖斋、叶允中于归善，叶絅斋于罗浮，王青萝于粤秀。而其在广州者，遇朔望必偕至天关，就正于弼唐。絅斋云：“先生圣儒，不言而躬行。其质行，诸儒不能逮也。而教人则尤精微纯粹，要而不烦，可谓笃论者也。”弼唐名嵩，字振卿，南海人。

事　师

白沙之于吴聘君也，为之执役数月，而不敢请益一言。其后贺黄门钦于白沙亦然，既别，为白沙像事之，出告反面。周布政使于白沙，迎至藩堂，使之南面坐，受拜咨问，以风一方。而丁知县积者，初至新会，未视篆即上谒白沙，事以师礼。凡有所闻，行之惟恐不及。姜进士麟者，始见白沙，则曰：“吾阅人多矣，如陈先生者，耳目口鼻，人也，所以视听言动者，殆非人也。”人问之，辄曰“活孟子，活孟子”云。嘉鱼李世卿，三至白沙，其始也居七越月，继也一岁，又继则居二岁矣。当是时，师弟子相与登高望远，追逐云月，赋诗饮酒以为欢。至于何物而为道，何物而为学，其师不言，曰："吾以待世卿之自得也。"弟子亦不问，曰："吾亦待吾自得之也。"而白沙亦尝言曰："吾与世卿朝夕无所不言，所未言者，此心通塞往来之机，生生化化之妙，非见闻之所及者，将以待世卿深思而自得之，非敢有爱于言也。"此白沙深于爱世卿者也。湛文简初至白沙，斋戒三日而后敢求教。举于乡，即焚路引。从白沙十有三年，既得其旨，乃出而求仕，然犹一举足不敢忘师，所至辄为书院以奉之。又以白沙爱慕罗浮，向未能至，乃于黄龙洞为祠，以濂溪、豫章、延平与白沙并祀。又于衡山为岳麓精舍，专祀白沙。其后文简没，门人因以配享。论者谓："文简此举，以高明广大之地处其师，而即以之自处，盖真善于为学者也。"而庞弼唐者，于甘泉没，场居天蚕者三年，守天关讲席廿馀年，朝夕瞻拜不倦。他若钟景星、郭肇乾、陈谟三公，则皆弃舍举业，从文简燕京，服勤数载而后归。冼进士桂奇者，初分司冬官，即上疏求南，以从文简于南雍。而方文襄以吏部郎中位阳明上，因论学，遂事以为师。黄梦星者，承其父命，数千里往浙从阳明，居数月辄一告归省父，去二三月复来，如是者屡屡，阳明甚嘉叹之。杨复所之于近溪，无须臾离，亦图小像事之，岁时与同志祭奠。薛中离举进士后乞归，侍阳明于虔。阳明之没，为位兴隆寺，率同志数十人，朝夕哭焉。以行人求使山东，暇即王氏家经理其事。遂自越反鲁，谒孔孟庙，集多士大会于峄山讲学。还京，即疏请陆象山、陈白沙入祀庙庭，制从象山。罢归，又白当道立祠宗山，以祀阳明。之数公者，皆可谓善事其师，如七十子之心悦而诚服者也。今天下异端盛行，释老多而儒者少。士大夫即欲为儒，而无贤师可事，南北分家，意见各别，又安得有白沙、甘泉、阳明三先生者，倡明洙泗之学，以开聋瞶，予亦得周旋执御于其间也哉！

白沙弟子

《新会志》有《白沙弟子传》，弟子一百馀六人，以伍云为首。云字光宇，新会人，与李子长并知名。然白沙之门，见道清彻，尤以林先生光为最。光字缉熙，东莞人，所上白沙书，得力过于甘泉，可直接白沙学脉，《弟子传》当首缉熙。白沙尝语人云：“从吾游而能见此道践履者，惟缉熙耳。”甘泉亦云：“白沙夫子，崛起南方，溯濂洛以达于洙泗。当是时，得其门而入者，南川一人。”南川者，缉熙也。

罗公为师

东莞罗公亨信，以给事中丁艰归，设塾授徒，凡宗人朋旧子弟皆就学，不受束脩。凡三年，乃起复还朝。孟子谓人之患好为人师，如罗公者，吾患其不好为人师耳。

翟先生善教

博罗翟先生宗鲁，字一东，砥砺节行，居处必恭，行必古礼之循。来学日众，于堂下置茅蕝三：一收放心，在两阶间，来者居之旬日，放心收矣，乃升堂；一有过，在西阶下；一改过，在东阶下。知改移之东，能改复升堂。学者遵教惟谨。

拜五经

南海人陈元，自恨不学，晨夕陈五经拜之，久之忽能识字。归善杨先生传芳，居常读《易》，谓恐死去不见姬文、周、孔。每鸡鸣而起，焚香向《周易》再拜，日玩一卦，久之洞见象数之奥。新会人陈烈，读书苦无记性，一日读《孟子》“求放心”章，始知其故。静坐百日，遂能一览无遗。然甘泉云：“此事若非知本，恐亦未有所得，仍须以不求记为善学。”

斋居拜先师

南海陈先生激衷，号尧山，斋居设先师孔子位，朝夕礼焉。恒计勤惰以自罚，或立或跪，托先师让之曰：“激衷，尔有过，盍改诸？”深自刻苦，家人罕见其面。不设枕席者二年，倦则凭几，少息复起，明灯正衣冠而读。尝苦强记，因读程伯子“聪明睿智，皆从此出”，喜曰：“得之矣。”自是动静起居，一主于敬。尝言：“学者立志贵刚。观之乾为金，金百练斯纯，纯斯刚。吾人之学法天，非刚不可。”又言：“以吾心善念之微，敌百欲之攻，正如杯水胜车薪之火，苟非终日乾乾，顾諟警惕，恶能立而不变？故曰‘尊德性而道问学’。惟尊则不屈于欲，然后无以尚，学以充之，成性存存。道义之门易简而天下之理得者，此也。”又言：“圣人之教，小即大，浅即深，故曰‘下学而上达’。夫子食不语，寝不言，此正是参赞天地所在。文王与太姒相对时，即对越上帝。天匹男女，何私欲之与有？理在是，心在是，德在是，道在是，生生之谓易也。”

白沙从祀

薛文清从祀，议当隆庆时，朝臣以陈献章、王守仁并请，攻者纷如，上罢守仁，其后又罢献章。万历十二年，复以二子请，攻如前，上不听，乃与胡居仁并祀。四子学行不同，薛、胡宗朱子，陈、王宗大程子，而陈微兼濂溪，王兼象山，上兼收之，大哉圣学乎！

卷十一　文语

广东文集

予尝撰《广东文集》，其序云："广东居天下之南，故曰南中，亦曰南裔，火之所房，祝融之墟在焉。天下之文明至斯而极，极故其发之也迟，始然于汉，炽于唐于宋，至有明乃照于四方焉。故今天下言文者必称广东，盖其地当日月之所交会，故陶唐曰南交，言乎日月之相交也。日在南则月在北，月在南则日在北，上下相望以为交。生其地者，其人类足智而多文，固日月之精华所吐噏而成者。汉曰日南，举日而月在其中矣。天之阳在南，故曰日南。又其时为夏，辰为午，位为丙午，于卦为火在天上之象。火丽为日，日在天上，而天大有，其文明，君子当之。而以文章为富有之业，以大车载而享于天子，此文献《金鉴》之录，文庄《衍义》之补，文简《格物》之通，文襄《皇极》之畴，之所以与《皋谟》、《伊训》相彪炳也。自洪武讫今，为年三百，文之盛极矣。极而无以会之，使与汉、唐以来诸书，其远而为王范、黄恭之所纪述，近而为泰泉、梦菊之所编摩者，悉沦于草莽，文献无稽，斯非后死者之所大惧乎？嗟夫！广东虽一国乎，求文于人，人或不足于文；求人于文，文则有馀于人矣。博取而约之，撰为一书，名之曰《广东文集》，使天下人得见岭海之盛于其文，文存而其人因以存，以与《广东通志》相表里，岂非一国人文之大观乎哉？嗟夫！一国之人文，天下之人文也。知天下于一国，知一国于一人。此一人者，其出则必如文献，处则必如文恭者也。典型既往，后学无师，吾安得不为斯文之绪有深虑乎？”又云：“先是时，吾粤有《岭南文献》一书，吾尝病其文不足，献亦因之。盖因文而求其献耳，非因献而求其文也。斯乃文选之体乎？以言乎文献，则非矣。且岭南之称亦未当。考唐分天下为十道，其曰岭南道者，合广东西、漳浦及安南国境而言也。宋则分广东曰广南东路，广西曰广南西路矣。今而徒曰岭南，则未知其为东乎？为西乎？且昭代亦分广东为岭南东西三道矣，专言岭而不及海焉。廉、雷二州则为海北道，琼州为海南道矣，专言海而不及岭焉。今而徒曰岭南，则一分巡使者所辖已耳。且广东之地，天下尝以岭海兼称之，今言岭则遗海矣，言海则遗岭矣。或舍岭与海而不言，将称陶唐之南交乎？周之扬粤乎？汉之南越乎？吴晋之交广乎？是皆非今日四封之所至，与本朝命名之实，其亦何以为征？凡为书必明乎书法。生乎唐，则书岭南；生乎宋，则书广南东路；生乎昭代，则必书曰广东，此著述之礼也。以尊祖宗之制，以正一代之名，而合乎国史，其道端在乎是。且广东之文始尉佗，然佗真定人，或中国人相辅者为之，未必南武人之所作。即高固为相，尝以《铎氏微》进楚王，亦未闻有文可称。吾尝谓广东以文事知名自高固始，谓其能以《春秋》事君也；武事知名则始梅鋗，鋗亦无文。然则文其以汉之陈元为始乎？其《请立左氏》一疏，大有功圣经。次则杨孚有《请均行三年通丧》一疏，即其《南裔异物志》，辞旨古奥，散见他书，搜辑之亦可以为广东文之权舆。今徒以曲江冠简端，抑疏矣。嗟夫！广东自汉至明千有馀年，名卿巨公之辈出，醇儒逸士之蝉连，操觚染翰，多有存书。其或入告之嘉谟，或谈道之粹论，或高文典册，纪载功勋，或短章数行，昭彰懿行，其义皆系于人伦，其事多裨乎国史，作者深衷，鬼神可质。岂可挂一漏十，令其泯没无传？将一邦人物之盛，著作之宏多，反不如玓珠、翠羽、犀象、珊瑚、水沉、伽倻诸珍怪，犹能尽见于世，是岂有志好古敏求者之所忍乎？大均尝臆度之，大约大家数十，名家数百，近而穗城，远而琼甸，及此兵火之馀，搜罗残缺，出于壁中，求之枕上，犹可十而得五。一以慰孝子慈孙之心，一以开后生晚学之闻见。苟以卷帙浩繁为惮，务存简略，使先哲精神所注，耳目所存，虽有至文，不能溢乎数篇之外，如此即欲天下人尽征其文，已不可得，况于献乎？然欲多载乎文，以资观者之厌饫，而其文分体而不分人，人存其名而不存其事实，又以文选之实而冒夫文献之名，名文献实则文选，斯则大均之所不敢出也。若专以识夫献焉，将如《吾学编》、《列卿记》、《名臣言行录》、《献征》《献实》二录、《人物考》之类，以献为主，文为客，斯则《史记》之流，又大均之孤陋寡闻所未能也。无已，则以张天如所撰《汉魏百名家》为例可乎？其例也，人各一集，集分诸体，体不必兼，即一体亦成一集；不成一集，则以其可附者附之，稍加裁择，咸成雅驯，一篇一字，亦必以内圣外王为归，痛绝释老之言，阴寓《春秋》之法。书成，总计三百馀卷，集皆有原序、新序或书后，集末则以本传、行状、墓志附焉，俾其人生平本末尽见，易以考求，统名曰《广东文集》，分名则曰某人集。有谥称谥，不称官，以朝廷之易名为尊也。无谥乃称官，官以其代之官，以一王之制，不可乱也。官又以所赠之官，荣君恤也。无官则称处士，重高节也。非处士则或称生员、贡监生，以其尝欲求仕也；或称举人、进士，以其将出而仕者也。某某子与别号不称，以非其祖父之所命也。其集外诸家著书非文体者，约有百馀种，若丘文庄之《大学衍义补》，湛文简之《格物通》、《周易测》、《二礼经传测》、《非老》、《非杨》，黄宗大之《皇极经世传》，黄文裕之《乐典》，王光禄之《正学观水记》诸书，虽为体博大，为理精微，可以羽翼圣经贤传，概不编入，将别汇为《广东丛书》一部，俾与《广东文集》并悬日月，垂之无穷焉。斯二书也，《丛书》无所去取，贵大全也；《文集》中十汰二三，然亦宁宽毋严。盖以一省之书，非海涵岳负，无物不具，不足以称厥地灵，昭山海之精华，成人文之渊薮。即或瑕瑜不掩，弥见大家，譬之罗浮瑶石中有粗砾焉，不足以损其瑰丽也；旸谷扶桑上有槁枝焉，不足以累其轮囷也。嗟夫！广东者吾之乡也，一桑梓且犹恭敬，况于文章之美乎？文者道之显者也，恭敬其文，所以恭敬其道。道在于吾乡之人，吾得由其文而见之，以为尚友之资，以为畜德之本，岂非吾之所以为学者乎！其不能一一镂版以传，则以贫也，有所待于有力者也。然予将终身以之，若愚公之徙太行，精卫之填东海，不以其力之不足而中辍也，知者鉴诸。

尉佗书

南越文章以尉佗为始。所上汉文帝书，辞甚醇雅，其中国人代为之耶？抑出于南越人之手也？文帝曰："朕高皇帝侧室之子也，以王侯吏不释之故，不得不立也。"佗亦曰："老夫故粤吏也，妄窃帝号，聊以自娱也。"盖文帝有舜禹有天下不与之心，佗亦有文王事殷之德，君臣之间，以至诚感应，如响与声，信一时之盛事也。论者以文帝赐佗书，纯作家人父子语，不用欺，亦不示恩，所谓以德服人。然亦佗明哲炳于几先，故能变逆为顺，以相安于无事耳。噫，文之不可以已也如是哉！予撰《广东文选》以佗始，佗孙胡次之，重其文，亦重其智也。

粤人著述源流

汉议郎陈元，以《春秋》、《易》名家。其后有士燮者，生封川，与元同里，撰有《春秋左氏注》，陈国袁徽尝称其简练精微有师说。燮后有番禺董正，年十五通《毛诗》、三传《春秋》，知名公府。有南海王范，搜罗典故，为《交广春秋》，史称其事赡词密，谓交广之有纪载，自范始。有黄恭，亦南海人，以王氏《交广春秋》多所遗漏，乃为《王氏交广春秋补遗》，其论尹牙、丁茂、朱厓令女，皆以《左氏春秋》为断，后复广为《十三州记》。世以其书与杨孚《南裔异物志》、《临海水土记》并传。其族子整，博洽工文词，有集十卷。此吾广著述之源流也。而元父钦，得黎阳贾护之传，直接虞卿、荀况、张苍、贾谊、贯公、贯长卿、张禹、尹更始、尹咸、翟方进、胡常之一脉，源远流长，尝撰为《陈氏春秋》以自别。而《通志》谓陈元有《左氏训诂》及集若干卷，不言陈钦，岂元之所著多其父未竟之业耶？嗟夫！《春秋》者，圣人心志之所存，其微言奥指，通之者自丘明、公、穀而外，鲜有其人。粤处炎荒，去古帝王都会最远，固声教所不能先及者也。乃其士君子向学之初，即知诵法孔子，服习《春秋》，始则高固发其源，继则元父子疏其委。其家法教授，流风馀泽之所遗，犹能使乡闾后进，若王范、黄恭诸人，笃好著书，属辞比事，多以《春秋》为名，此其继往开来之功，诚吾粤人文之大宗，所宜俎豆之勿衰者也。元所撰，自《请立左氏学宫》与《请勿督察三公》二疏而外，有《承诏与范升辩难书》十馀道。其子坚卿，亦有文章名，能传祖父之业。噫嘻，陈氏盖三世为儒林之英也哉！

郭从事碑

东汉郭从事苍，字伯起，曲江人，以博学能文举茂才，为荆州从事。灵帝熹平三年，桂阳太守周某，开导昌乐泷，治崄为夷，以便舟楫，郡民颂之。从事为撰《神汉桂阳太守周府君功勋记铭》，曲江长区祉勒石泷上。至今知周府君之功，以此碑也。府君庙在乐昌县西北一百八十里武溪之上。武溪者，伏波将军马援南征时，其门人袁寄生善吹笛，援作歌以和之，名曰《武溪深》者是也。武溪之源出湖广临武，唐时名昌乐泷。泷有六，今名六泷，其曰韩泷者，以昌黎韩愈尝至其上，作《泷吏》诗故名。府君祠在韩泷上，祠旁祀愈及任嚣，以泷口有城，嚣所治也。碑旧在府君庙中，碑末有云“太和九年五月重修”，欧阳文忠《集古目录跋》云：“此君检《汉书》无之，今碑石缺，亡其名，惜乎遂不见于世也。”然碑文原云“府君字君光”，不言其名。而宋蒋之奇则谓府君名煜，其《续武溪深》词有云：“飞湍瀑流泻云岑，砰激百两雷车音。吾闻神汉之初始开劚，使君姓周其名煜。”嗟乎！府君之功，以从事之文而传，而其名偏不可考，或云“憬”，或云“昕”，“憬”或作“暻”，则皆以讹传讹而已。从事碑文甚奇古，六泷山水之胜，形容殆尽，其才亦扬雄之亚云。

赵进士文

赵进士德，海阳人。唐元和间，韩愈刺潮州，牒请摄尉海阳为衙推官，专勾当州学督生徒。于时潮之学者，翕然奋兴，以进士、明经贡于王庭者，岁有其人。苏轼云“始潮之人未知学，公命进士赵德为之师，自是潮之人笃于文行，延及齐民，至于今号称易治”是也。愈尝以平生所为文授德，德饥餐渴饮其中，沛然满足，因为《文录序》一篇，愈见而称善。比愈改官袁州，欲与俱行，谢不往。愈益高其风操，作诗相别，有云：“我迁于揭阳，有子可与娱。心平而行高，两通诗与书。婆娑海水南，簸弄明月珠。及我迁宜春，意欲携以俱。摆头笑且言，我岂不足欤？人心未尝同，不可一理区。宜各从所务，未用相贤愚。”自愈入粤，所与交游贤士，德与区册、区弘三人而外，邈无闻焉。而弘尤与周旋久，愈迁法曹时，送至荆门。其后入为博士，弘随愈至丹阳而别，于是愈有送弘南归诗，张籍亦有诗送弘。而德乃独徜徉洲屿，以道自娱，致愈有簸弄明珠之羡，其相知也深矣。论者谓弘即册也，其从愈修业摛文，粹然一出于正，比于乐正侯芭，皆可谓能自得师。而德崛起海隅，节概文章，卓有植立，为潮学者之所宗，固非待昌黎而后兴者。今以配享韩山，称为天水先生，俎豆勿替。噫嘻，其亦豪杰之士也哉！潮之文自德而始，有文录一序，可与昌黎集并传。

刘御史集

自韩昌黎入粤，粤之人士与之游，而因以知名于世者，在海阳则有赵德，在南海则有区册、区弘。于时昌黎于德有牒，又有诗以别之，于册有序，于弘亦有诗送之，至今粤人以为荣。若曲江刘君轲者，其在匡庐，梦书生遗二鸡子，事甚奇。昌黎过韶时，尝欲为文以传之，不果。君故能文，当时与韩、柳齐名，学士大夫之称韩、柳者，未尝不言及君。上京时，白乐天以书荐之于庾补阙、杜拾遗、元员外、牛侍御、萧正字、杨主簿兄弟，称君为人慕孟轲，为文慕扬雄、司马迁，所著若《翼孟》，若《豢龙子》，若杂文，于圣人之旨，作者之风，皆往往而得。于是君名动一时，人谓曲江公之后，岭南复有君接武其人云。君生平问学多得力于朋友。为僧时，师月华寺惠朗禅师，即大、小朗也。居罗浮，师寿春杨生，讲授《春秋》。在东林，则与隐者茅君游，又与扶风马植交善。植尝称其文为韩愈之流，疏荐于朝，君由此官至御史者也。先是时，君事黄老求轻举，继又参学浮图，习《南山疏钞》、《百法论》诸书，得其指归。已而尽吐弃之，专心儒术，直求三代圣王之道于《春秋》，得《春秋》之精微于三《传》。盖其睿智过人，非昌黎所谓魁奇而迷溺者可比也。昌黎尝以郴之为州，其忠信材德之民不可多见。今曲江亦郴之接壤也，君生其间，于异端之中入而能出。廖师虽或与游而不以告，而昌黎已深知之，其亦可以无憾于衡岳之精灵也已。君之祖自淮入湘，其父服贾郴、桂，因生君曲江。君弱龄好学，博洽群书，遂以《玉声如乐》诗举进士。曲江之举进士，盖自君始。嗟夫！天地之气，自西北而东南，闽之建州，吾粤之曲江，亦西北也。汉之时，吾粤文始于西，为陈钦、陈元父子。唐之时，吾粤文始于北，为张文献与君。文献与君，其又为粤北之终而南之始者也。君所著书，若《三传指要》，若《汉书古史》，若《黄中通理》，若《隋鉴》，若《三禅五革》及《翼孟》、《豢龙子》，皆亡，仅存者文十馀篇，予录之为《刘御史集》。

钟左丞文

钟左丞允章，番禺人。南汉主刘晟喜其才思敏捷，诰敕碑记，多命为之。游碧落洞有《云华御室记》，游罗浮有《蓬莱上界诗》，皆见褒赏。拜工部郎中、知制诰，声名藉甚。其后刘鋹于罗浮黄龙洞建天华宫，亦使为记，今不传，传其《云华御室》一记而已。南汉五十馀年无文章，惟左丞微见华藻，其藏于刘龚墓所谓康陵碑者，则翰林学士、知制诰、正议大夫、尚书右丞相卢应敕所撰，殊不工。然吾考钬时曲江有刘宾王者，撰《南汉国史》十二卷，亦曰《刘氏兴亡录》。此书必有文采可观，惜乎不传，想欧阳《五代史》，亦颇采用其说也。

易　史

黎美周读《易》，每以史系之，以爻配事，以事例爻，自谓："不烦太卜立筮、詹尹拂龟，吉凶瞭如，其明炳烛。张天如谓：'孔子忧时之作，挹损褒讳，莫如《春秋》；深切著明，莫如《易》。'后人以《春秋》言治乱，不若以《易》言治乱之尤长，故《易史》不可以不作。"《易史》美周未有成书，予尝欲踵为之。

日本遗书

日本之学始徐福。欧阳公诗云："徐福去时书未焚，遗书百篇今尚存。"归善叶春及尝上疏，请于纂修正史之日，檄至倭国，搜寻三代以前古书，或犹有什一之存。此议甚高。

二　礼

甘泉先生尝谓：《礼》二而已矣，曰《曲礼》，曰《仪礼》。孔子曰："经礼三百，曲礼三千。"子思子曰："礼仪三百，威仪三千。"威仪，其《曲礼》乎？礼仪，其《仪礼》乎？乃于读礼之后进《少仪》，参《曲礼》为上经，而《仪礼》为下经，定《冠义》等十六篇为《仪礼正传》，其《王制》等二十三篇杂记不可以分系者，为《二礼杂传》、《通传》。又别《小戴·郊特牲》等五篇，与《大戴·公符》等四篇，为《仪礼逸经传》。编既成，名曰《二礼经传测》。而吴文正之《三礼》，与二戴之全篇章句，补《仪礼》之缺者，则皆在所不取焉。

补乐经

甘泉谓："礼之起在节文，节文者礼之经也。乐之起在度数，度数者乐之经也。节文者，升降揖让之谓也；度数者，律吕声音之谓也。二《礼》之缺，予既已正之经传矣。《乐经》之缺，自年四十而致意焉，间取诸家律吕之说，而损益更张以文之，拟为《古乐经》一篇，而以《乐记》诸见于载籍者列于后，以为之传。经以定其度数，传以发其义理，而乐其可知矣。"又谓："《乐经》之散亡久矣，《乐记》之言，盖孔门弟子及秦、汉间诸儒所记，以发挥古乐之义者也，中多精妙之言。然每每以礼、乐对言之，非专传乐也。故予以《乐记》为乐传，不以为经。盖古谓传为记，如《仪礼》中多有'记'字，亦其传也。"

乐　典

香山黄文裕公，尝谓乐本于太极，函三为一，五声协五行，即《河图》也；八音合八卦，即《洛书》也。乃综核群籍，以《周礼·大司乐》为主，证以《乐记》，暨朱子、蔡氏诸编，登歌下管，参诸《诗》、《书》，无一不合。羽水知崇，征火礼卑，西汉以前，知音者类能道之。于是立乐均，述乐义，详载名物度数而阐明其理，合《大司乐》、《乐记》、《诗乐》共三十六卷，名为《乐典》，多扩前哲之所未发者。张文襄谓《乐典》一书，

《箫韶》可以复闻。而公常示门人以所制琴、瑟、钟、磬、管、笛、笙、箫，皆分宫商以倡和。一日奏乐，有两雉自天而下，和鸣飞去，盖文明之瑞应云。吾粤先辈多明于礼乐之原，公《乐典》而外，若湛甘泉有《补乐经》，梁东溪有《乐书》，各若干卷。《乐书》今散佚矣，《乐典》、《补乐经》犹存。圣君贤相欲兴起古乐，其必有取于是夫！

古小学

甘泉谓古者小学、大学皆有书，小学乃童子事，大学乃大人事。大学书杂于《戴记》中，程子既表章之。小学书今已残阙，散见于《礼记》诸篇，尚未有人简出复为一书。于是取《礼记》诸篇有小学事者，分为《蒙养洒扫》、《应对进退》、《事亲敬长》、《隆师亲友》、《礼乐》、《射御》、《书数》，凡七篇。有胎教之道，有接子见子之礼，有辅养太子之道，法通乎天子、元子、众子之事，其文则古，其事则小子之事。不敢以大人之事参之，恐其躐也；不敢以今文参之，恐其混也。书成，名曰《古小学》云。是书未成，予亦将继公之志。

大学衍义补

郭光禄梦菊，谓我粤士人释褐读中秘书，昔罕其俦，尔雅浩瀚若丘仲深，藻泽璀璨如黄才伯，咸蔚为时宗工。然《衍义补》一书，尤足征经世宏抱，则才伯逊席焉。才伯谓文庄公绩学修辞，直宗子朱子，而仰视圣祖睿制以为则，盎然而春阳和，炳然而象纬明，绳然如山河两戒相终始，真治世之文也。惜入辅已晚，平生德业之蕴，惟《大学衍义补》一编而已。盖惜之也。公进《大学衍义补》，时宪庙甚喜，谓有功于《大学》不小，以一部敕公建楼藏之。噫嘻，亦荣矣哉！

三字经

归善杨肖斋传芳，有《性理五经》、《子史摘要》，著为四字、七字经行世，今不存。其童蒙所诵《三字经》，乃宋末区适子所撰。适子，顺德登洲人，字正叔。入元抗节不仕，或问之，曰："吾南人，操南音，安能与达鲁花赤俯仰耶！"

朱子学的

丘文庄有《朱子学的》一书，分九篇以拟《论语》。其言曰："王通自著书以己拟孔子，愚则采辑朱子语，而窃推之以继孔子之后，非效通也，效曾子、有子之门人也。岂谓僭哉！"

晦翁学验

东莞林南川先生，尝取《朱子大全》读之，见其多有自悔之言，因知朱子之学，其所以悔者，乃其所以进，暮年体认，盖有人不及知而己独觉者矣。因取其警切要会录之，名曰《晦翁学验》。是书不存，予亦欲补为之。

壸　教

《壸教》者，宋南海人梁观国所撰，凡十五卷，授其女弟为师，使训闾巷童女，以守礼法。真德秀、胡寅尝称其书。明归善叶时，又尝著《阳礼书》以教子，《阴礼书》以教女若妇。诸女归，书醮辞于策，令习之。祭祀，夫妇洒扫涤器，菹醢必亲。朔望，先生率男，孺人率女妇谒祠，退，登堂相拜，乃据坐，儿女上谒受教。及儿女长，两人春秋高矣，日揖让如宾。诞，迭宾主再拜上寿，然后儿女更上寿，尽欢而罢。故叶春及称之云："惠江之学，造于夫妇，盖以身行其壸教者。"又香山黄佐有《姆训》一书，以《内则》、《曲礼》、《诗传》为主，而《列女传》、《女戒》、《家范》皆采入焉，皆淑正风化之要典也。

疑　耀

《疑耀》者，博罗张萱所撰，坊刻以为李贽，非也。中有称"予乡海忠介"语。又萱不喜佛，《疑耀》中辞多辟佛，谓《列子》述孔子言"西方有圣人"，西方圣人，即《诗》之"西方美人"，盖周文王也。此非贽之言明甚。

同文编

南海庞公嵩为曲靖太守，以云南滇池、迤东、迤西、伯夷、猡、缅之俗，人各异音，书各殊字，至伦斁行秽，娶婚同姓，兄收弟妇，弟室兄妻，习以为常，行之者自诿蛮夷，而吾之治之者亦以蛮夷待之，此非圣人有教无类之至意也。尝欲为《同文编》，首刻《三字经》以训夷童，次刻圣谕及《大明律》中关系人伦者，以训夷黎庶。因地审音，别为三类，大书汉字于前，附注夷字于下，一教曲靖、寻甸、武定、玀玀，一教迤东八百、老过、车里、孟良；一教迤西木邦、孟密、麓川、缅甸、干厓、南甸、陇川、孟定，使之幼习壮观，语由短以入长，文因浅以入奥，咸知圣字之可学，王道之易从。又以夷人无姓，止以“者”字、“阿”字起音，以者一、者二、阿骂、阿遮等为名，彼此相同，不能辨别，欲奏请赐姓一千馀字，多造红牌，刊刻赐姓于上，但无姓而原系一祖相同者给以一牌，祖宗多异者给以各牌，俾之定以为姓，永远勿易。有迁徙者，察明乃许寄居。仍禁不得同姓为婚，有犯者杖，断离异。此亦正蛮风之一助云。予谓推其说以教吾粤之瑶、僮、黎、岐，亦无不可。

外　志

叶石洞作《肇庆志》，其《外志》论云：“无不覆帱，天道也；如天之无不覆帱，王道也。王者无外，志有外何？因其外而外之，孰外？仙也、释也、瑶也、僮也，皆外也。仙、释、瑶、僮之为外何？仙、释蔑弃人伦而诡言出世，瑶、僮傲狠王法而自异齐民，皆外于圣人之教、明王之治者也，故外之。然则遂外之乎？固将内之也。外而曰内之何？《易》称“显比”，《书》曰“并生”，《春秋》“大一统”，归斯受之而已。是故志而外之，所以明有义也；外而志之，所以明有仁也。仁义立而王道备矣。”

极　衍

周杰，南海人，唐开成中进士，精历算，著《极衍》二十四篇，以究天下之数，占岭南可以避地，弃官而归。刘龑问国祚修短，杰筮之，得比之复，曰：“卦有二土，土数生于五，成于十，二五相比，以岁言之，当五百五十。”龑大喜。龑以梁贞明三年僭号，至宋开宝四年国灭，止五十五年，盖杰举成数以避害云。

二铁塔铭

广州光孝寺有二铁塔。其在东者，南汉主刘𬬮所造，最下一层铭云："大汉皇帝以大宝十年丁卯岁，敕有司用乌金铸造千佛宝塔一所七层，并相轮、莲花座，高二丈二尺。保龙躬有庆，祈凤历无疆，万方咸底于清平，八表永承于交泰。以四月乾德节设斋庆赞，谨记。"塔南面之左铭云："内殿大僧录、教中大法师、金紫光禄大夫、检校工部尚书、晓真大师沙门监造。"南面之右铭云："教中大法师、内供奉讲经首座、金紫光禄大夫、检校工部尚书、宝法大师沙门监造。"北面之左铭云："教中大法师、内供奉、金紫光禄大夫、检校工部尚书、□□大师沙门监造。"西面之前铭阙。北面之右铭云："教中大法师、金紫光禄大夫、检校工部尚书、□□沙门监造。"东面之左铭云："都监住持、秀华宫使、上将军、上柱国、□伯食邑十万户□□监造。"塔之在西者有铭云："玉清宫使、德陵使、龙德宫使、开府仪同三司、行内侍监、上柱国龚澄枢，同女弟子邓氏三十三娘，以大宝六年岁次癸丑五月壬子朔十七日戊辰铸造，永充供养。"其东塔雕刻盘龙，西者惟宝莲花，而高大相等。秀水朱氏有书《光孝寺铁塔记跋》云："呜呼！僭窃之主，未有愚于刘𬬮者也，谓群臣有家室，顾子孙，惟宦者可信，不知其植党纳贿更甚焉。铁塔建自大宝十年，凡七层，合相轮、莲花座，崇二丈有二尺。观其列名，皆宦者也。当其时，𬬮又范铜为己像，并肖诸子，列于天庆观，而今已亡之。盖金石刻之传于世，金之用博，故其铄也易。以予所见，自唐以来，惟景云观、法性寺二钟铭，及是塔记而已。"

秋痕

陈文忠在礼部时，所见朝廷大小政事随书之，以遗子弟，凡十九首，名之曰《秋痕》，中有可补国史者。其后在刑部狱，欲取文王以下人事稍著者，编为《狱史》，以刿心不果。

赤雅

邝湛若上元跨马，值南海黄令行幰，下骑弗及，令怒拘之。梁御史森琅为请罪，弗释。湛若微吟曰："骑驴适值华阴令，失马还同塞上翁。"弃家走粤西，登陟鬼门、铜柱之间，遍游诸岑及蓝、胡、侯、槃四姓土司，为瑶女执兵符者云亸娘之客。尝纪其山川、风土、仪物，及女君、天姬队，歌舞、战阵之制，为《赤雅》一书，奇怪若《山海经》、《齐谐》，华藻若《西京杂记》。其《述征》诸诗，多与《赤雅》相表里，好事者竞传于世。吾览之，知诸岑为汉将军岑彭之后，世为粤西君长，雄据蛮中，妇女亦称酋帅。岁时祭祀，以面为吴将军汉首，以代牺牲。而伏波苗裔，世称马流人，皆史书所未及载，亦一异也。

张孟奇所著

博罗张萱孟奇，所著有《汇经》、《汇史》、《史馀》、《汇雅》、《闻见录》、《古韵心口语》诸书，凡千馀卷。语人曰："世人贵远而贱近，吾且藏之罗浮石室中，百世下有同好者俟之；不尔，吾当还之于造化。"孟奇诸书，兵火后散佚殆尽，惟《西园汇集》、《疑耀》二书犹存。噫！岂其还之于造化耶？

谶

罗浮旧志云："后唐明宗天成中，罗浮掘得古剑，有篆文曰：'丁与水同宫，王将口耳同。尹来居口上，山岫护重重。'以献南汉主刘龑，国人莫之辨。及宋平广南，竞传其言，知者云宋太祖以丁亥年降生，是'丁水同宫'也。于文，口耳王为聖，尹口为君，重山为出，盖'己亥年圣君出'也。"又刘龑营构宫室，得石谶，有古篆十六，其文曰："人人有一，山山值牛。兔丝吞骨，盖海承刘。"解者云："人人有一，大人也；山山，出也；值牛者，龑建汉国岁在丑也；兔丝者，晟袭位岁在卯也；吞骨者，灭诸弟也。越人以天水为赵，为'盖海'，指宋国姓也；承刘者，言宋受刘氏降也。"又刘鋹时多火灾，令民家贮水，号防火大桶，时有童谣曰："羊头二四，日天雨至。"解者以"羊者未之神，是岁辛未二月四日，鋹国亡。"又谓："宋以火德王，房为宋分，天雨犹天水也，又王师如雨之义也。"又侬智高为狄宣抚所败，先有童谣云："农家种，糴家收。"

土　言

广州谓平人曰狫，亦曰獠，贱称也。《北史》周文帝讨诸獠，以其生口为贱隶，谓之压獠，威压之也。谓平人之妻曰夫娘。"夫娘"之称颇古，刘宋、萧齐崇尚佛法，阁内夫娘令持戒。夫娘谓夫人娘子也，广州则以为有夫之娘也。东莞女子，未字者称曰大娘，已字称小娘；众中有已字、未字，则合称曰大小娘。广州谓新妇曰心抱，谓妇人娠者曰有欢喜，免身而未弥月曰坐月，亦曰受月。谓子曰崽，《水经注》"弱年崽子"是也。谓云孙曰霉，玄孙曰塞，"息"讹为"塞"也。谓父曰爸、曰爹，

《南史》“湘东主人之爹”是也。阳春谓外祖父曰翁爹，外祖母曰婆爹，自称则曰侬。高明谓外祖父曰公低，外祖母曰婆低。东莞谓曾祖曰白公，曾祖母曰白婆，或止称曰阿白。广州谓母曰妳，亦曰妈，“妈”者“母”之转声，即母也。亦曰毑。凡雌物皆曰毑，谓西北风亦曰毑，盖飓与瘴皆名母，故西北风亦曰毑也。妇谓舅姑曰大人公、大人婆，亦曰家公、家婆，贾谊曰“与公并倨”，《列子》曰“家公执席”是也。子女谓其祖父曰亚公，祖母曰亚婆，母之父曰外公，母之母曰外婆，母之兄弟曰舅父，母之兄弟妻曰妗母，母之叔伯父母曰叔公、曰叔婆。孙谓祖母之兄弟及妻，曰舅公，曰妗婆。谓从嫁老妇曰大妗。醮子之夕，其亲戚送花于新郎房中者，男曰花公，女曰花婆。子初生者曰大孙头，子女末生者多名曰穧，新会则曰长仔，或曰尾。奴仆曰种仔，惠州曰赖子，言主人所赖者也。广州凡物小者皆曰仔，良家子曰亚官仔，耕庸曰耕仔，小贩曰贩仔，游手者曰散仔，船中司爨者曰火仔，亡赖曰打仔。大奴曰大獠，岭北人曰外江獠，小奴曰细仔，小婢媵曰妹仔，奴之子曰家生仔，螟蛉子曰养仔，盟好之子曰契仔，姻娅之使役曰亲家郎。东莞称无赖者曰趱子。又多以屎为儿女乳名，贱之所以贵之，男曰屎哥，女曰屎妹。谓赁田者曰佃丁、曰田客，赁地者曰地丁、曰地客，僦屋曰房客。巫曰师公、师婆，觋之夫曰觋公。琼女卖槟榔者曰山子，瑶之峑者亦曰山子。广州谓横恣者曰蛮。又曰蛮澄铱。铱，刘铱；澄，龚澄枢也。言其不循法度若此二人也。谓外省人曰蛮果，兴宁、长乐人曰哎子，海外诸夷曰番鬼。司柁者曰柁公、梢公，在船头者曰头公，二人为舟司命，故“公”之，即三老也。摇橹者曰事头。《宋书》：“萧惠开有舫十馀，事力二三百人。”事头者，事力之首也。立桅斗者曰班首，司篙者曰驾长，打牵曰牵夫。香山谓佃而服役者曰入倩，谓田主曰使头，其后反以佃户之首为使头。广州谓美曰靓，颠者曰废，鲠直曰硬颈，迂腐曰古气，壮健曰筋节，轻捷曰辘力，言其力如车之辘也。角胜曰斗，转曰翻，饮食曰吃。游戏曰则剧，杂剧也，讹“杂”为“则”也。谓淫曰姣，“姣”音“豪”；又曰嫪毐。谓聪明曰乖，谓不曰吾，问何如曰点样，来曰厘，溺人曰碇。走曰趯，取《诗》“趯趯阜螽”之义。攻治金铁之器曰打，为醮事曰打醮，取事物曰逻，骂人曰闹，挈曰扱起。东莞谓事讫曰效，游戏曰瞭，顺德曰仙、曰欣，新会曰流。指何处曰蓬蓬。顺德谓欺曰到，《史记》张仪曰“不如出兵以到之”，《索隐》曰“到，欺也”，犹俗云“张到”，谓张网得禽兽也；到，得也。张仪善欺，故谓欺人者曰张到也。以言托人曰詇，一作“映”。谓猥猿者曰魁摧，出贾谊《哀时命》篇，即《诗》之“虺隤”也。缝衣曰敹，《书》曰“敹乃甲胄”，凡细者曰缝，粗曰敹；着里曰缝，着边曰敹也。东莞谓光曰皎，“皎”音“效”。美好曰洒，持物曰的，肥曰凹。肉熟曰肣，《礼记》曰“腥肆爓腍祭”，注曰：“肣，熟也。”爓，或为膪也。广州谓烹物曰膪，亦曰焊也。谓港曰涌。涌，冲也，音“冲”。凡池沼皆曰塘，其在江中者亦曰塘，若白蚬塘、蠕塘、菱角塘是也，犹合浦海中之珠池也。凡水皆曰海，所见无非海也。出洋谓之下海，入江谓之上海也。出洋曰开洋，亦曰飘洋。谓潮曰水，潮起则曰水大，潮落则曰水干，廉、钦州谓潮以朔望而大者曰老水，日止一潮者曰子水。谓水通舟筏者曰江，不通舟筏者曰水，二水相通处曰滘。称山之有林木曰山，无者曰岭。广州谓门横关曰闩，谓帆曰軖，綩索曰繵，旁出者曰缆枝，小舟曰艇，泅水曰游，《南州异物志赞》：“合浦之人，习水善游。”芟草曰薅草，亦曰劳。谚曰：“耕而不劳，不如作暴。”树椮水中以挂罾曰罾罭，亦曰罾门。西宁谓鱼种曰鱼口，小猪曰猪口。广州谓卵曰春，曰鱼春，曰虾春，曰鹅春，曰鸡春、鸭春。数食篸曰几头，晋元帝谢赐功德净馔一头是也。数槟榔曰几口，陆倕谢安成王赐槟榔一千口是也；亦曰几子，陈少主尝敕施僧智𫖮槟榔二千子是也。数蕉子曰几梳，苏轼诗：“西邻蕉子熟，时致一梳黄。”谓衣一套曰一沓。沓，袭也，讹“袭”为“沓”也。楮钱一片曰一佰，线缕一绺曰一子，一家曰一主，一熟曰一造。掷骰子者，一掷曰一手。禽之窠曰斗，雌鸡伏卵曰哺斗，石湖云“雌雄曰一斗，十鸡并种，当得六斗”是也。琼州数尚六，禾六束曰一把，钱六百孔曰一贯，物六十斤曰一担。万州则以禾十二把为一担。潮阳以钱八十为一佰，曰东钱；筑墙纵横一丈曰一井。化州、石城间，贫者欲避火，门于野外，构茅以栖，名曰艼。雷州有艼村，有蒲艼，有新艼岛。吴川有芷艼镇，琼有芒艼港，儋有郎艼墟，定安有坡艼市，万有黎艼都，乐会有薄艼㴉陂，会同有李艼塘，文昌有罟艼墩，黎峒有岑艼、黑艼、居艼、陈婆艼。自阳春至高、雷、廉、琼，地名多曰那某、罗某、多某、扶某、过某、牙某、峨某、陀某、打某；黎岐人姓名亦多曰那某、抱某、扶某；地名多曰那某、湳某、婆某、可某、曹某、爹某、落某、番某。其近汉者，多曰𡚸某。𡚸，音“不”。香山中秋夕，剧饮月下曰饾中秋；发引之日，役夫踏路歌以娱尸，曰踏鹧鸪。海丰方言，其滨海者，大约与潮相近，如髻曰庄、鼻曰鄙、耳曰系、须曰秋、鸭曰哑、牛曰悟之类。其属于山者，语又不同，谓无曰冒，我曰碍，溪曰阶，岭曰谅。其疍人则谓饭曰迈，箸曰梯，碗曰爱瓦，盆曰把浪，拿网曰今网。狼人谓父曰扶，我曰留，彼曰往，女谓男曰友友，又曰友二，男谓女曰有助。谓娶曰换，野郎曰苦郎，那家曰扶间，有心有意曰眉心眉意。扁担曰闲，木曰肺，以榕木担相赠曰送条闲肺榕。头曰图，有歌曰：“三十六图羊，四十双图鸡。”僮谓花瓣曰花脉，花朵曰花桃。瑶谓鱼曰牛，不曰陷，有歌曰："牛大陷到石头边。"谓兄曰表，来曰大，有歌曰："表大便到木横底，娘大便到木横枝。"峯人谓火曰桃花溜溜，谓饭曰拐火農。琼语有数种，曰东语，又曰客语，似闽音。有西江黎语，有土军语、地黎语。地黎称峒名有三字者，如那父爹、陀横大、陀横小之类；有四字者，如曹奴那纽、曹奴那劝、曹奴那累之类；有六字者，如从加重伯那针、从加重伯那六、从加重伯那撐之类；有七字者，如从加重伯那白吾之类。其山多曰鹧鸪啼，村多曰荔枝。广州语多与吴趋相近，如须同苏，逃同徒，豪同涂，酒同走，毛同无，早同祖，皆有字有音。潮州或无字有音，德庆亦然。新会音多以平仄相易，如通作痛，痛作通。东莞则谓东曰冻，以平为去；谓莞曰官，以上为平。香山谓人曰能。番禺谓人曰寅。东莞之南头谓刀曰多。增城谓屋曰窜。广州谓父又曰爸，母曰妳；或以"阿"先之，亦曰"亚"。儿女排行亦先之以"亚"。谓视不正曰乜斜，"乜"音"咩"。射覆曰估，以刀削物曰剸，音"批"。细切物曰剽，音"速"。削去物曰劈，音"撇"。食饱曰餇，音"救"。以鼻审物曰嗅，许用切。谓多曰够，少曰不够，音"遘"。谓无尾曰屈，音"掘"；谓人无情义者亦曰屈。谓腿曰髀，音"彼"，髀也。以手搓物曰挪，音"傩"；以手按物曰捺，难入声。以拳加物曰搉，音"钗"。以手覆物曰揞，庵上声；以指爬物曰掠，乌寡切。般运曰摙，连上声。积腐秽曰攞搓，漱口曰敕口，"敕"音"朔"。谓人愚曰殢殌，怒目视人曰睐，音"利"。谓田多少曰几畛。肉动曰胝，音"彻"；疮肿起曰臖，兴去声。以足移物曰蹬，裸体曰軅軅，音"赤历"。不谨事曰邋遢，鼻塞曰鼻齆，音"瓮"。露大齿曰龅牙。新妇入门，使亲属老妇迎之，曰台步；是夕夫妇同牢食，曰暖房饭；次早见舅姑亲属，献币、帛、帨、履，曰荷惠。冬至围炉而食曰打边炉。元夕粘诗藏谜，以示博物通微，曰打灯。以鸽翎贯皮、钱踢之，曰踢毽，毽亦曰燕。谓云脚疏直曰风路，不知人之来历曰不知风路。龙门谓取妇时置酒延宾以迎之，曰接路。高要人谓婿曰郎家，女巫曰鬼魋。

讲　学

甘泉翁尝谓阳明："昔夫子忧学之不讲。夫讲必有同不同，不必同所以求其同也，然后义理生焉。如彼二磨，其齿不齐，然后粟米出焉。故天地之所以能化生万物者，以阴阳变合之不齐也。"翁平生好游，所至辄与士大夫讲学，年八十九十时，两至衡岳，舆榇相随，不为首丘之计。辙经道旁，观者如堵墙，称为圣人复出，争拜门下。先生继往开来之心，为日不足，九十有五，犹悬桶于门以求规益。使天再假之年，敢自一息满足乎哉？

皇明通纪之谬

东莞陈清澜所辑《皇明通纪》，谓李空同宦江西时与宸濠交欢，借势诬善，奏罢布政使郑岳之官。及濠事败，以交通系狱，禁锢终身焉。夫既与濠交欢矣，又借其势可罢人之官，而又一时自罢其官者何耶？濠之被俘，而词引空同，亦宿憾之所致也。赖见素林公持法不阿，遂已之，未尝逮系。其曰系狱、禁锢皆无之，陈盖得之传闻之误耳。考霍文敏为吏部侍郎，雅好空同，尝与诸公议于朝堂，曰："宋儒谓欧阳修'今之韩愈也'，若李献吉者，非今之韩愈乎？使之终老林下，得毋后世訾议吾辈耶？"诸公然之。文敏因疏荐，上命吏部起用，未果行。然文敏诚空同之知己矣。

卷十二　诗语

诗始杨孚

汉和帝时，南海杨孚字孝先，其为《南裔异物赞》，亦诗之流也。然则广东之诗，其始于孚乎？而孝惠时，南海人张买侍游苑池，鼓棹为越讴，时切讽谏。晋时，高州冯融汲引文华士与为诗歌。梁曲江侯安都为五言诗，声情清靡，数招聚文士，如阴铿、张正见之流，命以诗赋，第其高下，以差次赏赐之。此皆开吾粤风雅之先者，至张子寿而诗乃沛然矣。

曲江诗

东粤诗盛于张曲江公。公为有唐人物第一，诗亦冠绝一时。玄宗尝称为“文场元帅”，谓公所作，“自有唐名公皆弗如，朕终身师之，不得其一二”云。而公为人虚公乐善，亦往往推重诗人。为荆州时，辟孟浩然置幕府，又尝寄罗衣一事与太白，故太白有答公寄罗衣及五月五日见赠诗；而王摩诘有“终身思旧恩”之句，浩然则有陪公游宴诸篇。三子者，皆唐诗人第一流，他人鲜知罗致，独公与之相得。使玄宗终行公之道，不为小人谗间，则公之推诚荐引，以为国家经纶之用者，又岂惟诗人而已哉！剑阁蒙尘，始潸然追念。噫嘻，亦已晚矣！少陵云：“受谏无今日，临危忆古人。”盖谓公也。丘文庄言：“自公生后，五岭以南，山川烨烨有光气。”信哉！

陈琴轩诗

东莞陈琴轩先生琏，当永乐初，铺张国家威德，为《平安南》、《巡狩》、《平羌》三颂，及《铙歌鼓吹曲》十二篇以献。上大嘉悦，即以滁州守超擢西蜀宪使。文人之遇，视汉相如有过焉。

罗勉夫诗

顺德有罗彪者，字勉夫。永乐时，尝游京师，有一王府命工人图松，当成，彪见之，书题松诗一首。工人重其绢无以复，遂论彪污图，状于王。王目彪诗，奇其才，令给笔札复试之，彪受令顷刻奏。王悦，置酒饮彪，留为上客。彪顿首谢曰：“今俊旄列裾大王之门，不可胜数，臣愧乏枚、路之才，无为菟园重声价也。且臣南人，不能久客兹土，愿乞骨骸归。”王厚赐遣之，盖亦傥荡奇节士云。

神童诗

明初，惠来有苏福者，八岁能属文。举童子科赴京，以年小令还里中，有司给廪米。未几病卒，年十四。所著有《咏月》三十首，其《初一夜月》云：“气朔盈虚又一初，嫦娥底事半分无。却于无处分明有，浑是先天太极图。”弇州谓末二句，即湛甘泉亦说不到。论者谓维岳降神，以惠来地方百里，襟海戾山，其钟灵孕秀，亦非偶然。但其发泄太早，故享年亦促，譬之朝华之草，夕而零落，理固然耳。《中庸》云“苟不固聪明睿知”，乃知圣人未尝不神，然惟其固，所以圣也。猥谓海滨气薄不能容，岂定论哉？福入惠来乡贤祠，年十四而俎豆宫墙，亦天下之所希者。

白沙诗

白沙先生善会万物为己，其诗往往漏泄道机，所谓“吾无隐尔”。盖知道者，见道而不见物；不知道者，见物而不见道。道之生生化化，其妙皆在于物，物外无道。学者能于先生诗深心玩味，即见闻之所及者，可以知见闻之所不及者。物无爱于道，先生无爱于言，不可以不察也。先生尝谓人：“读其诗止是读诗，求之甚浅。苟能讽咏千周，神明告人，便有自得之处。”庞弼唐云：“白沙先生诗，心精之蕴，于是乎泄矣。”然江门诗景，春来便多，除却东风花柳之句，则于洪钧若无可答者何耶？盖涵之天衷，触之天和，鸣之天籁，油油然与天地皆春，非有所作而自不容已者矣。然感物而动，与化俱徂，其来也无意，其去也无迹，必一一记其影响，则亦琐而滞矣。此先生之所以有诗也。

粤人以诗为诗，自曲江始；以道为诗，自白沙始。白沙之言曰：“诗之工，诗之衰也。率吾情盎然出之，匹夫匹妇，胸中自有全经，此风雅之渊源也。彼用之而小，此用之而大，存乎人。天道不言，四时行，百物生，焉往而非诗之妙用？”此白沙诗之教也。甘泉尝撰《白沙诗教》以惠学者，然学白沙者难为功，学曲江者易为力。曲江以人，而白沙以天。诗至于天，呜呼至矣！

区海目诗

岭南诗，自张曲江倡正始之音，而区海目继之。明三百年，岭南诗之美者，海目为最，在泰泉、兰汀、仑山之上，其集有《前使》、《后使》二编及《海目诗选》行世。而虞山钱氏不获见之，此《列朝诗集》之憾事也。陈云淙云："海目太史之为诗也，浚南园五先生之源，而汇梁、黎诸公之流，盖雅道莫尚已。"其《谒张文献祠》云："一代孤忠在，千秋大雅存。诗才推正始，相业忆开元。曝日陈金鉴，蒙尘想剑门。更吟羽扇赋，摇夺不堪论。"即此一篇已工绝。海目有二子，启图、叔永，皆能嗣其音响。予尝与为雅约社，并序其诗，俾世之言诗者知吾粤，言粤诗者知区氏焉。

黎美周诗

美周诗，五古最佳。有《古侠士磨剑歌》云："十年磨一剑，绣血看成字。字似仇人名，难堪醉时视。"《结客少年场》云："生儿未齐户，结客少年场。借问结交人，不数秦舞阳。泣者高渐离，深沉者田光。醉者名灌夫，美者张子房。感恩思报仇，相送大道傍。"其困守虔州，临危时，击剑扣弦，高吟绝命，有云："壮士血如漆，气热吞九边。大地吹黄沙，白骨为尘烟。鬼伯舐复厌，心苦肉不甜。"一时将士闻之，皆为之袒裼争先，淋漓饮血，壮气腾涌，视死如归。以视李都尉兵尽矢穷，委身降敌，韦鞲椎结，对子卿泣下沾襟，相去何啻天壤哉！美周又有《花下口号》云："生平不事求神仙，愿上东海求仙船。童男童女各三千，教之歌舞及管弦。逍遥行乐二十年，遂令婚配同力田。可得万人驰九边，大雪国耻铭燕然，老夫须眉图凌烟。结屋花国临酒泉，名儒侠客列四筵。等闲诗赋人争传，乞得一字十万钱。”此篇予亦爱之，是皆不失英雄本色。他体仿佛西昆，则伤于绮靡矣。

黎美周尝客扬州，于郑氏影园，与词人即席分赋《黄牡丹》七律十章，已糊名殿最。钱牧斋拔美周第一，郑氏以书报曰“君已录牡丹状头矣”，以二金罍赉之。其后美周过吴下，人皆称“牡丹状元”。其诗有曰：“月华蘸露扶仙掌，粉汗更衣染御香。”又曰：“燕衔落蕊成金屋，风蚀残钗化宝胎。”皆丽句也。是时邝湛若亦赋《赤鹦鹉》七律十章，其句有云：“舞爱玉环低绛袖，歌怜樊素啭朱樱。”又曰：“飞琼阆苑乘朱雾，小玉璇宫化紫烟。”一时人士传诵，有“黎牡丹”、“邝鹦鹉”之称。

邝湛若诗

湛若，南海人，名露，少工诸体书。督学使者以恭、宽、信、敏、惠题校士，湛若五比为文，以真、行、篆、隶、八分五体书之。使者黜置五等，湛若大笑弃去。纵游吴、楚、燕、赵之间，赋诗数百章，才名大起。岁戊子，以荐得擢中书舍人。庚寅，奉使还广州。会敌兵至，与诸将戮心死守，凡十阅月。城陷，幅巾抱琴将出，骑以白刃拟之，湛若笑曰：“此何物，可相戏耶？”骑亦失笑。徐还所居海雪堂，环列古奇器、图书于左右，啸歌以待骑人，竟为所害。为人好恢谐大言，汪洋自恣，以写其牢骚不平之志；或时清谈缓态，效东晋人风旨，所至辄倾一座。至为诗，则忧天悯人。主文谲谏，若《七哀》、《述征》之篇，虽《小雅》之怨诽，《离骚》之忠爱，无以尚之。其《当事君行》云：“不哑吞炭漆为厉，殿屎入梁，匍匐入厕。更音易貌心苦悲，良友断肠，妻不与知。百年意气生命促，不斩君衣，何能瞑目。主仇未报白日逋，亮为国士，安得完肤。身无完肤仇未报，斩衣流血徒草草。褫仇之魄，以愧二心。臣命不如，臣心已穷。”盖可以见其志矣。子鸿，字剧孟，亦负不羁之才，年二十馀，能诗及击剑。先时丙戌之变，率北山义旅千馀，战敌于广州东郊，死之，得赠锦衣千户。父子皆烈士也，而世徒以为风流旷达诗人也。噫！

僧祖心诗

祖心，博罗人，宗伯韩文恪公长子。少为名诸生，才高气盛，有康济天下之志。年二十六，忽弃家为僧，禅寂于罗浮、匡庐者久之。乙酉至南京，会国再变，亲见诸士大夫死事状，纪为私史。城逻发焉，被拷治惨甚，所与游者忍死不一言。傅律殊死，既得减，充戍沈阳。痛定而哦，或歌或哭，为诗数十百篇，命曰《剩诗》。其痛伤人伦之变，感慨家国之亡，至性绝人，有士大夫之所不能及者。读其诗，而君父之爱油然以生焉。盖其人虽居世外，而自丧乱以来，每以澳涊苟全，不得死于家国，以见诸公于地下为憾。而其弟骥、騄、骊以抗节；叔父日钦，从兄如琰，从子子见、子亢以战败；寡姊以城陷，妹以救母，騄妇以不食，骊妇以饮刃，皆死。即仆从婢媵，亦多有视死如归者。一家忠义，皆有以慰夫师之心。嗟夫！圣人不作，大道失而求诸禅；忠臣孝子无多，大义失而求诸僧；春秋已亡，褒贬失而求诸诗。以禅为道，道之不幸也；以僧为忠臣孝子，士大夫之不幸也；以诗为春秋，史之不幸也。《剩诗》有曰：“人鬼不容发，安能复迟迟。努力事前路，勿为儿女悲。”又曰：“地上反淹淹，地下多生气。”呜呼！亦可以见其志也矣。

零丁山人诗

山人姓李名正，字正甫，番禺诸生也。丙戌城破，其父及于兵难。山人乃髡首，名今日僧，遁居零丁之山。遇哀至放声曼歌，歌文文山《正气》之篇。歌已而哭，哭复歌。四顾无人，辄欲投身大洋以死，与厓门诸忠烈魂同游。既又自念："吾布衣之士耳，与其死于父，何如生于君？死，于父则无子，斯死父矣；生，于君则有臣，其尚可以致吾之命，而遂吾之志也乎？"于是弃僧服而返。性好独坐，然亦非习为禅观者。一室深闭，人莫知其所为，窃窥之，每一剪发，即以纸钱包裹，具衣冠上山焚去，哭之呜咽。试问之，则曰："吾发欲还之父母也，全归之未能，故伤之耳。"酒酣，慷慨为诗。有曰："身当病后哀歌短，家自亡来骨肉轻。"又曰："多病一身堪久客，故园诸弟尚重围。"又曰："夜夜哀魂同梦父，年年孤影愧称兄。"又曰："当天落日愁无影，到地悲风壮有声。"皆悲酸惨绝，如猿吟鹤唳，不堪入耳。久之郁郁竟以死，年三十七。悲夫正甫！士之不幸，其至此耶？生既无可奋其才，死而忠孝之心又不白，后之人其终以正甫为何如人耶？其为桑门也臣之终，其弃桑门也子之始，终始之间，呜呼难言之矣！正甫一字零丁。零丁亦大洋名，自文文山一至，数百年乃有正甫以哀歌招其魂魄，文山其亦幸矣哉！

张璩子诗

东莞张璩子家珍，年十六，从其兄文烈公起兵。尝得良马，绝爱之，摧锋陷坚阵，数有奇功。马死，璩子哭之恸，葬于龙门山中。既十年所，忽夜梦驰驱如昔，悲鸣恋恋，觉而为诗吊之。其辞云：“久失飞黄马，空馀血战衣。可怜横草后，不得裹尸归。力尽犹追敌，功高几溃围。年来生髀肉，梦尔泪频挥。”

屈氏诗谱

洪武初，予八世从祖讳仲舒者，以元帅府总护出镇紫荆，有诗云：“塞上风霜旧，军中号令新。枕弓头印月，卧甲臂生鳞。慷慨酬明主，忠劳致此身。狼居封有日，归贺太平春。”十二世祖沧洲处士讳渶，著有《草虫鸣砌集》。十五世伯祖博翁处士讳群策，有《来薰书院集》。翁耆年硕学，高旷绝伦。白沙尝过其家，书“背处从他冷笑，眼前任我清狂”二语赠之。甘泉想慕其风，自京师寄酒一尊。翁答诗云：“野老何堪太史情，醇醪分注玉壶清。天生我有江湖兴，独自推篷对月倾。”其子青野翁讳某，尝与诸从结社龙山，著有《交翠轩集》。龙山在番禺水门乡，林泉幽邃，于沙亭相近，南临狮海，东接虎门，天气晴明，罗浮隐隐可见，翁甚乐之。有琴曰“一天秋日”，抚弄以自娱。白沙题句云：“凿开鱼鸟忘情地，展尽江湖极目天。”

屈道人歌

南海陈乔生，尝作《屈道人歌》见赠。有曰：“云中龙变化，隐隐见其鳞。支公与林师，仿佛云一人。方袍白足采兰蕙，僧伽未必非灵均。”方是时，予虽弃沙门服，犹称“屈道人”，不欲以高僧终，而欲以高士始，故乔生言之若此。

诗　社

广州南园诗社，始自国初五先生。越山诗社，始自王光禄渐逵、伦祭酒以训。浮丘诗社，始自郭光禄棐、王光禄学曾。诃林净社，始自陈宗伯子壮。而宗伯复修南园旧社，与广州名流十有二人唱和。叶石洞云：“东广好辞，缙绅先生解组归，不问家人生产，惟赋诗修岁时之会。粤人故多高致乃尔。”粤诗自五先生振起，至黄文裕而复兴。陈云淙云：“太史公谓齐鲁文学其天性，粤于诗则有然矣。我国家以淮甸为丰镐，则粤应江汉之纪，《风》之所为首二《南》也。五先生以胜国遗佚，与吴四杰、闽十才子并起，皆南音，风雅之功，于今为烈。”欧桢伯云：“明兴，天造草昧，五岭以南，孙蕡、黄哲、王佐、赵介、李德五先生起，轶视吴中四杰远甚。百馀年来，经术贵而声诗绌。一振于弘治、正德，大都三河、东西秦之产，淮南、江左稍稍响应。当世宗皇帝时，泰泉先生崛出南海，其持汉家三尺，以号令魏晋六朝，而指挥开元、大历，变椎结为章甫，辟荒薙秽于炎徼，功不在陆贾、终军下也。”桢伯与梁兰汀、李青霞、黎瑶石皆泰泉门人，其诗正大典丽，泽于风雅，盖得其师所指授。桢伯、兰汀尝以诗盛称京师，于鳞、元美辈欲连为八才子，旋以八才子中，粤居其二，心嫉之，且桢伯又非甲科，乃舍桢伯。王敬美云：“岭南故多娴于文辞，而欧先生为最，俯一第不足拾取，竟以常调为文学掌故。故事，掌故历郡国学即止，不复迁。欧先生所历皆上考，遂破选人格为国学掌故。居久之，将选入中秘，弗果，已遂迁为廷尉平。上下百年内，徐迪功由廷尉平左迁博士，欧先生由博士右迁廷尉平，相望两人耳。夫物不有以少为贵乎？自先生用掌故得廷尉平，天下以为少而贵之。其学无所不窥，而比事属辞，一禀于古，直溯建安、大历而上之。”而元美则谓：“瑶石五言古，自建安而下逮梁陈，靡所不出入，和平丽尔；七言歌行，有卢、杨、沈、宋之韵；近体沨沨，全盛遗响。诚征其辞而奏之肉，叶以正始，铿然而中宫商，盖十得八九矣。”知言哉！瑶石后有区海目者，直追初唐，置大历以下不复道。论者谓明兴，前后七子称诗，号翰林为馆阁体。海目始力祛浮靡，还之风雅。其《前使》、《后使》二集，虽使燕、许复生，亦不能有所加损。其论诗有云：“弘、正间，力驱宋元，还之古始，合者什一。近世求多于古，自用我法，未免恣睢于情之中，而决裂于格之外，按之而不合节，歌之而不成声。”其子启图亦云：“国朝之文章，自北地以还，历下继之，盛于嘉、隆，而即衰于嘉、隆。其病在夸大而不本之性情，率意独创而不师古，遂使唐、宋、昭代，畛分为三，声气之元，江河不返。”此皆笃论也。启图能承家学，与李烟客、罗季作、欧子建、邝湛若四五公者唱和。其雄才绝力，皆可以开辟成一家，而兢兢先正典型，弗敢陨越。所著悉温厚和平，光明丽则，绝不为新声野体淫邪佻荡之音，以与天下俱变，是皆岭南之哲匠也。慨自申、酉变乱以来，士多哀怨，有郁难宣。既皆以蜚遁为怀，不复从事于举业，于是祖述《风》、《骚》，流连八代，有所感触，一一见诸诗歌。故予尝与同里诸子为西园诗社，以追先达。然时时讨论，亦自各持一端。有举湛若之言者曰：“诗贵声律，如闻中宵之笛，不辨其词，而绕云流月，自是出尘之音。”王说作则谓：“君等少年，如新华乍开，光艳动人，然不久当落耳。必敛华就实，如果熟霜红，甘美在中，悦目不足，而适口有馀，乃可贵也。”湛若之言尚华，说作之言务实，合而一之，斯为有体有用之作。噫嘻！吾其勉之而已。

宝安诗录

明兴，东莞有凤台、南园二诗社，其诗颇得源流之正。琴轩陈公琏尝为《宝安诗录》，自宋元以至国初。其后祁方伯顺，增损为《前集》；自琴轩至方伯时得数十人，为《后集》；外郡士大夫有为宝安作者，亦因其旧增附焉。吾粤诸邑，惟东莞诗有合集。区启图尝梓同乡先辈选诗曰《峤雅》，凡五百馀家，其书未成。予撰《岭南诗选》前后集，《前集》自唐开元至明万历，《后集》自万历至今，人各有传，仿《列朝诗集》之体，积二十年，亦未有成书。可叹也！

粤　歌

粤俗好歌。凡有吉庆，必唱歌以为欢乐，以不露题中一字，语多双关，而中有挂折者为善。挂折者，挂一人名于中，字相连而意不相连者也。其歌也，辞不必全雅，平仄不必全叶，以俚言土音衬贴之，唱一句或延半刻，曼节长声，自回自复，不肯一往而尽。辞必极其艳，情必极其至，使人喜悦悲酸而不能已已。此其为善之大端也。故常有歌试，以第高下，高者受上赏，号为歌伯。其娶妇而亲迎者，婿必多求数人，与己年貌相若而才思敏给者，使为伴郎。女家索拦门诗歌，婿或捉笔为之，或使伴郎代草，或文或不文，总以信口而成，才华斐美者为贵。至女家不能酬和，女乃出阁。此即唐人催妆之作也。先一夕，男女家行醮，亲友与席者或皆唱歌，名曰坐歌堂。酒罢，则亲戚之尊贵者，亲送新郎入房，名曰送花。花必以多子者，亦复唱歌。自后连夕亲友来索糖梅啖食者，名曰打糖梅。一皆唱歌，歌美者得糖梅益多矣。其歌之长调者，如唐人《连昌宫词》、《琵琶行》等，至数百言千言，以三弦合之，每空中弦以起止，盖太簇调也，名曰《摸鱼歌》。或妇女岁时聚会，则使瞽师唱之，如元人弹词曰某记某记者，皆小说也。其事或有或无，大抵孝义贞烈之事为多，竟日始毕一记，可劝可戒，令人感泣沾襟。其短调踏歌者，不用弦索，往往引物连类，委曲譬喻，多如《子夜》、《竹枝》。如曰："中间日出四边雨，记得有情人在心。"曰："一树石榴全着雨，谁怜粒粒泪珠红。"曰："灯心点着两头火，为娘操尽几多心。"曰："妹相思，不作风流到几时。只见风吹花落地，那见风吹花上枝。"《蜘蛛曲》曰："天旱蜘蛛结夜网，想晴只在暗中丝。"又曰："蜘蛛结网三江口，水推不断是真丝。"又曰："妹相思，蜘蛛结网恨无丝。花不年年在树上，娘不年年作女儿。"《竹叶歌》曰："竹叶落，竹叶飞，无望翻头再上枝。担伞出门人叫嫂，无望翻头做女时。"《素馨曲》曰："素馨棚下梳横髻，只为贪花不上头。十月大禾未入米，问娘花浪几时收。"凡村落人奴之女，嫁日不敢乘车，女子率自持一伞以自蔽。既嫁，人率称之为嫂。此言女一嫁不能复为处子，犹士一失身，不能复洁白也。梳横髻者，未笄也。宜笄不笄，是犹不肯在花棚上也。十月熟者名大禾，岁晏而米不入，花浪不收，是过时而无实也。此刺淫女，亦以喻士之不及时修德，流荡而至老也。有曰："大姐姐，分明大姐大三年。担凳井头共姐坐，分明大姐坐头边。"言女嫁失时也，妹自愧先其姊也。有曰："官人骑马到林池，斩竿筋竹织筲箕。筲箕载绿豆，绿豆喂相思。相思有翼飞开去，只剩空笼挂树枝。"刺负恩也。有曰："一更鸡啼鸡拍翼，二更鸡啼鸡拍胸。三更鸡啼郎去广，鸡冠沾得泪花红。"有曰："岁晚天寒郎不回，厨中烟冷雪成堆。竹篙烧火长长炭，炭到天明半作灰。"有曰："柚子批皮瓢有心，小时则剧到如今。头发条条梳到尾，鸳鸯怎得不相寻。"有曰：

"大头竹笋作三椏，敢好后生无置家。敢好早禾无入米，敢好攀枝无晾花。"敢好者，言如此好也。其疍女子荡恣，如吴下唱杨花者，曰绾髻。有谣曰："清河绾髻春意闹，三十不嫁随意乐。江行水宿寄此生，摇橹唱歌桨过滘。"桨者，摇船也，亦双关之意；滘者，觉也。如此类不可枚举，皆以比兴为工，辞纤艳而情深，颇有风人之遗，而采茶歌尤善。粤俗：岁之正月，饰儿童为彩女，每队十二人，人持花篮，篮中然一宝灯，罩以绛纱，以絚为大圈，缘之踏歌，歌十二月采茶。有曰："二月采茶茶发芽，姐妹双双去采茶。大姐采多妹采少，不论多少早还家。"有曰："三月采茶是清明，娘在房中绣手巾。两头绣出茶花朵，中央绣出采茶人。"有曰："四月采茶茶叶黄，三角田中使牛忙。使得牛来茶已老，采得茶来秧又黄。"是三章则几于雅矣。东莞岁朝，贸食妪所唱歌头曲尾者，曰《汤水歌》。寻常瞽男女所唱多用某记，其辞至数千言，有雅有俗，有贞有淫，随主人所命唱之，或以琵琶、簶子为节。儿童所唱以嬉，则曰山歌，亦曰歌仔，多似诗馀音调，辞虽细碎，亦绝多妍丽之句。大抵粤音柔而直，颇近吴越，出于唇舌间，不清以浊，当为羽音。歌则清婉溜亮，纡徐有情，听者亦多感动。而风俗好歌，儿女子天机所触，虽未尝目接诗书，亦解白口唱和，自然合韵。说者谓粤歌始自榜人之女，其原辞不可解，以楚说译之，如"山有木兮木有枝，心悦君兮君不知"，则绝类《离骚》也。粤固楚之南裔，岂屈宋流风，多洽于妇人女子欤？

潮人以土音唱南北曲者，曰潮州戏。潮音似闽，多有声而无字，有一字而演为二三字。其歌轻婉，闽、广相半。中有无其字而独用声口相授，曹好之以为新调者，亦曰"辇歌"。农者每春时，妇子以数十计，往田插秧，一老挝大鼓，鼓声一通，群歌竞作，弥日不绝，是曰秧歌。南雄之俗，岁正月，妇女设茶酒于月下，罩以竹箕，以青帕覆之，以一箸倒插箕上，左右二人揕之作书，问事吉凶，又画花样，谓之踏月姊。令未嫁幼女，且拜且唱，箕重时神即来矣，谓之踏月歌。长乐妇女，中秋夕拜月，曰椓月姑，其歌曰月歌。疍人亦喜唱歌，婚夕两舟相合，男歌胜则牵女衣过舟也。黎人会集，则使歌郎开场，每唱一句，以两指下上击鼓，听者齐鸣小锣和之。其鼓如两节竹而腰小，涂五色漆，描金作杂花，以带悬系肩上。歌郎毕唱，歌姬乃徐徐唱，击鼓亦如歌郎。其歌大抵言男女之情，以乐神也。

东西两粤皆尚歌，而西粤土司中尤盛。邝露云："峒女于春秋时，布花果笙箫于山中，以五丝作同心结，及百纽鸳鸯囊带之。以其少好者，结为天姬队。天姬者，峒官之女也。馀则三五采芳于山椒水湄，歌唱为乐。男子相与踏歌赴之，相得则唱酬终日，解衣结襟带相遗以去。"春歌正月初一、三月初三，秋歌八月十五。其三月之歌曰《浪花歌》。赵龙文云："瑶俗最尚歌，男女杂遝，一唱百和。其歌与民歌，皆七言而不用韵，或三句，或十馀句，专以比兴为重，而布格命意，有回出于民歌之外者，如云：'黄蜂细小螫人痛，油麻细小炒仁香。'又云：'行路思娘留半路，睡也思娘留半床。'又云：'与娘同行江边路，却滴江水上娘身。滴水一身娘未怪，要凭江水作媒人。'瑶语不能尽晓，为笺译之如此。"修和云："狼之俗，幼即习歌，男女皆倚歌自配。女及笄，纵之山野，少年从者且数十，以次而歌，视女歌意所答，而一人留，彼此相遗。男遗女以一扁担，上镌歌词数首，字若蝇头，间以金彩花鸟，沐以漆精使不落。女赠男以绣囊锦带，约为夫妇，乃倩媒以苏木染槟榔定之。婚之日，歌声振于林木矣。"其歌每写于扁担上，狼扁担以榕为之，又以五采齘作方段，齘处文如鼎彝，歌与花鸟相间，或两头画龙。瑶则以布刀写歌。布刀者，织具也。瑶人不用高机，无筘无枝，以布刀兼之。刀用山木，形如刀，长于布之阔，锐其两端，背厚而掮，如弓之弧；刃如弦而薄。刳其背之腹以纳纬，而窻其锐而吐之以当梭。纬既吐，则两手攀其两端以当筘也。歌每书于刀上，间以五彩花卉，明漆沐之，以赠所欢。僮歌与狼颇相类，可长可短，或织歌于巾以赠男，或书歌于扇以赠女。其歌亦有《竹枝歌》，舞则以被覆首，为“桃叶舞”。有咏者云：“桃叶舞成莺睆睍，竹枝歌就燕呢喃。”

采诗歌

古者男年六十、女年五十，无子者，官衣食之，使采诗。邑移于国，国以闻于天子。吾越妇女，雅好为歌谣，诗多有发情止礼义，可以传于后世者。盖教妇人女子，莫善于诗。诚得老妇采之以献，如古之制，使闺门之内，无上下贵贱，皆用其风之正者，被诸管弦，一歌一咏，以陶淑性情，斯亦王化之一助也。考《风》之正者始《关雎》，而为文王妾媵之所作。文王善用其情，而宫中之人知之，未得淑女，则寤寐展转以思；已得，则琴瑟以友，钟鼓以乐。非文王不能有此敦笃，非宫中之人不能形容其风流。古之妇人女子能诗见录于圣人者，以此为首矣。然则诗歌者，妇人女子之事，所贵乎贞。贞，斯可传而已矣。

卷十三　艺语

白沙书

白沙先生善书。其《书说》曰："予书每于动上求静。放而不放，留而不留，此吾所以妙乎动也；得志弗惊，厄而不忧，此吾所以保乎静也。法而不囿，肆而不流，拙而愈巧，刚而能柔。形立而势奔焉，意足而奇溢焉。以正吾心，以陶吾情，以调吾性，此吾所以游于艺也。"甘泉云："先生初年墨迹，已得晋人笔意，而超然不拘拘形似，如天马行空，步骤不测。晚年造诣益自然，自谓'吾书熙熙穆穆'，有诗云：'神往气自随，氤氲觉初沐。'夫书而至于熙熙穆穆，岂非超圣入神，而手与笔皆丧者乎？此与勿忘勿助之间，同一天机，非神会者不能得之。学者因先生之书，以得夫自然之学，毋徒役耳目于翰墨之间，斯为可贵焉耳。"甘泉亦善书，尝与郑氏诗云："孔新爱我字，字者心之画。心苟有神妙，不画亦自得。由画以得心，立造神妙域。氤氲初沐时，太和未鸟迹。吾欲斩茅根，同子坐端默。"

白沙晚年用茅笔，奇气千万丈，峭削槎枒，自成一家。其缚秃管作擘窠大书尤奇。诸石刻皆亲视工为之，故《慈元庙》、《浴日亭》、《庄节妇》诸碑，粤人以为宝。甘泉亦能大书，南京燕子矶有"天空海阔"四字，刻绝壁上，旁一诗有云"新秋窈窕题诗还"。其《梅关》、《五仙观》、《浴日亭》三碑，人争拓之。吾粤先辈多善书。有赵东台者，于诃林书"梁唐嘉树"四大字。

而黎瑶石于锦石山书“华表石”三大字，大径丈馀，人皆以为神笔。瑶石真、草、篆、隶皆善，文徵明尝语人云：“书法嗣吾后者，惟敬也。”卒后，有购其一纸，辄出数金。高丽使至，必求其笔迹以归。邝湛若八分绝得汉法，楷书仿《颜氏家庙碑》。自书所撰诗集，使工刻之，卷首篆“藏之名山，传之其人”八字。东莞周一士以二王楷书书《五老园稿》，字若指头大，遒媚可爱，得之者珍犹美璧也。

诸家画品

白沙字，李子长画猫，梁市南、陈全人白描佛相人物，袁道生山水，黎叔宝印章，黄仲亨印纽，皆粤东之所贵也。尹伯阳花鸟，能曲尽其情状，稍惜笔重耳。凡写生必须博物，久之自可通神。古人贱形而贵神，以意到笔不到为妙。粤东以翎毛名者颇众，若吕纪、林良、张穆之皆神气生动，不甚着意，设色如生，故可贵。林良祖黄筌、边景韶，而枯荣之态，飞动之势似过之。章皇帝尝召良为待诏，一时画苑称雄。若马远以山水，刘鉴、陈瑞以松，钟雪舫以春草，皆自以为不及。白沙有题林良《林塘春晓图》云：“烟飞水宿自成群，物性何尝不似人。得意乾坤随上下，东风醉杀野塘春。”亦贵之也。有官能者，香山千户所小旗，生有巧思，欲与林良抗衡，所画鳞鬣亦精绝。又有张千户善画松，白沙有歌云：“张侯画松人不识，松不画横惟画直。上干青霄下盘石，倒卷苍龙二千尺。神物安可留屋壁，变化虚空了无迹，不然恐遭雷斧辟。左手执弓右持戟，取胜无过万人敌，侯莫画松费笔力。”张千户松不多有，观此歌亦可想见其妙矣。穆之尤善画马，尝畜名马曰铜龙、曰鸡冠赤，与之久习，得其饮食喜怒之精神，与夫筋骨所在，故每下笔如生。

尝言："韩干画马，骨节皆不真，惟赵孟頫得马之情，且设色精妙。"又谓："骏马肥须见骨，瘦须见肉，于其骨节长短，尺寸不失，乃为精工。"又谓："马相在骨，其腹前有两兰筋，常微动者则良，前蹄后有灶，谓之寸金。马奔驰时，后蹄能击到寸金，谓之跨灶。跨高一寸者为骏，低者次之。寸金处常破损如豆大，有血流出不生毛，是为跨灶之验。凡马皆行一边，左前足与左后足先起，而右前足右后足乃随之，相交而驰。善骑者于鞍上已知其起落之处。若骏马则起落不测，瞬息百里，虽欲细察之，恒不能矣。故凡骏马之驰，仅以蹄尖寸许至地，若不沾尘然，画者往往不能酷肖。"穆之画鹰及兰竹亦善。他若写山水者彭伯时、赖白水、英白石，花卉者赵裕子，兰者杨宪卿，竹者梁森琅、梁文震，皆一时高手。伯时名滋，性高简，不轻为人作画。尝有豪贵夺其田，曰："为我画，即归汝阳。"伯时唾之不为画，卒弃其田。

鼓琴

唐末，连州陈用拙善鼓琴，著有《琴籍》十卷，载琴家论议、操名，及古帝王、名士善琴者，以古调无徵音，乃补新徵音，谓商即徵音云。宋英德石汝砺亦善琴，所言乐律，一以琴为准，著《碧落子琴断》一卷，郑樵最称之。二书惜皆不传。明南海陈元诚制六虚琴，准古协度，以雷、张自况。白沙先生雅好琴，尝梦抚石琴，其音泠泠，有一伟人笑谓曰："八音中惟石音难谐，今子谐若是，异日其得道乎？"先生因自称石斋，有诗云："寄语了心人，素琴本无弦。"予为作《石琴歌》云："端州白石天下稀，声含宫商人不知。斫就瑶琴长四尺，轻如一片番流离。石音最是难调者，碧玉老人能大雅。由来太古本无弦，不是希声知者寡。无弦吾欲并无琴，琴向高山流水寻。人籁岂如天籁好，空中写出太初心。”石琴今在江门。碧玉老人，先生所自号也。

邝湛若有琴曰南风，宋理宗物也；又有绿绮台，先朝武宗皇帝御琴，而唐武德年所制者也。其游辄与二琴俱，有《西湖修琴社》及《琴酌送羽人》诗，他所咏亦多言琴。平生喜畜古器玩好，贫则以质子钱家。俗谓质曰当，当主例付票以为验，故湛若有《前当票序》、《后当票序》。视其目，皆奇器也，而二琴亦时出入质家。有诗云：“三河十上频炊玉，四壁无归尚典琴。”庚寅城破，以二琴及宝剑、怀素真迹等，环置左右而死，意若殉焉。越人莫不伤之，有为《抱琴歌》以吊者，曰：“抱琴而死兮当告谁，吁嗟琴兮当知之。”湛若既殉难，绿绮台为马兵所得，以鬻于市。惠阳叶锦衣见而叹曰：“噫嘻！是毅皇帝御琴也。”解百金赎归。暇日泛舟丰湖，出以相示，予抚之流涕，因为长歌，有云：“中书乃自刘家得，似捧乌号泪沾臆。珍重君王手泽馀，大弦小弦日拂拭。时飞纤指理南风，仿佛重华见颜色。”又云：“城陷中书义不辱，抱琴西向苍梧哭。嵇康既绝太平引，伯喈亦断清溪曲。一缕肠萦寡女丝，三年血变钟山玉。可怜此琴遂流落，龙唇凤嗉归沙漠。蔡女胡笳相惨凄，王昭琵琶共萧索。叹君高义赎兹琴，黄金如山难比心。我友忠魂今有托，先朝法物不同沉。”

南海陈拾遗善琴，有一古琴，不知其斫自唐代也。有客为言，向于某家见此琴，刻有“大历四年”四字，今底池旁，惟新漆一方，盖旧漆剥去，字无存矣。于是拾遗欣然知琴之岁，为诗云：“端居珍所尚，三叹少知音。不遇丁年友，那称大历琴。”

黄仲亨刓玉

东莞黄贞仲亨，性绝巧，所制金石竹木诸弄物，及雕刻印纽，为天人、山鬼、螭虎、白泽、飞狐、虫、鸟，各依石玉之色，点黄缀白，一一天成，即瓦砾入手，亦生光怪。湛若有《刓玉歌》云：“宝安山人黄仲亨，离奇坎砢尤多能。文心赋手老莫展，乃与怪石争崚嶒。有时得钱但沽酒，蛟螭盘拿入双手。不知切玉与切泥，但见鱼凫飒飞走。”南海有朱未央者，所摹秦、汉印章，亦古雅，于晶玉上作蝇头真草字体，遒媚如二王，迅疾若风。

刻　印

陈乔生善篆刻，尝为《四面石章赋》云：“印章之便者，莫如四面矣。六则妨持，两则罕变。酌于行藏，四始尽善。若夫青田旧冻，美石胜玉。净比菜心，润同栗熟。磨之方正，角八面六。随手皆安，平心各足。罔事螭蟠，奚容斗覆。或方孔横通，或混沌不窍。贯组何伤，待铭亦妙。小匠既治，名公始制。逖访甘（寅东氏）何（雪渔氏），迩推陈（元水氏）魏（石藏氏）。祖述秦汉，旁搜书契。龙信蠖屈，凤仪虎势。或虫籀以间斯冰，或斋堂以参名氏。或阴文而配阳字，或道号而隆私记。油朱璀璨，铁笔神丽。缓用勤拭，披文游艺。故足贵也。彼夫刻意龟驼，殚精绾纽。不解六书，徒作矫鞣。玩物丧志，亦孔之丑。吾无取焉。”

制　砚

陈中洲有小端砚，其赋有云："水岩紫云，砚惟此珍。谁其琢之，专诸巷人。堂似坳而非坳，池既凿而未凿。底欲刳而不刳，边务扩而即扩。"四语尽砚式之妙。

陈孟长瓦器

新会陈孟长，居厓门，称高逸士。美周谓其人性巧嗜奇，每拾沟中零瓦，因其方圆，磨砻凑合，为盆盎瓶盂诸器，精雅绝伦。湛若谓："孟长削竹为箸，琢瓦作釜，饰以箴铭，疾如风雨，使人得其精而忘其粗，尚其象而升其质，莫不以为异宝。其人深湛好书，工吟咏，尤善集古，能不自运，托古人以运，矢口成声，随触生变，吻其新容，夺其故相，如出一口一时之语。以彼之才，托之于诗与物如此，天固以无用奇孟长，而孟长亦欲以无用自奇耶？"

卷十四　食语

谷

东粤少谷，恒仰资于西粤。西粤之贵县尤多谷，然其地僻在山溪，稻田亦少。其谷多半出于东粤灵山。《广州记》云：“交趾有骆田，仰潮水上下，是名雄田。其禾能风旱而早实。”今灵山亦交趾地也，土广而人稀，美田弥望，无分高下，皆有水泽沮洳之润。民务耕耘，尚畜牧，以牛之孳息为富。谷多不可胜食，则以大车载至横州之平佛，而贾人买之，顺乌蛮滩水而下，以输广州。盖西粤之谷，亦即东粤之谷也。东粤自来多谷。志称南方地气暑热，一岁田三熟：冬种春熟，春种夏熟，秋种冬熟，故交州有三田。又语曰：“交人有三熟之禾，南海有九熟之禾。”而其地边于海洋者，田无淳卤，潮汐之膏，鱼蛤之肥，打秧而不薅草，大禾尤易生育。东粤固多谷之地也，然不能不仰资于西粤，则以田未尽垦，野多污莱，而游食者众也。又广州望县，人多务贾与时逐，以香、糖、果箱、铁器、藤、蜡、番椒、苏木、蒲葵诸货，北走豫章、吴、浙，西北走长沙、汉口。其黠者南走澳门，至于红毛、日本、琉球、暹罗斛、吕宋，帆踔二洋，倏忽数千万里，以中国珍丽之物相贸易，获大赢利。农者以拙业力苦利微，辄弃耒耜而从之。惟下番禺诸乡，其俗微重朴勤，能尽地力，早禾田两获之，馀则莳菜为油，种三蓝以染绀，或树黄姜、薭麦，或蔓菁、番薯。大禾田既获，则以海水淋秆烧盐。其平阜高冈，亦多有荻、蔗、吉贝、麻、豆、排草、零香、果蓏之植。民皆纤啬筋力，以本业为孳孳，亦可谓地无废壤，人无游手者矣，然其谷亦不加多。往者海道通行，虎门无阻，闽中白艚、黑艚盗载谷米者，岁以千馀艘计，甚为广人大患。今也边禁既严，艚船稀至，而天下游食奇民，日以辐辏，若士宦，若工商，若卒徒白抢，若倡优游媚，增至数千百万，咸皆以东粤为鱼肉，恣其噬吞，如蝼蚁之附羶，蚕之食叶，斯亦已耳。谷之所由以空乏，不其然欤？地虽膏腴，而生之者十三，食之者十七，奈之何而谷不仰资于西粤也？然今西粤频年苦兵革，有司者罕以劝农为务，小民不以地著而安，服畴无人，死徙载道，而谷亦渐稀少矣。虽灵山产谷之地，其土沃，其水肥仁，亦且荒芜弥望。有司者苟能给发官钱，为之治草庐，具牛种农器，使得各尽地利，则民之良者犹不致玩巧而事末，而暴者亦可不务兼并，或去而椎剽为盗也。不则尽迁广州招抚之盗以实之，使之屯垦荒田，以分其势，无复仍居故土，寓盗于农，以为乡闾患害，则亦足食一良策也。

东粤之稻多种。有曰香粳，粒小而性柔，甚香；其红者曰香红莲。有曰珍珠稻，粒圆而白；最早者曰六十日，种之六十日而熟，又曰蝉鸣稻。又有西风早、光早、乌早。最迟者曰芮稻，二月种，至十月熟。曰界稻，十一月种，至四月熟，界在两年，亦曰三时稻。其出于徐闻、阳春、澄迈者曰香稻；出番禺者曰斜禾，与吉贝、茶、豆、胡麻杂植丘阜间，名曰种斜，粒白而长，亦绝香。而从化有赤粘、白粘、黄粘、花粘、薯粱粘、鹧鸪粘、深水莲。糯则有黄、白、红、麻四种，粳有馀粳、赤粳，宜作糍饵，皆谷品之良者。其生畬田者曰山禾，亦曰山旱，曰旱稌，藉火之养，雨露之滋，粒大而甘滑，所谓云子，亦曰山米也。当四五月时，天气晴霁，有白衣山子者，于斜崖陡壁之际，劙杀阳木，自上而下悉燔烧，无遗根株。俟土脂熟透，徐转积灰以种禾及吉贝绵，不加灌溉，自然秀实。连岁三四收，地瘠乃弃，更择新者，所谓畬田也。而罗浮山上，神皋奥沃，瀑水流离四注，悉成天田，虽千仞之巅皆可稼。焚石本之，莳而不耘，岁且两收，此尤山田之美者。其生沙滩者曰大禾。三四月间，乘水节种之，潮而润至，汐而膏留，莳得其强，则毛蟛蜞不食。八月花收，九月垂头，粒大而饭多。其田在海濒，弥望斥卤，自一沙至于八沙，外沙岁有赢壤。三岁种草，四岁种禾，子田之利，常浮于其母，有肥毋硗，秋粮亦薄，此则水田之美者。凡粤之田，近海者虞潦，则有基围；近山者虞旱，则有水车，故凶荒之患常少。其大禾田，岁一收；早禾田，岁种早粘、早糯，则二收。晚收于九十月，米得金气，多性凉益人；早收于五六月，米得火气，多性热而功用不及。然大率以粘米为贵。粘米似粳而尖小长身，其种因闽人得于占城，故名占。亦曰籼，籼音“仙”，先熟而鲜明，故谓之籼。气味清芬，性温无毒，最可以和脾养胃。郁溪云：“百谷之早熟者应之火变，迟收者应之金成，故迟收者为嘉谷。”梁氏谓谷之成而色黄者，得金之气正也。粟为西米，西，金也。金为秋，秋之义取禾与火。禾为众卉之首，火有成金之功，成金所以成木，故粟以秋收者为贵。或谓粳米赤者粒大而香，水渍之有味益人，以其赤有火气也。白者凉，食之生痰。南、韶诸处，以白者蒸晒为炒米，和油茶食至极饱，体加和畅，此亦既济之道也。

广州之稻，每十月获终，即起土犁晒，根荄霜凝，则田可以不粪。立春后十日浸种，至小暑前五日尽熟，五月中即有新米，谓之吊犁早。稍迟者曰百日早，曰夏至白。此谷既升，又复插莳，曰莳翻利，亦曰翻藁。翻者，晚谷也。晚谷每亩所收，少于早稻三之一，是为两熟。其一熟者为潮田，秋分而获，寒露而获，至霜降而毕获，谚云“好禾不过降”也。每亩丰者四石，芒长粒大，炊之多饭，胜早稻。早稻子粒小，炊之少饭不耐饱。耕者必兼二田种之，自夏至秋，无时不获，无谷不备，是为上农。琼南腊月而秧，四月而获，曰小熟，谓之春耕；五月而秧，九月而获，曰大熟，谓之秋耕。盖以穗粒之厚薄分大小熟，故有春秋之名。若勤于耒耜，则一年有三熟之稻矣。崖州左右曰东西里。西里如琼。东里则腊月种，三月收；四月种，七八月收，三冬皆可杂艺。相距十里，而气候迥不同焉。占城在崖之南，其谷益早而美，以天暖更多也，故吾粤最重占米。万州岁凶，则以薯蓣、桄榔面、南椰粉、鸭脚、狗尾等粟充饥，耕者颇少。然琼山人亦皆从事贸易，不甚力耕。禾虽三熟，而粳稌往往不给，多取盈于果蓏。家有槟榔之园、椰子之林，斯则膏腴之产矣。蓬获中又多薏苡，玉粒绛珠，与葛藟相纠，可以为药为粮。而甜薯尤多，子瞻云“海南以薯米为粮，几米之十六”是也。

上番禺之粪以牛骨，下番禺以茶子麸、麻麸。他山县以石，石以火之热去水之寒，其禾苗乃长，又能腌死蛙蛤以为肥，然其谷未免稀少。潮田则不然，愈低则愈肥，新生之沙则更肥。以海上淤泥，随潮而积，人居所流之恶归焉，流至田裙，旧沙母之，新沙则其子也，子常肥于母，以污垢多而新也。其壤黑，其湴腥，故其稼壮大，少弟而多兄；其秆长，务出水上，故气力重而宜人。早熟于秋分，迟亦不过霜降，金气之精华在焉，故为养人之嘉实，是谓大禾。禾以潮田为大，故积谷者尚之，谓能久而不敝。

北方寒，粳性多凉，八九月收者即可入药；南方热，粳性多温，必十月收者乃可入药。以是时火衰而金王，金之气盛，故粳入肺而解热。粳者，更也，去火故而取金新，故曰更。更，革也，金革其火也。早粳得土气多，故赤者益脾，而白者益胃。

岭南之粳性热，惟土人宜之，而赤粳、新粳尤热；白粳、陈粳凉，晚白粳寒。新者乍食动风气，陈者下气易消。

岭南之谷多粘，有青粘、黄粘、花粘、银粘、油粘。又有鼠牙、虎骨、冷水、抛犁、麻包、锦黄、鱼串之目。而交趾粘为多。糯则有安南糯、斑鱼糯、白糯、黄糯、蕉糯、油糯、翻生糯、荔支糯、金包银糯十馀种，而其性多变，苏子瞻言：“海南秫稻，率三五岁一变。顷岁儋人最重铁脚糯，今岁乃变为马眼糯。草木性理，有不可知者。”岭南以粘为饭，以糯为酒，糯贵而粘贱，其价倍之，盖以其性善变，罕得佳实云。

岭北多火耕，岭南多水耨。水耨者，地苦舄卤水咸，大禾难育，故必天雨水淡，乃多稼而米粒甘。山田两熟者以水淡，潮田一熟者以水咸。咸生于潮，潮者阴火之气也。苗以阳火之气而肥，此烧畬所以美稻粱也。大抵田无高下皆宜火，火者稻秆之灰也。以其灰还粪其禾，气同而性合，故禾苗易长。农者稻食而秆薪，以灰为宝。灰以粪禾及吉贝、蔗、萝卜、芋薯之属，价少而力多，自然之利也。

黎人性蠢，所居凭深阻峭，无平原旷野，伐树火之，散布谷种于灰中，即旱涝皆有收获。逾年灰尽，土硗瘠不可复种，又更伐一山，岁岁如之，盖天所以制其力也。或有诗云：“火粒收畬客。”凡畬田所生曰火粒，石田所生曰石粒。石灰咸，其粒颇苦；木灰淡，其粒绝甘。故琼人最重黎米，他处则重瑶豆。瑶豆绝大而甘，亦火粒也。盖琼田滨海洋者，苦风涛变为斥卤。附黎人者，患剽劫渐致污莱，惟居中一带稍膏沃，然春秋之间，黎水横溢，又往往以淡伤为苦。故岁中亩无半收，田皆下下，即上田每亩不过五斗。三农率贪天功，所谓上次者不可得也。女妇不知布帛，惟以经营为计，不如畬人者举家力作，犹可给其谷豆也。

黍　稷

岭南少黍稷，然其黍见称于古。《吕氏春秋》云：“饭之美者，南海之秬。”秬，黑黍也。《尔雅》曰“粢稷”，孙炎曰：“稷者，粟也。”岭南人不知稷之为粟，但有赤粱、白粱、青粱、黄粱之名；粱，粟也。黄者味甘性平最益人，青者比他谷稍大，能解小麦之毒，皆谓稷米。或谓不占者为稷，占者为黍。黍有赤黍、玉膏黍，可以作酒。玉膏黍一名玉膏粱。岭南少以为食，故见黍稷，往往不辨。

麦

麦属阴而粟属阳，岭南阳地，故多粟而少麦，多小麦而少大麦。晚禾既获，即开畦以种小麦，正月而收。然作面常有微毒，以霜雪少，麦花夜吐，又种于冬收于春，以春为秋，故其性罕良。惟雷州小麦，九月种至二月收者为良，然食必以北麦为上，次则楚南、粤西所产，又次增城，又次则长乐。长乐麦以产青树下者为上。

广人以面性热，不以为饭。燕客时，乃以擘面、索面为羹汤。市中或卖温淘或冷淘，切成薄片，为蛱蝶双翾之状，傅玄所谓“面游水而清引，进飞羽之薄衍”者也，是谓水面。水面外，若干饼、蓑衣油饼、馎饦、水晶包、卷蒸之属，束皙所谓“馒头薄持，起搜牢九”，苏轼所谓“散流一啜云子白，炊裂十字琼肌香”者，一一有之，而广人亦不多食。不知新麦性热，陈麦则性平和，大麦味咸性最凉，为五谷之长，不动风气，可以常食而无病也。岭南面自古所重，苏轼尝于博罗溪水，日转两轮，举四杵，以作白面。有诗云：“要令水力供臼磨，与相地脉增堤防。霏霏落雪看收面，隐隐叠鼓闻舂穅。”轼又以面、米、水三物，为真一法酒，其色如玉，有自然香味。有《酒经》云：“吾始取面而起肥之，和之以姜液，蒸之使十裂，绳穿而风戾之，愈久而益悍，此曲之精者也。始酿以四两之糯饼，而每投以二两之面，曲饼烈而曲和，必屡尝而增损之，以舌为权衡。”又有诗云：“岂惟牢九荐古味，要使真一流仙浆。”其嗜岭南面若此。

豆

雷州有四收豆，新安有三收豆。其地暖，故物皆早成，每不及三月而熟。《月令》一书，固不为岭南而设也。又有小如米者，可以代米，名米豆，出雷州思灵岛。一年种，三四年收，《淮南子》以为豆之至美者。海丰有雪豆，熟于大小雪时，名寒豆。

仓谷

龙门知县王许之，尝立义仓，计一邑之通以为约。凡十家一甲，五甲一保，二保一约。约择民有齿德者主之，副之赞之以协约事，以知约中贫民良否、应周多寡之实。仓置于约之当社，以贮义输公罚之粟，择社中廉干者为长，以董敛散出入之数。社凡五十五所，而居仁、由义诸仓隶焉。郊郭则附于公庾，远近相联，大小相比，公私相摄。于是知义之民，输谷若干，益以隐税之罚若干，以分入诸仓。岁春艰食，则听约中等差而散给之，秋成如数董敛，附以二分之息。凡领必同十人，互相恤而相察也。冒者侵者有罚，需例者有罚，于是谷母常存而息岁增，虽捐息亦且足给。论者谓："斯政也，义以动民，民忘其积，大化也；艰以食民，民忘其死，大恩也；因以利民，民忘其庸，大道也。"

东莞林公培，知新化县，岁饥，令每乡各立义仓。上户出谷三斗，中户半之，下户七升，以仓长、仓书总其事，而官为之提衡。秋成敛之，青黄不接时散之，越明年则薄息收之。敛则多上户，散则多下户。盖无处不仓，无人不仓也。识者谓此即井田遗意。盖井田行则人人有田，义仓立则人人有谷。行之十年，粒米必且狼戾，虽有饥馑，而民不流移矣。

顺德胡先生杭，尝谓今天下富者田数十百顷，请令田自五顷以上分其一顷，百顷者分其二十顷，以为义田，半收租入以助边，半以备赈。隐欺诡寄者籍没，徙其家于边。又今富贵人绝嗣，则群族起而争继，粤俗为甚。诚令邑立祠宇，凡富人老而无子，欲立继者，告诸官，以财产半输为义田，其尽输不立继者听之。殁，为纳主于祠，春秋有司谨祀之。其田租半以助饷，半贮当社，以赈其里族，择耆硕主之，凶年则先发而后报县，县以时核盈缩焉。又凡犯轻罪官，半以所赎实仓，重大没其产，或鬻之以实仓，有司无所利焉。又仿耿寿昌贵籴贱粜之法，如是而民可免馁瘠之患。此策诚善。

诸　饭

西宁之俗，岁三月，以青枫、乌柏嫩叶，浸之信宿，以其胶液和糯蒸为饭，色黑而香。枫一名乌饭木，故用之以相饷。南雄以寒食前后，妇女相约上丘垅，以乌糯饭置牲口祭墓；又以蜡树叶捣和米粉为粔籹，色青而香。长乐人以香桂皮叶蒸饭，食之亦香。东莞以香粳杂鱼肉诸味，包荷叶蒸之，表里香透，名曰荷包饭。琼州以南椰粉为饭，曰椰霜饭。南椰与椰子树不同，其精液形色气味，皆类藕蕨之粉，故曰南椰粉，性温热补中，《本草》以为莎木面也。予诗："树有天然粉，温香最饱人。"出万州之南万岭。

茶素

广州之俗，岁终以烈火爆开糯谷，名曰炮谷，以为煎堆心馅。煎堆者，以糯粉为大小圆，入油煎之，以祀先及馈亲友者也。又以糯饭盘结诸花，入油煮之，名曰米花。以糯粉杂白糖沙，入猪脂煮之，名沙壅。以糯粳相杂炒成粉，置方圆印中敲击之，使坚如铁石，名为白饼。残腊时，家家打饼，声与捣衣相似，甚可听。又有黄饼、鸡春饼、酥蜜饼之属。富者以饼多为尚，至寒食、清明，犹出以饷客。寻常妇女相馈问，则以油粣、膏环、薄脆。油粣、膏环以面，薄脆以粉，皆所谓茶素也。端午为粽，以柊叶裹者曰灰粽、肉粽，置苏木条其中为红心；以竹叶裹者曰竹筒粽，三角者曰角子粽。水浸数月，剥而煎食甚香。重阳为糕，冬至为米糍曰冬丸。平常则作粉果，以白米浸至半月，入白粳饭其中，乃舂为粉，以猪脂润之，鲜明而薄以为外，荼蘼露、竹胎、肉粒、鹅膏满其中以为内，则与茶素相杂而行者也，一名粉角。又有以椰子、以芝麻、以豆糠为糍者，以蕨、以葛、以菱、以茨菇、以甘薯为粉者，皆谓之餢食。

盐

盐有盐田。盐之为田也，于沙坦背风之港，夹筑一堤，堤中为窦，使潮水可以出入也。天雨水淡，晴水咸，潮消则放淡水使出，潮长则放咸水使入也。凡盐田五亩，以其半分为四区，布之以细沙，周之以沟水，是曰沙田。日以鲎鱼之壳戽水者三，而沙田始不涸也。以鲎鱼壳者，以其坚而耐咸，不易坏也。浇溉三日，沙与盐相杂，乃耙松而干之，置于漏也。漏在沟之旁，长七八尺，两旁有墙，崇二尺，中广二尺，横以木，覆以草之蓢蕵也。漏旁复有沟，置盐沙于蓢蕵上，以沟中水再淋之，沙沉于底，盐卤乃流也。卤者盐之精。《尔雅》曰："天生曰卤，人生曰盐也。"卤既流至三四丈，为一槽载之，以火照卤，卤气冲火火灭，则良卤也。投以鸡子或饭，或截小鱼为两以试之，咸皆浮矣。或杓卤而置莲子数枚，三浮五沉者淡，七八浮者则淳也。于是煮之则为熟盐，晒之则为生盐也。生盐浮游于面，不杂泥沙，其白如雪，则为盐花也。语曰："无云而雨，有日而雪。"言戽水淋沙如无云之雨也，日色烈而盐花始白也。白生于炎日，金以火成也，白者金之正色也。煮盐之釜以竹，周以蜃灰，涂以泥，横可八尺，深半之，置于灶背曰牢盆，受卤二十馀石，昼夜三四煮之，其竹不焦，盖盐与火同类也。盐，水中之火也。盐成则得十有六石也。其烟焰之所结，雨不得施，望之有如海市也。晒盐则以池，池底以石，广丈，深三寸，天晴泻卤于池，不及半寸，夏秋日盛，池一日成盐二石许；冬春日微，池一日成盐一石许。每一漏岁四十收，则得盐二百石也。斯上田也。盐田以高者为上，高则潮消先干，其沙易白也。计五亩之中，有沟，有漏，有槽，有池，其空处则曰沙田也。堤与窦，众之所同；槽与池，己所独也。咸水之来，从港以入堤，从堤以入窦，从窦以入沟，从沟以入漏，从漏以入槽，从槽以入池，而后乃成盐也。煮则不以池也。凡民之劳者农，苦者盐丁，竭彼一丁之力，所治盐田二三亩。春则先修基围，以防潮水；次修漏池，以待淋卤；次作草寮，以覆灶；次采薪蒸，逾月而后返；次朋合五六家，同为箐盘，一家煎乃及一家。秋则朝而扬水暴沙，暮则以人牛耙沙。晴则阳气升而盐厚，八九日一收淋卤；雨则阳气降，沙淡而盐散，半月之功尽弃矣。而筑田筑灶，工本繁多，往往仰资外人，利之所入，倍而出之。其出盐难，行盐之路又远，不得不贱售于商人，盖困弊未有极也。

生盐成于阳火，熟盐成于阴火。阴火以人，其成盐也难，故熟盐贵；阳火以天，其成盐也易，故生盐贱。阳火者日也，日为火之精华，火为日之渣滓，而盐者又火之渣滓也。海之水咸，为火之渣滓所积。盐煮之成熟，暴之成生，亦因其自然而已矣。

凡水出于山下者为阳水，至海则为阴火而味咸。咸故成盐，盖阳水轻清而淡，不能成盐，必变为阴火，重浊而咸，然后成盐。盐者，阴火之子。阴火者，盐之母也。海中无处非阴火，故无处非盐。子母相生，以人力成之。南海阴火太盛，其味益咸，故广盐为吴、楚所重。南赣人为醓酱者，必以广盐，谓气力重于淮盐一倍云。

茶

珠江之南有三十三村，谓之河南，《粤志》所谓“河南之洲，状若方壶”是也。其土沃而人勤，多业艺茶。春深时，大妇提籯，少妇持筐，于阳崖阴林之间，凌露细摘。绿芽紫笋，薰以珠兰，其芬馨绝胜松萝之荚。每晨茶估涉珠江以鬻于城，是曰河南茶。好事者或就买茶生自制。叶初摘者曰茶生，犹岕山之草子也。而西樵号称茶山，自唐曹松移植顾渚茶其上，今山中人率种茶，间以苦薆。薆树森森，望之若刺桐丛桂。每茶一亩，苦薆二株，岁可给二人之食。其采摘亦多妇女。予诗：“春山三二月，红粉半茶人。”茶人甚守礼法，有问路者，茶人往往不答。昔湛文简、方文襄二公讲学山中，其流风遗化有存者。文简尝治云谷精舍，中有稻田、茶丘十馀亩，旁有人居七八村，皆衣食于茶。其茶宜以白露之朝采之，日出则味稍减。或谓此茶甲天下，早春摘者尤胜，三日一摘，馀则每月一摘，早春一月之茶，可当馀月一年云。端州白云山，其上有湖，僧于岩际种茶，岁收石许，烹之作素馨花气，味甘淡而滑，称顶湖茶，然不能恒得。而罗浮幽居洞北有茶庵，每岁春分前一日，采茶者多寓此庵。其茶以受日阴阳分味之高下，试以景泰泉水，芳香勃发，是曰罗浮茶。景泰泉者，罗浮诸泉之冠。淳祐中有道遥子为《茶庵诗》：“活水仍将活火煎，茶经妙处莫虚传。陆颠所在闲题品，未试罗浮第一泉。”黎美周云：“泉以茶为友，以火为师。火活，斯泉真味不失。”盖谓此云。曹溪茶，气味清甜，岁凡四采，采于清明、寒露者佳。新安杯渡山绝壁，有类蒙山茶者，烹之作幽兰茉莉气，水瀹十馀次，甘芳愈胜；或经一宿再瀹，气味不减，饮者无不惊异。山势高，云露滋润，得太清之精英多故也。乐昌有毛茶，茶叶微有白毛，其味清凉。潮阳有凤山茶，可以清膈消暑，亦名黄茶。薆以产新安、河源者为良，其味最苦。而粤人烹河南茶者，必以点薆少许为可口。《南越志》称：“龙川县出皋芦叶，叶大而涩。”南海谓之过罗，今称为苦艼。艼，一作“薆”。长乐有石茗，琼州有灵茶，即江南黄连茶也。有乌药茶，以乌药嫩叶为之，能补中益气，一名山叶；或以金鹅蕊捣去苦汁，合儿茶、毛茶为之。东莞以芝麻、薯油杂茶叶为汁煮之，名研茶，谓能去风湿，解除食积，可以疗饥云。

酒

《唐国史补》："酒则有岭南之灵溪、博罗。"灵溪在乐昌东北，源出泠君之山，以其水酿，曰灵溪酒。博罗蛮村有桂，以其花酿，曰桂酒。苏长公有《桂酒颂》，并与酿法刻于罗浮铁桥下，谓非忘世求道者不以授云。惠州有罗浮春，长公以寄山中道士邓守安，有诗云："一杯罗浮春，远饷采薇客。"又有海酝及万户酒，长公诗："岭南万户皆春色。"又有雪酿，长公诗："雪花浮动万家春。"盖宋时酒皆官酿，惟岭南以烟瘴不禁，谓之万户酒。唐子西以万户酒之和者名养生主，劲者名齐物论。梅尧臣云："越林多蔽天，黄甘杂丹橘。万室通酿酤，地远无禁律。"粤地故多灵泉甘液，终年花果，鲜美芬芳，而当时人民饶裕，户户为酒，争以奇异相高，故名贤迁谪至此，多好嗜之。而粤又有酒泉焉，一在阳江之南，泉甘而香，以为酿，曰阳江香；一在龙川霍山之青华观，泉甘如饴，曰醴泉，昔时出酒极清异，日满数斗。今泉孔滴水，犹含酒味。有酒峡焉，东莞之龙潭峡是也。以其水酿，曰龙潭清。有酒山，在香山境，以其白泥为饼，杂药物酿之。有酒井，在开建似龙山之下，其泉如醴。有酒树，曰严树，产于琼州。捣皮叶浸之，和以香粳，或以石榴叶酿酝数日即成酒，曰严树酒。又有酒花，以石榴花着瓮中，经旬而成。其曰荔支酒，则土人赍持酿具就树下，以荔支煸酒一宿而成者。有倒捻酒，以倒捻子为之。倒捻子如棠梨而小，外紫内赤，有红浆甜美，食必倒捻，故曰倒捻子。其花如红海棠，花生于春，而实成于秋。酝酿日深，阳精纯固，以之为酒益人。有酒草，其形如艾，名曰甜娘。以为酿，曰甜娘酒。有酒藤，以叶之辛香者和米粉酿。有曰酒香，则以角、沉、黄、熟等为酿，所谓七香酒也。大抵粤中花木，多禀阳明之德，色多大红，气多香，红以补血，香以和中，故无不可以为酒者。龙眼之笃，橘之冻，蒲桃之冬白，仙茅之春红，桂之月月黄，荔支之烧春，皆酒中之贤圣也。荔支烧，唐时最珍。白乐天云："荔支新熟鸡冠色，烧酒初开琥珀春。"然以陈者为贵。志称广有"十八仙"，韶有"换骨玉泉"，皆名酒，今不可考。今广州所常用者，惟"龙江烧"。细饼而陈者，以诸鲜花投其中，封缸两月，加沉香四两，以发群芳之气，名百花酒，一名百末酒。汉《景星歌》云"百末旨酒布兰生"，师古云："百草华之末，曰兰生者，汉武之百味旨酒也。"太宗赐魏徵诗"醽渌称兰生"是也，盖以百华干之为末入之。若广中则以鲜花为用，或专以松黄，以荔支花，以蒲桃壳，以香蕉子浸之亦佳，而龙眼花尤胜。予有赠单翁诗云："陈村果木多龙眼，一一花头饱露华。翁欲酒香还有法，春时兼与荔支花。"

嵇含《草木状》："南海多美酒，不用曲蘖，但杵米粉，杂以三五草药。"盖若今山桔、辣蓼、马蓼之属，和豆与米饭而成者也，一名草曲。新会、香山则用板杏，然味太甘，有毒，惟专以面为曲者始无毒，馀则剧饮之，既醒犹头涔涔然。至于市酤逐旦夕之利者，色黄而苦多灰，饮之则泄。惟白酒号竹叶青者，比诸品稍良。又一种大饼烧，以锡甑炊蒸糟粕，沥其汁液而成，性热尤甚，嗜之者伤脾焦肾，往往有酒痰坠脚之患，致丧其躯，是不可以不禁，黄泰泉尝以为言。按烧酒之法，自元始有，暹罗人以烧酒复烧入异香，至三二年，人饮数盏即醉，谓之阿剌吉酒，元盖得法于番夷云。

油

韶、连、始兴之间，多茶子树，以茶子为油，客至辄以油煎诸物为献。燕、吴人购之为泽膏发，谓非是油则玫瑰、桂、兰诸香不入。梁简文云："南油俱满，西漆争然。"南油必茶子也，晋傅巽云"南中茶子，西极石蜜"是也。琼州文昌多山柚油、海棠油、山竹果油，儋州多麻子油，皆美。广州有露花油。露花生番禺蓼涌，状如菖蒲，其叶脊边有刺，叶落根露，以火煏之，则成枝干而多花。花生丛叶中，其瓣大小亦如叶，而色莹白，柔滑无刺芒，花抱蕊心如穗，朝夕有零露在苞中，可以解渴。又有粉，可涂儿女肌肤止汗粟。以其花结方胜戴之，或折叠衣笥，经久犹香。其生于他土者，蕊落结子大如瓜，曰路头，花多不香。香惟露花。盛夏时，露花始熟，以花覆盆盎晒之，香落茶子油中，其气馥烈，是曰露花油。蓼涌及增城人善为之，洋舶争买以归。迟开者曰寒花，阳气微敛，香益清彻，然不可为油。其生东安山中者，丛卑叶小，自春至秋皆花，近水者尤香，然亦不可为油。东莞有蜜香油，以栈香子榨之，然灯明亮，蝇蛾百虫不敢近，触之辄折翼脱足而死。性大热，误入饮食令人吐。外有榄仁油、菜油、吉贝仁油、火麻子油，皆可食。然率以茶子油白者为美，曰白茶油。又有山茶油，以乌药子色红如珠者榨之。火麻产端州江岸间，黑色，炒焦以为小磨香油，名曰秧油，然以生榨者为良。

糖

广中市肆卖者有茧糖，窠丝糖也。其炼成条子而玲珑者，曰糖通；吹之使空者，曰吹糖；实心者小曰糖粒，大曰糖瓜；

铸成番塔、人物、鸟兽形者，曰飨糖，吉凶之礼多用之。祀灶则以糖砖，燕客以糖果，其芝麻糖、牛皮糖、秀糖、葱糖、乌糖等，以为杂食。葱糖称潮阳，极白无滓，入口酥融如沃雪。秀糖称东莞，糖通称广州。乌糖者，以黑糖烹之成白，又以鸭卵清搅之，使渣滓上浮，精英下结，其法本唐太宗时贡使所传。大抵广人饮馔多用糖，糖户家家晒糖，以漏滴去水，仓囤贮之。春以糖本分与种蔗之农，冬而收其糖利。旧糖未消，新糖复积，开糖房者多以是致富。

糖　梅

自大庾以往，溪谷村墟之间，在在有梅。而罗浮所产梅花，肥大尤香。予诗："罗浮山下梅花村，花开大者如玉盘。"他处花小，然结子繁如北杏，味不甚酸，以糖渍之可食。段公路云："岭南之梅小于江左，居人以朱槿花和盐曝之，其色可爱，曰丹梅。"又有以大梅刻镂为瓶罐结带之类，渍以棹汁，味甚甘脆。东粤故嗜梅，嫁女者无论贫富，必以糖梅为舅姑之贽，多者至数十百罂，广召亲串，为糖梅宴会。其有不速者，皆曰打糖梅。糖梅以甜为贵，谚曰："糖梅甜，新妇甜，糖梅生子味还甜。糖梅酸，新妇酸，糖梅生子味还酸。"糖榄亦然。有糖梅必有糖榄，榄贵其有雌雄，雄者花而雌者实也。凡女既入门，诸媵妗相与唱歌，其歌曰解，解糖梅者词美新妇，解糖榄者词美新郎。

荼蘼露

露本秋金凝液之气，味甘性凉。故凡百草之露，皆可润肌；百花之露，皆可益颜。取之造酒，名秋露白，绝香，而荼蘼露尤美。广人多种荼蘼，动以亩计。其花喜烈日，当午浇灌则大茂，有细瓣而蕊三四卷者，有瓣粗而蕊一二卷者，有细心者、疏苞者。以甑蒸之取露，或取其瓣拌糖霜，暴之兼旬，以为粉果心馅，名荼蘼角，甚甘馨可嗜，然犹以大西洋所出者为美。大西洋天气寒时，荼蘼始花，露凝花上，晶莹芬郁若甘露，诸花木则否。暹罗、满剌伽人购以银钱，贮以玻璃瓶，携至占城。占城妇女以香蜡调之膏发，客至，则以发拂拭杯盘之属以为敬。澳门番女得之，以注饮馔，或以沾洒人衣。外有蔷薇水，暹罗、爪哇、满剌加三国，囊以进贡。其蔷薇乃三佛齐所种，与中国蔷薇不同。广人多以土蔷薇浸水效之。试以琉璃瓶，翻摇数四，泡周上下则真也。

燕窝菜

崖州海中石岛，有玳瑁山，其洞穴皆燕所巢。燕大者如乌，啖鱼辄吐涎沫，以备冬月退毛之食。土人皮衣皮帽，秉炬探之，燕惊扑人，年老力弱，或致坠崖而死，故有多获者，有空手而还者，是为燕窝之菜。或谓海滨石上，有海粉积结如苔，燕啄食之，吐出为窝，累累岩壁之间。岛人俟其秋去，以修竿接铲取之。海粉性寒，而为燕所吞吐则暖；海粉味咸，而为燕所吞吐则甘。其形质尽化，故可以清痰开胃云。凡有乌白二色，红者难得。盖燕属火，红者尤其精液。一名燕蔬。香有龙涎，菜有燕窝，是皆补草木之不足者，故曰蔬。榆肉产于北，燕窝产于南，皆蔬也。石花亦然。石花出崖州海港中，三月采取，过期则成石矣。

石钟乳

乳源县西有乳岩，乳大者曰乳床，小曰乳枝。葳蕤下垂，一一空中相通，乳自其末溜至端，且滴且凝，滴者如冰，凝者如脂膏，乃钟乳之最良者。他岩洞及阴润之所，云气嘘噏，亦即生钟乳。盖石之精华，随寒暖而为融结，昌黎所谓“泄乳交岩脉”也。然惟石有脉有津气者方出乳，顽石则否。石之腴者，乳益湩流，瘠而透漏者则否。乳源多良乳，故县以名。其乳岩之水，流至白土，二三百里间，亦皆钟乳之纯英所注，饮之甘香。或谓乳穴之水，皆味甘性温，重而有力，煎之似盐花喷起，皎洁如霜，是真所谓“石髓”，久服肥健，以酿酒尤宜，功过钟乳。钟乳性涩而凝精，不可服，服者多生奇疾。明初，乳源岁贡二十斤，其后乳户杂以砂石，抚臣以乳石不堪上用，奏罢。然今钟乳亦竭矣。水土所生，神气所感，常不足以供人力之所求。即如连山金穴、阳山银坑，昔有其名，今亦告尽。盖土日耗则金石日消，阳德之炳耀无所，昔之钟于物而为丹砂石英者，今且尽钟于人乎？

石钟乳生于岩穴阴处，以灵液渗漉而成。灵液者，山之精气，散之则为云霞，凝之则为钟乳，岁久滴溜则为石，盖纯阳之英也。长者六七寸，以轻清如蝉翼者为上，爪甲者次之，鹅翎管者为下。光明而薄，色白而微红，入水不沉，若此则可服矣。此物与云母相类。云母以云为母，云之渣滓所成也。钟乳以石为母，石之津润生于阴而成于阳，故性寒；云母生于阳而成于阴，故性热，可为大药。故古仙人多服云母，少服钟乳。

云 母

罗江之上多云母，日照之，宝光烨耀。昔有罗辩者，服之得仙，骑一白牛而去。今化州白牛潭，有石碓五六磢，是其炼云母之所遗云。增城有大溪，出云母粉，何姑服之亦得仙。《罗浮记》云，是溪有云母石，名云母溪，何姑尝炼其石，如红玉。有句云："凤台云母似天花，炼作芙蓉白雪芽。"盖云母者，太阳之英华，五色备具，《淮南子》所谓"炼火生云，炼云生水"，王昌龄所谓"云英化为水，光采与我同"，皆此物也。其炼如红玉，所以为饴；融之成水，所以为浆，乃神仙之上饵也。凤台，何姑所居，每朝旭初临，台色晃耀如霞，一名红玉洞。予少时尝就洞炼取。近闻有石脑流出如茯苓，有僧取以为饵，可以辟谷云。

石 耳

韶阳诸洞多石耳。其生必于青石，当大雪后，石滋润，微见日色，则石生耳。大者成片如苔藓，色碧绿，望之如烟。盖石之精英以寒而发，其花为雪蕈，其叶为石耳也。石耳亦微有蒂痕，大小朵朵如花，烹之面青紫如芙蓉，底黑而皱。每当昧爽撷取则肥厚，见日渐薄，或且消化为水，或以为苔藓之变。北方有榆肉，此则苔藓之肉云。或曰："凡青石以烈日辄出汗，汗凝结则成石耳。青为木气，故生石耳。白石则否。"或曰："此亦蕈之类，厚者曰蕈，薄则为耳。"或曰："凡乳床必因石脉而出，不自顽石出也。其在阴洞者为乳床，在阳崖者为石耳。"石耳之美，见称于伊尹，其言曰"汉上石耳"，盖上古已珍之矣。

菹

广中隆冬时，常得鲜蔬十馀种，故人家绝少咸菹。谚曰：“冬不藏菜。”宾客至，以菹荐之，谓之不敬。诸果亦然，率以鲜者，不以干。荔支之脯，橄榄之豉，羊桃之蜜煎者，人面之醋渍者，皆不登于器。嫁女则以干湿诸果为女贽，多至数千百罂，而糖梅为长。无糖梅，虽多远方珍果，充溢筐筥，未为成礼也。故召宾之辞，皆曰“梅酌”。宾亦以糖梅展转相馈，务使人人口尝而后已。故曰：“男贽茶麻女贽梅。”梅七而榄三谓之敬，梅三而榄七谓之不敬。

鲊 脍

粤西善为鱼鲊，粤东善为鱼脍。有宴会必以切鱼生为敬，食必以天晓时空心为度。每飞霜锷，泡蜜醪，下姜䪥，无不人人色喜，且餐且笑。其脍也，皆以男子，鲊则以妇人。凡女始嫁，其家必以数十黄罂与之。能善为鲊，使甘酸而香可饫口，是为好妇。粤东罗定，所居在山谷中，少鱼，俗亦尚鲊。廉州则以珠柱肉为鲊。连州以笋虫脍之，色白如雪，甚甘脆。

碱

广人以山蕉豆枝或黄花莓，烧而沃之，而熬其灰以为碱。熬深则成沙，曰碱沙；熬浅则成水，曰碱水。以碱沙为角黍，光莹而香；以碱水浣衣，去油腻，色转鲜好。

舟楫为食

广为水国，人多以舟楫为食。益都孙氏云："南海素封之家，水陆两登，贫者浮家江海，岁入估人舟算缗。中妇卖鱼，荡桨至客舟前，倏忽以十数。弱龄男女崽，身手便利，即张罗竿首，画钓泥中，鳖、蟹、蜃、蛤之入，日给有馀，不须衣食父母。"又："舟人妇子，一手把舵筒，一手煮鱼，橐中儿女在背上，日垂垂如负瓜瓠，扳罾摇橹，批竹纵绳，儿女苦襁褓，索乳哭啼，恒不遑哺。地气多燠，既省絮衣之半，跣足波涛不履袜，或男女同屐。男子冬夏止一裤一襦，妇人量三岁益一布裙，如是则女恒馀布；地惟粳稻，土厚获多，人日计米一升，加以鱼、蚌、乌菱、蕉、橘、薯、芋，减炊米十可二三，如是则男有馀粟，故古称饶富居甲焉。"按吾广多杂食物，而水居尤易为生，顾禾虫之埠，蠕蚬之塘，皆为强有力者所夺，以渔课为名，而分画东、西江以据之，贫者不得沾丐馀润焉。疍人之蚬篸虾篮，虽毫末皆有所主，海利虽饶，取于人不能取于天也。

广州凡食物所聚，皆命曰栏。贩者从栏中买取，乃以鬻诸城内外。栏之称惟两粤有之，粤东之栏以居物，粤西之栏以居人。居物者以果栏为上。果蓏之实，四时间百品芬甘，少干多湿，可爱也。

谷

永安县境方七百里中，山凡九之，田一之，土壤肥沃，多上田，无所用粪，种常七八十倍，下亦二三十倍。琴江都乃有畜藏，古名、宽得二都，多富人之产，秋冬间漕归，舟尾衔接。田家所有，仅二三而已。地多溪涧，以竹石障壅成陂圳，輴转过天车，水从下至高以溉，常有万夫之力。其不可陂圳者，皆有泉水，田在山罅，率津润成膏，不苦旱。旱田而瘠，则种大冬一谷，岁一收。馀皆种早、翻二谷，岁二收。其乌禽、天字二嶂，及下黄沙、罗坑一带，乃多畬崒，所种山旱及薯、芋、菽、苴、麻、姜、油茶诸物，与白衣山子同风。其初或是瑶人，采实猎皮毛，山濯乃徙，今悉化为齐民矣。

永安有三时谷，一早谷，一翻谷。田沃而有水者种之，岁凡两熟；一大冬谷，田瘠而无水者种之，岁一熟。早谷种于二月，收于五六月；翻谷种于六月，收于十月；大冬谷种于四月，收于九月，皆有粘、有糯、有粳。宽得都之谷，其种山者曰崒禾；琴江都之谷，多焗而藏之以炊，其米圆实以造曲，市于四方。

御　米

崖门内有村曰三家村，涧中有自生禾，粒长而白，有一红腰，传为御米，宋帝昺之所食。又有泉曰甜水，亦尝进御。

获

秋分后三日外，沙田所种早粘已熟，纳诸场，以二牛蹦之，不以连耞。计一亩播种十升，谷成可得三石。芒长而粒大，其色花白。秆以为薪，灰以为粪，稻孙以为盐，遗谷在田者以饲鸭，此农人之利也。岁西江水大，咸潮不生，大禾尤易滋育，以牛犁其莱，以人犁其污，其莳或一而再耘，或再而三。然螟蜮出则吾苗半去其稚，飓风作则吾苗半去其壮，盖自夏徂秋，无日不以此芃芃者为忧也。早粘一名秋分粘。秋分之粘，于诸粘为早，故曰早粘。田肥而污，下多黑壤，乃能种之，其粒长大薄皮，胜于寒露、霜降二粘。获既登场，以三牛旋转其上，凡五反覆，谷乃尽脱其秆，馀乃以连枷施之。田苦太肥，秆壮盛而谷稀不实者，常十而三四，白粃盈穧，不能一一粒米也。馀秆多根株于田，乘北风大作，海水益咸，焚之，以其灰滤而成盐，其白如雪。秋末冬初，弥望波潮之际，有烟四起，蒙如也。

火　酒

广人谓烧酒新出甑者，曰酒头；以水参之，曰和酒。和酒贫者之饮。市上所酤，以细饼为良，大饼次之，号曰细饼烧、大饼烧。其佳者曰龙江烧，陈至三四年者可口，然多饮皆有酒痰坠脚之患。盖痰生于火，酒以火蒸，火之汗液所成，得火则焰起燃燎，其性最热，此元人之遗毒也。暹罗酒，以烧酒复两烧之，以檀香烧烟，薰之如漆，乃投檀香其中，蜡封埋土三年，绝去火气，乃出而饮。此烧酒之尤烈者，是曰火酒。饮一二杯，可愈积病、杀虫。然广中烧酒，皆火酒也，亦曰气酒，其味过辛，其曲皆以良姜、山桔、辣蓼之属，和豆与米饭而成。新会、香山则用板杏，是曰草曲，皆有毒。番禺多糖烧、番薯烧，尤为酒之贱品。《南方草木状》："南海多美酒，不用曲蘖，但杵米粉，杂以众草叶。"谓此等酒也。海南酒，多以小黍为之，亦有以树皮、草子为酿者。糯米朱曲，绝不经见。烧酒则临高有之。有鹅掌谷者，以酿酒最佳，或人诗："岭南生异谷，冬月尚含胎。细细舂成米，先持作旧醅。"又有以花为酿，而杂以诸果者。花则以槟榔花为最，果则以倒捻子为最。倒捻子一名黏子，花于暮春，实于盛夏。谚曰："六月六，黏子熟。”熟以为酒，色红味甘，人与猿猴争食之，所在皆然，亦海外之异味也。五指深山中，猴采百花酿酒，土人得之石穴中，或五六升，或斗许，味最香辣。土人云：“老猴率小猴群坐，以脚濡饮之。山有洞曰猴门，人不敢入，其酒益多。”此亦一奇酒云。

峯　物

永安罗坑一带多峯物，其茶尤善，茶又以洪峯所种为善。往时贵宝峒峯，积五六十年而变，今最贵洪峯茶云。

食　盐

粤有生盐、熟盐。熟盐产归德等场，成于火煎，性柔易融化，味咸而甘，便于调和，水居之民喜食之；生盐产淡水等场，成于日晒，性刚能耐久，其味倍咸，食之多力，山居之民喜食之。贫者以得盐难，可以省用，尤利之。旧制，生熟盐惟商所运，从无销生滞熟之虞。自藩下奸商霸夺熟场，欲其多售增价，熟引较生引课轻。承生引之埠者，又欲轻饷漏课，乃不论土俗之宜否，径于广、肇、惠、罗各埠，生三熟七，配搭强行。究之，民俗喜生者七，引之熟亦照全生；民俗之喜熟者三，引之生亦照全熟。厂官创为免盘之陋规，竟置生熟于不问。此非商之好作其奸，乃法令之不便于民也。计粤东之埠六十，生引二万馀道，熟引四千馀道，与其强民之所不好，以致二引难销，何如从民之所好，喜食生者与以生，喜食熟者与以熟，喜生熟相兼者与以生熟相兼。既便于民，又惟商之所运，而以熟引照生引、以生引照熟引之弊，不禁而自绝矣。此盐政之首务也。

汰盐商

凡邑近盐场者，其盐引之饷，宜均派之粮丁，听民自便买食场盐。其邑引多者，按之钱粮，不过十五而加一；引少者，不过三十而加一。民易办，县亦易征，责成本县解饷，而领引埠商，可以汰去矣。今归善、龙川无埠商，而民无扰。东莞埠商犹存，以致额外复有加派，以为商之费用。商仍冒称拆引行盐，高取数倍之价，专勒渔船，仍设仔埠帮饷。商收其利，民受其害，故商不可以不汰。商既汰，则卖私盐可以无禁。夫所谓禁卖私盐者，为其有妨于商而赚国饷也。若饷派之粮丁，而上无缺饷，听民自行买卖，而下无私盐矣。善乎李雯之言曰："盐之产于场，犹五谷之生于地，宜就场定额，一税之后，不问其所之，则国与民两利。"又曰："天下皆私盐，则天下皆官盐也。"顾炎武曰："丘仲深言复海运，引杜诗'云帆转辽海，粳稻来东吴'为征。予于盐法，亦引子美诗曰：'蜀麻吴盐自古通。'又曰：'风烟渺吴蜀，舟楫通盐麻。'又曰：'蜀麻久不来，吴盐拥荆门。'若如今日之法，各有行盐地界，吴盐安得至蜀哉！刘晏曰：'盐宜任其所之。'欧阳修曰：'水之行于地中也，遇坎则止，盈科则进。'盐之行亦犹是也，官何必限之？然且势之所不能限也。"旨哉！

卷十五　货语

金

或谓黄本日精，白本月华，故近赤道之地多金。吾粤阳明之国，天地盛德，寄旺于火，火之英，丹砂之精，黄澒父之，黄土母之，以故往往产金。金生于丹砂穴者为上，其屑多在黑沙及逆流漩澓之所。没水取之，或掘地丈馀，见有磊砢粉子石，石褐色，一端黑焦，是为伴金之石，必有马蹄块金。盖丹砂之旁有水晶床，金之旁有粉子石，物不孤生，天地之道则尔。其粉子石所在，土色如血，或如熟杏，烧作脂苏气香。其沙甚重而苦，鹅鸭啖其沙者，从膍胵内淘之，亦有金屑。开建有金庄水焉，其源出金鸡涌，二百里间，为大泷小泷者二，皆有瓜子金、麸金。越一山有金缕水，流声清激，亦产生金。土人淘其沙，日得麸金分许，不能多。或有得一金龟，则其地数日无金矣。崖州黎田，其水潆洄清彻，浮光跃金，有商人以百金贸而淘之。阳江木葫白石山涧中，及广宁溪峒，亦有金坑，而生金甚微，色亦低劣，民竭一日之力，仅足糊口。英德之金山径溪东西田脚亦有金。河源之蓝田濑，蒸煮其沙，日得生银钱许；若得三四钱，则三日不能复得。高明矿脉亦微，万历间，中使募民认税开采，寻以无利而寝。大抵晋康以掘铁为生，开建、河源以淘金银为业，一铁炉可养千人，一金潭银濑可活数百室，皆天之所以惠贫民也。许浑诗云："洞丁多斫石，蛮女半淘金。"

若上官开采，则所得不足以偿所失，未有不因而生乱者也。盖岭南虽有金而无金，其金皆自吴门买归。□□者以银易之，以便致远，故贾人以金为货，利常数倍。民谣有云："黄金自吴来，精者十三倒。□□争买时，白银不言好。"

银

粤之山旧有银穴、银沙。《始兴记》云："小首山崩，崩处有光耀，悉是银砾，铸之得银。"而英德、清远其山传有银矿者，辄有白气上升，草木沾之皆白；或山石盛热时有银汗，白而味辛。其矿或红如乱丝，或白如草根，或衔黑石，或有脉，谓之龙口。循龙口挖之，浅者一二丈，深者四五丈，有焦路如灶土然，斯矿苗也，又挖则矿见矣。由微而盛，盛而复微。或如串珠，或如瓜蔓。微则渐绝，绝复寻焦，焦复见矿。若焦已绝，则又盘荒也。凡矿以有银星大点而柔者为上，小点而坚者次之，谓之明矿。次则夹石矿，以色绿者为上，红黑黄白者次之。又次则砂土矿，淘去浮者，留其沉重者煎之，以成瓜者为上，如瓜蔓者次之。然往往盘荒时，见有人骑白马望空而去，此银气也。气去则其银亦去，故往往不得银云。东莞东南百馀里有宝山，其穴有银砖数百片，相传郭将军所炼，取之辄昏迷不得出。旁一深洞在水中，土人尝祭以白鸡，入水凿之，其刚者石也，柔则为铅。铅一石或得银数两，然每为神笞击，铸不及成。电白东有纱帽山，山有石大小数万，非石，皆银块也。取之亦辄昏瞀；曳以巨藤，藤尽断。有为斋醮以祷者，费三百金，第如其数以偿，馀不能动。潮州西丰水有一穴，中有银饼数千枚，亦不可取。始兴林水源有斜潭，潭底有银数十瓮，以青石盖之，可开观而不可取。罗浮一洞，有大银版无数，有取其二者，夜梦山神诃责，复纳还之，雷即震击此洞，塞以巨石，至今遂不复识。夫非其有而取之者为盗，盗于人然且不可，况盗于天乎？大凡山谷之所藏，精灵之所秘，神物有归，必非贪者所得而觊觎也。然惟人爱之，天乃吝惜而不与；人苟不爱，天亦以之同于砂砾矣。然而银者多藏亦必厚亡。岁庚子，广州有白镪数万锭，飞于空中，自南而北。有方将军者焚香拜之，飞下近檐。儿童群笑之，竟复飞去。有为之赋《飞镪行》者。且银积久，虫蚁亦食之，或化而为水，或从土中徙他所。其开矿者，利赢则商，缩则寇，终于不得其死。噫嘻！银之为祟，亦何所益于人也哉？

夫用银何始乎？顾炎武云，唐、宋以前，上下通行之货，一皆以钱而已，未尝用银。《汉志》言："秦币二等，而珠、玉、龟、贝、银、锡之属，为器饰宝臧，不为币。孝武始造白金三品，寻废不行。"《旧唐书》宪宗元和三年六月，诏曰："天下有银之山，必有铜矿，铜者可资于鼓铸，银者无益于生人。其天下自五岭以北，见采银坑，并宜禁断。"《通典》："梁初唯京师及三吴、荆、郢、江、湘、梁、益用钱，其馀州郡则杂以谷帛交易，交广之域则全以金银为货。"而韩愈奏状亦言："五岭买卖，一以银。"元稹奏状言："自岭已南，以金银为货币；自岭已外，以盐帛为交易；黔巫溪峡，用水银、朱砂、缯彩、巾帽以相市。"《宋史》仁宗景祐二年，诏诸路岁输缗钱，福建、二广易以银，江东以帛。《金史·食货志》："旧例，银每锭五十两，其直百贯。"《旧唐书·哀帝纪》："内库出方圆银二千一百七十二两，充见任文武常参官救接。"是知前代银皆是铸成。民间或有截凿之者，其价亦随低昂。遂改铸银，名承安宝货，一两至十两，分五等，每两折钱二贯，公私同见钱用。又云："更造兴定宝泉，每贯当通宝五十。"又以绫印制元光珍货，同银钞及馀钞行之。行之未久，银价日贵，宝泉日贱，民但以银论价。至元光二年，宝泉几于不用。哀宗正大间，民间但以银市易，而不用铸。至于今日，上下通行用银，皆忘其所以然矣。考之《元史》，岁课之数，为银至少，然则国赋之用银，盖不过三四百年耳。故今之言赋者，犹必曰钱粮。夫钱，钱也；粮，粮也。亦恶有所谓银哉？嗟夫！用银之为害始于金。今有国者，不以唐、宋以前为法，上下通行之货悉以钱，而独仍金人之弊，其欲财用之充足也，不其难乎哉！夫二广岁输制以银，以其地不产铜耳。如天下皆不用银，则二广亦不能独用。二广不能独用，而二广之民于是乎而不穷矣。嗟夫！古之为富者菽粟而已，为其交易也，不得已而以钱权之。三代之赋，粟也，非钱也；汉、唐之赋，粟也，钱也，帛也，非银也。用银始于闽、粤，以其地坑冶多，而海舶利耳。然今二者皆不如昔，使能与天下十五省直悉废银不用，皆以钱以粮以布帛及诸土物易之，上之人以节俭倡率，禁瑰货，绝淫巧，贱贾而贵农，将使黄金与土同价，复见今日，斯言必非荒谬也。

闽、粤银多从番舶而来。番有吕宋者，在闽海南，产银，其行银如中国行钱。西洋诸番，银多转输其中。以通商故，闽、粤人多贾吕宋银至广州，揽头者就舶取之，分散于百工之肆，百工各为服食、器物偿其值。承平时，商贾所得银，皆以易货。度梅岭者，不以银捆载而北也。故东粤之银，出梅岭十而三四。今也关税繁多，诸货之至吴、楚、京都者，往往利微折资本，商贾多运银而出，所留于东粤者，银无几也。故谚曰："物贱银贵，无钱可替。"大抵小民贸易喜用钱，上之人苟能以钱易银，尽弃银而勿用之，而银于是乎同于瓦砾矣。

粤东银，其在野者，多用大口锅，形如碗圆而高边，及双吹；在城者，多用砒倾硬锭、漳州锭、方槽，日趋于伪。其纹者，若潮州饼、井栏酥与二洋之大小银钱，有九五六色，最高者交趾银条、银舌。若山银，则丹房所谓“银笋”，色至足矣。市井小人，争以巧伪为事，或荡锡于边，或钻鐵于腹，或洒铁沙于面，或钧铜于四角，或以白铜药煮之为猫银，最易惑人。故便民莫善于钱。

铜

考唐建中初，赵赞判度支，采连州白铜铸大钱，一以当十。而韶州城南七十里，宋初置场采铜，曰岑水铜场，谓场水能浸生铁成铜。今不然矣，而连州亦绝无白铜。大抵广东无铜矿，惟广西右江州峒有之。往时掘地数尺即有矿，故蛮人好用铜器。然广东亦有赤铜。宓山云：“凡赤铜一石，可取白银四两。”从云、贵来者有光，盖未取炼者也，其价贵；从洋舶来者无光，其价稍贱，以取炼者也。赤铜铸钱须以倭铅、卢甘石入之则黄。官诚能平价采买于洋舶，而取英德、仁化矿铅以铸制钱，钱既行，渐废银而不用，将见富者难以为富，贫者易以为贫，此亦便民之道也。说者谓地不产铜而开局铸钱，则铜价顿高，势不得不淆杂以充课额。钱既淆杂，质脆而色黯，遂启伪钱之端。此说亦未必然。

古　钱

自河头至高、雷二郡，用唐、宋钱；廉州则用开元钱。开元钱以面有半月痕者为贵。相传开元铸钱，贵妃指甲误触其模，冶吏不敢擅易。此半月痕，即贵妃指甲云。又高、雷、廉用元丰钱，以平头元为上，尖头元次之。平头元者，“元”字上一画平也；尖者作一点，行书也。前世钱文未有行书者，淳化中太宗始以宸翰为之。既成，以赐近臣，名御书钱。其用万历钱，则以跂历者为上。跂者，“历”字左丿直下也。交趾亦用宋钱，以六十钱为一勺。琼用钱，以六孔为一钱，六十为一两，六百为一贯，数皆以六。

铁

铁莫良于广铁。广中产铁之山，凡有黄水渗流，则知有铁，掘之得大铁矿一枚，其状若牛，是铁牛也。循其脉路深入掘之，斯得多铁矣。然产铁之山，有林木方可开炉，山苟童然，虽多铁亦无所用，此铁山之所以不易得也。凡铁矿一枚，层层剖之，皆有木叶纹，向背不一。山有某木，则铁矿中有某叶纹。深掘之至数十丈，莫不皆然。岭南当隆寒时，木不落叶，惟产铁之山落叶，盖铁之精英所摄，金克木之道也。铁矿有神，炉主必谨身以祭，乃敢开炉。炉之状如瓶，其口上出，口广丈许，底厚三丈五尺，崇半之，身厚二尺有奇，以灰沙盐醋筑之，巨藤束之，铁力、紫荆木支之，又凭山厓以为固。炉后有口，口外为一土墙，墙有门二扇，高五六尺，广四尺。以四人持门，一阖一开，以作风势。其二口皆镶水石。水石产东安大绛山，其质不坚，不坚故不受火，不受火则能久而不化，故名水石。凡开炉始于秋，终于春，以天气寒凉，铁乃多水，金为水之源，水盛于冬，故铁水以寒而生也。下铁矿时，与坚炭相杂，率以机车从山上飞掷以入炉，其焰烛天，黑浊之气，数十里不散。铁矿既溶，液流至于方池，凝铁一版，取之；以大木杠搅炉，铁水注倾，复成一版。凡十二时，一时须出一版，重可十钧。一时而出二版，是曰双钩，则炉太王，炉将伤，须以白犬血灌炉，乃得无事。铁于五金属水，名曰黑金，乃太阴之精所成，其神女子。相传有林氏妇，以其夫逋欠官铁，于是投身炉中，以出多铁。今开炉者必祠祀，称为涌铁夫人，其事怪甚。凡一炉场，环而居者三百家，司炉者二百馀人，掘铁矿者三百馀，汲者、烧炭者二百有馀，驮者牛二百头，载者舟五十艘。计一铁场之费不止万金，日得铁二十馀版则利赢，八九版则缩，是有命焉。然诸冶惟罗定大塘基炉铁最良，悉是锴铁，光润而柔，可拔之为线，铸镬亦坚好，价贵于诸炉一等。诸炉之铁冶既成，皆输佛山之埠。佛山俗善鼓铸，其为镬，大者曰糖围、深七、深六、牛一、牛二，小者曰牛三、牛四、牛五。以五为一连曰五口，三为一连曰三口。无耳者曰牛，魁曰清。古时凡铸有耳者不得铸无耳者，铸无耳者不得铸有耳者，兼铸之必讼。铸成时以黄泥、豕油涂之，以轻杖敲之如木者良，以质坚，故其声如木也。故凡佛山之镬贵，坚也；石湾之镬贱，脆也。鬻于江、楚间，人能辨之，以其薄而光滑，消湅既精，工法又熟也。诸所铸器，率以佛山为良，陶则以石湾。其炒铁，则以生铁团之入炉，火烧透红，乃出而置砧上，一人钳之，二三人锤之，旁十馀童子扇之。童子必唱歌不辍，然后可炼熟而为鏁也。计炒铁之肆有数十，人有数千。一肆数十砧，一砧有十馀人，是为小炉。炉有大小，以铁有生有熟也。故夫治生铁者，大炉之事也；治熟铁者，小炉之事也。其钢之健贵乎淬，未淬则柔性犹存也。淬者，钢已炉锤，方出火，即入乎水。大火以柔之，必清水以健之，乃成纯钢。此炼钢之事也。甘泉云："观洪炉之铸金，则知天地之终始矣。在炉而溶，生之也；出炉而结，成之也。溶也者，水始之事也；结也者，土终之事也。其溶也，人以为屈，而不知生之始也，信孰大焉？其结也，人以为信，而不知成之终也，屈孰大焉？始终相乘，屈信相感，而金未尝变，道之象也。"

连

铅一曰连。徐广云："连，铅之未炼者。昔王莽铸作钱布，皆用铜，淆以连锡。"孟康云："连，锡之别名也。"李奇云："铅，锡之璞，名曰连。"应劭云："连似铜。"许慎云："链，铜属也。"连州有铅锡冶，故以名州。然今广东锡多从广西贺县而至。贺县出锡，故名贺。贺，锡也。语云："羊脂软铜，牡羊角缩贺。"然广东长乐、兴宁、河源、永安皆产锡，坚白甲于洋锡，有马蹄、蜈蚣、门限之名，贫民采者赖以生，天启末年以来甚盛。又韶州产锡。余靖云："韶处岭厄，杂产五金，四方之民，聚而游手，牒诉纷拏，常倍他郡，皆以争锡穴之故。"则宋时韶实多锡矣。

珠

合浦海中，有珠池七所，其大者曰平江、杨梅、青婴，次曰乌坭、白沙、断望、海猪沙，而白龙池尤大。其底皆与海通，海水咸而珠池淡，淡乃生珠，盖月之精华所注焉。故珠生池中央者色白，生池边者色黄，以海水震荡，咸气侵之，故黄也。珠者蚌类也，蚌之阴精圆泽为珠，故郭璞曰："琼蚌晞曜以莹珠。"或以为石决明产，非也。珠一名神胎。凡珠有胎。盖蚌闻雷则痳瘦，其孕珠如孕子然，故曰珠胎，蚌之病也。珠胎故与月盈朒，望月而胎。中秋蚌始胎珠，中秋无月，则蚌无胎。《吕氏春秋》云："月，群阴之本。月望则蚌蛤实，群阴盈；月晦则蚌蛤虚，群阴拏。"《淮南子》云："蛤蟹珠龟，与月盛衰。"又云："月死而螺蚌膲。"语曰："涠蚌之精，孕为明月。"又曰："蚌胎之珠，随月圆缺。"予诗云"中秋月满珠同满，吐纳清光一一开。明月本为珠作命，明珠元以月为胎”是也。凡秋夕，海色空明，而天半闪烁如赤霞，此老蚌晒珠之候。蚌故自爱其珠，得月光多者其珠白，晒之所以为润泽也。凡蚌无阴阳牝牡，须雀雉变化而成，故能生珠，专一于阴也。曰珠牡者，言其蚌大无阴也。或以九孔螺为珠牡，非也。曰珠母者，言其无阳也。蚌以月为食，与蟾蜍相为性命，呼吸太阴之精，无大小皆有珠，皆牝类也。称海曰珠母，宜也。又珠母者，大珠在中，小珠环之也。予诗云“珠池千里水茫茫，蚌蛤秋来食月光。取水月中珠有孕，精华一片与天长”是也。凡采生珠，以二月之望为始，珠户人招集赢夫，割五大牲以祷，稍不虔洁，则大风翻搅海水，或有大鱼在蚌蛤左右，珠不可得。又复望祭于白龙池，以斯池接近交趾，其水深不可得珠，冀珠神移其文珠至于边海也。予诗云“暮春争赛白龙池，挂席乘潮采不迟。千尺螺筐垂海底，翻波不使巨鱼知”是也。采之之法，以黄藤、丝棕及人发纽合为缆，大径三四寸，以铁为杷，以二铁轮绞之。缆之收放，以数十人司之。每船杷二，缆二，轮二，帆五六。其缆系船两旁以垂筐，筐中置珠媒引珠，乘风帆张，筐重则船不动，乃落帆收杷而上，剖蚌出珠。蚌有一珠者、数珠者，有绝无珠者，有仅得珊瑚碎枝及五色文石、金银者，盖有数焉。珠身以圆白光莹、细无丝络者为精珠，半明半暗者为褪光珠，次肉珠，次糙珠、药珠。大而稍扁者曰珰珠，所谓“南海之明珰”也。其曰走珠、滑珠、磥砢珠、官雨珠、税珠、蒠符珠、稗珠，古有此名，今莫能尽辨。但以精珠龙睛粉白，重一分者银六倒，二分者四十倒。肉珠二分重者四倒，合八百颗而成一两者，曰八百子，则十倒；合千颗而成一两者，曰正千,八倒。其重七分者为珍，八分者为宝，故曰“七珍八宝”，其价则莫可定云。凡珠岁有丰耗，多得者谓之珠熟，少曰珠荒。然古时珠贱，今珠贵，古时合浦人以珠易米，珠多而人不重。今天下人无贵贱皆尚珠，数万金珠，至五羊之市，一夕而售。奸人或以珠池为逋逃薮，与官吏交通。盗珠之人一，而买珠之人千百；产珠之池一隅，而用珠之国极于东西南朔。富者以多珠为荣，贫者以无珠为耻，至有“金子不如珠子”之语，此风俗之所以日偷也。圣明在上，不宝珠玉，以朴俭身先，是所望于今日矣。往总制林富有疏，请罢采珠，谓：“珠一采之后，数年始生，又数年始长，又数年而始老，故禁私采，禁数采，所以生长之。今经数采，即以人命易珠，有不能多得者。”言甚恺切。珠本神物善徙，太守廉则珠复还。予尝至合浦，止于城西卖鱼桥，故珠市也。闻珠母肉作秋海棠或杏华色，甚甘鲜而性太寒。《草木记》云：“采珠人以珠柱作鲊。”今不可得。土人饷我珠肉，腊以为珍，持以下酒。谓珠比年皆他徙，即雷州之对乐池、高州石城之麻水池，旧多产珠，今亦无之。又元时，东莞之大步海媚珠池，产鸦螺珍珠。又县之后海、龙岐、青螺角、荔支庄一十三处，亦产珠母螺及珠螺树，今皆无之。元时，张惟寅上状言：“珠蚌生在数十丈水中，取之必以绳引石缒人而下，气欲绝，则掣动其绳，舟中人疾引而出，稍迟则七窍流血而死，或为恶鱼所噬。蚌逾百十，得珠仅能一二，乞申罢之。”其言与林富相表里。留心民命者，可不知之？

产合浦之地者，多称珠人。予尝有《珠人曲》云：“一唇有数珠，大小相连缀。采珠乘月圆，扬帆入龙穴。”又云：“珠母当秋孕，精华得月全。明珠无大小，都在口唇边。”又云：“水淡珠多白，水咸珠多黄。月光化为水，来养明月珰。”又云：“生长珠池旁，食珠如食米。日夕剖神胎，珠肉荐芳醴。”又云：“儿女抱珠筐，细珠弃不取。珠母肉微红，色似海棠乳。”盖蚌蛤食月之光以成珠，珠者月之光所凝，故色白。其肉亦白，而有微红，则月中之一阳也。白又以水之淡，其水取之于月中，故淡也。水者月之光所化，虽在咸海之中，而精华不混。蚌蛤实月之光于腹，而成珠于唇。珠在唇，故常吐之以自媚也。大抵蚌蛤以月为命。月者水之精，珠则月之精，其生不易，故得之亦不易。

合浦珠名曰南珠，其出西洋者曰西珠，出东洋者曰东珠。东珠豆青白色，其光润不如西珠。西珠又不如南珠。南珠自雷、廉至交趾，千里间六池，出断望者上，次竹林，次杨梅，次平山，至污泥为下，然皆美于洋珠。宓山云："洋珠大如豆者，竟似夜光，但易碎又轻，一名玻璃珠。其中空故轻。"凡珠有生珠，有养珠。生珠者以蚌晒之日中，其口自开，则珠光莹，谓之生珠。若剖蚌出珠，则黯黯矣，是谓死珠。养珠者以大蚌浸水盆中，而以蚌质车作圆珠，俟大蚌口开而投之，频易清水，乘夜置月中。大蚌采玩月华，数月即成真珠，是谓养珠。养成与生珠如一，蚌不知其出于人也。蚌之精神，盖月之精神也。

吾粤所宝者珠。在古时，凡生男子多命曰珠儿，生女多曰珠娘。珠娘之可知者，交趾王之女曰媚珠，双角山之女曰绿珠是也。大抵珠者粤之精华，月之所生，日之所养，以为士女之光耀，故凡还珠之郡、媚川之都、沉珠之浦、禺珠之乡、珠厓之国，生其地者，人多秀丽而文，是皆珠胎之所孕育者也。故夫月无光，以日而为光，故月有外景，皆日之景；珠无光，以月而为光，故珠有内景，皆月之景。月生于日，珠生于月，而人物又生于珠。珠以月为母，以日为父，粤人之宝珠，盖所以宝日月也。粤故多珠，蚌、蛤、螺生珠，鲛人慷慨以泣珠，鲸鲵目即明月珠，朱鳖吐珠，蚝亦有珠，复有骊龙之珠。骊龙珠，产归善之笔架山。岁大比，辄有大光如斗，上下峰间，一出应举者一人，十出应十人，故其为士者祝云：“今岁举贤书十人，吐十珠。”而河源桂山、茶山，龙川白额，亦有骊龙珠光见。粤又有龙珠。谚曰：“种千亩木奴，不如一龙珠。”又有蛇珠。谚曰：“蛇珠千枚，不及玫瑰。”玫瑰者，龙蚌之珠也。又海中有珠子树，其状如柳，蚌生于树，树生于石，疍人常玄身没海，凿石而得树，树上得蚌，蚌中得珠。予诗云：“家家养得采珠儿，兼采珊瑚石上枝。珠母多生珠子树，海中攀折少人知。”

凡夜光之珠，皆龙珠也。交广昔时人少而物多，故《南齐·地里志》称：“民户不多，俚獠猥杂，卷握之资，富兼十世。”卷握之资，必龙珠之类也。合浦人向有得一龙珠者，不知其为宝也，以之易粟，其人纳之口中，误吞之，腹遂胀满不能食，数数入水，未几遍体龙鳞，遂化为龙，所居室陷成深渊，故今谓之龙村。嗟夫！夜光之珠可宝也，然吞之则为鳞介，失其性并失其身，人可以不慎乎哉？然今者，岭南俗杂五方，人多而物不给，卷握之中，亦无甚难得之货，蚌珠且尽，况于龙颔之珠乎！昔危祐为廉州守，吏进一聚珠扇，叹曰：“身为廉州，而执此扇以对吏民，独不愧于州名乎？”却之。嗟乎，如祐者可谓无失其性者哉！

玉

粤不产玉，而《广志》云：“白玉美者可以照面，出交州。”又曲江县东有玉山，卉木茂滋，泉石澄润，相传为昔人采玉处。又琼山石，白润如玉，故名琼山。高州海中有文魮，其鸣似磬而生玉。《山海经》云：“文魮状如覆铫，是生珠玉。”然则粤亦有玉矣。语曰：“澗蚌之胎有玫瑰，文魮之腹有美玉。”或有赋云：“鱼孕玉而长鸣，鳖弄珠而延伫。”

水晶

琼州五指山多水晶，光莹照人，望如雪霁。取以为假山，高至丈馀，价甚翔。其银晶及黄紫者，多从闽漳而来。或谓色红者火晶，可以取火；白者水晶，可取水，亦可取火。水晶所在，夜辄有火光云。

珊瑚

珊瑚，水之木也。生海中磐石之上，初白如菌，一岁乃黄。海人以铁网先沉水底，俟珊瑚贯出其中，绞网得之；或以铁猫儿坠海中得之。在水直而软，见风则曲而坚，得日光乃作鲜红、淡红二色。其五七株合成者，名珊瑚林，夜有光景，常烨烨欲然，南越王以为烽火树是也。状多如柏，亦曰烽火柏。或谓此物贵贱，并随真珠，大抵以树身高大、枝柯丛多、纹细纵而色殷红、如银朱而有光泽者为贵，色淡有髓眼者次之。其色善变，可以占灾祥。圆之为珠，带腕上，或以为簪，其人有福泽，则益红润。高明区怀瑞赋云："视炎洲之宝树兮，实擢秀于重泉。抱巽德之曲直兮，分离象于泅渊。琼苞森其矗仄兮，丹柯宛以樛连。于是犀象之渠，贝蛤之长。命螺舟，荡凫桨。缭金维，举镔网。以加于千仞之下，而出于湍厓之上。"外有琅玕石，生海底，柯似珊瑚，色白者曰白珊瑚，青者青珊瑚。又有黑珊瑚，其色如漆，出安南。有海松，亦似珊瑚，而多针眼。

琥 珀

琥珀，来自云南者多血珀，来自洋舶者多金珀、蜜蜡、水珀，广人雕琢为器物特工，馀则以作丸药之用。琥珀者，龙阳而虎阴，龙为魂而虎为魄，盖得松液之阴精，因己土而结者也。梁氏云：“凡松老则其中所附之金精甚坚，坚则重而下注，潜伏于根节之中。夏月时，太阳气盛，松以金水之精，受大火之蒸炙，于是通体融液，肤理有疏，皆渗泄而遗漏。而是时火在天上，地下之气寒而敛。以地下寒敛之气，而受松热液之精，二者相抱，遂凝而为琥珀，久在土中，愈坚而愈明莹。”其内之光亮者精也，如金色者血也。故服琥珀，则宁心魄而利小遗，血经之药阴也；服茯苓，则安神魂而补脾胃，气经之药阳也：物以类各相从也。广中抱龙丸，为天下所贵，以其琥珀之真也。其以油煮蜜蜡为金珀，吸莞草易，但不香。

贝

徐闻之西，每天霁，海水清澈见底，浑然砥平，皆石也。石上多有石栏杆、海菜、铁树、云根、石菌、灵柄、土芝等物，砂中复有螺、蛾、蜃、蜊、蚝、蚶、蝤蛑之属，凡古之威斗大钟、刑鼎琼弁、敦牟卮匜，以及罍、缶、甗、釜、豆、区、棬、筥之状，无不毕具。磨荡既久，肌理滑莹，皆作五色光怪。有客尝摭拾之，凡得贝类三百馀，螺类五百馀，蛤类二百馀，石类一百馀，树类五十馀。其最精丽纤巧，如相思子、甲香、指甲螺、石螺、石蟹、石燕、砗磲、玳瑁等有六十馀种，一一不同，是皆所谓贝也。凡宝有天产自然者，有人工雕镂者，如猫睛、卤子、组母绿、映青、映红、黄钻、白钻，皆宝也。贝，海贝也。又有客尝至吴川，见海浪至，辄如万条白练，诸螺壳随浪去来，淘汰日久，光采陆离，可以鉴照糜须，不减水碧金膏也。海旁多细白沙，积如丘阜，潮落时，沙痕如波纹素縠，黑夜海中生火，螺蛹之属一一负火以行。盖离为蚌为螺，文为蛤为蘿，皆火德也。姚宽云："蛤蜊文蛤，皆一潮生一晕。"予谓潮水咸，咸属火，晕生于潮，亦生于火也。阴火生于海中，为鳞介之文；阳火生于山中，为鸟兽之文。

玻璃

玻璃来自海舶，西洋人以为眼镜。儿生十岁，即戴一眼镜以养目光，至老不复昏蒙。又以玻璃为方圆镜，为屏风。昔汉武帝使人入海市瑠璃者，此也。《南州异物志》云："瑠璃本质是石，欲作器，以自然灰治之。自然灰状如黄灰，生南海滨。"今西洋人不知亦用此灰否？每裁锯为大小物，或以镶嵌壁障，潘尼所谓"灼爚旁烛，表里相形，凝霜不足方其洁，澄水不能喻其清"者。广人或铸石为之，然殊不及。

骐驎竭

骐驎竭，紫铫树之脂也。以嚼之不烂如蜡者、掐之可透指甲者、烧之有赤汗出而灰不变色者为上。此物与龙脑颇同。龙脑属金，故白；血竭属火，故赤。脑，其树之膏；竭，其树之血也。广州及南番诸国皆有之。

龙脑香

龙脑香，出佛打泥者良，来自番舶，粤人以樟脑乱之。樟脑本樟树脂，色白如雪，故谓之脑，其出韶州者曰韶脑。樟脑以人力，龙脑以天生者也。凡脑皆阳气所聚，阳香而阴臭。而龙者纯阳之精，尤香。其脑与涎，皆香品之最贵者。

勾漏砂

嘉靖初，郁林苦采砂之役，有州同顾起纶者，谓："葛洪南来，鲍靓留居罗浮，实未尝得砂于此。今日之役，恐徒靡敝吾民，不如市之辰州便。"台府不从，役三万工于菉山西岭，穿三池，得砂一斤，于绿珠涌渫深井，得巨砂二十馀两，乃知勾漏亦无砂云。郁林古勾漏地，昔之所有，今之所无，亦天地气运使然。连州往亦产砂，至宋时已绝，又安知辰州、贵阳他日不如勾漏邪？

辟　珠

辟珠，质理坚重如贝，其生也常以椰子、槟榔、果谷诸实为胎，谓之圣铁。大者如菩提子，可辟铜铁，铜铁不能损；小者如黍粟，可辟竹木，竹木不能损，犯以他物则损矣。然大者或可辟竹木，小者或可辟铜铁，岛夷能辨之，以为奇宝。

绵　布

东粤之绵布，良苦不一。最美者白氎，《史记》"榻布者白叠，或作答"是也。其布细腻精密，皑如雪，轻如茧纸，幅广至四五尺，吉终为之。其织为巾者，两头组结方胜、葳蕤及诸物象。织者每抛一梭，则念一佛，故广州人殓死者以为面衣，是曰西洋布，以来自番舶者为真。其出于琼者，或以吴绫越锦，拆取色丝，间以鹅毳之绵，织成人物、花鸟、诗词，名曰黎锦，浓丽可爱。白者为幛，杂色者为被，曰黎单。四幅相连，曰黎幕，亦曰黎幔，以金丝者为上。又有花被、假被。《汉书》："儋耳、朱崖皆服布如单被，穿中央为贯头。"即今之黎单也。亦有织为巾帨与裙者，裙曰黎裲，横幅合缝如井栏，皆素花假锦百褶而成，所谓"迦盘之衣"也。黄文裕赋云："布帛则攀枝吉贝，机杼精工。百卉千华，凌乱殷红。疏缔蔽暑，密斜弭风。"盖谓琼布也。斜谓斜文布，其文或作象眼，或卍字，或大小方胜，文皆侧理，故曰斜。广州有麻经丝经兼丝布，或绵纬丝。有双紝布，甚厚实。有榜被，絮絁所织，其纬粗如小指，或谓即毦被，亦名毦罽，或方文斜文。雷州有雷被，以白绵线为之，亦有红者紫者。崖州多织绵，儋州多织生丝。崖州组织绵线如布帛状，绣人物、花鸟其上，有十金一具者，名曰帐房，俗称"儋崖二帐"。是皆越布也。志曰：南方之布葛越。木绵草本，亦越也。其曰织贝者，织为贝文，《诗》所谓"贝锦"也。贝或吉贝也。志称："高昌有草，实如茧，丝如细纑，名白氎子，织之为布。"白叠即吉贝也。岛夷以卉服来贡，而织吉贝之精者以入篚，故曰织贝。临川吴氏云"染其丝五色，织之成文曰织贝；不染五色，而织之成文曰织文"是也。绵与丝一也。绵又有木棉之绵，即攀枝花絮也。其木高四五丈，花殷红，朵大于杯，花落则絮蕴焉。春暮时漫空而飞，采之，其粗者可以为褥。岭外以为吉贝即木棉，非也。吉贝草绵，如斑枝乃木棉耳。汪广洋诗："翠苞半拆渐吐绵，雪花填满行人道。"又云："搓就琼簪腻如茧，丝成冰缕细如烟。"谓斑枝也。又有树绵，一曰树头绵，以吉贝枝接乌桕，俟生时截去乌桕，树长可八九尺，四季开花，夏秋尤盛。每一株生，数十年不坏，絮同木绵。德庆以上多种之。

葛布

粤之葛，以增城女葛为上，然恒不鬻于市，彼中女子终岁乃成一匹，以衣其夫而已。其重三四两者，未字少女乃能织，已字则不能，故名女儿葛，所谓“北有姑绒，南有女葛”也。其葛产竹丝溪、百花林二处者良。采必以女，一女之力，日采只得数两。丝缕以针不以手，细入毫芒，视若无有；卷其一端，可以出入笔管；以银条纱衬之，霏微荡漾，有如蜩蝉之翼。然日晒则绉，水浸则蹙缩，其微弱不可恒服。惟雷葛之精者，百钱一尺，细滑而坚，颜色若象血牙名锦囊葛者，裁以为袍、直裰，称大雅矣。故今雷葛盛行天下。雷人善织葛，其葛产高凉、硇洲，而织于雷。为絺者绤者，分村而居。地出葛种不同，故女手良与沽功异焉。粤故多葛，而雷葛为正葛。其出博罗者，曰善政葛。李贺《罗浮山人与葛篇》云“依依宜织江南空”，又云“欲剪湘中一尺天”，谓此。出潮阳者曰凤葛，以丝为纬，亦名黄丝布。出琼山、澄迈、临高、乐会者，轻而细，名美人葛。出阳春者，曰春葛。然皆不及广之龙江葛，坚而有肉，耐风日。凡此皆絟葛也。絟葛外，有新会细苎，盖左思所谓“筩中黄润”，又曰“黄润比筒”者。凡叠布必成筒，一筒十端，而葛之大者率以两端为一连，苎则一端为一连；他布则以六丈为端，四丈为匹，此其别也。古时无木绵，皆以细麻为布，惟粤之苎，则自上古已有。《禹贡》曰：“岛夷卉服。”《传》曰：“岛夷，南海岛上夷也。卉，草也。卉服，葛越也。葛越，南方之布，以葛为之。”以其产于越，故曰葛越也。左思曰：“蕉葛升越，弱于罗纨。"《正义》曰："卉服葛越，蕉竹之属。越即苎祁也。"汉徐氏女赠其夫以越布，邓后赐诸贵人白越是也。《汉书》云："粤地多果、布之凑。"韦昭曰："布，葛布也。"颜师古曰："布，谓诸杂细布。"皆是也。其黄润者，生苎也。细者为絟，粗者为苎。苎，一作"纻"。《禹贡》曰："厥篚织贝。"《传》曰："织，细纻也。"《疏》曰："细纻，布也。"《汉志》所谓"兰干细布"也。兰干者，獠言纻也。翁源以为苎霜布是也。其曰花綀、曰谷纑、曰细都、曰弱折，皆其类。许慎云："南方箣布之属皆为荃。"荃，絟也，蕉竹之属皆絟也。蕉布黄白相间，以蕉丝为之，出四会者良。唐时端、潮贡蕉布，韶贡竹布。竹布产仁化，其竹名曰丹竹，丹亦曰单。竹节长可缉丝，织之名丹竹布，一名竹綀。庾翼《与燕王书》曰"竹綀三端"是也。志称蛮布织蕉、竹、苎、麻、都落等。麻有青、黄、白、络、火五种。黄白曰苎，亦曰白绪，青络曰麻，火曰火麻，都落即络也。马援在交趾，尝衣都布单衣。都布者，络布也。络者言麻之可经可络者也。其细者当暑服之，凉爽无油汗气，湅之柔熟如桩椒茧绸，可以御冬。新兴县最盛，估人率以绵布易之。其女红治络麻者十之九，治苎者十之三，治蕉十之一，纺蚕作茧者千之一而已。又有鱼冻布，莞中女子以丝兼苎为之，柔滑而白若鱼冻，谓纱罗多浣则黄，此布愈浣则愈白云。外有藤布、芙蓉布，以木芙蓉皮绩丝为之，能除热汗。又有罾布，出新安南头。罾本苎麻所治，渔妇以其破敝者剪之为条，缕之为纬，以绵纱线经之，煮以石灰，漂以溪水，去其旧染薯莨之色，使莹然雪白。布成，分为双单。双者表里有大小絮头，单者一面有之。絮头以长者为贵，摩挲之久，葳蕤然若西毡起绒。更或染以薯莨，则其丝劲爽，可为夏服；不染则柔以御寒。粤人甚贵之，亦奇布也。谚曰："以罾为布，渔家所作。着以取鱼，不忧风飓。小儿服之，又可辟邪魅。”是皆中州所罕者也。粤布自《禹贡》始言，迁、固复言，官其地者往往以为货赂。昔孙幸调朱厓广幅布，蛮不堪役，遂作乱杀幸。而士燮献吴大帝细葛以千数，粤人苦之。宋恭帝时，广州献入筒细布，一端八丈，帝恶其精丽，蠹害女红，却之，诏岭南禁作此布。诚虑小民淫巧，风尚侈靡，使贪吏得以为暴也。

雷州妇女多以织葛为生。《诗正义》云：“葛者，妇人之所有事。”雷州以之。予诗云：“雷女工絺绤，家家买葛丝。”又云：“蛮娘细葛胜罗襦，采葛朝朝向海隅。”又云：“雷女采葛，缉作黄丝。东家为绤，西家为絺。”增城亦然。其治葛无分精粗，女子皆以针丝之，干捻成缕，不以水绩，恐其有痕迹也。织工皆东莞人，与寻常织苎麻者不同。织葛者名为细工，织成弱如蝉翅，重仅数铢，皆纯葛无丝。其以蚕丝纬之者，浣之则葛自葛、丝自丝，两者不相联属。纯葛则否。葛产绥福都山中，以蔓生地上而稚者为贵。若缭绕树间，则葛多枝叶，不中为丝。采者日得数斤，城中人买而绩之，分上中下三等为布。阳春亦然，其细葛不减增城，亦以纺缉精而葛真云。凡葛以掇之有响、濡之明亮者为真。浣以梅叶之汁，和以清泉，折幅为方而勿揉以手，则理不皱。其盎以瓦毋以木，则色不淄。湛之经宿，出而拍拍阴干于檐端，毋以烈日，则不脆。然纯葛者可浣，兼丝者浣之则缩。纯葛曰絟，言全乎葛也。

蕉类不一。其可为布者曰蕉麻，山生或田种，以蕉身熟踏之，煮以纯灰水，漂澼令干，乃绩为布。本蕉也，而曰蕉麻，以其为用如麻，故葛亦曰葛麻也。广人颇重蕉布，出高要宝查、广利等村者尤美。每当墟日，土人多负蕉身卖之。长乐亦多蕉布，所畜蚕惟取其丝以纬蕉及葛，不为绸也，绸则以天蚕食乌桕叶者织之。史称粤“多果、布之凑”，然亦夏布，若蕉、葛、苎、麻之属耳。冬布，多至自吴、楚、松江之梭布，咸宁之大布。估人络绎而来，与绵花皆为正货。粤地所种吉贝，不足以供十郡之用也。蕉布与黄麻布，为岭外所重，常以冬布相易。予有《蕉布行》云："芭蕉有丝犹可绩，绩成似葛分缔绤。女手纤纤良苦殊，馀红更作龙须席。蛮方妇女多勤劬，手爪可怜天下无。花練白越细无比，终岁一匹衣其夫。竹与芙蓉亦为布，蝉翼霏霏若烟雾。入筒一端重数铢，拔钗先买芭蕉树。花针挑出似游丝，八熟珍蚕织每迟。增城女葛人皆重，广利娘蕉独不知。"

茧布

程乡茧绸，为岭南所贵。其蚕分畦而养，各以其叶饲之，饲某叶则为某茧绸。其茧布则罗浮大胡蝶茧所成。有咏者云："仙遗衣化罗浮蝶，蝶化山蚕复作衣。"大胡蝶者，葛稚川之遗衣也。衣化为蝶，蝶化复为衣，其异若此。文昌茧，其蚕惟食山栗叶，故吐丝坚韧，其绸可久服弗敝。新兴茧亦然。若南海官窑茧、顺德龙江茧，则劣矣。

鸟服

朔漠多兽服，南方多鸟衣。鸟衣者，诸种鸟布所成。一曰天鹅绒，夷人剪天鹅细管，杂以机丝为之。其制巧丽，以色大红者为上，有冬夏二种，雨洒不湿，谓之雨纱、雨缎。粤人得其法，以土鹅管，或以绒物，品既下，价亦因之。一曰琐袱，出哈烈国，亦鸟毳所成，纹如纨绮，其大红者贵，然服之身重不便。粤人仿为之，似素纺绢而自起云，殊不逮也。又有以孔雀毛绩为线缕，以绣谱子及云肩、袖口，金翠夺目，亦可爱。其毛多买于番舶，毛曰珠毛，盖孔雀之尾也。每一屏尾价一金。一屏者，一孔雀之尾也，以其尾开如锦屏，故曰屏。

纱　缎

广之线纱与牛郎绸、五丝、八丝、云缎、光缎，皆为岭外、京华、东西二洋所贵。予《广州竹枝词》云：“洋船争出是官商，十字门开向二洋。五丝八丝广缎好，银钱堆满十三行。”

纸

东莞出蜜香纸，以蜜香木皮为之，色微褐，有点如鱼子。其细者光滑而韧，水渍不败，以衬书，可辟白鱼。南浙书壳，皆用栗色竹纸，易生粉蠹。至粤中必以蜜香纸易之，始不蠹。最坚厚者曰纯皮，过于桑料。细者曰纱纸，染以红黄，以帷灯，恍若空縠。以有细点如沙，亦曰沙纸。晋武帝赐杜预蜜香纸万番。《岭表录异》：“广州多栈香，以作纸，名为香皮。”是此纸也。长乐有谷纸，厚者八重为一，可作衣服，浣之至再不坏，甚暖，能辟露水。谷纸自昔见重，唐萧仿为岭南节度使，敕诸子以谷纸缮补残书，子廪谏曰：“州距京师且万里，书成不可露赍，必将贮以囊笥。贪者伺望，得无薏苡之嫌乎？”仿曰：“善，吾思偶不及此。”此谷纸之故事也。从化有流溪纸。纸出流溪一堡，有上流纸渡、下流纸渡，二渡专以运纸，故名。其竹名曰纸竹，与他竹异。男女终岁营营，取给篁箐，绝无外务。其法：先斩竹投地窖中，渍以灰水，久之乃出而椎练。渍久则纸洁而细，速则粗而渗。粗者一名后纸。

诸番贡物

诸番之直广东者，曰婆利，曰古麻剌，曰狼牙修，曰占城，曰真腊，曰爪哇，曰暹罗，曰满剌加，曰大泥，曰蒲甘，曰投和，曰加罗希，曰层檀，曰赤土。其直安南者，曰林邑，曰槃槃，曰三佛齐，曰急兰丹，曰顿逊，曰州湄，曰浡泥，曰阇婆，曰扶南，曰彭亨，曰毗骞，曰天方，曰锡兰山，曰西洋古里，曰榜葛剌，曰苏门答剌，曰古里班卒，是皆南海中大小岛夷，见于明《祖训》、《会典》者也。其不可考者，有犛、罗兰、顿田、离其、门毒、右笪、罗越、佛逝、诃陵、个罗、哥谷罗、婆露、狮子、摩逸、佛朗机诸国，则未尝入贡，懋迁有无者也。安南本汉交趾地，洪武初朝贡，其物有金银器皿、熏衣香、降真香、沉香、速香、木香、黑线香、白绢、犀角、象牙、纸扇。占城本古越裳氏界，洪武二年，其主阿答阿，首遣其臣虎都蛮来朝贡，其物有象、犀、象牙、犀角、孔雀、孔雀尾、龙脑、橘皮、抹身香、熏衣香、金银香、奇南香、土降香、檀香、柏香、烧碎香、花藤香、乌木、苏木、花梨木、芫蔓、番纱、红印花布、油红绵布、白绵布、乌绵布、圆壁花布、花红边缦、杂色缦、番花手巾帕、兜罗绵被、洗白布泥。暹罗在占城南，洪武四年，其王参烈昭毗牙，遣使柰思俚侪剌识悉替等来朝贡，进金叶表，其物有象、象牙、犀角、孔雀尾、翠毛、六足龟、龟筒、宝石、珊瑚、金戒指、铜鼓、片脑、米脑、糠脑、脑油脑、紫檀香、速香、安息香、黄熟香、降真香、罗斛香、乳香、树香、木香、乌香、丁香、丁皮、阿魏、蔷薇水、琬石、紫梗、藤竭、藤黄、硫黄、没药、乌爹泥、肉豆蔻、胡椒、荜拨、苏木、乌木、大枫子、苾布、油红布、白缠头布、红撒哈剌布、红地绞节智布、红杜花头布、红边白暗花布、细棋子花布、织人象花文打布、西洋布、织花红丝打布、剪绒丝杂色红花被面、织杂丝竹布、红花丝手巾、织人象杂色红文丝缦。真腊本扶南属国，洪武六年，其王忽儿那，遣使柰亦吉郎等来贡，其物有象、象牙、犀角、孔雀翎、苏木、胡椒、黄蜡、乌木、黄花木、土降香、宝石。爪哇本古阇婆国，洪武三年，其王昔里八达剌，遣使八的占必等来朝贡，其物有胡椒、荜茇、黄蜡、乌爹泥、金刚子、苏木、乌木、番红土、蔷薇露、奇南香、檀香、麻藤香、速香、降香、木香、乳香、黄熟香、安息香、乌香、荜澄茄、龙脑、血竭、肉豆蔻、白豆蔻、藤竭、阿魏、芦荟、没药、大枫子、丁皮、番木鳖子、闷虫药、碗石、宝石、珍珠、锡、西洋铁、铁枪、折铁刀、铜鼓、苾布、油红布、孔雀、火鸡、鹦鹉、玳瑁、孔雀尾、翠毛、鹤顶、犀角、象牙、龟筒。满剌加在占城南，永乐三年，其王西剌八儿速剌，遣使奉金叶表来朝贡，其物有番小厮、犀角、象牙、珠母壳、玳瑁、鹤顶、鹦鹉、黑熊、黑猿、白麂、锁袱、金母鹤顶、金厢戒指、撒哈剌白苾布、姜黄布、撒都细布、西洋布、花缦、片脑、栀子花、蔷薇露、沉香、乳香、黄速香、金银香、降真香、紫檀香、丁香、丁皮、磅、胡椒、血竭、乌爹泥、肉豆蔻、没石子、阿魏、窠铅、片脑、肉果、玛瑙珠、竹布、苏合油、乌木、苏木、大枫子、番锡、番盐。三佛齐本南蛮别种，在占城南，洪武四年，其王哈剌札八剌卜，遣使玉的力马罕亦里麻思，奉金字表来朝贡，其物有黑熊、白獭、火鸡、孔雀、五色鹦鹉、诸香、兜罗绵被、苾布、龟筒、胡椒、肉豆蔻、番油子、米脑。浡泥本阇婆属国，洪武四年，其王马谟沙，遣使亦思麻逸朝贡，其物有珍珠、宝石、金戒指、金绦环、金银八宝器、龙脑、牛脑、梅花脑、降香、沉香、速香、檀香、丁香、肉豆蔻、黄蜡、玳瑁、龟筒、螺壳、鹤、熊皮、犀角、孔雀、倒挂鸟、五色鹦鹉、黑小厮。锡兰山，正统十年，其王遣使耶把剌谟的黑哑等来朝贡，其物有宝石、珊瑚、水晶、金戒指、撒哈剌象、乳香、木香、树香、土檀香、没药、西洋细布、藤竭、芦荟、硫黄、乌木、胡椒、碗石。苏门答剌，永乐三年，其王锁丹罕难阿必镇，遣使阿里来朝贡，其物有马、犀牛、龙涎、撒哈剌梭眼木香、丁香、降真香、沉速香、胡椒、苏木、锡、水晶、玛瑙、宝石、石青、回回青、硫黄、番刀弓。大坭称隶暹罗助贡国，其来贸易，有胡椒、乳香、血竭、没药、片脑、荜泼、乌爹泥、土檀、黄檀香、降香、沉香、沉粟香、丁香皮、乌木、苏木、藤黄木、食子、龟筒、象牙、番牛角、玳瑁、珠壳、宝石、打麻、西洋布、竹布、茭张席、灰筒。急兰丹，正德四年来贸易，有胡椒、乌木、丁皮。已上凡十二国，皆常来往广东者。旧例，贡舶三艘至粤，使者捧金叶表入京朝贡，其舶市物还国，次年三舶复至迎敕，又市物还国，三年三贡，或五年一贡。一贡则其舶来往三度，皆以澳门为津市。黄文裕云："往者番舶通时，公私饶给。其贸易旧例，有司择其良者，如价给之；次则资民买卖。故小民持一二钱之货，即得握椒，展转交易，可以自肥。广东旧称富庶，良以此。助国供军既有赖，而在官在民又无不给，是因民之所利而利之者也。议者或病外番闯境之为虞。夫暹罗、真腊、爪哇、三佛齐等国，洪武初首贡方物，臣服至今。永乐时，浡泥入朝，没齿感德。成化间，占城被篡，继绝蒙恩。南方蛮夷，大抵宽柔，乃其常性，百馀年间，未有敢为寇盗者。迩者佛朗机来自西海，其小为肆侮，夫有所召之也。见今番舶之在漳、闽者，亦未闻小有警动，则是决不敢为害，亦章章明矣。"霍文敏云："东南番皆由广入贡，因而贸易，互为利市焉，中国不可拒之以自困。惟佛朗机则贼人之桀也，不可不拒。因拒佛朗机并拒诸番，非策也。为今之计，在诸番之来则受之，在佛朗机则斥之，否则厉兵以防之，示之必诛。"

黩　货

东粤之货，其出于九郡者曰广货，出于琼州者曰琼货，亦曰十三行货；出于西南诸番者曰洋货。在昔州全盛时，番舶衔尾而至，其大笼江，望之如蜃楼屃赑。殊蛮穷岛之珍异，浪运风督，以凑郁江之步者，岁不下十馀舶。豪商大贾，各以其土所宜，相贸得利不赀。故曰“金山珠海”、“天子南库”，贪者艳之。《晋书》称，广州包带山海，珍异所出，一箧之宝，可资数世。然地多瘴疠，人情惮焉。惟贫窭不能自立者，求补长吏，故前后刺史，皆多黩货。朝廷欲革其弊，以吴隐之为广州刺史。隐之至郡，清操异常，每食惟干鱼菜，帷帐器服，皆附外库。其后有王琨者，刺史广州，人言南中沃实，官此者常致巨富。世云广州刺史，一经城门，即得三四十万。琨无所取纳，表献禄俸之半。有王僧孺者，为南海太守，叹曰：“昔人为蜀部长史，终身无蜀物。吾欲遗吾子孙，不在越装。”有张田者，知广州，尝谓人曰：“南海饶诸珍物，但身为市舶使，不欲以此自污。”作钦贤堂，绘古昔清刺史像师事之。有周穜者，知广州。故事，番舶抵郡，犀、象、香、珠之属，悉选以献，曰呈样。穜一无所受，终任不至舶务。有余靖者，知广州，奏罢番舶之税，以来远人。又戒在任官吏，不得私市南药，及受给由苏息二钱。比自罢归，囊中无南海一物。有孔戣者，为岭南节度使，始至，免属州逋负十八万缗，米八万斛，黄金税八百馀两。番舶初来，有下碇税，有阅货宴，所饷犀、象、香、琲，下及仆隶，戣禁绝无求索。旧制，海商死者，官籍其货，满三月，无妻子诣府，则没入之。戣以海道远，岁一往复，苟有验者，不为限，悉推与之。有卢钧者，为岭南节度使。番舶之来，旧帅皆作法兴利以致富。钧奏请监军领市舶使，己不干预。有韦正贯者，为岭南节度使。旧日番舶始至，大帅必取其上珍，而售以下直，番人厌苦之。正贯至，一无所取。之数公者，皆清廉自爱之君子。求其取所当取者不可得，况于身为大贾，斡山海之货，役利细民，与市井子孙争为奸利者乎？比年以来，岭海亦大空虚矣。所喜者，大庾绾毂其口，百里间磴道巉岩，十郡之大阻恃焉。天欲留不尽之货财于南越，故以此台关一线为咽喉，俾玩巧事末之民，与夫呰窳偷生者，得仰机利而食。不然者，地之所产者有尽，而贪人之捆载者无穷，岭海虽为天下饶，所存以为生且养者，亦无几矣。嗟夫！国之富藏之于民，复藏之于其地之民。夫使其地之民各享其利，而无眈眈者虎视其间，而其国治矣。

卷十六　器语

钟

五仙观有大禁钟，洪武初永嘉侯朱亮祖所铸，然不敢击。岁乙酉，有司命击之，城中婴儿女死者千馀。于是婴儿女皆着绛衣，系小银钟以厌之。越一年城破，乃止勿击。钟有雌雄，其雌者向飞入白鹅潭，往往与城中钟相应。予诗："雌雄海底应钟声。"钟故能飞。宋政和中，合浦灵觉寺钟一夕飞去，既明，悬于空中，其半犹湿。居人言："江湾每夜有钟吼声，是必与龙斗也。"察之果然。乃去钟顶上龙角，遂不复飞，而名其地曰钟湾。每湾中风起，有一物大如车轮，蓝色，腾跃波中，必尝与钟斗者也。钟，金也；龙，木也。金木相斗，其必有不得其平者欤？

鼓

汉顺帝时，周敞为交趾刺史，尝至龙川，闻山木响异，因伐取为鼓，以下分鼓给桂林郡，上分鼓给交趾郡。每击一鼓，则二鼓皆鸣，俚獠警动，谓有龙潜而相应，莫不畏之，因名其山曰龙山。万历间，剿灭大藤峡贼，以大藤为三鼓槌，槌围一丈，长三四尺，黑润若角沉然。一置广州都司堂，一置肇庆府门上，一置梧州总兵府。其声逢逢，数百里亦时相应，皆灵器也。二者相类，皆木与藤之为怪。

铁　鼓

韶州忠惠公祠有铁鼓，一面微损，击之有声。先时，江中有一蛟，舟行者多为所害。公以铁为鼓及船，使役人乘之，一日夜来往五羊，得蛟斩之，至今蛟骨二段存祠中。盖以铁物治蛟，乃金克木之道。龙性畏铁，蛟亦然，是皆属木，故以金制之。伏波铸铁船沉于合浦，其亦以镇压毒龙而已。

铜　鼓

南海庙有二铜鼓，大小各一，大者径五尺，小者杀五之一，高各称广。大者因唐时高州太守林霭，得之于蛮酋大冢，以献节度使郑细，细以献于庙中者。其制中空无底，釰垂四悬，腰束而脐隐起，旁有两耳，通体作络索连钱及水縠纹。色微青如铺翠，半断起如辰砂，铜质尽化，金精独存，有光莹然可鉴，盖千馀年物也。边际旧有蛙六，今不存。其小者或谓出浔州铜鼓滩。先是，滩水湍急，舂石底作铜鼓声，入夜辄有光怪。一日水涸，铜鼓见，太守取之，悬于四穿楼。其四角有金虾蟆五，为番人所窃，声遂稍石，乃归于南海庙中。色纯绿，作鹧鸪斑，斜文纤丽，隐隐若八卦象。岁二月十三祝融生日，粤人击之以乐神，其声闉鞳铿鎗，若行雷隐隐，闻于扶胥江岸二十馀里，近则声小，远乃声大，神器也。嘉靖间，海寇曾一本谋移去，铁索忽断不可举。有老父云："此铜鼓昔浮海至，其鸣应潮，自为大盗所移，灵蛙残缺，遂不复自鸣。"又云："铜鼓之大者，旧雌雄各一，今庙所存者雄也。其雌向遇风雷，飞入狮子海中。今雄鸣，则其雌辄相应云。"粤故多铜鼓，或谓雷、廉至交趾，濒海饶湿，革鼓多痺缓不鸣，伏波始制铜为之。状亦类鼓而稍埤，缩腹下杀，周以繁纹，面上八角皆缀以坐蛙，名为骆越之鼓。或曰：“《晋书》云，诸獠并铸铜鼓，以高大为贵。初成，悬于庭中，置酒召客。豪富子女，则以金银为大钗，执以扣鼓，因遗主人，名纳鼓钗。攻杀时则声其鼓，至者如云。其所铸鼓，惟豪强称最，号为都老鼓。庙中铜鼓，盖诸峒獠所遗也。”或曰：“《周礼·司徒》有鼓人，掌六鼓四金之事。司马大阅，则群吏致其鼓铎镯钲，以听坐作。故范铜为鼓，皆属军乐。意汉时其制尚存，故伏波铸之，留西南夷中甚众。其形皆如腰鼓，而面脐在上方。”出庙中所藏，其内有镌云“汉伏波将军所铸”，乃是阳识。凡三代铜器用阴识，其字凹；秦、汉用阳识，其字凸。阳识易成，阴识难铸，此必汉物无疑。大抵粤处处有铜鼓，多从掘地而得，其状各异，皆伏波所瘗以镇蛮者，每遇风雨辄有声。诸蛮于深溪邃峒之间，循其声之所自，往往求得铜鼓。盖物之神灵者，岁久辄思自见。故永乐中，万州土官黄惠，于多辉溪中得一铜鼓，长三尺，面阔五尺，凸二寸许，沿边皆科斗，各衔线缕抵脐，束腰奓尾，若今之杖鼓然者。击之声如鹅鹳，闻数十里。万历间，茂名高田溪水暴涨，涌出铜鼓，径三尺，高二尺有奇，面列蛙蛤六，遍体作细篆文，有朱砂积翠，蜗蚀之孔十馀，其声镗镗。或以革掩底，或积水瓮中，盖而击之，声闻十馀里外。叩蛙蛤，则其声益远。而廉州有铜鼓塘，钦州有铜鼓村，灵山有铜鼓岭，阴雨则岭上作铜鼓声。文昌、万州亦有铜鼓岭，皆以掘得铜鼓而名。又博白县北，有铜鼓潭，向有二铜鼓没其中。弘治己未，得其一以献两广制府；正德乙亥，又得其一以献县。罗定城隍庙有铜鼓，高二尺五寸，径二尺。州人争讼不平，及被诬欲昭白者击之，则祸有归；无事而击，则祸击者。又雷州英灵冈雷庙有铜鼓二，其式如镛，围径五尺许，高亦如之。在左者面边蟆六，右者蟆五。其旁皆有两耳，每耳又分而二之。耳下有一兽，首反俯下足，尾入于郛。左者土花剥蚀，声短而无光泽。右者质理莹然如碧玉，其面稍廉三分，檐覆下六分，中心微拱而平。其晕有十三圈，晕各一声，晕中夹平绨如波纹，两圈作连钱纹，旁纹人字如莞簟；其绨作雷纹、斜方斗纹，色翠绿彻骨，有一线丹，午后乘阴气苍润欲滴，午前象褐色稍淡，蚀处如蜗篆。又有一铜鼓在庑下，状亦如之。皆声闻十馀里，雷人辄击之以享雷神，亦号之为雷鼓云。雷，天鼓也。霹雳，以劈历万物者也。以鼓象其声，以金发其气，故以铜鼓为雷鼓也。吾视其碑，盖从天宁寺及英山掘而得者。昔伏波征交趾，欧阳頠守广州，皆以铜鼓进御。而伏波善别名马，得骆越铜鼓，皆铸为马式表上之。之数铜鼓，或皆铸马式之所馀，未可知也。粤之俗，凡遇嘉礼，必用铜鼓以节乐。击时先雄而后雌，宫呼商应，二响循环，音绝可听。其小者曰铛，大仅五六寸。凡击铜鼓，必先击铛。以铛始，亦以铛终。铛者铜鼓之子，以子音引其母音也。然今铜鼓制皆小，最大者二尺馀，圆脐突起，隆面而浅唇，不作虾蟆、花绣纹，大小颇如钲式，不及二庙所藏者远甚，惟雌雄之别则同。凡为铜鼓，以红铜为上，黄铜次之。其声在脐，雌雄之脐亦无别，但先炼者为雄，后炼则为雌耳。然诸工不善取音，每铜鼓成，必置酒延铜鼓师。师至，微以药物淬脐及鼓四旁，稍挥冷锤攻之，用力松轻，不过十馀锤，而雄声宏而亮，雌声清以长。一呼一应，和谐有情，馀音含风，若龙吟而啸风也。广州炼铜鼓师，不过十馀人，其法绝秘，传于子而不传女云。

琼州有黎金，似铜鼓而扁小，上三耳，中微其脐，黎人击之以为号。此即铛也。古时蛮部多以铜为兵，以铜为器。富者鸣铜鼓，贫者鸣铛，以为聚会之乐。故谓铜鼓为大器，铛为小器。

宝　剑

尉佗尝瘗宝剑以镇名山。今两广山中，往往有剑气中夜烛天。唐明宗天成中，罗浮掘得古剑，有篆文二十字，识者以为“己亥年圣君出”也。其后宋太祖应之而兴，是岂佗之所瘗者欤？

彭中丞剑

东莞彭中丞谊，身既殁，其子孙以宪庙所赐剑悬于祠堂。剑有神灵，每一动，铮铮有声，则其宗人之不肖者辄自刭而死。以剑瘗香炉下，其鸣亦然。或者谓：“以公之灵，使以其所受赐剑用之于国，无徒用之于家，则奸贼之臣，何难尽诛以谢天下！”然此剑销为门牛，人亦有取之铸为一龙文匕首者矣。

刀

粤多番刀。有曰日本刀者，闻其国无论酋王、鬼子，始生，即以镔铁百斤，淬之溪中，岁凡十数炼。比及丁年，仅成三刀。其修短以人为度，长者五六尺为上库刀，中者腰刀，短小者解腕刀。初冶时，杀牛马以享刀师。刀师卜日乃冶，以毒药入之。刀成，埋诸地中，月以人马血浇祭。于是刀往往有神，其气色阴晴不定，每值风雨，跃跃欲出有声，匣中铿然。其刀惟刻“上库”字者不出境，刻汉字或八幡大菩萨、单槽双槽者，澳门多有之，以梅花钢、马牙钢为贵。刀盘有用紫铜者，镂镌金银者，烧黑金者，皆作梵书花草。有小匕在刀室中，谓之刀奴。其水土既良，锤锻复久，以故光芒炫目，犀利逼人，切玉若泥，吹芒断毛发，久若发硎，不折不缺。其人率横行疾斗，飘忽如风，常以单刀陷阵，五兵莫御。其用刀也，长以度形，短以趯越，蹲以为步，退以为伐，臂以承腕，挑以藏撇，豕突蟹奔，万人辟易，真岛中之绝技也。其软者以金银杂纯钢炼之，卷之屈曲如游龙，首尾相连；舒之劲直自若，可以穿铁甲，洞坚石。上有龙虎细纹，或旋螺花，或芝麻雪花，矾之以金丝矾则见，所谓“绕指郁刀”也。古有鱼肠剑，屈曲如环，此亦其类。刀头凡作二层，一置金罗经，一置千里镜，澳夷往往佩之。又有两刃如剑，隐出层纹，可沾积毒药，然皆不可多得。外有红毛、西洋诸刀，镂凿亦异。其割食者，首以珊瑚、琥珀嵌之，柄以金珠、古窑器片镶之，率奇瑰夺目，轻薄如纸，可割裁，充文房佳器。有交蛮长刀，有槽无脊，轻利颇如日本，而精莹刚锐逊之。有苗刀，其纹以九帘为上，轻便断牛。有交趾刀，甚长，亦有槽无脊，精美如倭然，亦不能多得。寻常战斗之用，惟以惠阳刀为良耳。凡刀有相。张穆云：“凡刀凛凛有霜威，持之增人意气者吉；引之精利，常使人愁惨不乐，刀锋按之正及心坎者凶。无论长短广狭，以草自刀根至尾约之，草与刀长相若，已乃断草如刀根大，尽其草作数十寸，凑如‘口’字，又重累之成‘且’字，视其尾方，则刀无祸患，加一虎尾有威，加二为虾须则凶。君子服刀，必以吉祥者为贵。”大均云：“君子大抵以心剑为用。心剑者，天下之利器也。”甘泉云：“磨剑剑气利，磨心心剑神。剑利一人敌，心神敌万人。”吾以为得用剑之本焉。

鸟　枪

粤人善鸟枪。山县民儿生十岁，即授鸟枪一具，教之击鸟。久之精巧命中，置于肘上，背物而击之，百步外钱孔可贯。鸟枪以新会所造为精。枪成，置于掌上，击物而枪不动，掌亦无损。然后架之于肘用之，其人在前，则转身而横击之，无不妙中。枪既锤炼精熟，夜必悬于墙，否则曲而不直。引药又宜长带在身，使人气温暖，方易着火。炭则以糯谷为之。盖沙炮贵长，鸟枪贵轻，而药皆宜干燥也。外有三眼枪者，有置于刀枪之末，本末互用者，有交枪者。其曰爪哇铳者，形如强弩，以绳悬络肩上，遇敌万铳齐发，贯甲数重。其曰沙炮者，以百炼精铁为之，长者一丈五六，或二丈，每一发可毙人于三箭地外。其为制也，皮宜厚，腹宜光滑，口宜稍大于身，使弹子易于喷撒。弹子多至升许，一发毙数十百人。杂以快钯藤盾，长短相救，每战辄无敌矣。予尝有《军行曲》云："沙炮都须丈六长，藤牌一一辅花枪。纵横只用鸳鸯阵，马战何如步战良。"又云："挑战时时逾白沟，刀牌好手夹蛇矛。镖枪先掷身随入，出没如风敌尽愁。"

大　铳

往塞上大将军铳，蓟镇岁声一次，以势大，人不敢发也。其重也，斤以一百五十计，以千斤铜母装放，如佛朗机。少保叶公梦熊，益为斤二百五十，长三倍之，得六尺许，以滚车发之，可及八九百弓。不以铜母，中以铅弹七斤者为公，三斤者为子，一斤者为孙，三钱、二钱者二百许为群孙，名曰"公领孙弹"。以铁磁片杂斑猫毒药煮就者佐之，凡重三十斤。发时势如霹雳，可毙人马数百计。沿边以千万架处处安置，俾将士习熟，人人能发。又以滚车转运之，虽重大，可以登高涉远，夷险皆宜。斯火器之最神者矣。其曰西洋大铜铳者，重三千斤，大十馀围，长至二丈许，药受数石，一发则天地晦冥，百川腾沸，蛰雷震烨，崩石摧山，十里之内，草木人畜无复有生全者。红毛夷擅此大器，载以巨舶，尝欲窥香山、澳门，胁夺市利。澳夷乃仿为之。其制比红毛益精，安置南北两台，以守要害。发时以铳尺量之，测远镜度之，无不奇中。红夷乃不敢犯。用于中土，则诚攻守重器也。顾夷人不吝重赀峻法，讲习演试，中土反之，以故不得其效。盖铜质欲醇，铜汁欲清，铸候欲齐，土范欲泽，引缄欲后，方可免迸裂之患。五者备矣，药又欲精欲燥，发火之人欲练，乘火之人欲整欲敏，而悬重赏以待之，然后守无夹寨，攻无金城。如徒曰重器而已，安知不反以资敌乎？

龙塘叶公，尝以甘肃无墙，仅有一夹把边。夹把者，夹草与沙而为把者也。公以大神炮为墙，一发可及六里，谓以两门更番而放，则六里无患，计东起金城，西至嘉峪，一千六百馀里；北起镇番，南至西宁，一千七百馀里，以大神炮一千门分布其中，又以灭寇、三眼、百子、佛朗机、涌珠等炮，及火箭、火砖、火雷佐之，则三千馀里无患。其炮洞也，有墙者穿墙为之，无墙者则安置土墩院中。每一门立炮长一人，加粮三斗，率领炮军五人，日夜练习，有急则聚而为阵，战则以大神炮歼敌于五六里之外。俟其将近，乃以灭寇、三眼等器杂施之。其步下兵，每人执一挨牌，牌中藏一窝蜂火箭九枝，夹以长枪一、长斧一，计挨牌一千，则得火箭九千，长枪、长斧二千矣。当齐发时，如天火下焚，铁石莫御，枪斧先锋而摧坚，马兵两翼而冲突。而又有贵州土夷，如罗鬼、仲家、黑苗之类，恒以一二千人而敌十万。诸蛮能骑野马，不用鞍辔，步下放弩，马上标枪，跣足踏冰，有进无止。所食者又皆血腥生物，不用烟火，寇人往往望而怖畏，以故所向无敌。

机 铳

澳门所居，其人皆西洋舶夷，性多黠慧，所造月影海图、定时钟、指掌柜，亦有裨民事。其风琴、水乐之类，则淫巧诡僻而已。至如机铳者，名“觌面笑”，谡藏于衣袚之中，而突发于咫尺之际，杀机不测，良可寒心。其制也，小石如豆，啮皮函外，铁牙摩戛，火透函中，盖皆精铁分合而成。分之二十馀事，邈不相属；合之各以牝牡橐籥相茹，纳纽篆而入蜗户，栝转相制，机转相发。外以五六铁梔梔之，大四寸，围长六七寸，以带系置腰间。带有铜圈，可插机铳二十枚，铅弹亦怀于身，用时乃入。弹重八九分，用止二枚，不可多，多则坏铳。危急时，一人常有二十铳之用，百不失一。此亦防身之奇技也。区怀瑞有铭云：“有械咫尺，出自岛舶。具铳之型，焰烟小弱。支绪琐陈，炼钢而作。辐辏委蛇，洞空橐籥。节短势长，旋螺屈蠖。鱼乙畛分，犬牙绣错。关键相须，石金喷薄。浑合自然，不焚而灼。激射摧残，等于戏虐。迅击寻丈，不爽锱铢。蜕胎重器，巧捷于兹。触光毫末，锋镝为威。变生衽席，狃而不知。明信在躬，圣铁是衣。君子警斯，毋中于微。”

佛山大爆

佛山有真武庙，岁三月上巳，举镇数十万人，竞为醮会，又多为大爆以享神。其纸爆，大者径三四尺，高八尺，以锦绮、多罗洋绒为饰，又以金缕珠珀堆花叠子及人物，使童子年八九岁者百人，倭衣倭帽牵之。药引长二丈馀，人立高架，遥以庙中神火掷之，声如丛雷，震惊远迩。其椰爆，大者径二尺，内以磁罂，外以篾，以松脂、沥青，又以金银作人物、龙鸾饰之，载以香车，亦使彩童推挽。药引长六七丈，人立三百步外放之。拾得爆首，则其人生理饶裕，明岁复以一大爆酬神。计一大爆，纸者费百金，椰者半之；大纸爆多至数十枚，椰爆数百。其真武行殿，则以小爆构结龙楼凤阁，一户一窗，皆有宝灯一具。又以小爆层累为武当山及紫霄金阙，四围悉点百子灯，其大小灯、灯裙、灯带、华盖、璎珞、宫扇、御炉诸物，亦皆以小爆贯串而成。又以锦绣为飞桥复道，两旁栏楯，排列珍异、花卉莫可算。观者骈阗塞路，或行或坐，目乱烟花，鼻厌沉水，簪珥碍足，箫鼓喧耳，为淫荡心志之娱，凡三四昼夜而后已。此诚南蛮之陋俗，为有识之所笑者也。丧乱之馀，痍伤未复，小民蠢蠢无知，动破中人之产，奇技淫巧，自致其戎。良有司者，苟能出令禁止，教以节俭，率以朴纯，使皆省无益之费，以为有用之资，不惟加惠斯民，亦所以善事鬼神焉耳。

弩

古越人能为连弩。《南越志》称："交趾之地最腴。旧有君长曰雄王，其佐曰雄侯，地曰雄田，一曰骆田。食其田者曰骆侯，诸县则曰骆将，铜印青绶，如今之令尹。然蜀王尝将兵三万讨雄王，灭之，以其子为安阳王，治交趾。其城九重，周九里，士庶蕃富。尉佗窃据番禺，遣兵攻之。安阳王有弩一张，一放杀越军万人，三放杀三万人。佗乃却垒息卒，还戍武宁，遣次子始为质通好。王之女媚珠，见始丰姿闲美，遂私焉。始求观神弩之妙，媚珠示之。因潜毁其机，驰使报佗，复兴师袭之。军至，安阳王如初放弩，弩败，师徒崩散，遂破之。佗遣二使者典主交趾、九真，即瓯、骆也。"相传安阳王弩，有神人皋通教为之，其制不可考。使佗子孙能仿佛其大概，为弩以守，则伏波楼船必不能攻陷石门、寻陕如是之易。嗟乎！幅员虽广，几敌中国之半，而汉偏师一入，国即破灭，绵力薄材，乃一至于是乎！自古用兵以弩为尚，《周官》有六弓、四弩、八矢之法，《荀子》谓魏武卒操十二石之弩，晁错谓劲弩长戟为中国之长技。汉制，将军有强弩、积弩之名。《唐书》，择宿卫勇者为番头，习弩射。宋有弓弩院，造床子弩、虎翼弩、马黄弩。自古有国未有不尚弩者也。至于历代以弩取胜，又多可稽。乃今日北方官军并未见有用弩者，惟南方民兵或用之，西南夷獠专用之。夫弦木削竹，费廉而工省，制造易而为用神，有国者何惮而不为？以之辅战车，射坚及远，争险守隘门，怒声劲势，遏冲制突，非弩其何以胜？其奇制，越人或有知之。诚下令有能献强弩法式者，奏予一官，知必有以神臂弓为献如李宏，以克敌弓为献如韩世忠者矣，此二弓者皆弩也。多造战车，悉置强弩、火器于车箱上，以御驰突，虽有强敌，未必不以万弩齐发为惧也。

木 枪

龙门健儿，多以棉木为枪，长三丈馀，三人持之，一进一退，以四尺为率，从地上挑起人马，敌不能近，谓之八步长枪。予有《龙门健儿行》，云："龙门健儿身手强，棉木为枪三丈长。三人持一棉木枪，风旋电转谁能当。进四尺，退四尺。挑起人马半空掷，朔骑千群丧精魄。前锋夹以竹篙锥，三丈不足二丈馀，藤牌絮被滚如珠。三眼鸟枪洞铁甲，绕指郁刀随卷舒。燋铜锋镝涂毒药，猛虎中之仅三跃。用短尤能精用长，纵横击刺千军却。"

战 车

归善叶少保公常以车战立功。其车用双轮，甚轻，平地二人推之，险厄四人挽之。上列枪刀，中施火器。又以斫马刀与长短兵相夹前冲，然后铁骑从之。每车一辆，车正一人，挨牌六人，长枪二人，钩镰二人，佛朗机手二人，百子铳手二人，兼以火箭三层，推车夫二人，马八匹，马上各稍百子铳一，骡一头，驮灭寇炮一、百子铳十。共计步兵十七人，马兵八人。以二十五人为一队，十队为一司，十司为一部，十部为一军。分为三营，合为一大营，势小则分击，大则合击，又熟练而选其锋。其《车战录》一书，奇奇正正，靡不备极，古今兵法，一览而犁然在目。谚曰："轻车便道，无往不利。"叶公有焉。论者谓戚南塘在蓟时所造战车，多仿偏厢之制，环以为营，稍合古法。但其车太重，非马数匹、卒十馀人挽之莫动。盖宜于易而不宜于险、宜于守而不宜于战者。公所制独有取于轻车，往来便捷，又翼之以拒马、挨牌，藏之以巨铳、神枪。止而为营，则有连城之固；进而冲锋，则有排山之力；神炮并发，则势如崩雷；精骑随驱，则功同拉朽。可险可易，可战可守，非所谓制胜之上乘者耶！用兵者能准是轻车之式，于步骑外皆置车战一军，选将简徒，预教而熟练之，敌至则诱之以步兵，试之以游骑，使之薄吾车营，而后千乘并驰，万炮齐响，数百步之内，有不全军崩溃者哉？

水 车

从化之北有流溪，自上五指山至黄龙�，惊滩草径，凡百馀里。两岸巨石相拒，水湍怒流，居民多以树木障水为水翻车。

子赡诗："水上有车车自翻。"水翻车一名大棚车，轮大三四丈，四周悉置竹筒，筒以吸水，水激轮转，自注槽中，高田可以尽溉。西宁亦然。每水车一辆，可供水碓十三四所。以樟、枫、鸡藤诸香舂末，以作线香，谓之香水车。

香碓

香碓，罗浮为多。罗浮众香之薮，其树木多芳辛酷烈，凡枯柯折干，外皮虽朽，内心甚香。山人每采树之鳞甲名"薰陆罗香"者，及枫、桂、鸡藤、水松之属，以轓车车水，水激处，百杵齐举，而黄屑成焉。乃以浮濈载之，沿罗阳溪而下，售于广、惠二州，凡为香条、香饼者皆取给。其香以天生，而末以水成，不费筋力，又有流溪以输运，真栖隐之幸也。予尝以此溪为香客所往来，易名曰香溪，以与山中之药市对。有诗云："采香秋自香溪入，采药春从药市还。"又云："七十二溪流水香，香随流水出罗阳。山中水碓家家有，香末舂成即稻粱。"又云："罗浮自是一香山，香使山人不得闲。一棹香溪贩香去，香如尘土满人间。"

木牛

木牛者，代耕之器也。以两"人"字架施之，架各安辘轳一具，辘轳中系以长绳六丈，以一铁环安绳中，以贯犁之曳钩。用时一人扶犁，二人对坐架上，此转则犁来，彼转则犁去，一手而有两牛之力，耕具之最善者也。吾欲与乡农为之。

罗浮古器

罗浮冲虚观，当宋时，有道士于朝斗坛下得铜龙六、铜鱼一。细玩之，非金非石非铜铁，其龙皆具四足而微鳞，鱼则空洞其中，无孔，坚若窑瓷，轻如木叶，盖神物也。苏长公尝以为异。均按：道书称真人传授，赍金龙玉鱼，盟誓天地，或即此物。嘉靖间，文移取去，今不可得矣。观又有乐器四十馀种，为真人白玉蟾遗制，名云璈之乐。静夜月明，羽人一再奏之，猿鸟皆鸣，四山响应。今乐器亦零落殆尽，惜哉！

大　甑

广州光孝寺有大甑，六祖时饭僧之用者也。大径丈，深五六尺。韶州南华寺亦有之，大与相若。当饭僧时，城中人争持香粳投之。或有诗云："万户饭香诸佛下。"

冠　巾

白沙有玉台巾，平顶四直，象玉台山形为之。有诗云："惟有白头溪里影，至今犹戴玉台巾。"文简有自然裳。其《谒石翁墓》诗云："夫君有嘉惠，赠我云锦裳。中绣自然字，服之永不忘。"又有心性冠。其铭云："嘻！为之上圆，以象乎天。分之八方，以象八卦。丽之十云，以象十干。垂之二带，总之一纽，以象始终主敬。周之重檐，以象大圈。是为甘泉翁心性之冠。"叶䌹斋有平定巾。其赞云："流为水，凝为冰，冰液乃返其形。死为鬼，生为人，人死乃归其根。今为官，昔为民，官罢乃还其真。葛衣大带，平定之巾。乐尧舜之道，又何必游尧舜之庭邪？”平定巾一名民巾。絅斋迁宾州守，至境即弃官，归着民巾往役。其之官福清也，使者请衣朱莅任，先生曰：“辟如鸟，有白有黑，安能一切，夫非化工。”竟不朱。元旦，里长请为易绶，不许。迎春东郊，限于絅，竟不花矣。其高致若此。此三公者，予取以为衣冠师焉。

瘿冠

广多木瘿，以荔支瘿为上，多作旋螺纹，大小数十，微细如丝。友人陈恫屺得其一，以作偃月冠，大仅寸许，有九螺。铭之曰：“文全于曲，道成于木。”予亦得其一，以作瓢而有曲柄，字之曰箪友，为诗云：“拳曲千年成一节，半生半死沉香结。”又云：“霜皮未尽尚磨砻，蛴螬半食心已空。螺纹如丝旋细细，左纽右缠文不同。”

笄

香山之俗，女笄用中秋。是夕，召亲戚为丸羹，食而笄之。初加撇髻，既嫁变塌髻，形颇不雅。冬至，家以丸羹祀神，或以笄女，他时率不以笄也。东莞娶妇，入门庙见后，终身不复戴笄。南海、番禺妇人，平居不笄，有事则笄；女子出阁前一日始笄。笄多用莲花珠笄，乳媪笄壳尖笄。长乐、兴宁匾笄，大小如其首，以金为梁，或四、六，或八、十，有偶无奇，虽田家妇子，笄靡不华，靡不朝夕在首。

茅　笔

白沙喜用茅笔。所居圭峰，其茅多生石上，色白而劲。以茅心束缚为笔，作字多朴野之致，白沙尝称为“茅君”。有诗云：“茅君稍用事，入手称神工。”又云：“长揖谢茅君，安静以待终。”又尝称为“茅龙”，其诗云：“茅龙飞出右军窝。”今新会书家仿之，多用茅笔。

金鱼缸

南海之石湾善陶，凡广州陶器，皆出石湾。其为金鱼大缸者，两两相合，出火则俯者为阳，仰者为阴。阴所盛则水浊，阳所盛则水清，试之尽然。

古瓦盘

阳春东有马鞍山，山巅一古瓦盘，围八尺许，中有清泉，登者掬饮将半，诘朝复满，虽积雨不溢。盘乍隐半显，若有心求之，不可必得。

屐

《庄子》云：“以跂蹻为服。”跂者，屐也；蹻者，屩也。木曰屐，麻曰屩。古人皆着屐。《异苑》云，晋文公哀介子推，拊木，视其屐曰：“悲乎足下！”《孔丛子》云，孔穿振方屐见平原君。晋延嘉中，京师长者皆着木屐。妇女始嫁，作漆画屐，五色采为系。《汝南先贤传》云，戴良嫁女，布裳木屐。吴时，粤有赵妪，常着金踏蹀，或着金箱齿屐，居象头斗战。今粤中婢媵，多着红皮木屐。士大夫亦皆尚屐，沐浴乘凉时，散足着之，名之曰散屐。散屐以潮州所制拖皮为雅，或以抱木为之。抱木附水松根而生，香而柔韧，可作履，曰抱香履。潮人刳之为屟，轻薄而软，是曰潮屐。或以黄桑、苦楝亦良。香山土地卑湿，尤宜屐，其良贱至异其制以别之。新会尚朱漆屐，东莞尚花绣屐，以轻为贵。史称邯郸女子“跕屣”、“蹑利屣”。利者，轻也。广州男子轻薄者，多长裾散屐，人贱之，呼为“裙屐少年”。

蒲葵扇

蒲葵树身干似桄榔，花亦如之，一穗有数百千朵，下垂子如橄榄，肉虽薄可食。新会之西沙头、西涌、黎乐、新开滘诸乡多种之，名曰葵田，周回二十馀里，为亩者六千有馀。岁之租，每亩十四五两。中人之产，得葵田十亩，亦可以足衣食矣。蒲葵最宜为扇，扇大者三四尺，可以蔽日。其叶末作蓑笠、簟席、坐团，亦以编屋。凡新会若男与女所以资生者，半出于蒲葵焉。子初种时，沃以肥腻，俟苗生至尺，乃再莳。五年始割下叶，八年乃割上叶，岁凡三割。既割已，暴之兼旬，乃水濯之，火烘之，使皆玉莹冰柔，而随其叶之圆长，制而为扇。缘之以天蚕之丝，嵌之以白鳞之片，柄之以青琅玕之牌，缠之以龙须藤之线，铜钉漆涂，绘画为绚，然后粗者以货于近，精者以货于远。考此扇兴于晋时，自谢太傅执之，王丞相捉之，其价顿贵。其制雅，而出风和好，不致伤人，故大江以南尤尚。琼州亦有蒲葵，男女以为帽，竹胎而金银纸衬之，虽士人亦戴，不以巾帻为重也。或作麦草帽，则以白绸机头为绥，又以草之精粗分人贵贱。其风俗如此。蒲葵风最美，胜于他扇，患热中暑者，以蒲葵扇烧灰，调水饮之立解。

席

粤之席，以西洋茭文者为上。其草随舶而至，澳人得之亦能织，然皆复而不单。单者作细方胜斜纹，惟西洋国人能织。次则龙须席。龙须出广宁、高明二县，其茎多倒垂，似莞而细。土人春取其萌于石穴，种之成田，名曰龙须田。谚曰："山种龙目，水种龙须。"龙须至芒种而肥，肥则勿壅，壅之生虫退色。至秋分而熟，熟乃与灯心草同收，而使金渡村人织之。长乐龙须磜亦产此草，而织手不及。有通草席，出高要白土村及新会。有莞席，出东莞县。莞丛生水中，其中茎圆美，《尔雅》曰："莞，苻蓠，其上蒚。"蒚，中茎也。莞故与蒲相连，蒲下而莞上，故《周礼・司几筵》有"蒲筵"、"莞筵"，蒲粗而莞细也。《诗》"下莞上簟"，簟凉而莞暖也。《礼》曰"莞簟之安"，言其细精可以安人也。汉文帝以莞蒲为席，颜师古曰："莞，夫离也。今谓之葱蒲。"以莞及蒲为席，亦尚质也。《盐铁论》曰：大夫士复荐草缘，蒲平单莞，庶人富者，阘坐平莞。《拾遗记》曰，穆王时西王母来，敷黄莞荐。《宋起居注》曰：广州刺史韦朗，作白莞席三百二十领。莞，音"完"，又音"官"。盖其为用最古。东莞人多以作莞席为业，县因以名。县在广州之东，故曰东莞，亦曰东官。卢中丞祥有《莞草诗》云："菀彼莞草，其色芃芃。厥土之宜，南海之东。菀彼莞草，芃芃其色。不蔓不枝，宜之为席。菀彼莞草，寒暑攸宜。长舒不卷，君子安之。"他若琼有藤席，有定安席，有椰叶席、槟榔席，皆席之美者。槟榔，山槟榔也，叶如兰，大三指许，长可数尺，淡白中微带红紫，绩为布似葛而轻，亦可作席。人知粤多奇布，不知有槟榔布与槟榔席也。又澄迈染茜草为饰，久而愈滑，曰黄村席。又琼有红竹籧篨，潮有流黄席。

酒　器

粤酒器有鹲雕杯。鹲雕者，越王鸟也。其喙黄白黑色，长尺许，光莹如漆，以为杯，可受二升。有鹤顶杯。鹤者，海鹤也。其大者修项五尺，类淘河而味锐，顶色丹，坚润如金玉，以为杯，可受一升。有鹦鹉杯，本海螺壳也，出琼州三亚港青栏海中。前屈而朱，如鹦鹉嘴然，尾旋尖处作数层，一穴相贯，甚诘曲，可以藏酒。其色红白青紫相间，生取者鲜明。《异物志》云：扶南海有大螺如瓯，其体蜿蜒委曲，盛酒在中，自注至倾覆终不尽，以伺误相罚为乐。有红虾杯。红虾大者须数尺，以金镶口为杯，可受酒升许。有鸬鹚杯，磨海螺壳为之。有海胆杯。海胆生岛屿石上，壳圆有粟珠，粟珠上有长刺，累累相连，以漆灰厚衬之为杯，一名共命杯，以其取一带十也。有火鸡卵杯，受一升。有缠棕杯、椰杯。凡椰出于琼者，处处相似，独文昌铺前所产者大小形殊，小者至如拇指，作杯以此为贵。寻常用则以沉速香杯，因香之大小方圆刳成，状千百出，以金银镶之。粤人颇尚奇器，以地之所少者相高。然大抵近山多用螺杯，近海多用香杯，而东西洋之金银器不与焉。

椰　器

椰壳有两眼，谓之萼；有斑缬点文，甚坚。横破成碗，从破成杯。以盛酒，遇毒辄沸起，或至爆裂。征蛮将士率持之，故唐李卫公有椰杯一，常佩于玉带环中。椰杯以小为贵。一种石椰，生子绝纤小，肉不可食，止宜作酒杯。其白色者尤贵，是曰白椰。粤人器用多以椰，其壳为瓢以灌溉，皮为帚以扫除，又为盎以植挂兰挂竹，叶为席以坐卧。为物甚贱，而赵合德以椰叶席献飞燕也。

槟榔合

广人喜食槟榔，富者以金银，贫者以锡为小合，雕嵌人物花卉，务极精丽。中分二隔，上贮灰脐、蒌须、槟榔，下贮蒌叶。食时先取槟榔，次蒌须，次蒌叶，次灰，凡四物，各有其序。蒌须或用或不用，然必以灰为主。有灰而槟榔、蒌叶乃回甘。灰之于槟榔、蒌叶，犹甘草之于百药也。灰有石灰、蚬灰，以乌爹泥制之，作汁益红。灰脐状如脐，有盖，以小为贵，在合与在包，为二物之司命。包以龙须草织成，大小相函，广三寸许，四物悉贮其中，随身不离，是曰槟榔包。以富川所织者为贵，金渡村织者次之，其草有精粗故也。合用于居，包用于行。

锡铁器

锡器以广州所造为良，谚曰：“苏州样，广州匠。”铁冶亦然。广州之佛山多冶业，冶者必候其工而求之，极其尊奉，有弗得则不敢自专，专亦弗当，故佛山之冶遍天下。石湾多陶业，陶者亦必候其工而求之，其尊奉之一如冶。故石湾之陶遍二广，旁及海外之国。谚曰：“石湾缸瓦，胜于天下。”

铜鼓器

宋陆游云："予初见梁《欧阳頠传》，称頠在岭南多致铜鼓，献奉珍异。"又云："铜鼓累代所无，予在宣抚司见西南夷所谓铜鼓者，皆精铜，极薄而坚，文镂巧丽，叩之冬冬如鼓，不作铜声。秘阁下古器库，亦有二枚。此铜鼓，南蛮至今用之于战阵祭享。初非古物，实不足辱秘府之藏，然自梁时已珍贵之如此，不知何取也？"

温坑瓦瓮

永安温坑所作瓦瓮，内外纯黄，火炙不裂，以藏酒，味能不变。又有康禾白磁诸器，亦坚好。

石涌瓮

越人谓石瓮曰石涌，故地名石涌。今大瓮高至六尺，大倍之，名曰石涌瓮，家家有之，盖取瓮城之象。

笄　制

永安妇人，粗棉大苎，衣多青黑，发左右盘，无鬟鬓，皆戴塌笄。笄广五六寸，与头相等，以羊皮金纸，剪擘为条者七或九或十一，名曰金缕子，以傅其上。笄亦以纸为之，外冒黑纱，四旁插大钗簪，自朝至夕，无或有妇不笄者。其未笄者有髻子，笄则无之。故常不去其笄，虽至贫，笄亦华好。嫁日，其姑来迎，其母送至夫家乃还。贫者率务勤苦，其俗如此。

卷十七　宫语

楚　庭

越宫室始于楚庭。初，周惠王赐楚子熊恽胙，命之曰："镇尔南方夷越之乱。"于是南海臣服于楚，作楚庭焉。越本扬越，至是又为荆越；本蛮扬，至是又为蛮荆矣。地为楚有，故筑庭以朝楚。尉佗仿之，亦为台以朝汉。而城则以南武为始云。初，赧王时，越人公孙隅为越相，度南海。时越王无疆为楚所败，其子孙遁处江南海上，相争为王。隅以无疆初避楚居东武，有怪石浮来镇压其地，名东武山，因于南海依山筑南武城以拟之，而越王不果迁。其时三晋，魏最强，越王与魏通好，使隅复往南海，求犀、象、珠玑以修献。隅久在峤外，得诸琛异并吴江楼船、会稽竹箭献之。魏乃起师送越王至荆，栖之沅湘，于是南武疆土为越贡奉邑。或曰："《吴地志》称，吴中有南武城在海渚，阖闾所筑，以御见伐之师。"或曰："初，吴王子孙避越岭外，亦筑南武城。及越灭吴，遂有南海。其后为楚所灭，越王子孙自皋乡入始兴，有鼻天子城，令公师隅修吴故南武城。既不果往，而赵佗遂都之。故佗自称南武王，而宫亦号南武宫。"或曰："阖闾所筑南武城，在丹阳皋乡。吴既灭，其子孙南徙，遂移南武之名于岭外，亦犹越徙琅琊，初筑东武，既归会稽，亦名其地曰东武也。吴王子孙，不能有其南武，而越王子孙有之；越王子孙复不能有之，而佗实有之，遂以南武名其国，与汉争大。此劲越之所由称也。”嗟夫！佗本邯郸冑族，以自王之故，裂冠毁冕，甘自委于诸蛮，与西瓯半裸之王为伍，其心岂诚欲自绝于中国邪？诚自知非汉之敌，故诡示鄙陋以相绐，而息高帝兼并之心耳。其后自言：“老臣妄窃帝号，聊以自娱，岂敢以闻于天王？”其词逊而屈，可谓滑稽之雄，盖犹是伪为魋紒之意也。考楚之先熊渠曰：“我蛮夷也，不与中国之号谥。”乃立其三子皆为王。论者谓其王三子也，姑顺蛮夷之俗，不自为王，犹存寅畏之心。其后十世熊通，求周室加位，不得，始自尊为武王。武者生谥也。佗都南武，亦自称之曰武，盖师此意。佗宫故在粤秀山下，即楚庭旧址。粤秀一名王山，以佗也。其曰玉山者，误也。宫之东为伪汉刘龑南宫。

四　台

赵佗有四台。其在广州越秀山上者，曰越王台，今名歌舞冈。其在广州北门外固冈上者，曰朝汉台。冈形方正峻立，削土所成，其势孤，旁无丘阜，盖茎台也，与越王台相去咫尺。其在长乐县五华山下者，曰长乐台，佗受汉封时所筑。长乐本龙川地，佗之旧治，故筑台。又新兴县南十五里，有白鹿台。佗猎得白鹿，因筑台以志其瑞。是为四台。自古诸侯王筑台以朝天子，始自佗。战国之筑帝宫，奉冠带以事强秦者，无斯恭顺。佗亦贤也哉！

三闾大夫祠

予之乡名曰沙亭，有烟管冈焉，其高大甲于茭塘诸峰，势与华山、狮岭东趋海门，盖番禺之一镇也。冈之麓，予欲建三闾大夫祠，以宋玉、景差二大夫为配，而题飨堂曰“忠过”，仪门曰“日月争光”，寝室曰“词赋之祖”，又刻司马迁所作《列传》以为庙碑。岁时禴祀，率子姓灌献椒浆，弦歌《离骚》二十五篇，以乐神听，斯亦吾宗之盛事也。吾宗本荆楚人，文雅之士，固宜以《离骚》为家学，学其忠，复学其文，以无愧大夫之宗族，无负《离骚》之一书。吾尝谓《诗》亡而后《离骚》作，学《离骚》所以学《三百篇》；善学《三百篇》者，当自《离骚》始。祠既成，将使吾宗操觚之士，皆以祠为归，凡有所作，合之为《三闾家言》，附于《楚辞》之后，岂非大夫之所乐得于其苗裔者哉！嗟夫！吾宗自丧乱以来，二三士大夫，亦颇能蝉蜕垢氛，含忠履正，三闾之遗风，其犹未泯也。闻江南雷港有忠洁王祠，相传宋太宗平江南时，以此号封三闾大夫，则予之乡，今亦名之为忠洁，使人因名求实，以为继述之美。又大夫故居，在归州屈沱之上。楚人谓江之别流为沱，屈姓之所居，故曰屈沱。而大夫所耕之田，泪滴而生玉米，名曰屈田。吾之乡，其前有潮溪数曲，今亦命曰屈沱；有田数百亩，高者两三熟，低者一收，以供粢盛，今亦命曰屈田。盖追慕大夫之忠，一一袭其故迹，使吾宗有所观感，亦诚无所不可也。祠之后，复祀女媭，则名其堂曰婵媛。女媭者，大夫之姊也。楚人谓姝为媭，故曰女媭。自昔屈氏女子能辞令者，自女媭始。其申申以詈，欲大夫之愚如宁武，不欲其伉直如史鱼以速死也。大夫之忠，忠而过；大夫之过，过于忠。世儒能言之，不知大夫之姊早已言之矣。噫！媭诚贤女，大夫传其名于《离骚》，有以也哉！

大忠祠

广州城南有三大忠祠，祀宋丞相文公天祥、陆公秀夫、太傅张公世杰。祠本南园旧址，洪武初，有五先生者结社其中，开有明岭南风雅之先，其后当事者即其地建祠，以祀三大忠，以与厓门大忠祠并峙。其左有堂曰臣范，右有轩曰抗风。抗风者，典籍孙先生之所命也。典籍诗："昔在越江曲，南园抗风轩。"今以俎豆五先生，是为南园五先生祠。予尝谒祠，有诗云："词客旧多亡国恨，骚人今有礼魂篇。"其在厓门大忠祠，白沙先生尝作哀歌亭其侧，时酾酒以吊三公，有辞云："俨其堂堂，沛其洋洋。是谓正气，至大至刚。上有青天，下有黄壤。不亡者存，薰蒿凄怆。"

祖　祠

岭南之著姓右族，于广州为盛；广之世，于乡为盛。其土沃而人繁，或一乡一姓，或一乡二三姓，自唐、宋以来，蝉连而居，安其土，乐其谣俗，鲜有迁徙他邦者。其大小宗祖祢皆有祠，代为堂构，以壮丽相高。每千人之族，祠数十所；小姓单家，族人不满百者，亦有祠数所。其曰大宗祠者，始祖之庙也。庶人而有始祖之庙，追远也，收族也。追远，孝也；收族，仁也，匪谮也，匪谄也。岁冬至，举宗行礼，主鬯者必推宗子，或支子祭告，则其祝文必云："裔孙某，谨因宗子某，敢昭告于某祖某考。"不敢专也。其族长以朔望读祖训于祠，养老尊贤，赏善罚恶之典，一出于祠。祭田之入有羡，则以均分。其子姓贵富，则又为祖祢增置祭田，名曰蒸尝。世世相守，惟士无田不祭，未尽然也。今天下宗子之制不可复，大率有族而无宗，宗废故宜重族，族乱固宜重祠，有祠而子姓以为归，一家以为根本，仁孝之道，由之而生，吾粤其庶几近古者也。

庞弼唐尝有小宗祠之制，旁为夹室二以藏祧主，正堂为龛三。每龛又分为三：上重为始祖；次重为继始之宗有功德而不迁者；又次重为宗子之祭者，同祀其四代之主，亲尽则祧。左一龛为崇德，凡支子隐而有德，能周给族人、表正乡里、解讼息争者；秀才学行醇正，出而仕，有德泽于民者，得入祀不祧。右一龛为报功，凡支子能大修祠堂，振兴废坠，或广祭田义田者，得入祀不祧。不在此者，设主于长子之室，岁时轮祭，岁正旦，各迎已祧、未祧之主，序设于祠，随举所有时羞，合而祭之。祭毕，少拜尊者及同列，然后以朘馀而会食。此诚简而易、淡而可久者也，吾族将举行之。

明诚书院

明诚书院，在增城县城中，湛文简所建。堂上有《心性图》及文简所书《心性图说》。右隅有王文成所书五言古诗，今阳明集中《书泉翁壁》诗是也，行书字大如拳，漫灭不可尽识。堂后石刻文简像，幞头执简，上有隶书《心性图说》。甘泉书院遍天下，此其发祥之地，故尤重云。

白云书院

白云之山有三寺，中曰白云，左月溪，右景泰，盖山中之三胜也。嘉靖间三寺既毁，于是泰泉黄公，以景泰为泰泉书院；铁桥黄公，以月溪为铁桥精舍；甘泉湛公，以白云为甘泉书院，自作《白云记》，谓：“仙变释，释变儒。”王青萝读而嘉之曰：“其变之终于正矣乎！”遂书“白云三变”匾而揭焉。

西樵三书院

西樵之西，有山从端州来，至南海黄冈，渡江而东，有石迹，为石头村。又南而北，绵延数十里，丘垤连累者百数，乃崛起而为西樵。中有书院三，其曰石泉书院者，方文襄所营；在紫云峰曰大科书院者，湛文简所营；在大科峰曰四峰书院者，霍文敏所营，在鸡冠、紫姑、龙爪、聚仙四峰之间。当时三书院鼎足而立，三公讲学其中者历十年。世宗御极，相与应召而起，方为内阁辅臣；霍为太子少保、礼部尚书，入弼东宫；湛为南京兵部尚书，参赞机务。同时尊显，世之所难也，论者谓山有神灵使然。父老云：“昔年兹山，岚雾溟蒙覆其半，昏旦莫辨。近三十年，明净秀露，无复岚雾掩焉。”亦山之遭遇，非偶然也。

万卷堂

东莞陈琴轩先生琏，致仕后，开万卷堂，书多秘馆所无。四方学者至，必馆谷之。而丘文庄于琼州学宫为石室，藏书以惠学者，皆盛德事也。

合道山房

吾乡有烟管山，巃嵸特出，其脉逶迤而下，为丘陵者三四，复崛起为一大山，其冢高而长，形如船覆，因名之曰覆船。其大与烟管相若，而势稍平，四围冈阜宫之，扈者、岊者、岀者，远近连属，凡数十百计，皆以二山为宗。形家者谓："烟管上应太阳，覆船上应太阴。从太阳而落为太阴，一南一北，如日月相配，有妙道之象焉。"予草堂在二山间，背覆船而右烟管，将以阴为体而阳为用，以师夫二山。于是题其堂曰"合道"，而为铭曰："烟管在北，覆船在南。吾居其中，与之相参。覆船在南，烟管在北。吾居其中，与之相翼。以身为宫，广如虚空。能与地塞，能与天通。以心为佩，光无外内。能与日明，能与月晦。"

三　楼

三楼，一曰越华楼，故在广州城西戙船澳。南越王佗以陆大夫有威仪文采，为越之华，故作斯楼以居之。或曰，越华楼一名越华馆，佗作此以送陆贾，因迩朝台，称朝亭，唐改曰津亭云。自古文人至越者，始陆贾，继终军，皆有光于越，而军与韩千秋节烈尤伟，予尝欲重建此楼以祀之。一曰越望楼，在藩司堂后，枕玉山而面珠海，山川千里，极目无际，亦南天杰构，今不存。一曰玉山楼，在粤秀山上。洪武初，都指挥花英所建，以祀越先贤高固、杨孚、董正、罗威、唐颂、疏源、陈临、王范、黄恭九人。玉山为五岭山川之望，九贤为十郡人文之望，玉山有此楼，楼有此九贤，可以不朽。

六　楼

广州有崇楼四。在南者曰拱北，故唐之清海楼也。其地本番、禺二山之交，刘龑凿平之，叠石建双阙其上。宋经略某改双阙为双门，民居其下，今号曰“双门底”云。北曰镇海，在粤秀山之左。洪武初，永嘉侯朱亮祖所建，以压紫云黄气之异者也。广州背山面海，形势雄大，有偏霸之象。是楼巍然五重，下视朝台，高临雁翅，实可以壮三城之观瞻，而奠五岭之堂奥者也。西曰观海，在大观桥上，今废。中曰岭南第一楼，在坡山五仙观中。洪武初，行省参知政事汪广洋所建，四穿无壁，栋柱皆出石墙上，以悬禁钟而已。四楼惟镇海最高，自海上望之，恍如蛟蜃之气，白云含吐，若有若无，晴则为玉山（即粤秀）之冠，雨则为昆仑（番大舶也）之舵，横波涛而不流，出青冥以独立。其玮丽雄特，虽黄鹤、岳阳莫能过之。外则有端州阅江楼。江，西江也。其水自梁、益二州，经流数千里，会五十馀州之水而下，其大者为郁、黔、桂、绣、临、贺之水，分为二江，复合而为一，洪波漭瀁，无支流以疏播之。至端州，而羚羊之峡绾毂其口，不能遽泄，每当夏月，崩腾怒涌，载于高地，为暴涨以鱼鳖吾民。楼之建，所以砥狂澜而锁钥西疆者也。其基在石头冈之上。冈临江崛起，巨石厜㕒，府治第一重捍门也。楼势峥嵘，望如山岳。前后楼二，各三重；左右楼二，各二重；左右耳楼四，各二重。凡大小八楼，合而为一。外此，则惠州有合江楼，东、西二江汇其东，丰、鳄二湖潴其西，而象岭、罗浮前后屏拥，其水大而山雄，境清而气秀，又为岭以东之最胜。是为东粤六楼也。

碧玉楼

碧玉楼在白沙先生宅，小庐山西。碧玉长六寸许，宽半之，上锐下丰，旁有两耳，耳有孔，可以组穿约，盖古命圭之属。《记》曰命圭，自九寸以下又曰圭，博三寸，厚半寸，剡上，左右各寸半是也。白沙以总督朱英之荐，于是宪庙以此圭聘先生，先生建楼藏之，名碧玉楼；又尝自称碧玉老人。郡人黄泰泉诗："百年闻道属斯人，碧玉中藏太古春。"邝湛若诗："碧玉楼前千仞雪，肯容狂简礼簪裾。"

高 楼

广州诸大县，其村落多筑高楼以居。凡富者，必作高楼，或于水中央为之。楼多则为名乡。遥望木棉、榕树之间，矗立烟波，方正大小，一一相似，势如山岳之峙，皆高楼也。楼基以坚石，其崇一丈七八尺；墙以砖或牡蛎壳，其崇五六丈。楼或单或复，复者前后两楼，盘回相接，雨水从露井四注，名回字楼。罩以铁网铜罳，隐隐通天。楼内分为三重，每重开三四小牖以瞭望。顶为战棚，积兵器炮石其上，以为御敌之具。寇至，则一乡妇女相率登楼，男子从楼下力斗。斗或不胜，则寇以秋千架巨木撞楼，或声大铳击之，或以烟火焚薰，楼中人不能自固，争从楼窗自堕，以求缓须臾之死，惨不可言。是楼虽壮观瞻，亦寇盗之招，此乡落之莫可如何者也。

名 园

广州旧多名园。其在城东者，曰东皋别业，陈大令之所营也。初从山口关之东而入，有一湖曰蔬叶，尝有蔬叶自罗浮流至。湖中有楼，环以芙蓉、杨柳，三白石峰矗其前，高可数丈。湖上榕堤竹坞，步步萦回，小汊穿桥，若连若断。自挹清堂以往，一路皆奇石起伏，芋眠陂陀，岩洞之类与花林相错。其花不杂植，各为曹族，以五色区分。林中亭榭，则以其花为名，器皿、几案、窗棂，各肖其花形象为之。花有专司，灌溉不摄。司梅者则处梅中，客至梅中，司梅者供其茗果，而以梅之利输主人。他所有花木皆然。登其台，珠海前环，白云后抱，蒲涧、文溪诸水，曲曲交流，悉贯玉带桥而出。有彩舟四，曰只在，曰弄碧，曰渔长，曰浮家。客至，随所欲乘，主人弗问。夹岸桃树，有一坊，书曰“桃花源里人家”。越一曲为锦袍湾，二曲为九龙井，委折而西，与凫鸥相逐，日不知其几十里也。湖尽，万松谡谡，直接赤冈山径而止。桂丛藤蔓，缭绕不穷，行者辄回环迷路。文忠公与大令，兄弟也。有诗云：“山水经营始宁墅，画图二十孟城坳。”此城东名园之故事也。其在城西者，曰西畴，为吴光禄所筑，梅花最盛。又五里有荔枝湾，伪南汉昌华故苑显德园在焉。又五里，三角市中为花田，南汉内人斜也，刘鋹美人字素馨者葬其中。鋹多植素馨以媚之，名素馨斜。有咏者云：“花田近在城西社，素馨花气薰游冶。美人墓上多牛羊，当日人前面空赭。”其在半塘者，有花坞，有华林园，皆伪南汉故迹。逾龙津桥而西，烟水二十馀里，人家多种菱、荷、茨菇、蕹、芹之属，其地总名西园矣。城南有望春园，有芳华苑，亦伪南汉故迹。其南园，则国初五先生倡和之地。里许为斐园，文忠公所营，有阁曰桐君，公尝自称桐君，故以名。北则有芳春园，桃花夹水二三里，东接䓖䓖之水，可以通舟，一名甘泉苑，其桥曰流花。鋹与女侍中卢琼仙、黄琼芝、蟾姬、李妃、女巫樊胡子及波斯女，为红云宴于此。雨后往往拾得遗钗珠贝，知为亡国之遗物也。大抵鋹时三城之地，半为离宫苑囿。又南北东西，环城有二十八寺，以象二十八宿，民之得以为栖止者无多地也。其为无道若此。

祖香园

祖香园在沙亭乡。吾以园中草木，皆有先祖三闾大夫之遗香，故以名园。园之中有骚圣堂，其木主书曰“楚左徒三闾大夫先公屈子灵均之位”，旁二主书曰“楚大夫宋玉先生之位”、“楚大夫景差先生之位”。二先生皆高弟子，故以配享。而三闾大夫画像，则以渔父、詹尹参之，以尝相与问答，见诸《楚辞》者也。或谓渔父者，三闾大夫寓言；《沧浪》一歌，亦《离骚》之短篇。《离骚》之长，《沧浪》之短，是皆楚风之正。亦一说也。

狼家屋

自横州平佛水口渡江，三十里至白鸽墟，是灵山县境。墟中狼家一瓦屋，其屋脊东为广东界，脊西为广西界，狼目司之。予尝信宿其中。

慈元殿

慈元殿在新会厓山上。成化中，方伯刘公大夏始建，以祀宋杨太后，上赐名全节庙。进士张公诩有赞云：“朝闽夕广，提二弱孤。依臣张陆，为宗社图。曹娥死孝，贞义死信。惟后死之，仁至义尽。”太后有陵在厓山海滨，张太傅营葬，今莫辨其地云。

吕相祠

顺德桂洲堡有吕相祠，神甚赫，相传为宋吕文焕于甲子门与元人战败赴水死，尸溯流至，乡民祠之。咸平间封忠愍武灵侯。考《通鉴》，文焕以襄阳降元，为参知政事，每导元人入寇，德祐初籍其家。宋亡，入见太后，尚出怨言。乃宋叛臣，无战甲子门事，况咸平乃真宗年号，先文焕二百馀年，则所传者讹也。邑西南有地名石涌，南越相吕嘉故乡也。当汉兵南下，嘉于其乡筑石涌、金斗二城以为守。败后，伏波追奔至此，编桥度兵，既获嘉，桥遂以伏波名。桂洲与石涌一水相连，溯流而至，必嘉也；为南越相，故称相，此乃嘉之子孙居于石涌者之所祠也。嘉本越人之雄，尉佗得之，因越人之所服而相之，而南越以治，佗之能用越人如此。秦将屠睢不能用桀骏以败，番君吴芮能用梅鋗以兴，越人之不可忽也如此。嗟夫，越人固多六千君子之遗烈者哉！

南海庙

何磻云："广州东去百里，有南海庙，祀南海之神，退之为《南海庙碑》，乃其地也。庙植波罗树，种自海外来，树不着花，土人刀斫其干，液出而成实，丑若鬼面，剖之有房，熟而食之，如栗而香。若或不经刀砍，则液流于地，实成地中，香达于外，土为之裂，良亦怪矣。庙有此树，故亦号曰波罗庙。左为浴日亭，登以望海，淼茫无际。然东去百里，乃有虎门，两山夹峙。虎门之外，群岛伏立，犹非大洋也。庙在扶胥江北岸。其南岸有最高峰曰烟管冈，正与庙对。冈左右乱峰环叠，海树如城。翁山有书屋在其下，倚南面北，扶桑晓赤，罗浮晚青，山海之胜，甲于百粤，北海东海之滨，未易有此。村民千户，耕渔为业，皆屈大夫之流裔。田肥美而水苦咸，屋后小峰，甘泉涓涓，一村饮足焉。翁山之庐，倚烟管冈为屏，临南海为溪。想其扶桑日生，中夏犹夜，独登山阁，以受晓华，真神仙境界，岂人世王侯所能梦见？予为之作《海阁日华图》，题其上曰：‘天以布衣存日月，海滨山阁著藏书。’阁旁多木棉，其种自海外来，树高数十尺，喜温恶寒，莫能过岭以北。花类玉兰，色正赤而无香，结实如酒杯，老而飘絮，着土自生，盛于荒滩闲址。集其絮可席以坐，柔而少温，若芦花然。翁山谓‘广民种木，多择实之易售者，若荔支、龙眼之属，非是则不贵，以故木棉为弃种，而任其自生。若收之园林，当亦佳观也’云。”

文选楼

广州外城之南，有珠江义学，其西一楼，予居之以撰《广东文选》，里人因名之曰文选楼。为诗有曰：“自今南与北，文选有双楼。”

濠畔朱楼

广州濠水，自东西水关而入，逶迤城南，径归德门外。背城旧有平康十里，南临濠水，朱楼画榭，连属不断，皆优伶小唱所居。女旦美者，鳞次而家，其地名西角楼。隔岸有百货之肆、五都之市，天下商贾聚焉。屋后多有飞桥跨水，可达曲中，宴客者皆以此为奢丽地。有为《濠畔行》者曰：“花舫朝昏争一门，朝争花出暮花入。背城何处不朱楼，渡水几家无画楫。五月水嬉乘早潮，龙舟凤舸飞相及。素馨银串手中灯，孔雀金铺头上笠。风吹一任翠裙开，雨至不愁油壁湿。”是地名濠畔街，当盛平时，香珠犀象如山，花鸟如海，番夷辐辏，日费数千万金，饮食之盛，歌舞之多，过于秦淮数倍。今皆不可问矣，噫嘻！

卷十八　舟语

操　舟

越人善用舟。刘安云："越舲蜀艇，不能无水而浮。"又云："汤武圣主也，而不能与越人乘舲舟而浮于江湖。"又云："九疑之南，陆事少而水事众。"九疑之南，盖越也。又云："越地幽昧而多水险，其人皆习水斗。"而左思云："篙工楫师，选自闽、禺。"禺，番禺也。《山海经》云："番禺始为舟。"番禺者，黄帝之曾孙也，其名番禺，而处于南海。故今广州有番禺之山，其始为舟，故越人习舟。古时吴楚之舟，皆使越人操之。刘向云："鄂君泛舟于新波之上，有越人拥楫而歌。"而越王句践，尝发习流二千伐吴，又作大翼、中翼、小翼以攻吴。战舰之制，至句践而渐备矣。越既灭，其子孙散处海峤。然当秦之时，始皇尝使尉佗、屠睢将楼船士卒平越，其后汉武帝亦遣五将军率楼船十万师平越，何当时越人不能以水斗长技与之争耶？杨仆得越船粟，因推而前挫越锋，遂至番禺。汉将军凡分五路，皆以水军。南越之平，实以水军之力。故知将在勇，勇则神速，能使敌人长技不及施，策之上者也。

粤人善操舟，故有"铁船纸人，纸船铁人"之语。盖下海风涛多险，其船厚重，多以铁力木为之。船底从一木以为梁，而舱艎横数木以为担。有梁担则骨干坚强，食水可深，风涛不能掀簸，任载重大，故曰铁船。船既厚重，则惟风涛所运，人力不费。小船一人一桨，大船两三人一橹，扬篷而行，虽孱弱亦可利涉，故曰纸人。篷者船之司命，其巨舰篷，每当逆风挂之，一横一直而驰，名曰扣篷。谚所谓“广州大艨艟，使得两头风。输一篷，赢一篷”也。横行曰输，直行曰赢。篷，帆也，以蒲席为之，亦曰艭也；或以木叶为之，曰帆叶也。每舰有二篷。风正曰八字，八字风在后则正，在前则横，故又有“后八字风，扬篷当中。前八字风，勾篷西东”之语。其或舟子撮唇为吹竹叶声，及鸣金鼓以召风。风至，二篷参差如飞鸟展翅，左右相当，其形亦如八字。是皆铁船乃胜任。上江自湊、浈、湟、武诸水以下至清远，一路滩高峡峭，水多乱石，其船食水浅，率以樟木为之，底薄而平，无横木以为骨，放之顺流，遇砐硪大石，一折而过，势如矢激，故曰纸船。其逆崩流而上者，触崖觝峇，随石回旋，撑者钩者数人，牵者数人。牵者在隈岸或怪石间，为深林密箐所蔽，前后不相顾。舟子虑其或过或不及，冲陷石棱，则终日大叫，叫且如哭，如相杀声，一一凄酸郁怒，或于石告哀，或与石拒敌。其船乍前乍却，前者如暴虎，后者如搏熊，一篙失势，舟破碎漂没，入于涡盘矣。故舟子非强有力者不能胜，故曰铁人。其上乐昌泷者，率以双篙穿舟，腰之而上。舟子谣曰：“朝穿腰，暮穿腰，篙如铁一条。”又曰：“上滩篙在手，上泷篙在腰。”其上乐昌滩者，舟人为藤圈于舟旁，篙在圈中，二人肩篙以行，名曰肩舟。舟行以肩，亦曰舟舆。其上乌蛮大滩者，每一落篙，男女则偃身船旁，以助其势，曰眠篙，行者笑之。有谣云：“妇人撑右，丈夫撑左。估客笑人，眠篙不可。”是皆非铁人不能任。其驾诸乡渡船者，虽隆寒袒裸，血汗沾濡，摇橹之声，如雷霆，如战斗，常使惊波披靡，舟过而水痕不能合，虽逆水逆风，日犹百里，亦皆号为铁人云。广州故多渡船，而日渡夫尤壮，日渡多勤，夜渡多惰。勤者之力，恒使风潮无功。风潮不能厄其势，海寇不敢争其强，是皆所谓铁人也。

东莞渡船赶水，常以一人执杵在船头，以杵左右舂船，为摇橹疾徐之节。左舂则足左跃，右舂则足右跃。诸橹人以之作势，以之齐声，又口唱山歌，使诸橹人属和，以苏其苦，于是筋力尽忘，舟行迅速，须臾至彼步头矣。此古舂堂之遗俗也。《寰宇记》云："新州俗，豪渠之家，丧祭则鸣铜鼓，召众则鸣舂堂。"按舂堂状如小船，长丈馀，两三人交击。一云刳木为槽，旁约十杵，男女间立舂谷，槽声若鼓闻数里。盖本舂器，因用召众也。一曰椎塘。志云："罗浮山中人，凿方木为舂，曰椎塘，昧爽声震而虎潜。"韶台诗"椎塘声合虎狼归"，即舂堂也。

战 船

广之蒙冲战舰，胜于闽艚。其巨者，曰横江大哨，自六橹至十六橹，皆有二桅，桅上有大小望斗、云棚。望斗者，古所谓"爵室"也，居中候望，若鸟雀之警示也。云棚者，古所谓"飞庐"也。望斗深广各数尺，中容三四人，网以藤，包以牛革，衣以绛色布帛，旁开一门出入，每战则班首立其中。班首者，一舟之性命所系，能倒上船桅，于望斗中以镖箭四面击射；势便，或衔刀挟盾，飞越敌舰，斩其帆樯；或同蜑人没水凿船，而乘间腾跃上船杀敌；或抱敌人入水淹溺之。其便捷多此类。舰旁有芘篱，夹以松板，编以藤，蒙以犀兕绵被，左右架佛朗机炮、磁炮、九龙信炮、蒺藜锡炮、霹子炮、神炮数重，及火砖、灰罐、烟球之属。尾梢作叉竿连棒，又有箐竹楼橹以隐蔽。又或周身皆炮，旋转回环，首尾相为运用，其捷莫当。此戈船之最精者也。其小者曰飘风子，曰大小拨桨。大拨桨，每船一艘桨百馀，小者亦五六十，人坐船内拨之，其行若飞，人各有所隐蔽，箭炮莫能中。桨之利胜橹，橹立桨坐，立则人在舱外易受敌，坐则人在舱中。每一桨有一鸟枪或三眼神枪辅之，桨动则群枪齐发。其飘洋者，曰白艚、乌艚，合铁力大木为之，形如槽然，故曰艚。首尾又状海鳅，白者有两黑眼，乌者有两白眼，海鳅远见以为同类，不吞噬。其载人与货物者曰渡，制亦如斗舰，上施兵器及炮火、飞石、灰罂，旁布渔罛。小者曰横水渡。捕鱼者曰香舠，亦曰乡舠，曰大涝罾、小涝罾。其四橹、六橹者曰小舠，八橹者曰大舠，曰索罛船，曰沉罾。其曰朋罛者，以船十数艘为一朋，同力以取大鱼，故曰朋罛，亦曰摆帘网船。其上滩濑者曰匾水船，即艑艖也；亦曰扒竿船，叉二木于船首以张帆席，故曰扒竿。竿，即樯也。疍人所居曰艇。孔鲋云："小船谓之艇。"《释名》云："艇，其形径挺，一二人所乘行者也。"盗舟曰龙艇，长四五丈，裸无篷盖，数十人以桡拨之，奋迅如龙，最利攻劫。吾粤水道多歧，山海相通，盗贼易为出没，龙艇之为害，无处无之。其曰大龙艇者，长九丈七尺，宽一丈一尺六寸，两旁有桨四十四，橹十二，入洋则纯用桨，出洋则纯用橹及风篷。每橹八人，桨一人，更番出力，凡有三百馀人，为两班。船上有木柜，其形方，长六七尺，可避波涛。两旁为铳眼及强弩架。弩亦四十有四。又有竹栏以支牛皮、絮被、罾罛，为御矢石铳炮之具。其船轻而疾，受水浅，倏忽可数百里。白艚、乌艚最畏之，以其无风可行，不能追逐故也。其名生船，以乌、白艚无风则死也。其柜以水椰之木，帆以布。布以粗麻为之，染以薯莨，浸以矾水及盐。其底以铁力木或红卢桂木，性柔耐水可长久。更佐以香舠之船，左右相夹，往往无敌。香舠长短与相等，宽亦如之，周以竹篱而头方，上亦有桅稍圆，惟不用桨，而纯用橹耳。橹十四或十六，桅则三之。或于船两旁作代风轮二或四以激水，水力即风力也。或止作空底一层于最近水处，稳便愈甚。不然止在船两旁顺置长空匣，疾亦如之。

洋　舶

洋舶之大者曰独樯舶，能载一千婆兰。一婆兰三百斤，番语也。次牛头舶，于独樯得三之一；次三木舶，于牛头得三之二；次料河舶，于三木得三之一。底二重，皆以铁力木厚三四尺者为之，锢以沥青、石脑油、泥油，填以礵石，矴以独鹿木，扎以藤，缝以椰索。其碇以铁力、水桫，钉以桄榔、篾簩，淬钉以蛇皮内膏，盖海水咸，烂铁，妨磁石，故皆不用铁物云。桅凡三,一桅常植，二桅以风而植。桅长者十四五丈，或二三接，中皆横一杆，上有望斗，容四十馀人。又以木为人，或升或降，遍置梯绳之间。前木照后柁，以黑鬼善没者司之。其舶小者，四围皆密，腹中仅留一孔，自上而下。飘洋时，梢公缚身桅下，馀悉在舶腹之中。凡上舶容人千馀，中者数百，皆有舵师、历师，然必以罗经指南。尸罗经者，为一舶司命，毫末分利害焉。每舶有罗经三,一置神楼，一舶尾，一在半桅之间，必三针相对不爽，乃敢行海。大鱼至，以铜铳击而退之。大鱼去，而波浪为怪，以长剑斩之。其人为西南诸番将卒工商之属，一一凶狠，海寇皆莫敢近，故得输其珠贶奇物，以辐辏五羊。尝有贺兰国舶至闽，有客往观之，谓其舶崇如山岳，有楼橹百十重，上悬五色幡帜，环飞庐皆置木偶以疑远，内则含伏大佛朗机百位，外则包裹牛革数重，月以丹漆涂塈一周以为固。梯以藤结而上下。客登，则番人从雀室探其首，眼皆碧绿，发黄而面黧，以手相援，见之惊犹魑魅。登未及半，则施放火器，黄雾蔽人，咫尺渺不相见，声如丛雷，轰阗足底。译人云："此吾国所以敬客，愿毋恐。"其人无事皆细绒大笠，着红罽长褂，金纽连绵至地。或持骨朵，或负手闲行，自晨至暮不息。帆绳交结如网罗，或皆在其上坐卧。帆以布，凡七张之，绳以棕细藤。窗牖以玻璃嵌之，舱以辟支缎铺之，凡十数重。酒以葡萄，以香春，器以宝玉碗，高倾以泻注成贯珠为礼。瓜蔬味皆酸脆。碧色笔管以木为之，如冠簪而细小。有一卷长二丈馀，绘画山川，有番字识其下，考之，皆五虎门内水深浅处，其心故不可测也。贺兰舶亦尝至广州，予得登焉。舶腹凡数重，缒之而下，有甜水井、菜畦。水柜水垢浊，以沙矾滤之复清。悬釜而炊，张锦绷白氈而卧，名曰软床。人各以柔韦韬手，食则脱之。食皆以苏合油煎烙，曼头牛臑，皆度色如金黄乃食。其刀可屈信如蛟蛇，左右盘拿，类古之鱼肠剑然。时鼓弄铜琴铜弦，拍手弹肩，对舞以娱客，似有礼者。吾广承平时，西南诸番尝至者有十五国，其安南、占城、暹罗、真腊斛、锁里五国，岁一朝贡，馀则或至或不至。所患者吾奸民为彼舌人通事，时或椎发环耳，侏㒧入群，为之乡导，诱之以妇女妖淫，告之以官司重轻，示之以地形虚实，为我腹心祸患。正德间，佛朗机诒称入贡，自西海突犯莞城，大肆杀掠，此其明征矣。贺兰从古未至，而红毛鬼者，长身赤发，深目蓝睛，势尤狰狞可畏，比年数至广州。其头目号曰白丹，每多闽漳人伪为之，其骄恣多不可制。红毛鬼所居大岛在交趾南，盖倭奴之别种也，常入洋中为盗。其船有五桅者、九桅者，首尾皆有舵，以利回旋。舵工分班使风，昼夜兼行，惟视罗经所向。时登桅视千里镜，见远舟如豆子大，则不可及；若大如拇指许，即接长其桅而追之。桅有雌雄二窍，簪而楔之，益左右帆，数百里之遥，逾时可及。

吾船亦有三五桅者，两舷作木城，摇橹于中，且行且战，若大炮多、风顺，亦可逸去。倘众寡不敌，为所擒，则尽屠矣，红毛鬼之为恶若此。嗟夫！吾粤三面阻海，而南粤为左蔽，涠洲为右翼，虎门为前屏，此皆险要。倭与红毛，若乘汛举连天之舶而前，则南粤必先受敌；虎门犄角二隅，未多置兵，则内户不键也。诸舶既往来飘忽，而山寇阴行勾引，其为祸可胜道哉！

藤埠船

琼船之小者，不油灰，不钉鐍，概以藤扎板缝，周身如之。海水自罅漏而入，渍渍有声，以大斗日夜戽之，斯无沉溺之患。其船头尖尾大，形如鸭母，遇飓风随浪浮沉。以船有巨木为脊，底圆而坚，故能出没波涛也。苏轼云："番人舟，不用铁钉，止以桄榔须缚之，以橄榄糖泥之。泥干甚坚，入水如漆。"盖自古而然矣。

洋船桅

洋船桅，其巨者一桅费千馀金。每洋中风狂，船将覆没，以刀顺风势斩桅，桅大者合两人抱，皆立断，如鸿毛飘空。船人以桅为命，桅既断，则船随风所至，得至岸者无几矣。

船　帆

广州船帆，多以通草席缝之，名之曰㡔。其方者曰平头㡔，顺风使之。其有斜角如折叠扇形者，逆风可使，以为勾篷。勾篷必用双帆，前后相叠，一左一右，如鸟张翼，以受后八字之风，谓之鸳鸯帆。舟人有口号云："鸳鸯双篷，使风西东。"

泷　船

舟自宜章下平石者，曰单船；自平石下六泷至乐昌者，曰双船。单，小艑也；双，大艖也。六泷古名武溪，或以为即马援门生所歌《武溪深》者。水最湍怒，舟上下硋石，单船小，水易漂没，故必用双船，其力能与石斗，船胜石则生之机，石胜船则死之机，固峤南之绝险处也。双船兼二独木为之，形若浮槎；单者止刳一木，每船三人，上水者篙人在水中；下者桨人在舟中，二人分左右打桨，一人在后，一手持舵，一手打桨。舵亦以长桨为之。故谚曰："上篙下桨。"予尝有《上泷谣》曰："篙直如箭，船石不见。篙曲如弓，船石相舂。"又歌曰："上泷下泷舟不同，双船与石相争雄。"双船一曰泷船，昌黎诗："仍将衰病入泷船。"泷船又即下濑船，方愚者云"《东越传》下濑将军，《南越传》下厉将军。厉，即濑也。海水深，故用楼船；滩水浅，故用下濑。下濑之船，小者也。戈船者，戈音'划'。撑小舟曰划，音'华'。广陵以小舟为划子"是也。舟进篙谓之划。篙一曰拏，《庄子》："方将杖拏而引其船。"

疍家艇

诸疍以艇为家，是曰疍家。其有男未聘，则置盆草于梢；女未受聘，则置盆花于梢，以致媒妁。婚时以蛮歌相迎，男歌胜，则夺女过舟。其女大者曰鱼姊，小曰蚬妹；鱼大而蚬小，故姊曰鱼，而妹曰蚬云。蜑人善没水，每持刀槊水中与巨鱼斗，见大鱼在岩穴中，或与之嬉戏，抚摩鳞鬣，俟大鱼口张，以长绳系钩，钩两腮，牵之而出；或数十人张罛，则数人下水，诱引大鱼入罛，罛举，人随之而上。亦尝有被大鱼吞啖者，或大鱼还穴，横塞穴口，己在穴中不能出而死者。海鳅长者亘百里，背常负子，蜑人辄以长绳系枪飞刺之，候海鳅子毙，拽出沙滩，取其脂，货至万钱。蜑妇女皆嗜生鱼，能泅汙。昔时称为龙户者，以其入水辄绣面文身，以象蛟龙之子，行水中三四十里，不遭物害，今止名曰獭家。女为獭而男为龙，以其皆非人类也。然今广州河泊所，额设蜑户，有大罾小罾、手罾、罾门、竹箔、篓箔、摊箔、大箔小箔、大河箔、小河箔、背风箔、方网、辏网、旋网、竹荛、布荛、鱼篮、蟹篮、大罟、竹筻等户一十九色，每岁计户稽船，征其鱼课，亦皆以民视之矣。诸蜑亦渐知书。有居陆成村者，广城西周墩、林墩是也。然良家不与通姻，以其性凶善盗，多为水乡祸患。曩有徐、郑、石、马四姓者，常拥战船数百艘，流劫东、西二江，杀戮惨甚。招抚后，复有红旗、白旗等贼，皆蜑之枭黠。其妇女亦能跳荡力斗，把舵司篗，追奔逐利。人言瑶居峯而偏忍，蜑居水而偏愚，未尽然也。粤故多盗，而海洋聚劫，多起蜑家。其船杂出江上，多寡无定，或十馀艇为一腙，或一二罛至十馀罛为一朋，每朋则有数乡艔随之腌鱼，势便辄行攻劫，为商旅害。秋成时，或即抢割田禾。农人有获稻者，各以钱米与之，乃得出沙。其为暴若此。议者谓："诚以十船为一甲，立一甲长；三甲为一保，立一保长。无论地僻船稀，零星独钓，有无罟朋及大小艔船，皆使编成甲保，互结报名，自相觉察，按以一犯九坐之条，则奸舸难匿，而盗薮可清。"然清艔船及澳艇，尤为先务。

大洲龙船

番禺大洲，有宣和龙舟遗制，是曰大洲龙船。洲有神曰梁太保公，盖以将作大匠，从宋幼帝航海而南者也。公将营宫殿于大洲，未成而没。村民感其忠，祠祀之。每岁旦请举龙舟，覆珓得全阴，则神许矣。许则举，辄有巨木十数丈浮出江中，舟之长短准之，号曰龙骨。自崇祯丁丑以来，请辄不许。辛丑之岁，有泣诉于神者："吾老矣，神今垂许，犹可传之后人，否则此法遂绝矣。"神乃许之。船长十馀丈，广仅八尺，龙首尾刻画，奋迅如生，荡桨儿列坐两旁，皆锡盔朱甲，中施锦幔，上建五丈樯五，樯上有台阁二重，中有五轮阁一重，下有平台一重。每重有杂剧五十馀种，童子凡八十馀人，所扮者菩萨、天仙、大将军、文人、女伎之属，所服者冠裳、介胄、羽衣、衲帔、巾帼、褦襶之属，所执者刀槊、麾盖、旌旗、书策、佩帨之属。凡格斗、挑招、奔奏、坐立、偃仰之状，与夫扬袂蹙裳、喜惧悲恚之情，不一而足，咸皆有声有色，尽态极妍，观者疑为乐部长积岁月练习，不知锦幔之中，操机之士之所为也。每一举费金钱千计，神之许，以十年、二十年之久，盖以惜民力也。龙之口，铁锁锁之，问之神，曰："不尔则雨。"

龙　船

顺德龙江，岁五六月斗龙船。斗之日，以江身之不大不小、其水直而不湾环者为龙船场，约自某所起至某所止，乃立竿中流以为界，船从竿左右斗，不得逾界。先期定其敌，两龙船为一偶，大小长短相若，黄头郎相若也。主者书于册，又以两筹书"某龙船"字，中分，主者执其两半，而以两半酌卮酒与之。

两船既斗，则胜者交其筹于主者，主者合筹不爽，则书于册曰“某船胜某船”矣，以一标书“胜”字与之。其负者又与他船斗，或胜，则亦得一胜标。是日也，船连三胜，得三胜标者，是为初场最。次日三胜者，又与三胜者斗。三胜者连得二胜，则得一五胜之标，是为二场最。次日五胜者，又与五胜者斗，其一得全胜者，是为三场最。于是主者与以状头标，张伎乐，簪花挂红，为四六庄语送之还埠。凡出龙船之所曰埠，斗得全胜还埠，则广召亲朋燕饮，其埠必年丰人乐，贸易以饶云。

东莞有彭峡，两山夹蹲，芊绵起伏，怪石礧砢，若冈若阜者数十里，堪舆家称“南行三紫龙”，此其一云。峡西多居人，荔枝林郁翳蔽日，有高楼二十馀座，与黑叶丹苞相映，舟贩酥醪花果之属者，交错水上，称水市焉。峡中一小山，山下为龙母祠，有老榕垂须百尺，与飞藤纠结，拂水葳蕤，游人争系舟其下，南望罗浮诸峰，隐隐可数。予诗云：“渐近罗浮紫翠分，纷纷瀑布下层云。”谓此也。峡东皆沮泽，五月时洪流滂濞，放于百里，乡人为龙舟之会，观者画船云合，首尾相衔，士女如山，乘潮下上，日已暮而未散。龙舟长十馀丈，高七八尺，龙髯去水二尺，额与项坐六七人，中有锦亭坐倍之，旗者、盖者、钲鼓者、挥桡击楫者，不下七八十人。竞渡则惊涛涌起，雷雨交驰，舟去而水痕久不能合，斯亦游观之至侈者。广中龙船惟东莞最盛，自五月朔至晦，乡乡有之，如彭峡者可纪也。

吾沙亭乡当海岸，有地曰石头，一巨石作鲤鱼形，名曰鲤鱼石。吾宗人岁于此装造龙船，与诸村竞渡，未尝不得胜夺标，有风雨，龙船益疾。他村墟有借此地以造龙船者，有请其神侯王像至彼船，冀得腾空疾渡者，吾宗人不之许也。沙亭龙船，比他所长大倍之，然出辄飞渡不可胜，斗罢汗血满船，沾衣尽赤，可诧也。

琼人重龙船。四月八日，雕木为龙置于庙，唱龙歌迎之，而投白鸡水中以洗龙。五月之朔至四日，乃以次迎龙，主人先为龙歌，包以绣帕置龙前，其歌辞不可见，止歌末一字可见。诸客度韵凑歌，能中帕中歌字多者，得酬物多。其谚曰："未斗龙船，先斗龙歌。欲求钱帛，中字须多。"

诸　舫

新会伍处士云为"光风艇"，月夕乘艇而歌，其师白沙先生扣舷和之，飘飘乎任情去来，不知天壤之大也。南海陈秋涛宗伯有舫名"此花身"，取唐人"几度玉兰船上望，不知原是此花身"之义。东莞邓参政云霄有舫名"天坐轩"，取少陵"春水船如天上坐"之义。东莞尹冲玄先生，年九十馀，读书不辍，尝于竹杪为亭，翼以扶阑。盛夏竹叶阴浓，日光不漏，风一起，荡漾如舟，名曰"荡云航"，藏所著《皇明史窃》其中。客至，与梯而上观之。张西园有舫曰"五石瓠"，尝载所著书从罗阳水入罗浮。

梦香船

从肇庆新桥而上，人烟寥落，山路多歧，乃三县交界之区，盗贼之所出没。行者以渡船僦资贵甚，因附小船以行。舟人及此险地，即然梦香，客皆酣卧惛迷，遂被启鐍，易资财以砾块，封识宛然。若枕间置水一盂，则迷魂之药涣散矣。又以药名破布叶者，煎汤服之立解。行者歌云："身无破布叶，莫上梦香船。"广州渡船多有趱舱之患，黠者或以骰子宝字盒诱人赌博，尽局财物而去。又或佯相斗殴，乘利便因而抢掠。或先伏盗躋于舱中，中道拔刀而起，斩舵工以应外贼。其害不可枚举。

卷十九　坟语

鼻天子冢

始兴县南二十里，有鼻天子冢。或以为象。然象之称“天子”何也？《史记》云：“禹践天子位，尧子丹朱，舜子商均，皆有疆土，以奉先祀，服其服，礼乐如之。以客见天子，天子弗臣。”象当时岂以天子之弟，亦载天子旌旗为禹宾客，隐然有天子之望欤？其或尧为挚之弟，代为天子，象当时亦尝为禹所让，几几有代位之事，有鼻之人属望，因亦称之为“天子”欤？《山海经》称丹朱曰“帝”，则亦可称象“天子”欤？其葬始兴也，或当舜南巡狩，象尝朝见于南岳，因从舜以至曲江、始兴之间，象薨，即葬于其地欤？零陵县今有有鼻墟，而道州亦称有痺地，有痺者何？有鼻也。岂有鼻之地甚广，自零陵至始兴，皆象之封内欤？然舜尝于曲江奏《箫韶》，曲江在始兴下流，舜崩葬九疑，而商均窆其阴。《大荒南经》称：“赤水之东，苍梧之野，舜子商均所葬。”舜崩而子弟陪葬，礼也。始兴密迩九疑，何当时臣庶不以象陪葬，抑象薨在舜陟方之先欤？《括地志》称“鼻亭神在道县北六十里”，相传舜葬九疑，象尝至此，后人因立祠名鼻亭神，则象薨于舜陟方之后可知矣。《传》曰：“舜葬苍梧，象为之耕。”象，舜之弟也；耕者，其为兄守视祭田欤？九州之大，舜乃封象有鼻以为其寝陵主，岂舜故有神灵，先知其将崩于苍梧欤？象既笃友爱之情，自宜遗命陪葬梧野。今二冢相望数百里而遥，岂舜神明之所安欤？《礼记》曰："舜葬苍梧，二妃不能从。"或谓二妃葬衡山。衡山在零陵郡地，去苍梧不远，何当时二妃亦皆不得祔葬欤？吾闻象有神灵，宋时有掘鼻天子冢者，见铜人数十，拥笏列侍，俄闻墓中击鼓大呼噪，惧弗敢入。岂象时已有铜人殉葬之事欤？然零陵尝得白玉琯，乃西王母所献而舜以殉葬者，则象冢中亦宜有异宝欤？舜之亲爱，天下莫不闻知，当烝烝乂时，象既为舜所化，必有功德于其国，国人之不敢犯斯冢也，自有虞时至宋，亦云久矣。舜崩，四海丧之如考妣，爱象者所以爱舜也。舜放驩兜崇山，以变南蛮。考《书疏》，崇山在衡岭之间，与有鼻不远，南蛮风俗，于变为中华，意象必有力焉。南裔之人为之建祠庙，守丘墓，必不偶然。予尝欲至其冢立一丰碑，书之曰"古帝舜之弟有鼻国君之冢"，以示后人。或曰，按越灭吴，遂有南海，其后越为楚所灭，越王子孙自丹阳皋乡入始兴，有皋天子城。其曰鼻天子墓者，或越王子孙死葬始兴，因称墓曰"皋天子"不可知，"鼻"者"皋"字之讹也。曰天子者，句践大霸称王，其子孙因僭称"天子"也。则亦一说也。

赵佗墓

南越武王赵佗，相传葬广州禺山，自鸡笼冈北至天井，连山接岭，皆称佗墓。《交广春秋》云"佗生有奉制称藩之节，死有秘异神密之墓"是也。孙权尝遣交州从事吴瑜访之，莫知所在。独得明王婴齐墓，掘之，玉匣珠襦，黄金为饰，有玉玺金印三十六，铜剑三，烂若龙文。而文王胡墓，亦莫知其处。佗墓后有大冈，秦时占者言有天子气，始皇遣使者凿破此冈，深至二十馀丈，流血数日。今凿处形似马鞍，名马鞍冈。其脉从南岳至于大庾，从大庾至于白云，千馀里间，为危峰大嶂者数百计。来龙既远，形势雄大，固宜偏霸之气所钟也。冈南至禺山十二里，禺山南至番山五里，二山相属如长城，南控溟海，木棉、松柏、刺桐之属，一望葱青，实为灵穴之所结，故佗墓营焉。自南汉刘龑铲平二山，积石于番为朝元洞，积沉香于禺为清虚台，而地脉中断，然霸气亦时时郁勃。元至正间，广州人林桂芳兵起，称罗平国；南海人欧南喜兵起称王。又至元间，增城人朱光卿兵起，称大金国。他如邵宗愚、王成辈，争战纷纭，么麽草窃，是皆以东粤天险，绝五岭，通二洋，可以纂赵、刘之业而抗中原也。独东莞何真，灼知天命有归，不敢妄为一州之主，以祸生民，诚为识时俊杰也者。洪武初，永嘉侯朱亮祖戡定南粤，于越秀山巅建望楼，高二十馀丈，以压其气，历二百馀年，清平无事。黄萧养僭称齐帝，即位五羊驿馆，逾月而亡，盖其验焉。岭南形势，盖与曩时大异，风气既开，峤路四达，梅关濆隘，车马周行，泷水漓川，舟航交下，虽有强兵劲马，戍守不给，一夫夺险，势若山崩矣。

任嚣墓

任嚣墓，在南海县西北二里。墓上旧有庙，今亡。今镇海楼左，但有三君祠一区，祀嚣及赵佗、陆贾耳。当始皇时，南海尉屠睢以苛法钳制粤人。粤人不服，乘秦人疲惰，潜出奇兵攻之，遂破五军。嚣至，抚绥有道，不敢以秦虎狼之威复加荒裔，于是民夷稍稍安辑。当是时，秦北有蒙恬威詟漠庭，南有任嚣恩洽扬越，而始皇乃得以自安。其后项、刘并起，豪杰纷争，莫知所向，而甘公乃教张耳曰：“汉王之入关也，五星聚东井。东井者，秦分也，先至必霸。”自甘公此说一倡，而天下皆归心汉矣。嚣亦善识天文，能知五星馀气及越门为南方偏霸之象，卒教尉佗成其业。故张耳之归汉也以甘公，而富贵数世；尉佗之自立也以任嚣，而享国五传。是皆以天文决之。

楚　冢

光孝寺后有楚冢，宋时有发之，得宝玉剑佩之类。予疑楚冢即任嚣冢，盖嚣墓相传在南海县治西北二里，光孝寺正其地也。

刘龑墓

刘龑墓，在番禺东二十里。其地有南亭、北亭，海潮围绕，中不过十馀里。墓在北亭洲旁，疑即昌华苑地也。崇祯九年秋，洲间有雷出，奋而成穴，一田父见之，投以石，空空有声，乃内一雄鸡。夜尽闻鸡鸣，于是率弟子以入。堂宇豁然，珠帘半垂，左右金案玉几备列，有金人十二，举之重各十五六斤。中二金像，冕而坐，若王与后，重各五六十斤。旁有学士十八，以白银为之。地皆金蚕珠贝所筑。旁有便房，当窗一宝镜，大径三尺，光烛如白日；宝砚一，砚池中有一玉鱼，能游动；碧玉盘一，以水满注其中，有二金鱼影浮出。他珍异物甚众，不可指识。田父先持镜归，光动邻舍，亟扑碎之。有一珠，入夜辄作怪状，惧而弃之。于是邻人觉而争往，遂白邑令。令亟临其地视搜发，令得玉枕一、金人四以归。玉枕作卧虎形，长可尺许，大小珠见风悉化灰土，口含之而出，乃得完好。承棺有黄金砖四，棺既斧碎，有怀其发齿以出者。一碑当穴门中立，辞称"《高祖天皇大帝哀册文》，翰林学士、知制诰、正议大夫、尚书右丞相、紫金袋、臣卢应敕撰并书”。其所为“大帝”者，崩于岁壬寅四月甲寅朔越廿四日丁丑，号为大有十五年，葬以光天元年，陵曰康陵，盖刘龑墓也。龑者，清海军节度使刘隐之弟，伪梁尝封隐南海王。隐卒，龑嗣，贞明三年，僭称帝于广州，改元乾亨，国号大越，又明年而更号汉。其九年，白龙见，改元白龙；龑初名俨，至是复改名龑，以应白龙之祥。又二年，楚师来侵，龑惧，以《周易》筮之，遇《大有》，复以“大有”称元。十有五年而龑卒，子玢立，改元光天。龑即俗所称刘岩是也。“岩”乃“俨”之亥文也。考《奇名编》无刘俨名，彼初实名严，后改龑，其字为俨，故遂讹为“俨”耳。“龑”字为严特制，取飞龙在天之义，盖效武后之作“曌”字也。龑在位专以惨毒为事，所诛杀粤人，若刈菅草，死后数百年，粤人始得而甘心之，所谓天道好还，非耶？尉佗有功德于民，死葬禺山，人不忍言其故处，仁与不仁之报，盖若是哉！

刘鋹墓

刘鋹墓，在韶州治北六里白虎山。宋太祖尝封鋹为南越王，故亦曰越王山。降王而得返葬故国如鋹者，在昔无几，宋太祖之仁也。

永福陵

宋端宗崩于硇洲时，曾渊子充山陵使，奉帝还殡于沙冲马南宝家，佯为梓宫出葬，其实永福陵在厓山也。今新会寿星塘山中，有陵迹五处，以遗民隐讳，故得免于会稽之祸。予尝访其迹，吊之曰：“一路松林接海天，荒陵不见见寒烟。年年寒食无寻处，空向春山拜杜鹃。”又曰：“万古遗民此恨长，中华无地作边墙。可怜一代君臣骨，不在黄沙即白洋。”又曰：“北狩南巡总寂寥，空留抔土是前朝。凭君莫种冬青树，恐有人来此射雕。”

杨太后陵

杨太后陵，在厓山海滨，番禺张诩铭云：“朝闽夕广，提二弱孤。依臣张陆，为宗社图。所奔波者，赵氏块肉。今则亡矣，伊畴之属。茫茫大海，履之若无。止见仁义，不见其躯。曹娥死孝，贞义死信。惟后死之，仁至义尽。山陵峨峨，尺土孔多。六鳌擎负，毋使随波。”布政使刘大夏尝过慈元陵，泫然曰：“后死国而弗祀，义弗称。”谋立庙厓门之上，人感其意，不日而就，是为全节庙。

香头坟

香头坟，在新宁县境。宋末帝舟次厓门，新宁有伍隆起者，以三世受国厚恩，非死不报，于是贡米七千石，率其乡人捍卫。时贼臣张弘范已入广州，隆起奋身与战，累日不沮，潜为其下谢子文所杀，以首投降。丞相陆秀夫使人收葬，以香为首，其坟因曰香头坟。予铭之曰：“天生沉檀，以为君首。血肉非香，乌鸢所有。斫以良工，其大如斗。玉粹金纯，黄泉不朽。”

李子长墓

李子长墓，在西樵云路村，其碑曰“明抱真先生李子子长之墓”，霍文敏公所书也。子长顺德人，名孔修。初赴省试，以搜简过严，叹曰："此岂朝廷所以待士邪？"掷砚而去。今贡院右有掷砚亭存焉。尝从白沙先生问学，得无欲之旨，操行廉洁，人不可得而衣食之。布政使朱英饷米二十馀石，固辞不获，乃悉举所有瓶盎盘匜之属以贮米，才容一二石许，馀则不受。遇空辄画猫儿卖之，毛骨如生，鼠见惊走。其山水、翎毛亦精绝，人争宝重，然皆不肯多画。平居大帽深衣，入夜不解。闭户静默，人希见其颜面。间出，则市人环观，以为异物。举止雍容，择地乃蹈。遇雨辄拱手徐行，人曰："先生何不趋？雨泷冻透衣矣。"曰："前路岂无雨邪？"行益从容，人皆笑之。至今广人言迂拙者，犹曰"子长、子长"云。尝诣县输粮，令见其容止有异，问姓名弗答，第拱手。令叱之，则再拱手。令怒以为不逊，笞之五，竟无一言而出。白沙戏之曰："如何叉两手，刚被长官笞。"传者以为美谈。晚于道深造，年九十馀无疾卒，文敏葬之西樵，称曰："白沙抗节振世之志，惟子长、谢佑不失。"或问："子长废人，有诸？"陈庸曰："子长诚废，则颜子诚愚矣。"佑字天锡，南海人，亦早弃诸生从白沙游，安贫味道，人称为"二高"。子长无子，今西樵人以祭于社，为社师。

彭烈女墓

彭烈女墓，在广州大北门外百馀武。烈女往为某家婢，色情惋美，其主已许字傔某矣。一夕欲娆之，坚拒不可，主乃逐傔，以绝其意。傔临行有言弗逊，主怒挞之数百，肩背流血。烈女遂自缪。死前谓侪曰："某傔受大杖，凡以我也。我食主与母十馀年矣，顾义有所不可。"言短而深，主懊悔无极，葬之郭外。番禺令冯蕖表其墓，铭曰："夫为人奴，侬乃婢子。仇主不能，侬则当死。"

双燕窝冢

从化有殷氏女者，水西香家人，生员朝辂女也。年十六，许嫁钟氏子。钟氏子死，讣闻，女默然，徐更衣自经。两家合葬之，称其冢曰双燕窝。予为之赋，有云："双燕复双燕，生时不相见。相见在黄泉，雌雄何婉娈。"

丁公二子坟

丁公积知新会县，多惠政。有二幼子殇，葬黄云山。公既没，民为二子置祀田，其墓至今不废。黄孚诗"黄云山下多黄云，云里鹧鸪啼小坟"，谓此。

山　场

广之著姓右族，其在村落者，人多襟冈带阜以居，庐井在前，坟墓在后。其濒海者，亦必多置山场，以为蒸尝之业。子姓以昭穆序，祔葬先茔。贫者乘凶血葬，毋有积久而不葬，或以无地而葬以水火者。而吾乡沙亭，其地半当山海间，山场凡有数所。自宋以来，举宗千有馀人，环祖宗之精爽以居，人与鬼数十世毋相离也。朝见祠而生敬，而求神聚于阳；暮见墓而生哀，而求气散于阴。人不出乡，鬼无为客，仁孝之风，庶几去古不远者也。吾祖父阡在涌口之山，山形如平沙落雁，两三峰正当草堂，松楸之声不绝于耳，烟岚之色不绝于目，吾不庐墓而墓咫尺吾庐，虽谓之庐墓可也。

塔

塔本浮屠氏所制，以藏诸佛舍利者，即中国之坟也。华人今多建之，以壮形势，非礼也。吾岭南在在有塔，其藏佛舍利者，惟广州城中花塔，是佛之大冢也。予推原浮屠氏之意，其塔非为形势而设，故以附于《坟语》。

六祖发塔

六祖发塔，在广州光孝寺佛殿后。六祖初剃度时，其徒为藏发于此，盖发冢也。佛以肤发为垢浊，委而去之，顾乃作塔以藏之，使人见而瞻礼，是犹有我相在也，失其旨矣。

四　塔

广州有四塔。其在城中者，一曰花塔，在六榕寺，梁大同间刺史萧誉所建。其形八方，凡九级，高二百七十尺，上有铜柱，柱上一金宝珠，以铜周回为圜，一级一圜，皆有铜链以护之。塔下有鲁般像，一手遮目仰视塔，所视处常为雷震去，凡数十葺之皆然。一曰光塔，在怀圣寺，唐时番人所建，高十六丈五尺，其形圆，轮囷直上，至肩膊而小，四周无楯栏，无层级。顶上旧有金鸡，随风南北。每岁五月，番人望海舶至，以五鼓登顶呼号，以祈风信。洪武间，金鸡为风所堕，乃易以风磨铜蒲卢。上有榕一株，白鹤栖之。二塔为一城之标。形家者尝谓会城状如大舶，二塔其樯，五层楼其舵楼云。其在城东五里者，曰赤冈塔。盖会城东郊之山，左臂微伏，两厓林峦，与人居相错，累累若釜钟然。形家者以为中原气力，至岭南而薄。岭南地最卑下，乃山水大尽之处。其东水口空虚，灵气不属，法宜以人力补之。补之莫如塔，于是以赤冈为巽方而塔其上，觚棱峻起，凡九级，特立江干，以为人文之英锷。其东二十五里，有湼洲，当二水中，势逆亦面巽，有二山连缀，穹然若魁父之丘。其内一山，石冢高平，于是又塔其上，以其水常有金鳌浮出，光如白日，因名曰海鳌之塔。二塔既成，屹然与白云之山并秀，为越东门，而引海印、海珠为三关，而全粤扶舆之气乃完且固。盖吾粤诸郡，以会城为冠冕，会城壮则全粤皆壮。乃今二塔在东，三浮石在西，西以锁西北二江之上流，东以锁西北二江之下流。而虎门之内，又有浮莲塔以束海口，使山水回顾有情，势力逾重，是为江上之第三道塔云。

榴花塔

榴花塔，在莞之桐岭，其乡曰榴花，因名塔曰榴花塔。乡为宋义士熊飞起兵之地，尝大战歼元兵于此，阴雨中时闻金鼓之声。塔下为花溪银塘，有巨石，飞自刻“花溪银塘”四大字，乱之复整。

将军墓

将军墓，在永安古名都下陈田。将军姓字不详，自建县未有祀者，常有光气烛天，相传为古将军墓。下有铜鼓石一片，不尝作响，有闽人翁文珪者省墓，筑室于旁，其石辄响，大响则翁氏有大庆，小响则有小庆，世世衣冠，人谓即将军后裔云。

孝子墓

孝子墓凡二，皆在永安。其在县北牛塘大山头之下者，孝子黄让所葬。在县西林田张八岭者，让子启愚、启鲁所葬。父子三孝，故皆称孝子墓。让墓无碑碣，然永安人无不知为黄孝子墓者。大均尝过之，书于石曰："父孝子，子孝子。牛塘与林田，两坟隔十里。牛塘不封树，行人罔不指。"启愚、启鲁墓有石，书曰"大明孝子黄启愚启鲁之墓"。石广二尺，长三尺五寸，左右白垔，刻二鹤二兔，坛砌方砖五，花石方圆、大小不一。父子事载《永安志》，墓则予所补书云。

忠僮陈添桂墓

陈添桂者，海阳人，诸生庄莅之家僮也。莅家海阳龙溪东沟寨，家颇富饶。隆庆二年，巨寇林道乾率众攻寨，寨陷，莅与家人尽匿复垣之内。寇执添桂，诘知为莅家僮也，穷其主所在，以先避郡城为解。寇怒，惧以危言，其对如初。已而断左手，不言；复断右手，亦不言。寇乃更断其首领以去。当是时，莅家人之在复垣者，并闻其语及受苦楚声甚悉，然不知为支解也。比出，见遇害状异常，相与恸哭。添桂时年十有八，未娶，莅殡之如家人子礼。墓在畸沟田，每伏腊享祭以报。

二烈妇墓

新会吴村里有烈妇庄氏墓，象山有萧烈女墓，无主。丁公积为知县，割废庙田六十馀亩，命邑人守之，主其祭。白沙有《庄节妇碑》。

厉布衣所相坟地

宋有厉布衣者，善相坟地。今广州故家大族，其始祖二世三世坟，多厉布衣所定穴，予宗有其二焉。谚曰：“族有布衣坟，繁昌必有闻。”

王将军墓

王将军墓，在广州珠江南岸三山之阳，其碣曰“皇明虎贲将军县伯电煇王公偕同节元配张氏一品夫人暨十五庶夫人之墓”，吾粤人所立也。天下罕此墓碣，荣矣哉！予尝为王将军作传，而陈子恭尹为之歌曰：“炎方有义士，姓王名曰兴。十三学杀人，十五手搏狼。三十建义旗，姓名惊一方。天子颁虎符，作镇鼍江阳。翠华日以远，地绝军弥张。百战环冈州，冒死披残疆。海滨富斥卤，重林与连冈。高者掩云日，远者浮苍茫。煮波致财货，铸冶成刀枪。宫室何所居，天家侯与王。橐粟何所馈，从驾子与娘。心胆何所赠，海内豪与英。敌兵四面来，众士各逞强。将军跃上马，命客持一觞。独出挥长戈，两目流电光。直取首来将，生挟归戎行。顾饮所持酒，昔热犹未凉。相持及三月，彍骑皆奔亡。来时三万人，半还仍重伤。奏功自间道，涉瘴徂昆明。黄金三千镒，玉帛各有筐。天驷方驱驰，下臣效刍浆。臣兴昧死上，帝曰兴卿良。赉爵列五等，高兽盘银章。其文曰虎贲，将军荡南荒。敌人闻之惧，虓虎盈千旗。来者左右贤，其君督责之。不得此弹丸，若辈何生为。上天仍助虐，其年兼荐饥。将军察天命，命匠搜良材。斫以为巨棺，彩翣悬葳蕤。约日出合战，敌怯不敢来。坚壁十里外，迤逦兴长围。沟垒内外防，突援无所施。始从戊戌夏，两及中秋期。战士饭草土，抱骨还登陴。所忧负将军，糜烂死犹归。将军曰呜呼，共尽终何裨。我乃报国恩，汝当全宗支。乃命幼子九，先出卑其辞。卜吉结欢会，敌将不致疑。是夜一更终，将军诀所知。夫人翠凤冠，有母头如丝。侍妾十五人，左右皆肩随。肃肃何雝雝，俱集园东陲。上有古梅树，樛结垂高枝。白石为几席，皎月明苍苔。将军命夫人，拜别而慈闱。拜毕与将军，四拜中间居。十五妾罗拜，娅娟无参差。夫人命尊酒，有脯形如圭。酌罢提群妾，先挂临中闺。阿母大惊呼，将军言勿悲。着我锦绣袍，麒麟当心开。戴我七梁冠，簪缨郁崔嵬。玉带与玺书，次第皆抱怀。置敕中堂上，灯烛荣且辉。望阙遥谢恩，臣死有赧颜。报君一身少，妻孥同摧残。房中何所有，火药堆如山。将军未即死，先解夫人缳。次及妾十五，列置火药端。出户着朝衣，捧敕仍来还。飞身乃入火，烈焰贯高天。鸡鸣部曲入，白骨空巑岏。举哀建素旐，合敛归巨棺。敌人亦流涕，况在同肺肝。卜葬三山阳，隐约题墓门。岁时俎豆陈，宿草来攀援。”

孝女墓

孝女毕氏，番禺毕村人。甲寅夏，兵往花山剿贼，掠得之，杀其父母，系女以行。女中夜抽刀杀兵，割截肢体弃池中。天明，众从女索兵，女绐以上山射生未返。一日见断尸浮出，问之，女曰：“是兵杀吾父母，吾故杀之以报仇。死今无憾！”其帅欲释之，诸将不可，乃射一矢以死，随殓之，葬于山麓。予铭其墓曰：“古有庞娥，亦有缑玉。手刃亲仇，白茅无辱。女不共天，以仇为肉。大郤大窾，批导惟欲。割之折之，游刃于族。散弃大軱，髓于沟渎。父母有神，謋然而速。动刀甚微，踌躇志足。一矢见射，以报鞠育。有岿哀丘，花山之麓。上啼母乌，下鸣麑鹿。中有婵娟，年可十六。魂魄毅然，鬼雄蒲服。”

戴节妇墓

南海人戴绮之妻邹，方娠而寡，哀毁逾礼。既生遗腹子晟，父母悯其少，劝之他适，邹截发自誓，守节三十七年而卒。巡按御史姚虞铭其墓曰：“绮也吾夫，晟也吾子。吾不夫绮，吾则有死。吾不子晟，畴奉绮祀？吾祀吾绮，吾心已矣。于戏！晟母绮妻，戴妇邹女。女不二夫，臣不二主。我勒兹碑，臣道之矩。”

素馨斜

素馨斜，在广州城西十里三角市，南汉葬美人之所也。有美人喜簪素馨，死后遂多种素馨于冢上，故曰素馨斜。至今素馨酷烈，胜于他处，以弥望悉是此花，又名曰花田。方信孺诗：“千年艳骨掩尘沙，尚有馀香入野花。何似原头美人草，风前犹作舞腰斜。”予诗：“花田旧是内人斜，南汉风流此一家。千载香销珠海上，春魂犹作素馨花。”近崇祯间有名姬张乔死，人各种花一本于其冢，凡得数百本，五色烂然，与花田相望，亦曰花冢。予诗：“北同青草冢，南似素馨斜。终古芳魂在，依依为汉家。”冢在白云山梅坳。

卷二十　禽语

凤

罗浮不见《山海经》，而《南山经》言："丹穴之山，其上多金玉，丹水出焉，南流注于海。有鸟五采，状如鸡而文，是曰凤凰。"今铁桥瑶池之水，南注溟渤，穴土皆赤，而其洞曰朱明，则亦"丹穴"之义也。山有凤凰峰、凤浴潭，有异鸟五采而头大，名大头凤，飞则羽声震山谷。他若青鸾、碧鸡、五色雀、山喜鹊、鵔鸃、红裙、白练之属，人皆以为凤雏也，岂即所谓"丹穴之山"耶？凡鸟赤多者凤，南海鸟多赤，皆凤之族。而师旷《禽经》言："赤凤谓之鹑。"南方取象鹑火。鹑，凤也；赤故云火也。《星经》言："南方七宿朱鸟。"朱鸟，凤也。南方为朱雀之分，凤之所产，故诸鸟之有文采者，皆为凤之子姓。《记》称："羽嘉生蜚翼，蜚翼生凤凰，凤凰生鸾鸟，鸾鸟生庶鸟。凡庶鸟皆生于鸾鸟，故谓之鹓雏。"《山海经》又言："南禺之山，有凤凰、鹓雏。"南禺者，谓罗山之南，番禺之东也。《庄子》云"鹓雏发南海，飞于北海"是也。

有山凤凰者，大如鹅雁。伏卵时，雄者以木枝杂山桃胶封其雌于巢，而留一窍，雄飞求食以饲之。子成发封，否则窒窍杀之，盖凤之不仁者也。而大头凤者卵于石，积柴封之，雏则抉石而起。邝露云，博白渌含之山多凤，有高三尺者，五彩，冠似金杯，天晴则双飞而出，众鸟随之。又有大如鹅者，尾甚长，羽声甍甍，响若轮转，诸鸟见之，敛翼俯首，伏不敢鸣，名大头凤。瑶、僮间射得之，肉备众美。獞娘握兵者，多以其毛为裘，或以鹔鹴羽代之，色久逾鲜，涅而弗滓。有句云："蛮女鹔鹴裘，庖烹凤大头。"

小凤凡数种，有曰桐花凤，丹碧成文，羽毛珍异，其居不离桐花，饮不离露，桐花开则出，落则藏，盖以桐花为胎，以露为命者也。儿女子捕之，饮以蜜水，用相传玩。渔洋有词云"郎似桐花，妾似桐花凤"，谓此也。有曰幺凤，似鹦䳇而小，绿衣黄里，色甚姣丽，常倒悬架上，屈体如环，东西相穿，转旋不已，一名倒挂子。东坡词云"倒挂绿毛幺凤"。罗浮梅花村多有之，倒挂梅花枝上，人至不去以为常。志称"惠州梅花上珍禽，多倒挂子，似绿毛凤而小，其枝亦香，俗人畜之帐中"是也。有曰凤头雀，大小毛片皆如燕，惟头作凤冠而尾红，儿女养之驯，放去一二日复来。有曰金凤，出儋州，大如指许，身五色，冠首修尾，俨如钗上金凤花。有曰凤鸡，毛色花斑，似鹌鹑而小，尾短身圆，度之仅及荔支大，足胫微细如一发，袅袅欲断。岁十月，从罗浮飞至新安田上，或至东莞茶滘，人以红丝为网，见辄惊入，畜久驯习，然畏寒，至腊月必死。其声颇似鸡雏，故名曰鸡。喉小，谷、麦不能进，食惟芝麻、稗米而已。多巢花萼中，亦桐花凤之类。

鹤

南方之鹤皆灰色，白者则小，去顶二寸许毛始丹，亦能鸣舞。有水鹤亦小，状类白鹭，其性通风雨，有风雨则鸣而上山，否则鸣而下海，寻常多在榕树。广人以其顶丹可贵，故曰丹歌。有诗："丹歌时引舞。"

孔雀

孔雀者，炎方之伟鸟也。孔，大也。鸾之大者曰孔鸾，凤之大者曰孔凤，故雀之大者曰孔雀也。孔雀生深山乔木上，高三四尺，通身金晕，五色层叠如锦钱，隆背细颈，口丹黄辅，有三采毛在顶，参差直上，长三四寸许，钟会所谓“戴翠旄以表弁，垂绿蕤之森纚”是也。其文尤在尾，尾有小大，小者成以三年，大者五年，茎长四五尺，珠毛相串，翘翘然若顺风扬麾，而其色多变，红黄不定，盖草木之精华在焉。故其金翠以始春而生，花萼荣则金翠盛；春暮花萼凋，金翠亦衰。性绝畏雨，雨则金翠损坏，犹花萼之忌沾湿也。凡兽毛如草，鸟羽如木叶，文禽羽如木之华，孔雀以其金翠当木之华，故荣茂于春而畏濡湿。其栖宿必择置尾之所，雨至犹珍顾不复骞举，宁为罗者所得，而不肯伤其羽毛，盖爱文之至也。孕以音，或以影相接，音则以风，风之上下，其雌雄鸣必随之，鸣曰都护，声必三,三声而其精已传。精之传以风，是谓风化，亦曰风胎。凡鹤以声交，鹳以影接，而孔雀兼之，故谓孔雀与蛇交者非也。予尝畜其二，朝则飞向人家取食，暮则归宿榕树。宾至，使童子呼之，翩然俱下，徘徊轩翥，顾影自矜，芳时媚景，歌管杂陈，辄喜而舒张秀毛，盼睐以舞。性好采色，喜与美人相狎，美人鼓掌或弹指，则应节起舞。儿童衣锦绮与戏，或拍其尾，则与儿童对舞。儿童不舞，辄趁而啄之，敝衣垢面者尤啄之，恶其不类己也，谓其性妒忌非也。故凡畜者，食必以竹实，饮必以凝露，所以养其芳洁也；卧必以细沙，所以磨莹其文藻也；居必以文轩，所以宠异其淑灵也。性解人语，能周旋宾客，以之珥门户焉，代童子焉，所以增长其聪明也。粤人谓其舞曰开屏，凡宾至而孔雀开屏，是为敬客，故唐诗云“屏开金孔雀”。

孔雀一名孔雉，《易》：离为雉。南方离也，故多雉。孔雀，雉之大者也；白鹇，雉之皎洁者也。雉以文明为尚，文明在于冠带。岭南多冠带之鸟，冠之高者孔雀，美者白鹦鹉、戴胜、官雒；带之长者白练、山喜鹊；绶之华者孝鹋。孔雀顶有三翠毛，直竖如华三峰，古人制华山之冠，盖仿之。白鹦鹉顶毛，每开则外白内黄，如千瓣芙蓉，志所谓“毛花成胜”也。戴胜色灰绿，大如脊鸰，颀有髻，高六七分。南海谓其雄者丁髻郎，雌者丁髻娘，阳江谓之钉髻鸬，高要、高明谓之冠髻。官雒喙距皆红，身五采，顶有缨碧绿，处山谷中，群鸟附之，谓之山判官。山喜鹊身蓝嘴红，面臆皆黑，白腹，尾甚长，如两白带，飞则罥挂树间。鹋，旨鷊也。其绶藏于咽下小囊，每吐之，烂然文锦以自娱，一名绶鸟。

越鸟有三客：孔雀曰南客，白鹇曰闲客，鹧鸪曰越客。古诗云“越鸟巢南枝”，谓三客也。予诗云：“天产珍禽为越客，山留梅树作南枝。”岭上之梅，其向南者花先发，故称“南枝”者，以梅当之。

白　鹇

白鹇者，南越羽族之珍，即白雉也。周成王时，越裳贡白雉；建武中，南越徼外蛮献白雉；唐肃宗时，日南徼外蛮究不事人献白雉，皆白鹇也。素质黑章，喙丹，雄者有朱冠，背纯白，腹有黑毛，尾长二三尺，时衔之以自矜。神貌清闲，不与众鸟杂，故曰鹇。耿介不欲近人，故曰雉。雉，挚也。雌雄挚而有别，终日并游，人未尝见其乘居而匹处，雌雄不相戏狎，若朋友然，故曰雉。雌者多朱毛白中，由朱而变为纯白，亦以黑为边襴，如水波形。其音咮咮藏喉间，甚隐而微，未尝出诸其口，当面听之，不知声自何出，若在隔垣，若在屋上，如有如无，恍若琴之泛音。雌雄常相“谷谷”以相娱，又若击木鱼声，幽静可听。暮栖枝上，则雄上雌下，类有礼者。

鹦　鹉

澳门有西洋鹦鹉，大红者内绒毛黄，大绿者内绒毛赤，每抖擞其羽，则赤者为黄，绿者为赤，表里俱变。有纯白者，五色者，翅尾作翠缥青、黄里白腹者，皆来自海舶。琼州所产多绀绿，羽有极细花纹，名曰鹦哥，儿女喜与之狎，故“哥”之。以其如婴儿之学母语，故曰鹦鹉。“鹉”作“鹉”者，误也。其性畏寒，然抚摩其背则瘖，触尾则颤，名曰鹦鹉瘴，解之以馀甘子。寻常饲以绿豆、白粳，欲其喜而多语，以香蕉。五色者能兼番、汉二语。白者黑嘴、乌爪、凤头，抚之有粉粘着指掌如蛱蝶翅，顶上有黄毛上耸，喜则披敷，状若兰花瓣，又若芙蕖，名曰开花，亦名芙蓉冠。予诗云：“不如白鹦鹉，头有芙蓉冠。”此鸟亦能言，常侧其脑视客，类有知者。其产罗浮者，大如母鸭，色玉雪，亦人舌能言。凡鸟四指，三向前，一向后，独此鸟两指向前，两指向后。行则啄地，然后两足从之。有秦吉了者，彩毛绀黑，丹味红耳，头有黄肉冠，顶毛一缝如分发，午日剪舌能人言，比鹦鹉尤慧。鹦鹉声如儿女，秦吉了如丈夫，嫩则口黄，老则口白，口白其声更壮。又以眼为别，眼黄者金了，白者银了，黑者铁了。铁了品最下，一名了哥，亦曰唰哥，亦曰唰唰。尝有畜者，番酋以多金买取，唰唰言：“我汉禽，不愿入番。”遂不食而死，其义若此。性绝恶烟，而倒挂鸟喜香烟，食之复吐，或收香翅内，时一放之，氤氲满室。顶有黄茸，舞则茸开，亦名曰开花。花开顶上，香放翅中，辄自旋转，首足如环以自娱。入夜必倒垂笼顶，两两相并，亦间能言，身嫩绿色，额大青，胸间有朱砂一点，小如鴝鵒，出琼州。予诗："已食沉水烟，复藏双翅内。时放烟氤氲，帏中香久在。"又云："黑润与黄沉，持薰倒挂鸟。不教双翅间，收得香烟少。"其出西洋国至澳门者，以银十字钱四五枚，可易其一。性极娇柔难畜，饭以香稻，饮以荔支之浆，毋见尘埃风日，爱之至必养之洁，与秦吉了皆鹦鵡之族也。

五色雀

五色雀，产罗浮山，比鸜鹆而小，羽仪四时鲜明，未尝氄毧。一雀一色，或五色，其大绛者君也，朱蓝相间若朝服者大臣也。飞则数千百为群，不杂他鸟，而以两铁冠乌色者司进止。有贤人入山则出见，一日数集如数朝，山中人谓之小凤。白者大如鸠，素表黄里，独见亦以为瑞。《异物志》谓"山神使木客鸟迎贵人"，即此雀。余襄公云："罗浮有五色雀，非时不见。若士大夫将游，则先翔集，庵僧以为候。"苏文忠尝至儋州，五色雀来集庭下，客见而异之。文忠举酒祝曰："若为吾来者，当再集也。"已而果然。杨文懿云："鹳鸛鸟近乎仁，五色雀近乎智，以贤人为贵，人亦贵之。"故今入罗浮者，必求一见五色雀与大蝴蝶，不得见以为愧恨。《异物志》又云："木客鸟大如鹊，数千百头为群，飞集有度，其白黄文者君长，有翼有绥、飞高而正赤在前者曰五伯，居前正黑者铃下，缃色而赪杂者功曹，左胁有白带似鞶囊者主簿，庐陵郡东有之。"即五色雀也。今产罗浮者，则以铁冠为长。文忠在海南见者，以两绛者为长，进止必随。文忠诗云："粲粲五色羽，炎方凤之徒。青黄缟玄服，翼卫两绥朱。仁心知悯农，常告雨霁符。"是又能预报阴晴，不特迎贵而已，斯真可称灵禽。岭南花鸟与中州不同，而罗浮花鸟又与岭南不同，浮与罗又复不同。罗浮固珍禽之薮也，而五色雀尤异。一名子弟雀，俗称精致者为“子弟”，又以此雀从其长者如师，一依进止，尊卑有序，如子弟之恂恂也。又名五姊妹，数千百同巢共哺，每岁于博罗城隍庙树翔集，一春中不窠不雏。既去，他时亦不再至也。

鹧　鸪

鹧鸪，随阳越雉也。天寒则口醟，暖则对啼，啼必连转数音，而多云“但南不北”。其飞必向日，日在南故常向南，虽复东西回翔，而命翮之始必先南翥，其志怀南，故谓之南客。飞数必随月，正月一飞而止，十二月则十二飞而止，山中人辄以其飞而计月，人问何月矣，则云“鹧鸪几飞”矣。早暮有霜露则不飞，飞必衔木叶以自蔽，霜露微沾其背，声为之哑，故性绝畏霜露。一雄常挟数雌，各占一岭，相呼相应以为娱。有侵其地者则斗，猎人以囮诱之，鹧鸪闻囮声，以为据其丘阜也，亟归与斗，遂陷堕网中。其性好洁，以糯竿粘之亦可得。畜久驯稚亲人，然不鸣，鸣必在万山丛薄中。鸣多自呼，其曰“行不得也哥哥”，声尤凄切，闻者多为堕泪。古诗云：“山鹧鸪，尔本故乡鸟。不辞巢，不别群，何苦声声啼到晓。”噫！亦古之羁人思妇所变者欤？

山鹕、画眉

山鹕青紫，画眉红绿，形色小异而情性相同，畜之者雌雄必异其笯，异之则弄声相唤，同则否。异之则其雄见雄，雌见雌，必隔笯而斗，虑其雄其雌之为所夺也，同则否。鸟之最妒、斗以色者也。鹌鹑则斗以食者也。山鹕一名山乌，其铁脚者、眼赤而突者善斗，臆间有黑色一片、圆小而长者善鸣。雄者尾长，雌尾短；雄者音长，雌音短。画眉则两眉特白，其眉长而不乱者善鸣，胸毛短者善斗。欲其善鸣，以生鸡子青调米饲之；欲其善斗，以马螳螂、蚱蜢兼嚼肉饭饲之。又必越两日一浴，使毛衣光泽，身不生螆，则其音流丽。二鸟皆然。然画眉喜栖山，自调其声，与岩石相应以自娱；山鹕喜栖水，自调其声，与流波相应以自娱。画眉尤善转声，转转不穷，如百舌然，山鹕稍不及。画眉嘴爪最利，其斗至三四百合，胜者羽毛不动，曼声长引，以鸣得意；败则羽毛鬔松，伏而无响矣。昼离之，夜必合之，合之则四翼相交，屈首垂尾，团团然雌雄莫辨。独寐则畏寒而苦忆，不能久活。二鸟者，盖伉俪之敦笃者也。阳春、东安人喜斗此鸟及黄头，购以重金，致有以骏马易之者，美食雕笼，视若娇子，家家皆有之。画眉性燥，山鹕性静尤易畜，一名珊瑚，珍之也。予诗“人家尽养珊瑚鸟”是也。翁源有画眉村，以多画眉鸟故名，亦贵之也。自化州至石城，一路深林邃谷，画眉尤多。予尝过之，有诗云：“野花含笑满，山鸟画眉多。”

翡　翠

粤产翠羽而人不珍，妇女不以为首饰，故语曰：“南海之羽，出疆始珍。”羽，翠羽也。其大者毛充贡，小者名水翠，宿食各占矶塘，自衔其毛，日浴水中，乃益鲜缛，美于山翠，一名鱼翠，即鹬也。大于燕，羽长寸馀，雄赤为翡，雌缥青为翠，合之色碧，是曰翡翠。翼尾俱十二条，以毳毛光明者为上，颜色暗者曰秋毛，次之。其生于深黎者，茂林峻岭，人希得见。晴霁，日中始一出，小大仅侔梁燕，五色离披，人必积久探视，密罗其巢始获之，是山翠也。取者又或俟其生子乃得。杨孚《异物志》云："翠鸟先高作巢，及生子，爱之恐坠，稍下作巢。子生羽毛，复益爱之，又更下巢也。"予诗："雌青雄赤是鱼师，日夕清波浴不迟。低处为巢因爱子，花工捕向月明时。"

红 翠

罗浮有红翠，每更则鸣，响彻山谷。日出时，碧鸡先鸣，则红翠、山鵔鸃以次相应。白乐天诗："红翠数声瑶室静。"予诗："红翠碧鸡知客至，相迎直至玉溪阳。"邝露云："罗浮有天鸡，朱冠锦尾，天晴则回翔对舞。"凡天鸡鸣而潮鸡鸣，潮鸡鸣而家鸡鸣。天鸡者，碧鸡也。语云："天鸡知日，潮鸡知潮。"

鹪 鹩

鹪鹩，《诗》所谓"桃虫"也。因桃虫而变，故其形小。性绝精巧，以茅苇羽毳为房，或一或二，若鸡卵大，以麻发悬系树枝，虽大风雨不断，一名巧妇鸟。久畜之，可使为戏及占卦，名和鹊卦。其身小，又曰相思，亦曰相思仔。仔者，小也。相思者，身红黑相间如红豆；红豆者，相思也。予有《杨柳枝》词云："山禽最小是相思，隐花枝。钗头偷立已多时，未曾知。　郎处不须红豆子，殷勤寄。双双取得系红丝，到天涯。"

比翼鸟

比翼鸟，一名鹣鹣，背青腹赤，一翼一目，相比而飞。《水经注》云：“林邑有比翼鸟，不比不飞，其名归飞，终日自呼，一名蛮蛮。”《山海经》：崇吾之山，鸟曰蛮蛮，如凫，一翼一目。即鹣鹣也。“蛮”亦作“鸏”，予有《代闺人寄远曲》云：“鹣鹣一赤一青衣，比翼多年在翠微。南海有禽皆不北，如何夫婿不归飞。”

花　燕

雷州西湖，每夜有紫燕数万巢荷花中，州人呼曰花燕。予为谣曰：“燕燕燕，飞入荷花寻不见。荷花落尽燕无依，归去犹衔花一片。明年花发莫东西，还向荷花深处栖。人间不似荷花好，莫使空梁有燕泥。”

石　燕

石燕，产西樵岩穴中，大如乳燕，足生翼末，山人小儿羸瘦，取食之。谚曰：“婴儿瘦，探石鷇。”香山有山燕，黑而健疾，众鸟畏之，隼也。

青　鵻

青鵻状如鸽，青色，喜食橄榄乌者，囫囵吞之，肉烂乃吐其核，一名橄榄鵻。秋深自粤西来，春半乃去。宿则倒悬一足树杪。弋得之，肉厚味腴。其生于槟榔林者，曰槟榔鵻，喜食槟榔之未熟者，性亦相类。山歌云：“多谢青鵻鸟，槟榔要与郎。宁食我橄榄，莫食我槟榔。”又云：“青雏且莫来，槟榔犹未熟。莫食槟榔青，宁食槟榔肉。”琼人谓槟榔之未熟者曰槟榔青，熟者曰肉子槟榔，“肉”亦作“玉”。琼人嗜食槟榔青，故云。

四　雀

四雀，一曰吉吊雀，状如鸲鸽而大，青首翠翮，其名自呼曰“兜兜”，一名兜兜雀，产东莞大奚山中，其出则风。一曰玄钩雀，产高明粟寨山中，其鸣则雨。予诗：“鸟鸣山雨至。”一曰倒挂雀，产琼州，有风则倒挂，无风则否。予诗：“风来禽倒挂。”一曰钩割雀，四五月，夜半向东飞鸣，如云“钩割”则年丰，“钩钩割”则年必歉。

诸　鸡

岭南多珍鸟，予少时尝喜畜养。有诗云：“仙禽亦有白鹦鹉，顶上一花莲倒垂。幺凤可怜毛太绿，画眉亦自白双眉。”又云：“花里青鸡与锦鸡，青鸾亦共白鹇栖。青鸡顶上丹砂好，来自朱明洞以西。”青鸡比秦吉了稍大，尾长，头上一点如丹砂。锦鸡一曰鵔鸃，山鸡也，其冠甚小，背有黄赤文，绿顶红腹。每照水即舞，目眩而死，其照镜亦然。有碧鸡，似孔雀而小，足重距，背连钱文，色碧，一名越王山鸡。《六帖》云：“罗浮有碧鸡，群飞绝巘，或独鸣空林，曰‘先顾、先顾’。”予尝于浮山见之。每当日出，则碧鸡先鸣，山中人乃以为天鸡云。凡鸡皆天鸡也。鸡为积阳，南方之象，故阳出而鸡鸣，以类感也。阳为天，故曰天鸡。谓日中有天鸡者，盖日出于卯，卯之属为兔，而兔之宅在月中，月出于酉，酉之属为鸡，而鸡之宅在日中。盖鸡以金为质，以木为气。木中有火，则日之精也；金中有水，则月之精也。岭南阳明之地，乃鸡之宅，故多锦鸡、青鸡之属。其似雉而尾长三四尺者为鸐鸡。似鸐而尾长五六尺，能走且鸣者为鷮鸡。有金鸡，项鬃毛纯黄，身红黄杂有文采，目微色白。有金钱鸡，通身作金钱如孔雀尾，足四距。有翻毛鸡，翮翎皆翻生，弯弯向外，尤驯狎。有客鸡，状如鸡而五采，出则岁穰。有真珠鸡，体有珠点文，能反哺，亦曰孝鹝，每春夏天晴气爽，则鼓翅而舞，口中微出物如锦绮，长数寸，渐长覆胸，灿然眩目，顷之渐收入喉中，剖之无所有也。大如鸲鹆，头颊似雉，有锦囊在臆前，大如斗许，具五色，一名锦带功曹，一名吐绶，亦曰绶鸡。杨慎云："绶鸡曳彩而骈罗，能辟火灾。"有竹鸡，形如鹧鸪，褐色斑赤文，居竹林中，见俦必斗，以囮诱其斗，网之。性好啼，啼曰"泥滑滑"，白蚁畏之。谚曰："家有竹鸡啼，白蚁化为泥。"有鹖鸡，类雉而大，黄黑色，有毛角如冠，性爱其党，有被侵者，直往赴斗，虽死犹不置。食之令人勇健。有鸧鸡，食于田泽洲渚间，大者如鹤，青苍色，长颈高脚，群起飞鸣则有雨，一名雨落母，亦曰麦鸡。有芦鸡，亦曰茅鸡，生阳江山谷中，状如鹊，而身微赤，晴呼则雨，雨呼则晴。有石鸡，特小，亦曰潮鸡，潮长则鸣，其声长而清，有如吹角。李德裕诗："三更津吏报潮鸡。"予诗："鸡声若吹角，知是海潮来。"又云："海气夜成潮，潮鸡唱泬寥。"有西洋鸡，短足昂首，毛片如鳞，与孔雀仿佛。有郁鸡，可疗郁病。有豁鸡，鸡头而乌喙，色黄，腹毛纯黑，尾长下垂，鸣声"豁豁"，性嗜蛇。人捕食之，能治骨节折伤。其哺子时，取雏折其两足，乃以蛇饲之，三日即复。屡折屡复。有白脸鸡，即春魂鸟也。有鸧鸡，似青鸡而高大，顶有两角。有长鸣鸡，昼夜长鸣，鸣声甚长。有英鸡，状如鸡而雉尾，体热无毛，腹下毛多赤，飞翔不远，常食碎石英，秋时即无之。有火鸡，大如鹳，多紫赤色，能食火，吐气辄成烟焰，出满剌加国，春夜先鸡而鸣，粤间有之。有驼鸡，高三尺许，花冠翠羽，背有双峰似驼，肉鞍可乘，能食铁石，近有献于京师者。或咏之曰："广南异物进驼鸡，锦背双峰一寸齐。只道紫驼来绝塞，鸡林元在大荒西。"一名锦驼鸡。此皆鸡之族也。青鸾，即乌凤，状如喜鹊，色绀碧，鬃头有冠类雄鸡，尾垂，二弱骨各长一尺四五寸，及杪始有毛羽一簇，若垂旄而秉翟然，鸣声清越，恍惚笙箫度曲，妙合宫商，又能为百虫音。

鹲鷾

鹲鷾，一名越王鸟，大如孔雀，有黄白黑色，喙长尺许。《罗山疏》云："越王鸟，其状如鸢，口句末可受二升许，南人以为酒爵，珍于文螺。不践地，不饮江湖，不唼百草，不饵虫鱼，惟啖枫、楠诸木叶，故其粪香似薰陆，山人以为香末，又治杂疮。"其名一曰象雕，亦曰越王雕，言其大也。有咏者云："山鸟状如人。"谓此。予诗："蝴蝶仙人服，鹲鷾越客杯。"又云："粪香越王鸟，餐火外蛮鸡。"

鸭

广州濒海之田，多产蟛蜞，岁食谷芽为农害，惟鸭能食之。鸭在田间，春夏食蟛蜞，秋食遗稻，易以肥大，故乡落间多畜鸭。畜鸭有埠，埠有主，以民有恒产者为之。凡鸭食人田稻，责之埠主，埠主责之畜鸭民，按名以偿，无有敢为暴者。秋获时，鸭价甚贱，佃户纳租，必以鸭副之。然皆海鸭，滋味腥不美。美者山鸭，故南雄烟鸭特重，次则从化所产。

宝　鸭

宝鸭，似凫而小，头有绿毛，身文采，鸳鸯之属也。一种名琵琶鸭，与相类，皆池塘之玩。渔歌有云："琵琶洲上琵琶鸭，一样鸳鸯两样看。"

野　鸭

野鸭，比家鸭稍小，色杂青白，背上颇有文，短喙长尾，卑脚红掌。性肥而耐寒，常入水取白蚬食之，又名蚬鸭。重阳以后、立春以前最可食，大益病人。予诗："十月南风白蚬肥，纷纷水鸭掠船飞。"一名水鸭。其有冠者曰冠凫，或谓石首鱼秋时所化。

松　凫

松凫，栖息松上，四会、广宁间有之，盖野鸭之类。《尸子》云："野鸭为凫，家鸭为鹜。"《尔雅》云："鸭为舒凫。"以其喜在松间，故名松凫。其随潮下上者，曰潮凫，亦曰信凫。

灵　鹅

从化有灵鹅，状如水鹅，每至夜中则鸣。乡落无更鼓，多以为候，谓之鹅更。

淘鹅

淘鹅，即鹈鹕也，曰逃河者，“淘鹅”之讹也，阳江人则谓水流鹅云。其大如鹅，能沉水取鱼，或竭小水取鱼。颐下有皮袋，常盛水二升许以养鱼。随水浮游，每淘河一次，可充数日之食。渔童谣云：“水流鹅，莫淘河。我鱼少，尔鱼多。竹弓欲射汝，奈汝会逃何。”

鸦

昌化无喜鹊，感恩无鸦。儋州有乌鸦能食火，每衔火置人屋上，以翅煽焚，则群鸣飞舞，其名火鸦。居人多以食物禳之。

鹌鹑

鹌与鹑其形相似。鹌色黑无斑，始由鼠化，终复为鼠，夏有冬无。鹑毛有斑点，始由虾蟆、黄鱼化，终以卵生，四时常有。今通呼为鹌鹑矣。番禺狮子里多鹌鹑，其价颇贵，斗者率以此为良。张网田中，以犬惊而得之。其麻翼黑爪而足高者雄也，黄眼赤嘴而足卑者雌也。其未斗也，使童子左握其雄，右握其雌，时时在掌，出入不离。又处之于囊，以盛其气；沃之于水，以去其肥。其将斗也，则注以金钱，诱以香粟，拂其项毛，两两迫促，于是奋怒而前，爪勾喙合，洒血淋漓，尚相抵触。斗之既酣，胜者与禄。此戏传自岭内，今广人皆以此为事。而潮人有斗鹅之戏。鹅，力鹅也，重者三四十斤，斗时以咬眼为上，咬舌次之。

鸽

鸽之高下在目。目有黑底天青者，黑底插黄者，黄油白气者，焦油者，以此四种为上。其睛清而深，有重晕，以日照之，精光四闪，晕边复有血粒如石榴子，则极聪慧者矣。其头宜小，尾宜短，翼宜与尾齐。翼与尾齐则飞高，飞高则可免鹰击之患。故鸽之佳者，价之轻重与金等。翼凡大毛十二茎，每出𪊲至二三月则调毛，四调五调六七调曰初王，则可用；调至十一十二则老。调者何？脱其胎毛，更生新者，故曰调。广人有放鸽之会。岁五六月始放鸽，鸽人各以其鸽至，主者验其鸽，为调四调五调六七也，则以印半嵌于翼、半嵌于册以识之。凡六鸽为一号，有一人而印一二号至十号百号者，有数人而合印百号者。每一鸽出金二钱，主者贮以为赏。放之日，主者分其为二,一在佛山，曰内主者；一在会场，曰外主者。于是内主者出教，以清远之东林寺为初场，飞来寺为二场，英德之横石驿为三场，期以自近而远。鸽人则以其鸽往。既至场，外主者复印其翼，乃放鸽。一日自东林而归者，内主者验其翼印不谬，则书于册，曰某日某时某人鸽至，是为初场中矣。一日自飞来而归，一日自横石而归，皆如前验印书于册，是为二场、三场皆中。乃于三场皆中之中，内主者择其最先归者，以花红缠系鸽颈，而觞鸽人以大白，演伎乐相庆。越数日，分所贮金，某人当日归鸽若干，则得金若干。有一人而归鸽数十者，有十人千鸽而只归一二者。当日归者甲之，次日归者乙之。是为放鸽会。

鸽之大者曰地白。广州人称鸽皆曰白鸽，不曰鹁鸽。地白惟行地不能天飞，故曰地白。人家多喜畜之，以治白虱，亦以其多子可常食。其子每四十日一乳，乳时雄者餐米至咽，米成浆液，乃吐出以喂其子。雌复受孕，性绝淫。雌常乘雄，故多乳。富者畜至数百头，惟所指使，以谷令就掌饲之。予诗：“家馀地白粮。”又曰：“地白有粮多哺鷇。”鷇，方言曰“斗”，一乳则为一斗。斗者，“鷇”音之讹也。又斗者窠也，乳子一窠，曰一斗也。人卧处亦曰窠斗也。又斗，古作“斠”。

焙鸭

广州每北风作，则咸头大上，水母、明虾、膏蟹之属，相随而至。咸积于田者，其泥多半成盐，鸭食咸水而不肥，又咸多则稻无孙，鸭不得以为食，乃益不肥。予诗：“北风吹获后，咸早稻孙稀。”又云：“今年咸水少，鸭食稻孙肥。”故岁北风少作，则咸头小而鸭肥且多。广人善焙鸭，以鸭卵五六百枚为一筐，置之土坾，冒以衣被，环以木屑，种火文武其中。卵小温，则上下其筐而更易之，昼夜凡六七度，至于十有一日，乃登之床，床笫亦以衣被覆藉，时旋减之，通一月而雏孳孳啄壳出矣。雏稍长大为子鸭，当盛夏时，广人多以茈姜炒子鸭，杂小人面子其中以食。茈，音“紫”。《上林赋》：“茈姜蘘荷。”《四民月令》：“生姜谓之茈姜。”张揖云：“茈姜，子姜也。”谚云：“老姜蒸牛，子姜炒鸭。”鸭至秋深，乃以船载至沙田食稻。稻熟农必齐获，获稍迟，往往为鸭所食，农颇苦之。

白头公

白头公者，似瓦雀而尾稍长，头有白毛，五更鸣，啁哳可听。予诗：“春来催早起，最是白头公。”

江　鸥

江鸥，在涨海中随潮上下，常以三月风至，乃还洲屿。颇知风云，若群飞至岸，渡海者辄不敢渡。

卷二十一　兽语

虎

高、雷、廉三郡多虎。商旅遇之，辄诟骂以夺虎气，斥之为“大虫”。凡风主虫，虫，风族。虎乃风族之大者，故虎之来必有风，其声飙疾，山行者闻风声有异，则知有虎。尝有人入山燔木，一虎来，直竖其尾，大哮吼，风起，火即尽灭。久之虎去，风飕飕犹在树间。盖虎在地上行甚缓，遇林木则其行如风，竟若风行非虎行，故曰“风从虎”。虎得风其威乃生，风者虎之羽翼也。

木之性宜雷，草之性宜风。虎者风之兽，故虎啸而风生。风以生草，草之柔非露不能滋润，秋天多露，故虎毛滋润。虎毛如草，故以秋而变，其文炳如。粤之虎毛率短浅，不及西北边者斑而深厚，则以南方火盛，霜露少而金气微也。

从化山中多虎，常绯衣幞头盛陈仪从而出，夜则灯火煌煌射林薄，见者以为山神也。欲食人，则脱幞头绯衣复变为虎，乃大哮吼而前，盖帝命山神以治虎，而虎即假山神冠服以食人。谓虎即山神耶，是帝命山神为虎也。吾不知其解矣。

罗浮有哑虎，不啸不咥。相传葛真人上升，留二丹粒，以与其隶黄野及哑虎食，为罗浮四庵守者。今冲虚观葛真人像旁，有黄野及一蹲虎，是必哑虎也。然土人皆云山中虎率不啸不咥，从不伤人，八九十岁老人，未尝闻有虎哮吼，亦可异也。山中人即或遇虎，亦狎易之，然山中亦自少虎云。有咏者云："捣禽应臼杵，喑虎怀仁让。"

犀

入蚕蛊乡，饮食中以犀角搅之，有毒则白沫生，以煮毒药，则无毒势也。犀角出暹罗者，内凹外凸，气微腥。出占城者，四周圆整，注沸酒且香。照之有血晕者，价两倍。

鹿

雷州之野多鹿。鹿以清明前后三日生子，子生三日始开眼，遇雨乃起而跑，未雨虽堕地一月，其胫犹软，跬步即颠踣，故雷人每乘其候捕之。邵子云："雨化物之走，风化物之飞。"鹿麛以雨而始跑，所谓"雨化物之走"也。雷人喜捕鹿子，尤重胎皮及红玛瑙茸。盖鹿以一阴生而为茸，可以补阴；麋以一阳生而为茸，可以补阳。故男宜食麋，女宜食鹿。万州六连岭有鹿市。崖州左右旷野，亦多麃鹿。黎人谒州守者，必以为贽。其茸嫩者如紫茄，长三四寸，红鲜可爱。然不逾时，末溃而本干，剖之有如坚木，所谓"柴茸"。不如蜀产者，茸已歧枝，解开犹嫩，故入丸宜以川茸。

德庆青旗山有三足鹿。初，秦时龙母蒲媪，常乘白鹿以出入。农人恶其害稼，母乃断一足以放之，至今鹿有三足者。三足鹿善鸣，鸣辄有验。在山上隅鸣，则贵官诣龙母庙，自上流而至；在下隅鸣，则自下流而至，甚不爽。

牛

上番禺诸乡，地瘠而民呰窳，耕者合数十家牛，牧以一人，人以一日。其牧牛之田曰牛田，所生草冬亦茂盛，食牛肥泽。其种稻者曰人田。上番禺牛田多，下番禺人田多。

广州凡潮田稍高者，犁必以牛，牛必以吉贝核渣饲之，乃肥有力。核中有仁，榨油已，其渣尚有润泽，故牛嗜之。牛皆水牛，春以犁田，冬以驮榨。榨者，榨荻蔗以为糖也。水牛多产神电，志云："电白旄牛。"

韶州十月朔日，农家大酺，为米糍相馈，以大糍粘牛角上，曰牛年，牛照水见影而喜。是日牛不穿绳，谓之放闲。

西江有潜牛，牛身鱼尾，能上岸与牛相斗，角软，入水既坚复出。牧者歌云："毋饮江流，恐遇潜牛。"

琼州多山牛。牛也而两睛红，常百十成群，见人吆喝弗避。或曰山牛有四眼，以其眼上有两旋毛，状似四眼，故云。琼州又多山马，似鹿而大，千百为群，角弯而内向无歧，眼下复有二眼，日闭夜开以烛物。善入棘丛，黎人得之，以其皮易布，皮可为卧具御湿。其毛牛也，不识者以为山牛也。

果下马

罗定之罗镜，西宁之怀乡，产小马，高仅三尺，可骑行树下，名果下马，一曰果骝，多海石榴色。骏者有双脊骨，能负重，凌高蹑险，轻疾若飞。予有《山歌》云："花練初着时，郎乘果下马。何处遣相寻，知在荔枝下。"又云："果下紫骝嘶，郎来自水西。折侬花不得，花不为郎低。"又有果下牛，出高凉郡，《尔雅》所谓"犤牛"也。郭璞云："犤牛绝卑小，可行果树下，故又呼果下牛。”粤谣云：“果下马，果下相逢为郎下。果下牛，果下相逢为依留。”果下马者，以其小而坚壮，亦名石马。粤人凡物之小者皆曰石。然果下马非有种，马中偶然产之，不可常得，故其价绝贵。

马　会

东莞盛时，喜为马会，以驰骋相雄。每会日，于平原广野，设步障，陈鼓乐，数百里外皆以名马来赴。其下者不得杂驰，即上驷亦须主人举觞以请乃驰。有黎姓者，以控纵之道名。当其出马，皆屏气敛容以观其驰骤，有踯躅、横排、小行、大行、中行、拆脚诸法，一步不乱。时有一马，两目如紫琉璃，高项广膊，骏甚，人不能骑，两壮夫牵之，昂首频嘶，踯躅不定。黎已年老，力不逾中人，然执鞭蹑镫，马为战栗，往返十馀次，奔腾超逸，足不参错，观者皆为神王。有赠以诗云：“一片红尘随电去，只闻风雨在空冥。”

熊

岭之南，熊有三种，曰人熊，曰猪熊，曰狗熊。狗熊即《尔雅》所谓“熊虎丑，其子狗”者也。郭璞谓熊之子名狗，非也。狗熊者，熊之小者也，以其小，故曰熊子也。璞又言：“律曰：捕虎一，购钱三千，其狗半之。”今岭南捕得虎与狗熊皆受上赏，以其食人之兽，而狗熊尤嗜小儿也。又熊多力，黎人搏而获之，一峒毕贺，以熊多则其地不祥。崇祯间，乐会有熊无数，自山中出，捕得百馀首，自是频年大旱，盖旱征云。人熊即狒狒，多力而好笑，一名山笑。见人则笑不止，以投其嗜也。胸间有脂绝美，名熊白。人患发毛黄者，以熊白一升涂之，伏床底，食顷即尽黑。有𤜱𤜱者，如人面唇黑，身有毛，反踵，见人亦笑，笑则上唇掩目，大者丈馀，俗呼为山都。邝氏云：“山都形如昆仑，青毛有尾，见人辄闭目张口而笑。𤜱𤜱见人则握手而笑。人以竹筒置臂，姑与之握，握则必笑，笑而上唇掩目，因曲臂以锥穿其唇于额，格而杀之。”《吴都赋》云“猩猩啼而就擒，𤜱𤜱笑而被格”是也。狒狒状如猕猴，红发髦鬌，人言而鸟音，能知生死，笑似𤜱𤜱，上吻覆额。得之生饮其血，可见鬼物。是皆人熊之属也。又云：“熊名‘子路’，僮人于熊馆呼之‘子路可出’，熊即出；‘子路可斗’，熊即斗。有绿者，土司、瑶僮取其皮为骏马障泥，尘不敢扬，威慑虎豹，一尺百金。其牝曰罴，披发人立，力能拔树，指爪利如锋攒，遇虎豹、樵牧，皆抗其喉，捏鲜血饮之。其脂亦曰罴白，味过于前掌后蹯也。猩猩人面猿身，一名熊人，谓其熊而人也；曰人熊者，谓其人而熊也。一曰红人，则谓其毛发纯红也。性机警，通八方言，声如幼女子，啼亦清越，间学虫鸟语音，一一曲肖，盖兽中之百舌也。最嗜酒。人以酒满注瓮中，复置高屐其旁，猩猩见辄毁骂而去，去已复还，姑以指染酒尝之，遂至醉，着屐而笑，人因缚取。问之曰：“汝饮我酒，须还我血。”猩猩许以血一升，即得一升，不能多。血以染绯，久而不变，最可贵。有腾豺者，生高要西七十五里腾豻岭，状类沐猴，头正方，发长丈许，覆其面，欲有所视，辄摇头以两手披之。一名腾豻，上树甚捷，故以名。东粤无豺狼，惟此岭有之，疑亦人熊之类。

猿

大庾岭有白猿洞，洞多梅树，白猿常攀挂其上，花与猿皓然莫辨也。行者闻风生，始知为白猿吟啸。复有绯猿，善啼，啼必三声。高州青山镇，其山多猿，有黄绯者绝大，毛彩殷鲜，有黄色玉面者，有身面俱黑者。罗浮则有金丝猿，毛如织绒，其啼声绝大。琼州多猿，射之辄腾跃树杪，于四周伐去竹木，然后张网得之。尝于石岩深处得猿酒，盖猿以稻米杂百花所造，一石穴辄有五六升许，味最辣，然绝难得。封川之北三十里有猿岭，多猿，牡黄而牝黑，牝能啸，牡不能也。或云纯黑者雄，金丝者雌，雄者能啸，雌不能。琼州又有石猿，小者拳许，饮以井水即长。粤故多猿，予自二禺以至英德，自洸口以至连阳，自石夹以至东安，自六泷以至郴口，一路高峰绝巘，崖谷连绵，古木蔽天，百里阴黑失天日，群猿聚族其间，声声相应，恻恻凄凄。予辄落泪伤怀，不能自已。

猴

琼州多猴，以小者为货，曰拳猴。大者曰猕猴，亦曰母猴。母非牝也，“母”音转为“马”，犹鱼有马鲎，蛰有马蛰，蓟有马蓟，蓝有马蓝，皆其类之特大者。凡物之特大者曰马，故又曰马猴也。

狨

东粤山中有狨，大小类猿，色纯黄，名金线狨，一名猱，以其毛柔长可缉藉也。尾绝自爱，中药矢即自啮断其尾。蹻捷善缘木，猕猴绝怖畏之，其以猕猴为食也，甚怪。元孝有赋云："维猴于狨，若见大吏。缩爪战唇，相泣而跪。狨呼猴前，膝行蒲伏。伸手探喉，扪胸抵脊。验其腹腰，孰肥孰瘠。瘠者遣之，肥首戴石。使自湔洗，使自拔毛。须臾之间，饫彼贪饕。"有猓然者，生从化山中，似猴，身黑面白，其尾长过于身，数以尾自度其身以自娱。其自爱尾亦似狨。狨尾短，以金色而温柔，不能自保；猓然尾长，以无所可用而自保。亦各有幸不幸欤？

兔

粤无兔，比年乃稍有之。盖兔者太阴之精，一兔居于月腹，而顾天下之兔，天下之兔皆望之而孕，故曰"顾兔"。上顾而下望，其精自口而入，故兔吐而生子。兔与月相为性命，鸡在日中亦然，故曰"中秋月光，多兔少鱼"，月者兔之命也。北方多兔，月之世也；南方少兔，日之世也。

麂

麂，一名麖，旄尾狗足，牡者有短角，黧色，喜食橄榄，高州宝山多有之。其声如破钹，每鸣则赦书至，居人以为瑞。予《高凉曲》云："宝山春色照珠台，中有龙湫万壑回。父老时时望苍翠，麖鸣知有赦书来。"其皮软腻，以作履袜良，故广人以为货。或谓麞多智，闻犬而奔，一息已去犬千百步，亦足以免夫犬矣。乃使智以泯其迹，周遭走数匝，复膝行数匝，方一跃丈馀而去。犬善闻气，亦从其迹周遭几许，又蹑其膝行奋逸之迹而追之，往往得麖。麖尽其智，适足以自戕。向使不用其智，犬虽智不得而追之。

麞

麞似鹿而小，黄黑色无角，雄者有牙出口外。秋冬居山，春夏居泽。猎者得之以酿酒，有消风之功，八月至十一月食之胜羊肉。谚曰："秋冬食麞，春夏食羊。麞以酿酒，羊以为粮。"

獴　猜

獴猜似狸，高足而结尾，有黄、白、黑三种。其产于暹罗者尤善捕鼠，澳门番人能辨之，常以易广中货物。番人贵畜而贱人，视獴猜不啻子女，卧起必抱持不置。吾唐人因其所贵而贵之，亦何心哉！

狗

韶州有赤狗，穴居，吠则不祥。雷州有喙夜食，尾大而喙甚长，夜从树上取食，不以昼，故曰喙夜食，盖狗之族。其曰豺狗者，豺也。曰毛狗者，狼也。粤东少豺狼，故不识者以为狗。或曰封川多狼，青色，尾特大，作声诸窍皆沸，能食犬羊，攫小儿。

番　狗

蚝镜澳多产番狗，矮而小，毛若狮子，可值十馀金。然无他技能，番人顾贵之。其视诸奴团也，万不如狗，寝食与俱，甘脆必先饲之。坐与立，番狗惟其所命。故其地有语曰："宁为番狗，莫作鬼奴。"

乳　羊

广东绵羊，少有所产，羊肉味甚淡，惟英德乳羊食仙茅，肥甘补人。予诗："仙茅春食乳羊肥。"凡羊脑不可食。《医经》云："羊食百草，其病在脑。"乳羊则不然。一名茅羊，《本草》云："羊食钩吻而肥，食仙茅而肪。"石湖云："羊食仙茅，举体即化为肪，不复有血肉。食之宜人。"外有花羊、石羊。石羊色黑，类人家羊而蹻捷。无闷云："羊膻而鱼腥，二者鲜食之则美。故字以'鱼'、'羊'为'鲜'。"东南少羊而多鱼，边海之民有不知羊味者；西北多羊而少鱼，其民亦然。二者少得而兼，故字以'鱼'、'羊'为'鲜'。

獭

水獭，一名猵獭，类青狐而小，喙尖足骈，能知水信高下为穴，广人以占水旱。善捕鱼，一岁二祭鱼。《淮南子》云："畜池鱼者，必去猵獭。"广人谓疍家男曰獭公，妇曰獭婆，以其能入水取鱼也。其以猿为雌者，插翘山獭也。语云"猿鸣而獭候"，《庄子》云"猿猵狙以为雌"，言非类为牝牡也。邝氏云："山獭性淫而无偶。瑶女采樵，歌啸为猿声以诱之，山獭闻之，即跃抱瑶女，因扼杀之。以其骨续骨，解箭毒；以阴茎入药，名插翘春。"

箭　猪

箭猪，即封豕也。封者大也，故象亦曰封兽。封豕初本泡鱼，泡鱼大如斗，身有棘刺，故化为毫猪。毫在项脊间，尺许如箸，白本黑端，人逐之则激毫以射人。妇女以金银镶之为簪，能止头痒，除白屑。其毫如蒿然，亦曰蒿猪。又有山猪，雄大而多力，口旁出两牙，长六七寸，甚猛利，肉味美多脂，以多食禾稻故也。一名懒妇，以机轴纴织之器置田间，则不敢近。齿长辄入海化为巨鱼，状如蛟螭，而双乳垂腹，名曰奔䱐。谚曰："朝为泡鱼，暮为蒿猪。朝为懒妇，暮为奔䱐。"刺妇女之不能服勤者也。以奔䱐油为烛，照饮酒则紫焰生花，照读书则昏昧作晕。湛若诗："丁年误买奔䱐烛，丙夜谁传太乙书。"箭猪以鱼始，山猪以鱼终，物之相变如是。

香　狸

雷州产香狸，所触草木生香，脐可代麝。《本草》称灵猫自为牝牡者也，亦名果狸。其食惟美果，故肉香脆而甘，秋冬百果皆熟，肉尤肥。予诗："食果三秋美，眠花一尺长。"又云："果香生骨肉，花味入膏脂。"南越有狸无狐，香狸外有玉面狸，白面红爪牛尾，亦食果，饭则以水淘淡乃食。有猫狸，文如锦钱。有火狸，毛色如金钱豹，其钱差大，岁久辄化为豹。有藤狸，生长藤间，食藤实，而多倒挂。有香麞，味甘性温，食之不畏蛇毒，脐名麝香。非麞也，狸之似麞者也。瑶女当春时，多采生香麝子以为佩，动则香气远闻。山歌云："生麝香吹瑶女风。"

硕　鼠

广中近多硕鼠，状如兔，色白，皆以为白兔也。嗜食芭蕉、蕹叶，四十日一胎，子产一日即受孕。番舶至，购以重金。盖广中无兔，且无白兔，故以硕鼠当之。雌者多黑褐色而小。父老云："此物颇关理乱，以少为贵。"诗人所以歌食黍云。

竹𪕪

竹𪕪，穴地食竹根，毛松，肉肥美亦松。肉一二脔可盈盘，色紫，味如甜笋。血鲜饮之益人，瑶中以为上馔，谓之竹豚。予诗："海人花蜃蛤，山子竹鸡豚。"

义象

癸巳夏，西师至肇庆，久攻不下，使群象往，皆缩栗，独一象牯跳跃而前，蹴死蕃兵数百，以鼻卷起人马，掷于半空，既堕复糜烂之。已而疫气大作，士卒多死，西师退，群象遂为所得。有两大象，一不跪一不食死，馀象流涕终日。蕃帅叱之，一象虓怒奋起，将甘心焉，几不能制，乃悉送之入都。有为《泣象行》者，曰："云南象来举国嘻，缠头赤脚蛮子骑。云是粤东新战获，道出江楚北归旗。还遵前朝加品秩，照品给俸沿途支。大开城门容象进，独有一象不肯随。印官当街再拜请，象奴附耳前致词。先言礼节劳县主，后言官职如前时。去南日远北日近，此是本国知不知。象闻此言泪双垂，淋漓满路观者悲。语象且勿悲，汝来粤东五千里，即今放归归已迟。我闻西有独牙象，摧坚陷阵功尤奇。昨日被执不肯屈，掘坑纵火焚其尸。汝辈不战复不死，中道涕泣将何为？"

凶年虎

从化县凶年多虎，猎者为机阱林中，而击土以致虎。虎每伏地，击土则必跳跃而出，出时其饱易击，饥则难，故常以甘饵投之。传曰：“虎者戾虫，人者甘饵。”噫嘻！虎不食人，人自为甘饵以投之，奈何哉！

卷二十二　鳞语

龙

南海，龙之都会。古时入水采珠贝者，皆绣身面为龙子，使龙以为己类，不吞噬。在今日人与龙益习，诸龙户率视之为蝘蜓矣。新安有龙穴洲，每风雨即有龙起，去地不数丈，朱鬣金鳞，两目烨烨如电，人与龙相视久之，弗畏也。其精华在浮沫，时喷薄，如瀑泉如雨，争承取之，稍缓则入地中矣，是为龙涎。或谓龙涎者，多积于海上枯木，如鸟遗状，其色青黎，其芗腥，杂百和焚之，翠烟千结，蜿蜒蟠空，经时不散，可以剪分香缕，然多不真。从番舶来者，出大秦、波斯，于雨中焚之，煏爆有声则真。盖龙本纯阳之精，故其气绝香；又龙属木，木之气得太阳多者必香，故诸香以龙涎为最。得盂水径扑其中，不落空外。龙以水为用，见水则精入焉。盖龙用精则为雨，用气则为云。

海中苦龙气。每龙气过，辄嘘吸舟船人物而去，置之他所，然舟船人物亦无恙也。舵师知龙起，但擂金鼓，或焚鲎壳诸臭物，或洒青矾却之。海滨多高楼，楼角兽头，每为龙气所掣，置兵器其上亦止。以龙性畏铁，铁辛，为目害故也。

罗浮多龙潭。尝有人小遗潭中，庵僧见之，使之蒲伏土上。俄有白气千百道从谷中起，迅雷乘风雨如注，海上舟船已破溺无数矣。人必蒲伏土上乃免，若在木石之间，必为龙所掣矣。

又有人戏投巨石岩中，巨石左右砰击，久而不下，龙惊以为雷也，即时白气四起，雨点如盘盂。盖龙与雷同类，雷出则龙出，雷入则龙入，而其气不起于潭洞中者，山泽相通，地中虚无之处，皆龙之窍穴也。又新兴有天露山，其顶有潭，岁旱，以石投之，声震如雷，即雨。又有井干湖，其深莫测，岁旱，以土掊击之，亦有雨，盖亦惊龙之意。龙听以角，谓之聋虫，故善惊。

石　龙

化州有石龙，其首蟠州廨之左，其尾注于江中。身多窍穴，每为风潮所激，则喷沙如雪，霏霏满空。有时鸣以一岁，鸣以二三岁，其声隐隐，与鹅鹳同，在左如右，在西如东。有探其尾于急湍之下者，皆得古钱，或为五铢，或为开元，或古或近，或缺或全，紫碧交错，青黄杂楦。其为数，歉不八九，盈不二十，虽百十人，各有所给。

金　龙

茂名灵湫山有一龙井，晋时有潘茂名真人者，以金铸五龙纳井中。自永嘉至今，每遇旱，高凉太守出五金龙祭之，雨立至。或谓金龙者丹砂所成，然非能为雨也，为雨者祭金龙者也。然亦灵异。万历间，有太守尝窃其一，行至中途，金龙飞入于水，今止存四。然大旱时，汲龙湫之水以祷，亦得雨，不必定出金龙云。

土　龙

广人亢旱，以水日雩祭于社而请雨。以土为龙，身皆黑而尾白，长九尺。使丈夫八人、小儿八人，皆衣黑衣，丈夫舁龙，小儿欢呼曰："乌龙头，白龙尾，小童求雨天公喜。"自北而南，又自南而北，乃归于社息焉。复取五虾蟆，错置社之中，掘池方五尺，深一尺，置水，埋虾蟆其中而闭之。

蜃　气

东莞合兰海，其水漩洄而黝黑，三江之所汇，有龙窟焉。常有积气如黛，或如白雾，鼓舞吹嘘，倏忽万化，其为城阙、楼台、塔庙诸状，人物车骑，错出于层峰叠巘之间，尤极壮丽，舟行其中弗见也。自外望之，变幻斯见，即之辄远，离之复近，虽大风雨不能灭，人以为蛟蜃之气所为云。其气或大或小，晴则大，阴则小，五色光芒不定。或如旌旗戈甲则兆其地有兵革，如仓廪则兆其地丰登，居人每候之以知灾祥。岁正月初三四五日必一见，不见则以为怪。或谓此乃海气，春晴始见，非也，此蜃气也。蜃者千岁之雉所化，其为物最神。庄生云："龙合而成体，散而成章。"章者，云物之气也。蜃，龙类也。其能静则为阴，动则为阳，阴而含万象于无，阳而吐万象于有，固于龙具体而微也。然蜃气之起，大抵为舟船多，为楼台者少。《天官书》云："南夷之气，类舟船幡旗。"《晋志》云："南夷气如阁台，或类舟船。"凡云气，各象其山川人民所聚积。蜃气多象舟船，亦南夷之气所杂为变怪也。必以春正月见者，盖青阳始动，而龙见于田。蜃亦龙属，故其气与龙皆当春而发，至秋而收也。蜃气与海市不同，海市多见于靖康场。当晦夜，海光忽生，水面尽赤，有无数灯火往来，螺女鲛人之属，喧喧笑语，闻卖珠、鬻锦、数钱、量米麦声，至晓方止，则海市也。或曰海上有珊瑚之市，在虎头门西，盖即海市。或曰其地故有沉洲，每月出，辄有鬼物就海中为市，所谓"沉洲夜市"也。陈云淙诗："月出珊瑚输海市。"盖南海蜃气有气而无声，海市有声而无气，以此为别。而靖康海市，又与青州不同，靖康海市见于夜，青州见于昼。《番禺杂记》云："海边有鬼市，半夜而合，鸡鸣而散。人从之，多得异物，殆所谓'狼䀶之民'也。"《水经注》"狼䀶之民，冥夜为市，以鼻嗅金，即知美恶"是也。

海　鳅

海鳅之出，其长亘百里，牡蛎蚌螺积其背，崒屼如山，舟人误以为岛屿，就之往往倾覆。昼喷水，为潮为汐；夜喷火，海面尽赤，望之如天雨火。予诗云："势欲吞舟去，光先喷火来。"又云："海鳅吐阴火，千里波潮红。"盖阴火生于海，阳火生于山，阳火为雷以起龙，阴火为风以起大鱼，固造化之常。而石尤风则海鳅益起，艚船弗及避，为所吞噬，犹夫鰕鲴之微。鳅非有意于吞舟也，其气呼吸所致也。有海龙翁者，大如屋宇，亦知风。

海鳝，长数百里或千里，穴居海底，入穴则海水为潮，出穴则水潮退，其出入有节，故潮水有期，是名"潮鱼"。昔人多以为潮者海鳝之所为，不知潮长则海鳝随之出，潮消则海鳝随之入，海鳝之出入以潮，非海鳝之自能为潮也。此海鱼之应潮者也。

怪鱼

海上多怪鱼，大小不一，开洋时，随风鼓舞，往往飞入舶中，人不敢取。有一鱼长数十丈，其首有二大孔喷水，上出遇舶，则昂首注水舶中，须臾而满，亟以巨瓮投之，连吞数瓮则逝。有一鱼背长丈许，有鳍刻如锯，能与力战而胜，以救海舶。又有鱼长二十馀丈，性最良善，或渔人为恶鱼所困，此鱼辄为渔人解围。又大风雨时，有海怪被发红面，乘鱼而往来。乘鱼者亦鱼也，谓之人鱼。人鱼雄者为海和尚，雌者为海女，能为舶祟。火长有祝云："毋逢海女，毋见人鱼。"人鱼之种族有卢亭者，新安大鱼山与南亭、竹没、老万山多有之，其长如人，有牝牡，毛发焦黄而短，眼睛亦黄，面黧黑，尾长寸许，见人则惊怖入水。往往随波飘至，人以为怪，竞逐之。有得其牝者，与之淫，不能言语，惟笑而已。久之，能着衣，食五谷，携至大鱼山，仍没入水。盖人鱼之无害于人者。人鱼长六七尺，体发牝牡亦人，惟背有短鬣微红，知其为鱼。间出沙汭，能媚人，舶行遇者，必作法禳厌。海和尚多人首鳖身，足差长无甲。

暨鱼

暨鱼，大者长二丈馀，脊若锋刃，常至南海庙前，谓之来朝，或一年数至，或数十年一至。若来数，则人有疫疾。志称南海岁有风鱼之灾。风，飓风；鱼，谓暨鱼也。有乌白二种，来辄有风，故又曰风鱼。暨，一作"鳖"，谚曰："乌鳖白鳖，不劳频至。"

潜龙鲨

南海有巨鱼，曰潜龙鲨，盖鱼种而龙者也。有网得者，长五尺许，重百斤，其小鱼从者数千，至不可网。肉甚甘，诸骨柔脆，惟鳞坚不可食。鳞大者如掌，可为带及酒器饰，小者中杂佩。脊一行，腹二行，鳞皆十三；两翅两行，鳞皆三十。琼州唐伯元以为其脊一行，腹与翅行皆两者，五行也，天地之数各五也。脊一腹二，阳奇阴偶，天一地二也。十者天地之成数，天十而馀三，三三为九，乾元所以用九也。地二十而馀六，阳进而阴不能也，坤元所以用六也。翅三十者，一月之数也，两翅合而甲子一周也。总之九十九鳞，群龙所以无首，《河图》所以虚中，大衍之用，所以不满五十也，盖《易》教也。

黄雀鱼

有黄雀鱼者，多产惠州，八月化为黄雀，十月后复化为鱼，鱼与黄雀迭相化也。吾不知其始为鱼而终为黄雀耶？抑始为黄雀而终为鱼也？鱼与黄雀化，于何始，于何终？他鱼不化而黄雀鱼独化，其必有故矣。《交州记》云："南海有黄鱼，九月变为鹑。"鹑，黄雀也。鱼本黄鱼而曰黄雀鱼，黄鱼本于黄雀，故曰黄雀鱼。闻其名则知其为黄雀所化矣，然则黄雀先而鱼后矣。然黄鱼以黄雀为始，而黄雀不以黄鱼终，则又何也？有秋风鸟，产雷州，亦鱼之所化。化必以八月望前五日，从风而起，自南至北，中秋后则无之，故曰秋风鸟。其亦黄雀鱼之为怪乎？有海鳇者亦能化，岁二、八月群至沙洲，移时化而为鸟，是曰火鸠。海人噪而惊之，化者十五，鳞鬣不开者不全化矣。食之自秋至冬，濒海皆足。有以为馈者，发之，鸟首而鱼身者二。客愀然曰：“是欲化而不可得者也，无乃人离造化之情耶？尚忍食哉！”命弃之。

鼠鲇、乌贼

有鲇者，产于南海，每暴尾沙际以绐鼠，鼠见之，谓且失水，舐而将食之，被卷入水。有乌贼者，腹中有墨，吐之以自卫，常浮水上，乌见以为死矣，往啄之，被卷入水。二鱼皆性黠，为鼠与乌之贼。然鼠与乌，以高而为下者所食，亦可以为贪而下求者之戒。或曰乌贼鱼相传乌所化，乌所化而还食乌，故曰乌贼。乌不贼乌，化为鱼乃以贼乌，鱼乐而乌苦矣。

鱼

广州地多池塘，所畜者鲢、鳙、鲩、鲮、鲫，皆以鱼秧长之。鳙一名鳙。语曰：“网鱼得鳙，不如啖茹。”言不美也。鲩之美在头，鲤在尾，鲢在腹。语曰：“鲩鱼头，鲤鱼尾，鲢鱼之腹甘且旨。”又曰：“水鲮土鲫，病人宜食。鲮浮鲫沉，可以滋阴。”盖鲫属土，其性沉，长潜水中；鲮属水，其性浮游，长跃水上。鲫食之可以实肠，鲮食之可以行气，鲫守而鲮行，故以为美也。江海鱼之美者，语有曰：“第一鲳，第二鲥，第三第四马膏鲫。”又曰：“黄白二花，味胜南嘉。”又曰：“寒鲚热鲈。”黄者黄花鱼，白者白花鱼也。又春曰黄花，秋曰石首也。凡有鳞之鱼皆属火，二花不然，其功补益而味甘，故美。鲚鱼至冬益肥，故曰“寒鲚”；鲈至夏益肥，故曰“热鲈”。言一以寒而美，一以热而美也。凡鲈鱼以冬初从江入海，趋咸水以就暖；以夏初从海入江，趋淡水以就凉。渔者必惟其时取之。语曰：“鱼咸产者不入江，淡产者不入海。”未尽然也。白花鱼咸淡之水皆有，黄花惟大澳乃有。大澳者，咸水之边也。自十月至十一月，以日昃尽浮出水，渔者必以暮取之。听其声稚，则知未出大澳也，声老则知将出大澳也。声老者，黄花鱼啸子之候也。其啸子必于大澳，故于大澳取之。取鰽及黄皮蚬、鲚、青鳞，亦皆听其声，声齐则开罛取之。鲥鱼以孟夏随鲚鱼出，其性喜浮游，网入水数寸即得。或候其自海入江，逆流至浔州之铜鼓滩，触石壁不能西上，则多得。语曰：“黄鱼不上双鱼石，三黧不上铜鼓滩。”三黧者，鲥也。黄鱼每新水长则出，嘉鱼以孟冬天大雾始出，出必于端溪高峡间。其性洁，不入浊流，常居石岩，食苔饮乳以自养。霜寒江清，潮汐不至，乃出穴嘘吸雪水。凡嘉鱼在蜀中丙穴者，以三月出穴，十月入穴。在粤中大小湘峡者，以十月出穴，三月入穴。西水未长，则四五月犹未入穴。蜀嘉鱼畏寒而喜热，粤嘉鱼不然。白沙诗“两山断处小湘峡，十月嘉鱼出水鲜”是也。鯐鱼、鳢白，皆以仲春出，大者重数十斤，入自大洋，望之如黑云。至虎门，则鯐鱼之稚者多变为鲥，渔者辄合围取之。又鯐鱼大至时，其下堆积至数十百丈，不可底极。以枪刺一鱼取之，次鱼饮其血复上，复枪刺取之，如是者相连不断，不可胜取。故鯐鱼时节，所在人民餍饫，多糟之为终岁食。盖鯐鱼放卵，雄者为雌者含卵口中，卵不分散，故类繁。彼此尾相衔，无一断续，故得其一，则千万源源可得。竹鱼产二禺、连口，以盛夏出，色如筱叶青翠，鳞下多朱砂点，味甘。马膏鲫以腊月出至三四月。有马伍者，以九十月出，似鲈而肉厚，为马膏鲫之次，故曰马伍。贴沙一名版鱼，亦曰左鲋，身扁，喜贴沙上，故名。市归以贴墙壁，两三日犹鲜。即比目鱼也，一名鲽，一边青绿一边白，一目在青绿边，亦有两目合而为一者。《吴都赋》云：“双则比目，片则土馀。”河鲀以番禺茭塘所出者为美。自虎头门至茭塘六七十里许，其河鲀小，色黄，而味甘少毒，与产他县大而板牙色白者异。其价贱，土人以当园蔬。秋时竞为河鲀之会，以火燔刺，以沸汤沃涎，浣至再三，杂肥肉烹之，皮骨脱落，斯可食矣。河鲀终岁皆有，入秋尤宜多食，益胃暖人，可减一衣，产妇每以为补，其腴在膏，即肝也，俗以为“八珍”之一云。鲆鱼状如鲈，肉松少刺味甘，大者重数十斤，出海丰。鲟鱼多产端州，以春时出浮阳，见日则眩，渔者辄于阳处取之。一曰鲟龙鱼，长至丈，有甲无鳞，鱼之至贵者也。鲇鱼出流水者色青白，出止水者青黄，故以滩濑中者为美。鲳鱼状如鳊，圆头缩尾狭鳞，肉厚而细，一脊之外，其刺与骨皆脆美，新安人每以奉客，味甘以平，食之肥健益气。一名镜鱼，以其圆也。鲨有犁头鲨、剑鲨、斑点鲨、虎鹿锯鲨，背鬣而腹翅，大者丈馀，皮有沙，圆细如珠，可以治木发光润。海水将潮，天将雨，毛皆起湿，虽千里外不爽。一名潮鲤，腹中有两洞，以贮水养子，子必二，皆从胎生，朝出口，暮则入脐。其肉淡而松，以翅作银丝菜，称珍品。蜡鱼产阳江，似鲫而白，肉柔腻。性喜温暖，腊月时渔人立水中，鱼争附足，可掇也。红者肉稍粗。鲲鱼，一名狼藉。笋鱼如笋，长尺许，与鳍、鳗二鱼皆惠州出。鳍鱼大者盈丈。鳗鱼大如指许，长七八寸，脊骨美滑宜羹。龟鱼如小儿臂大，有腹无口，其足三十如笄簪。章鱼足有八，一名章举，昌黎《南食》诗其五为章举鱼是也。石冷鱼似虾蟆而黑，生石穴中。倒挂鱼鲜食醉人，宜鲊，出万州。凤尾鱼一名马鲚，其子宜醢。葵鲤出罗旁水口，圆如葵扇。已上皆鱼之美者，大率出于海者十之七，出于江者十之三，然皆美于池塘者也。其最微细而美者曰鱎鱼，春时自岩穴中出，状似初化鱼苗，宜干之，食以姜醋。曰银鱼，以秋九月出。九月有风，曰银鱼风。予诗“九月银鱼出水长，银鱼风起水泱泱”是也。其出惠州丰湖之第一桥下者，长二黍许，光滑无鳞，表里朗彻，以白磁盆浥之，与水无异，惟见两目莹漆。希贵弗多，渔者但量器计值，煮以湖上清醒泉及姚坑水，有味无渣，而出于清明节者尤美。曰鹅毛鱼，取者不以网罟，乘夜张灯火艇中，鹅毛鱼见光辄上艇，须臾而满。多则灭火，否则艇重不能载。其气味绝香，一曰香鱼。外有锦鳞鱼者，大可二指，长寸许，身有横理十二道，鳞如错锦，具五色，尾长于身如带，金彩缕缕。以盘盂畜之，于午日中，投花一二瓣，皆争覆阴，不得者忿而相斗，翩反鼓舞，各有态度，斗罢复比目而游。又有金鱼者，分鲤、鲫二种，春深咬子。咬子者，雄以口咬雌者眼，子则出腹。子出腹宜亟取之，否则雌者还食之矣。或不食，则子着藦藻间，遇雷雨辄随电光而去。子初出色黑，由黑而红而黄，则纯金矣。以鬣小三尾五尾者为贵，谓之虾尾。咬子又名跌子。当跌子时，以大虾盖之，则多虾尾。尾又以撒开象木芙蓉叶者为贵，谓之芙蓉尾。此二种，则鱼之可玩者也。

鱼　花

南海有九江村，其人多以罉鱼花为业，曰鱼花户。鱼花产于西江。粤有三江，惟西江多有鱼花。取者上自封川水口，下至罗旁水口，凡八十里，其水微缓，为鱼花所聚，过此则鱼花稀少矣。鱼花之步凡数十，步皆有饷，鱼花户承之，岁纳于朝。当鱼汕种时，雄者擦雌者之腹则卵出。卵出多在藻荇间，雄者出其腹中之腰覆之，卵乃出子，然见电则子不出矣。土人谓鱼散卵曰汕。腰者，鱼之精也。子曰花者，以其在藻荇之间若花。又方言凡物之微细者皆曰花也。亦曰鱼苗，以当春出于苗始生时，与苗俱生也。亦曰鱼秧，农人种禾兼种鱼，视鱼犹禾也。而多言“鱼花”者，又以其类不一，故曰“花”也。凡取鱼花，自三月至于八月，当日落时，望某方电脚高，则知某方无雨，某江之水不长；某方电脚低，则知某方有雨，某方之水长，长则某鱼花至矣。西南为南宁左江，其水多土鲮；正西为柳州右江，其水多鳙、鰫；西北为桂林府江，其水多草鱼。草鱼者鲩也。鱼花以此四种为正，畜于池易长，故务取之，他鱼花则弗取也。鲤、鲫则或取诸疍人，以其雌者放子也。凡取鱼花，以苎布为罾，罾尾为一木筐而无底，半浮水上，鱼花从罾入至筐，乃杓于船中。罾之状如复斗帐，凡两重，外重疏，以布四十丈；内重密，以布一丈为之。大步置筐八九十，小步十或二十，上步取已，复于下步取之，其出不穷，然多在江水湾环之所。取之盛以白磁，方如针许，已能辨其为某鱼，拣为一族。其浮而在盆上者鰫也，在中者鳙，在下者鲩，最下则鲮也。分养池中，水浅而向阳则易长。稍长者曰蓙鱴，谓可食蓙萍也。岁正月，始鬻鱼花，水陆分行，人以万计，筐以数千计，自两粤郡邑，至于豫章、楚、闽，无不之也。其鬻于近者鱼花大，远者小，日以米汤和鸭子黄饲之，又数易以生水。其在舟中者，则舟旁为两水车，昼夜转水，使新水入舟，故水不留，而后鱼花不病也。价则鰫、鳙贵，以易长而不费草也；鲩贱以费草，每鲩百尾日需草百斤也；土鲮贱，以其难长，罕有重至一斤者，又必冬寒而始肥也。凡池一亩，畜鲩三十，鳙百二十，鰫五十，土鲮千。日投草三十馀斤，鲩食之，鳙、鰫不食，或食草之胶液或鲩之粪，亦可肥也。楚虽多鱼，而所产鱼花，楚人不重，率重九江人所鬻者，以粤之鱼花易长也。鱼花难伪，楚鱼胞一重而直，粤鱼胞两重，上大而下小，以此为辨也。九江之地如棋枰，周回三十馀里，其黑脉者堤也，方罫者池塘也。池塘之水，养鱼花者十之七，养大鱼者十之三。养鱼花水浊，养大鱼水清，视其水色，则知所养为何等鱼也。地狭小而鱼占其半，池塘以养鱼，堤以树桑，男贩鱼花，妇女喂爱蚕，其土无馀壤，人无敖民，盖风俗之美者也。人之富，多以谷估及贩鱼花，史称“水居千石鱼陂”者，此也。

鱼花产北江者不贵，以北江多石灰水，鱼花食之不肥，取之又不易畜，而北江绝少渊潭故也。凡鱼皆藏于渊潭，鱼花从渊潭出者易养。西江多渊潭，而其源从滇、黔、交趾而来甚远，故鱼花多而肥，池塘中可以多养，故谚曰“北江鱼种让西江”。然广西人不解取，即取之，而西江上流恒不如下流，故谚又曰“下流鱼花上流鱼”，又曰“上江鱼放下江花”。

鱼　生

粤俗嗜鱼生，以鲈、以鰽、以鳙白、以黄鱼、以青鲚、以雪龄、以鲩为上，鲩又以白鲩为上。以初出水泼剌者，去其皮剑，洗其血鮏，细刽之为片，红肌白理，轻可吹起，薄如蝉翼，两两相比，沃以老醪，和以椒芷，入口冰融，至甘旨矣。而鲥与嘉鱼尤美。予尝荡舟海目山下，取鲥为脍。有诗云：“雨过苍苍海目开，早潮未落晚潮催。鲥鱼不少樱桃颊，与客朝朝作脍来。”又云：“羚羊峡口嘉鱼美，不若鲥鱼海目鲜。黄颊切来纷似雪，绿尊倾去更如泉。”又云：“刮镬鸣时春雪消，鲥鱼争上九江潮。自携脍具过渔父，双桨如飞不用招。”鲥以樱桃颊为上，黄颊、铁颊次之，烂鳞、粉颊为下。其肪在鳞，鳞不可使烂，烂则脂流而味损。盖鲥亦自惜其鳞，每一丝罥鳞，即不复动，故取之必以丝网，使柔弱而不伤鳞。嘉鱼亦多脂，常食乳泉石沐，冬则出穴饮雪水，而所处大小湘峡、端溪、锦水、杨柳沙，潮咸不到，故肥美不腥，脍之并美于熟食也。雪鲶以冬而肥，其性属水，喜游泳波上，得洊流则跳跃寻丈，生食之益人气力。鲈、鳊、鲳、塘虱亦可脍。然食鱼生后，须食鱼熟，以适其和。身壮者宜食，谚曰："鱼生犬肉糜，扶旺不扶衰。"又冬至日宜食，谚曰："冬至鱼生，夏至犬肉。"予诗："鱼脍宜生酒，餐来最益人。临溪亲举网，及此一阳春。"所以者，凡有鳞之鱼，喜游水上，阳类也。冬至一阳生，生食之，所以助阳也。无鳞之鱼喜伏泥中，阴类也，不可以为脍，必熟食之，所以滋阴也。或云，凡鱼行随阳，春夏浮而溯流，秋冬没而顺流，其浮时可脍，其没时必须烹食，乃不损人云。粤人多有鱼生之会，以天晓空心食之佳。或以鳝之乌耳者、藤者、黄者为生，亦有以蚝为生者。岭内人不知此味，不足与之言也。

渔具

渔具多种，其最大者曰罛，次曰罾。罛之类有曰深罛，上海水浅多用之。其深六七丈，其长三十馀丈。每一船一罛，一罛以七八人施之。以二罛为一朋，二船合则曰罛朋。别有船六七十艘佐之，皆击板以惊鱼。每日深罛二施，可得鱼数百石。有曰索罛，下海水深多用之。其深八九丈，其长五六十丈，以一大縰为上纲，一为下纲，上纲间五寸一藤圈，下纲间五寸一铁圈，为圈甚众，贯以索以为放收。而以一大船为罛公，一小船为罛姥，二船相合，以罛连缀之，乃登桅以望鱼。鱼大至，水底成片如黑云，是谓"鱼云"。乃皆以石击鱼使前，鱼惊回以入罛。鱼入，则二船收索以阖罛口，徐牵而上。有曰板罛，以小船施之。小船有罛姥而无罛公，故一名罛姥船。有曰围罛，制如索罛而小，深二三丈，广七八十丈。连合二罛为一围，以二船一前一后施之，亦以板惊鱼。凡鱼首有石者，皆惊入罛，无者则否。首有石者曰黄花、曰鲴、曰鰤子、曰鯐鱼、曰鹌、曰鲈、曰马鲚、曰鱸，此八者善惊。有曰墙罛，则以索罛为之，专以取鳣白及黄、白花鱼，亦曰黄花罛。每一船一罛，罛深六七丈，长三十馀丈，相连数百千罛，以为一墙，横截海水。鱼触墙罛不能去，大小壅积，起罛时，鱼多不可胜取，每割罛之半以放鱼。大抵索罛疏，专以取大鱼，春则取鳣白、鯐，冬则取黄花，一岁仅两用之；围罛密以取杂鱼，终岁用之。此罛之事也。罾之类有曰縍罾，其形四方，广三丈有六尺，以舟施之。以二竹为罾子，竹长四十丈许，上有多圈，贯绳以为放收，而为一罾椏以架罾，鱼至乃下罾，以石击鱼。有曰沉罾。"沉"音"朕"，方言也。长十馀丈，口大而尾小，尾旁有一穴，以出水母及鲎鱼之属，而浮二木于水中以支罾口。又于水中置二水揽木，以系支罾口之木，是曰罾门。其口广三丈有六尺，常向上流，潮缓则罾口合，急则口张而鱼大入。凡一沉罾，以纻麻十二石为之，九人舁之，罾之巨者也。有曰知州罾，其广丈馀。树二木于水中以绷罾，是曰硬门，常浮而不沉，费人力少，罾之小者也。有曰车罾，其形方，以三石臼置罾竿，坠而起之。有曰绞罾，形亦方，周五丈馀，以四角系于柱中施之，人在岸上，离罾十馀丈，鱼至则转辘轳以起之。此罾之事也。大抵罛皆用于海，罾皆用于江，罾之利常不如罛，罛者渔具之可大得志者也。罾之外，有以箔者，以笼者，以涂跳者，以跳白者。箔以坚竹编之，《尔雅》所谓"篧"，亦曰"罩"也，其注曰"篧，编细竹以为罩"是也。又曰："今楚篧也，无竹则以荆，故谓之楚篧也。篧，薄曲也。"《史记》：绛侯周勃"以织薄曲为生"。韦昭云："北方谓薄为曲。"《淮南子》云："曲，苇薄也。"《诗》曰："烝然汕汕。"《注》："汕，樔也。"以薄汕鱼也。樔，郑氏曰“今獠罟也”，方氏曰“独漉也”。独漉，《乐苑》作“挂鹿”，《荀子》作“独鹿”，《成相辞》曰“独鹿弃之江”，注：“网也。”箔亦网之类也。每一箔，其崇五尺，广丈。渔者常合五十箔而为一，其长五十丈，虞其过大，则箔口为鱼房二重以藏鱼。岁三月，大禾已莳，鱼始上田，渔人以箔三方依田塍，一方依水，潮至则张而大，潮退则卷而小，是为塞箔。箔亦曰簖。陆龟蒙诗：“织作中流万尺簖。”故凡以石为梁绝水者曰洪，以竹为梁取鱼者曰簖，亦曰沪。皮日休《渔具》诗“列竹于海澨曰沪”，今有“沪渎”是也。鱼笼，长五六尺，宽二尺，口通尾塞，以山藤系之，置于上流，鱼入则为倒卬须所罥，不能出。又中置树枝以聚鱼。涂跳以木为之，长三四尺，厚半寸，首尾翘然，状若上弦之月。前有二木直之，上有一木横之，其底则舟，而两旁无墙，所谓“橇”也。当海水干落，鱼虾蛤蟮之属，胶粘浅沙，跳踏之，辄惊入渐洳不可得。渔者于涂跳，曲其左足而以右足踔泥，左扶横木而右手捃拾，板轻坦滑，擿行若飞，盖大禹泥行之所乘者也。跳白者，船也。其制小，仅受一人，于湾环隈澳间，乘暮入焉，乃张二白板于船旁，而鸣其榔。鱼见白板，辄惊眩入网。然诸鱼不惊，惟鲚、鳗、鲔三者惊。三者味甘美，故粤人最重跳白之鱼。鱼以晓散而暮聚，聚必于水之涯涘，故跳白船之出以暮，而多在岸草蒙茸之际，无风波患。予诗：“花中藏跳白，出没少鱼惊。向夕鸣榔去，知予是月明。”其照公鱼，则以火枝摇飏，公鱼抢火，乃以罾漉之。取花鱼则以藤竹为竿，竿长丈有三寸，贵软而轻；以左纽丝为线，长丈有四寸，系以四钩，钩分四方，施于沙泥之上，足轻手疾，日可得花鱼半石。花鱼者，七星鱼也。取鲋鱼以钓，其竿五尺，系以天蚕之丝，饵以公鱼、腾鳝。取鲥以泼生钓，以轻丝为之，往来游飏，则不损其鳞。取河豚以秋潮始盛，垂千百钩于网中，河豚性嗔，触网辄不去，欲与网斗，以故往往中钩。又或以一大绳为母，以千百小绳为子，子绳系于母绳之末，而母绳之末各系一钩。一河豚中钩，则众河豚皆中钩，是名兄弟钓，亦名拖钓。其钩皆空，不以饵，亦曰生钓。然生钓之河豚多雌者，雌者多子，味不美。惟南亭海心冈撒网而取者，其河豚多雄，雄者多腴，味绝美。予诗："风俗河豚美，秋来乐事多。乘潮下生钓，滥口峭帆过。"取贴沙鱼以细钓，先一夕放之江中，次日乃收。一细钓有钩数百。渔者夫妇，各放细钓至数千，好水旬则得贴沙数十百斤矣。细钓以虾、以七星鱼或蚯蚓为饵，鮰鱼亦如是取。是皆渔之具也。予生长海滨，知渔事，故具记之。然此乃吾番禺茭塘都取鱼之具，非全粤如此。

鳝

鳝之族有曰鳗鲡，背有肉鬣连尾，无鳞，口有舌，腹白，大者长数尺，脂膏最多。其有黄脉锦纹者，名金丝鳗鲡。善穿深穴，冬时穴，热乃出，名走风鳝。有曰白鳝，以产池塘中乌耳者为佳。有曰黄鳝，黄质黑章，多涎沫，大者长二三尺，小者佳。有曰藤鳝，其曰泥鳅，长二三寸，无鳞，以涎沫自染。曰温鱼，与泥鳅相似而多肉，与诸鳝皆喜伏水土之下，味甘可以滋阴。大抵鳝与鱼相反，鱼属火可以滋阳，故疍人多子，以多食鱼。又《方书》："鱼鳔白为丸，可以种子。"鳝属水滋阴，故患痰火者宜食之。白鳝或塞笴或装笼取之，笴鳝为佳。黄鳝以钓，或于坑田掘取之。凡鳝畜于盆中，夜以火照之，其腾而抢火、火辄灭者，喷火蛇也。与鳝相类，而颔下有细鳞数片，食之杀人，故凡食鳝者，不可不慎。谚曰："鱼浮鳝沉，沉者滋阴。虽则滋阴，其毒亦深。"言蛇、鳝之难辨也。

养鱼种

广州诸大县村落中，往往弃肥田以为基，以树果木，荔支最多，茶、桑次之，柑、橙次之。龙眼多树宅旁，亦树于基。基下为池以畜鱼，岁暮涸之，至春以播稻秧，大者至数十亩。其筑海为池者，辄以顷计。九江乡以养鱼苗。鱼苗之池，惟九江乡有之；他处率养大鱼，即养鱼苗，不繁滋也。谚曰："九江估客，鱼种为先。左手数鱼，右手数钱。"凡岁三月，始有西水，西水长，故有鱼苗，八月西水尽则无之。自封川江口至羚羊峡口，皆有鱼花步，步凡六七十处。鱼花者，鱼苗也，亦曰鱼秧，以其利与田禾等，故曰苗曰秧，而常名则曰鱼种云。鱼种皆出于左、右两江。左、右两江者何？《赤雅》云：左江发源交趾，右江发源牂牁，至浔而两江合为一，至梧而桂江入之，而三江合为一，而左、右江之名不存。然地形左宜为右，右宜为左。而今从溯流而言分左右，不从地形分左右也。又南宁亦有左、右江，左出广源，右出峨利，会于合江镇以入横州。是左江之中，又有左、右江也。然出广源者，古夜郎豚水也，古名郁江；出峨利者，古交濛泓水也，古名黔江。则谓郁、黔为小左、右江可也。

鱼牌

鱼苗，本粤西溪潭中巨鱼散卵，至端州境内始出子，九江堡民于湾环处所取之。自封川江口至高明，为鱼苗埠者九百所，每埠分上中下，纳税于府，名曰鱼牌。其曰鲤簰者，南雄每寒食大水，鱼之逆流而上滩者，多鲤、鲩、鲫、鳜、青鱼之属，土人作簰迎之，鱼入辄不得出，谓之鲤簰。不言他种鱼者，以鲤为群鱼之长，鲤来则众鱼皆来云尔。

龙　虾

龙虾，巨者重七八斤，头大径尺，状如龙，采色鲜耀，有两大须如指，长三四尺。其肉味甜，稍粗于常虾。以壳作灯，光赤如血珀，曰龙虾灯，东莞、新安、潮阳多有之。昌黎诗："又尝疑龙虾，果谁雄牙须。"

鲨　虎

南海多鲨鱼，虎头鳖足，有黑纹，巨者二百馀斤。常以暮春至海山之麓，旬日化为虎，惟四足难化，经月乃成。有虎皮、白皮、料影三种。鲨鱼亦能化虎，故凡炳炳成章者，虎之虎也；纹直而疏且长者，鲨之虎也。有见鲨之虎者，但击其足则毙之。或曰鳄鱼一名忽雷，秋时亦多化虎而三爪。然则南海之虎类多矣，鲨与鳄之所化者，人犹能识之，人之所化者未知何状。或曰："今之世，未见有人如牛哀之化虎者也，止见有虎之化人耳。"噫！

鱼　饷

九江乡濒海，粒食惟艰，多以池沼养鱼为业。弘治间，各水疍户流亡，所遗课米数千石，总制刘大夏上疏，将西江两岸河埠，上自封川，下至都含，召九江乡民承为鱼埠，分别水势，上者纳银五钱，下者二钱五分，贮肇庆府，给帖照船捞鱼，永著令典。其后总制凌云翼荡平泷东、西两山，复开罗旁并都含下诸处鱼埠，岁饷约有千金。所谓鱼埠者，鱼花步也。盖九江乡扼西、北江下流，地窊、鱼塘十之八，田十之二，故其人力农无几，终岁多殚力鱼苗。鱼苗出西、北诸江，清明后雷雨大作，鱼孕育，乘潦流下。其种柳、庆为上，南宁次之，郁、桂又次之，富、贺又次之，北江为下。长年疍户，当夜分西望电光，即知鱼苗来自何江，至以何日。柳、庆越三旬两旬，南宁则两旬旬半，馀各迟速有差，或电光远，则知过阧门不来，辨析部位微茫，若操左券。鱼苗入塘，养至下年春，乃以船载往两粤州县，兑换谷米。于广、肇二府有正饷，于龙川、南雄、罗定有额输，于始兴、开建、永安、香山、桂林、平乐、浔、贺又有例征。且所兑谷石，非苦遏籴，则厄上仓，鱼商罢困极矣，而龙川为甚。故谚有曰："龙川不可往，羚鱼不可养。"然通乡鱼花，大半售在龙川，往则倾赀，不往则有馀，鱼为患正未已也。

插 箔

廉阳自永安至乾体一带，种谷之地无几，濒海居民，非插箔无以为生。然有箔无船，箔又何利？近者关榷印烙海船，疍人率舍舟楫，致插箔日少。有司者，宜于插箔船免其征收，不与诸船纳税同科，庶泽国谋生有藉。然有箔而无船，犹无箔也；有鱼而无盐，犹无鱼也。宜令沿海诸箔，请于阜引，按箔之多寡，以纳盐课之多寡。大约岁中每箔一所，课银五六钱许，俾鱼盐交资其益，而不相害，则箔户殷盈，而国课亦因以裕矣。

飞 鱼

海南多飞鱼，或谓《吴都赋》"文鳐夜飞而触纶"，即此。有句云："飞鱼从未见，渔父说文鳐。"飞鱼有两翅，飞疾如鸟，触纶辄有光射潮，夜见渔火，争投船上。烹之味甚美。

似嘉鱼

四会有乌龙潭，在县西二百里，潭底石隙中，多产鲜鱼，柔鳞肥甲如水晶，土人谓之似嘉鱼，其味如鲥。盖四会为二江所汇，地多白荡，其鱼多野生，不俟下种。德庆之嘉鱼，其种至此而变未可知。似嘉鱼者，嘉鱼之庶孽也。

鲥　鱼

顺德甘竹滩，鲥鱼最美。其滩上鲥鱼，以罾取之；滩下鲥鱼，以大网取之。罾小，一罾仅得鲥鱼一尾，以滩小不能容大网也。南海九江堡江中有海目山，所产鲥鱼亦美，而甘竹滩尤胜。予诗："甘滩最好是鲥鱼，海目山前味不如。丝网肯教鳞片损，玉盘那得鲙香馀。"又曰："滩下肥过滩上鱼，罾中泼刺溯流初。冰鳞触损烹无及，玉箸殷勤食有馀。"相传鲥乃鳓白所变，在海为鳓白，在江为鲥。鳓白于春，鲥于夏，其味皆美。鳓白之鲜者，阳江最多。予诗："鲳黄鳓白鲟花香，玉箸金盘尽意尝。"鲳味美，谚云"一鲳二鳗"。鲳体圆，一名镜鱼。予诗："镜鱼春向镜中游。"又云："鱼在镜湖多似镜。"鱼生以鲥鱼为美，他鱼次之。予家在沙亭乡，池沼颇多，亲戚相过，必以斫鲙为欢，以多食鲙为韵事。予有《过某族翁斫鲙诗》，云："出水鲜鳞作鲙宜，蛮姜蜜酒沃红肌。相过一味鱼生足，不必重为鸡黍期。"又曰："鲙成双蝶食如流，冬至鱼生绝胜秋。明岁方塘思佃取，养鱼思向范公求。"又有渔歌调《行香子》云："第一鱼鲳，第二鱼魟，第三鱼是马膏鲫。潮咸潮淡，一任渔郎。喜春风来，黄花短，白花长。　　江水鱼香，鱼子滋阳，大罾船满载盐霜。罛公罛姥，两两开洋。更鲚鱼寒，鲈鱼热，鲙皆良。"

卷二十三　介语

鲎

鲎，大者尺馀，如覆箕，其甲莹滑而青绿，眼在背，口藏在腹。其头蜣螂而足蟹，足蟹而多其四。尾三棱，长一二尺。其血碧。凡诸血皆赤，惟鲎碧色。碧生于咸，赤生于淡。海之水咸，故色碧，鲎之血与海水同，得咸之气多故也。其子如粒珠，出而为鲎者仅二，馀多为蟹，为蟳虾、麻虾及诸鱼族。盖淡水之鱼多生于鱼，咸水之鱼多生于鲎，鲎乃诸鱼虾之母也。鲎者候也，善候风，诸水族亦候之而出，故曰鲎。性喜群游，雌常负雄于背。背有骨如扇，作两截，常张以为帆，乘风而行，雌雄相积，虽遇惊涛不解，名曰鲎帆。渔者每望其帆取之，持其雄则雌者不去，如持其雌则雄去矣，然失雄亦不能独活，故曰鲎媚。取之又多以夜。凡海中夜行，举棹拨浪，则火花喷射，鲎蟹之属，缘行沙滩，亦一一有火花。水咸成火，渔者每拾一火，则得一鲎蟹之属。盖海族多生于咸，咸，火之渣滓也。海族得水之清虚者十之三四，得火之渣滓者十之五六。介之类属离，离为火，鲎蟹者火之渣滓所生者也。水之清虚所生者知雷，火之渣滓所生者知风，豚鱼与风相孚，鲎亦然。

昌黎咏鲎诗："鲎形如车文，背眼相负行。"其咏蒲鱼云："蒲鱼尾如蛇，口眼不相营。"蒲鱼者，鱄也，形如盘，大者围七八尺，无鳞，口在腹下，目在额上，尾长有刺能螫人，肉白多骨，节节相连比，柔脆可食。二物口眼皆与众鱼异，故昌黎并言之。又昌黎《南食》诗，一曰鲎，二曰蚝，三曰蒲鱼，四曰蛤，五曰章举，六曰马甲柱，其诗曰“南食惊呈怪”，又曰“南烹多怪味”，又曰“我来御魑魅，自宜味南烹”。鲎亦佳味，故昌黎首言之。鲎壳可代甲香以合香，其势力均，尾尤佳。

鲎雌大而雄小。谚曰：“香山鲎，雌长雄幼。”雌稍大，常负其雄。得其双者乃可食，单者及身小名鬼鲎者，与尾有锯刺者，不可食。渔者杀而卖之，中有清水二升许，不肯弃，云以其水同煮，味乃美。非水也，血也，以色碧，故不知其为血也。

水者火之本，水润下作咸，则火炎上作苦，海族生于润下，即其生于炎上者也。凡鲎蟹之属，置阴处皆有火光。鳇鱼亦有火，元微之《送客游岭南》诗：“曙朝霞睒睒，海夜火燐燐。”火燐燐，谓鲎蟹之属也。

珠　鳖

珠鳖，产高州海中，其背隆起者有珠，珠或从口吐出。予《高凉曲》有云：“蚌含明月浮沧海，珠鳖江中亦吐珠。”又《记》云：“珠鳖三足，有珠百碧。”或云“六足”。珠鳖味甚美，伊尹云：“鱼之美者，醴水之鱼，名曰朱鳖。”

玳　瑁

玳瑁，产廉、琼州，一作毒瑁龟。夜伏沙汀，注目上视，与月争光，月之精华因入焉，而为文介。渔人捕得之，覆其背，即不能去，比晓，其介文采益鲜明，因厄于沙而磨莹焉。自脊两分，得十四版，以厚而黄多有物形者为贵。区怀瑞赋云：“其物也，非鼋非鼍，非蝪非蛙。鼊皮鹦喙，六甲千葩。绀采斑驳，若云若霞。”又云：“是为玳瑁。穴于丹水，游于桂海。饵于珠茧，吸于琼瀣。既异蠵蠵，又非蓍蔡。珍踰百朋，章含九贝。函茹五英，以为幅背。映日凝丹，流文蔓葑。绣错金相，飞潜谲怪。变幻出没，螭镂鬼绘。血御鸩毒，甲摇蛊慝。岛之诸夷，是带是佩。”蠵蠵，山巨龟也。巧匠以其甲黄明无日脚者，煮而拍之，陷黑玳瑁，状甚明媚。日脚，谓甲上有散黑晕也。一种赤鲮与相似，然介脆薄，文采亦晦。

龟

毛龟，出韶州，大如钱，以水养之，其毛披放，色碧绿，置之几案，可辟蝇。有六目龟，出钦州，本两目，其四目乃金黄花纹，圆长中黑，与真目排比，状似六目，故名。有卜龟，出雷州，俯行者灵。有巨龟，出惠州，背生树木，望之俨如洲渚，然不常见。有红、白二龟，在文昌北石井中，旱祷之，红出则雨，白出则否，亦神龟也。

蟹

蟹善候潮。潮欲来，举二螯仰而迎之；潮欲退，折六跪俯而送之。渔人每视其俯仰，以知潮之消长。蟹以潮之消长为多少，潮长则蟹少，消则蟹多。予家在茭塘，当蟹浪时，使童子往三沙、四沙捕蟹，随潮下上，日得蟹数篚。或乘潮干，蟹从稻田求食，其行有迹，迹之，得其穴，一穴辄一辈。然新穴有蟹，旧穴则否。其匡初蜕，柔弱如绵絮，通体脂凝，红黄杂糅，结为石榴子粒，四角充满，手触不濡，是名软蟹。其未蜕者曰膏蟹。盖蟹黄应月盈亏，为月之精所注，故以膏为美。膏多则又曰母蟹。蟹以有膏为母，犹蚌以有珠为母也。次者肉蟹，自扶胥以上水淡，多肉蟹；近大、小虎门水咸，多膏蟹。盖水淡则蟹多肉，水咸则蟹多膏。咸者火之所为，火之膏也；淡者水之所为，水之肉也。蟹以软者为贵，其字从“解”，言以甲解而美也。甲解者蜕也，蜕则软。蜕必以秋，然每年四月八日，潮不大长，是日软蟹尤多，故谚有云：“四月八日，软蟹争出。”则蟹亦以夏而蜕矣。蜕则益肥。然大抵潮减则蟹肥，潮满则蟛蜞肥。每月初九、二十三两日，潮必干，潮干而蟹食泥则肥，潮满而蟹食水则瘠。又蟹一月一解，自十八以后月黑，蟹乘暗出而取食，食至初二三而肥，肥则壳解。月皎时蟹不敢出，则瘠矣。然蟹率以秋深、以盛寒而肥，以月黑潮水小而解。盖蟹产于咸淡水之间有白蚬之所，盛寒时白蚬子肥，故蟹食之而肥。又蟹以流水生者色黄而腥，止水生者绀而馨，得白芷则黄不散，得葱及五味子同煮，则色不变。

蟹类甚多。有曰小娘蟹，其螯长倍于身。大者青绿如锦，味与诸蟹同，而新安人贱之，惟熟其螯以进客。有拥剑，五色相错，螯长如拥剑然，新安人以献嘉客，名曰进剑，为敬之至。有飞蟹，小者如钱，大者倍之，从海面飞越数尺，以螯为翼，网得之，味胜常蟹。此三者，蟹之异者也。寻常以膏蟹为上。蟹之美在膏，而其容善于俯仰，俯以八足之折故曰跪，仰以二螯之倨故曰螯。螯者，敖也。以螯敖人，故昔人食蟹上螯，今则上膏。予村居多暇，秋日辄出扶胥钓蟹。有诗云：“紫蟹得霜肥，衔禾上钓矶。闲垂兄弟钓，更得白鱼归。”兄弟钓，本以钓河豚者，蟹触之亦往往多得。又或纬萧为断，承流而取之。或置小石数百枚罟中以为饵，二人持罟截港口而取之。予又有《捕蟹辞》云：“捕蟹三沙与四沙，秋来乐事在渔家。随潮上下茭塘海，艇子归时月欲斜。”又云：“紫蟹迎潮复送潮，纷纷衔穗上兰桡。蟹黄应月秋逾美，乱掷金钱向市桥。”又云：“匡螯初蜕及秋肥，母蟹膏多肉蟹稀。饱食沙田霜降稻，潮干拾得满船归。”又云：“虎门潮水接牂牁，春淡秋咸蟹总多。水肉金膏随月满，精华更奈稻花何。”

石　蟹

环琼水咸，独崖州三亚港水淡，故产石蟹。石上有脂如饴膏，蟹食之粘螯濡足而死，辄化为石，是为石蟹。取时以长钩出之，故螯足不全。或谓石蟹浮游海中，见风则坚，误也。或谓石蟹水沫相着所化，多生海潮出入处，随风漂出，善水者没而取之，于水中洗刷，出水则泥不能脱云。

蟛　蜞

凡春正二月，南风起，海中无雾，则公蟛蜞出；夏四五月，大禾既莳，则母蟛蜞出。其白者曰白蟛蜞，以盐、酒腌之，置荼蘼花朵其中，晒以烈日，有香扑鼻。生毛者曰毛蟛蜞，常以粪田饲鸭，然有毒，多食发吐痢。而潮人无日不食，以当园蔬，故谚有曰：“水潮蚂，食咸解。”咸解者，以毛蟛蜞入盐水中，经两月，熬水为液，投以柑橘之皮，其味佳绝。解其渣滓不用，用其精华，故曰“解”也。蚂者，蛤之属。谚曰“蟾蜍蛤蚂”，三者形状相似，而广州人惟食蛤，不食蟾蜍、蚂。蚂惟潮州人食之，故名曰水潮蚂。蚂有一种生海泥中，长二三寸，大如指，两头各有两歧，以其状怪，故曰蛏。气味甘温，能去胸中烦闷，然病后不可食，食惟白蟛蜞，称珍品。予诗：“正月蟛蜞出，雌雄总有膏。绝甘全在壳，虽小亦持螯。”又云：“风俗园蔬似，朝朝下白粘。难腥因淡水，易熟为多盐。”

蚝

蚝，咸水所结，其生附石，磈礧相连如房，故一名蛎房。房房相生，蔓延至数十百丈，潮长则房开，消则房阖，开所以取食，阖所以自固也。凿之，一房一肉，肉之大小随其房，色白而含绿粉，生食曰蚝白，腌之曰蛎黄，味皆美。以其壳累墙，高至五六丈不仆。壳中有一片莹滑而圆，是曰蚝光，以砌照壁，望之若鱼鳞然，雨洗益白。小者真珠蚝，中常有珠。大者亦曰牡蛎。蛎无牡牝，以其大，故名曰牡也。东莞、新安有蚝田，与龙穴洲相近，以石烧红散投之，蚝生其上，取石得蚝，仍烧红石投海中，岁凡两投两取。蚝本寒物，得火气其味益甘，谓之种蚝。又以生于水者为天蚝，生于火者为人蚝。人蚝成田，各有疆界，尺寸不逾，逾则争。蚝本无田，田在海水中，以生蚝之所谓之田，犹以生白蚬之所谓之塘。塘亦在海水中，无实土也。故曰南海有浮沉之田，浮田者蕹䈬是也，沉田者种蚝种白蚬之所也。其地妇女皆能打蚝，有《打蚝歌》，予尝效为之，有曰：“一岁蚝田两种蚝，蚝田片片在波涛。蚝生每每因阳火，相叠成山十丈高。”又曰：“冬月真珠蚝更多，渔姑争唱打蚝歌。纷纷龙穴洲边去，半湿云鬟在白波。”打蚝之具，以木制成，如“上”字，上挂一筐，妇女以一足踏横木，一足踏泥，手扶直木，稍推即动，行沙坦上，其势轻疾。既至蚝田，取蚝凿开得肉，置筐中，潮长乃返。横木长仅尺许，直木高数尺，亦古泥行蹈橇之遗也。

香山无蚝田，其人率于海旁石岩之上打蚝。蚝生壁上，高至三四丈，水干则见。以草焚烧之，蚝见火爆开，因夹取其肉以食，味极鲜美。番禺茭塘村多蚝，有山在海滨曰石蛎，甚高大，古时蚝生其上，故名。今掘地至二三尺，即得蚝壳，多不可穷。居人墙屋率以蚝壳为之，一望皓然。

蟗

蟗，比黄蚬而大，闻雷则生，故文从雷。《杂录》云："番禺每震雷，有大蛤从空而下，名天蛤。"非也。白蚬从雾中落，可名天蚬，而蛤多因黄雀入海而化，不可名天蛤，故谓蟗曰天蛤，非也。蟗者雷之所感，白蚬者雾之所感也。然阳江有红螺焉，壳黑而肉微红，味绝甘，生海中，千百成群，若蜂房相结。海人钩取其一，则千百群起。其年若地震则不生，闻雷则死，又与蟗异。粤故有蟗田，在番禺市底之南，春初取小蟗种之，至冬乃取，故曰蟗田。田在咸海中，亦曰蟗塘，犹夫白蚬之塘也。蟗与蚝、白蚬、蛳、蚶虽生于天，亦恒生于人。惠、潮多蚶田，蚶与沙蛁、蟗皆味甘性温益人。蚶从甘，不用调和，自然甜美，愈大愈嫩，《志》称"岭南炙之，名天脔"是也，一名花蟗。沙蛁不可种，故粤人贵沙蛁而贱蟗。蟗凡沙坦皆有，冬月时，渔者以足取之，谓之踢蟗。蟗以天寒乃肥，其以仲秋孕者腹黑，广人有酿蟗之食，以白者为贵。

白　蚬

番禺海中有白蚬螗，自狮子塔至西江口，凡二百馀里，皆产白蚬。岁二三月，南风起，霞气蔽空，辄有白蚬子飞落，微细如尘，然落田辄死，落海中得咸潮之力乃生，秋长冬肥，积至数丈乃捞取。予有谣云："南风起，落蚬子。生于雾，成于水。北风瘦，南风肥。厚至丈，取不稀。殷勤祭沙滩，莫使蚬子飞。"外有黑蚬、黄蚬，一名扁螺，遇风雨亦辄飞徙。疍女率于黑沙泥处取之，贫者以为蔬，然味不如白蚬。凡生于海者曰白蚬，生于江者曰黑蚬、黄蚬。而金鋟蚬者，生大海中，独珍。刘铱时，取以自奉，禁民不得采，亦曰金口蚬。有无耳蚬，产韦涌，相传宋帝昺幸韦涌时，食蚬而美之，曰："惜不令其无耳。"至今帝泊舟处，蚬皆无耳，甘美异常。进蚬渔人，配祀将作大匠梁公庙中，人称"蚬子丈人"云。蚬之美，可以解蛊，以为腊，不能水土者宜之。

白蚬多生于雾。每当春暖，白雾弥空，蒙蒙霂霂之中，土人知为白蚬落也，名落蚬天。白蚬者，雾之屑也。雾白者曰南雾，南风之雾也。白蚬以春南雾而生，以冬南风而熟，皆宜暄暖，若天盛寒则瘦矣。又雷多则蚬子亦瘦。蚬子盖风之族，宜风而不宜雷，风之南者生物，故又宜南风也。南风之起，旧蚬子未尽，新蚬子复积其上，厚至数十百丈不可极，过春则化为泥滓，故取之贵及其时。有南风螺，形大如荔支，肉颇坚韧，风从南来则群至，亦其类。

凡取蚬之疍曰蚬箩，取虾之疍曰虾篮，其富者则出洋皮取大鱼。蚬之利以白蚬塘为最，豪右家擅夺海中深澳以为塘。白蚬之所生，或多或少，视其人造化所至。疍人佃其塘以取白蚬，亦复如之。故谚曰："今年白蚬多，疍家银满箩。"

蛤

蛤生田间，名田鸡，冬藏春出，篝火作声，呼之可获。三月三日，农以其声卜水旱，声小水小，声大水大。谚曰："田鸡声哑，田好稻把。田鸡声响，田好荡桨。”又：“田鸡上昼鸣，上乡熟；下昼鸣，下乡熟；终日鸣，上下齐熟。”唐诗：“田家无五行，水旱卜蛙声。”蛙，蛤也。或谓大声曰蛙，小声曰蛤。韩退之《南食》其四曰蛤，未知是此否？珠蚌亦名蛤，然非常食。一种肖田鸡而无腰股，鸣长声，俗呼为蜗，主瘰疬，即蝼蝈云。

璅 珪

璅珪，状似珠蚌，壳青黑色，长寸许，大者二三寸，生白沙中，不污泥淖，互物之最洁者也。有两肉柱能长短，又有数白蟹子在腹中，状如榆荚，合体共生，常从其口出，为之取食。盖二物相须，璅珪寄命于蟹，蟹托身于璅珪。郭璞谓“璅珪腹蟹”，葛洪谓“小蟹不归而珪败”是也。然璅珪清洁不食，但寄其腹于蟹，蟹为璅珪而食，食在蟹而饱在璅珪，故一名共命螺，又曰月蛣。每冬大雪则肥，莹滑如玉，日映如云母，味甘以柔，盖海错之至珍者。谚曰：“霜蟹雪螺，味不在多。”凡螺皆以雪肥，蟹则以霜。予诗云：“霜肥螺有柱，月满蟹多黄。”有红螺，腹中亦有小蟹，渔者率钓取之。又有海镜，二壳相合甚圆，肉亦莹洁，有红蟹子为取食，一名石镜。其腹中小蟹曰蚌孥，任昉谓之“箸”。

螺

螺，种最多。以香螺为上，产潮州，大者如盘盂，其壳雌雄异声，可应军中之用。次则珠螺，出东莞大步海，南汉尝置三千人采之，名其地曰媚川都，人曰珠螺户。有银母螺，状若蚌，内多小珠而珍色不及，壳厚而莹，可以截镶器皿，亦名珠母。其曰银母者以壳言，曰珠母者以多珠子言也。其肉最珍而性寒。有九孔螺，产珠，与蚌珠类。有鹦鹉螺，珠光隐隐可烛，文采五色类鹦鹉。有指甲螺，一名紫蜐，《荀子》“东海有紫紶”，紶即蜐也。一名石蜐，味甘咸，能利小水。江淹谓“石蜐有足翼，得春雨则生华”，郭璞谓“石蜐应节而扬葩”是也。味绝鲜美，虚损人以米酒同煮，最补益。有马甲柱，形如指甲螺，壳薄肉少，味颇清。昌黎《南食》诗：“章举马甲柱，斗以怪自呈。”有寄生螺，生咸水者，离水一日即死；生淡水者，可久畜。壳五色如钿，或纯赤如丹砂，其虫如蟹有螯足，腹则螺也。以佳壳或以金银为壳，稍炙其尾，即出投佳壳中，海人名为“借屋”，以之行酒，行至某客前而驻则饮，故俗以为珍。有蝓螯者，二螯四足似彭蜞，其尻柔脆蜿屈，则螺每窃枯螺以居，出则负壳，退则以螯足捍户，稍长更择巨壳迁焉，与寄居虫异名。多足螺，亦曰窃蠌。《越记》：“负屋之螯，饲以云母，能产白珠。”《梅华国志》：“屋蠌千岁，出海为螯龙。”盖此物也。有神仙螺，产罗浮，曾经仙人所啮，尾端尽破，味甚甘。有流螺，大如小拳，一名甲香螺，肉亦视月盈亏。有蛤蜊，生海滨土中，白壳紫唇，一名赤口螺，以壳为粉曰蛤粉，可入药。凡螺类两壳相合皆名蛤，而此螺肉壳并利于人，故曰蜊。有车螯者，似蛤蜊而大，甲厚而莹，有斑点如花，绝水佯死，乌鸟信而啄之，辄为所得，一名沙蛤。有海胆，生岛屿石上，壳圆有粟珠，大小相串，粟珠上又有长刺。累累相连，取一带十，如破其一，馀皆死，粘于石上，壳破流浆，终不得起。肉色黄鲜，以作酱味佳。已上诸螺，皆举其知名者。史称楚越之地，饭稻羹鱼，果隋螺蛤，不待贾而足，地势饶食，盖谓此。

语曰：“螺饥蚬肥。”凡年丰则白蚬、乌蚬多，凶则沙螺多。沙螺亦雾露所为，雾露之渣滓为白蚬、乌蚬，其精华为沙螺，故沙螺不能多有。沙螺者，瑮珐也。岭南蛤蜊不如江浙，瑮珐则胜之。予诗：“瑮珐羹清绝，河豚美在肝。”凡河豚以三月从咸海入者可食，以冬十一二月从淡江出者不可食，以其在江之湾澳，食胡蔓草汁益其毒。其肝虽美，亦毒之所聚，不可不慎。

蚌

蚌，川泽处处有之。凡狭而长者皆曰蚌，广而圆者皆曰蛤。车白与蚬皆蛤属，车白即车螯，土人以为沙白者，谬也。蚬老，则肉出小蛾而蚬死，小蛾复散卵水上为蚬。蚬在沙者黄，在泥者黑。疍人以捞蚬为生。有谚曰“饥螺饱蚬”，谓螺多则岁不熟，蚬多则岁大丰云。广中蚬特多，人以为蔬，贫者不能买鱼，惟买蚬而已。有先达都宪何公经者，罢官家居，偶思食蚬，蚬适过门，探囊中无钱，夫人曰：“何不书‘清’字售之？”公笑而止。此蚬之佳话也。

鲎子

鲎，雌者子满腹中，殆无空隙。炎海之蟹不孕，子皆鲎子所化，九为蟹，十一为鲎也。鲎者蟹之母，然独炎海之蟹母之。他处无鲎，蟹之所生又异矣。

白蚬

凡南风雾重，则多白蚬，北风雾则否。盖白蚬之生，生于雾，雾味咸，咸为白蚬之生之本。始生时，白蚬之形如雾，自空而下，若无若有，人见之以为雾也，渔人知之，以为天雨蚬子也。蚬子既成，以天暖而肥，寒而瘠。在茭塘、沙湾二都江水中，积厚至数十百丈，是曰蚬塘。取之若泥沙，量之以舸艐，以食，以粪田，以壅蔗，以饲凫鸭，其利颇大。自冬至春，淘者、鬻者，所在有之。

杀鳄鱼

昔韩愈守潮州，鳄鱼为暴，为文以祭，弗能去。后刺史至，以毒法杀之，其害乃绝。按《周礼·秋官》，壶涿氏之职曰“掌除水虫，以炮土之鼓驱之，以焚石投之”。永乐中，吴淞陂塘坏，壅水横流，漂没庐舍，田屡不登，官赋匮缺。朝遣使者治之，治辄坏。居民告曰：“水有怪焉，穴于塘澳，塞土填石，不胜其一奋，必杀怪而后塘可成也。”于是使者相继谋杀怪，卒无计策。朝廷忧之，遣夏原吉往。原吉至，命具舟数百，载以焚石，布塘之上，下令曰：“闻鼓声，齐下焚石。”于是两岸击鼓，竞投焚石，急散舟以避之。须臾波涛狂沸，水石搏击，震撼天地，辗转驰骤，赤水泉涌，有物仰浮水面，焦灼腐烂，纵横数十丈，若鼋若鼍，莫可名状。怪绝而塘成。假使昌黎读《周礼》得此杀怪之方，则尽鳄鱼之种类以诛，何暇与之论文哉？鳄鱼而祭，祭且用文，彼爰居之祀又何讥焉？此何磻之说也。

玳　瑁

玳瑁，如龟，大者如盘盂，上有鳞，发之因见其文，有光辉，可作器。生带之，遇有蛊毒，则其甲自动摇，每以为验。一种名脊鳞，大如巨鼋，甲上有膜一层，以火向下焙之，可拆而起，文似玳瑁而质薄。广人所饰器用，皆以此。陈震诗：“玳瑁脊鳞采不殊，吊膏熊胆功堪比。”

吊

吊，介之属也，产琼州海口港中，蛇头鼍身，水宿不栖。其膏甚轻利，贮以铜瓦皆渗出，惟鸡卵盛之则不漏，以治诸肿毒，功同熊胆。

白　鳖

白鳖，可以愈痰火症。其初得之神授，广人甚珍之。有口号曰："乌耳鳝，白脚鱼，滋阴降火只须臾。"

仙　蟹

仙蟹，产罗浮阿耨池旁，形如钱大，色深红，明莹如琥珀，大小数十群行，见人弗畏。以泉水养之，可经数月，见他水则死。相传仙人掷钱所变。

鲮　鲤

鲮鲤，似鲤有四足，能陆能水，其鳞坚利如铁，黑色，绝有气力，能穿山而行，一名穿山甲，盖陆之鱼也。杨孚《异物志》："鲮鲤吐舌，蝼蚁附之，而因吞之；又开鳞甲，使蝼蚁入之，乃奋迅而舐取之。"予诗："穿山有陆鱼，蝼蚁食无馀。水中鱼尚可，只解食沮洳。"其甲灰可治蚁瘘，血入土则堤岸渗漏。语云："百丈之堤，溃于蚁穴。"其鲮鲤之故耶？

卷二十四　虫语

八　蚕

广蚕岁七熟，闰则八熟，《记》曰“一岁八茧，出日南”是也。广自三月至九月，月一熟蚕，以三十二日为度。岁当立春，桑谷生，蚕驹始出。凡蚕初出曰蚲，而曰蚕驹者，蚕与马同神，本龙精而首类马，故曰蚕驹。蚕驹既出，以桑芽喂之，二眠三眠，食叶渐有声，至四眠而蚕熟矣。凡蚕三日一蜕，蜕则不食，是谓一眠。眠至四而茧成。然眠必齐眠乃良，齐眠曰大眠。若九蚕眠，一不眠，则九为一所累而俱败矣。茧既成，时当正月，是曰大蚕。大蚕一岁一熟，熟至八日而出蛾，配其雌雄，又至八日而蛾卵，卵则蛾死。以纸裹卵藏之，至立春，蚕驹复出，故曰大蚕。其二蚕、三蚕曰小蚕，亦曰连蚕，言相连不绝，月月熟也。茧既成，大蚕茧四千，小者六千，可获丝一斤。大蚕丝光滑而细，小者不及。计一妇之力，岁可得丝四十馀斤。桑叶一月一摘，摘已复生。计地一亩，月可得叶五百斤，蚕食之得丝四斤。家有十亩之地，以桑以蚕，亦可充八口之食矣。坡山之丝线良，龙江之线绸良。然龙江蚕种，率购之于九江，而为丝及线乃独良，非女手之不同也，水色异也。然李商隐诗云“八蚕茧绵小分炷”，又云“小炷八蚕绵”，左思赋“乡贡八蚕之绵”，皆言绵而不言丝，盖以蚕养至第八次，不中为丝，但可作绵。然吾广第八蚕皆可为丝，所谓“珍蚕”也。凡蚕再熟者谓之珍，况于八辈蚕乎？《本草》言：“南粤蚕有三眠、四眠、两生、七出、八出者。”盖蚕属阳，喜燥恶湿，南粤火之所房，炎精盛实，故蚕至于八辈也。

天 蚕

天蚕，出阳江，其食必樟、枫叶，岁三月熟。醋浸之，抽丝长七八尺，色如金，坚韧异常，以作蒲葵扇缘，名天蚕丝。亦有成茧者，大于家蚕数倍。《禹贡》“厥篚檿丝”，或即此类。然不可缫为丝。入贡者，齐鲁之山茧也。有沙柳虫，腹中丝亦可作缘。

蝉

罗浮东峰下有石洞，洞中枫树千万株，常有蜩蝉数百种，数里间鸣则齐鸣，止则齐止，无一参差断续者。又有异鸟和之，声若木鱼以为节。黄冠云：“昔白玉蟾真人，于冲虚观制云璈八曲。有客，常命道童奏之，玄鹤唳空，山鸟相应。今乐器零落矣，听此蝉声，犹仿佛云璈音节也。”

大胡蝶

大胡蝶，惟罗浮胡蝶洞有之。常止花树间，见人弗动，即动亦依依不远。采者连枝持出，辄飞复故处，不他之。其生以茧，茧中有一卵，小于鸡子，重胎沁紫，包以乌桕木叶，络以彩丝。山中人常以冬月往采，好事者购取藏之。明年二月，以茧置梧柳间，辄有一大胡蝶展翅径尺，飞来就茧，不饮不食，抱伏缠绵。经七日，茧破子出，大可六七寸许，越数日，挟之飞去。其出茧绝不使人见，虽昼夜伺之，弗觉也。雌雄不离，千里外必相寻觅，至则绕笼翔舞，不得入，以翅触笼，金翠委损。放之，两两相逐，翩然高举。盖羽族之至神者，精气相通，无间远迩，所谓仙灵之使令，非人间所得而羁也。予尝有远行，有一大胡蝶飞来，止庭柯三日。友人陈子谓：大胡蝶既美文章，舍仙山而集兹，与予气类相感，非无意也。为诗云："罗浮大胡蝶，言是小凤凰。六足盘胸间，四翅交文章。修眉若杨叶，绣腹如垂囊。仙人爱文采，挟之游帝傍。四海安足飞，来下君子堂。堂中有行子，比德共翱翔。"一时诸子属和，绘图以传。予亦有诗云："翩翩大蝶谁所为，庄得其雄老得雌。芙蓉沆瀣日餐服，流将一气母群儿。"又云："变化不离玄牝内，世上蜉蝣那足配。南郭今为槁木藏，葛洪不见丹砂在。"其亦得物化之旨欤？大胡蝶以花为粮。予尝于华首台见有花如红芍药，大胡蝶食之，倏尽数朵。道人掩取其一，误伤之，以翅为团扇，五色绚烂，金粉流光，真神仙之服玩也。广州人士向有大胡蝶会。冬月，使人入罗浮，以针及绵丝带易茧于牧竖。春间大胡蝶出茧，文采各别，虽百十无一同者，以丝竹笼贮之，携往浮丘、穗石间，以胡蝶大小较胜负，买花犒之。其花或使人采于罗浮百花径中。径多异花，四时烂若锦绣，大胡蝶之土物也。罗浮诸洞皆有异花，瞥见之，欲折不折，行数武还视，辄失之，惟径中花可常取。予诗："只愁胡蝶大如箕，食尽山花人不知。红翠纷纷难与守，芳菲又过艳阳时。"

大胡蝶本洞中仙种，相传麻姑遗衣所化。二三月间出洞，山中人索其子藏之。至六七月，如蚕成茧，茧破成蛾，乃化为胡蝶。初化时大五六寸，雌雄成配，无一孤者，留雌则雄不去，留雄则雌去复来。数月生子，子生半月而化。其子如弹，如雀卵，大小不等，其生化亦随大小而成。广州春夏之交，市上有卖大胡蝶者，每枚数十钱，大仅五六寸许；悬竹竿上，兼旬不飞不饮食，生卵十馀，渐不能动，以为干死矣，触之辄蠕蠕然，如是者数月乃化。予诗："二月大胡蝶，家家出茧来。儿童争凤子，买取及花开。"

罗浮山中人，所见无非凤凰者，不惟以红翠、碧鸡、五色鸟之属为凤，即大胡蝶亦以为小凤凰。王说作诗云："罗浮胡蝶翼如箕，彩云晴日向天飞。锦光金色相离披，盛世文章仙人姿。胡蝶双飞如凤凰，仙人骑入道士房。房中诞育凤凰子，四百山头山气紫。"

胡蝶大如蝙蝠者，名凤车。其大如扇，四翅。好飞荔支上者，名鬼车，亦曰鬼蛱蝶。又有大如扇，纯黑，为橘蠹所化，名玄武蝉。此皆非仙种，与罗浮所产者迥别。予诗云："胡蝶元生胡蝶洞，仙胎不必鲍姑衣。天教凤子如箕大，不向梅花岭外飞。"

罗浮人喜以胡蝶茧饷客，予入山必盈袖以归。有《胡蝶茧歌》云："罗浮胡蝶有洞穴，天蛾吐丝白如雪。千丝万丝作一茧，仙胎只为凤车结。终日缠绵如有情，变化一一通神明。茧中久蛰经霜雪，雌雄之雷不能惊。枝间厚裹乌桕叶，山人采得盈筐箧。四百峰边大小村，家家皆有大胡蝶。"

蝙　蝠

粤山多岩洞，蝙蝠宫之，以乳石精汁为养。夏间出食荔支，冬则服气。纯白者大如鸠鹊，头上有冠，或千岁之物；其大如鹁而未白，亦已百岁。而皆倒悬，其阳精在脑，脑重故倒悬也。馀则背腹茜红，而肉翼浅黑，多双伏红蕉花间。雌雄不舍，捕者得其一，则一不去，妇人佩之为媚药。予诗：“罗浮蝙蝠红，双宿芭蕉叶。相与带在身，媚郎兼媚妾。”或谓即肉芝，以药制服之，身可肥健，未知然否。仁化有夜燕岩，蝙蝠多至数万，旦暮分三道往还，声如飘风，倏忽数十里。罗定有催生鼠，状如兔而鼠首，以其髯飞，飞且乳，声如人呼，喜食火烟。能从高赴下，不能从下上高，其毛可治难产，一名飞生，亦即蝙蝠也。又从化鳌头岭之右，有蝙蝠石，石穴中多黄、白蝙蝠，有大五六尺者。肇庆七星岩，有五色蝙蝠，生黑洞中，游人以火入，多见之，名伏翼。予诗：“岩中伏翼扑人飞。”

蠬蜂

阳春有蠬蜂，常附橄榄树而生，虽有首足，与木叶无别，须木叶凋落乃得之。土人以置箧笥，每遇蛊毒必鸣，鸣则自呼。又以其声之清浊卜祸福。粤以鸡卜，又以蠬蜂卜，人罕知之。司马迁所谓“昆虫之所长，圣人不能与争”者也。

蜂蜜

阳春多蜂蜜以为货。蜂为房于岩石林木间者，其酿白蜜脾，谓之山蜜，亦曰蜂糖。霜后割之，白如脂，味胜家蜜。家蜜取以夏冬为上，秋次之，春易发酸。冬曰梅花糖，最甘香。唐诗云：“天寒割蜜房。”然其性热，多食发湿热病，生虫䘌。新兴有姜蜜，尤忌，不若川蜜温、西南蜜凉为可嗜。

凡海滨岩穴，野蜂窠焉。其蜜曰石蜜，多泛溢于草间石罅，露积日久，必宿蛇虺之毒。舶人入山者，虽草木鱼蟹之属，糁以胡椒，熟而食之无害也。设遇石蜜，以为甘而过食，必大霍乱以死，故食蜜必以家养者为贵。

虾

“虾”字始见于贾谊《吊屈赋》，曰：“夫岂从虾与蛭螾。”虾莫多于粤水，种类甚繁，小者以白虾，大者以蟟虾为美。蟟虾产咸水中，大者长五六寸，出水则死。渔人以丝粘网，其深四尺有五寸，长六尺者，仄立海中，丝柔而轻，蟟虾至则须尾穿罥，弗能脱也。两两干之为对虾，以充上馔。鲜者肉肥白而甘。其次曰黄虾、白虾、沙虾。最小者银虾，状如绣针，以纻布为网，网大丈有二尺，以二罾戚系之，口向上流。取虾卵及禾虫，亦复如是。银虾稍大者出新安铜鼓角海，名铜鼓虾，以盐藏之，味亦美。其虾酱，则以香山所造者为美，曰香山虾。其出新宁大襟海上、下二川者，亦香而细，头尾与须皆红，白身黑眼，初腌时每百斤用盐三斤，封定缸口，俟虾身溃烂，乃加盐至四十斤，于是味大佳，可以久食。一种名虾春。粤方言凡禽鱼卵皆曰春，鱼卵亦曰鱼春子。唐时吴郡贡鱼春子，即鱼子也。然虾春非虾之卵也。江中有水蝨，大仅如豆，其卵散布，取之不穷。产新会者卵稍粗，滋味益好，烧之通红，红故鲜明，多脂而可口。次则番禺深井江勒海所产。村落间家有数瓮，终岁腌食之，或以入糟，名泥虾。

丹虾产惠州西湖。其色青，煮熟丹红，绝鲜美。谚云：“湖上渔家，白饭丹虾。”白饭者，水晶鱼也，长不盈寸，大不过分，其色瑳洁，无乙有丙，八九月有之。

天　虾

天虾色白，西江多有之。状如蛱蝶，四五月间，从空飞入水，化而为虫，黄鱼食之而肥，名黄鱼虫。渔人取其未化者炙食之，云味甘美。或以为虾所化，以其自天，故曰天虾。崔豹云："海间有飞虫如蜻蛉，名蟠紺，七月群飞暗天，夷人食之，云虾所化。"或曰："腐草为萤，朽麦为蝵，蝵为虾，天虾者蝵之所化。"未知然否。戊申冬，韶州相江雨天虾，大如灯蛾而多两翅，人以为异，非异也。

水　母

水母生海中，以咸水之渣滓为母，故名水母。鲜煮之辄消释出水，一名海蛇。气最腥，为虫之所宅。虫者，虾也。水母以虾为浮沉，故曰水母目虾。性冷，能化物，不能自化，脾胃弱者勿食。干者曰海蜇，腹下有脚纷纭，名曰蜇花。八月间干者，肉厚而脆，名八月子，尤美。

禾　虫

夏暑雨，禾中蒸郁而生虫，或稻根腐而生虫。稻根色黄，禾虫者稻根所化，故色黄。大者如箸许，长至丈，节节有口。生青，熟红黄。霜降前禾熟，则虫亦熟，以初一二及十五六，乘大潮断节而出，浮游田上，网取之。得醋则白浆自出，以白米泔滤过，蒸为膏，甘美益人，盖得稻之精华者也。其腌为脯，作醯酱，则贫者之食也。

萤

萤之类初如蛹。腹下有火，数日能飞者，茅根所化，为萤；其长如蛆，尾有火，不能飞者，竹根所化，为熠燿。萤飞而熠燿行，故曰宵行。岭内秋夕萤始飞，广则夏秋俱见。熠燿四时有之。或谓熠燿即放光虫，如百足而小，夜缘屋壁，身有火，色杂红绿，以手触之成粉，粉所着处生光，逾时不灭。其光生于咸，咸故作火光也。萤亦湿热所化，腐草与阳气相蒸，故生焉。

金花虫

金花虫，大者如斑猫，有文采，其背正绿如金贴，有翅生甲下，一名绿金蝉。喜藏朱槿花中，一一相交，取带，令人相媚。予诗："持赠绿金蝉，为卿钗上饰。双栖朱槿中，相媚情何极。"

荔枝龙眼二虫

荔枝树有虫名曰石背，喜食荔枝花蕊。荔枝多虚花，花十子乃一。又以石背之为贼，场师必务去之。石背闽中尤多，冬伏荔枝叶下，荔始花，虫亦生子，一生十二粒，数应一岁，闰则增其一。荔花时，石背辄溺，溺则全枝脱蒂，雨时尤盛。其背坚如石，故曰石背。广中荔花所苦多雨耳，石背无甚害事。而龙眼者，地一亩仅可种二十株，多则翳风而生金鸡虫，虫食龙眼花立尽。岁大寒节，场师必摇树，使金鸡虫尽落，乃扫除而溺之江。非大寒节，虽摇树虫亦不落也。有黄虫者，状类蜜蜂，春社后，江岸地中乘日暮而出，食百树叶，色转翠，盖叶之所化，而尤嗜荔枝之叶。予诗云："叶化黄虫还食叶，花生石背更餐花。”又有桂蠹者，桂上蠹也，生于桂而还食桂，其大如指，色紫而香辛。色紫则桂之花所为也，香辛则桂之叶所为。蜜渍之，可为珍味，去阴痰疾。其名因尉佗以五器献文帝而传，然《楚辞》云“桂蠹不知所淹留”，则已为三闾所知矣。又露花中有蠹，色白，亦大如指，熟则化为飞蛾。乘未化取之，炮炙充盘，味甚甘。

蚊

蚊多生于腐叶、烂灰及阴湿地，或臭沟沙虫所化，而新州有蚊母焉。邓氏云：“鶮也，类乌而大，有黄白杂文，吐纳皆蚊。”又有虻母草，虻自其花实中出。有虻母木。《南越志》云：“古度树也，一名那子，南人号曰柁，不华而实。实从皮中迸出，如缀珠珰，色赤味酢，煮为粽食之，迟则化蛾，亦有为蚊子者。”又从化有树，实如枇杷，将熟，则壳中飞出蟆子。又榕子中多有数小蚊，亦皆虻母木也。虻母木与夜兰相反。夜兰木本，高尺许，叶似槐，花如粟米，至夜则芳香如兰，折之可以辟蚊，插门上则蚊不敢入，一名蚊惊树。有病，取其叶生啖或煎水，即吐痰，数日而愈。叶上有篆文如符，又名神符树。

海　珠

海珠，状如蛞蝓，大如臂，所茹海菜，于海滨浅水吐丝，是为海粉。鲜时或红或绿，随海菜之色而成，晒晾不得法则黄。有五色者，可治痰。或曰此物名海珠母，如墨鱼，大三四寸，海人冬养于家，春种之濒海田中，遍插竹枝，其母上竹枝吐出，是为海粉。乘湿舒展之，始不成结，以点羹汤佳。

蜈　蚣

蜈蚣，短者也。其长者，节节有足，是曰百足。足赤腹黄，有双须，尾歧，螫人最毒，以酱敷，或以纸钱作撚薰之，或以蛞蝓涎涂可解。性畏鸡。人见百足，亟唤鸡，鸡未至而百足僵矣。或触饮食，误食之，令人腹痛欲死。饮烧酒或鸡肉羹亦可解。百足，《尔雅》作“蝍蛆”。能伏蛇，每自口入食蛇腹。山行，筒置蝍蛆，蛇不能近。又能嗅龙腥，天将雨，争就木最高处，盖闻龙腥故也。广中多蝍蛆而少蜈蚣，绝无蝎。蝍蛆多生古墙中，盛暑辄出，大者有珠，雷常搜而击之。

蜞

蜞，有青黄二种。青者生深山树叶中，名曰飞蜞。闻声辄飞，刺人取血，专集耳后，使人不知，始如针，血饱则如指，随手拔去，稍迟深入肤理矣。凡山行，以无患子，或蒜，或姜汁，或茶子末涂身，则飞蜞不敢近。黄者生地下，吮血如蚂蝗，入水则死。蚂蝗一名水蛭，池泽处处有之，入人肌肉咂血。误吞之，则生子腹中，啖食脏血，饮黄土水数升可解，或以蜂蜜，则蚂蝗化水而死。有狗鼻揹者，生阴湿处，似山蜞而长，好入犬豕鼻中吮血。间入人鼻，血出不止。口含酽醋，塞两耳，自低其首，则此物倏然而出。被刺时，人不可拔，重力拍之则自堕。有沙虱者，生水中，大不过虮，喜入皮肤害人，以茅根竹叶刮之，或以苦苣汁涂之可愈。或以火炙身，则随火去。有飞蛟者，生于瘴雾，有三足，无身，呼吸间入人肺腑，则食渐减而毙。或入鱼腹、牛马腹中，令食之者剧病。先毒物以毒人，虫之最恶者也，然亦瑶黎中乃有之。又有蛇蛊，状如蜘蛛而足短，最毒，出琼州，见者以为蜘蛛也，易视之，忽为所中。有谣云：“生恨蜘蛛无结网，无丝无绪最伤人。”

雨师、云师

霍山有雨师、云师。云师如蚕，长六寸；雨师如蛸，长七八寸。每出则有云有雨，山人以为验。

蛊

西粤土州，其妇人寡者曰鬼妻，土人弗娶也，粤东之估客多往赘焉。欲归，则必与要约。三年返，则其妇下三年之蛊；五年，则下五年之蛊，谓之定年药。愆期则蛊发，膨胀而死。如期返，其妇以药解之，辄得无恙。土州之妇，盖以得粤东夫婿为荣，故其谚曰：“广西有一留人洞，广东有一望夫山。”以蛊留人，人亦以蛊而留。

粤东诸山县，人杂瑶蛮，亦往往下蛊。有挑生鬼者，能于权量间，出则使轻而少，入则使重而多，以害商旅，蛊主必敬事之。投宿者，视其屋宇洁净，无流尘蛛网，斯则挑生鬼所为，饮食先嚼甘草，毒中则吐，复以甘草、姜煎水饮之，乃无患。入蛮村，不可不常携甘草也。挑生鬼亦蛊之属，盖鬼而蛊者也。以人蛊人已不可，况于以鬼乎？

下蛊，皆出于僮，出于僮之妇，若瑶娘则不能下蛊也。蛊有鬼，名曰药鬼。药鬼之所附，僮妇恒不得自由，代代相传，必使其蛊不绝以为神。其中于人得解者，或吐出生鱼、生虾、生鸭子之属，皆药鬼之为之。粤东无僮，故无药鬼。

水蛊

粤西有三江，而左江之水尤毒。其源自交趾而来，皆蚺蛇、孔雀之粪所渍，夏间尤忌之。流至端州始平淡，然五六月西水涨溢，往往令人腹疾。又恩平水中多蚯蚓屯结，每水一升，可得蚯蚓数十许，色黄浊，饮之立蛊。又罗旁之水，多有榈木叶、木犀花叶浸其中，饮之亦辄胀满以死。是皆水之蛊，不因人力者也。

木蠹

高、雷间，木之所为者，皆有蝎蠹，善啮木心，其声入夜尤甚。木既穿穴，雨后化为天牛，飞满室中。角两而黑，背有黄白点，盖木之蛊也。凡器久不用而虫生谓之蛊，故凡物皆有蛊。蛊者，虫之所为。虫，风族，风郁而不舒则为蛊。于文，三虫食皿为蠱，二蚰食橐为蠹。然蠹之为患在物，而蛊之为患在人，人为天地之皿，物为天地之橐，橐而蠹焉，物不能全归于天地矣；人而蛊焉，人不能全归于天地矣。故圣人必务致中和，以顺天地之风。风顺，而二虫、三虫乃不为害。

蟋蟀

蟋蟀，于草中出者少力，于石隙竹根生者，坚老善斗，然多以东莞熊公乡所产为最。其地名花溪银塘，熊公飞昔与元人大战之所也。其产于东莞伯何公真、罗中丞亨信、彭中丞谊、陈少保策墓上者，皆最。广人喜斗蟋蟀，岁于此间捕取，往往无敌。其立于蛇头上者，身红而大，尤恶。五公勇烈绝人，皆多战功，精气盖及于昆虫也。

大　蚁

广中蚁冬夏不绝。有黄赤大蚁，生山木中，其巢如土蜂窠，大容数升。土人取大蚁饲之，种植家连窠买置树头，以藤竹引度，使之树树相通，斯花果不为虫蚀，柑橘林檬之树尤宜之。盖柑橘易蠹，其蠹化蝶，蝶胎子，还育于树为孩虫，必务探去之，树乃不病。然人力常不如大蚁，故场师有“养花先养蚁”之说。向称岭南有树蚁、树蜂、树胡蝶，皆连于树上，树蚁即此。树蜂者，蠬蜂也。树胡蝶者，木叶所化，状如丹青，与木叶相缠绵不去者也。其为胡蝶也，犹其为叶也，叶已非叶，而胡蝶犹然叶也。

白　蚁

广多白蚁，以卑湿而生，凡物皆食，虽金银至坚亦食，惟不能食铁力木与棂木耳。然金银虽食，以其渣滓煎之，复为金银，金银之性不变也；性不变，故质亦不变。铁力，金之木也，木中有金，金为木质，故亦不能损。

潮州大马蚁山，有蚁祖庙，岁五月，群蚁来朝。有咏者云：“马蚁山头马蚁朝，年年五月趁江潮。”蚁祖者，主蚁之神之名，犹《周礼》翨氏、蝈氏之命其官者也。土人以蚁害稼，而载牲击鼓，致赛于蚁祖，盖亦曰“昆虫毋作”，曰“去其螟螣，及其蟊贼，以无害我田稚”之意云尔。广东多蚁，螽蝝之属亦名蚁，故攻荣之术是勤。蚁祖者，近乎古之田祖，致其祈焉，亦礼也。

蚺蛇

崖州多蚺蛇。新官至，黎人辄以蚺蛇为献。其长至丈，巨盈尺，秋时眼蒙而伏，茅草萌芽，自其腹出于鳞甲，春暖始可屈伸，行者视茅草盘旋即知之。性畏蓑披木，猝遇之，以蓑披木为御，人多则掊击毙之。首尾两分，犹奔腾数十里，以有水旱二胆转运周身，故逾半日乃死。其性淫，以妇衵衣置穴外，蚺蛇闻气出蟠伏，黎人以藤圈加颈上，逆鳞牵之。藤名蚺蛇藤，凡有蚺蛇之所，即有此藤，见此藤即知有蚺蛇在咫尺间。黎人又辄以牛为饵。蚺蛇嗜食牛。其口小，见牛则啮其足，任牛所之，久之牛力绝，乃缩其身而吞焉。入水闭气，牛即毙，逾日肉骼融化，以尾挂树杪而吐其骨，黎人因击杀之。邝露云：蚺蛇尾有钩，口无齿，其声甚怪，似猫非猫虎非虎，击之则鸣。其长九十丈者吞赤蚁，六十丈者吞象，三十丈至九丈者吞豺、狼、虎、豹、鹿、豕及人。吞之法，始以尾钩之，继以气冲之，濡湿之，吞毕悬树上，绞至糜烂，骨角悉从皮出，望之若神龙之蜕。西粤土司，凡蚺蛇过三十丈者皆称龙。其拿龙部署也，缉妇人裙裾以为旗，斩乌盐以为枪，葛藤以为缆，凡蛇长一丈，旗一人，枪一人，弩五人，金二十人；蛇长十丈，人十之；长百丈，人百之。金者藤，藤以束之；枪者盐，盐以剥之；旗者酒，酒以劳之。旗者得胆，枪者得皮，金者得肉，弩者、牌者得眶。眶辟邪杀鬼，佩之吉祥；肉辟风寒；皮五采，可绷鼗鼓。其过三十丈者曰龙皮，一端千金，波斯市之为鼓，声振百里。胆有三：旱胆，能疗目疾；水胆，止泻；护身胆随身，击其处则随而至。

诸蛇

蛇之类甚众，中其毒者，以蛇药敷之即愈。凡有蛇之所，即有蛇药。见有蛇药，即知有毒蛇在左右，不可践履。蛇每遗精草上，及饮行潦之水而留涎沫，行者宜择地而蹈，择泉而饮。忽焉肿痛如蛇蟠状，是中其毒。求蛇药不得，亟以酒和熊胆服之亦可愈。诸山峒多蛇，有曰乌梢者，野遇之，杀伤不死，能尾其人至家以报之。以酿酒，可治疮疥。有曰量人者，长五寸许，见人即标起，欲高过人。有曰藤蛇，善附物，袅袅如藤，见者以为藤也，遂为所中。有曰山乌蠢，一名飞梢，头如鸟，声如马嘶，每逐物，身则腾起，惟尾着地。有曰土锦，将生子，必当大道，俟人击之，腹破子始出，否则其子食母而出，故粤人称不孝者曰“土锦蛇”。有曰两头蛇。有曰九首蛇，《天问》所谓“雄虺九首”者也，亦曰王虺。此皆毒蛇之异者也。其无毒而异者，曰时辰蛇，状如蜥蜴，十二时转十二色。曰猫蛇，其声如猫。曰雷公马，产雷州，可食，故北人谓“雷州人食雷公”云。蛇种类绝多，有一字名，二字名，三字名者。三字名如箐箕笶、金角带、七寸锦、过树蠄之类，予不欲言。宁言猛虎，不欲言毒蛇也。

蛤蚧

蛤蚧，长五六寸，似蜥蜴，四足有毛，尾绝短，常自呼其名以鸣，一岁则鸣一声，有鸣至数十声者，人以为神，罗浮多有之。《方言》曰：“桂林之中，守宫能鸣。”即此。一名吉度蛇。吉度者，象其声也。其背色绿，有黄斑点若古锦，自旦至暮，常变十二种色。有得其一闭于笼中玩之，止见变黄、褐、赤、黑四色。多居古木窍间，人以其声与色之异，喜捕取之，得其雌雄合者益阳。

白蜡虫

粤人以虫大如虮虱者，芒种后置之菁紬树上。树状类冬青，虫食树汁，吐沫粘嫩茎上，化为白脂，至秋取之，以水煮镕滤成蜡，文理莹彻，若石膏然，以之浇烛、入药甚适用。虫嫩时白色，作蜡及老则赤黑。其结苞于树枝，初若黍米，入春渐长如鸡头子大，色紫赤，累累抱枝，宛如树之作实，是称蜡种，亦白蜡子。子内有白卵，一苞数百。次年立夏，以箬叶包之，系于树上，芒种后苞拆，白卵化虫，乃复上树作蜡也。黄蜡成于蜜蜂，白蜡成于此虫，各有其能若此。白蜡琼州最多，以之为炬，大者可五六斤，每夜宴用至数百石，其价颇贱。谚曰："东家白蜡虫，西家黄蜡蜂。养蜂得蜜食，养虫得烛红。"

禾　虫

禾虫，状如蚕，长一二寸，无种类。夏秋间，早晚稻将熟，禾虫自稻根出，潮长浸田，因乘潮入海，日浮夜沉，浮则水面皆紫。采者以巨口狭尾之网系于杙，逆流迎之。网尻有囊，囊重则倾泻于舟。杙之所，在江两岸，其名曰埠。埠有主，争者辄讼，与罾门、白蚬塘，皆土豪所私以为利者也。论者谓："国家渔课，达于山谷溪涧之水，芥为之舟，课亦不免，故皆敷于里甲。然渔业有浮、实，乘潮掇取。若棹艇往来，浮业也；罾门、禾虫埠之类，实业也。广州边海诸邑，其渔而实业者，尽入豪宗，利役贫民，而不佐公家之赋，所在皆然。”鸭埠起于洪武、永乐间，其图具在，虽非渔业，以之抵课，有四善焉：免逋负一，去蠹贼二，抑兼并三，弭暴乱四矣。禾虫埠、白蚬塘亦然，当事者尚亦留心于此。

蝇　异

嘉靖间，三水何维柏以御史按闽，疏论严嵩被逮，闽人哀号攀送。有无数蝇，小而绿色，朋飞薨薨，如泣如诉，止于舆，止于桎梏，止于校人之衣，扑之不去，出郭十馀里乃散。既抵京下狱，蝇集如前。高明罗一中为撰《苍蝇传》。

蝶　异

林光禄培，知新化县，有饶贵者，与妻男四人暮归，盗杀之，骈尸于野，主名不获。为文告山川城隍之神毕，有蝶前飞，飞良久，心识之。寻单骑历里社讲约，适见蝶飞集一稚子衣背，尾得其父王忠瑚。捕至鞫之，稚子背即饶男故衣，立伏罪。诸生为作《胡蝶记》，以神其政。

蚱蜢异

香山黄双槐先生瑜，官长乐时，有豪氓杀人匿其尸，讯不词服，法司欲从疑释。先生请自讯。忽有蚱蜢折左股跪于砚池，谓曰：“女折其左股沉黑水池中，神告我矣。”氓惊服。其洗烛冤奸，多此类。

断草乌

断草乌者，蛇也，大仅指许，长五六寸，头如龙形而小，身纯乌。其行也，百草沾之立断。人见断草，辄迹得之。故蛇每离地丈许，使身如矢，直以入穴，使不沾草，故人莫得而取之。以酒煮食，愈麻疯。

虾　母

捕鱼者言，鱼之情，水涨逆水而行，水退顺水而去；五更出于浅水，天明潜于深渊。虾亦然。虾之母名曰水母，块然如破絮，黑色，有口无目，常有虾随之，食其涎沫。水母以虾为目，每浮水上，或取之，歘然而散。有曰虾姑者，一名海马，亦曰水马，虾类也，主催生。其扁如蜈蚣者，烧服，主夜遗。

卷二十五　木语

松

罗浮七星坛下，旧有七星松甚怪。尝化为剑客，从道士邹葆光入朝，见帝凝仙殿。又化道士七人，往来山下。葛稚川云："千岁之松，其中有物，或为青牛，或青犬，或人。"殆谓是耶？《化书》云："朽麦化为胡蝶，老枫化为羽人，自无情而之有情也。"予谓万物之生，有情与无情一耳。情之所有，即为情之所无；情之所无，即为情之所有。天地之化醇，男女之化生，皆莫知其所以然，而又何疑于松与枫、麦之化乎？

梅岭多松，大者十馀抱，枝柯百寻，袅袅若藤萝下垂而多倒折，叶黝黑，望若阴云。夹道有数百株，左回右转，多张曲江手植。然苦为斤斧所侵，火入空心，膏流断节，半如《枯树赋》所言。向有议者，欲使有司者籍其株数，记其抱围，部署什五，俾红梅巡简掌之，月一察验，伤毁必偿，诸古梅亦皆如是，可以更历数百年无恙。此诚奇伟之策。嗟夫！人知梅岭之梅而不知松，梅以梅将军，松以张丞相，重其人因以重其树。昔湛甘泉以松为髯翁，有句云"髯翁作人拜"，而于梅岭松坐卧其下不能去，风流良可慕也。

琼州无松。海忠介尝植数株祖墓，今惟其祖墓有松，他处植之不生。盖松性宜寒，琼州极南之地，其气太暖，即使生松，亦为不材之木，不可梁栋。苏子瞻云："罗浮地暖，生松而不识霜雪，如高才胜人生纨绮家，与孤臣孽子有间矣。"

水松

水松者樱也，喜生水旁，其干也得杉十之六，其枝叶得松十之四，故一名水杉。言其干则曰水杉，言其枝叶则曰水松也。东粤之松，以山松为牡，水松为牝，水松性宜水。盖松喜干，故生于山；桧喜湿，故生于水。水松，桧之属也，故宜水。广中凡平堤曲岸，皆列植以为观美，岁久苍皮玉骨，礧砢而多瘿节，高者麈骈，低者盖偃。其根浸渍水中，辄生须鬣，袅娜下垂。叶清甜可食，子甚香。又常有木生其旁，崒起于地，与相抱若寄生然，名曰抱木。甚香，亦曰抱香。质柔弱不胜刀锯，乘湿时刳而为屐，易如削瓜。既干则韧，不可理矣。嵇含言："土人不甚珍此，亦不大香。岭北人爱之，香乃殊胜。"予诗："侬如抱香枝，不离水松树。裁为木屧轻，随郎踏霜露。"

柏

广中松多而柏少，以其地乃天之阳所在。松，阳木，故宜阳而易生，其性得木气之正，而伏金其中，故为诸木之首，凌冬不凋。梁氏云："松为阳而柏为阴。松木松，色白而多脂，象精；柏木坚，色赤而多液，象血。精以形施，血以气行，故松出肪而柏生香。然以类言，松似夫而柏非妇，柏得阴厉之气胜也。似妇而为血属者，其惟漆乎？况松文从木从公，木之公也；漆从水，水含金为女，木生火为男，亦有夫妇之义。"大均谓："柏树向西，西方白，故字从白，金之木也；松向东，木之木也。

木之木为夫，金之木为妇。金之木向阴，受月之精多，是则柏终乃松之配也。”

漆

梁氏以松为夫漆为妇，谓松脂，精也，木之火也；漆液，血也，金之水也。服松则神气清明，服漆则精血坚固。而宓山谓：“广漆黄，江漆黑。”予谓：“黄者火之神也。南方火盛，漆得火之神多，故黄也。《易》曰“黄离”。黄为火之神，赤为火之气。松，坎之木也；漆，离之木也。”

杉

东粤少杉，杉秧多自豫章而至，鬻者为主人辟地种就，乃如株数受值。粤多材木，用杉者十止四五，故罕种之。柏亦然。潮阳多紫柏，木香而文，可为器。其生他州县者，岁久空心。

梅

梅花惟岭南最早，冬至雷动地中，则梅开地上。盖其时火之气下足于地，而发其最初之精华，故梅开；水之气上足于天，而施其最初之滋润，故雪落。雪，泄也，从肃杀之中，泄其一阳之精，以为来春之生生者也。雪深则水气足，梅早则火气足。火气足而为天地阳生之始、阴杀之终，使万物皆复其元，梅之德所以为大。

广中梅于一之日已花，二之日成子，得春独早，故群卉资之以为始。斯时也，天地一阳之复不可见，见之于梅，梅其得气之先者也。故欲见天地之心者于梅，欲见梅得气之先者于粤。

韶州梅，长至已开，腊月大雪，梅复开尤盛，有于旧蒂而作新花者。其地属岭北，故梅以腊以正月开。广则秋末冬初梅且开尽，往往不待长至。以地暖故开更早，气盛则开而又开。予诗："岭梅一岁再开花。"

梅岭多梅。唐《六帖》言："庾岭梅花，南枝已落，北枝未开。"而宋之问有"魂随南翥鸟，泪尽北枝花"之句。好事者往往植梅其上。宋淳熙间，知军事管锐，植三百株。明正统中，知府郑述复补植。正德中，参政吴廷举增植及松，至万五千馀株。有某推官女，亦植梅三十株，镌诗于石。崇祯初年，博罗张郎中萱，植三百株；知府赵孟守题曰"梅花国"，书额于红梅驿以旌之。是皆于梅鋗将军有功。梅将军以梅岭为汤沐，又有梅花为俎豆，亦荣矣哉！岭上梅微与江南异，花颇类桃而唇红，故驿名红梅。盖岭头雪少，积阳之气所发，故梅多红而香烈。予诗："南枝多红北多白。"多红以其向日，多白以其背日也。

琼之州，比年梅花六出。予谓梅花五出者也。五，阳数也，冬至一阳始复，梅即吐花，得阳之先者也。今六其出，则得阴数矣。盖以地气而变，苦于严寒，故不用其五而用六，同于雪花也。以梅花为体，以雪花为用，使人见以为雪花，则梅也；以为梅，则雪花也。人见其六而不见其五，其五在六之中，犹《河图》之五在十中也。且也《河图》之一生水，梅得水气之先，故花于冬至，与雪同时。雪者水之气所凝，梅者水之形所结。其卦皆为坎，坎为水，水在天而未至乎地，而先凝为雪，先天之水也。水在地而未上乎天，而先发为梅花，先地之水也。水之数六，寒极则雪花与梅皆六其出，应其数也。北方地寒，以暖为祥；南方地暖，以寒为祥。琼州之梅早，以暖也；其六出，以寒也，是乃祥也。

桂

古多以桂为舟，《楚辞》云："沛吾乘兮桂舟。"盖古时番禺多桂。《山海经》云："贲禺之东，八桂生焉。"故舟楫多采桂为之，故曰番禺之桂，爰始为舟。

饮食中，古称蜀姜越桂。越桂以高州肉桂为珍，杂槟榔食之，口香竟日。秦时罗浮有桂父者，象林人也，常服肉桂及葵，以龟脑和之。《列仙传赞》云："伟哉桂父，挺直遐畿。灵葵内润，丹桂外绥。"

枫

岭南枫，多生山谷间。罗浮连亘数岭皆枫，每天风起则枫鸣。语曰："柽喜雨，枫喜风。"凡阳木以雷而生，阴木以风而生。枫，阴木，以风而生，故喜风。风去而枫声不止，不与众林俱寂，故谓之枫。凡草生于雷，木生于风，故文雷上着草为蕾，有蕾无榴。风旁着木为枫，有枫无葻。枫者风之所聚，有瘿则风神聚之，曰枫子鬼。嵇含云："枫老有瘿，中夜大雷雨，瘿即暗长，一枝长可数尺，形如人，口眼悉具，谓之枫人。越巫取之作术，往往有神。"予有《枫人歌》云："小雨枫人长一尺，大雨枫人长一丈。女巫取得水沉薰，一夕枫人有精爽。""小妇持珠来，求子步迟回。大妇持钱至，问郎归尚未。"

木　棉

木棉，高十馀丈，大数抱，枝柯一一对出，排空攫拿，势如龙奋。正月发蕾，似辛夷而厚，作深红、金红二色，蕊纯黄，六瓣，望之如亿万华灯，烧空尽赤。花绝大，可为鸟窠，常有红翠、桐花凤之属藏其中。元孝诗“巢鸟须生丹凤雏，落英拟化珊瑚树”，佳绝。子大如槟榔，五六月熟，角裂，中有绵飞空如雪，然脆不坚韧，可絮而不可织。絮以褥以蔽膝，佳于江淮芦花。或以为布曰緤，亦曰毛布，可以御雨，北人多尚之。绵中有子如梧子，随绵飘泊，着地又复成树。树易生，倒插亦茂，枝长每至偃地，人可手攀，故曰攀枝。其曰斑枝者，则以枝上多苔文成鳞甲也。南海祠前，有十馀株最古。岁二月，祝融生朝，是花盛发，观者至数千人，光气熊熊，映颜面如赭。花时无叶，叶在花落之后，叶必七，如单叶茶。未叶时，真如十丈珊瑚，尉佗所谓“烽火树”也。予诗：“十丈珊瑚是木棉，花开红比朝霞鲜。天南树树皆烽火，不及攀枝花可怜。南海祠前十馀树，祝融旌节花中驻。烛龙衔出似金盘，火凤巢来成绛羽。收香一一立花须，吐绶纷纷饮花乳。参天古干争盘拿，花时无叶何纷葩。白缀枝枝胡蝶茧，红烧朵朵芙蓉砂。受命炎洲丽无匹，太阳烈气成嘉实。扶桑久已摧为薪，独有此花擎日出。”

舟自牂牁江而上至端州，自南津、清岐二口而上至四会，夹岸多是木棉，身长十馀丈，直穿古榕而出，千枝万条，如珊瑚琅玕丛生，花垂至地。其落而随流者，又如水灯出没，染波欲红，自春仲至孟夏，连村接野，无处不开，诚天下之丽景也。其树易长，故多合抱之干；其材不可用，故少斧斤之伤。而又鬼神之所栖，风水之所藉，以故维乔最多，与榕树等。予诗：“西江最是木棉多，夹岸珊瑚十万柯。又似烛龙衔十日，照人天半玉颜酡。”

榕

榕，叶甚茂盛，柯条节节如藤垂，其干及三人围抱，则枝上生根，连绵拂地。得土石之力，根又生枝。如此数四，枝干互相联属，无上下皆成连理。其始也，根之所生如千百垂丝，久则千百者合而为一，或二或三,一一至地，如栋柱互相撑抵，望之有若大厦，直者为门，曲者为窗牖，玲珑四达，人因目之曰榕厦。其根下蟠者，剔去土石，又往往若岩洞，容十许人。其树可以倒插，以枝为根，复以根为枝，故一名倒生树。干多中空不坚，无所可用，故凡为社者，以之得全天年，大者至数百岁。故夫望其乡，有乔木森然而直上者，皆木棉也；有大树郁然而横垂者，皆榕也。榕，容也。常为大厦以容人，能庇风雨，又以材无所可用，为斤斧所容，故曰榕，自容亦能容乎人也。又榕，离之木也，外臃肿而中虚，离之大腹也。其中常产香木，炎精所结，往往有伽傰焉。粤人以其香可来鹤子，可肥鱼，多植于水际。又以其细枝曝干为火枝，虽风雨不灭，故今州县有榕须之征。其脂乳可以贴金接物，与漆相似，亦未尽为不材也。性畏寒，逾梅岭则不生，故红梅驿有数榕，为炎塞之界。又封川西三十里分界村，二广同日植一榕，相去三丈许，而东大西小，东荣西瘁，东榕又不落叶。咫尺间，地之冷暖已分如此。自韶州西北行，榕多直出不甚高，与广州榕婆娑偃蹇者异。高州道中，榕夹路垂阴，凡百株，状甚诡怪，皆束千百根以为一身，一身之上皆根也，根包其身，身隐于根。枝柯长至数丈，多直少曲，曲而至地为身，直而横空为干。有红、白、大叶、小叶诸种。有子无花，子落时常如密雨。中多岭西副使吴廷举所植，父老称吴公榕。新兴东北一带亦有之。先是，宋延祐间有仓振者，知新州，夹道植榕；其后高芝复植松，于是行旅歌之曰："仓榕高松，手泽重重。高松仓榕，夹道阴浓。"而佥事刘洵者，修高、仓故事，自高要南岸至新兴，令里胥分地植榕，遣官以时验勤怠。至今榕树存者大十围。又归善叶春及知惠安，令民植榕，下教曰："榕者，容也。其阴大，当驰道植，自白水至洛阳，五丈而树，田间恐妨谷，凡植几本以报。呜呼！远者种德，近者种树，吾无德且种树。"此皆仁人之泽也。其榕凡四百二十一本云。

榕易高大，广人多植作风水，墟落间榕树多者地必兴。鸟衔落子，寄生他木上，岁久根下至地，则根反为干。千百根蟠结，大至合抱，其故干失，其所寄者亦失，所寄者反若寄生于榕焉。而榕老空心，复有榕子或他木寄生其中，竟不知其孰为本根也。榕之怪在根，自上生下，语曰"榕木倒生根"。根小者俗称榕须，拂水生波，千丝万缕。始为须，中为根，终为干。故干在中，新干在外，表里相合，状益臃肿可爱也。

韶州城中古榕，每吐烟则有兵革。榕故火树，亦老树生烟之征也。凡物久蔫则生火，榕多空心，湿热郁积于中，故发而为烟焰，昏夜望之，常若炎炎勃勃。岁乙亥，刘香寇广州。时南海县治有古榕，白昼腾烟，弥日不息，识者曰："香其平矣！《阴符经》谓：'火生于木，祸发必克。'物殆云告也。"不月馀，香平。又壬午，乐昌至善寺古榕空中火起如焚膏，三日乃尽。又癸未，高州府署榕烟接天。丙戌之腊，清远城隍庙榕出白烟气三日。明年二月，晏公庙又与城隍庙榕并出烟气二日。其秋九月，遂有屠城之祸。是榕又可以卜休咎也。

龙门有连理树，在平康都油田铺，盖两榕也。相去数丈，其上枝叶缪结，根干所出，结成一门，下通车马往来。宋时物也。桂林有榕树门，状亦相似。门，古桂州南门，两榕根相夹为之。元至正间忽悴，平章唐元公祭之复生。

桄

广州故屯田道署有一树，通体根须蟠结，大可数十抱，枝短而劲，叶初发，细卷如辛夷之蕾，叶开则色殷红，望之如花。其树无花，叶即其花。叶至冬而落，春间乃发，初发又如笔管，粤人因名为管树。父老云：“此桄树也。旧有一碑在树腹，兵妇得之以捣衣，有闻石声清越者求之，则冢宰李默所撰《孤树裒谈》记也，默尝为屯田副使，居此。”予有《老树歌》云：“少参堂侧有老树，似榕非榕榕所寓。叶叶含苞如木笔，叶开忽似花争吐。花亦非花花不如，红浅绿深带膏露。千万根须作一身，虎倒龙颠应有故。”

菩　提

诃林有菩提树，萧梁时智药三藏自西竺持来，今历千馀年矣。大可百围，作三四大柯。其根不生于根，而生于枝。根自上倒垂，以千百计，大者合围，小者拱把。岁久根包其干，惟见根而不见干。干已空中无干，根即其干；枝亦空中无枝，根即其枝。其叶似柔桑而大，本圆末锐，二月而凋落，五月而生。僧采之浸以寒泉，至于四旬之久，出而浣濯，渣滓既尽，惟馀细筋如丝，霏微荡漾，以作灯帷笠帽，轻弱可爱。持赠远人，比于绡縠。其萎者以之入爨矣。予尝为《菩提诗》，有云：“菩提有灵树，植自萧梁年。智药所移根，航海来炎天。岁久干中空，苍皮相纠缠。根须自上生，千百垂连卷。大者成虬螭，小者藤萝穿。结束成一身，四体何拘挛。下枝多洞穴，崩陷至三泉。上枝虽臃肿，亦自方且圆。雷霆日大索，鳞爪无留奸。神火所焦灼，千寻亦童颠。二月叶始陨，槎枒馀一拳。叶状如柔桑，五月争新妍。僧伽沤成纱，弱薄如翅蝉。持以遗远方，恍忽鲛绡烟。南中多怪木，巨者惟木棉。柯作女珊瑚，丹葩烧天边。开时无一叶，一一烽火然。光如十日出，吞吐海东偏。幺凤巢蕊中，血染绿毛鲜。复有细叶榕，交阴连陌阡。根须亦倒生，合抱为一椽。纵横作广厦，户牖相盘旋。腹大容十牛，亦可藏舟船。皮肤左右纽，瘿瘤以万千。士女所婆娑，伏腊拜必虔。菩提更神怪，与之难比肩。大士昔灌溉，甘露流涓涓。左与诃子接，右与蘋婆连。蒲葵居门外，其寿亦彭篯。下滋达磨井，上蒙虞翻园。肥沃多火膏，咸气不能宣。菩提所覆被，细草皆芊绵。累石作香台，虫蚁愁攀援。”

荔枝

“荔”字从艹从刕，不从劦。刕音“离”，割也；劦音“协”，同力也。“荔”字固当从刕。《本草》谓：“荔枝木坚，子熟时须刀割乃下。”今琼州人当荔枝熟，率以刀连枝斫取，使明岁嫩枝复生，其实益美。故汉时皆以为离支，言离其树之支，子离其枝，枝复离其支也。

南方离火之所出，荔枝得离火多，故一名离支，亦曰丽支。丽，离也。丽文从两日，天地之数，水一而火二，故丽从两日。日为五行之华，月为六气之精，日丽乎支，犹之乎日出于扶桑也。丽支乃震木之大者，震木以扶桑为宗子，而丽支其支子，故曰丽支也。日出于离，离尽午中，故丽支以夏至熟。离为坤之中，其色黄，故曰黄离；丽支之核，外赤而内黄，则黄离之美也。坤之中其味甘，故曰甘节。丽支之肉，少酸而多甘，则甘节之吉也。又荔枝核之小者名节核。

荔枝以腊而萼，以春而华，夏至而翕然子赤，生于木而成于火也。皮红肉白，而核复纯丹，火包其外，复孕其中也。肉白为金，金为内外火所炼，故味醇和而甘。其液乃金水之精，甘又属土，备五行之粹美，而以火为主者也。粤以火德王，凡花多朱色，皆火花，实多朱实，皆火实，太阳烈气之所结。火实之属凡百种，而荔枝为长。火为母，荔枝则火之长子也。荔枝以增城沙贝所产为最，土黄润多沙，潮味不到，故荔枝绝美，自挂绿以下数十种，色、香、味迥异他县。好事者当未熟时，先以兼金购之，乃得。其状元红等，贱如菽粟，岁收数千万斛，贩于他方，非所急矣。自挂绿至状元红，皆山枝，火山之属也。火山善变，滋味百出，随其土为高下，然迟熟，熟必在水枝之后。水枝以黑叶为上，黑叶又以番禺古坝所产为上，顺德之三贵次之。龙眼以顺德之陈村、北滘为上，番禺之韦涌次之。龙眼必经博接乃子，花头十汰七八，子乃甜大而多。荔枝花头不可汰。语曰："荔枝惜花，龙眼惜子。"又曰："荔枝十花一子，龙眼一花十子。"荔枝又贵以沃土厚培，使根深不拔，膏泽上行，沙水下渗，然后枝条郁茂，实不裹刺，上广下尖，樽肩壶腹，而成嘉种。语曰："荔枝宜肥，龙眼宜确。"又荔枝属火，宜使向阳；龙眼属水，宜向阴。荔枝之阳子甜，龙眼之阴子甜。语曰："当日荔枝，背日龙眼。"予诗："龙眼独从阴处长，荔枝先向日边红。"其甜曰上糖，酸曰上水。三月熟者曰三月青，四月熟者曰犀角子，七夕曰七夕红；而大熟于小至，以蝉鸣为候应。此时熟者曰金钗子，实大核小，昔人解金钗而得其种，或谓即黑叶也。荔枝叶青绿，此独黑，故曰黑叶。广人为荔脯者，多黑叶，次曰进奉，曰大造，曰塘壆，是皆水枝之贵者也。当摘时宿之井中，沃以寒泉，火气既去，金液斯纯，以正阳精蕊，而配以正阴津液，水火既济，斯为神仙之食。予诗云："露井寒泉百尺深，摘来经宿井中沉。日精化作月华冷，多食令人补太阴。”火则寒之，水则热之，此食荔枝之法也。水枝食罢，乃食山枝。山枝之美者多无核，近蒂一点檀晕，微作核痕。又多双实，实皆宽膊尖腰。一种大如拇指，长而不圆，状若玉兰之蕾，味香以脆，触其壳即爆开成两，亦无核，即有亦甚微小，名马口铃，出番禺平山。又一种大如龙眼，亦无核，绝香，名曰香荔，出新兴。然皆不如挂绿之美。挂绿者，红中有绿，或在于肩，或在于腹，绿十之四，红十之六，以阳精深固，至秋而熟，生只数十百株，易地即变，爽脆如梨，浆液不见，去壳怀之，三日不变。其曰凝冰子者，以日照之，内外洞彻，微核在中，半明半灭，又绝异。予诗：“照人最是凝冰子，五月光生一片寒。未启朱苞光已出，可怜更在水精盘。”其曰水浮子者，重而不沉，以置水中，随波下上。又有如素馨香者，如露花，如丁香者。丁香有大小之分，与小华山、绿罗衣、交几环三种皆绝美，是皆火山之属。湛文简公昔从枫亭怀核以归，所谓“尚书怀”者也。又有名公领孙者，每一大者有十馀小者环之，其色红绿各半，味亦美，大者微有核。有曰丫髻，形最小，生皆并蒂，故曰丫髻。多无核，即有亦小，名曰焦核。有曰将军荔，最大，核亦大，然肉多不觉。是皆山枝之贵者也。东粤故多荔枝，问园亭之美，则举荔枝以对，家有荔枝千株，其人与万户侯等。故凡近水则种水枝，近山则种山枝。有荔枝之家，是谓大室。当熟时，东家夸三月之青，西家矜四月之红，各以其先熟及美种为尚。主人饷客，听客自摘，或一客而分一株，或一株而分十客，各以其量大小，受荔枝之补益，莫不枕席丹肤，沐浴琼液，既饱复含，未饥先擘，或辟谷者经旬，或却荤者连日。其有开荔社之家，则人人竞赴，以食多者为胜，胜称“荔枝状头”；少者有罚，罚饮荔枝酒数大白。盖荔枝多食，未尝伤人，饮蜜一杯即解，或以青盐调白火酒饮。或饮荔枝酒过醉，则以荔枝壳浸水饮。又荔枝多露，有过食者，昧爽就树间先吸其露，次咽其香，使氤氲若醉，五内清凉，则可以消肺气、滋真阴，却老还童，作荔枝之仙。白沙云“我是荔枝仙”，得此法也。

广州凡矶围堤岸，皆种荔枝、龙眼。或有弃稻田以种者，田每亩荔枝可二十馀本，龙眼倍之。以淤泥为墩，高二尺许，使潦水不及；以刍草盖覆，使烈日不及。而龙眼之干，欲其皮中之水上升，以稻秆束之；欲其实多而大，以盐瘗之。生虫则以铁线濡药刺之，否则树尽蠹。凡龙眼用接，荔枝用博。博之法，当花发时，以其枝削去青皮寸许，傅之以土，子结后枝即生根，乃落之为栽。接之法，以核漏出萌芽，长至三四尺为栽，乃以龙眼之枝屈而接之，其栽之枝叶尽脱，乃以树上之枝叶为栽之枝叶。其法与闽中异。闽之龙眼树，三接者为顶圆。核种十五年始实，实小不可食，则锯木之半，以大实之幼枝接之，至四五年，又锯其半，接如前。如此者三数次，其实满溢，倍于常种。若一二接即止者，形小味薄，不足尚也。三接者曰针树，未接者曰野茎。广之龙眼，大率野茎多，故不及闽。广荔枝种之四年即实，龙眼必至五年。荔枝岁初而蕾，二月而花发，发时多电则花落实小，多雨则花腐，少雨则花液相胶而不实。估计者，视其花以知其实多少而判之，是曰买焙，其人名曰焙家。龙眼亦然。顺德多龙眼，南海、东莞多荔枝，多水枝，增城多山枝。每岁估人鬻者，水枝七之，山枝三四之。载以栲箱，束以黄白藤，与诸瑰货向台关而北、腊岭而西北者，舟船弗绝也。然率以荔枝、龙眼为正货，挟诸瑰货，必挟荔枝、龙眼，正为表而奇为里。奇者曰细货，不欲居其名，所谓深藏若虚也。广人多衣食荔枝、龙眼，其为栲箱者，打包者，各数百家，舟子车夫，皆以荔枝、龙眼赡口。而予家在扶胥南岸，每当荔枝熟时，舟自扶胥历东西二洲，至于沙贝，一路龙丸凤卵，若丘阜堆积，估人多向彼中买卖。而予亦尝为荔枝小贩，自酸而食至甜，自青黄而食至红，自水枝食至山枝，自家园食至诸县，月无虚日，日无虚晷，凡四阅月而后已。比邻有大石村，荔枝尤盛，以予不及往，则以荔枝为酒相饷。而予又得藏荔枝法，就树摘完好者，留蒂寸许，蜡封之，乃剪去蒂，复以蜡封剪口，以蜜水满浸，经数月味色不变。是予终岁皆有鲜荔枝之饱，虽因之辟谷可矣。伊尹言："丹山之南有凤丸，沃民所食。"凤丸必荔枝也，所谓"仙人之美禄"，非耶？

龙　眼

荔枝与龙眼皆成于火，而荔枝先熟，龙眼继之，故广人名曰荔奴。予谓荔枝火之牡也，龙眼火之牝也，牡大而牝小，故荔枝大于龙眼。而龙眼以初秋熟，又得金气，金以黄为纯，故龙眼色黄；火以赤为正，故荔枝色赤。荔枝肉白而核赤，火在金中也；龙眼肉白而核黑，水在金中也。火在金中，故荔枝性热；水在金中，故龙眼性寒。而皆为乾之木果，乾为金，金得火而热，荔枝之所以为阳也；金得水而寒，龙眼之所以为阴也。龙眼花时，以天昧爽取其露以点饮食，绝甘美，胜于荔枝花露。此又金水之精也。

闽中龙眼熟时，儿童食之而肥，谓之龙眼长。广中不然，儿童多食辄患瘕，以焙干者为贵。其黄皮者子大，皮黄而薄滑无点；青而有点者，子在大小之间，皆甚甜。最大者孤圆，次金字、山字、南字，小者蜜糖埕；迟者秋风子。每一年多则一年少，闽中谓之歇枝，广中谓之养树。岁岁丰盛，则树易衰，养之而后经久不坏，子且繁大，盖树自养，非人养。或龙眼、荔枝皆养，或各养。

顺德之锦鲤海，诸邑龙眼皆于此贸易，谓之龙眼市。增城之沙贝则荔枝市也。予诗："端阳是处子离离，火齐如山入市时。一树增城名挂绿，冰融雪沃少人知。"又云："六月增城百品佳，居人只贩尚书怀。玉栏金井殊无价，换尽蛮娘翡翠钗。"盖市中所贩，大抵状元红、小华山诸种，皆火山之属，所谓"尚书怀"者也。若挂绿、玉栏、金井则夜光无价，非可以金钱而得之。

舟自南海之平浪、三山而东，一带多龙眼树。又东为番禺之李村、大石，一带多荔枝树。龙眼叶绿，荔枝叶黑，蔽亏百里，无一杂树参其中。地土所宜，争以为业，称曰"龙荔之民"。

龙眼多食益智。予诗："采摘日盈筐，香生比目房。食多能益智，本草有仙方。"又诗："益智为龙眼，蠲愁是荔枝。"龙眼产廉州者尤美。东坡云："廉州龙眼，色味殊绝，可敌荔枝。"

梨

予所居覆船山下，曰沙梨园，地皆黄细沙，多井气，掘地尺许，水沄沄上溢。天大雨，水迸出庭际，有似瀵泉。所食井深四尺许，水常泛滥至眉，冬不干涸，味甘洌。上有梨一株，根得美泉滋沃，结实独异，以二月花者八月熟，九月花者正月熟，岁凡两熟。正月熟者曰雪梨，稍小，味益清。叶凡二落，落于七月者深红，于正月者色微紫，予斋中煮茗多用之。树甚古，作五大柯，横直者半，直者高出檐端。月夕布影扶疏，叶丹花白，离离相间，若在罗浮老梅之下。予诗云："春来始落叶，叶尽梨花开。"又云："先秋叶半红。"又云："儿小方垂髫，能争掌上梨。"谓此。

橄榄

橄榄，有青、乌二种。闽人以白者为青果，粤中止名白榄，不曰青果也。白榄利微，人少种，种者多是乌榄，下番禺诸乡为多。种至两岁，乌榄秧长八九尺，必扦之乃子，扦至三年而子小收，十年而大收矣。其树本高而端直，多独干，至顶乃布枝柯。有雌有雄，雌子而雄花。雄者俗曰榄公，榄公不实，以雌者扦之，使雌雄相合乃实。雄为主，雌为客，犹妇之归于夫也。子如枣大，长寸许，光无棱瓣，先生者下向，后生者上向，八九月熟，梯之击以长竿，或刻其干东寸许，纳以红盐，则其干东子落。刻其干西或南北寸许亦然，古诗所谓"纷纷青子落红盐"也。白榄以白露后食不病疟，其性热，食时须去两端，初嚼苦涩，久乃回味而甘，故一名味谏。粤人有欲效其友忠告者，辄先赠是果。其色白，可以行气，虽有愤戾，食之潜消。以沸汤点之，色淡碧，芬如兰臭，可以香口，绝胜鸡舌香。乌榄子大肉厚，其性温，故味涩甘，以温水泡软，俟紫脂浮溢乃可食。水冷则湿生胶，热则肌肤反实，故必温水之和乃醇，其性亦有婉谏之道焉。白者亦曰雄，乌者亦曰雌，白阳而乌阴。阳故色白而行气，阴故色红而补血；阴故乌者有仁可食，阳故仁小而不成，此其别也。《酉阳杂俎》以枝南向者为橄榄，东向者为木威。高、雷间则以乌者为木威，予诗："山果木威香。"有茏苁果者，木干中空，高二三丈，亦有雌雄，雄者不实，雌不花，雄之花即雌之实，雄不自为实，雌亦不自为花也，雄雌并植始实。实如王瓜，一枝环绕数十枚，煮之味类鲍，特出惠州，亦橄榄之类。

槟　榔

槟榔，产琼州，以会同为上，乐会次之，儋、崖、万、文昌、澄迈、定安、临高、陵水又次之。若琼山，则未熟而先采矣。会同田腴瘠相半，多种槟榔，以资输纳。诸州县亦皆以槟榔为业，岁售于东、西两粤者十之三，于交趾、扶南十之七，以白心者为贵。暹罗所产曰番槟榔，大至径寸，纹粗味涩，弗尚也。三四月花开绝香，一穗有数千百朵，色白味甜，杂扶留叶、椰片食之，亦醉人。实未熟者曰槟榔青。青，皮壳也。以槟榔肉兼食之，味厚而芳，琼人最嗜之。熟者曰槟榔肉，亦曰玉子，则廉、钦、新会及西粤、交趾人嗜之。熟而干焦连壳者曰枣子槟榔，则高、雷、阳江、阳春人嗜之。以盐渍者曰槟榔咸，则广州、肇庆人嗜之。日暴既干，心小如香附者曰干槟榔，则惠、潮、东莞、顺德人嗜之。当食时，咸者直削成瓣，干者横剪为钱，包以扶留，结为方胜，或如芙蕖之并跗，或效蛱蝶之交翾，内置乌爹泥、石灰或古贲粉，盛之巾盘，出于怀袖，以相酬献。入口则甘浆洋溢，香气薰蒸，在寒而暖，方醉而醒，既红潮以晕颊，亦珠汗而微滋，真可以洗炎天之烟瘴，除远道之渴饥，虽有朱樱紫梨，皆无以尚之矣。若夫灰少则涩，叶多则辣，故贵酌其中，大嚼则味不回，细咽则甘乃永，故贵得其节。善食者以为口实，一息不离。不善食者，汁少而渣青，立唾之矣。予尝有《竹枝词》云："日食槟榔口不空，南人口让北人红。灰多叶少如相等，管取胭脂个个同。"谓此。粤人最重槟榔，以为礼果，款客必先擎进，聘妇者施金染绛，以充筐实。女子既受槟榔，则终身弗贰。而琼俗嫁娶，尤以槟榔之多寡为辞。有斗者，甲献槟榔，则乙怒立解。至持以享鬼神，陈于二伏波将军之前以为敬。按《本草》以小而味甘者为山槟榔；大而味涩者为猪槟榔；最小者曰蒳子，又名公槟榔；圆大者名母槟榔。雷氏言："尖长有紫文者名槟，圆大而矮者名榔，榔力大，槟力小。今医家亦不细分，但以状作鸡心，稳正不虚，内有锦文者为佳。"予谓"宾"与"郎"皆贵客之称。嵇含言："交广人客至，必先呈此果。若邂逅不设，用相慊恨。""槟榔"之义，盖取诸此。越谣云："一槟一榔，无蒌亦香。扶留似妾，宾门如郎。"宾门，即槟榔也。又云："槟榔为命赖扶留。"

桄　榔

桄榔，似棕榈而多节，巨者径二三尺，干长五六丈，至杪乃柯条相比，叶生于杪，不过数十百叶，叶下有须，长短如鹿马尾，微风动之，萧疏可爱。花开成穗，绿色，子如青珠，每一树辄有青珠百馀条。须多于叶，珠又多于须，风飘飏之，若水帘缤纷而下垂也。广人遇旱，每以其珠结香亭，舁之祈祷，谓可致雨。子红熟者，连瓤食之，颇甜。皮中有白粉，曰桄榔面，故海南人有"槟榔为酒，桄榔为饭"之语。其心似藤心，以为炙，亦滋腴极美。南方奇木故多棕蕉本，而皆可食，桄榔盖其一云。桄榔一名面木。语云："毋言天涯，可以为家；食有面木，饮有酒花。"谓此。木色类花梨而多综纹，珠晕重重，紫黑斑驳，可以车镟作器；须可织巾及扫帚；肌甚刚，可作鋘锄及枪以代铁，番人多用之。下四府人以其小者为屋椽，为梁柱，然多空心，与槟榔、椰、蒲葵三种，皆号木中之竹。槟榔叶小，椰叶大，二种取其实；桄榔取其材；蒲葵取其叶；一种南椰取其粉：皆南天之奇植也。诸祠宇多植桄榔、蒲葵、木棉，佛寺多植菩提，里社多榕，池塘堤岸多水松、荔支。广州诃林旧多诃子、频婆。其菩提树，植自萧梁年间，为诸寺菩提之祖。南海庙波罗蜜树，亦为十郡波罗蜜祖。广州屯田道署有梡树，若榕非榕，榕冬时叶不萎落，梡则尽落，亦数百年物，为诸梡之祖。故广州城中老树，以诃林菩提及此梡并称，而桄榔则最古者少矣。

椰

椰，产琼州。栽时以盐置根下则易发。树高六七丈，直竦无枝，至木末乃有叶如束蒲，长二三尺。花如千叶芙蓉，白色，终岁不绝。叶间生实如瓠系，房房连累，一房二十七八实，或三十实，大者如斗，有皮厚苞之，曰椰衣。皮中有核甚坚，与肤肉皆紧着。皮厚可半寸，白如雪，味脆而甘。肤中空虚，又有清浆升许，味美于蜜，微有酒气，曰椰酒。苏轼诗“美酒生林不待仪”，言椰子中有自然之酒，不待仪狄而作也。琼人每以槟榔代茶，椰代酒，以款宾客，谓椰酒久服可以乌须云。予诗：“琼南无酒家，酒向椰中取。椰子有一心，出酒如娘乳。”又云：“椰心在酒中，大似银桃子。浸以玉浆寒，食之甘且旨。”椰心色白而甘在酒中，大小不一，宜以槟榔兼嚼之。雷、琼妇女多鬻槟榔于市，以浮留叶结叠鸳鸯相饷，潜点椰心其中。予有《竹枝词》云：“数钱争出手纤纤，叶结鸳鸯满翠奁。莫道槟榔甘液好，买侬椰子更心甜。”凡拣椰子，以手摇之，听其中水声清亮，则其心大而甜，其肉厚，其壳亦坚；水声浊则否。盖椰心以水而养，椰无水则无心，往往而是。《琼州歌》有云：“不买椰衣只买心。”

橘柚

吾粤多橘柚园。汉武帝时，交趾有橘官长一人，秩一百石，其民谓之橘籍，岁以甘橘进御。王逸云“东野贡落疏之文瓜，南浦上黄甘之华橘”是也。唐有御柑园在罗浮。按罗浮柑子，开元中始有僧种于南楼，其后常资进献。其属有赪、黄二色，大三寸者，黄者柑，赪者橘也。化州有橘一株在署中，月生一子，以其皮为橘红，瀹汤饮之，痰立释。曩亦进御，今为大风所拔，新种一株味不及。化州故多橘红，售于岭内，而产署中者独异。其类有曰橙者，皮厚而皱，人多以白糖作丁，及佛手、香橼片为蜜煎，糁货之。橘圞有红白，大者曰柚，最大者曰镭柚，小曰逻柚，熟于早禾时曰禾辘。以其极圆，故曰逻曰辘也。春时，儿女蒸取柚花油，以作香胆口脂，谓可美颜。有香柚者，出增城，小而尖长，甚芬郁，入口融化，然其性能化物，不能自化，虽香液饴津，甘浆浸齿，多食之辄能病人。近为贪令所苦，每出，教取至万枚，需金以代，今树亦且尽矣。柑亦橘之类，以皮厚而粗点，及近蒂起馒头尖者为良。产四会者光滑，名鱼冻柑。小民供亿亦苦，柑户至洗树不能应。产增城者以沙贝、东洲、西洲为贵，其土高，多细白沙，与海潮远，咸味不接，故甘美。荔支亦然。凡食柑者，其皮宜阳擘，不宜阴擘。阳擘者自上而下，下者蒂也；阴擘自下而上，则性太寒，不宜入药。其未熟而落者青皮，年久而芳烈入脑者陈皮，逾岭得霜雪气益发香。橙皮辛，性温，主消肠胃中恶气，兼醒宿酲。外有水橙，似柑而稍大，皮甜可食。又有桔，亦与柑类，曰蜜桔者小而甘；曰松皮桔者，皮红不粘肉，微酸，其皮皆不及柑。一种名黄淡子，色黄味酸，花可薰香，是曰塌橘。又有壶橘、山橘，性皆畏冷不宜肥，肥则春分后多死，故宜种于山谷间。

其木善生蠹，而蚂蚁气辛，可以养之。有曰岑梨，即橙梨，大如橘味。又有金橘，最小，剥皮则酢，合食则甘，皆厥包之珍也。香橼一曰枸橼，以高要极林乡为上，其状如人手，有五指者曰五指柑，有十指者曰十指柑，亦曰佛手柑，有单拳有合掌不一。花开即见其子于蕊中，子成长如小瓜，皮若橙柚而光泽，肉甚厚，色白如肪，然亦松虚，味短，惟香芬大胜香橼，经久不歇耳。捣大蒜罨其蒂上，香更充溢。以汁浣葛纻，绝胜酸浆，一名飞穰。

番禺鹿步都，自小坑、火村至罗冈三四十里，多以花果为业。其土色黄兼砂石，潮咸不入，故美。每田一亩种柑桔四五十株，粪以肥土，沟水周之。又采山中大蚁置其上以辟蠹。经三四岁，桔一株收子数斛，柑半之。柑树微小于桔，桔茂盛可至二十馀岁，柑亦半之。熟时黄实离离，远近照映，如在洞庭、包山之间矣。自黄村至朱村一带，则多梅与香蕉、梨、栗、橄榄之属，连冈接阜，弥望不穷，史所称“番禺多果布之凑”是也。吾粤自昔多梅，梅祖大庾而宗罗浮，罗浮之村，大庾之岭，天下言梅者必归之。若荔支则以增城为贵族，柑、橘、香橼以四会为大家。岁之正月，广利墟卖柑橘秧者数十百人，其土良，其柑甜美，胜于四会、新兴。其种散在他处，香味迥殊，以故居人擅其利。番禺土瘠而民勤，其富者以稻田利薄，每以花果取饶，贫者乃三糯七秥，稼穑是务，或种甘蔗以为糖，或种吉贝以为絮。南海在在膏腴，其地宜桑，宜荔支；顺德宜龙眼，新会宜蒲葵，东莞宜香，宜甘蔗，连州、始兴宜茶子，阳春宜缩砂蔤，琼宜槟榔、椰。或迁其地而弗能良，故居人利有多寡。

波罗树

波罗树，即佛氏所称波罗蜜，亦曰优钵昙。其在南海庙中者，旧有东西二株，高三四丈，叶如频婆而光润，萧梁时西域达奚司空所植，千馀年物也。他所有，皆从此分种。生五六年至径尺，削去其杪，以银针钉腰即结实。其实不以花，成实乃花，然常不作花，故佛氏以优钵昙花为难得。每树多至数十实，自根而干而枝条皆有实，累累疣赘。若不实，则以刀斫树皮，有白乳涌出，凝而不流则实。一斫一实，十斫十实，故一名刀生果。其以乳而实者，乳，血也，犹人以母之血孕育而成形也。其根或行旁舍，则实潜结地中，熟而地裂闻香始知，较枝干所生者尤美，此所谓无花之果也。广南无花之果，若古度子，若猕猴桃，若杨榣子，凡有三四种，以波罗蜜为大，盖果之胎生者。果不以花；果成，或一生花，盖其花不为果而生，可以花，可以无花者也。天下有有花无果之花，即有有果无花之果，造物者固以不齐为道。《天问》云："女岐无合，夫焉取九子？"夫亦无花之果焉耳。波罗熟以盛夏，大如斗，重至三四十斤，皮厚有软刺，礧砢如佛头旋螺，肉含纯瓤，间叠如橘柚囊，气甚芳郁。有干湿苞之分，干苞者液不濡腻，味尤甜。每实有核数百枚，大如枣，仁如栗黄，煼熟可食，能补中益气，悦颜色。天下果之大而美者，惟此与椰子而已。庙中二树已朽，今所存是其萌蘖，亦大数十围，薜萝纠缠，枝柯臃肿，与诃子、槐、榕诸树，森列阶下，皆数百年物也。相传波罗国有贡使，携波罗子二登庙下种，风帆忽举，舶众忘而置之，其人望而悲泣，立化庙左。土人以为神，泥傅肉身祀之，一手加眉际作远瞩状，即达奚司空也。庙以故及江皆名波罗。庙外波涛浩淼，直接重溟，狮子洋在其前，大、小虎门当其口，欠伸风雷，嘘吸潮汐。

舟往来者必祗谒祝融，酹酒波罗之树，乃敢扬帆鼓柁，以涉不测。

诃　子

诃子，一作“苛子”，树株似无槵，花白子黄似橄榄，皮肉相着，以六路者为上。广州光孝寺旧有五六十株，子小，味不涩，多是六路，以进御，今皆尽矣。寺本虞翻旧苑。翻谪居时，多种蘋婆、苛子树。宋武帝永初元年，梵僧求那罗跋陀三藏至此，指苛子树谓众曰：“此西方诃梨勒果之林也，宜曰‘苛林制止’。”于是寺名诃林。寺中有达磨洗钵泉，以此木根蘸水，水故不咸。每七八月子熟，寺僧辄煎诃子汤延客，和以甘草，色若新茶，谓可变白髭发云。诃树不知伐自何时，今惟佛殿左有菩提一株，殿前有榕四株，门有蒲葵二株，为古物。予诗云：“虞园虽是古浮图，诃子成林久已无。一片花宫生白草，牛羊争上尉佗都。”

羊　桃

羊桃，其种自大洋来，一曰洋桃。树高五六丈，大者数围，花红色，一蒂数子，七八月间熟，色如蜡，一名三敛子，亦曰山敛。敛，棱也，俗语讹“棱”为“敛”也，亦以其味酸能敛颜色也。有五棱者，名五敛，以糯米水浇则甜，名糯羊桃。广人以为蔬，能辟岚瘴之毒，中蛊者，捣自然汁饮，毒即吐出。脯之，或白蜜渍之，持至北方，不能水土与疟者，皆可治。苏长公诗：“恣倾白蜜收五棱，细劚黄土栽三椏。”注：“广南以田为棱，收五棱，则所种酒稻白蜜以言酒。”皆非也，“五棱”正与“三椏”对，《人参赞》曰：“三椏五叶，背阳向阴。”

山 桃

山桃，大于寻常桃。陆贾云："罗浮山顶有杨梅、山桃，海人时登采拾，止于饱食，不得持下。"罗浮固多异果，不知贾当时何自知之，岂尝一至罗浮耶？广中又有冬桃，似橄榄而圆，色绿，味甘酸。有扁桃，似桃而扁，一曰偏桃，大者若鸭卵，色青黄，味酸微甜。皆山桃之属。

蒲 桃

蒲桃，树高二三丈，其叶如桂花，开自春至冬，丛须无瓣，如剪黄绿丝球，长寸许。广中儿童，多为十穗髻象之。予诗："十穗蒲桃髻。"其实如苹果，色亦黄绿，而香甜在壳。壳厚半指，核小如弹子，与壳不相连属，摇之作响。罗浮涧中多甚，猿鸟含啄之馀，随流而出，山人阻水取之，动盈数斛。以酿酒，曰蒲桃春，经岁香气不灭。作膏尤美。

夹竹桃

夹竹桃，一名桃柳，叶如柳，花如绛桃，故曰桃柳。枝干如菉竹而促节，故曰夹竹。本桃类，而其质得竹之三柳之七，柳多而竹少，故不曰"夹柳桃"。终岁有花，其落以花不以瓣。落至二三日，犹嫣红鲜好，得水荡漾，朵朵不分。开与众花同，而落与众花异，盖花之善落者也，故又曰地开桃，似落于地而始开然。有曰芙蓉桃，千叶深红，后桃花一月始开。一花而兼二，以为芙蓉则桃，以为桃则芙蓉，不可以专名之，故曰芙蓉桃。又有菊桃。琼州有李桃，一枝有红白，或一花有红白，然大约红多于白，其白则李也。言色者先白而后红，故曰李桃。八九月时，与桃花盛开，故谚曰“桃李争秋”。肇庆七星岩有四季桃。

蜜望

蜜望，树高数丈，花开繁盛，蜜蜂望而喜之，故曰蜜望。花以二月，子熟以五月，色黄，味甜酸，能止船晕，飘洋者兼金购之，一名望果。有天桃者与相类，树高亦数丈，巨者百围，正月花，六七月子熟，大如木瓜，味甜酢，以羹鱼尤善。凡渡海者食之不呕浪，然年荒乃多结实。粤谣云：“米价高，食天桃。”故广人贵望果而贱天桃。贵之故望之，蜜望其花，人望其果也。

宜母

宜母，子似橙而小，二三月熟，黄色，味极酸。孕妇肝虚嗜之，故曰宜母。元时于广州荔支湾作御果园，栽种里木树，大小八百株，以作渴水。里木即宜母子也，一名梨檬子。吴莱诗：“广州园官进渴水，天风夏熟宜檬子。百花酝作甘露浆，南国烹成赤龙髓。”盖以里木子榨水煎糖也。凡木果之汁，皆可为之，香酸经久不变。蒙古以为舍里别，即渴水也。宜母子以盐腌之，岁久色黑，可治伤寒痰火，一名药果。当熟时，人家竞买以多藏，而经岁久为尚。汁可代醋。染大红，以其汁调乃上。

人　面

人面子如大梅李，其核类人面，两目鼻口皆具。肉甘酸，宜为蜜煎。仁绝美，以点茶，如梅花片，光泽可爱，茶之色香亦不变。以增城水东所产为佳。水东在城南雁塔下，其树仅数十株，子皮薄，落之使溃烂，乃干其核，囊之，其仁门宽，稍摇即脱。去水东咫尺，所产不然。有买者，随多寡取核摇之，不预出其仁也。此树最宜沙土，沙土松则根易发，数岁即婆娑偃地。山居家，其祖父欲遗子孙，必多植人面、乌榄。人面卖实，乌榄卖核及仁，百馀年世享其利。番禺大石头村妇女，多以斫乌榄核为务。其核以炊，仁以油及为礼果。有咏乌榄者云："只应人面子，与尔共成仁。"盖粤中惟此二果以仁重。

诸山果

广中山果，曰谷子者，大如橄榄而长，初亦苦涩，后甘，嫩者蜜渍之可食。曰馀甘子，树高丈馀，叶如槐，子如川楝，白色有文理，核作六棱，亦初苦涩后甘，行者以之生津，一名庵摩勒。曰鬼目子，大如梅李，皮黄肉红，味甚酸，人以为蔬，以皮上有目，名鬼目，一曰麂木。麂者，"鬼"之讹也。曰山枣子，叶似梅，子如荔支，九月熟。曰卍果，果作卍字形，画甚方正，蒂在字中不可见，生食香甘，一名蓬松子。曰桾櫏子，树似甘蔗，子如马乳而小，俗称牛奶柿，亦曰牛乳子。广人言乳曰奶，中有美浆若牛乳，故曰牛奶子，一名檽枣。曰五子，其状如梨，有五核。曰千岁子，蔓生，子在根下，有绿须交加如织，一苞恒二百馀子，皮青黄，干者壳肉相离，撼之有声，似肉豆蔻。曰秋风子，色褐，如梨而小，味酸涩，熟乃可食。曰金纽子，色红黄，味甘，大如秋风子。俗歌云："一双金纽子，无计上罗衫。"曰青竹子，如桃而圆，味酸色黄。曰羊齿子，一曰羊矢，如石莲而小，色青味甘。曰不纳子，实如圆枣，十月黄熟，味甜酸，盖苹果之小者。粤中少苹果、花红二种，以不纳子代之。曰山葡萄，一名蘡薁，其茎细袅，花紫白，实比葡萄而小，色赤味酢，可为酒，八九月熟。曰山韶子，类荔支，而鲜丽过之，微有小毫，一名毛荔支，亦曰毛珧子，肉薄而酸涩，着核不离，盖荔支之变者。曰胭脂子，子赤如胭脂，味甜酸。谚曰："不采红蓼花，但采胭脂子。持以作朱颜，其馀入玉齿。"曰都捻子，朴樕丛生，花如芍药而小，春时开，有红白二种，子如软柿，外紫内赤，亦小，有四叶承之，每食必倒捻其蒂，故一名倒捻子。子汁可染，若胭脂。花可为酒，叶可曲，皮渍之得胶以代柿，苏子瞻名曰海漆。非漆而名为漆，以其得乙木之液，凝而为血，而可补人之血，与漆同功，功逾青黏，故名。取子研滤为膏，饵之又止肠滑。以其为用甚众，食治皆需，故又名都捻。产罗浮者，高丈许，子尤美。曰黄皮果，状如金弹，六月熟，其浆酸甘似葡萄，可消食顺气，除暑热。与荔支并进，荔支餍饫，以黄皮解之。谚曰："饥食荔支，饱食黄皮。"有曰白蜡子者，与相似，其味尤胜。谚曰："黄皮白蜡，甜酸相杂。"曰苹婆果，一名林檎，树极高，叶大而光润，荚如皂角而大，长二三寸，子生荚两旁，或四或六。子老则荚迸开，内深红色，子皮黑肉黄，熟食味甘，盖软栗也。相传三藏法师从西域携至，与诃梨勒、菩提杂植虞翻苑中。今遍粤中有之。梵语曰苹婆，以其叶盛成丛，又曰丛林。一种水棚子，与相似，多生水间。或谓林檎为雄，水棚为雌。粤歌云："水棚林檎大小同，盘中不辨是雌雄。"

苦 楝

苦楝，最易生，村落间凡生女必多植之，以为嫁时器物。花紫多实，实苦不可口，故童谣云："荔支好食不生子，苦楝无甘坠折枝。"花可入香。子瞻云："温成皇后阁中，香用松子膜、荔枝皮、苦楝花，沉、檀、龙、麝皆不用。"盖亦见珍于古。

牡 丹

广州牡丹，每岁河南花估持根而至，二三月大开，多粉红，亦有重叠楼子，惟花头颇小，花止一年，次年则不花。必以河南之土种之，乃得岁岁有花。予诗："由来南海上，未有洛阳花。"又云："香教天早暖，红使露多华。"又云："花估持来远，兼金买几枝。"又云："地暖重楼少，天晴淡粉滋。"芍药亦花，然亦不能大朵，地气使然。语曰："南花宜暖，北花宜寒。"

木芙蓉

木芙蓉，本名拒霜，以其状似芙蓉，生于木，故曰木芙蓉。《楚词》"搴芙蓉兮木末"，楚之芙蓉有水而无木，故三闾以为言也。木芙蓉以秋深开，水芙蓉既谢，花乃继之，至冬深而罢。虽岸生，亦喜临水，得水则容颜益媚。予诗："芙蓉面面笑窥池，在水还如在木时。"又云："人家尽种芙蓉树，临水枝枝映晓妆。"一名木莲。予诗："郎如木莲发，妾似水莲开。可怜花与叶，不得两莲来。"又云："可惜芙蓉发，烟波隔几重。那能将水木，合作一芙蓉。"其重台者，多露而颜色不定，一日三换，又称"三醉"：将红曰初醉，浅红曰二醉，暮而深红为三醉。

故亦曰酒芙蓉。又有添色芙蓉，初白花，次日稍红，又次日深红，又谓“三日醉芙蓉”。予诗：“芙蓉三日醉，菡萏一秋香。”其子自秋至春不落，皮可为笔为布，故广州有芙蓉布。

夜合

夜合，木本，叶如栗，花如茗茶，色白。其开以夜，开而其半若合，一似开于晓而合于夜，故曰夜合。山歌云：“待郎待到夜合开，夜合花开郎不来。只道夜合花开夜夜合，那知夜合花开夜夜开。”夜合四时有花，而当暑尤盛，与含笑类。大含笑则大半开，小含笑则小半开，半开多于晓，一名朝合。小含笑白色，开时菩蕾微展，若菡萏之未敷，香尤酷烈。古诗云：“大笑何如小笑香，紫花那似白花妆。”又有紫含笑，初开亦香，是子瞻所称“娟娟泣露，暗麝着人”者。罗浮夜合、含笑，其大至合抱，开时一谷皆香。

木樨

木樨，与桂相似，而花多过之，秋深尤盛。白沙有《九月木樨盛开寄贺黄门》诗云：“香逐西风起，氤氲入杳冥。不知从此去，几日到辽城。”以香相寄，可谓吾无隐矣。

月贵

月贵，有深浅红二色，花比木芙蓉差小，盖荼蘼之族也。月月开，故名月贵，一名月记。宋子京云：“花亘四时，月一披秀。”故又名月月红。广东为长春之国，虽涸阴沍寒，花开不辍，月贵其一也，佛桑亦然。而琼州芙蓉一种，自五月开至冬尽。佛桑多与牡丹相似，花朵大，有重楼子而香，终岁盛开。梅、菊亦大朵，梅不以春，菊不以秋，二花时时相见也。儋州有四季莲。

茉莉

茉莉，本有藤有木，其花有宝珠，有千叶，有重台。春间分种，或黄梅时扦之，六月六日种尤宜。以残茶米浆及鱼腥水沃之，则花繁。语曰："六月六日种茉莉，双瓣重台香扑鼻。"藤本尤香，然皆以柳州所产者为贵，花大至十馀瓣，香似黄檀，味甚厚。茉莉与素馨皆以日入稍阴乃开，夜合亦然。香皆旖旎近人，沾之者竟日芬腻。予诗："花以月明开，香因人气甚。"陆贾尝称茉莉不随风土而变，可谓爱之深者。雷、琼二州有绿茉莉，本如茑萝。有黄茉莉，名黄馨。又有紫茉莉，春间下子，早开午收，一名胭脂，花可以点唇，子有白粉可傅面。然皆不如白色者香。有番茉莉，花大至二十馀瓣，作重楼宝珠，香染衣裾，益不易脱，茉莉之第一种也。当春尽摘其叶，叶少花乃繁。然苦为飞丝虫所食，未开而蕾已损，盖日午摘花所致。予诗："未开先食蕾，虫细苦飞丝。"

贝多罗

贝多罗，来自西洋，叶大而厚，梵僧常以写经，唐人诗"贝叶经文手自书"是也。花大如小酒杯，六瓣，瓣皆左纽，白色，近蕊则黄。有香甚缛，落地数日，朵朵鲜芬不败。

杜鹃花

杜鹃花，以杜鹃啼时开故名。西樵岩谷间，有大粉红黄者、千叶者，一望无际。罗浮多蓝紫者、黄者。香山凤凰山有五色者。是花故多变，而殷红为正色。予诗："子鹃魂所变，朵朵似胭支。血点留双瓣，啼痕渍万枝。"

丁　香

丁香，广州亦有之。木高丈馀，叶似栎，花圆细而黄，子色紫，有雌有雄。雄颗小，称公丁香；雌颗大，其力亦大，称母丁香。从洋舶来者珍。番奴口常含嚼，以代槟榔。其树多五色鹦鹉所栖，以丁香未熟者为饵；子既收，则啄丁皮。

女　青

女青，一名万年枝，一名冬青，亦曰女贞木。身大合抱，肉厚皮粗，经冬不谢，结子青黑色，有瓢核，飞禽嗜之，亦名冻青。予诗："有美云堂树，冬生翠负霜。少阴精自固，名以冻青香。"又有男青与相似，条蕊皆朱色，尤易植，人罕知之。予诗："行人只道冬青树，不识男青定女青。"庞韶台诗："男青蕊干赤离披，插土旋生绕短篱。岁岁冬青寒更好，行人错认万年枝。"

山　丹

山丹，一曰山大丹。其花四出，自根开至杪，一树作数千百大花，有四叶承之。一大花又作数千百小花，攒簇为一大球，微有丝缕，类马首繁缨，数月不落。色大绛，入夜光艳如火，名不夜花。盛夏当烈日种之易生，终岁皆花。五月得太阳之正，花尤大，殷红若玛瑙盘，日照弥鲜。儿女多戴之，取其不易凋落，经久变黄尚可爱。予诗云："愿君如山丹，花红至百日。"又云："愿君似山丹，红颜得长保。一开三月馀，黄落犹能好。"山丹或谓即赭桐，木棉即刺桐。盖岭南珍木多名桐，非桐而以为桐，亦犹水松非松以为松也。或曰唐《本草》以山丹为卖子木，其名不美。变乱以来，民多穷困，虽有山丹红艳，儿女不能与之相保，有咏者云："昨日官钱鬻一儿，今日官钱鬻一女。山丹更莫生红花，我家儿女无如许。"其感伤若此。或曰"卖"当作"买"。

山丹，一名珊瑚林。予诗："亦是珊瑚种，花开大似盘。石家如意好，击碎作山丹。"又云："珊瑚亦作林，红绝知三岁。自红开至黄，不忍离头髻。"盖珊瑚三岁已绝红，而山丹生花甚早，故云。然山丹亦有淡紫者，盖以不大向阳也。

佛　桑

佛桑，枝叶类桑，花丹色者名朱槿，白者曰白槿。有黄者、粉红者、淡红者，皆千叶，轻柔婀娜，如芍药而小，盖丽木也。一曰花上花，花上复有花者，重台也。一名爱老，不爱老也，不爱老而曰爱老，饰词也。予有《爱老曲》云："枯杨能生荑，卿乃不言好。不如朱槿花，姿容能爱老。"其朱者可食，白者尤甜滑，妇女常以为蔬，谓可润容补血，一名福桑，又一名扶桑。予诗："佛桑亦是扶桑花，朵朵烧云如海霞。日向蛮娘髻边出，人人插得一枝斜。"

瑞　香

乳源多白瑞香，冬月盛开如雪，名雪花。刈以为薪，杂山兰、芎䓖之属烧之，比屋皆香。其种以挛枝为上，有紫色者香尤烈。杂众花中，众花往往无香，皆为所夺，一名夺香花。干者可以稀痘。

合　欢

高州有合欢树，枝叶若拘系然，互相交结，风至辄分解，一离一合，状若有情，故名合欢。花兼红白色，有丝茸甚香，佩之可以蠲忿。番禺有合欢菜，四叶相对，昼开夜合。予有《合欢词》云："郎种合欢花，侬种合欢菜。菜好为郎餐，花好为郎戴。天生菜与花，来作合欢配。合欢复合欢，花菜长相对。"又有《定情曲》云："愿作合欢草，夜则为一茎。与郎缠绵死，地下犹相并。"

合欢木似梧桐，枝柔弱，叶细而繁，每风来，辄自相解，不相牵缀。五月花发，上半白，下半肉红，散垂如丝。秋实作荚，子极其薄细。其叶至暮即合，一名合昏，亦曰夜合。盖夜合花其花夜合，合欢木其叶夜合，性各不同。予诗："合欢合叶不合花，花合何如叶合好。夜夜相交不畏风，令君蠲忿长相保。"

指甲花

指甲花，颇类木樨，细而正黄，多须菂，一花数出，甚香。粤女以其叶兼矾石少许染指甲，红艳夺目。唐诗"弹筝乱落桃花片"，似谓此。一种金凤花，亦可染，名指甲桃，叶小如豆，花四瓣，层层相对，一干辄有二种花，一深红，一黄边红腹。其蕊大者为凤头，小者凤尾，尾修长缕缕，又有两翅，粤女多象之作钗。二三月时栽之，与指甲花为一丛。儿童向街头卖者，多此二花。

南烛

南烛，生罗山高处。初生三四年，状若菘，渐似栀子，二三十年成大株，盖木而似草者也。叶似茗而圆厚，冬夏常青，枝茎微紫。大者高四五丈，肥脆易折。子如茱萸，九月熟，酸美可食。昔朱灵芝真人，以其叶兼白粳米九蒸暴之，为青精饭，常服，人称青精先生。今苏罗瑶人，每以社日为青精饭相饷，师其法也。苏罗乃罗浮最深处。予诗："社日家家南烛饭，青精遗法在苏罗。"

四种花

西樵向有四种花，他处所无。曰山石榴，三月盛开，称满山红。曰锦莺花，叶如碧兰，花瓣上红下白。曰白鹤花，叶如三藾，茎上出花，状白鹤，头颈翅足皆具，头又有黑点如眼睛，开于暮春。曰粉蝶花，枝条甚柔，花如粉蝶然。湛文简尝为四花亭玩之。又有月桂二株，石榴一株，在烟霞隐居之前。月桂多花，石榴多实，则是年禾、茶皆熟，山人以为验。

栎

阳春县署有栎，高十丈馀，垂荫数亩。根干如古藤下垂，延络墙壁，复屈盘生入地中，穿出阶砌。以不材而益其怪，怪而不材之，寿益以久长，为一邑之名树，可异也。或谓栎与榕及鹰不泊，火之皆不然，故樵苏弗施斤斧。嗟夫！木而不然，木之变也。火之力至是而穷矣，其真不材之木也哉！

九里香

九里香，木本，叶细如黄杨，花成艽，色白，有香甚烈。又有七里香，叶稍大。其木皆不易长，广人多以最小者制为古树，枝干拳曲，作盘盂之玩，有寿数百年者。予诗："风俗家家九里香。"

山　矾

山矾，叶如栀子，可辟书蠹。灰其叶以染紫为黝，可不用矾，故名。三月作白花六出，甚香，亦曰白婵子，入药名山栀子。予诗："结时但道山栀子，不记花开是白婵。"

蝇　树

西樵多种茶。茶畦有蝇树，叶细如豆，叶落畦上，则茶不生蠁。旱则蝇树降水以滋茶，潦则蝇树升水以熯茶，故茶恒无旱潦之患。又夏秋时，蝇皆集于蝇树，不集茶，故茶不生蠁而味芳好。盖蝇树者，茶之所赖以为洁者也。己受蝇污，而以洁与茶，为德于茶者也。然山下茶畦种之，山上则否，以山上云雾多，不生蝇也。

药　树

化州、石城之间有药树，状似木棉，其精液色白，见风则黑，是名药脂。土人以濡箭镞为瞑药以射虎，虎三跃死矣。或有人误食之而不死者，以其五脏无损，血与药脂不相遇也。或有手足微破，药脂沾之立死者，以其血与药脂相遇，血为逆流，直引毒入于心髓也。或以射山猪而不死，则以其皮厚多肉，不易见血也。山猪中药箭，则啮木槵根以自疗。土人知之，用药箭必含一木槵子或橄榄，盖药树与橄榄性相犯。凡药树之山无橄榄，则药脂验，能死虎。有橄榄则否。

花不应候

岭南花不应节候，予诗："花到岭南无月令。"又云："梅喜炎洲暖，长开在菊前。"谓十月间梅与菊齐发也。正月菊亦有花，白沙诗："春到东篱花亦知，红桃白李正当时。东风自领芳菲去，也为秋香作意吹。"海南荷花，常与梅菊相接，蕊小而香清，腊月尤胜。陈觉诗："五月芙蕖冬更香，解陪梅菊到冰霜。"嵇含云："岭外多花，在春华者冬秀，夏华者春秀，秋华者夏秀，冬华者秋秀，其华竟岁，故妇女之首，四时未尝无花。"昌黎诗："二年流窜出岭外，所见草木多异同。冬寒不严地恒泄，阳气发乱无全功。浮花浪蕊镇长有，才开还落瘴雾中。"诸花亦多香，盖炎德之所辐发。而陆贾言南越境百花不香，然今兰、蕙、桂、莲、玫瑰等花，与中州同，亦未尝不香，岂地气日盛，视昔有以异欤？

岭南花不可以时序限之。予有《秋日对花》诗云："重阳节过即芳菲，幺风枝头啄不稀。梅蕊竟先黄菊放，却嫌绿萼得霜肥。”又云：“花历天南最不同，吹嘘不必定春风。东君自解行秋令，先遣梅开九月中。”又《冬日对花》云：“六种争开向药栏，冬来花事不曾残。天南春色无来去，长与东皇共岁寒。”六种者，梅、菊、月贵、高丽菊、雁来红、水仙也。岭南花大抵盛于秋冬，至初春已尽。花朝时，但有绿叶及结子青青而已。昌黎诗：“南方二月半，春物亦已少。”

花木历

元旦鸡鸣，以火照桑果无虫，以斧驳斫树则子繁不落，是曰嫁树。嫁李以石安枝间，嫁石榴以石累根上，嫁诸果以长竿系树梢。是月也，诸果以望前种则多实，忌西南风、火日。竹栽宜初二日，蔗栽宜望日。桃栽宜密，李宜疏，杏宜近人室家。诸果未芽，则凿去正根以骟之。二月宜插芙蓉、杨柳，顺插则杨，倒插则柳。葡萄宜插萝卜中，芙蓉宜插堤岸。梨以春分插，漆以根三四寸插。移种诸花木宜上旬，宜分兰，宜接博果木。凡接果木，腰接离地二尺许，根接离地二寸许。栎上接栗，桑上接杨梅，椐柳上接核桃，或皆用桃树，两两相交，封以黄土，壅以肥垢，烧腐草以拒霜，勿使冻着接枝则易生。花既芽，勿浇粪水，俟嫩条长，花头出，结实稍大，乃浇粪水。实时以爨泼之则实多，舂根则实固。清明前后亦宜博接果木，梅上接李，杏上接梅，柿上接桃，桐上接栗，接蜀茶以山茶，接玉兰以木棉，接瑞香以榕。陈村人尤善博接，凡花木同类者，各候其津液所至之时博接之，无弗活者。非其类则气不相贯，虽活不久。故或去支护本，使气在本，实乃壮大；或去本护支，使气在支，花乃繁茂。其巧不可缕数，物性虽殊，而不能逃人之智。予尝得其法，以辛夷、木兰合为一。有诗云：“辛夷与玉兰，一白复一紫。二花合一株，颜色更可喜。”清明又宜种荔支、龙眼。种荔支必使枝叶东向，斜其本使叶荫根。每亩二十馀株，以土培壅高二尺，下为沟洫。龙眼以稻草缠之，自干至枝，使易上水。夏至宜嫁枣，宜酵竹根，宜种山丹、茉莉。八月宜锄竹园。十一月朔宜囊诸种窖之。越五十日，取视其多寡，则知明岁所宜。以糟水浇海棠，以雪水埋地中以浸诸种，则耐寒不蠹。十二月宜添果木土。

海南文木

海南文木，有曰花榈者，色紫红，微香，其纹有鬼面者可爱。以多如狸斑，又名花狸。老者文拳曲，嫩者文直。其节花圆晕如钱，大小相错，坚理密致，价尤重。往往寄生树上，黎人方能识取。产文昌、陵水者，与降真香相似。有曰乌木，一名角乌，色纯黑，甚脆。其曰茶乌者，来自番舶，坚而不脆，置水中则沉。有曰鸡翅木，白质黑章如鸡翅，绝不生虫。其结瘿犹楠斗斑，号瘿子木，一名鸡刺。匠人车作素珠，泽以伽俑之液，以给买者。有曰虎翅木，文如虎斑，皆出文昌、陵水。有曰苏方木，汁红可染，黎山野生者良，其花即金凤。有曰铁索木，质坚皮黄，剥落时如榆，可为器，黎山为多。有曰香楠，产崖州，童童若幢盖，亭擢而上，枝枝相避，叶叶相让，干甚端伟，一名端正树。肤有花纹，色黄绿而细腻，剖之香辣。有曰相思木，似槐似铁梨，性甚耐土。大者斜锯之，有细花云，近皮数寸无之。有黄紫之分，亦曰鸡翅木，犹香枡之呼鸡鶒木，以文似也。花秋开，白色，二三月荚枯子老，如珊瑚珠，初黄，久则半红半黑。每树有子数斛，售秦、晋间，妇女以为首饰，马食之肥泽。谚曰：“马食相思，一夕膘肥。马食红豆，腾骧在厩。”其树多连理枝，故名相思。唐诗“红豆生南国”，又曰“此物最相思”。邝露诗：“上林供御多红豆，费尽相思不见君。”唐时常以进御，以藏龙脑，香不消减。有曰铁力木，理甚坚致，质初黄，用之则黑。其性湿，赤手凭之令脉涩。黎山中人多以为薪，广人以作梁柱及屏幛。南风天出水，谓之潮木，亦曰石盐。作成器时，以浓苏木水或胭脂水三四染之，乃以浙中生漆精薄涂之，光莹如玉、如紫檀，其潮亦止。紫檀一名紫榆，来自番舶，以轻重为价，粤人以作小器具，售于天下。花榈稍贱，凡床几屏案多用之。若香楠、虎子楠、铁力，则凡为栋梁、船碇皆是也。香楠有紫贝、金钗之名。金钗色黄赤，紫贝黄中带绿，皆香辣细润。黄楠木理粗疏。有水桫者，叶如罗汉松，肤理细润，可方铁梨，以作棺不朽。有飞云木，文如波浪到心，可为杯。有秋风木，类梓，生子数十成艽，味酸甜可食。有胭脂木，高三四丈，叶类波罗，色如胭脂红艳，与秋风木、紫荆性皆耐土，不易朽。有棕，根叶俱类桃，而肤理轻细油腻，性耐水。有橡木，分青黄白三种，黄者最良，坚而腻，不招虫蛀。有槌子木，一名员子，一名赤黎，橡之别种也。子如珠玑，可食，亦曰珠子木。子多则岁歉，长乐人每以为验。有水椰，叶如鱼子兰稍尖，其质有文如牛角者良。有曰栌，性坚而理疏。有金丝樏，可为弩，其白樏如象牙者，可为器皿，性最韧。有椅，一名云楸，琵琶、棋枰多用之。有吐珠木，坚如铁力，色比紫荆较赤。此皆海南之文木也。海南五指之山，为文木渊薮，众香之大都。其地为离，诸植物皆离之木，故多文。又离香而坎臭，故诸木多香。香结于下，则枝叶枯于上，有科上槁之象，故欲求名材香块者，必于海之南焉。自儋州至崖千里间，木多杂树，又多树上生树，盖鸟食树子，粪于树枝而生者，巨且合抱，或枝柯伏地下，连理而生，亦多铁梨、石梓、香楠、水桫之属。惟地暖少霜雪，松木不生，即生亦质性不坚，脂香液甘，易为白蚁所食，故岭南栋柱榱桷之具，无有以松为用者，亦以多文木故也。

山 木

德庆悦城水口有龙母祠，祠南之山曰青旗，是多古木。有一巨桂，土人伐之作龙船，从水口至广州五百馀里，一日往还。惮其太疾也，为四足于船底以阻水。不知龙飞以足，疾乃益甚，一击鼓即越三湾，土人大惧，沉于水。明岁端阳复出之，周船身悉生鳞甲，乘至杨柳沙，骧首振尾，遂与舟人俱没，金鼓声隐隐潭底，久之乃绝。至今风雨晦冥，船辄浮出，土人或于端午日祭之。山上多香楠、水杪、铁梨诸木，有某将军以金二千市于神，神不之许，强伐得八九株，雷雨暴至，木尽腾踊入江。又有人舟至庙口，坏其舦筒，入山断一木为之，置金神座而去。已而舟至南宁，舦筒忽失，一鲤鱼入舟，剖得金，封识宛然。其灵异多此类。吾粤濒海之山，每大风雨，龙辄拔其大木以为用。比岁高梁山中，数有水杪浮出，长三四丈，大数尺，皆龙所弃之馀材也。凡山中巨木，皆有龙主之，龙之所弃乃可取，否则巨木为灾患。盖龙属木，龙之所在，巨木不令人伐，恶伤其类也。又龙多藏木中，雷雨而龙起则木拔。龙非拔木也，木自随龙者也。故龙不欲伤其木，虎不欲伤其草者，性也。

西宁在万山中，树木丛翳，数百里不见峰岫。广人皆薪蒸其中，以小车输载，自山巅盘回而下，编簰乘涨，出于罗旁水口，是曰罗旁柴。其古木数百年不见斤斧，买田者必连柴山，山近水者价倍之。西宁稻田所以美，以其多水，多水由于多林木也。凡水生于木，有木之所，其水为木所引，则溪涧长流，故《易》曰："木上有水，井。"从化流溪之地，万山绵亘，林木蓊郁，居民以为润水山场，二百年来斧柯不入。万历季，有奸民烧炭市利，尽赭其山。木既尽，无以缩水，于是泉源渐涸，田里多荒。故知川竭由于山童，林木畅茂，斯可以言水利。

移　榕

东莞城西上清观，有榕五株。故老言："昔有道士，其妻戏以雷印击案，忽有雷神五，来止庭前不去，妻大惊怖。道士归，乃言：'观前无树，吾召雷，欲移数大树庇荫山门耳。'须臾风雨大作，有巨榕五株列植观前。"状甚怪，至今犹存。

柊　叶

有柊叶者，状如芭蕉，叶湿时以裹角黍，干以包苴物、封缸口。盖南方地性热，物易腐败，惟柊叶藏之可持久，即入土千年不坏。柱础上以柊叶垫之，能隔湿润。亦能理象牙使光泽。计粤中叶之为用，柊为多，蒲葵次之。有油葵者，似棕叶而性柔，以作蓑衣，耐久不减蒲葵。谚曰："油葵蓑，蒲葵笠。朝出风干，暮归雨湿。"又曰："只卖叶，休卖花。花贫叶富，二葵成家。"《广州竹枝词》云"五月街头人卖叶，卷成片片似芭蕉"，谓柊叶也；"参差叶尾作蓑篷"，谓蒲葵也。篷形方，大三尺许，以施于背遮雨，名曰葵篷。葵曰蒲葵者，以叶如蒲而倒垂，盖蒲之木也。

山大丹

山大丹，花大如盘，蕊时凡数十百朵，每朵四瓣合成球，与白绣球花相类。首夏时开，初黄色，渐红如丹砂，将落复黄，黄红相间，光艳炫目。开最盛最久，八月又开。俗名马缨丹，有以“大红绣球”名之者。又以其瓣落而蒂枝矗起，槎枒成簇，与珊瑚柯条相似，又名珊瑚球。言大红绣球者，以开时也；言珊瑚球者，以落时也。唐诗“越人自贡珊瑚树”，意即此，然亦不让海底女珊瑚矣。惜汉宫积草池旁，未尝植此耳。是花多野生，移至家园培养，乃益茂盛，故曰山丹。予诗：“山丹无大小，寸寸是珊瑚。”考宋徽宗赐此花名珊瑚林，黄圣年以为即赪桐。有句云：“花似彩丝堪续命，树惊榴火合中天。”其花开以端阳，开又最久，故云。

步　惊

步惊，木本，以嫩叶和米数粒，微炒煎汤饮之，可愈呕泻寒疾。花有幽香，步行遇之，往往惊为蕙兰，故曰步惊。永安人每以嫩叶干之，持入京师作人事。

槌　子

槌子，一名员子。多生则岁歉，永安人每以为验。

红　豆

红豆，本名相思子，其叶如槐，荚如豆子，夏熟，珊瑚色，大若芡肉微扁。其可以饲鹦䳇者乃蔬属，藤蔓，子细如绿豆，而朱裳黑喙，其结实甚繁，乃篱落间物，无足贵也。其木本者，树大数围，结子肥硕可玩。万红友有词云：“拂砌青阴，垂檐绛荚，暖风薰坼。串剪珊珠，琤琤点苔石。鹦哥啄雨，衔不去诘多香粒。（唐代宗时，日林国献红豆，大而有光，名诘多珠）珍惜。谁唤小梅，僭红儿名色。”又有赋云：“其荫也如槐之敷，其结也如豆之腴。其荚维绛，其实则朱。其色炜炜然，如屑南海之珊瑚。其质磊磊然，如采合浦之明珠。若是物者，即为之夻玳瑁，柈车渠。联以冰蚕之缕，而缀诸翠凤之襦，不亦宜乎？”又曰：“爰有扶桑小墅，刺桐别院。黎女青鬟，蛮姑素面。挹深翠于林间，捡轻红于城畔。莞榴粒之羞圆，慨芡肥之输茜。混火齐而光搀，匀靺鞨而颜乱。讶丹砂其九还，拟琥珠之一串。戏藏阄而赌胜，裹鲛绡以持荐。偶玫钏之误触，随杏裙而不见。岂徒蓄艳于香闺，实足袭珍乎玉案。”又红豆花，形似莲而小，色白，中有红心一缕。汪碧巢诗：“冰洁花丛艳小莲，红心一缕更嫣然。”王摩诘诗“红豆生南国”、“此物最相思”。按，相思子朱墨相衔，豆大莹色，山村儿女或以饰首，婉如珠翠，收之二三年不坏。相传有女子望其夫于树下，泪落染树结为子，遂以名树云。

果　日

洛阳独以牡丹为花。岁二月十五日，牡丹盛开，曰花朝。古诗：“牡丹开日是花朝。”广州以荔枝、龙眼为果，岁夏至日，贾人以板箱载荔枝、龙眼而北，曰果箱。予诗云：“舟车北去果箱多。”荔枝大熟曰果日。予诗云：“南中欢果日，竞献荔枝盘。”荔枝汉已有之，相如云“榙㯓荔枝”，“枝”亦作“支”。张衡云“荔黄支甘”。“荔”字或作“离”，音力致反。

粤东荔支早熟

粤东荔支，社日，犀角子先熟。郭梦菊诗云：“未摘龙牙开笑口，先尝犀角沁诗脾。”龙牙，亦荔支名。又三月熟者曰三月青，四月熟者曰四月红。予诗：“三月青连四月红，离支早熟让南中。”盖以先年十月作花，故早熟也。又粤中荔支，先闽一月而熟。陆放翁诗“北岭空思擘晚红”，自注云：“北岭在福州。予少时，与友人朱景参会岭下僧舍，时秋晚，荔子独晚红在。”

大荔、细荔

《潮州府志》：大荔、细荔，大荔荔支，细荔龙眼也。龙眼本荔支之族，具体而微，故曰细荔，亦曰荔奴。粤人以荔支、龙眼为业，随土壤所宜种之。种荔奴之利，多于荔支，然荔奴之美不若闽，荔支则过之矣。秀水朱氏云：“闽、粤荔支优劣，向无定论。世之品荔支者不一，或谓闽为上，蜀次之，粤又次之。或谓粤次于闽，蜀最下。以予论之，粤中所产挂绿，斯其最矣。福州佳者，尚未敌岭南之黑叶。而蔡君谟谱乃云，广南州郡所出精好者，仅比东闽之下等。是亦乡曲之论也。”

御摘荔支

宋端宗幸沙涌处士马南宝家，荔支方熟，帝手摘一枝。后经摘处，风味独殊，人以为异。予诗：“一株高出少微家，膏叶当年覆翠华。一自端皇亲摘后，至今香烈胜群葩。”南宝自厓门变后，有诗云：“众星耿耿沧溟底，恨不同归一少微。”故予首句云。

龙　眼

合浦龙眼，色味殊绝，可敌荔支。苏长公尝以为然，其诗曰：“香割蜜脾知味胜，价轻鱼目为生多。”

泡　木

泡木，千百成行，出于江海墺沙水间，乃无始以前之木，质不朽烂，火之不然，渔人斫之以系罟网，尚其性甚浮故也。高明、高要有之。

海苔树

海苔树，出阳江海中石上。状如树枝，根如铁，亦称铁树。柯条蟠结，有枝无叶，分红黑二种，火稍炙之，随手作各种古树，甚有画意。予诗云：“非铁非苔树，珊瑚软未成。”

油　葵

油葵，生阳江、恩平大山中。树如蒲葵，叶稍柔，亦曰柔葵。取以作蓑，御雨耐久。谚曰：“蒲葵为扇油葵蓑，家种二葵得利多。”

海　枣

海枣，俗名紫京，坚重过铁力木。铁力木不甚宜水，此则入水及风雨不朽。以作屋，嫌小皱裂，故不贵。

盐醋子

盐醋子，阳江山林多有之。高四五尺，叶如苦楝，秋生白花，结子最繁，冬即枯死。子味酸如醋，酷日暴之，能出白盐，故名。予诗：“贫家爱向阳江住，盐醋多从树上求。”

刺　桐

刺桐，花形如木笔，开时烂若红霞，风吹色愈鲜好，绝无一叶间之。有咏者云：“一林赤玉琢玲珑，艳质由来爱着风。日暮海天无暝色，满山霞作刺桐红。”或谓刺桐即苍梧。

香桃花

香桃花，与中州桃花不异，独于八九月盛开，有微香。中宿峡秋海棠亦香。大抵岭南众香之国，花木多香，盖阳德之所勃发也。

散沫花

散沫花，一名指甲花，树高五六尺，枝条柔弱，花繁细如半米粒许。广人多使丐者着敝垢衣种之，花香尤烈。其叶以染指甲，故名指甲花。粤女歌云：“指甲叶，凤仙花，染成纤爪似红芽。”凤仙花，一名金凤。

朱　槿

朱槿，一名日及，亦曰舜英。叶如桑，光润而厚，树高止四五尺，而枝叶婆娑。自仲春花至仲冬，一丛之上，日开数百朵，朝开暮落，色深红，五出，大如蜀葵。瓣卷起，势若飞飏，层出如楼子。有蕊一条，比瓣稍长，上缀金屑，日光所烁，疑有火焰。江总《木槿赋》“朝霞映日殊未妍，珊瑚照水定非鲜。千叶芙蓉讵相似，百枝灯花复羞燃”是也。粤女多种之，插枝即生。以其花蒸醋食之，能美颜润血。苏子瞻诗“焰焰烧空红佛桑”，谓朱槿也。佛桑又有殷红、水红、黄、紫各色，花比朱槿差小，称小牡丹，四时有花，绕篱种之，烂熳若锦屏。白者以为蔬菜，甜美可口，女子食之尤宜。予诗：“花当园蔬有佛桑。”徐文长谓佛桑即扶桑，有句云“蛮花长忆烂扶桑”。

琼南花木

琼南气候，大抵在新夏初秋之间，半凉半燠。谚云：“叶茂四时，花开八节。”扶桑自春，木芙蓉自夏，桃菊自秋，皆开至冬春而止。莲亦有四季花者。木兰花如粟，淡黄，芳似珠兰而蕴藉过之。树本大者围数尺，真可以为木兰舟也。木槿花比广州较大，名土牡丹，皆从夏至冬有花。有青茉莉，本如藤萝，盘结成盖，花时香甚酷烈。土人多结竹为亭，坐卧其下，为消暑之会。有仙人掌，自下而上，一枝一掌，无花叶，可以辟火。有铁树，叶朱绀色，形如江南老少年，其本则棕也。有人面竹，可为杖。琼南竹，此为佳种，他竹率生荆棘。有藤竹，坚实耐久，长逾寻丈，皆与诸花杂植，以为园林之玩者。

添色芙蓉

广州木芙蓉，其色一日数换，晨正白，午后微红，夜深红。有半红半白者，有先红后白者，名曰添色芙蓉。种之当年成树，高二三丈。其蒂有四花，开其二，剖之复有二花在焉。少陵诗“并蒂芙蓉本是双”，古人立言，其根柢如此。外有江南玉芙蓉一种，色稍白，名南金花。

孔雀花

琼州有孔雀花，可以辟暑。有为《苦热诗》者云：“葛衣半解方流汗，冻杀墙阴孔雀花。”是花性宜阴湿，对之生寒，故云。

椰　叶

琼州多椰子叶。昔赵飞燕立为皇后，其女弟合德献诸珍物，中有椰叶席焉。椰叶之见重也，自汉时始。琼州人无分男女，首皆戴笠，以竹丝为之。其用椰叶为笠者，贵之也；以为席，则贱之矣。

刺桐叶

琼州田家，以刺桐叶粪田，门巷多种之，耕时视其花为候。王佐诗：“东君三月剪猩红，分着枝头片片工。海国乡村随处有，田家门巷一般同。离披风火寒生焰，烂熳晴霞暖闹空。地僻喜无车马到，闲看花候毕农功。”

檓末

琼州人以茱萸为檓末，杂辛香物煮之，以竹筅泼起白沫花饮之，清晨以奉老者。王佐诗：“藤钵晓茶吹檓末。”又以槟榔白为茶。槟榔白者，槟榔始花未结实，以花茎嫩者食之以代茶。有谣曰：“槟榔白，不食花。食花蒂，当灵茶。槟榔青，子初成。食青子，当茶清。”槟榔青者以子言，槟榔白者以花言也。琼州人以槟榔为菽粟，其嗜之过于诸郡，毋须臾而去于口。予诗：“槟榔为口实。”又云：“欢口槟榔花，侬口槟榔子。花香子不如，子甘花不似。甘香得相同，何必求连理。”

卷二十六　香语

沉　香

峤南火地，太阳之精液所发，其草木多香，有力者皆降皆结而香。木得太阳烈气之全，枝干根株皆能自为一香，故语曰："海南多阳，一木五香。"海南以万安黎母东峒香为胜。其地居琼岛正东，得朝阳之气又早，香尤清淑，多如莲萼、梅英、鹅梨、蜜脾之类，焚之少许，氛翳弥室，虽煤烬而气不焦，多酝藉而有馀芬。洋舶所有番沉、药沉，往往腥烈，即佳者，意味亦短，木性多，尾烟必焦。其出海北者，生于交趾，聚于钦，谓之钦香，质重实而多大块，气亦酷烈，无复海南风味，粤人贱之。海南香故有三品，曰沉，曰笺，曰黄熟。沉、笺有二品，曰生结，曰死结。黄熟有三品，曰角沉，曰黄沉，若散沉者，木质既尽，心节独存，精华凝固，久而有力，生则色如墨，熟则重如金，纯为阳刚，故于水则沉，于土亦沉，此黄熟之最也。其或削之则卷，嚼之则柔，是谓蜡沉，皆子瞻所谓"既金坚而玉润，亦鹤骨以龙筋。惟膏液之内足，故把握而兼斤。无一往之发烈，有无穷之氤氲"者也。凡采香，必于深山丛翳之中，群数十人以往，或一二日即得，或半月徒手而归，盖有神焉。当夫高秋晴爽，视山木大小皆凋瘁，中必有香。乘月探寻，有香气透林而起，以草记之，其地亦即有蚁封高二三尺。随挖之，必得油速、伽倆之类，而沉香为多。其木节久蛰土中，滋液下流，既结则香面悉在下，其背带木性者乃出土，故往往得之。

香之树丛生山中，老山者岁久而香，新山者不及。其树如冬青，大小不一，结香者百无一二。结香或在枝干，或在根株，犹人有痈疽之疾，或生上部，或疠下体。疾之损人，形貌枯瘠；香之灾木，枝叶萎黄。或为风雨所摧折，膏液洒于他树，如时症传染，久亦结香。黎人每望黄叶，即知其树已结香，伐木开径而搜取。买香者先祭山神，次赂黎长，乃开山，以藤圈其地，与黎人约，或一旬，或一二月，以香仔抓香之日为始。香仔者，熟黎能辨香者也。指某树有香，或树之左之右有香，则伐取之，香与平分以为值。凡香多在大干上，树之枝条不能结，以力微也。生结者，于树上已老者也；死结者，斫树于地，至三四十年乃有香而老者也。花铲则香树已断而精液涌出，虽点点不成片段，而风雨不能剥、虫蚁不能食者也。诸香首称崖州，以出自藤桥内者为胜。而藤桥有一溪，饮之即死，盖诸黎瘴毒所聚。谚云："不怕藤桥鬼，只怕藤桥水。"其香美而水毒如此。

香产于山，即黎人亦不知之，外人求售者，初成交，偿以牛酒诸物如其欲，然后代客开山，所得香多，黎人亦无悔。如罄山无有，客亦不能索其值也。黎人生长香中，饮食是资，计畲田所收火粳、灰豆，不足以饱妇子；有香，而朝夕所需多赖之，天之所以养黎人也。香曰沉香者，历年千百，树朽香坚，色黑而味辛，微间白疵如针锐，细末之，入水即沉者，生结也。黎人于香树，伐其曲干斜枝，作斧口以承雨露，岁久香凝，入水亦沉，而色不甚润泽者，死结也。伽h与沉香并生，沉香质坚，伽h软，味辣有脂，嚼之粘齿麻舌，其气上升，故老人佩之少便溺。上者莺哥绿，色如莺毛；次兰花结，色微绿而黑；又次金丝结，色微黄；再次糖结，纯黄；下者曰铁结，色黑而微坚。名虽数种，各有膏腻，匠人以鸡刺木、鸡骨香及速香、云头香之属，车为素珠，泽以伽𭩷之液，磋其屑末，酝酿锡函中，每能绐人。油速者，质不沉而香特异，藏之箧笥，香满一室。速香者，凝结仅数十年，取之太早，故曰速香。其上四六者，香六而木四；下四六者，木六而香四也。飞香者，树已结香，为大风所折，飞山谷中，其质枯而轻，气味亦甜。铁皮香者，皮肤渐渍雨露，将次成香，而内皆白木，土人烙红铁而烁之。虫漏者，虫蛀之孔，结香不多，内尽粉土，是名虫口粉肚。花划者，以色黑为贵，去其白木且沉水，然十中一二耳；黄色者质嫩，多白木也。云头香者，或内或外，结香一线，错综如云，素珠多此物为之。最下则黄速、马牙，如今之油丁香。以上诸香，赝者极多，即佳者亦埋于地窖，覆以湿沙，卖时取起，半沉者试水亦沉。如大块沉香，须试于江，江水流动，非真沉香不沉；若置缸缶中，水少自然沉底，不可不察也。然此等尚可识之，惟夹板沉难识，以水浸一宿，即涣散矣。

沉香有十五种。其一，黄沉，亦曰铁骨沉、乌角沉，从土中取出，带泥而黑，心实而沉水，其价三换最上。其二，生结沉，其树尚有青叶未死，香在树腹，如松脂液，有白木间之，是曰生香，亦沉水。其三,四六沉香，四分沉水，六分不沉水；其不沉水者，亦乃沉香，非速。其四，中四六沉香。其五，下四六沉香。其六，油速，一名土伽𭩷。其七，磨料沉速。其八，烧料沉速。其九，红蒙花铲，蒙者背香而腹泥，红者泥色红也，花者木与香相杂不纯，铲木而存香也。其十，黄蒙花铲。其十一，血蒙花铲。其十二，新山花铲。其十三，曰铁皮速，外油黑而内白木，其树甚大，香结在皮不在肉，故曰铁皮，此则速香之族。又有野猪箭，亦曰香箭。有香角、香片、香影。香影者，锯开如影木然。有鸳鸯背、半沉、半速、锦包麻、麻包锦。其曰将军兜、菱壳、雨淋头、鲫鱼片、夹木含泥等，是皆香之病也。其十四，老山牙香。其十五，新山牙香，香大块，剖开如马牙，斯为最下。然海南香虽最下，皆气味清甜，别有酝藉。若渤泥、暹罗、真腊、占城、日本所产，试水俱沉，而色黄味酸，烟尾焦烈。至若鸡骨香，乃杂树之坚节，形色似香，纯是木气，《本草纲目》以为沉香之中品，误矣。

伽　㑲

伽㑲，杂出于海上诸山。凡香木之枝柯窍露者，木立死而本存者，气性皆温，故为大蚁所穴。大蚁所食石蜜，遗渍香中，岁久渐浸，木受石蜜气多，凝而坚润，则伽㑲成。其香本未死、蜜气未老者，谓之生结，上也。木死本存，蜜气膏于枯根，润若饧片者，谓之糖结，次也。岁月既浅，木蜜之气未融，木性多而香味少，谓之虎斑金丝结，又次也。其色如鸭头绿者，名绿结，掐之痕生，释之痕合，挼之可圆，放之仍方，锯则细屑成团，又名油结，上之上也。伽㑲本与沉香同类，而分阴阳。或谓沉牝也，味苦而性利，其香含藏，烧乃芳烈，阴体阳用也；伽㑲牡也，味辛而气甜，其香勃发，而性能闭二便，阳体阴用也。然以洋伽㑲为上。产占城者，剖之香甚轻微，然久而不减。产琼者，名土伽㑲，状如油速，剖之香特酷烈，然手汗沾濡，数月即减，必须濯以清泉，膏以苏合油，或以甘蔗心藏之，以白萼叶苴之，瘗土数月，日中稍暴之，而后香魂乃复也。占城者静而常存，琼者动而易散，静者香以神行，动者香以气使也。藏者以锡为匣，中为一隔而多窍，蜜其下，伽㑲其上，使薰炙以为滋润。又以伽㑲末养之，他香末则弗香，以其本香返其魂，虽微尘许，而其元可复，其精多而气厚故也。寻常时勿使见水，勿使见燥风，霉湿出则藏之，否则香气耗散。

莞香

莞香，以金钗脑所产为良，地甚狭，仅十馀亩，其香种至十年已绝佳，虽白木，与生结同。他所产者，在昔以马蹄冈，今则以金桔岭为第一，次则近南仙村、鸡翅岭、白石岭、梅林、百花洞、牛眠、石乡诸处，至劣者乌泥坑。然金桔岭岁出精香仅数斤，某家有精香多寡，人皆知之。马蹄冈久已无香，其香皆新种，无坚老者。凡香先辨其所出之地，香在地而不在种，非其地则香种变。其土如鸡子黄者，其香松而多；水熟沙黑而多土者，其香坚而多生结，能耐霜雪。又以泥红名朱砂管者，或红如曲粉者，硗确而多阳者，为良土。莞人多种香，祖父之所遗，世享其利，地一亩可种三百馀株，为香田之农，甚胜于艺黍稷也。然可种之地仅百馀里，他处弗茂且弗香。凡种香，先择山土，开至数尺，其土黄，砂石相杂，坚实而瘠，乃可种；其壤纯黄、纯黑，无砂，致雨水不渗，潮汐润及其香，纹或如饴糖，甜而不清，或多黑丝缕，味辣而浊，皆恶土也，不宜种。香木如树兰而丛密，行人每折枝代伞，谓之香阴。其叶似黄杨，凌寒不落，种五六年即结子。子如连翘而黑，落地即生，经人手摘则否。夏月子熟种之，苗长尺许，乃拔而莳。莳宜疏，使根见日，疏则香头大，见日则阳气多。岁一犁土，使土松，草蔓不生，至四五岁，乃斩其正干鬻之，是为白木香。香在根而不在干，干纯木而色白，故曰白木香。非香，故曰白木；而不离香，故曰白木香，此其别也。正干已斩，留其支使益旁抽，又二三岁，乃于正干之馀，出土尺许，名曰香头者凿之，初凿一二片，曰开香门，亦曰开香口。贫者八九岁则开香门，富者十馀岁乃开香口。然大率岁中两凿，春以三月，秋以九月，凿一片如马牙形，即以黄土兼砂壅之，明岁复凿，亦如之，自少而多，今岁一片，明岁即得二三片矣。然贫者凿于三月，复凿于九月耳，富者必俟十阅月乃再凿，盖以十月香胎气足，香乃大良也。既凿已，其为雨露所渍而精液下结者，则其根美；其雨露不能渍、水不能腐者，其精液渗成一缕，外黄内黑，是名黄纹黑渗，以此为上。盖香以岁久愈佳，木气尽，香气乃纯，纯则坚老如石，掷地有声，昏黑中可以手择。其或鬃纹交纽，穿胸而透底者，或不必透底而面渗一黑线者，或黑圈斑驳如鹧鸪斑者，或作马尾渗者，或纯黄者、铁壳者，皆为生香。生曰生结，亦曰血格，曰黑格。熟曰黄熟，亦曰水熟。黄熟者，香木过盛，而精液散漫，未及凝成黑线者，又土壅不深而为雨水所淋者，是为黄熟。生结者，香头之下，间有隙穴，为日月之光所射，霜露之华所渍，日久结成胎块，其质不朽，而与土生气相接者，是为生结。以多脂膏润泽，洽于表里，又名血格，曝之日中，其香满室，不必焚爇，而已氤氲有馀矣。

凡凿香贵以其时，秋冬凿则良，霜雪所侵，精华内敛，木质尽化，瘠而不肥，故尤香。春凿则多水气而湿，夏凿多火气而燥。然香既凿，夜必雾露之，昼必曝之，使其木气尽去，恶者为佳者所薰染，则又一一皆香；不可以湿霉沾之，使色味损坏。若香气日久不发，濯以温汤，磨以木贼，其香复发。然当南风爇之，或有水气，不如当北风时，天气干爽，爇之乃大香。香之生结者，爇之烟轻而紫，一缕盘旋，久而不散，味清甜，妙于沉水；黄熟则反是。然黄熟亦有美者，其树经数十百年，本末皆朽，揉之如烂泥，中存一块，土气养之，色如金，其气静穆，亦名熟结。至马尾渗，则香之在朱砂黄土中者，岁久天成一线，光黑如漆，浸润香上，质坚凝而肌理密，乃香之津液所渍，气味与生结相等而更悠扬，此所以为贵也。

凡种香家，其妇女辄于香之棱角，潜割少许藏之，名女儿香。是多黑润、脂凝、铁格、角沉之类，好事者争以重价购之，而尤以香根为良。香根亦多种，盖香木善变，有种至二三十年，其根已绝美，色若黑牛角者；有种至百馀年，其根松脆，绝无可采者，则以其地不同，而香种亦变也。故凡凿香师，见香木叶小而黄，则知其下根必异，盖其精华下坠，水不能自根而上，故叶小而萎黄也。香师知其然，每窃掘之，私藏沙土之中，故主人须督视惟谨。然今种香家皆能凿香，香师亦无所施其诈矣。凡香，此半凿，彼半旋长，香皮不损，则香之肉复生，培以砂土，其香头渐大。至于百年之久，香头中空，可坐数人，其香成窝穴形，在于中空之旁者，是曰岩香，无水土之气、雨泽之滋，则尤美。或曰香之老者，以巉岩似英石，凿痕久化，纹纽而节乖错，破之参差不顺开者为良。其形殊，其气亦异，故辛者为铁面之族，恬者为蛤窝之宗，静者为菱尖，浓者为虎皮，透者为鹧鸪斑，咸有山泽云霞之气，无闺阁旖旎之味，故可重云。自离乱以来，人民鲜少种香者，十户存一，老香树亦斩刈尽矣。今皆新植，不过十年二十年之久，求香根与生结也难甚。

莞香度岭而北，虽至劣亦有馥芬，以霜雪之气沾焉故也。当莞香盛时，岁售逾数万金。苏、松一带，每岁中秋夕，以黄熟彻旦焚烧，号为薰月，莞香之积阊门者，一夕而尽。故莞人多以香起家，其为香箱者数十家，藉以为业。其有不经制造者，亦曰生香；以上香杂次香中蒸炙成纹，以应贾人之急，亦曰熟香；其以瓦罂烧热，投劣香于中，厚盖之，使火气逼而精液盈，面点点成斑综纹，以为此生格也、熟结也，斯则伪香，而吴下亦多售之，故香估易以致饶。

德庆有香山，高明、新兴有老香山。《南越志》：“盆允县利山多香林，名香多出其中。”又：“朱崖有香洲，洲中出诸异香，往往无名。”而并未言及东莞。盖自有东莞所植之香，而诸州县之香山皆废矣。昔之香生于天者已尽，幸而东莞以人力补之，实之所存，反无名焉。然老香二山，至今未尝无香，而地苦幽深，每为虎狼所扼，盖山谷之珍，固不欲尽出于人世也。东莞香田，盖以人力为香，香生于人者，任人取之，自享其力，鬼神则不得而主之也。然东莞出香之地多硗确，种香之人多朴野，不生文采，岂香之能夺其灵气耶？香择其地而生，香无美恶，以其地而为美恶，购香者问其所生何地，则其香之美恶可知矣。地之硗确者不生他物，而独生香，有香而地无馀壤，人无徒手，种香之人一，而鬻香之人十，爇香之人且千百，香之为用亦溥哉！

鹤顶香

古榕之腹，常有鸟衔香子堕落其中，岁久香木长成，其枝叶微出榕杪，白鹤之所盘旋，朝夕不散，久之香木作结，坚润如脂，人取而爇之，香烟翔舞，悉成白鹤之形，白鹤大小，则视香烟之秾薄，是名鹤顶香，东莞或时有之。或曰是遁香也，身在榕中，而气与鹤相感，盖以榕为体，以鹤为用者也。闻成化间，有南海人于水濒得朽木，大如钵盂，知为沉香也，爇之，其烟作七鹭鸶，飞至二三丈。以献于朝，得官锦衣百户。识者谓沉香在水次，七鹭鸶饮宿其上，积久精神晕入，因结成形，此亦鹤顶香之类也。

兰　香

莞香之精者不可变，其粗者可变，变之以兰。以兰变之，其香遂为兰香。盖兰以香为质，香以兰为神，兰之神无所寄，寄于香，寄于香而兰之神于是乎长留矣。然诸兰之神不可留，惟树兰可留。树兰大者数围，其叶大者叶三，名三叶；小者叶五、叶七，名五叶、七叶。五叶、七叶者，花香而味幽细，夏月盛开，以莞香之粗者，茗以濯之，杂置树兰于其中，包以蜜香之纸，曝以烈日，兰焦复易，如此四五度，乃封贮之。爇则兰气清芬，宛如黄粒初熟，露华尚凝，如游于金粟之林矣。然香薰晒于夏，不可即爇，爇必在冬春之间，阳气既纯，味乃恬永。其兰干者亦勿弃，留在香中使相养，兰气善还，虽隔岁，犹可研末以作香线也。

诸　香

诸香，有曰鸡蹢香，枝条似鸡距故名。一曰鸡香，一曰鸡藤香，一曰鸡骨香。有冷生香，似降香而小。降香，一曰降真香，杂诸香焚之，其烟直上，辄有白鹤下降。有马眼香，其藤大如臂，岁久心朽皮坚甚香，周遭有小眼，如雕刻香筒状，粤人多以供神，谓之比降。降之真者，从海舶而来，曰番降，根极坚实，色紫润似苏方木，烧之初不甚香，得诸香和之特美，其屑可治刀伤。有水藤香，有枫香，即枫胶也，一曰白胶香。有左纽香、石檀香。有海漆香，产文昌海港，色甚黑，焚之油出如漆。有龙骨香，其树丛生有刺，汁甚毒，枝老而根结者美。有芸香，山中树液所结，杂诸香焚之，能除湿气。有思劳香，状乳香而青黄褐色，气似枫胶。有橄榄香，橄榄之脂也，如黑饴状，以黄连木及枫胶和之，有清烈出尘之意。有薰陆香，一名马尾香，《山记》：罗浮有越王捣薰陆香。其曰白木香，则东莞香木之枝干也，经斫伤则成黄熟，否则岁久亦止白木，故曰白木香。广中香族甚多，其未知名者，味皆酷烈。广人生长香国，不贵沉、檀，顾以山野之香为重也。

檀　香

岭南亦产檀香，皮坚而黄者黄檀，白者白檀，皮腐而色紫者紫檀，皆有香，而白檀为胜，与紫檀皆来自海舶。然罗浮亦有白檀。竺法真谓：“元嘉末，有人于罗山见一树，大三丈馀围，辛芳酷烈，其间枯条数尺，援而刃之，乃白旃檀也。”比年三水县西北百馀里，有香树一株，大七八丈围，其干至四丈乃发枝，垂阴二亩，通体纯白，土人称白银香，盖白檀也。某帅使数百人伐之，仅于树根一窍为雨水所浸渍者，得香二十馀斤，味如沉水，其馀枝条皆不香。又新安黄松冈，有香树三株，叶细如豆，类九里香，然不降不结，以不经斩伐，故精液不凝，而皆散为枝叶也。枝叶为香之累，枝叶多，则其香在枝叶不在根节；然不在根节，则其香亦不在枝叶。盖根节者香之精华所聚，藉斧斤之力而凝，去其累精华者，而后精华有所归。然此为莞香及沉速而言，若旃檀则寸寸皆香，不必其降其结，而以遭鬼神嫉忌，故尔质变而不香。噫，神物固不可以贪求也哉！

煎　香

香之美者，宜煎不宜爇，爇者有烟而无气，煎则反是。盖气者香之魂，烟者香之魄，魂清而魄浊，魂轻而魄重。善焚香者，取其气弗取其烟，取其魂弗取其魄，故常煎而不爇。煎之之法，以生结之囫囵者，浣以新茗，芟其松浮，磨其棱角，而置香面于下，底于上，微沾少水，使香质滋润，火既活，而灰复干，乃以玉碟或砂片隔之，使之不易就燥，香质不焦，脂液不流，则香气生空，若无若有，香一片足以氤氲弥日，是名煎香。盖五行木主藏魂，金主藏魄。故气者香之魂也，木也；质者香之魄也，金也。其质贞者其气清，金之气多也；其质脆者其气浊，木之气多也。故煎香以取金气，金气不热，则香魄长存。然惟生结囫囵者乃多金气，黄熟则不及。

心字香

《骖鸾录》云："番禺人作心字香，以素馨、茉莉半开者着净器，薄斯沉水香，层层相间，封之，日一易，不俟花蔫，花过香成。"蒋捷词云："银字筝调，心字香烧。"予诗："多烧心字是心香，茉莉黄沉共作芳。香是番禺心字好，紫烟一缕结鸳鸯。"

南方花皆可合香

南方花，如素馨、茉莉、阇提、佛桑、渠那、大小含笑之类，皆可合香。又有麝香花，夏开，与麝香木皆类真麝香，或传美家香用此诸花合之。温氏云：素馨、茉莉摘下花蕊，香才过，即以酒噀之，复香。凡生香，蒸过愈佳，如梅花、瑞香、酴醿、栀子、茉莉、木犀及橙橘花之类，皆可蒸。他日爇之，则群花之香毕备。见《香乘》。

种排草香

予沙亭乡江畔，有沙地二三十亩，其种宜排草，农人以重价佃之。春以播秧，至六月始种排草，十月收之。其根长五六尺，卖以合香；叶以泥渍使干，卖与番人为药。每地一亩，以半种姜、芋，以半种排草，以菜麸壅之，次年则以种姜、芋者种排草，必相易也。农人喜种排草，其利甚厚，惜宜种之地不能多有，沙亭之外，如潭山、大岭间，亦有数十亩焉。

卷二十七　草语

竹

竹曰华草，言草者故当以竹为首。东粤多竹，多异竹。有碧玉间者，其茎黄，有青丝间之，名“碧玉间黄金”。有黄金间者，其茎翠碧，有黄丝间之，名“黄金间碧玉”。有桃丝竹，黄黑丝间之，如棕竹而纹微粗。有青皮竹，大寸许，高二丈馀，皮冬夏长青，如初笋时去青作篾，与白藤同功。有黄皮竹，凡竹非青则绿，此独黄。古诗云：“林中枝枝金琅玕，一丈二尺拂云端。”谓此。有人面竹，节小而中大，小处如人面，大处如腹，亦曰佛肚竹。有鹤膝竹。有马蹄竹，竹干如马蹄。有马鞭竹，节逆生而无枝。有牛角竹，本大末小。有象牙竹，色如白象牙。有石竹，大者径三寸，质实微空，最坚，老者斧斤不能入，倭刀触之立断。有筋竹，茎直节平，不蛀，宜为矛。有竻竹，一名涩勒，勒，刺也，广人以刺为勒，故又曰勒竹，长芒密距，枝皆五出如鸡足，可蔽村寨，子瞻诗“涩勒暗蛮村”，一名箣竻。新兴向无城，环种是竹，号竻城。其材可桁桷，篾可织，皮可锉物，土人制为琴样，以砺指甲，置于杂佩之中，用久微滑，以酸浆渍之，复涩如初。有蒲竹，性坚而直，亦可作屋材。有大头竹，叶如芦，径五六寸，长者三四丈，宜为枧通水；以作篾，风浪不惊，然须尽去青皮，否则拆裂。有单竹，节长二尺，有花穰、白穰之别，白穰篾脆可为纸；花穰柔而韧，篾与白藤同功，练以为麻织之，是曰竹布，故曰“南方食竹而衣竹”。有篱竹，大者径寸，削之利如剑戟，小者镞羽为箭，能及远。其叶箬，亦曰白叶，叶生甚密，状如苇，可编篱落，作罩及船篷。有水竹，水居者以为障蔽，作撑篙非此莫胜，故种者虽多，而价常倍于他竹。有长节竹，节长至丈许。有筀竹，叶细节疏，宜作蜜丝。有扶竹，枝干相扶而生。有苦竹，类茅而节高茎曲，宜编织，性寒宜作沥青，其根穿行山谷，延蔓成林，又名过山苦，予诗“笋爱穿山苦”。

罗浮有大竹。《六帖》云：“罗浮第三峰有竹，大径七尺围，节长丈二，谓之龙公竹，常有鸾凤栖宿。其东有溪曰罗阳，永泰中，暑雨溪涨，有竹叶若芭蕉叶大，随水流出，须臾一竹阔二尺馀，长二丈，随之，盖龙公之竹也。”按，“龙公”一作“笼葱”，旧志：“笼葱竹大可十围，世但闻其名，不识其物。水帘洞有道人庵，忽一人自称姓黄来寄宿，及去，留青竹篾一条，长二丈馀无节。”又《北户录》云：“贞元中，有人至罗浮第十三岭，见巨竹百千万竿，竹围二十一尺，有三十九节，节长二丈，笋甚肤直。”此必笼葱之竹也。罗浮故多异竹，千百其类。予尝自分水嶼至瑶池，二十馀里，皆行竹林中，枝叶交加，以两手分披而过，欲寻笼葱，视之无有也。客云：“昔湛文简入罗浮，舆竿将折，就道傍老父取篾缚之，至暮，舆人视篾长二丈馀无节。又崇祯间，一老父买篾环于广州，一钱一环，环大八九寸，率无节无端。此皆异竹，必无意乃可遇之。”其常可遇者，有箘簵竹，大如脚指，坚厚修直，竹成时，笋皮未落，辄有细虫啮之，其文赤白似绣画。又双髻峰下百十步刘仙坛侧有符竹，竹不甚大，高止数尺，叶上有文如蜗涎，如古篆籀，其行或复或单，或疏或密，叶叶不同，若今巫觋所书符者。一竹中有一叶二叶，或数十竹中无一叶。叶虽枯而文色不改，文多白，与叶色不同，山人谓之竹叶符，每以饷客。又有沙箸竹，长尺许，其心如骨，白而劲，可以为箸。采者须轻步从之，不尔，闻人行声辄缩入沙中不可取，名“越王馀算”。此皆异竹也，大者笼葸，小者沙箸，盖罗浮最知名者。其美者有桃枝竹，大至四寸，疏节葱茎，上下如一，皮光滑而黄，丛而不蘙，名真琅玕。《南越志》云：“博罗东洲足簟竹，或有赞者曰：‘簟竹既大，薄且空中，节长一丈，其直如松。’”此言桃枝竹也，以为簟曰桃笙。又有桃竹，产青霞谷中，叶如棕，身如竹，密节而实中，犀纹瘦骨，高丈馀，瑶人以为弩弦。铁桥、石楼诸峰多慈竹，有斑点者，有黄如金者，有绿色密节者，不畏水旱，随处可植。亦有邛竹、方竹。有观音竹，小如箸，高二三尺，叶细离披如草然。大抵罗浮竹类甚众，东北数十里皆产竹，居人每以春夏采笋脯之，秋冬破削为篾，以售广、惠二州。

岭南奇草，大抵多蕉竹类，叶多如芭蕉，干多如竹，若槟榔、桄榔、椰、蒲葵，皆木之竹也。木之竹以叶而失其木，竹之木以干而失其竹者也。罗浮有芭蕉竹，有槟榔竹。信宜之东山有木竹，皆以叶而名之为竹，故岭南竹类绝繁。

岭南笋不如江浙，以其地火房少霜雪，火炎上，故笋味多苦。盖竹冬生之草，生于冬仲，得一阳初复之气，其时火足于地中，雷以火足而动，故竹以火足而萌，萌得火气之先，故味苦。其稍甜者惟油筒竹，笋名龙牙，及甜竹、笙竹、猫竹、筋竹、簩竹五种笋耳。凡竹有雌雄，第一节歧枝者雌，雌者多笋，是曰孕笋。有思摩竹，甚高大，笋生于节，笋成竹已及春，笋复生节，节之笋七，根之笋三，节节有笋，期年遂成大丛，然其笋绝不可食。

笋者竹之初气，勃然始生，其性迅锐而行，益人气力，而其味以甘为贵，而山中采笋者，辄鬻其甜，而自食其苦，谓甜者胀人，苦者可久食耐饥云。然笋最难克化，其味削，能瘦损人。惟韶阳冬笋，于雪中得一阳之先，未出土，其真气全；未经雷雨甲拆，其神全。此簩龙之至精者，食最宜人，惜山中野人未之知。外从化有马竹，笋大如盘，长至二尺。西宁有银竹，笋长三四尺，虽至梢与其母齐，簩犹不陨，剥之肥白而脆。增城有圣笋，阳山有春不老，崖州有藤竹，其性坚实耐久，长逾寻丈，笋亦美。

芭　蕉

草之大者曰芭蕉，虽复扶疏若树株，而茎干虚软，苞裹重皮，皮之中无所谓肤也，即有微心，亦柔脆不坚，盖得草之质为多，故吾以属于草。其大者兼围，高二丈馀，叶长丈，广尺至二三尺，中分如幅帛，有双角，其叶必三,三开则三落，落不至地，但悬挂茎间，干之可以作书，陆佃云“蕉不落叶，一叶舒则一叶焦巴”是也。花出于心，每一心辄抽一茎作花，闻雷而拆，拆者如倒垂菡萏，层层作卷瓣，瓣中无蕊，悉是瓣，渐大则花出瓣中。每一花开，必三四月乃阖，一花阖成十馀子，十花则成百馀子，小大各为房，随花而长，长至五六寸许，先后相次，两两相抱。其子不俱生，花不俱落，终年花实相代谢，虽历岁寒不凋，此其为异也。子以香牙蕉为美，一名龙奶。奶，乳也。美若龙之乳，不可多得。然食之寒气沁心，颇有邪甜之目。其叶有朱砂斑点，植必以木夹之，否则结实时风必吹折，故一名折腰娘。曰牛乳蕉，曰鼓槌蕉，曰板蕉，皆大而味淡。鼓槌蕉有核如梧子大而三棱。曰佛手蕉者，子长六七寸，小而皮薄味甜，是皆甘蕉之知名者。蕉之可爱在叶，盛夏时高舒垂荫，风动则小扇大旗，荡漾翻空，清凉失暑，其色映空皆绿。

其高五六尺者，叶长干小，萧疏如竹，曰水蕉，其花如莲，亦曰莲花蕉。一种瘦叶，花若蕙兰而色红，日拆一两瓣，其端有一点鲜绿，春开至秋尽犹芳，名兰蕉，亦名美人蕉，宜种水中。其最小可插瓶中者，曰胆瓶蕉。此三种皆花而不实，但可名芭蕉，不可言甘蕉。言甘蕉者以其实，言芭蕉者以其叶也。巴者焦也，其叶巴而不陨，焦而长悬，故合言之曰芭蕉也。粤故芭蕉之国，土人多种以为业，其根以蔬，实以糇粮饼饵，丝以布，其絺绤与荃葛同，而柔韧逊之，名布蕉。布蕉多种山间，其土瘠石多，则丝坚韧；土肥则多实，而丝脆不堪为布。谚曰："衣蕉宜瘠，食蕉宜肥。肥宜蕉子，瘠宜蕉丝。"子熟时大小排比，或以十馀二十馀为一梳，彼此相饷。子瞻诗："西邻蕉向熟，时致一梳黄。"其形如梳，子长短者如梳齿，黄时生割之，置稻谷中数日即熟，熟乃大香可食。增城之西洲人多种蕉，种至三四年即尽伐，以种白蔗。白蔗得种蕉地，益繁盛甜美。而白蔗种至二年，又复种蕉，蕉中间植香牙蕉与蜜桔、芋、蒝等，皆得芳好。其蕉与蔗相代而生，气味相入，故胜于他处所产。予家园蕉，每生一岁即结子，花将谢，摘去花端，使滴出精液，益大结子。结子已，此株即不复结，须伐去此株，使他株萌蘖者结子。将结子时，先出一短红叶为信，夜中爆蕾，声甚响，然恒不使人见。蕾出为花，花谢乃成子，子经三四月而熟。婴儿乳少，辄熟蕉子饲之。又以浸酒，味甚美，而蕉心嫩白者以为菹。

朱蕉

朱蕉，叶芭蕉而干棕竹，亦名朱竹，以枝柔不甚直挺，故以为蕉。叶绀色，生于干上。干有节，自根至杪，一寸四三节或六七节，甚密，然多一干独出无旁枝者，通体铁色微朱。以其难长，故又名铁树。吾家种之成林，客有见者，爱其叶，则以为朱蕉，而朱竹之名隐；爱其干，则以为朱竹，而朱蕉之名隐；爱其花，则以为铁树开花不易，而皆以为铁树，而朱蕉、朱竹之名并隐。嗟夫！一物也而三名，三名而不得其成，其亦善于自隐者欤？

蔗

蔗之珍者曰雪蔗，大径二寸，长丈，质甚脆，必扶以木，否则摧折。《世说》云“扶南蔗一丈三节，见日即消，风吹即折”是也。其节疏而多汁，味特醇好，食之润泽人，不可多得。今常用者曰白蔗，食至十梃，膈热尽除。其紫者曰昆仑蔗，以夹折肱骨，可复接，一名药蔗。其小而燥者曰竹蔗，曰荻蔗，连冈接阜，一望丛若芦苇，然皮坚节促不可食，惟以榨糖。糖之利甚溥，粤人开糖房者多以致富。盖番禺、东莞、增城糖居十之四，阳春糖居十之六，而蔗田几与禾田等矣。凡蔗以岁二月必斜其根种之，根斜而后蔗多庶出。根旧者以土培壅，新者以水久浸之，俟出萌芽乃种。种至一月，粪以麻油之麸。已成干，则日夕揩拭其蝨，剥其蔓荚，而蔗乃畅茂。蔗之名不一，一作竿蔗，蔗之甘在干在庶也。其首甜而坚实难食，尾淡不可食，故贵其干也。蔗正本少，庶本多，故蔗又曰诸蔗。诸，众也，庶出之谓也。庶出者尤甘，故贵其庶也。曰都蔗者，正出者也。曹子建有《都蔗诗》，张协有《都蔗赋》，知其都之美，而不知其诸之美也。增城白蔗尤美，冬至而榨，榨至清明而毕。其蔗无宿根，悉是当年，故美。榨时上农一人一寮，中农五之，下农八之十之，以荔支木为两辘，辘辘相比若磨然，长大各三四尺，辘中馀一空隙，投蔗其中，驾以三牛之牯，辘旋转则蔗汁洋溢，辘在盘上，汁流槽中，然后煮炼成饴。其浊而黑者曰黑片糖，清而黄者曰黄片糖，一清者曰赤沙糖，双清者曰白沙糖，次清而近黑者曰瀵尾。最白者以日曝之，细若粉雪，售于东西二洋，曰洋糖。次白者售于天下，其凝结成大块者，坚而莹，黄白相间，曰冰糖，亦曰糖霜。

兰

兰为香祖，兰无偶，乃第一香。以桠兰为上，桠者茎多歧出，其叶长至三尺，蕾尖花大且繁，多有一茎及桠开至五十馀花者，色黄有紫点，香味甚厚，称隔山香。次则公孙逼，每一大茎，辅以二小茎，若公领孙，其花从上开下。次曰出架白，花高出叶上，甚洁白，从下开上。次则青兰，叶长二尺，小而直，其花青碧，以白干者为上，青干、紫干次之。次黄兰，叶长而稍大，花淡黄，有小红纹。次草兰，以短叶白干者为上，其花肥，喜食霜雪，不资灌秽，有双花、单花之别。外有风兰，花如水仙，黄色，从叶心抽出，作双朵，系置檐间，无水土自然繁茂。又有花如秋海棠，蕊则兰，花紫蕊黄，甚幽媚，名鹿角兰，叶细如鹿角海藻。有石兰，生于石上，与相类，叶长四五寸，小而柔韧，花色淡白。有小玉兰，花亦作淡白色，甚清香。有倒兰，花倒垂，紫色。有报喜兰，如蜡梅而色红紫，香味亦同，每茎作七八枝，悬树间勿侵地气，遇有吉事则开。寤生者，以花根悬户上即生，亦曰催生兰。是皆以空为根，以露为命，乃风兰之族。有贺正兰，每当立春及元日开。有夜兰，寻之不见，夜乃闻香，罗浮多有之。凡兰生深林中，微风过之，其香蔼然达于外，故曰幽兰。林愈深则茎愈紫，香更有馀。而夜兰开于夜，尤为幽绝，斯又兰之隐者也。有翡翠兰，六瓣三蕊，色如翡翠。有鹤顶兰、凤兰、龙兰，皆以花形似名，然不香。鹤顶兰花大，面青绿，背白，蕊红紫，卷成筒形，微似鹤顶，一茎直上，作二十馀花，叶甚大。有朱兰，花小色丽，开只一朵，朵六出，叶如百合。有球兰，开至五十馀朵，团圆如球。有竹叶兰，叶似竹似萱，花则兰也，深紫，丛生，有微香。有文殊兰，叶长四五尺，大二三寸而厚，花如玉簪如百合而长大，色白甚香，夏间始开。是皆兰之属。或谓兰与蕙难辨，凡生下湿，方茎赤花者为蕙，所谓薰也；凡多花者皆蕙，非真兰。真兰者，叶短而柔，一茎一花，色如玉，瓣中无黑脉紫纹，蕾未出土，香已喷人，幽谷中亦不可多得，是为真兰。然大抵春芳者为春兰，色深；秋芳者为秋兰，色浅；而桠兰四时有花，春秋尤盛，故为兰之伯长。旧说谓楚人贱蕙而贵兰，故其室西养蕙而东养兰，南粤亦然。予有《种兰经》云："植以兰盎，培以兰泥。沃用豨毛之水，或兼白蚬之肥。半阴半阳，风日迟迟。温汤最善，人气尤宜。美人膏沐，灌之繁滋。于是芽抽不已，葩吐无时。发箭九节，开桠十枝。三岁一分，根忌盘结。瘠则少花，腴则多叶。"凡兰生虱斑，谓之鹧鸪斑，以佳茗和茶子油洒叶，斑则自除。兰性畏寒，而荆棘气可以温之。燥则叶黄，湿则蠛，置之橘柚树下少蠛，龙眼树下多蠛。

《离骚》香草，皆服御恒珍，而尤以兰为贵。言兰必兼言蕙，兰花少而香多，蕙花多而香少。兰，兄也，蕙其弟也。兰又女类，故男子树之不芳。草木之性，惟兰宜女子树之。一名水香，以其多生水旁，故溱、洧士女，秉之以祓禊也。然此兰古谓都梁香，《本草》以为大泽兰，其花叶皆香，而燥湿不变，故可刈而为佩，凡香草皆然。今之所谓兰者，花虽香，叶乃无气，又其花质弱易萎，皆非可刈而佩者，斯乃蕙也，非兰也。

沅、澧所生，在春而黄，在秋而紫，秋紫之芬馥，胜于春黄。岭南之兰不然，其非三闾之所采也明甚。予诗：“猗彼幽兰花，春黄而秋紫。颜色能随时，所以媚君子。”又云：“花叶皆有香，乃可持为佩。幽幽君子心，非兰无所爱。”

种兰之泥宜色黑，以日暴之，泥既干，则隔以尿，以火燔烧之，亦勿过熟，使生气多留。盖暴以取日之阳，烧以取火之暖，亦使泥一一成块而爽水也。泥不可满，水不可多，燥湿得宜，兰斯茂发。故疏之使其不逼，密之使其相亲，深之使其根固，浅之使其易芽。芽生于松不于实，花生于暖不于寒，故冬勿覆盖，春勿灌溉，夏勿晒，而秋勿肥，依时以为珍护，而后兰乃畅盛也。兰者，花之君子，能知恩义，有喜则报，有哀则知，所手植之人死，必以衰麻一片挂之，否则立槁。

赛兰

赛兰长二三尺，茎叶离披甚弱，盛以美盎，以竹圈数重护之。性喜阴润，亦勿过湿，及以烟火相近。花如珍珠，如金粟，一枝辄作数串，分布若鸡爪，一名鸡爪兰，亦曰碎兰，四时有花，色黄绿而香，经久不散。白沙诗：“南有赛兰香，名花人未识。光风散微馨，甘露洗新碧。一月薰蒸来，氤氲在肝膈。乃知方寸根，中禀天地塞。”一名暹兰，以来自暹罗斛，故名。

菊

岭南菊，冬乃盛发。子瞻在海南，以十一月之望，与客泛菊作重九。有云：“岭南地暖，百卉造作无时，而菊独后开。考其理，菊性介烈，不与百卉并盛衰，须霜降乃发，而岭南常以冬至微霜故也。”大均谓：“《记》称：菊，穷也；华事至此而穷尽，故谓之菊。岭南华事，以菊始而不以菊终，华于正月，又华于十一二月。菊故名节华，又曰女节，至岭南则非节矣。盖岭南地最晚寒，故菊晚开，黄菊应寒者也。”予诗：“未敢违霜露，宜寒故晚开。”又曰：“不是花难发，炎洲故晚寒。”

薏苡

薏苡，一曰赣米，亦曰薏珠子，交趾人呼为簳珠，食以代米，或杂米中熟之。谚曰：“食米得薏，薏一米二。从郎二米，侬只一薏。”又曰：“郎是簳珠儿，侬是薏珠子。自怜同一珠，甘苦长相似。”

仙茅

仙茅，产大庾岭。自岭之巅折而东，稍下为嫦娥嶂，相传葛稚川弃其馀丹，生仙茅，叶似兰蕙，花六出，其根独茎而直，傍有短细根相附，八月采之，濯以嶂下流泉，色白如玉，以酒蒸晒，常服补益真气，土人多以饷客。罗浮仙茅，高仅一二寸，八月生黄花，根如指大，长寸许。外有白茅，生山谷中，状如排草，以作浴汤，合诸香甚良。又有香茅，名辣草，皆瑶草之族。

素馨

珠江南岸，有村曰庄头，周里许，悉种素馨，亦曰花田。妇女率以昧爽往摘，以天未明，见花而不见叶，其稍白者，则是其日当开者也。既摘，覆以湿布，毋使见日，其已开者则置之。花客涉江买以归，列于九门，一时穿灯者、作串与璎珞者数百人，城内外买者万家，富者以斗斛，贫者以升，其量花若量珠然。花宜夜，乘夜乃开，上人头髻乃开，见月而益光艳，得人气而益馥，竟夕氤氲，至晓萎，犹有馀味。怀之辟暑，吸之清肺气。予诗："盛开宜酷暑，半吐在斜阳。绕髻人人艳，穿灯处处光。"花又宜作灯，雕玉镂冰，玲珑四照，游冶者以导车马，故杨用修云："粤中素馨灯，天下之至艳者。"儿女以花蒸油取液，为面脂头泽，谓能长发润肌。或取蓓蕾杂佳茗贮之；或带露置于瓶中，经一宿，以其水点茗；或作格悬系瓮口，离酒一指许，以纸封之，旬日而酒香彻。其为龙涎香饼香串者，治以素馨，则韵味愈远。隆冬花少曰雪花，摘经数日乃开。夏月花多，琼英狼藉，入夜满城如雪，触处皆香，信粤中之清丽物也。庄头人以种素馨为业，其神为南汉美人，故采摘必以妇女，而彼中妇女多不簪戴。有咏者云："花田女儿不爱花，萦丝结缕饷他家。贫者穿花富者戴，明珠十斛似泥沙。"可谓善言土俗也。语云"珠浦之人以珠为饭，花田之人以花作衣"是也。素馨本名那悉，亦名那悉茗。志称："陆大夫得种西域，因说尉佗，移至广南。"《南中行纪》云，南越百花无香，惟素馨香特酷烈。则素馨之名，在贾时已著。广南多花木，贾未尝言，惟言罗浮山桃、杨梅及茉莉、素馨耳。素馨因陆大夫而有，今花田当祀陆大夫，以素馨为荐，犹梅岭之上以梅花荐梅将军鋗也。花田者，陆大夫之汤沐也。

东莞称素馨为河南花，以其生在珠江南岸之河南村也。儿女子以彩丝贯之，素馨与茉莉相间，以绕云髻，是曰花梳；以珠围髻，则曰珠掠。予诗："珠掠盘明月，花梳间海棠。"

广中七七之夕，多为素馨花艇，游泛海珠及西濠、香浦。

秋冬作火清醮，则千门万户皆挂素馨灯，结为鸾龙诸形，或作流苏，宝带葳蕤，间以朱槿以供神，或当宴会酒酣耳热之际，侍人出素馨球以献客。客闻寒香，而沉醉以醒，若冰雪之沃乎肝肠也。以挂复斗帐中，虽盛夏能除炎热，枕簟为之生凉。谚曰："槟榔辟寒，素馨辟暑。"故粤人以二物为贵，献客者先以槟榔，次以素馨。素馨贵而茉莉贱，茉莉宜于女子，素馨宜于丈夫。

广州有花渡头，在五羊门南岸。广州花贩，每日分载素馨至城，从此上舟，故名花渡头。花谓素馨也，花田亦止以素馨名也。盛平时，花多而价贱，十钱可得素馨升许，家有十馀口，簪戴皆足。今也人尽髡形，花无所着，亦渐以稀少矣。诸花户皆贫，芜其花田而弗种，即种亦不蕃滋，盖时为之也。南人喜以花为饰，无分男女，有云髻之美者，必有素馨之围，在汉时已有此俗，故陆贾有"彩缕穿花"之语。

蒌

蒌以东安富霖所产为上，其根香，其叶尖而柔，味甘多汁，名曰获扶留。他产者色青味辣，名南扶留，殊不及。然番禺大塘、康乐、鹭冈、凤冈头诸村，及新兴、阳春所产亦美。冬间以刍草覆之，稍沾霜雪立萎矣。凡食槟榔，必以蒌叶为佐；或霜雪盛，少蒌叶，亦必屑其根须；或以山蒌藤代之，而以蚌灰为使。否则槟榔味涩不滑甘，难发津液，即发亦不红。凡食槟榔，以汁红为尚，然汁不可吐，吐则无馀甘。先忍蒌叶之辣，乃得槟榔之甘；槟榔之甘，生于蒌叶之辣。谚曰："槟榔浮留，可以忘忧。"言相须之切也。浮留者，扶留也，其藤缘墙而生。槟榔树若笋竹竿，至颠吐穟，二物为根不同，所生亦异，而能相成至味若此。俗聘妇，必以二物及山辣、椰子、天竺、桂皮、蒟子为庭实。蒟子，蒌之实也，状如桑椹，熟时色正青，以作酱，能和五味，见珍于尉佗、唐蒙。潮阳所产蒟尤美，辛而微甜，以火炙干其叶，或蜜藏之，可行远。粤又有榄酱。

蒌与槟榔，有夫妇相须之象，故粤人以为聘果，寻常相赠，亦以代芍药。予诗："欢作槟门花，侬作扶留叶。欲得两成甘，花叶长相接。"又云："赠子槟榔花，杂以相思叶。二物合成甘，有如郎与妾。"相思树其叶可食，而蒌亦名相思叶云。

蒟，即蒌也。湛若谓："蒟酱，瑶中家家用之，以荜茇为主，杂以香草，味虽佳，不足为异。"荜茇者，蛤蒌也。赵佗云蒟酱道西北牂牁而至，《吴都赋》云"蒟酱流味于番禺之乡"，以蒟酱出自牂牁，故云流味也。大均云："吾粤产蒟，而不知为酱，然今为滋味者，多以蒟叶调之，亦酱之义。"予诗："越辣调扶雷，吴酸瀹露葵。"又云："蒿蒌瀹为齑，吴酸古所尚。"

西洋莲

西洋莲，蔓细如丝，朱色，缭绕篱间，花初开，如黄白莲十馀出，久之，十馀出者皆落，其蕊复变而为菊。瓣为莲而蕊为菊，以莲始而以菊终，故又名西洋菊。有时更从残萼吐花，累三四重，经月不谢。其花始则一大者变为一小者，继则一旧者变为一新者，一而二,二而三,三而四五，花花不穷，盖花之善变而不失其本者也。其种来自西洋，广人多杂以玉绣球、蔷薇、凌霄等花，环植庭除，开时诸色相间，谓之天然锦屏。

秋海棠

秋海棠，无香。有客尝从禺峡归猿洞采得秋海棠，甚香。谓岭南诸花，其香者多生深谷，人所罕见，不独秋海棠为然。予谓南州炎德，阳多而气常泄，阳多故花厚于色，气泄故花薄于香。邃谷幽岩之间，阴积寒凝，日光稀照，故花气不泄而多香。故夫花薄于香者，阳气纯在色也；薄于色者，阳气纯在香也。端州羚羊峡有春海棠，花与秋海棠相似，亦香，而叶大有毛，叶面红绿色，有细白点如粟甚多，背红紫如古番锦，茎淡紫而长。西宁有野海棠，开在春夏之交，花稍大，不香。又有金丝海棠，五出而大瓣，与须蕊皆黄，一名金丝桃，其花如桃而大，故名桃。其须多而长如海棠丝，丝末各有一小蕊珠，故名海棠，亦不香，是皆野花。大抵粤花之美者多在野花。

凤尾花

凤尾花，叶与穗皆若凤尾，叶长五六尺，木有花纹，节节相通可玩。植之辟火，以花置书帙中辟蠹。有咏者云："凤尾花香辟蠹鱼。"一名凤尾蕉，亦曰火蕉，烧铁钉之则茂，然其花必数十年，实亦如之。

凤仙花

凤仙，叶似桃叶而有锯齿，椏间作花，头翅尾足皆具，翘然如凤之形，一名金凤花，有红、白、紫、碧数色，妇女以花及茎叶包染指甲，亦称指甲草。有歌云："指甲花连指甲草，大家染得春纤好。"

露头花

露头花，多产番禺蓼涌，其叶如剑脊，边皆有芒刺，花抽叶中，与叶仿佛相似，色白而柔，花中有蕊如珍珠粟形，常含清露涓滴，故名露花。以火燔其根，便成大头出土上，花乃茂盛，故又名露头花。夏月大开，以花置油上晒之，香落油中，芬馨隔岁不灭，以膏发，照读书，芳盈一室，广人甚珍之。予《荔支诗》有云："朱楼初日上窗纱，镜里妆成阴丽华。不用胭脂边地草，但调南国露头花。"其笺云："蓼涌之上，花曰露头。花中有粉，傅面光流。采花曝日，香落兰油。持为膏沐，发美而柔。荔子一种，芳气同俦。亦名露花，珍果之尤。"

水　仙

水仙头，秋尽从吴门而至，以沙水种之，辄作六出花，隔岁则不再花，必岁岁买之。牡丹亦然。予诗："冬尽人人争买花，水仙头共牡丹芽。"

换　锦

换锦者，脱红换锦、脱绿换锦也。叶似水仙，冬生，至夏而落，独抽一茎二尺许，作十馀花，花比鹿葱而大，或红或绿。叶落而花，故曰脱红、脱绿；花落而叶，故曰换锦。花与叶两不相见，花以换其叶，叶以脱其花，故又曰脱衣换锦。红者叶小花短，绿者叶大花长。花多七瓣，与蕊各在一边，瓣有卷纹，蕊特长。

胡蝶花

有胡蝶花者，状似胡蝶，微风至，摇荡若飞，一名金茎花。谣云："不戴金茎花，不得入仙家。"有胡蝶树，高三五尺，叶皱而有棱，蓓蕾丛生至二三十许，花皆四朵相对，须眼微具，一花谢一花复开，相续不断，新会白水为盛。又有胡蝶花，其叶类萱而扁，花六出，色黄，上有大红点，中抽一心，心外黄须三茎绕之，绝似胡蝶。又一种叶如射干，而花六出如胡蝶，大径四寸，有三小瓣如兰，其蕊色紫，名紫胡蝶。又一种如玉绣球，四围有胡蝶环之，一球或四胡蝶，或六或八，有偶无奇，色红白各随其花。又有如兰草者，吐茎开花状胡蝶，花卸则随风飘飏直上，为真胡蝶。又有丹青树者，其叶常化胡蝶，有翠绀、缕金眼、丁香眼、黑花、绀脉不等，大者如蝙蝠，小者如榆叶，《庄子》谓"乌足之叶化胡蝶"是也。又百合花，亦常化胡蝶，罗浮多有之。胡蝶为花为叶，花与叶复为胡蝶，变化之妙若此。予诗："胡蝶花所变，复为胡蝶花。与郎共一体，亦如云与霞。"又云："愿似胡蝶花，花开红烨烨。花落随风飞，复作双胡蝶。"

夜落金钱

夜落金钱，大如钱，六瓣，五蕊耸出，中一蕊特长如孔雀髻，蕊黄，花大绛。日午始开，至子时而落，名子午花，古诗云："花犹知子午。"予诗："金钱花不久，花莫作金钱。"有白色者，名银钱。

雁来红

雁来红，以雁来时开。按《捣素赋》云“见禽华以麃色”，注：“禽华，菊也，一种名雁来红，秋深时茎叶俱红。麃，敷也；禽者，雁也。”花比素馨差小，五瓣鲜红，亦名红素馨，然无香。一名老来红。予诗：“秋来花亦解还童，菊叶凝丹与尔同。衰白不愁青镜笑，玉颜吾定老来红。”一名老少年。吕氏云：“其品有三：一红黄相间；一纯黄，由碧而变；一纯红，由紫而变。变皆以老，皆以秋，故谓‘老少年’。”

蕹

广州西郊，为南汉芳华苑地，故名西园。土沃美宜蔬，多池塘之利。每池塘十区，种鱼三之，种菱、莲、茨菇三之，其四为蕹田。蕹无田，以篾为之，随水上下，是曰浮田。予诗：“上有浮田下有鱼，浮田片片似空虚。撑舟直上浮田去，为采仙人绿玉蔬。”浮田一名架田，亦曰簰，冬时去簰以种芹，而浮田不见矣。蕹叶如柳而短小，其茎中空，性冷味甘，以城南大忠祠所产者为上。芹生冬春之交，得木气先，长至四五尺，茎白而肥，以西园所产为上。谚曰：“南蕹西芹，菜茹之珍。”

藤　菜

藤菜，一名落葵，蔓叶柔滑可食，味微酸，宜以羹鱼，出惠州丰湖者尤美。子瞻诗：“丰湖有藤菜，似可敌莼羹。”其子有液紫红，可作口脂。或有诗云：“口红藤菜子，不用市胭脂。”或以子蒸过，去皮作粉，涂面鲜华。

莼

莼，出惠州西湖之莼浦，叶似凫葵，花黄白，子紫，以鲫鱼羹之，能下气。予诗："羹鱼必紫莼。"

葱

葱，有木葱、丝葱。木葱经年不萎；丝葱冬收春种，气香，不大辛，与琼州珍珠葱皆贵品。木葱一名胡葱。予诗："胡葱大叶穿沙早，越蕹长茎出水秋。"

茄

广州茄有两年宿根者，名为茄树。咏者云："种茄成树子，岁岁矮瓜多。"茄一名矮瓜，产东莞者特圆，名荷包茄。

莲　菱

广州郊西，自浮丘以至西场，自龙津桥以至蚬涌，周回廿馀里，多是池塘，故其地名曰半塘。土甚肥腴多膏物，种莲者十家而九，莲叶旁复点红糯，夏卖莲花及藕，秋以莲叶为薪。其莲多红，以宜藕宜实也。花白者任人采之，红者则否，叶则否，采叶恐伤其藕，采红花恐伤其实也。予诗："采花莫采叶，采叶恐伤藕。"又云："莲白多生花，莲红多生子。采白莫采红，留红在叶底。"又云："水肥多并蒂，色映白成红。叶大偏宜藕，田田满浦东。"凡种藕之塘宜生水，种菱亦然。菱毕收，则种茨菇，菱去其三角四角者，以三角四角者败种，盖芰也，两角乃菱也。菱花随月，故镜背多作菱花。镜者月之类也，月为金之水所生；镜，金也，其光如水，菱花依之，如在池塘之中也。又菱花背日，芡花向日，故菱寒而芡暖。予诗云："愿郎如芡暖，勿复似菱寒。"又云："菱花背日寒，芡花向日暖。同是水中根，为心有长短。"

瓜瓠

广瓜岁种二次，二月至四月者为黄瓜；二月至三月、七月至八月者为梢瓜，亦曰越瓜；三月至九月者为南瓜，亦曰番瓜；三四月蕃者为甜瓜；冬月亦结者为西瓜、为水瓜、为冬瓜。冬瓜以白皮者及小者其名节瓜为良。节瓜蔓地易生，一节一瓜，得水气最多，能解暑热。有金钗瓜，产罗浮，冬熟，味甜美。有番木瓜，产琼州，草本也，而形似木，高丈许，随其节四季作瓜，一节数瓜，以酱制之，味脆隽。有瓠瓜，形长尺馀，两头如一，与葫芦皆以腊月下种，以二三月结至五六月，故谚曰"瓜暑瓜寒"，盖终岁间无日不断瓜矣。有金瓜，小者如橘，大者如逻柚，色赭黄而香，亦曰香瓜，五六月熟，与荔枝争其芬馥，瓤中酿味甚甘，解渴生津。番禺人多于吉贝畦与西瓜杂种之，其地沙白而细者，其瓜尤香。

苦瓜

苦瓜，一名菩荙，一名君子菜，其味甚苦，然杂他物煮之，他物弗苦，自苦而不以苦人，有君子之德焉。又诸蓏性寒者，多不克化，而苦瓜其性属火，以寒为体，以热为用，其皮其子皆益人，又有君子之功，故今北人亦嗜之。然大抵南交喜食苦，其地火房，火炎上，炎上作苦，故人多以苦味解暑。《内则》调味“夏多苦”，《周礼》注：“夏多苦者，南方火，味苦，属夏，夏时调和，食苦多于馀味一分，故云‘夏多苦’。”粤人盖此意，故茶以苦艼点之，肴以苦瓜杂之。

姜

越姜为古所重，《记》称妹嬉嗜珍味，必有南海之姜。越之新兴多姜，田种者十三，山种者十七，其性亦异。语曰：“在田姜多腴，在山姜多辣。”粤俗：凡妇娠，先以老醋煮姜，或以蔗糖、芝麻煮，以坛贮之，既产，则以姜醋荐祖，饷亲戚。妇之外家，亦或以姜酒来助，名曰姜酒之会。故问人生子，辄曰：“姜酒香未？”姜中多母姜则香多，子姜则否。白沙诗：“隔舍风吹姜酒香。”

黄　姜

番禺多种黄姜，以其末染诸香屑，为香线、香饼，是名黄香。又干龙眼必以黄姜末糁之，乃不蠹，故果箱度岭必资之，又可使龙眼色黄为上果。

高良姜

高良姜，种自高凉，故名。不曰凉者，言为姜之良也。其根为姜，其子为红豆蔻。子入馔，未拆开者曰含胎，以盐腌入甜糟中，终冬如琥珀，味香辛可脍。其根不堪食，而药中多用之，人不以其子而掩其根，所重在根，故不曰“红豆蔻”，而曰

“高良姜”也。蔻者何？扬雄《方言》云：“凡物盛多谓之蔻。”是子形如红豆而丛生，故名红豆蔻，然其花亦以红豆蔻名。花发于春末，先抽一干，有大箨包之，箨解花见，一穗数十蕊，淡红鲜妍如桃杏，蕊重则下垂如蒲萄，每蕊心有两瓣相并，色兼红白。予诗云：“心如红豆蔻，两瓣苦相连。”又云：“与郎同一身，如彼豆蔻蕊。蕊心红复红，两瓣相依倚。”一名山姜花。刘禹锡诗：“故人博罗尉，遗我山姜花。堆盘多不识，绮席乃增华。”外有白豆蔻、草豆蔻、肉豆蔻，皆就其子而名之，花与根皆不足重。有草姜者，即射干，其紫花者之根，研汁服之，通二便，以其花之美，亦曰花姜。

猴 姜

猴姜，西宁多有之，蔓生石壁如藤，蔓即姜也。味甚辣，猴以为姜，故曰猴姜。一名树鸡。叶生蔓上，不作枝，采之为笠甚轻。

三 藾

三藾，根似姜而软脆，性热消食，宜兼槟榔嚼之，以当蒟子，或以调羹汤，微辣而香。聘妇者，以三藾雕镂花鸟、胡蝶诸状，薄金傅之，佐槟榔、椰、肉桂、姜花等以实筐。三藾一名山柰，亦曰廉姜，可为齑。予诗：“山辣作金齑，蛮姜为玉豉。”山辣者，三藾也；蛮姜，高良姜也。以其子合细辛末，可辟口疾。

鲜草果

鲜草果，人多种以为香料，盖即杜若，非药中之草果也。其苗似缩砂，三月开花作穗，色白微红，五六月子结。其根胜于叶，味辛以温，能除瘴气，久服益精明目，令人不忘。《楚辞》云“山中人兮芳杜若”，其亦以服食邪？

香花菜

香花菜，丛生，茎叶花子皆辛香，花绝小，紫色。妇人多以香茅并植之，以香手爪、去垢秽，干之香气不减，持以相贻。《广州竹枝歌》云：“香茅香菜家家有，妇女先教手爪香。”

缩砂蔤

缩砂蔤，阳春、新兴皆产之，而生阳江南河者大而有力，其种之所曰果山。以缩砂蔤为果山，犹专以素馨为花田也。曰缩砂者，言其壳；曰蔤者，言其仁；曰缩砂蔤者，言其鲜者；曰砂仁者，言其干者也。八月采之，以嫩者蜜渍为货，售于岭外最珍，其税颇重。

益智子

益智子，与缩砂蔤相似而形长，花实皆作长穗，分上中下三节，其实熟否，以候岁之丰歉。下节以候早禾，上节以候晚禾，大凶岁则皆不实，盖罕有三节并熟者。非能益人智也，使人验之以知岁丰歉则智也。又有知风草，可以占风，一节一风，无节则无风。

葳 蕤

葳蕤，产罗浮铁桥诸峰，茎干强直似竹箭，节节有须，叶狭长，表白里青，其尖处有小黄点，三月开青花结实，根大如指许，长一二尺，补益之功逾黄精，方家称黄芝，亦曰青粘，以漆叶同为散，可以延寿。外有放杖竹者，似竹非竹，浸酒服之理腰脚，老人一月可放杖，出罗浮第十四岭，与黄精、葳蕤，皆竹之别种云。

椒

椒，苗蔓生，茎柔弱，叶长寸半，枝上结子相对，黑光如漆，谓之椒目。叶晨开暮合，合则卷其子于叶中，若闭目然。产广州者，色浅皱少不大辣，名曰土椒。以来自洋舶者，色深黑多皱名胡椒者为贵。胡椒，产红毛国，亦蔓生，常时红毛鬼子乘大艨来，掳掠唐人以炒椒，椒气酷烈有毒，役至年馀则毙。得唐人价值百金，辄埋下体地中，以防其逸，故广人以为大患。有荜澄茄者，与椒相类，椒向阳，荜澄茄向阴，广人多以白豆蔻杂之为干末，以治噎食。

芝

芝菌，处处皆生，生于刚处为菌，柔处为芝。芝生罗浮最多，有二十四种，其知名者，曰石芝、木芝、草芝、菌芝。葛稚川以为赤者如珊瑚，白者如截肪，黑者如泽漆，青者如翠羽，黄者如紫金，而光明洞彻，皆如坚冰，见即禹步采之，阴干百日，色不变者为真芝。盖芝者，川岳之灵，其形千出，或如人、如龙、如亭，盖多有五彩云覆其上，非有德之士不能见。山中见小人乘车马，长七八寸者，是为肉芝，肉芝最不易得。予尝入罗浮采之，有诗云："凤凰玎珰捣灵药，二十四种黄金芝。就中肉芝最神异，仙人持作长生师。"

薯

东粤多薯，其生山中，纤细而坚实者曰白鸠莳，似山药而小，亦曰土山药，最补益人。大小如鹅鸭卵，花绝香，身上有力者，曰力薯。形如猪肝，大者重数十斤，肤色微紫，曰猪肝薯，亦曰黎峒薯。其皮或红或白，大如儿臂而拳曲者，曰番薯。皆甜美可以饭客，称薯饭，为谷米之佐。凡广芋十有四种，号"大米"，诸薯亦然。番薯近自吕宋来，植最易生，叶可肥猪，根可酿酒。切为粒，蒸曝贮之，是曰薯粮。子瞻称："海中人多寿百岁，由不食五谷而食甘薯。"番薯味尤甘，惜子瞻未之见也。芋则苏过尝以作玉糁羹云。

芋

广芋之美者，首黄芋，次白芋，次红牙芋，皆小，惟南芋大。南芋色紫生沙甚可食，而白者尤良。凡以春种以夏收者曰早芋，以夏种以秋收者曰晚芋。与红薯并登如稻，故有"大米"之称。芋大者魁，小者奶，奶赘魁上下四旁，大小如乳。奶者，乳也。魁亦曰䰯，俗以妇人多子为南芋䰯，犹以茨菇一乳十二子为慈姑也。又芋奶应月生子，称十二奶。芋奶宜为蔬羹，其性与茯苓皆属土，性重厚，故皆养脾，和鲫、鳢鱼食之，调中补虚。有银芋，苗茎莹白，与叶皆可生食。广芋多种，然苗茎必熟乃可食，银芋不然，故多以为齑。

地 肾

罗浮多地肾，盖松之膏液，因郁蒸之气而成，或松花落地而成，一名松黄旦。松黄未落为松实，已落而英华未散为地肾，盖松气之盛所致也。其为状，小若弹丸，大若鸡卵，红黄相错，一一晶莹。熟之味甘以香，庵僧常以甜薯、百合、笼簏、竹胎、涌生葛乳杂之为素馔。其生无根蒂，散布松下，土松石瀸润处辄有之，意《菌谱》所谓“松蕈”也。凡物出于松者，无不可爱；而地肾之生，无所附丽，气与松合，而形与松离，则尤异。或曰地肾亦茯苓之类，皆假松气而生。凡松上有菟丝，则下必有伏菟之根，无此菟根在下，则丝不得生乎上，然其实不属也。地肾者，伏菟根之类也。然茯苓虽附松根，而伏于土中，茯者，伏也；地肾散布地上，则松花之所变也，亦松实也。

茯 苓

茯苓，得松之阳，合戊土以成形，故外类木而内类土，气味淡而性和平，以为末入牛乳伴匀，饭上蒸之，随次服食，可与松脂同功。松脂者，阴金之精，男子之身，禀阳木之气，须得阴金之精以滋养，故服松脂者多寿。粤之松得太阳之气太盛，其精多在于脂，其神多在于茯苓。神宜伏，茯者，伏也。神伏于土中而为苓，故曰茯苓。苓者，灵也，神能伏则灵，人服之可以安神，故养生者贵之，而岭南所产尤重。外有土茯苓，则薯莨也，能解诸毒，多以售于番舶。有竹苓，生石城山谷中，竹之馀气所结，生无苗，蔓在土中累累相连，以皮黑肉白者为良，服之杀三虫，除小儿百病。

木　耳

阳春、茂名多以木耳为货。其山深，故多朽木，而木火之精华未尽，得水气复蒸为耳，耳亦朽株之萌蘖也。《易》曰："困于株木。"株木，枯槁者也。菌生于枯槁，故曰菌，木耳亦然。木耳得一阴之气而生，若稊荑，则得一阳之气者也。木耳以桑、槐、榆、柳、榕树上生者良，柘木次之。生于桑者治痢，生木香者治泻，生于梅者治腹痛，枫木生者令人笑不止。

菌

从化多香菌，冬采者良。其木曰羊矢，畬人伐置山间，至冬雨雪滋冻，腐而生菌，无蛇虺之毒，谓之雪菌，色白而香，亦曰雪蕈。或以朽桑、樟、楠三者尺断，当腊时，于肥阴处埋之，为深畦如种菜法，春月以米泔水浇灌，不时菌出，日灌之三，即大如拳许，是谓家蕈。他蕈产于木之根土处，精华郁结，有白者，有淡黑者，其茎皆白，皆甘美不下蘑菇，性温补益阳。然湿气薰蒸，未免有毒，若夏间瘴雨所成与最大者，煮时投以姜片饭粒，其色不黑，乃可食。大抵冬春无毒，夏秋多毒，以有蛇虫从下而过，不若石耳生崖壁上，得雾露之气，可以明目益精也。

凡香蕈感阴湿之气而成，善发冷气，多和生姜食乃良。惟石耳味甘腴，性平无毒，多食饫人，能润肌童颜，在地耳、木耳之上。地耳味甘性寒，春夏生雨中，乘雨急采，见日则不可用，俗名地踏菇，其品在石耳之下、木耳之上。

落花生

落花生，草本蔓生，种者以沙压横枝，则蔓上开花，花吐成丝。然成丝而不能成荚，其荚乃别生根茎间，掘沙取之，壳长寸许，皱纹，中有实三四，状蚕豆，味甘以清，微有参气，亦名落花参。凡草木之实，皆成于花，此独花自花而荚自荚，花不生荚，荚不蒂花，亦异甚。予有赞曰："爰有奇实，自沙中来。以花为媒，不以花为胎。花生于蔓，子结于荄。香如松子，一荚数枚。和中暖胃，乃豆之魁。"

粤多藤族，故凡草之蔓，皆以为藤。藤菜者，言其蔓柔如藤，非藤之菜也。落花生其蔓亦曰藤，花生藤上，一花落土生一子，故曰落花生。以土为胎，故有暖胃之益。

藊　豆

藊豆，有红边、青、白三种，一曰蛾眉豆，象形也，其白者良。四月八日漏其子，则多荚不蠹。其蔓多隔岁者，谓之旧根。稚食其荚，老食其子。子老者入药。广中凡瓜棚豆架多不除，豆者藊豆也。

留求子

留求子，草本，广州多有之。状如栀子，有五六棱瓣，而两端锐。半黄已熟，壳脆薄，中有白肉微甘。小儿患食积者，煨熟与之食，以当干果，食辄下虫而疾愈，一名使君子。语曰："欲得小儿安，多食使君子。"

桃金娘

草花之以娘名者，有桃金娘。丛生野间，似梅而末微锐，似桃而色倍赪，中茎纯紫，丝缀深黄如金粟，名曰桃金娘。八九月实熟，青绀若牛乳状，味甘可养血，花则行血。或谓产自桂林，今广州亦多有之。粤歌云："携手南山阳，采花香满筐。妾爱留求子，郎爱桃金娘。"

二兰菜

二兰菜，一曰马兰，其叶似兰而大，马者大也，故曰马兰。花似菊而紫，味辛，性微温，以作茹甚良，能养新血。一曰芥兰，叶如芥而绿，花黄，花比叶尤甘。叶有铅，不宜多食。以微蓝故，又名芥蓝。谚曰："多食马兰，少食芥蓝。"予诗："三花与二兰，朝夕上蔬盘。"三花者菜也，一曰黄花菜，即鹿葱；一曰白花菜；一曰红花菜。红者味甘，黄者甘而微苦，白者苦而辛，皆吾之藜藿也。鹿葱先食其苗，次食其花，可以和胃，可以忘忧。鹿之葱，胜于人之葱也。

百 合

百合，罗浮最盛，根如葫蒜而大，重叠二三十片，相合如莲瓣，故名百合。色白，和肉煮之或作粉益人。五六月一本一花，花红白如文殊兰，重常倾侧，名天香，中有檀心，色黄味甘，宜蜜蒸食之，山中之仙蔬也。

麻 蓝

麻多旧根，一年凡四刈，五月刈者曰首苎，性柔；末刈者脆。其苗之稚者可芼，是曰麻蓝，广人多以醋炒食之。广州多青麻，高州多黄麻，青麻蓝最美。

葛花菜

葛花菜者，葛乳也。高州多种葛，雷州人市之为绨绤。秋霜时，有葛乳涌生地上，如芝如菌，色赤味甘脆微苦，其性凉，乃葛之精华也，亦曰葛蕈。予《高州歌》有云：“夫寒衣葛布，妇饥食葛乳。”

蕨

从化山中多蕨，以雷鸣出土，故蕨惟雷鸣乃可食。蕨，决也。乘怒气决然而生，故曰蕨。其芽薇也，初生萌甚微，故曰薇。以其根为粉曰蕨萁，以土茯苓杂之则性寒，多食病臃肿。或谓蕨以猿啼而生，凡有猿之所则多蕨，每猿一声，蕨生万茎，故食蕨能使人悲。而夷齐食薇三年，颜色不异，盖薇美而蕨恶，故昔人多采薇而少采蕨。予诗："食薇三载容颜好，谁道夷齐不是仙。"

藜

藜，白者叶心有粉如灰，名灰藋，亦曰盐菜；红心者曰胭脂菜。嫩时可食，茎老以作杖，谓之莱。予有圃曰莱圃，欲藜之老而为莱以杖，不欲莱之稚而为藜以食也。相传老莱子以莱为杖，故称"老莱"，吾兹且自称曰"少莱"，可乎？

薯莨

薯莨产北江者良，其白者不中用，用必以红，红者多胶液，渔人以染罛罾，使苎麻爽劲，既利水又耐咸潮，不易腐。而薯莨胶液本红，见水则黑，诸鱼属火而喜水，水之色黑，故与鱼性相得，染罛罾使黑，则诸鱼望之而聚云。

莓苔

高州道中，苔藓多如梅花，所谓"莓"也。予诗："上有梅花下有苔，苔花亦似落残梅。行人不识苔花好，只道梅花不是莓。"有槟榔苔者，生槟榔木上，如松身之艾蒳，单爇极臭，以合泥香，能成温馨之气，功用如甲香，一名苔香。有石蕊者，石上苔衣也，一名蒙茶，以水瀹之至十度，清香不减，味亦如之，多产罗浮山中。是三者，莓苔之异者也。

睡菜、睡莲

睡菜，一名瞑菜，菜类茨菇，根如藕，采根为盐菹，食之使人好睡，与五味草食之不睡名却睡草相背。睡莲，布叶数重，叶如荇而大，花有五色，当夏昼开，夜缩入水底，昼复出也，与梦草昼入地、夜即复出相背，广州多有之。谚曰："毋佩睡莲，使人好眠。"

海　菜

海菜，产琼之会同。岁三月，菜厂主人置酒，广集菜丁，使穿木屧入海采取。海有研石，广数里，横亘海底，海菜其莓苔也。白者为琼枝，红者为草珊瑚，泡以沸汤，沃以姜椒酒醋，味甚脆美，一名石花。以作海藻酒，治瘿气；以作琥珀糖，去上焦浮热。大抵琼之利，槟榔、椰为上，海菜次之。海菜岁售万金，然巨姓兼并，利不及民。旧志云，琼人以槟榔为命，以薯芋为粮，以安石榴为酒，以琼枝为薪，贩者竟自取载。今不然矣。有纸菜，其薄如纸，乃咸水之皮所成；其色如青苔，则以日光而成。潮退时附沙滩上，土人浣白之为蔬。有紫菜，薄而叶大。有石发，蒙生海石上，春时采之，色碧绿。有海带，亦薄而长，或散条，或结绳缕，或如短马尾，黑绀色，与鹿角、龙须皆海之菜也。

落　树

南海有落树，附石而生，有枝无叶，侧类石柏，气似落，岁久坚凝，风日雨露不能浥损，色黝以苍，大者咫尺，小数寸，根干为决明、蛤蛎所因依，波涛所喷啮，沙石所轧蹩，岭岈窟窦，劲峭曲诘，大类绣湿古铁，亦谓之铁树。其红者，脂腻莹滑，曼衍柔脆，又若珊瑚然。以火揉之炙之，随其形状，为松、栝、梅、柳诸树，可供几案之玩。石柏，生阳江、电白海上，色洁白而质坚脆，扣之铿然，乃浮沫所积，海苔所化，入水不泛，火不焦，枝叶理致于侧柏亦无不肖，皆石树之珍者。

仙人掌

仙人掌，多依石壁而生，其叶劲而长，若龃龉状，其花形如凤，子生花下曰凤栗，叶则曰凤尾。竻发苞外类芋渠，内攒瓣如球，各擎子珠于掌，一枝一掌，自下而上。子自青赤而黄，有重壳，外厚内薄，熟其仁食之，味兼芡栗，可以轻身延年，一名千岁子。黄文裕赋云："有仙人之瑶草，惟龙洞之嘉生。展青鸾之羽叶，攒威凤之球英。子珠擎乎翠掌，侔蒸栗以芬馨。谅抗时而耀质，遥作对乎男贞。"此草可以辟火，广人多植之堂侧，性宜沙土，恶肥腻。

慎　火

慎火者，可以御火，广人多种屋上以防火，一名戒火。其形如火始然，又名火秧。扁者不枝不叶，圆者多枝叶，丛生成树，四棱有芒刺，皮中有白浆，能盲人。广人以作篱落，村墟间竻竹为围，火秧、露头花为界，在在皆然。谚曰："尔有垣墙，我有火秧。"又曰："露兜花，牛屎勒。"

诸异草

粤多异草，有曰万年松，非松也，苔成树而枝叶类松者也。高数寸，茎端布叶，叶上有毛，干之数岁不死，渍以泉水，二三日碧绿如故，以他水及秽手触之皆死，得天雨仍生，罗浮山中所产，一名卷柏，亦曰苔松。予有赞云：“罗浮草木，变化不穷。或大或小，与天无终。小而可大，竹有笼箆。大而可小，松有苔松。苔松之生，枯而能荣。不资水土，柯叶长青。身虽数寸，亦作龙形。何须合抱，自有神灵。”有曰千岁竹，其叶类竹而无枝，长数寸或尺，干之不死。有曰朱草，状如小桑栽，长三四尺，枝叶皆丹，朔望生落如蓂荚，周而复始，有汁如血，以染绛成黼黻章，以金银投其汁，辄成圆泥成水，为金浆玉醴，饮之长生。有曰挂兰、挂竹，皆生于空中，雨露沾濡，久而弥秀。有曰长命草，多产潮阳。咏者云：“潮阳女儿梳掠好，鬓边斜插长命草。”琼州有长生草，亦相类。有还魂草，一名地胆，叶如芥，花如地茶，以蛤试之，能起死回生，产阳江山中。有接骨草，丛生，高二三尺，叶大如柳而厚，茎有节，色绿而圆，花白午开，自三月至九月不绝，折伤者裹之即愈。始兴玲珑岩有琉璃草，茎如芹，食可已风，与肇庆七星岩风药相类。风药丛生石隙，其叶圆厚，和酒嚼之，治风疾，一曰风草，亦曰风菜。谚曰：“风病须风菜。”此皆不死之草也。其可为饵者，曰石菖蒲，以小者为贵。有一寸十二节者，以甲子日采，阴干至百日，为末，每日服三四匕，能益智、聪耳、明目。罗浮东涧石上所产，质甚坚，气味清芬，他产则辛。有曰白菖蒲，溪荪也，根肥白，节疏，作菹食杀虫。有曰凉粉草，茎叶秀丽，香犹藿檀，以汁和米粉煮之止饥，名仙人冻，山人种之连亩，当暑售之。有曰香薷，生石上，叶似白苏，甚香柔，煎水及为饼，消暑散肿，一名石香葇，亦曰香茸。有石莼，似紫菜，色青，味甘平。此皆草之可资服食者也。其可佩者，曰排草，状如白茅，对节生叶，叶两两相连，长五六寸，而干中穿，以细嫩者为贵。番禺人种之，动至数亩，以其叶售于海外诸番，诸番岁有疮痏，煎其叶为汤，浣之即愈。其根茎以合诸香为囊，能使众味久而不灭。予有赞云："有美芳草，其香在根。众香得之，长存其魂。穿心故灵，灵故返生。香之丹药，奇莫能名。"故一名留香草，亦曰养香。一种夏开，细粉紫花如莳萝，干之香，亦名排草。有曰千步草，香闻十里，然不可多得。或谓千步草即排草，广人种之成畦，长至千步，故十里闻香。有曰瑶草，生罗浮山顶，如白茅而小，茎圆而香。有曰金缕草，色赤如金，云麻姑金钿所化，罗浮麻姑峰有之，其可用者曰龙刍，与莞、与菰、与龙修，皆以充席簟及坐团。曰蒉者，种之流沙则成田，有方圆二种。曰咸草，多以束物，为箈席。其无所可用者，曰白草，丛生三四寸许，茎叶与众草无异，每天雨，先一日变白，晴则如常，产仁化扶溪都。有曰知羞草，叶似豆瓣相向，人以口吹之，其叶自合，名知羞草。有曰鹤草，叶似鹤，嘴翅尾足皆具，曲尘色，紫蒂，以其叶如柳而短，亦曰蛾眉草。

毒　草

毒草，有曰断肠草，一名苦吻，亦曰苦药，曰苦蔓公，然皆以为胡蔓，花如茶花，黄而小，又名大叶茶，叶按月数多寡。一叶入口，血溃百窍，肠断而死。其死之缓急，则视所下之水缓急，急水者湍激之水也。高、雷间人，有仇怨者辄茹之，或置食物中以毙其亲，或自含口中，勒人财物，急则咽下，讼于官，以人头钱偿则不终讼。人头钱者，被诬之人以钱抵命也。

高、雷人号为妖草，近之，叶辄蠕动，捋取毒人，则招摇若喜舞状，盖以杀为性，所谓毒也。陶贞白云：“断肠草，其花美好，名芙蓉花。”太白云：“昔作芙蓉花，今为断肠草。”予诗云：“萱草不曾消客恨，芙蓉偏解断人肠。”皆谓此。中其毒者，以路旁垂鞭草捣烂和糯米泔，或以卵中鸡子细研和清油，或以生羊血解之。相传羊食此草而肥，虎食之百日不饥，盖以其花润泽云。有曰虎耳草，多产阳春山谷，叶有六尖，尖各有一刺，屑之为末，遇贼盗，顺风扬之，着身则骨痛七日不可忍，痛不敢言，言则加痛七日。有曰羊角揭者，与相似。有曰白木香，蕊食之杀人。琼州有牛心茄子，一核者入口立死，两核者可以粪清解之。语云“欲速死，请二子”是也。又有黄金茄，状若槟榔，色黄。一种毒树，无花，其子如牛奶，食之立死，以虾酱解之，阳江人轻生多食此。往有良有司欲救其弊，凡讼自尽者，审无威逼，皆以服毒草之故，立使尸亲买棺自瘗，重治之。民有事陈诉，皆令纳断肠草百根，方与受理，积而烧之，期年绝种，讼遂止。此良法也。

藤

南藤有数百种。其可食者曰甘露藤，蔓如箸，花如指甲花，性甘以温，久服令人肥健，一名肥藤。有凉口藤，状若葛，叶如枸杞，去地丈馀，绝之更生；中含清水，渴者断取，饮之甚美，沐发令长。一名断续藤，常飞越数树以相绕。予诗云“隔树女萝飞”，谓此。一名东风菜，先春而生，东风乃至，农夫以验土膏之动。“东风”一作“莿风”，又名绿耳，可为蔬。有白花藤，味如甘蔗，以美酒调服，能补衰老。有浮沉藤、兰子藤，子皆如梨，色赤如鸡冠，生食甜酢。有红藤，可代槟榔食。有小藤，产于东莞，微细如发，直起数丈无一节，常飞越数树，如百千游丝牵缀。红者名红龙须，紫者紫龙须，凡有五色。然生无根蒂，以秽物投之即消释，不知所去。土人以其液和细土、石灰，涂艓糖釜，其坚如铁，虽猛火不裂。其花及子浸酒，可补骨筋。有盒藤，其荚有白子数枚，壳扁，状如盒子。水浸数日，炒食之味佳。有乳藤，蔓如悬钩倒挂，叶尖而长，断之有白汁如乳。妇人产后，以藤捣汁，和米作粥，食之乳湩自通。此皆食藤也。诸藤初生嫩条，为藿为笋，而以其大实曰冬荣子者，大如柚子，中有瓤瓣瓣相叠，白如猪脂，炙食皆甘美，身怀数日香不灭。秋末冬初间，采以相饷，矜为服食之珍云。其可为药者，曰黄藤，熬其汁，则藤黄也。性最寒，以青鱼胆和之，治眼疾。间有白者，叶如土茯苓，身小而长，外有箨包，以茎浸水洗目，并除肿痛。有丁公藤，蔓生着地，高尺许，叶长二寸，面绿背微白。伤风者，以一二叶煮酒服之，汗下如雨即愈。有皆治藤，蔓延墙壁野树间，长丈馀，叶似泥藤。中暑者以根叶作粉食之，虚损者杂猪胃煮服。有买麻藤，其茎多水，渴者断而饮之，满腹已，馀水尚淋漓半日。可解蛇毒，干之亦然。性柔易治，以制履坚韧如麻故名，言买藤得麻也。藤名而麻实，人争买取。又以他藤多而贱，听人自取；是藤适用颇贵，必须买之。而其子味微苦可食，因曰买子也。有青藤仔，叶长三四寸，多芒刺，茎大如指而坚韧，人日用之，比北地之用柳条。花名假素馨，煎汤以洗疮疥甚良。有忍冬藤，名左纽。凡藤皆右纽，故牵之使左不能，而忍冬藤独左纽。有曲藤。琼州酒无曲蘖，以此藤叶辛香，杂米粉为饼以酿，亦曰酒藤。有曰金藤，以为箸，遇毒则烟气迸出。此皆药之藤也。其为器物者，曰白藤，子斑驳可为素珠，出文昌山中。曰五色藤，以红者为簟，曰桃笙，色如夭桃，甚莹滑；白者名琼枝，以红紫间之为席、为盘及屏风、盔甲、马鞭之属，其用甚奢。其可以为屋桁桷者曰泥藤，可以驾牛。其大如笙竹者曰苦藤。稍小而性柔，可为牛绳、船缆，曰括藤。以磨砺器物，能发光腻，曰湿皮藤；其叶饶有芒刺，曰锉叶。可为香者曰鸡香藤，坚而酷烈，能辟水雾之气，山中多用之。大抵岭南藤类至多，货于天下，其织作藤器者，十家而二，五羊、汾水之肆，衣食于藤，盖多于果、布也。

人　参

粤无人参，苏长公尝种于罗浮，有诗云："上党天下脊，辽东真井底。灵苗此孕育，肩股或具体。移根到罗浮，越水灌清泚。地殊风雨隔，臭味终祖祢。"公又种地黄、枸杞、甘菊、香薷，为罗浮五药之圃，予尝欲仿之。

同心兰

广中兰多种，有同心兰者，八瓣分张，双心联缀，比并头者更胜。万红友有词云："鱼魫凝烟，凤髫承露。怀春久，因抱孪胎；吹香远，早垂骈乳。半窗月睨，正玉立、翠绡群聚。只杜兰苏蕙，携手双双私语。"

烛　竹

烛竹，多产永安天子嶂，土人采以代烛。昔宋丞相天祥屯军南岭，每生燃此竹，火光照人，今名丞相竹。其生于南岭者，叶有符纹，与他处颇异。他处产者，一名江南竹。

油　草

油草，永安县水际多产之，每开花结米，可占有年。予诗曰："油草花开卜有年。"

蕨　粉

蕨，永安最多，凡有二种：一食其芽者名龙头菜；一以其根为粉者名粉蕨，性寒，多食患黄肿。或谓粉蕨岁凶乃出，非也。岁凶，民乃取之，稔无事此。然农家当早晚稻未收，多以蕨粉为食。广州蕨以青者为美，红者次之，春间争以饷客，曰蓢蘸蒁，曰拳菜。

水蜡烛

水蜡烛，草本，生野塘间，秋杪结实，宛与蜡烛相似。有咏者云："风摇无弄影，煤具不燃烟。"

卷二十八　怪语

黄野人

黄野人，相传葛洪弟子。洪仙去，留丹柱石间，野人服之，居罗浮为地行仙。往往与人相遇，或为黄冠，或儒者，或为溪翁、山妇，或牛，或犬，或鸟，或大胡蝶，凡山中所有物，皆能见之。苏子瞻尝游罗浮，见一田妪负儿，嘲其黑乳。妪答歌，多言子瞻隐事。子瞻大惊，欲就语，妪忽不见。子瞻尝云："罗浮有一野人，相传为葛稚川之隶。"有道士邓守安者，尝见其足迹，长二尺许。大均尝至罗浮，一人云："有僧于黄龙洞遇一老者，意其为黄野人也，拜求丹药。老者指虎粪示之。僧见虎粪犹暖，有气蒸然，且杂兽毛，腥秽不敢尝。俄而虎粪渐消灭，仅馀一弹丸许。一樵者至，取吞之，异香满口，后得寿百有馀岁。"又有见黄野人，冠乌方帽，着靴，往来黄龙、华首之间，见人则大笑反走。一日醉归，以煤书壁上云："云意不知沧海，春光欲上翠微。人间一堕千岁，犹爱梅花未归。"又有人于石岩间见一无衣人，绀毛覆体，异之，再拜问道。其人了不相顾，但长啸数声，响振林木。有一伛偻者遇之，令于道上俯拾一石以进。及起，则腰膂自如。又有樵者患脚疮不愈，一老人隔溪唤之使前，手削木皮傅之，其疮即愈。又有采笋者，夜宿深谷中，然木以辟云气。一木客就火而蹲，眉目如人，而黄发离披。以薪触之，稍稍退缩，相对寂然无言，至明乃跳跃而去。

又有僧于聚霞峰侧，见一人从竹丛中惊出，披发至地，大呼疾奔入涧。视足迹，长二尺许。是皆黄野人之所为云。黄野人故有庵庐，在冲虚观西，遗蜕尚存。宋太守王宁登山寻其庵，一樵夫持一竹篾授之，随即不见。视竹篾，三丈无节。又有采药者，至大石楼下，洞门忽开，一披蓑美者少年，腰插斧柯，手携一幼女，顾视采药者曰："女识吾否？"问之，则书数字于其手，行十馀步忽不见，洞门复合。惆怅者久之，亦意其为黄野人也。山中仙灵颇众，人稀得见，惟黄野人数数与人遇。其事见《山志》，不可枚举。大率每年九月六日至九日，黄野人必出，以是日候之，然往往见之不识云。

幻女

南方海外之国，多幻术师，能使鬼执烛持茗供客，客徒见烛、茗出入，不见其人。有孔氏子者，往从学之，则曰："且留为我女婿，当以法授。"于是见女。夜与之处，美而艳。亟欲就之，辄展转床席间，如隔墙壁，与语则在。索烛照之，婉娈丰泽来亲人；欲抚而搂之，又不可近。凡数夕，无如之何。孔氏子亦美而艳，女心动，悦之，则曰："席间有红丝一缕，盍取而去之？"去之，乃遂得接合为夫妇甚欢。师知而将杀之，其女以告，使亟去，且曰："幸以手执一雄鸡，顶一铁釜，剑飞至，得鸡若手指血，可厌而返也。"曰："若此，赘我何为？"女曰："以子美故，我私而就子，其他或来与处，相狎暱久不得接，彼将神荡魂离，以至于死。死则师命我裸裎招之，故能役之执烛、茗以事客，以是为赘耳。"乃决去，涕泣甚悲。女曰："无思我，我固老且丑也。"因脱其面，若蝉、蛇蜕然。或以语美周黎子，黎子曰："固然，夫色之美者皆能役人，然而固未尝美也。"

三烈魂

女以烈见，不幸也；而烈以魂见，使人得传其名氏，则犹为大幸。予得三人焉。一曰韩氏女。初，广州有周生者，于市买得一衣，丹縠鲜好，置之于床。夜将寝，褰帷忽见少女，惊而问之。女曰：“毋近，我非人也。”生惧趋出。比晓，闾里争来观之。闻其声若近若远，久之而形渐见，姿首绰约，有阴气笼之，若在轻尘，谓观者曰：“妾博罗韩氏处女也，城破被执，兵人见犯不从，触刃而死。衣，平日所着，故附而来耳。”予哀之以辞曰：“彼绡者衣兮，水之不能濡，美人之血红如荼兮。彼衣者绡兮，火之不能爇，美人之心皎如雪兮。毋留我绡兮，吾魂与之而东飘兮。毋留我衣兮，吾魂与之而西飞兮。噫嘻烈兮，不自言之而谁之知兮。”一曰湛氏，增城湛翼卿之女也，及笄受聘吴氏子。丙戌，广州不守，女投井而死。吴生欲迎丧以归，其亲串止之。有李生曰：“凡女子许嫁，字而笄之，死则以成人之丧礼之，况死于节者乎！”于是吴生迎丧以归。一夕月明，李见一好女子，身被湿衣，前拜曰：“妾湛氏女也，非君执议，游魂无依矣。请赋诗志妾之死。”言毕而灭。予抚琴为之操曰：“呜呼噫嘻！井之阴阴兮，美人以其魂嫁犹不沉兮。匪一日之沉兮，何以得君子百年之心兮。谢君之友兮，以礼而合幽明之瑟琴兮。”一曰苏氏妇。甲寅春，广州有请觇仙者，忽有自署苏氏者来。问其谁，曰：“妾广州绣花街人，年十七，嫁汪叔茂季子。庚寅冬，城破，兵杀吾夫，吾以几击兵，兵破头额，因礫我而死。”予为之歌曰：“击奴击奴，奴虽不死已碎颅，脑血可以溅吾夫。纤纤女手有霹雳，泰山难与秋毫敌。丈夫何必是荆轲，死为鬼雄随所击。”

卢琼仙

卢琼仙者，刘鋹之才人也。崇祯间，有请觇仙者，琼仙至，题云：“身轻不许风中立，腕白愁教月下看。”琼仙故能诗。同时有苏才人者，亦能诗，南汉宫中称大家，刘龚宠之。至鋹时，有女学士十馀人，琼仙其一也，与苏皆南海人云。

王小姑

王小姑，东莞石冈人。及笄，适陈氏子。无何，得疾不火食，日嚼梨枣、饮水而已。歿经一日，颜色如熟寐。向夕，诸姊妹并立庭中，月色凄清，霜叶微坠，有物随风而至，灭于阶下，流香馥郁，冷然袭衣。诸姊妹曰：“岂小姑来惊人邪？”小姑微吟，若流莺出于叶底，就之弗见，良久曰：“世缘未尽，复来相对耳。”骨肉掩泣，小姑取架上巾为之拭泪。亲戚来观，婉娈如昔。每晓妆，皆见其衣紫绡，挽颓云，与近态异。因戏疾抚其臂，玉腕如冰。小姑怒，以钗刺之。兄举子，代命名曰“栋隆”，手制巾领与之，时时抱行空中，儿弗畏也。越数年，忽见身，与所亲泣诀曰：“缘尽矣。”倏然而灭。

黄宾臣

有黄宾臣者，字敬而，琼山诸生也。庚申七月，至高州，值天大旱，有司祈祷不应，宾臣曰：“凡求雨，必得奇门真传。”或异其言，亟报有司往请之。宾臣使取竹片十二为令牌，及大锅一、黑雄鸡一、鹿脯五器以待。明日，于观山寺为坛。宾臣服道衣，被发仗剑，于坛上步罡捻诀，以目视日，竟日不下一睫。明日申刻果雨，不甚大，观者称其术之神。曰：“未也，俟明日观之。”明日烈日如故。宾臣曰：“此劫数，非独高凉一郡为然，奈何！”有司以其左道讥之，宾臣愧甚。于是至发祥寺，登浮图，居第四重，上下左右悉以符篆封之。越三日，谓观者曰：“明午雨必至，但从东南来，可保无事，否则当有性命之忧。”因作书与家人诀。明日未时，烈日中狂风大作，宾臣谓其仆曰：“雨从西北方起，不祥。尔当速去。”其仆甫下塔，霹雳一声，雨如注。有老人见一麻鹰，口含火丸，从塔第一重飞入，势甚可怖。须臾霹雳再震，远近闻硫磺扑鼻。驰视之，宾臣僵仆塔外，口存微息，鼻旁与右臂微破，一孔如针，血流不止。以沸水饮之，不受矣。高州人以宾臣为百姓而死，立庙祀之。

北门邪

自琼至崖，所历州县，皆杜北门不开。曩时，琼郡午后鬼入市廛，以纸钱贸物，核之，仅灰烬存焉。于是皆试钱水中，验浮沉以别人鬼。有堪舆言：“宜杜北门，作真武庙以镇之。”有司如其言，鬼怪遂灭。故十州县皆效之。此甚妄也。北，非鬼门也。鬼无形，随在可以出入。有司者，尽人道以杜之可耳，何必门？故曰：“有道之国，其鬼不灵。”

孝　陈

孝陈者，恩平文安寨人，不知其名。人以其始为女而终为男，不可以复女之而掩其今之为男也，亦不可以竟男之而掩其昔之为女也，于是但称之曰“陈”云。陈之为孝则何？曰：陈及笄时，以其父贫而无子，将如北宫婴儿之所为，不嫁以养。

其父强遣之。陈时时提持酒食，归饷其父，虽大风雨，崎岖山谷豺虎之间，弗少避。路有乌风大王者，祷之，祷已而哭，哭辄失声，痛其身之女，不幸而不为男，使其父老而无依也。一日匍匐坛前，见有山果随流，拾食之，得疾，迷闷数日，梦有人以刀截其下体而接以他体者，惊寤，则居然男子矣。其夫以闻电辉王将军。将军嘉叹，以为孝之所致，命麾下给养其亲。未几，文安寨破，蕃王得陈，怪之，配以女子，而使掌管鹿园，于是陈又为人夫焉。屈子曰："甚矣哉！天固无不足于人，而人常不足于天；人固无不足于人，而人常不足于人。夫苟足于天，虽女而男之可矣；苟足于人，虽妻而夫之可矣。孝陈之事是矣。嗟夫！女而男之，非祥也，而在陈则祥；妻而夫之，非祥也，而在陈则祥。祥则复何怪之与有？"

乐观对今天 开心奔明天

快乐释放真实自我

主编 拾月
编著 冯雪

图书在版编目（C I P）数据

乐观对今天 开心奔明天：快乐释放真实自我 / 陈志华编著. -- 北京：现代出版社, 2014.10
ISBN 978-7-5143-2790-8

Ⅰ. ①乐… Ⅱ. ①陈… Ⅲ. ①人生哲学－青少年读物
Ⅳ. ①B821-49

中国版本图书馆 CIP 数据核字(2014)第 236223 号

乐观对今天 开心奔明天：快乐释放真实自我

主　　编　拾　月
编　　著　冯　雪
责任编辑　王敬一
内文制作　诚美天下文化传播有限公司
出版发行　现代出版社
地　　址　北京市安定门外安华里 504 号
邮　　编　100011
电　　话　(010)64267325
传　　真　(010)64245264
邮　　箱　xiandai@cnpitc.com.cn
网　　址　www.1980xd.com
印　　刷　三河市华晨印务有限公司
开　　本　700mmx1000mm　1/16
印　　张　9
版　　次　2014 年 8 月第 1 版第 1 次印刷　　2021 年 3 月第 3 次印刷
书　　号　ISBN 978-7-5143-2790-8
定　　价　29.80 元

前言

青少年是社会的宝贵财富，是人类的希望和未来，正所谓“少年强则国强”。为此，大至一个国家、一个民族，小至一个家庭、一个家族，都特别重视青少年的教育问题。希望他们成为社会的中坚，家族的骄傲。一句话，就是希望他们成为成功的人。于国，能成为有用的人才；于家，能成为顶梁柱。不仅仅要学习好，还要有辨别人世间善、恶、美、丑的能力。在每个人的人生中，除了需要自身的因素之外，还需要拥有感受世界的能力。

包容、快乐，是旅途之中的包囊，时刻给予我们心灵的养分。

自责、抚慰，是对那些过往的积淀、筛选，去其糟粕，取其精华。

简约、坚持，是对人生最大的尊重，是对生命最好的诠释。

放弃、放下，是心灵深处的温度计，是心灵最惬意的悠然假期。

完美、舍得，是对生命、对梦想、对人生的终极追求。

青春，是人最美好的一段时光，也是人格、性格定型的重要阶段，在这个时期，我们需要享受青春的快乐，同时也需要完成自我塑造。通过心理自助，最终从一个小男生、小女生逐渐成长为一个有着健全人格的人，成长为一个对社会、对家庭、对自我有着相对完整认知的人，成长为能够为自己的未来做主的人。这才是一个最充实、最有价值的青春。每个梦想都值得我们认真对待，每个青少年都是未来的希望。在青春中我们不仅要有欢乐，同时也要拥有未来！

本丛书是你化解烦恼的“心灵鸡汤”，可以给你快乐的心理自助；本丛书会让你认识到：掌控心理，方能掌控世界；改变自己，才能改变一切。本丛书还将告诉你：只有实现积极的心理自助，才能收获快乐而充实的青春。

目录

第一篇 遵从内心，发现快乐的源泉

适合你的，才是最好的 002

耐心等待，一种不可多得的秘密幸福 006

乐观自尊，发现快乐的两只眼睛 012

敞开心扉，用痛苦消灭痛苦 016

洒脱释然，不要预支明天的不幸 020

第二篇 自我调节，解放自己的心灵

026 远离忧虑，让自己保持忙碌

032 有的放矢，用概率法剔除忧虑

036 简单即快乐，不让琐事烦恼摧毁你的幸

040 选择了谅解，就是选择了快乐

044 乐观接受，是战胜不幸的第一步

第三篇 保持活力，抓住触手可及的快乐

放松、放松、再放松 050

舒缓心灵，每天多清醒一个小时 056

笑口常开，生命的潮汐因快乐而升 060

给自己打气，用鼓励赶走疲倦 066

播撒积极的阳光，驱走黑暗的厄运 070

目录

第四篇 培养快乐，每个人都有快乐的理由

076　学会幽默，赶走晴天里的阴霾
080　扬长避短，绽放的生命没有沮丧
084　控制自己的思想，快乐源于心境
088　保持本色，做真正的自己
094　点燃热忱的火把，燃起成功的希望

第五篇 心态积极，让快乐来敲门

装出发，用舒缓的脚步走出生活的泥沼　102
种下微笑的种子，收获甜美的果实　108
童心未泯，让童真给人生增加一点色彩　114
迎难而上，别被“我不能”打败　120
笑对人生，把快乐当成一种习惯　126

第一篇

遵从内心，发现快乐的源泉

“自知者不怨人，知名者不怨天。”这句话也意在强调一种乐观的生活态度。一个人若能准确地找到自己的位置，不随波逐流，不盲目攀比，安心享受自己的生活，享受自己的幸福，才是快乐之道。

适合你的，才是最好的

故事话题

有两只猎豹，一只在笼子里，一只在野地里。

笼子里的猎豹三餐无忧，野外的猎豹自由自在。两只猎豹经常进行亲切的交谈。

笼子里的猎豹总是羡慕外面猎豹的自由，外面的猎豹却羡慕笼子里猎豹的安逸。一天，一只猎豹对另一只猎豹说："咱们换一换吧。"另一只猎豹同意了。

于是，笼子里的猎豹走进了大自然，野地里的猎豹走进了笼子。从笼子里走出来的猎豹高高兴兴，在旷野里拼命地奔跑；走进笼子的猎豹也十分快乐，它再不用为食物而发愁。

但不久，两只猎豹都死了。

一只是饥饿而死，一只是忧郁而死。从笼子中走出的猎豹获得了自由，却没有同时获得捕食的本领；走进笼子的猎豹获得了安逸，却没有获得在狭小空间生活的心境。

可见，适合自己的才是最好的。许多时候，人类也犯了这样的错误，很多人往往对自己的幸福熟视无睹，却眼馋着别人的幸福。殊不知，别人的幸福放在自己身上也许就不适合。甚至于很多别人的幸福正是自己的坟墓。

故事解析

古时就有邯郸学步的故事，看到别人走路的姿势优美，便费尽苦心的钻研学习。可是，学步者根本不适合这种走路姿势，最终不仅没能学会别人的步态，还忘记了自己最初的走姿，岂不可笑可悲！适合自己的才是最好的。其实，每个人都有一个最适合自己的位置，只有找准位置再加以努力，就能实现自己的价值。

你不可能拥有一切，也不可能什么都适合去做，所以，不要再为自己那些不切实际、好高骛远的思想心力交瘁了，也不要再对自己的能力妄自菲薄。学会随时变通，有学会放弃，学会知足，才能更好地把握快乐、享受幸福。

不同的人对待人生有着不同的态度，一种是对生活总是抱怨与不满；一种是对生活总是庆幸与感谢。人的一生不可能总是事事如意，有时也有不幸的事，关键是看你以一种怎样的心态去面对。

故事穿越

十几年前，有一名成绩还不错的男孩，由于没考上大学，被安排在村子里的小学教书。由于讲不清数学题，不到一周就被学生们轰下了讲台。父亲为他擦眼泪，安慰他说，满肚子的东西，有人倒得出来，有人倒不出来，没有必要为这个伤心，也许现在有更适合你的事正等着你去做呢。

后来，男孩外出打工。先后做过洗碗工、市场管理员、会计，但都半途而废。然而，当男孩每次沮丧地回来，父亲总安慰他，从没抱怨。30岁时，男孩凭自己的努力，做了聋哑学校的辅导员。后来，他又开办了一家残障学校。再后来，他在许多城市开办了残障人用品连锁店，这时的他，已是一位拥有上亿资产的老板了。

一天，男孩问父亲，前些年他连连失败，自己都觉得前途渺茫的时候，是什么原因让父亲对自己有信心？

父亲的回答朴素而简单。他说，一块地，不适合种麦子，可以试试种地瓜；如果地瓜也长不好的话，可以种土豆；如果土豆也不济的话，撒上一些油菜花种子一定能够开花。因为一块地，总会有一种种子适合它，也终会有属于它的大丰收。

故事微语

一块地，总会有一种种子适合它。每个人都如同一块块土地，肥沃也好，贫瘠也好，总会有属于这块土地的种子。你不能期望百合在沙漠中绽放，也不能奢求竹子生长在水塘之中，但你可以在黑土地上播种小麦的种子，也可以在泥沼里撒下莲子，适合你的种子也总能被发现。

对于还在寻找适合自己的种子的人来说，道路是漫长而艰辛的。也许前方我们会经受很多的挫折，但只要你坚信自己有能力，并持之以恒地寻找，那么你必定会在某一时刻、某一地点找到适合自己的种子。但你一旦找到它，它便会给你带来好收成。因为这种子是适合你的。

人生之中，最好的东西不一定最合适我们，最合适的东西对于我们来说才应当被称为最好的。俗话说："鞋子合适不合适，只有脚知道。"这句话说得就是这个道理，任何事情只有自己亲自尝试了，才能知道适合不适合自己。日常生活之中，我们每个人的个性不同，爱好不同，喜好各异，但是，总归是适合自己的才是最好的。

心灵箴言

既然做不了一只威猛的老虎，那就愿做一只优秀的兔子。

——朱德庸

我认为，对一切来说，只有热爱才是最好的教师，它远远胜过责任感。

——[德] 爱因斯坦

如果拿橘子比喻人生，一种是大而酸的，另一种就是小而甜的。一些人拿到大的会抱怨酸，拿到甜的会抱怨小；而有些人拿到小的就会庆幸它是甜的，拿到酸的就会感谢它是大的。

——蔡志忠

耐心等待，一种不可多得的秘密幸福

故事话题

一只河蚌对另一只河蚌抱怨说：“我真是痛苦不堪，那颗丑陋的石子在我的身体里滚来滚去，让我浑身疼痛，整日都无法休息！”

另一只河蚌闻言却哭泣着说：“我倒是宁愿那么痛苦！谁都知道，只要过了这个最艰难的时期，你就可以产出很多美丽的珍珠，这是多么令人兴奋的事情啊！”

一条小鱼听到两只河蚌的对话，忍不住站出来说道：“其实你们都没必要抱怨！有了石子在身体里的河蚌啊，接受你这短暂的痛苦吧，你即将迎来珍贵的珍珠！没有沙子的河蚌啊，安静地耐心等待吧，这也是一种不可多得的秘密幸福，只要你愿意让石子进入你的身体，早晚都会有这个机会的。即使永远都没有沙子，你难道不是更轻松和快乐吗？哪需要去眼红别人的境遇呢！”

故事解析

无论现在的你有多么痛苦，只要你忍受住煎熬，敢于承受事实，耐心的做自己应该做的事，才能寻找到一条崭新的道路。人不是为了吃苦而生存下来的，但是，苦来了，我们也没必要去畏惧，勇敢地面对挑战，毫不退缩地忍受痛苦，耐心的等待吧。

让河蚌忍受痛苦的是绮丽的珍珠，我们也不要期待天上掉下馅饼，也不要因为暂时没有机会而埋怨。或许，机会在来临的途中不小心睡着了，而你的耐心等待就是唤醒它的唯一妙方。所以从现在开始，用一个完整的计划和不懈地行动来促成机会的造访吧。

故事穿越

第二次世界大战中，英国将军伯纳德·蒙哥马利成为盟军杰出的指挥官之一，他在与德国名将隆美尔作战中声名鹊起，因为他打败了这只沙漠之狐。然而很多人都不清楚，蒙哥马利其实是在痛苦的忍耐中度过的童年。蒙哥马利认为：能够忍受痛苦，具有应对任何意外事故的能力，是取得胜利的基本特质。压力越大，成功的概率也就越大。

蒙哥马利是家里的第 4 个孩子，因为天性好动，且不喜欢学习，所以经常会出现违背父母意愿的顽皮行为，这经常会导致有洁癖的年

轻母亲异常恼怒，所以他经常受到母亲的责骂和冷落。甚至于有些时候，母亲还会用“你只能当炮灰”的话语来攻击可怜的儿子。而他的母亲总是在人前批评他、打击他，这更让别人有机会和理由去小看他。母亲的暴躁和绝情深深地伤害了蒙哥马利，于是从他成年进入军队后，就再也不愿意与母亲来往。

但是，母亲施加的这些伤害并没有让蒙哥马利沉沦于痛苦中，他仍然接受了命运的安排，不理会那些冷嘲热讽，坚持做自己认为正确的事情。他的每一个举动，都恰巧印证了我国武侠小说作家古龙的思想精髓：只有一个能在清醒中忍受痛苦的人，他的生命才有意义，他的人格才值得尊敬。

在蒙哥马利后来的回忆录里，他写下了这么一段话：“我童年缺乏母爱所带来世人对我的嘲笑和蔑视，这种刺激造就了我坚韧不拔的意志和超凡的智慧，没有这种特质，我不会成为后来的蒙哥马利。”

故事微语

一个人要想获得更多的快乐和幸福，就必须耐心等待。只有坦然面对这些痛苦，才能迎来暴雨之后的彩虹，看到漫天星光灿烂。一味地躲避痛苦，不愿意承受痛苦的蜕变，就不会有更加完美的自己。所以说，耐心等待也是一种不可多得的秘密幸福。

尽管人人都希望得到幸福，但无论怎么努力，怎么奋斗，还是有一些悲伤和痛苦是无法避免的。那些伴随着生活琐事而产生的失望、沮丧和痛苦，就像天地轮回、日月星照，是再正常不过的了，而此时，只需要你默默地耐心等待。

心灵箴言

耐心和持久胜过激烈和狂热。

——[法] 拉·封丹

不要失去信心，只要坚持不懈，就终会有成果的。

——钱学森

耐心是高尚的秉性，坚韧是伟大的气质。无论何人，若是失去耐心，便失去了灵魂。

——[英] 培根

乐观自尊，发现快乐的两只眼睛

故事话题

夏洛蒂·勃朗特是英国 19 世纪著名的女作家，她在自己的自传体小说《简·爱》中，塑造了一个从小就接受了贫穷、疾病、孤独、责罚、歧视等所有不幸的女孩，她就是——简·爱，夏洛蒂·勃朗特让简·爱来代表自己表达一种生活态度——乐观和自尊。

即使面对接连不停的磨难和挫折，简·爱仍然保持着不卑不亢的态度，保持着优雅的微笑和宽广的内心，坚强地应对着世间各种冷酷无情的挑衅。她不为自己缺乏所谓的美貌、权势、门第等而心感不安，反而接受并消化它们带给自己的苦果，努力强化自己的所有优势。当她发现自己的爱情来临的时候，尽管爱的魔力让人失去理智，但她依然对爱人罗齐斯达先生说出了那段掷地有声、代表尊严的经典名言：

“你以为，就因为我贫穷，我低微，我平凡又瘦小，就没有灵魂、没有感情了吗？你想错了！我的灵魂跟你一样丰富！我的心跟你一样充实！如果上帝赐予我美貌和财富，我就要让你感到难以离开我，就像我现在难以离开你一样。我现在不是按照习俗和常规和你说话，甚至也不是用肉体跟你说话，而是用我的灵魂跟你的灵魂说话。就像是两个人穿过坟墓，平等地站在上帝脚下，因为我们是平等的！”

此时也正是夏洛蒂借用简·爱的声音在告诉世人：尽管每个人从出生的时候就开始形成很多差距，但每个人的灵魂都拥有同样的权利。乐观和自尊就是发现快乐的一双眼睛。

故事解析

19 世纪法国伟大的作家巴尔扎克说过一句名言：“谁自重，谁就会得到尊重。”这句话很有道理，无论我们的学习成绩好坏，生活环境好坏，每个人都能发自内心的喜欢那些代表希望和阳光的特质，例如乐观、开朗、坚毅、幽默、自尊……而这些优秀的品质里，没有什么比在困难中仍可以乐观自尊的心态更能打动别人的了！

很多人生来就处在很艰难的环境之中，但是，即使命运从一开始就注定充满许多麻烦，那些有着乐观自尊心态的人，却似乎看不到这些琐碎的愁苦和烦恼，总能在该高兴时高兴，该欢笑时欢笑，该畅快时畅快，坦然享受属于自己的一份权利。

故事穿越

希腊在2500多年前，有个谈吐不清、丑陋不堪的孩子，他先是被人们当成疯子，后来被舅舅狠心虐待，在失去心疼自己的母亲后，他被一个坏心眼的牧羊人卖掉，沦落为奴隶。

这个可怜的孩子在无数的苦难中成长起来，最后竟然逐渐能够正常说话了，而且他还特爱将自己看到的、听到的各种传闻编成故事，然后给大家讲述。由于他善于向大家展示才华，甚至还会依靠自己的机智为主人排忧解难，因此，为了奖励他，主人恢复了他的人身自由，实现了他到各地游说的心愿。

这个不可思议的人，就是著名的寓言家伊索。

故事微语

虽然在现实生活中，大多数人不可能创造出什么惊人的成就，但是，只要能把乐观、自尊当盾牌，发现生活中的快乐，不被俗世观念击败，毫不退缩地去追求理想，积极释放自己的热量，就能实现自己的成就。有了坚持和执著，人们才能在挫折中赢得别人的尊重，创造出自己的奇迹。

每个人都无法选择自己的出生，只能接受命运的安排。但是，我们可以改造命运，运用后天的智慧，用乐观和自尊打造出一种最满意的生活方式，击溃生命中一些无形的伤害。

伊索作为一个奴隶，表面看只能悲哀地接受命运的安排，可伊索并没有接受这样的安排，他竭力地冲击那些看起来难以破裂的壁垒。当他乐观自尊地站出来，滔滔不绝地发表意见，吸引人们视线的时候，他也赢得了大家的尊重。方寸之间，自有天地。用乐观和自尊去迎接挑战吧！

心灵箴言

悲观的人虽生犹死，乐观的人永生不老。

——[英] 拜伦

人应尊敬自己，并应自视能配得上最高尚的东西。

——[德] 黑格尔

自尊自爱，作为一种力求完善的动力，是一切伟大事业的渊源。

——[俄] 屠格涅夫

敞开心扉，用痛苦消灭痛苦

故事话题

一群历经苦难的人聚集在寺庙里，喋喋不休地抱怨自己的遭遇，期待上天能赐予他们得以解脱的宝物。

老和尚走了过来，微笑着说：“请各位安静下来，围成一个圈，坐在一起，敞开心扉，把自己遇到过最刻骨铭心的不幸给大家讲述出来，相信用不了多长时间，那些痛苦就会自动消失。”

人们听完很惊诧，都觉得老和尚说话太不靠谱。然而，当其中一些人按照他的建议去做后，却惊讶地发现，在倾听别人故事的同时，才意识到世上还有很多自己没有经历过的痛苦，而自己仅仅是经历了其中很微小的一部分而已。于是，这些人全部放下心结，微笑着走出了寺庙。

故事解析

对别人敞开心扉的诉说自己的痛苦，同时也倾听别人的痛苦，经过比较才发现，自己的痛苦已经算不上痛苦，这时候痛苦也就消灭了痛苦。但是，这种诉说也要适可而止，不要总是喋喋不休地向别人诉说自己的不幸，倾诉有时候很有必要，但是要给倾诉留下消化的时间。

同时，也只有敞开心扉，才能得到上天赐予的解脱法宝，如果一味地自我承担、自我忍受，不懂得敞开心扉向别人诉说，那么痛苦只能像压在胸口的巨石一般，让自己不得喘息，痛苦不堪。

故事穿越

春秋时期，吴王夫差凭着国力的强盛，领兵攻打越国。结果越国大败，越王勾践也被抓到吴国。吴王为了羞辱越王，将奴仆才做的工作派他做，就如看墓和喂马这些事。越王心里虽然很难受，但仍极力装出忠心耿耿，也很顺从的模样。吴王出门时，他走在前面牵马；吴王生病时，他在床前精心照顾，吴王看他如此尽心地伺候自己，觉得他对自己忠心可嘉，最后就允许他返回越国。

越王回国后，决心改变自己的命运，洗刷自己在吴国做囚徒的耻辱。为了告诫自己不忘复仇之恨，他每天睡在坚硬的木柴上，在门上也吊一颗苦胆，吃饭和睡觉前都要舔一下，为的就是要让自己不忘教训。除此之外，他还经常去民间视察民情，替百姓分忧解难，让人民安居乐业，同时，他还加强军队的训练。

经过十年的艰苦奋斗，越国变得富饶起来，军队也是训练有素，于是越王亲自率领军队讨伐吴国，也成功取得大胜，吴王夫差羞愧得在战败后自杀。后来，越国又趁热打铁地进军中原，成为春秋末期的一大强国。

故事微语

越王勾践敞开心扉，用卧薪尝胆来消除战败的痛苦，终于厚积而薄发，取得了战争的胜利。面对突然来临的灾难，如果你总是心存不满，觉得上天不公平，那么对事情的改善没有丝毫的帮助，而且事情也会越来越糟糕，对人的伤害也远远超过了它实际的破坏力。所以，我们不要屈服于灾难之中，要坚强地抗拒它。

消极地对待痛苦，只会使它产生更大的负面影响。因此，人在痛苦之中的时候，不要总想着自己的命运的悲惨，而是要安静下来，思考自己接下来应该做些什么来改善这种情况。只有敞开心扉，解开自己的心结，痛苦才会被痛苦消灭。

心灵箴言

长风破浪会有时，直挂云帆济沧海。

——李白

一切痛苦能够毁灭人，然而受苦的人也能把痛苦消灭！

——[英] 拜伦

有时候忙碌和奔波并不是坏事，它可以让我们体会到日子的充实，忘掉一切烦恼和不快。

——佚名

洒脱释然，不要预支明天的不幸

故事话题

一个贫困的铁匠经常担心很多问题，比如：如果我病倒了，失去工作了该怎么办？如果我挣的钱不够花了该怎么办？如果我老了，没有攒够足够的养老钱，我该怎么办？一连串的担心让他得了重病。

一位心理学家听到这件事情后送了铁匠一条金项链。铁匠感到有了安全感：实在没钱了，我就卖掉这条项链。从此之后，他白天努力工作，晚上安心睡觉，逐渐恢复了健康。

有一天，铁匠很好奇地将心理学家送的金项链拿到首饰店，询问它的价值。当首饰店老板说项链是铜的，最多只值一元钱的时候，铁匠才恍然大悟心理学家的用意。

故事解析

我们不是也应该像故事里的铁匠一样，珍惜自己所拥有的，感谢上天所赐予我们的健康、平安、和睦的家庭、安逸的生活吗？零花钱虽少，只要不去购买昂贵的物品，我们还可以享受一只甜蜜蜜的冰淇淋；成绩虽不显赫，但是老师和同学都算和气，学习环境轻松愉快；名牌大学虽然没有指望，但医院的健康检查报告显示自己身体一切无恙，而努力一下还是可以考取不错的大学……所有的这些，难道不值得你知足吗？

想要远离不幸，只能自己拯救自己。因为你的所有情绪都是由自己控制的，只有珍惜身边所拥有的，洒脱释然地生活，不预支明天的不幸，才能让自己开怀起来。

故事穿越

一位小尼姑，每天早上清扫院子里的落叶。在北风呼啸的清晨扫落叶实在是一件苦差事，每天都需要花费特别多的时间才能清扫完树叶，这让小尼姑头痛不已，有个尼姑跟她说：“你在打扫之前先用力摇树，把落叶全部摇下来，明天就可以不用辛苦扫落叶了。”

小尼姑觉得这是个好办法，于是使劲地摇着树，这样，她可以把今天跟明天的落叶一次扫干净了，一整天小尼姑都非常开心。

第二天一大早，小尼姑到院子一看，不禁傻眼了，院子里和往日一样已经是落叶满地。

老尼姑走了过来，意味深长地对小尼姑说：“傻孩子，无论你今天怎么用力，明天的落叶依然会飘下来啊！”

故事微语

生活中，我们也常常和小尼姑一样，企图把明天的烦恼都提前解决完成，以便明天过得更好。而实际上，很多事是无法提前完成的，过早地为明天担忧，于事无补，只能让自己活得更累，剥夺本该属于自己的幸福。

我们要学会洒脱释然，不要预支明天的不幸，再幸福的人也不可能没有烦恼，再不幸的人也会有快乐。世间的所有人都有喜怒哀乐，抱着愤怒和不幸不放，就会把幸福丢掉。哭着活也是一天，笑着活也是一天，那何必不快快乐乐地生活下去呢……

今天的事情今天解决，即使今天暂时不能解决，也不代表明天、后天、大后天永远不能解决。提前把焦虑情绪带进生活，除了扰乱自己的思绪外毫无用处！

心灵箴言

人生不满百，常怀千岁忧。

——谚语

事情是这样的，就不会是那样。

——谚语

没有哪一个聪明人会否定痛苦与忧愁的锻炼价值。

——[英] 赫胥黎

第二篇

自我调节，解放自己的心灵

人不应该为这些琐事烦恼忧愁。简简单单的才是幸福的源泉。实际上，要想克服一些小事引起的忧愁，只要把看法和重点转移一下就可以了。这会让你有对问题有一个全新的看法。我们要学会自我调节，解放自己的心灵。

远离忧虑，让自己保持忙碌

故事话题

艾利瓦最近成立了一个成人教育班，班上有个叫艾布特·希伯来的学生告诉艾利瓦，他家里曾遭受过两次不幸。第一次，他失去了5岁的儿子，一个他非常钟爱的孩子。他和妻子都以为他们没有办法忍受这个打击。更不幸的是，“10个月以后，我们又有了另外一个儿子——而他仅仅活了5天。”

这接二连三的打击使人几乎无法承受，艾布特·希伯来说：“我睡不着，吃不下，无法休息或放松，精神受到致命的打击，信心丧失殆尽。吃安眠药和旅行都没有用。我的身体好像被夹在一把大钳子里，而这把钳子愈夹愈紧。”

最后他也告诉了艾利瓦他的解决方法。

“不过，感谢上帝，我还有一个5岁的女儿，她教给我们解决问题的方法。一天下午，我呆坐在那里为自己难过时，她问我‘爸，你能不能给做一个布娃娃’。我实在没兴趣，可这个小家伙很缠人，我只得依着她。做那个布娃娃大约花费了我3个小时，等做好时我才发现，这3个小时是我许多天来第一次感到放松的时刻。”

“这一发现使我如梦初醒，这么长时间来第一次有精神去思考。我明白了，如果你忙着做费脑筋的工作，你就很难再去忧虑了。对我来说，做布娃娃的忙碌就让我把忧虑冲垮了，所以我决定使自己不断地忙碌。”

那么，现在艾布特·希伯来的生活状态是怎样的呢？

“第二天晚上，我巡视了我们家所有的房间，把所有该做的事情列在了一个单子上。房间里有好些小东西需要修理，比方说书柜、窗子、门帘、门把、鞋柜，甚至水龙头都在漏水等。两个星期内，我列出了325件需要做的事情。”

“从此，我让自己忙碌了起来，每星期两个晚上我到你的成人教育班里上课，并参加了小镇上的一些活动。现在还开了一家小型的公司。还协助红十字会和其他机构的募捐，我现在忙得简直没有时间去忧虑。”

故事解析

让自己忙碌起来，你的大脑就会立刻运转起来，你的思想也会开始变得敏锐。让自己保持忙碌，这是世界上治疗忧郁最便宜的一种药，也是最有效果的一种。而在我们不忙的时候，头脑里就会浮现出很多东西。这时，忧虑、恐惧、憎恨、忌妒和羡慕等情绪就会填充我们的大脑，进而把我们思想中幸福快乐的成分都赶出去了。

对大多数人来说，在被日常学习、工作忙得团团转的时候，并不会出现什么忧郁。可是，放学或者下班之后——就在我们能自由自在地享受悠闲时光的时候，忧虑的恶魔就会开始向我们进攻。这时候，我们唯一可以摆脱它的办法就是让自己保持忙碌。

故事穿越

1929年，爱尔·海勒常因忧虑而患上胃穿孔。一天晚上，他胃出血，被送往某大学医院治疗。他的体重从180磅急剧下降到85磅。医生说他连头也抬不起来了。这几个医生中有一个有名的专家，说他已经只能慢慢的等死了。当时他只能吃苏打粉，吃流食，早晚都要用一条橡皮管插到他的胃里，将里面所有的东西清理出来，这令人难以忍受。

这样一连持续了几个月。最后，爱尔·海勒对自己说："睡吧，如果你只能等死的话，不如好好利用剩下的短暂的时间做你想做的事情。你不是一直想环游世界吗？何不现在就开始？"第二天，爱尔·海勒告诉他的医生他要周游世界，爱尔·海勒自己给自己每天两次洗胃。医生们听了很震惊，他们觉得那简直是太不可思议了。并警告爱尔·海勒说，如果他这样做，就只有葬身大海了。但是，爱尔·海勒想他不会的，他已经对他的亲朋说了，他要埋在尼布雷斯卡州他家乡的墓地中，所以他会随身携带他的棺材。

随后，爱尔·海勒真的带它上了船，并和轮船公司约定一旦发生意外，将他送到老家。就这样爱尔·海勒上路了，带着几分悲壮和浪漫。上船时，爱尔·海勒心里很轻松，想到了凯恩的一首诗："啊，生命/即将凋零成泥/在此之前，我岂能辜负人生？/不奋力一搏/在黄泉之下/没有弦歌美酒，明天的希冀。"

事实上，这首诗伴随了爱尔·海勒整个旅程。奇迹却适时地出现了。当爱尔·海勒踏上亚当斯总统号船开始向东方航行时，他的病情发生了一系列的变化。慢慢地他不再吃药，不再洗胃。甚至可以吃任何东西了。包括之前一些据说让他丧命的食物。几周后，他还可以抽烟喝酒了。这么多年来，他从没像现在这样享受人生。他在海上遇到了台风，但这次冒险却让他体验到了之前从没体验过的乐趣。

在船上，爱尔·海勒还结交了一些新朋友，他们一起唱歌、跳舞，聊天到深夜。到了中国和印度后，他发现他自己的这点病痛和东方的贫穷与饥饿相比，简直不值一提。这让他的内心产生了很多变化，抛去烦恼，觉得很幸福。回国后，他的体重恢复到180磅，胃病几乎痊愈了。他又回到了工作中，此后健康地生活起来。

故事微语

忙碌有时候也是一种小幸福，它让我们无暇去顾及那所谓的忧虑。时常回顾，总觉得是一种充实。詹姆斯·马竭尔说过："忧虑最能伤害你的时候，不是在你有所行动的时候，而是在一天的工作结束以后。这时你的想象力开始混乱，使你把每一个小错误都加以夸大。你的思想就像一辆没有装货的车子横冲直撞，撞毁一切，直至把自己也撞成碎片。消除忧虑的最

好办法，就是让自己忙着干任何有意义的事情。”

所以，只要你忙碌起来，忧虑就会少了，这必然减少了你很多胡思乱想的时间，而将这些时间用到有意义的事情上去，你的人生不是会变得更加精彩吗？

心灵箴言

我太慢了，我没有时间忧虑。

——[英] 丘吉尔

忙而忘忧，忧虑最容易伤害无所事事的人。

——[美] 詹姆斯·莫塞尔

让人愁苦的秘诀就是，有空闲时间来想想自己到底快活不快活。

——[爱尔兰] 萧伯纳

有的放矢，用概率法剔除忧虑

故事话题

卡耐基小的时候，心中总是充满忧虑。他担心自己会被活埋，害怕自己被闪电击死，还恐惧自己死后会进地狱。他怕一个叫詹姆怀特的坏男孩会割下他的耳朵——正如他威胁的那样，他怕女孩们会在他脱帽鞠躬时会取笑他，他怕将来自己讨不到老婆……他常常花几个小时在想这些“惊天动地”的大问题。

日子就这样慢慢过去了，卡耐基发现自己所担心的事情中，有 99%根本就不可能发生。他知道，无论哪一年，他被闪电击中的机会，都只有三十五万分之一。至于活埋，即使是在发明木乃伊以前的日子里——1000 万个人里可能只有一个人被活埋。但是，每 8 个人里就有一个人会死于癌症。如果一定要发愁的话，也应该为得癌症而发愁，而不该去忧郁被闪电击死或遭到活埋。

故事解析

事实上，我们中的很多人的忧虑也同样的荒谬。如果我们根据概率评估一下我们的忧虑究竟会不会发生，那么我们十分之九的忧虑就会自然消除了。

全世界最有名的保险公司伦敦罗艾德保险公司就是靠人们的这种对发生的几率极低到难以令人担心的心理取得成功的。它是在和普通人打赌，不过被说成是保险而已。实际上，这是以概率为根据的赌博。这家有名的保险公司已经有 200 年的悠久历史了，除非人的本性会发生改变，否则它至少还可以继续存在 5000 年。而它利用概率来向你保证那些灾祸发生的情况，并不像大家想象的那么常见。

故事穿越

丽莉亚夫人是一个很平静、很沉着的妇女，她给人印象是，她从来没有忧虑过。一天晚上，有人问丽莉亚夫人是不是曾因忧虑而烦恼过。“忧虑？”丽莉亚夫人说：“我的生活都差点被忧虑毁掉。在我学会征服忧虑之前，我在忧虑的苦海中生活了整整 15 年。那时我脾气不好，很暴躁，生活在非常紧张的气氛之下。买东西时我都会发愁——也许房子失火了，也许菲佣跑了，也许宝贝们被汽车撞死了……我常因忧虑弄得冷汗直冒，冲出超市，跑回家去，看看一切是否安好，这导致了我的第一次婚姻没有好结果。

“我第二个丈夫是一个教授，很文静，有分析能力，从不为任何事情忧虑。每当我忧虑的时候，他就对我说‘亲爱的，不要慌，让我们一起来好好地想一想……你真正担心的事情到底会发生吗？我们分析一下概率，看这种事情发生的可能性有多大’。

“记得有一年秋天，我们到洛基山区露营。一天晚上，我们把帐篷扎在海拔 6500 英尺的高山上，突然遇到了暴风雨。帐篷在大风中颤抖的摇晃，发出尖厉的叫声。我每分钟都想帐篷要被吹垮了，我即将没有容身之地了。当时我真被吓坏了，可我丈夫不停地说‘亲爱的，我们有几个印地安向导，他们对这儿特别了

解，他们说在山里扎营已有几十年了，可是，从没发生过帐篷被吹垮的事。根据概率，今晚帐篷也不会吹垮。即使真吹垮了，我们也可以躲到别的帐篷里去，所以你不用忧虑’。我放松了精神，结果那一夜睡得很踏实。而且什么事都没发生……‘根据概率，这种事情不会发生’，这句话摧毁了我几乎所有的忧虑，使我过去这几十年的生活过得十分美好而幸福。”

故事微语

既然我们担心的事情都是小概率事件，我们何必杞人忧天，整天郁郁寡欢的自寻烦恼呢？当我们遇到可能的麻烦的时候，一定要首先分析一下，这个麻烦发生的概率，这便会让我们感觉少了很多麻烦，生活也会变得轻松起来。

美国海军也常用概率所统计的数字来为战士们鼓气。曾做过海军的克莱德·马斯讲过这样的故事：当他和他船上的伙伴被派到一艘油船上的时候，他们都被吓坏了。这艘油轮运的都是汽油。他们认为，一旦油轮被鱼雷击中的话，他们必死无疑。可是，海军立即发出了一些统计的数字，指出被鱼雷击中的100艘油轮里，大约60%艘没有沉到海中。在沉下海的40艘油轮里，也只有5艘油轮是在少于5分钟的时间内沉没的。“知道了这些数字之后，船上的人都感觉好起来了，我们知道我们有足够的机会跳下船。根据概率看，我们不会死在这里。”

心灵箴言

大多数人最烦恼的苦事，就是苦思冥想。

——[英] 詹姆斯·布莱斯

几乎所有的忧虑和哀伤，都是来自人们的想象而并非来自现实。

——[美] 乔治·库克

我们所担心的事，有99%都不会发生，而对永远不会发生的事情凭空操心是很悲哀的。当我们怕被闪电打死、怕坐火车翻车时，想一想发生的概率，会把我们笑死。

——[美] 卡耐基

简单即快乐，不让琐事烦恼摧毁你的幸福

故事话题

在一个小镇上，有一个年轻人，以沿街为大家说唱为生；有一个妇女，远离家人，在这儿打工。他们因为总是在同一个小餐馆用餐，时间长了，彼此已经十分的熟悉。

一天，这个妇女关切地对那个年轻人说："你不要再沿街卖唱了，去我的国家教书吧，在那儿，你完全可以拿到很高的薪水。"

年轻人听后，先是一愣，然后反问道："我现在过得很开心、很满足，我何必要远渡重洋，抛弃亲人，去做我并不喜欢的工作呢？"

邻桌的其他人也都表示很愕然。因为在他们的眼中，家人团聚，平平安安，才是最大的幸福。它与财富和地位并没有什么关系，简简单单就是快乐。

故事解析

我们一般都能很勇敢地面对生活中那些大的危机，却常常被一些小事搞得垂头丧气。人活在世上只有短短几十年，却浪费了很多时间，去为一些一年之内就会忘了的小事发愁。令我们烦心的都是些鸡毛蒜皮的小事，这些本该不屑一顾的小事，弄得人们心烦意乱……

简单即快乐。我们实在不应该让琐事烦恼摧毁我们的幸福快乐，既然都是些鸡毛蒜皮的小事，何不一笑了之，看得淡一些呢？将自己置身在琐事烦恼之中岂不是得不偿失？我们要学会简单地生活，将琐事和烦恼都看淡，不因为它们阻碍了我们通往幸福的道路。

故事穿越

一次，丽娜和她的朋友们到芝加哥的一个朋友约翰家吃饭，分菜时约翰有些小事没有做好。大家都没在意，可是他妻子却马上当着大家的面就跳起来指责他："约翰，你怎么搞的！难道你就永远也学不会分菜吗？"约翰的妻子又对大家说："你怎么总是一错再错，一点也不用心。"当时丽娜对这位妇人说："我宁愿只吃一两个抹上芥末的干面包——只要能吃得舒服——也不愿意一边听你啰唆，一边吃山珍海味。"

不久，约翰和他的妻子邀请了几个朋友再次来吃饭。客人快到时，约翰的妻子发现有三条餐巾和桌布颜色不配。约翰的妻子后来说，"我发现另外三条餐巾送去洗了。客人已到门口，我急得差点哭了出来。我埋怨为什么会有这么愚蠢的错误让它毁了我整个晚上？我突然想到了上次的事情，为什么这些小事会毁了我美好的心情呢？我走进去吃晚饭，决心享用一番。我情愿让大家认为我是一个比较懒散的家庭主妇，也不愿意大家认为我是一个神经质的脾气不好的女人。而且，吃完饭后，也根本没有一个人注意到那些餐巾。”

故事微语

作家荷马·克罗伊曾告诉他的朋友，过去他在写作的时候，时常会被纽约公寓热水灯的响声吵得要疯了。“后来，有一次我和几个朋友出去露营，当我听到木柴烧得很旺时的响声，我突然想到，这些声音和热水灯的响声一样，为什么我会喜欢这个声音而讨厌那个声音呢，回来后我告诫自己，火堆里木头的爆裂声很好听，和热水灯的声音也差不多。我完全可以蒙头大睡，不去理会这些噪声。结果，头几天我还注意它的声音，可不久我就完全忘记了它。”

很多小忧虑也是如此。我们不喜欢的那些琐事，会让我们很忧郁。其实，我们都夸张了那些琐事烦恼的重要性，如果我们把这些琐事烦恼在脑海中掠过，此时或许才能真正地体会到简单即快乐。

心灵箴言

最伟大的人仅仅因为简单才显得崇高。

——[英] 丁尼生

婚姻生活之所以不美满，最基本的原因往往都是一些小事。

——[美] 约瑟夫·沙巴士

当你简化你的生活，宇宙的法律将更加简便；孤独不会孤独，贫穷不会贫穷，也不虚弱无力。

——[美] 梭罗

选择了谅解，就是选择了快乐

故事话题

清朝时，礼部尚书张英在安徽桐城的老宅与邻居吴家因宅基地问题发生争执。两家的祖屋仅一墙之隔，可以说的上是世交的好友了。某年，两家都准备改造旧居重修大宅。可是出现了一个问题：在临界上的地皮究竟属于谁，双方都不愿意退让半步，于是两家发生了很多的争执。

张英的母亲张老夫人很生气，认为自己明明占理却得不到尊重，于是她连夜写信送到北京，要求儿子出面干涉。张英接到信后，没有贸然去找同僚理论，而是挥笔作了一首诗，用来开劝自己的母亲。诗的内容如下：千里家书只为墙，再让三尺又何妨？万里长城今犹在，不见当年秦始皇。他的意思就是让家人不要再为此事争吵，牺牲一点利益又有什么关系呢？

张老夫人收到信时，最开始觉得儿子很软弱，再三品味这首诗后她逐渐冷静下来，也认为因为这点小事伤了两家的和气实在不值，于是立刻吩咐工人把墙主动退后三尺。吴家本以为张家会激烈反对，却没有料到他们如此谅解自己，深思之后也感到非常惭愧，急忙把墙也退后三尺。就这样，张、叶两家的院墙之间便形成了一个六尺宽的巷道，成了当地著名的六尺巷。

故事解析

张英选择礼让邻里，也同时赢得了尊重。如果他咄咄逼人地站出来和叶家理论，以他的权势，相信取胜的把握应该很大。但是，张英没有这样做。最后，他只失去了一点点的土地，但换来了朝邦安宁和家居和睦，还有流传百世的芳名，当然他也得到了内心的安宁与快乐。

如果你不肯谅解别人，那么你就不会快乐。每个人都有自己的自私和选择，如果睚眦必报，为了一点点的利益而大打出手，那么你也就不会快乐。

如果我们总是沉浸在怨恨的心态里，不能宽容对待一些正常的纷争，学会谅解别人，那我们的心灵就会被锁在郁闷、沮丧、仇恨里，让本来就不平静的生活走进死角。

故事穿越

在美国唐人街的一个市场里，聚集着来自各个国家的摊位。有一个中国女人特别勤快，她做的饺子味道鲜美，营养丰富，所以生意特别好。但树大招风，中国女人摊前的热闹引发了别人的嫉妒，一些人就故意把垃圾扫到她的店门口。但这个中国女人很聪明，没有怒气冲冲地跑去查找元凶，而是不动声色地把垃圾清理干净，并且一直保持淳朴自然的笑容，好像一点也不生气。

旁边卖菜的墨西哥女人很纳闷，忍不住问："那些人要是这么欺

负我，我一定把垃圾倒在他的头上！你怎么这么懦弱啊，吃亏也不知道还击！”中国女人笑了起来，认真地说：“在中国，每年除夕至初五的时候，我们都要把垃圾留在家里不往外倒，垃圾越多就代表第二年会赚很多的钱。这叫留住财富。现在每天都有人主动送钱到我这里，我怎么能拒绝接受呢？你瞧，我的生意不是越来越好吗？”

从那以后，那些垃圾就奇迹般地消失了。而中国女人的朋友也更多了，包括那些原来仇视她的商业对手。他们都说，这位中国女人是一个善良的好女人，值得交往。

故事微语

这是一个睿智宽容的女人，她懂得在一个充满竞争和怨恨的环境里播撒宽容友善的种子，放下自己的自尊心，谅解了别人的不友善，与大家和平共处。如果一个人学不会宽恕，生命就会在无休止的仇恨和报复中度过。选择了谅解，也就等于选择了快乐。

我们在生活中也要学会谅解别人，大度地面对生活中的挫折，这样我们也就会变得更加快乐，而如果不能学会谅解别人，一味地将自己置身于痛苦之中，那么人生怎么可能快乐的起来呢？

心灵箴言

宽宏精神是一切事物中最伟大的。

——[英] 欧文

智慧的艺术就是懂得该宽容什么的艺术。

——[美] 威廉·詹姆斯

不会宽容别人的人，是不配受到别人宽容的。

——[俄] 屠格涅夫

乐观接受，是战胜不幸的第一步

故事话题

布思·塔金顿活着的时候曾经说过：“人生的任何事情，我都能忍受，只除了一样，就是瞎眼。那是我永远也无法忍受的。”

然而，在布思·塔金顿60多岁的时候，他的视力开始减退，一只眼几乎全瞎了，另一只眼也快瞎了，他最害怕的事发生了……

塔金顿对此有什么反应呢？他自己也没想到自己居然还能觉得非常开心，甚至还时常因此来运用他的幽默感。在那些最大的黑斑从他眼前晃过的时候，塔金顿却说：“嘿，又是老黑斑爷爷来了，不知道今天这么好的天气，它要到哪里去？”

等到塔金顿完全失明的时候，他说：“我发现我能承受我视力的丧失，就像一个人能承受别的事情一样。要是我五个感官全丧失了，我也知道我还能继续生活在我的思想里。”

为了恢复视力，塔金顿在一年之中做了12次手术，为他动手术的就是当地的眼科医生。塔金顿知道自己无法逃避这种情况，所以唯一能减轻塔金顿痛苦的办法就是乐观地去接受它。他拒绝住在单人病房，因此，住进大病房，和其他病人在一起生活。他努力让大家开心。动手术时他尽力让自己去想些开心的事情，“多好呀，现代科技的发展，已经能够为像人眼这么纤细的东西做手术了。”

一般人如果要忍受12次以上的手术，还要面对不见天日的生活，恐怕都快崩溃了。可是这件事让塔金顿了解，生命所能带给他的，没有一样是他所不能忍受的。

故事解析

我们不可能改变那些即成的事实，可是我们可以改变自己。如果碰到挫折便要低声下气，那样我们不就成为命运的奴隶了吗？不论在哪种情况下，只要还有一点挽救的机会，我们就要争取最后的成功。可是当事实已经告诉我们，事情是不可避免的，也不可能再有任何转机，那么，就让我们保持理智，不再抱怨、伤感。

我们对不幸的事情应当乐观地接受。就像杨柳承受风雨、水适应一切容器一样，既然事情已经发生，且不可逆转。那么何必郁郁寡欢呢？

故事穿越

张大强小时候，有一天和几个同学在一间荒废的老木屋的阁楼里玩。在从阁楼往下跳的时候，张大强左手食指上的戒指钩住了一根铁钉，把他整根手指都拉掉了。当时，张大强疼得晕过去了，同学们都也吓坏了。等手到医院里包扎好了以后，张大强不再烦恼，接受了这个本可避免的事实。

现在，张大强几乎根本就不会去想他的左手只有四个手指头，也不会觉得这有多么的不幸。反倒是，张大强常常想起刻在荷兰首都阿姆斯特丹一间15世纪教堂废墟上的一行字：“事情是这样，就不会是别的样子。”

故事微语

人生路漫漫，你无法预见到自己会遇到怎样不幸的事情。不同的人面对计划外的事情都会有不同的反应，如果逃避不幸，不幸反而会变本加厉。如果你能做到乐观地接受所遇到的一切，那么就会少去人生中的诸多烦恼。

面对无可改变的事实，即使再痛苦，最好也要乐观接受，因为这是战胜不幸的第一步。一味地逃避困难，只会让自己陷入到痛苦的深渊之中，倒不如勇敢地面对，事情反而会柳暗花明又一村，出现新的转机和希望。

心灵箴言

永远以积极乐观的心态去拓展自己和身外的世界。

——曾宪梓

假如生活欺骗了你，不要忧郁，也不要愤慨，相信吧，快乐之日就会到来。

——[俄] 普希金

当生活像一首歌那样轻快流畅时，笑颜常开乃易事；而在一切事都不妙时仍能微笑的人，是真正的乐观。

——[美] 威尔科克斯

FREE · BANK

第三篇

保持活力，抓住触手可及的快乐

很多人抱怨自己不快乐，其实只要我们能够做到用心去发现身边的美好，就能抓住触手可及的快乐。我们是祖国的未来，是“早上八九点钟的太阳”，让我们保持活力，用心去感受青春的美好吧！

放松、放松、再放松

故事话题

几米是近几年特别受欢迎的漫画家，他的漫画作品诙谐有趣，意境深远。而他在十多年前的画风却和现在大相径庭。那时，几米还是一个不知名的小人物，虽然奋斗了很多年，却始终没能成功，甚至只能靠给杂志画些插图来维持生活。

贫穷的生活、卑微的身份、窘迫的经济环境，这一切都让几米很痛苦。为了摆脱这种生活，几米开始没日没夜地拼命工作，他心里只有一个目标，那就是靠自己手中的画笔来彻底改变自己的命运。

他太想成功了，太想得到体面的生活了，就像溺水的人太想脱离险境一样。然而，老天跟他开了个玩笑，疲劳过度的几米还没有看见自己的成功就先病倒了，一场大病差点要了他的命。生命似乎在一夜之间，变得随风摇摆，飘忽不定。

经历了生死之变，体验到人世无常的几米幡然醒悟了。病愈之后他仍旧画漫画，给杂志画插图，然而他的漫画风格却有了特别大的改变。这一次，他不是为金钱、名誉、地位去创作，他卸下了肩上沉甸甸的担子，用平和的心态去画自己，画身边的生活，画他眼中的世界。对生活美好的向往，对生命发自内心的热爱从几米的画笔中缓缓流出。

几米是个聪明人，他没有被自己沉甸甸的欲望拉进水底，而是选择了身心放松，顺其自然，终于也获得了成功。

故事解析

生活往往如此：太在乎赢了，往往输得很惨；太在乎得到的了，往往失去的也很多；太期盼财富了，往往就会越来越贫穷；太想长命百岁了，反而容易被死神召唤。而此时需要我们做的只是放松、放松、再放松。当你淡然地面对一切时，反而可能会获得意想不到的收获。

金钱、荣誉、地位、权势、健康、成功以及幸福，哪一样不是人们梦寐以求的？这所有的一切对我们太重要了，可看得越重要，心就越累，灵魂背负的也越沉重，整个生命便在不知不觉中堕落。要想获得成功，不妨像几米一样排除杂念，放轻松，慢慢的成功自然就来到了我们的身边。

故事穿越

从前，在山中的一个伐木场子里，有个伐木工被指派去买食用油。在离开前，场子里的厨师交给他一个大碗，并严厉地警告这个可怜的人：“你一定要小心，我们场子里的财务状况近期不是很理想，你绝对不能把油洒出来。”

伐木工答应后就下山到城里，到厨师指定的店里买油。在上山回场子的路上，他想到厨师凶恶的表情及严厉的告诫，越来越觉得紧张。伐木工小心翼翼地端着盛满油的大碗，一步一步地走在山路上，丝毫不敢左顾右盼。

不幸的是，快到厨房门口时，一不小心，他踩到了地上一个坑。虽然没有摔跤，可是却洒掉 1/3 的油。伐木工非常懊恼，而且紧张得手都开始发抖，无法把碗端稳。来到厨房时，碗中的油就只剩一半了。

厨师拿到装油的碗时，当然非常生气，他指着伐木工大骂："你这个笨蛋！我不是说要小心吗？为什么还是浪费这么多油，这油要从你的工钱里扣除！"

伐木工听了很难过，开始掉眼泪。另外一位老伐木工听到了，就跑来问是怎么一回事。了解事情的经过以后，他就去安抚厨师，并私下对伐木工说："我再派你去买一次油。这次我要你在回来的途中，多观察你看到的人和事物，并且需要给我做一个报告。"

伐木工想要推卸这个任务，强调自己油都端不好，根本不可能既要端油，还要看风景、作报告。不过在老伐木工的坚持下，他只有勉强上路了。在回来的途中，伐木工发现其实山路上的风景真是美。远方看得到雄伟的山峰，又有农夫在梯田上耕种。走不久，又看到一群儿童在路边的空地上玩得很开心，而且还有两位老大爷在下棋。这样边走边看风景，不知不觉就回到场子了。当伐木工把油交给厨师时，发现碗里的油，装得满满的，一点都没有损失。

故事微语

紧张相对于轻松来讲是一种坏习惯，因此，你要戒掉这个坏习惯。困扰来自于你的内心，正所谓“天下本无事，庸人自扰之”。过分追求完美的结局，反而会使过程变得空洞乏味，而结果也未必就能达到所谓的完美。对于本来不必担忧的事，却整日愁眉不展，思前想后，实在是不值得。

面对事情的时候，不妨轻松一点，或许你会发现，事情要比你想像得简单。轻松生活，你可以享受到更多的快乐，我们在以后的人生路上也不要总是给自己制造紧张情绪，学会放松会更容易获得成功。

心灵箴言

谁不会休息，谁就不会工作。

——[苏联] 列宁

打消了一切忧虑，卸下了一切担子，一时不由感到满足，真好比心里搬开一块大石头。

——[美] 马克·吐温

成功的法则应该是放松而不是紧张。放弃你的责任感，放松你的紧张感，把你的命运交付于更高的力量，真正对命运的结果处之泰然。

——[美] 马克斯威尔·马尔兹

舒缓心灵，每天多清醒一个小时

故事话题

杰克·查纳克是好莱坞最有名的大导演之一。几年前，他坦言自己常常感到劳累和筋疲力尽。他试过很多种方法，喝矿泉水，吃维生素和其他补药，但对他没有起到任何的帮助。后来他每天去“度度假”。这是怎么回事呢？就是当他在办公室里和部下开会的时候，他躺下来放松自己。

两年之后，杰克·查纳克的情况看起来好了很多，他说：“出现了奇迹，这是我医生说的。以前，每次我和部下谈论短片问题的时候，我总是坐在椅子里，非常紧张。现在每次开会的时候，我躺在办公室的沙发上。我现在觉得比我 20 年来都好多了，每天能多工作两个小时，却很少感到疲劳。”

故事解析

休息并不是浪费生命，它能让你在清醒的时候，快乐地更有效率地做事。所有懂点医学知识的人都会告诉你，疲劳会降低身体对一般疾病和感冒的抵抗力。而所有的心理治疗家，也会告诉你疲劳同样会降低你对忧虑的抵抗力。所以，防止疲劳的同时也可以防止忧虑，避免疲劳和忧郁的方法就是：舒缓心灵。

经过短短的一点休息时间，你就可能把身体和心灵从疲惫中恢复过来，即使只午睡一刻钟，也有助于防止疲劳。此时的舒缓心灵，就可以让我们每天多清醒一些时间。

故事穿越

佛德瑞克·泰勒在贝德汉钢铁公司担任科学管理工程师的时候，就曾以事实证明了一个道理。他曾经观察过，工人每人每天可以向货车上装大约 12 吨半的生铁，而他们在中午的时候一般就已经筋疲力尽了。他对所有产生疲劳的因素做了一次科学性的预测，并认为这些工人不应该每天只装 12 吨半的生铁，而应该每天装 47 吨。依照这个预测，工人们应该可以做到目前成绩的 4 倍，而且不会感觉到疲劳，于是他想证明这个观点。

佛德瑞克·泰勒在公司从搬运工里选中了施密特先生，让施密特按规定时间来工作，并且由专人拿着表来指挥他的行动："现在搬起一块生铁，走……现在坐下休息……现在走……现在休息。"

结果证明了佛德瑞克·泰勒的预测，其他人每天只能搬 12 吨半，而施密特却搬了整整 47 吨！在长达二三年的时间里，施密特先生的工作能力从未减弱过，这是因为施密特先生在疲劳之前就有时间休息：每小时他大约工作 26 分钟，而休息时间却有 34 分钟。施密特先生休息的时间要比工作时间多，可是他的工作成绩却差不多是别人的 4 倍！施密特先生的这件事情也证明了：从事体力劳动的人，如果休息时间更多点的话，每天的工作就可以做得更多。

故事微语

防止疲劳的方法就是经常休息，在你感到疲倦之前就休息，不要等身体累垮了才想起要好好休息。经常休息的话，你每天清醒的时间也就会更多，一个不懂的休息的人，工作也不会做得太好。而且不停地工作还会让自己身心疲惫。

身体与心灵是紧密相连的，我们的心灵感到不安的时候，身体也会立即出现相应的反应。渐渐地，我们的肢体会变得僵硬不适。此时，我们最需要的就是舒缓心灵，不要急于做事，不要将自己置身于忙碌之中，此时适当地休息一会儿，会让你感觉更加轻松。

心灵箴言

在完全放松之后，劳累就不可能再存在了。

——[美] 杰可布森

休息并不是绝对地什么都不做，休息就是修补。

——[英] 丹尼尔

能坐下的时候，我绝不站着；能躺下的时候，我绝不坐着。

——[美] 亨利·福特

笑口常开，生命的潮汐因快乐而升

故事话题

马里兰大学的迈克尔·米勒博士曾得出过结论：笑给心血管带来的好处就像体育锻炼带给心血管的好处一样，因为笑可以加快血液流通。而北卡罗莱纳大学的另一项研究也表明，心情沮丧或缺少笑容经常和诸如抽烟、吸毒等不健康的生活习惯联系在一起，这可以将死亡的危险增加44%。

在调查过程中，米勒选择了20部让人发笑或让人伤悲的影片，并让20名平均年龄为33岁的不吸烟、身体健康的志愿者观看。当志愿者观看影片时，研究人员检测他们血管内发生的变化。研究显示，观看悲剧片的20名志愿者中有14人胳膊上的动脉血流量减少；相反，在观看喜剧影片的20人中有19人的血流量增加。研究人员得到的结论是：在笑的时候，血流量比平时会基本上增加22%；而当人们的精神压力比较大时，血流量则会相应的减少35%。

因此，米勒博士得出了这样的结论：笑可以使我们远离由运动带来的伤痛和肌肉紧张等不良影响。他同时也表示，笑也不可能完全取代体育锻炼，它们应该有规律地同时进行。他说："我们建议人们一周进行3次体育锻炼，每次30分钟；另外，每天要笑15分钟，这样会对人们保持活力和身体健康有好处。"

故事解析

乐观、愉快、喜悦、幽默和笑，都可以导致大脑皮层处于中等兴奋状态。而此时就是一种最佳情绪和最佳心理状态。在这种状态下，大脑皮层对身体内外的刺激都产生最佳反应，并发出最佳指令，从而使身体各部位得到最佳调节，生命的活力和抵抗力同时也得到最佳表现，从而最有利于身心健康，同时，在这种状态下，人的才能、智力、体力和创造力得到最佳发挥，所以又最有利于事业上的成功。

由此，我们认为，乐观的情绪对我们的身心都有很大的好处。健康的大笑是消除疲劳的最好方法，也是一种发泄不良情绪的良好方式。

故事穿越

一位冶金行业的企业家去拜谒一位道人，他想请道人帮助自己的心灵解锁。

企业家问：“您好，我想问一下，我兢兢业业的工作，用最好的人才，聘请最优秀的CEO，拿出收入的3/4用来给员工发工资，为什么我的事业还是做不大呢？”

听了企业家的话，道人也学着企业家的腔调，眉头紧锁，一脸木然地把问题的皮球推给企业家：“是啊，为什么呢？”

企业家一脸痛苦状，哭笑不得地说：“道人，都这时候了，你就别再捉弄我了。”

道人两眼圆睁，一脸铁青，表情恶狠狠地说：“我捉弄你了吗？”

企业家慌忙回答：“您还说没有，您看看您的表情，都拧巴成什么样子了，还说没有捉弄我啊？”

道人爽朗大笑，然后从背后的书架上取出一面铜镜递给企业家说：“我不是在捉弄你，我是在学你啊！”

企业家对镜一照，旋即捶胸顿足，原来道人刚才的表情，和自己现在的表情如出一辙。

道人开示道：“心头压着冰川的人，脸上也不会光彩照人，任何人都会拒你于千里之外；然而，心里装着炉火的人，任何人都不会忍心拒绝！”

企业家恍然大悟，原来道人是在批评自己待人处世的方式和风格啊！

企业家回到公司以后，立即给自己的团队定了这样一条企业管理格言：“一个优秀的人，他的脸上始终挂着微笑！”

原来，笑口常开才能冶炼出人们心灵的快乐满足啊。

故事微语

“一笑解千愁”，笑能使人驱散忧虑和压抑的消极情绪，让你变得快乐、幸福起来。只有心里有阳光的人，才能感受到现实的阳光，如果自己总是苦着脸，那生活怎么可能美好起来呢？生活始终是一面镜子，照到的是我们自己，当我们愤怒时，生活也在愤怒，当我们欢笑时，生活也在欢笑。

笑口常开，不卑不亢，保持“微笑”的心态，人生会更加美好。微笑是一种很重要的修养，微笑可以让人感觉到亲切、鼓励和温馨。真正懂得微笑的人，总是容易获得比别人更多的机会，比别人更容易取得成功，生命的潮汐也会因快乐而上升。

心灵箴言

笑，是治病的偏方，是健康的使者。

——高士其

生命的潮汐因快乐而升，因痛苦而降。

——[英] 斯宾塞

如果你在一天之中没有笑，那你这一天就算是白活了。

——[英] 莎士比亚

给自己打气，用鼓励赶走疲倦

故事话题

托比亚斯 25 岁那年，在一艘横渡太平洋运植物的船上工作，为船上运载的植物浇水和施肥。然后他骑着自行车周游了全英国，接着到了法国。到达里昂时他的积蓄花光了，只得把随身带着的照相机当了几元钱，在报纸上登了一个求职广告，找到了一份推销电动摩托的工作。

他不会说当地的语言，但挨门挨户地推销了一年以后，他居然挣了 4200 美元的佣金，成了有名的推销员。

他是怎样实现成功的呢？

起初，他请老板用纯正的地方话把他应该说的话写下来，然后背得滚瓜烂熟。他就这样去按人家的门铃。当主人开门之后，他就开始背诵老板教的推销用语。他的带美国口音的地方话使人觉得很滑稽，他趁此机会递上实物照片。如果对方问更多的问题，他就耸耸肩说“美国人……美国人”，同时摘下帽子，把藏在帽子里的备用稿指给人家看。那个家庭主妇当然会大笑起来，他也跟着大笑，然后再给对方看更多的资料。

当托比亚斯讲述这些事情的时候，他很坦白地承认他的工作确实很难。他之所以能挺过去，就是每天都这样鼓励自己：他要将这个工作变得更有趣。

每天早上出门前，托比亚斯都要对着镜子里的自己说：“托比亚斯，如果你要活下去，就得做这件事。既然非做不可，那你何必不做得高兴一点儿呢？就假想你是一个演员，正站在舞台上，下面有许多许多的观众正注视着你。你现在做的事正如演戏一样，何必不高兴点儿呢？”

托比亚斯每天给自己打气的这些话，让他把一个他之前既恨又怕的工作变成他喜欢的事情，也让他获得了巨额的报酬。

故事解析

我们需要一些精神和思想上的运动，让我们每天更加有活力，那就像托比亚斯一样，每天早上给自己打打气吧，用鼓励赶走疲倦。

如果你经常给自己打气，创造生活的乐趣，那你就会把疲劳降到最低程度。人需要不断地激励，只有不断鼓励才能最大限度地展现自己。只要不断地鼓励自己，就可以保持一往无前的状态。

让我们一起给自己打气吧！相信我们将会创造出更优异的成绩！我们将会以成功者的姿态展现于大家面前！我们也会为自己的成绩感到自豪！

故事穿越

在一个动物园，动物饲养员每天都要喂一大盆肉给巨蟒吃。

这一天，动物饲养员突然想看看巨蟒吃小鸡会是什么样子。于是他就关了几只小鸡到巨蟒的笼子里。

这几只小鸡突然遭遇这飞来横祸，也没有什么办法，因为现在它们已被关进巨蟒的笼子里了。可小鸡们一想，反正是一死，干吗要坐着等死呀，不如搏斗一番，或许还有活命的机会呢。这样想着，它们就拼尽全力地飞起来，狠狠地对着巨蟒猛啄起来，巨蟒被这突如其来的猛攻弄得措手不及，被啄得眼睛都睁不开了，根本没有还手之力。几个小时以后，巨蟒终于被这几只小鸡啄死了。

故事微语

人应该学会激励自己。激励让人在黑暗中看到光明；激励自己，可以让自己更勇敢地面对挫折。激励是我们前进的保护神，它赐予我们无穷的胆量和信心，让我们勇敢地面对挫折。然而，最好的鼓励是来于我们的内心。自己相信自己，并且鼓励自己，最后的胜利才会是属于我们的。

给自己打气，可以用激励赶走疲倦，然后释放出自身无限的能量。当没人相信自己可以做到的时候，我们要相信自己，并激励自己，给自己打气：我能行。或许在给自己打气的同时，我们的身上真的就没有了疲惫，进而便可以用强大的力量来证明自己。

心灵箴言

人有了坚定的信念才是不可战胜的。

——[意] 贝蒂

信念！有信念的人经得起任何风暴。

——[罗马] 奥维德

有必胜信念的人才能成为战场上的胜利者。

——[英] 希金森

播撒积极的阳光，驱走黑暗的厄运

故事话题

美国著名女作家海伦·凯勒一岁半时因为患病变得又盲又聋，受尽了病魔折磨，但正是因为她人生出现了这个岔路，让她意外地获得了很多人的帮助。家人和老师、朋友的关怀，让海伦·凯勒开始坚强起来。

海伦·凯勒的学习过程并不轻松，在老师沙利文小姐的指导下，海伦·凯勒认真地学习起来，包括学会了讲话，用手指看书。之后，海伦通过特殊考试踏进了大学，并且出版了自传小说，建立了慈善机构……她用自己的力量为大家造福，也因此被世界各地的人们认同和热爱。

对于一个失去光明的人来说，海伦·凯勒真的会快乐吗？要是换了悲观的人，答案一定是不可能的。可是，阳光的海伦·凯勒没有失去她勇敢的心，她反而更尽情地去发挥她有限的能量，让自己能做的一切事情都处理到最好，每一步都播撒积极的阳光，战胜黑暗的厄运。

故事解析

扭转自己的坏运气，除了付出持之以恒的努力外，还要播撒积极向上的阳光，这样自己的运气才会变得更好。所以，一个人越是不顺利的时候，越不应双眉紧锁，怒目圆睁，而是应该微笑着将期待和希望，用热烈的方式表达出来！

相反，如果你用消极的态度来对待生命中的种种不幸，那么，不幸不仅不会消除，反而你的人生会变得更加不幸。只有阳光才会驱走厄运，所以我们要想生活得更好，就应该将自己变得积极阳光起来。

故事穿越

美国联合保险公司有个叫贝尔·艾伦的人，他任职于业务部，并特别想成为公司的王牌推销员。

有一天，他买了一本杂志，里面有一篇《化不满为灵感》的文章，让他非常振奋，文中讲述了大家应该如何利用积极的态度，实现自己的梦想。艾伦仔细地阅读了几遍，并在心中默想着，也许有一天他将会把这个观念灵活地运用在工作中。

那一年的冬天，艾伦在工作上遭遇困难时，他便有了试验这个观念的机会。在寒风刺骨的冬天里，艾伦在威斯康辛市区里沿街拜访，但是，他全都吃了闭门羹。

心情烦闷的艾伦，当天晚上回到家后，什么东西也吃不下，翻看着手上的报纸。忽然间，一个突来的念头闪过脑际，他想起了《化不满为灵感》的文章，于是兴冲冲地将这篇文章找了出来，仔细地重温其中的诀窍，接着他告诉自己：“明天我必须要试一试！”

第二天，他和其他同事一样到公司报告昨天的情况。轮到他报告时，只见艾伦精神饱满地说明昨日进度。最后艾伦甚至下了这么一个结语：“放心好了，今天我继续去拜访昨天那些客户，我今天的业绩绝对会超越你们！”

结果，他当天一共签下了66份新的意外保险单。积极的态度，让贝尔·艾伦为自己创造了奇迹。

故事微语

许多成功者面对黑暗的厄运时，便会说：“采取积极的行动，才能化危机为转机。拥有积极的心态，才能看准机会点。”积极向上的人，内心必定充满活力，再大的困难他都不会在意，因为事情再麻烦，他也会笑着面对。

还在为生活中黑暗的厄运而难过吗？看一看窗外的天空吧！想想明天，把一切的不如意化为向上的动力，每天给自己播撒积极的阳光，那么，我们便能跃过每一个低谷，从而到达生活的最高峰。

成功和失败往往只相隔一步之遥。而很多时候，事情的成败就取决于你此时的态度。

心灵箴言

沉舟侧畔千帆过，病树前头万木春。

——刘禹锡

青春活泼的心，决不作悲哀的留滞。

——冰心

青年人，我们要鼓足勇气！不论现在有人要怎样与我们为难，我们的前途一定美好。

——[法] 雨果

第四篇

培养快乐，每个人都有快乐的理由

热忱有一种特性，那就是它具有感染力。想使其他人对一个想法或是一个计划、一个活动兴奋起劲的最好办法，就是让自己先兴奋起来。快乐是可以培养出来的，只要我们用心发现，每个人都有快乐的理由！

学会幽默，赶走晴天里的阴霾

故事话题

故事一：

萧伯纳是英国的知名作家，他在年轻的时候身体很瘦弱，有一次，一个体型富态的老板当众取笑萧伯纳，“我一见到你，就知道世界正在闹饥荒！”人们听了感觉特别惊讶，等着看著名的萧伯纳如何化解这尴尬和无礼的嘲讽。

只见萧伯纳彬彬有礼地对富人点了点头，说道：“是呀，我一见到阁下，就知道世界闹饥荒的原因！”众人听了大笑起来，而那个挑起事端的老板更是窘迫到无地自容。

故事二：

美国前总统克林顿的妻子希拉里出版自传小说的时候，曾遭到一个脱口秀主持人的冷嘲热讽，他说：“这本书根本不可能卖得好！我敢打赌，如果销量超过 100 万本，我就把鞋子吃下去！”

然而，该书上市还不足两个月，销量就超过 100 万本。好奇的人们都在观望，想看看这位说话刻薄的主持人如何收场，是当众食言，拒绝履行诺言，还是正如他说的那样——真的把鞋子吃下去。

结果出乎人们意料，希拉里居然站出来帮助了这个刻薄的脱口秀主持人。希拉里送给他一个特制的鞋子蛋糕，里面放上了很多的美味香料，这场沸沸扬扬的纷争立刻被巧妙地化解了。

故事解析

故事一：

短短一句话，不仅有了巧妙的反驳，还有更深层、更辛辣的还击，绵里藏针，铿锵有力，让人不得不佩服萧伯纳的机敏处世。

事实上，我们在人际交往中遇到的类似问题非常多，既不能回避自己的弱点，也不能封闭别人的唇舌，但我们可以学习萧伯纳，在急智中运用幽默保全自己的尊严，这就是乐观处世的绝好典范。

故事二：

与人相处，无论你有多么好的素养和性格，都难免会出现彼此不合的时候。这时候，如果你严肃地追究他人的错误，感到很难过，那生活真的就会变得相当艰难了。可是，如果你学会了以柔克刚，用幽默去化解那些无形的压力，漫天阴霾就会瞬间晴朗，甚至还会出现太阳！

故事穿越

美国总统奥巴马在3月20日中午到达了以色列，并开始对以色列和巴勒斯坦进行为期四天的访问。

21日，奥巴马按原定计划在耶路撒冷针对以色列大学生进行演讲，当奥巴马演讲时提到美国始终是以色列的盟友时，听众席里突然有一位男学生大声抗议，打断了他的演讲，会场上立即出现了短暂的混乱，不过这名学生随即被现场的其他学生嘘声围剿，安保人员也迅速将这位学生架离会场。

此时，遭遇闹场的奥巴马并没有动怒，而是镇定自若，故意作出要听

清楚闹事者喊话声的手势，还幽默地开玩笑：这名学生其实是“我们故意安排的，这样才让我感觉像在家（美国）一样，如果没有哪怕一名闹场者，我会感觉怪怪的。”

话刚一说完，观众席里立刻响起了雷鸣般的掌声。

当遭遇到意想不到的阴霾时，大可不必动怒，幽默就是化解阴霾的最好方式。

故事微语

生活中的阴霾无处不在，但你可以用幽默的方法来对待这些阴霾，它们便会挥之而去。多一点欢笑，多一点幽默，所有的沉重都将因此消除！幽默是生活的调味剂，它不仅会使我们的生活更加有趣，还会使我们的心态更加豁达。

正如林语堂所说：“我很怀疑世人是否曾体验过幽默的重要性，或幽默对于改变我们整个文化生活的可能性——幽默在政治上，在学术上，在生活上的地位。它的机能与其说是物质上的，还不如说是化学上的。它改变了我们的思想和经验的根本组织。我们须默认它在民族生活上的重要。”从今天起，就让我们学会幽默，赶走晴天里的阴霾吧！

心灵箴言

幽默和风趣是智慧的闪现。

——[英] 莎士比亚

幽默来自智慧，恶语来自无能。

——松林

幽默的内在根源不是欢乐，而是悲哀；天堂里是没有幽默的。

——[美] 马克·吐温

幽默：可以说是能给人以微妙感的调剂生活的佐料。由于某种轻巧的幽默，就可以使当时的气氛为之改观，使陷于僵局的悬案豁然解决。

——[日] 大平正芳

扬长避短，绽放的生命没有沮丧

故事话题

马克·吐温作为职业作家和演说家，可谓非常成功，名扬四海。但是或许你并不知道，马克·吐温在尝试着成为一名商人时却栽了跟头，吃尽了苦头。

马克·吐温投资开发打字机，却赔掉了5万美元。之后，马克·吐温看见出版商因为发行他的作品而大赚一笔，心里很不服气，也想赚这笔钱，于是他开办了一家出版公司。然而，经商与写作毕竟一点也不一样，没过多久，马克·吐温很快陷入了困境，这次短暂的商业经历以出版公司破产倒闭收场，作家本人也陷入了债务危机。

经过这几次的打击，马克·吐温终于认识到自己没有什么商业才能，于是断了经商的念头，开始在全国巡回演说。这次，风趣幽默、才思敏捷的马克·吐温完全重新找回了感觉。最终，马克·吐温靠工作与演讲还清了全部债务。

故事解析

俗话说：“尺有所短，寸有所长。”要善于利用自己的优点和长处，回避自己的弱点和短处，人生的诀窍就在于扬长避短。凡成功者，都是根据自己的长处来确定自己的人生方向，而最后获得成功的。坚守自己的优势方向，就要经得起其他诱惑的考验，不随波逐流。

聪明的人往往能够最大限度地展示出自己的才华和优点。因为唯有利用自己的长处，才能给自己的人生增值；相反，一味地利用自己的短处则会导致自己的人生贬值。正如一句名言所说：“宝贝放错了地方便是废物。”所以，扬长避短，才能绽放生命。

故事穿越

唐国强是一名著名的演员，从电视剧《三国演义》到《雍正王朝》再到《长征》，他在观众心目中的分量越来越重。之后，因为在《长征》中的出色表演，唐国强还获得了“美菱杯”观众最喜爱的中央电视台黄金时间电视剧演员金奖，这让他的演艺事业达到了又一个顶峰。

但是，因为扮演电视剧《孔雀公主》中那位英俊多情的王子，唐国强带上了一顶“奶油小生”的帽子。回想起这件事，唐国强说自己当时很委屈，因之前他曾一度扮演了四名军人，以至在即将开拍《孔雀公主》时，人们都不相信他能演好剧中的王子，说唐国强身上的“兵”气太重。不料演完后却他因此得了“奶油小生”的称号，当时他很苦恼，觉得无所适从。

在 1984 年之后唐国强沉静了一些时日，他一边上学一边花很多时间来思索，也许是演戏需要更多感性的东西，他感觉自己经常处于一种漂浮状态之中。能在“美菱杯”中夺得金奖，被广大观众所喜爱，唐国强在高兴之余也很清醒。他说，被观众熟悉并喜爱也不完全是好事，因为观众在认可了你的一个角色后，要想改变就难了。当年自己演诸葛亮时，就是一片反对声，后来要演雍正也不被大众认同，《雍正王朝》播出后反响不错，但要演毛泽东时又非常不被看好。因此，接受一个新角色就像闯关一样，闯过去了才能突破旧的模式，开创一番新天地。

有观众问唐国强认为自己能演好《贫嘴张大民的幸福生活》中的张大民吗，他毫不犹豫地回答自己演不了，并说另外一些角色也演不好，比如鲁智深等。因为每个演员在外形、气质等天生的客观因素方面，都有一定的局限性。虽然大家都尝试着突破自己，但并不是所有的角色都能够胜任，演员要懂得去扬长避短。

故事微语

扬长避短，发挥自己的优势，才能更好地发展自我，实现更高的人生价值。所有的人都有自己的优点和不足，所谓的“成功人士”，并不是在所有的方面都很出色，只是他们找到了最适合自己发展的方向，敢于正视自己的不足，并可以充分利用自己的优势，挖掘出内在的潜能。因此，“扬长避短”，发挥自己所长，正视自己的所短，才能更快更好地走向成功，才能让自己的人生少一些坎坷。

我们也要像成功的人那样懂得如何发扬自己的优势，来弥补自身的不足。我们要充分发挥这种智慧，绽放自己灿烂的生命。

心灵箴言

尺有所短，寸有所长。

——谚语

扬长避短，一大乐事。

——佚名

善用兵者，不以短击长，而以长击短。

——司马迁

控制自己的思想，快乐源于心境

故事话题

内战刚结束不久的10月的一个夜晚，无家可归的格洛佛太太在街上茫然游荡，她晃到一位退休船长的太太韦伯斯特太太家门口，并敲了门。

门开了，韦伯斯特太太看到了这个可怜的瘦小女人，体重不会超过100磅，可以说是皮包着骨头。格洛佛太太解释说，她现在正在找个落脚处，思考并解决日夜困扰她的问题。

韦伯斯特太太于是说："那就在这里留一宿吧！这座大房子里只有我一个人。"

但是，之后韦伯斯特太太的女婿比尔·艾利斯刚好从纽约到此度假，发现了格洛佛太太住在家里，当即咆哮着说："我可不要一个无赖住在家里！"于是，他把格洛佛太太赶出门去了。她在雨里呆站了几分钟，然后开始在街上找个遮蔽处。

而被韦伯斯特太太的女婿赶出去的格洛佛太太，后来竟成为世界上极具思想影响力的人物——玛丽·贝克·艾迪，后来还有了几百万信徒——因为她正是基督科学教派的创始人。

不过，当时的生命状态对她而言苦不堪言，这是一连串的病痛、愁苦与悲伤拼接成的人生。　　　她的第一任丈夫在婚后不久便离世了。她又被第二任丈夫遗弃，不过这第二任丈夫在爱上一位有夫之妇后，最后死在了贫民窟。她仅有的一个儿子也因为贫病交加，不得不在他4岁时送给了别人抚养，她失去了与儿子的所有联系，31年来从来没有见过他。

因为自己的身体素质太差，几年来她一直对自己声称的"心灵治疗科

学”特别感兴趣。不过，真正戏剧性的转折发生于马萨诸塞的一个寒夜里，她在街上走着的时候，在结冰的人行道上滑倒了，于是她的脊椎受到重伤，引起全身痉挛。连医生都宣告她马上就会死亡，即使发生奇迹，她活下来也将终身瘫痪。

玛丽几乎是在躺在床上等死的时候，她打开了《圣经》，她认为是受到圣灵的引导，使她看到了《马太福音》中的一段话：“于是，他们带了一位不能行走的人，躺在床上来到耶稣跟前……耶稣对他说‘孩子，平安吧！我已赦免你的罪……站起来——拿着你的东西回家去吧！于是那人就起身回去了’。”

后来她说，耶稣的话使她的内心产生了一股神奇的力量，那是一种真正的信念，一种治愈的力量，这让她“立即可以下床走路”。

玛丽说道：“那次的经历，引导我发现如何治疗我自己还有别人的方法……我有科学上的把握，认为这都是人内心的力量，是一种心理现象。”就这样，玛丽创始了一种新宗教：基督科学——一位女性创立的伟大宗教信仰——现在已流行于全世界。

故事解析

世上的人都在追寻快乐，但只有一个确实有效的方法可以让自己变得快乐起来，那就是控制你的思想，快乐源于心境。

如果我们的思想是快乐的，那么我们就会快乐；如果我们想的都是悲伤之事，我们也会悲伤；如果内心出现恐惧的想法，我们自然也会心生恐惧；如果想到的是失败，我们就注定不会成功；如果我们总是自怜，恐怕别人也都会可怜自己了；如果我们想的不是好的念头，那么我们还怎么能得到安宁？

快乐源于心境，我们也要学会控制自己的思想，让自己变得快乐起来。

故事穿越

有位非常喜爱兰花的和尚，他在寺庙里种了许多兰花，每天都要抽时间去照料这些兰花，有一天，他要外出云游，就交待徒弟，要精心照顾兰花。

和尚走后，徒弟们有天浇水时架子倒了，所有的兰花都被砸坏了，徒弟们非常恐慌，怕师傅回来责罚。和尚回来后，得知此事，想了一会儿后，不但没有责怪，反而安慰徒弟道："为师种兰花一是为了供佛，二是为美化寺里环境，不是为了生气而来种兰花的，你们不必为此自责，控制好自己的情绪，让自己恢复以前的快乐吧。"

故事微语

和尚虽然特别喜爱兰花，但是当徒弟不小心把兰花全都砸了以后，他也迅速控制好了自己的情绪，让自己尽快地快乐起来，同时也劝说徒弟们放下这件事情，控制好自己的情绪，不因为砸坏了兰花而害怕、生气。

当你受情绪困扰、神经紧绷时，你完全可以凭借意志力来改变你的心境。在日常生活中，快乐和烦恼也无处不在，但人们却常忘记境由心生的简单道理，一个快乐的人能控制自己的思想，常释怀，常宽恕，常清心，常寡欲，让我们也来控制自己的思想，快乐起来吧！

心灵箴言

你所认识的，并非真正的你；反倒是你心里想什么，你就会成为什么人。

——[美] 诺曼·皮尔

心灵，是它自己的殿堂，它可成为地狱中的天堂，也可成为天堂中的地狱。

——[英] 弥尔顿

如果你不开心，那么，能变得开心的唯一办法是开心地坐直身体，并装作很开心的样子说话及行动。

——[美] 威廉·詹姆斯

保持本色，做真正的自己

故事话题

凯丝·达莱是一位公共汽车驾驶员的女儿，她想成为一名歌星，但不幸的是她长得不漂亮，嘴巴太大，还是个龅牙妹。她第一次在新泽西的一家夜总会里公开演唱的时候，一直在用上唇遮住牙齿。她企图让自己看起来高雅动人，结果却适得其反，把自己弄得四不像，这样下去她怎么可能成功。

幸运的是，当晚在座的一位男士认为她很有歌唱的天分，于是，很直率地对凯丝·达莱说："我看了你的表演，看得出来你想掩饰什么，你觉得你的牙齿很难看？"凯丝·达莱听了觉得很难堪，不过那个人继续说了下去，"龅牙又怎么样？那又不犯罪！不要试图去掩饰它，张开嘴就唱。你越不以为然，听众就会越爱你。再说，这些你现在引以为耻的龅牙，将来可能会带给你财富呢！"

凯丝·达莱接受了这位男士的建议，把龅牙的事抛之脑后，她只把注意力集中在观众身上。她开怀尽情地演唱，后来成为了一名顶尖歌星。现在，别的歌星倒想来模仿她了。

故事解析

你的经验、环境和遗传造就了现在的你。最美的往往都来自本色、来自自然。所以，不要在乎别人挑剔的眼光，把持自己的本色，你就是最真实的你，不做作的你，最美的你，也就是最让其他人感觉舒服的你。

保持自己的本色，你按照自己的本色唱歌，按照自己的本色作画，你做一个由你的经验、环境和家庭所造成的本色的你。不论好坏，你都得在生命的交响乐中，演奏你自己本色的小乐器，这样的你会更受欢迎，更容易获得成功，从现在开始做最本色的你吧！

故事穿越

海瑟薇太太从小就特别敏感而腼腆，她一直很胖，而她的一张臃肿的脸使她看起来比实际情况还要胖一些。

海瑟薇有一个很古板的母亲，她认为穿漂亮衣服是一件很愚蠢的事情。她总是对海瑟薇说："宽衣好穿，窄衣易破。"而母亲也是按照这句话来帮海瑟薇穿衣服。所以，海瑟薇从来不和其他的孩子一起在草坪上玩耍，甚至不上体育课。她非常害羞，觉得自己和其他的人都"不一样"，完全不能被他人喜欢。

长大之后，海瑟薇嫁给一个比她大几岁的男人。她丈夫一家人都很好，也充满了自信。海瑟薇尽自己最大的努力像他们一样自信，可是她做不到。他们为了使海瑟薇开朗而做的每一件事情，都只有一个结果：使她更退缩到她的壳里去。海瑟薇变得紧张不安，害怕见到所有的人，情形坏到她甚至怕听到门铃响。海瑟薇知道自己是一个失败者，又怕她的丈夫会因此而讨厌她，所以每次他们出现在公共场合的时候，她假装很开心，结果常常看起来假得过分。事后，海瑟薇还会为此难过好几天。最后，她的不开心让她觉得再活下去也没有什么意义了，海瑟薇开始想自杀。

后来，是什么改变这个不开心的女人的生活呢？其实只是一句随口说出的话。

有一天，海瑟薇的婆婆在谈她怎么教养她的几个孩子的时候，她说："不管事情怎么样，我总会要求他们保持本色。"

“保持本色！”就是这句话！在这一刹间，让海瑟薇发现自己之所以这么苦恼，是因为她一直在试着让自己适合于一个并不适合自己的生活模式。

海瑟薇后来回忆时说：“在那一瞬间我完全改变了。我开始保持本色。我试着研究我自己的个性，自己的优点，尽己所能地去学习色彩和服饰知识，然后以适合自己的方式去穿衣服。我还主动地去交朋友，参加了一个社团组织——起先是个很小的社团，但是他们让我参加活动，这把我吓坏了。可是我的每一次发言，都得到他们热烈的配合。今天我所有的快乐，是我之前没有想到会拥有到的。在教养我自己的孩子时，我也总是对他们说：不管事情怎么样，总要保持本色。”

故事微语

你在这世上是独一无二的人，就像风景一样，没有风格完全一样的风景。每个人都是独立的个体，都有自己的本色，我们应该做最真实的自己，不被其他人的评论所干扰，坚持自己的本色。就像培根说的：“最快乐的事莫过于无拘无束。如果一味地做别人心目中的那个人，那就丧失了自我，怎么可能无拘无束？怎么可能快乐起来呢？”

我们如果活在不适合自己的生活模式之中，没有自己的主见，那么怎么谈得上有自我？怎么谈得上幸福快乐呢？从现在起，做最真实的自己，保持自己的本色吧！

心灵箴言

最快乐的事莫过于无拘无束。

——[英] 培根

尽量不用那些模仿他人的演员，这是最保险的。

——[美] 山姆·伍德

上天赋予你的能力是独一无二的，只有当你自己努力尝试和运用时，才知道这份能力到底是什么。

——[美] 爱默生

我唯愿保持一份生命的本分，一份能够安静聆听别的生命也使别的生命愿意安静聆听的纯真，此中的快乐非浮华功名可比。

——周国平

点燃热忱的火把，燃起成功的希望

故事话题

亚尔弗列得最近在加州一家进口公司奥贝泰尔电子销售公司找到了一份业务员的工作。按照公司历来的做法，公司交给亚尔弗列得一份很难缠的潜力客户名单。其中有一家公司以前是亚尔弗列得公司的大客户，但是却在多年前停止往来了。亚尔弗列得说："我决定把跟他们做成生意，当做是一项挑战。这表示我得先说服老板我能够把这家公司扳回来。他本来不太肯定，但是他不想向我泼冷水。于是他允许我去拜访那家客户。"

亚尔弗列得既已把赢回这家客户当做自己的使命，于是他提供了保证价，缩短交货期，并允诺更好的服务。他向那位采购处长表示奥贝泰尔公司"将会做一切令你们满意的事"。当亚尔弗列得第一次与采购处长面对面谈话时，他的热忱就扮演了重要的角色。他面带微笑地走进会客室，并说道："很高兴能再回来，让我们一起来共同合作。"

亚尔弗列得从来没有想过他可能无法成交。他完全忽略他的公司已经丢掉了这个客户的事实。他以最高昂的、热忱的态度说服他的客户，奥贝泰尔公司已准备好再为他们服务。

“后来，采购处长告诉我，因为我的热忱，他们打算和奥贝泰尔电子销售公司合作，之后签订的一笔订单在一年时间内就有了 50 万美元的利润。”

故事解析

纽约中央铁路公司总裁佛多利威尔森曾有句名言：“如果两个人各方面条件都相近，那么，更热忱的那一位一定更快达到成功。一个能力平庸但是很热忱的人，往往会胜过能力杰出却缺乏热忱的人。”

热忱，可以燃起成功的希望，培养并发挥热忱的特性，我们就可以对我们所做的每件事情锦上添花。要想获得这个世界上的最大奖赏，你必须像过去最伟大的开拓者那样将梦想转化为热忱。现在开始，让我们点燃热忱的火把，燃起成功的希望吧！

故事穿越

著名人寿保险推销员弗兰克·贝特格曾经于他的自传中写过：

“在我刚转入职业棒球界不久，我就遭到了有生以来最大的打击——我被开除了。理由是我打球无精打采。老板对我说‘弗兰克，离开这儿后，无论你去哪儿，都要振作起来，工作中要有生气和热情’。这是一个重要的忠告，虽然代价惨重，但还不算太迟。于是，当我进入纽黑文队时，我下定决心在这次联赛中一定要成为最有激情的球员。”

“从此以后，我在球场上就像一个充足了电的勇士。掷球是如此之快、如此有力，以至于几乎要震落内场接球同伴的手套。在烈日炎炎下，为了赢得至关重要的一分，我在球场上奔来跑去，完全忘了这样会很容易中暑。第二天早晨的报纸上赫然登着我们的消息，上面是这样写

的‘这个新手充满了激情并感染了我们的小伙子们。他们不但赢得了比赛，而且看来情绪比任何时候都好’。那家报纸还给我起了个绰号叫‘锐气’，称我是队里的‘灵魂’。3个星期以前我还被人骂作‘懒惰的家伙’，可现在我的绰号竟然是‘锐气’。”

“于是我的月薪从25美元涨到185美元。这并不是我球技出众或是有很强的能力，在投入热情打球以前，我对棒球所知甚少。除了‘激情’还有什么能使我的月薪在10天内竟上升700%呢？”

“退出职业棒球队之后，我去做人寿保险推销工作。在10个月令人沮丧的推销之后，我被卡耐基先生一语惊醒。他说‘贝特格，你毫无生气的言谈怎么能使大家感兴趣呢’。我决定把我加入纽黑文队打球的激情投入到推销员的工作中来。有一天，我进了一个店铺，鼓起我的全部热情试图说服店铺的主人买保险。他大概从未遇到过如此热情的推销员，只见他挺直了身子，睁大眼睛，一直听我把话说完。最终他没有拒绝我的推销，买了一份保险。从那天开始，我真正地展开推销工作了。在12年的推销生涯中，我目睹了许多的推销员靠激情成倍地增加收入，同样也目睹更多人由于缺少热情而一事无成。”

故事微语

弗兰克·贝特格在事业上取得了很大的成绩，与其说取决于他的才能，不如说取决于他的热忱。凭借激情，他在烈日当空的酷热中超常发挥；凭借激情，他说服了难缠的客户，最终取得了不凡的成就。

热忱的威力是不容低估的。许多人的失败并不是因为他们缺乏才智、能力、机会或天分，而是因为他们没有发挥出他们应有的热忱。热忱的重要性绝不亚于卓越的能力。我们应该记住，只有热爱学习、投入学习且满怀热忱的人才能有所成就。

心灵箴言

每一个伟大的时刻，都是热忱凯旋的时候。没有一桩丰功伟业能缺乏热忱。

——[美] 爱默生

人是这样被造就的：当任何东西点燃了他的热忱之火，一切不可能，就都消失了。

——[法] 拉·封丹

热忱是灵魂之火，催促你勇往直前，奔向你的目的，离开了热忱，任何人都算不了什么；而有了成就，任何人都不可以小觑。

——[美] 查尔斯·菲尔莫尔

第五篇

心态积极，让快乐来敲门

一个人如能让自己维持正如孩子一般纯洁的心灵，怀着乐观的心情做事，用善良的心肠待人，光明磊落，他的人生一定比别人快乐得多。只要能释放出自己的童真，快乐就会变得简单起来！让我们保持积极的心态，等待快乐来敲门吧！

轻装出发，用舒缓的脚步走出生活的泥沼

故事话题

桑德斯上校是美国肯德基的创始人，在他创业的过程中，他就是凭借爽朗的笑声和平和的态度迎接机会，并最终取得成功的。

在桑德斯 65 岁退休后，他的经济状况一度特别糟糕，他可以说是除了一张只有 105 美元的救济金支票外，别无他有。这个时候，他意识到如果不尽快找到出路，生活将变得毫无意义，于是他开始思考自己能够利用的资源。突然，他想到了母亲留下的一份炸鸡秘方。于是，他开始推销自己的秘方，他一家一家地询问餐馆，希望可以将秘方入股，分取一些报酬。然而，很多人都拒绝了他，有的人甚至还当面嘲弄他。

面对打击与嘲弄，桑德斯上校没有表现出丝毫的气馁，他一边更加注意着自己的说辞，一边用心找出能把炸鸡做得更美味的方法，以便可以说服下一家餐馆。

终于，在被整整拒绝了 1009 次之后，两天后的一天，桑德斯的提议被一家餐馆老板接受了。多年过去了，这个始终微笑的老爷爷所创建的肯德基，已成为世界著名的快餐连锁企业。

故事解析

可以想象，如果桑德斯上校忧心忡忡地去向人介绍秘方，随意向别人展示自己的压力，那么，我们又怎么能在大街上看到一家家的肯德基餐厅呢?

生活中难免有泥沼，难免会不顺，难免会遭受质疑，但是只要我们可以放下压力，轻装上阵，用舒缓的脚步来行走，就一定可以走出这片泥沼，走向人生的阳光大道。

我们或许总在埋怨世界让我们承担得太多，其实这些负担都是我们自己给自己的，沉重的包袱，压的我们喘不过气，而此时我们最需要做的就是放下包袱，解脱自我，轻松出发，用舒缓的脚步走出人生的泥沼。

故事穿越

一个少年背着个大包裹千里迢迢跑来见希迁和尚，他说："大师，我是那样的孤独、痛苦与寂寞，长期的跋涉使我疲倦到极点；我的鞋子破了，荆棘割破双脚；手也受伤了，流血不止；嗓子因为大声呼喊而喑哑……为什么我还不能找到心中的阳光？"

希迁和尚问："你的大包裹里装的是什么？"

少年说："它对我可重要了。里面装的是我每一次跌倒时的痛苦，每一次受伤后的哭泣，每一次孤寂时的烦恼……靠了它，我才走到了你这儿来。"

于是希迁和尚带少年来到河边，他们坐船过了河。

上岸后，希迁和尚说："你扛着船赶路吧！"

"什么，扛着船赶路？"少年很惊讶，"它那么沉，我扛得动吗？"

"是的，你扛不动它。"希迁和尚微微一笑，说："过河时，船是有用的。但过河后，我们就要放下船赶路，否则它会变成我们的包袱。痛苦、孤独、寂寞、灾难、眼泪，这些对人生都是有用的。它能使生命得到升华，但须臾不忘，就成了人生的包袱。放下它吧！孩子，生命不能太负重。"

少年放下包袱，继续赶路，他发觉自己的步子轻松了很多。

故事微语

在希迁和尚的开导下，少年终于知道了生命不必非常沉重的道理。事实上，我们每个人都要学会放弃人生道路上遭遇的痛苦、孤独、寂寞、灾难等，这样才能使自己轻装前进。

我们的生命不能太负重，学会轻装上阵，可以让我们走得更远、更久，爬得更高、更快。背负的太多，则会压弯我们的脊梁，阻碍我们的行程。从现在起，让我们学会放下压力，轻松上阵吧！相信舒缓的脚步定能走出人生的泥沼，前方必然是阳光大道在等待着我们。

心灵箴言

放下包袱，开动机器。

——毛泽东

人的一生中，最光辉的一天并非是功成名就那天，而是从悲叹与绝望中产生对人生的挑战，以勇敢迈向意志那天。

——[法] 福楼拜

命运不是个包袱，既然已经上路，就不要怕沉重。学会轻装上阵是一种智慧，扔掉那些过去的好与坏，只带一个快乐的理由。路还在，须你经历的只是一场从容。

——延参法师

种下微笑的种子，收获甜美的果实

故事话题

凯瑞特在一家报社任发行总监。他每次外出时，衣袋里一定会揣上自己的名片。他的名片很特别，上面除了姓名和联系方式外，没有任何头衔，只印了一行醒目的字：“你微笑，世界也微笑！”而且每当他递出名片时，总能看到对方会心的微笑。

凯瑞特原先并没有做报纸发行，而是一家印刷厂的厂长。当时，他的事业做的如日中天，在他所在的城市，一提到他的企业，同行业的人都会竖起大拇指。凯瑞特脑子活络，经商有道，社交场合更是应付自如，左右逢源。但不管在任何时间场合，他总是不苟言笑，对待员工更是如此。时间一长，员工们背后都喊他为“老虎”。他的工厂在第五个年头上时，企业出现了危机：厂里差不多 40%的技术骨干纷纷跳槽了！凯瑞特发现了这一情况，立即采取了一系列的挽救措施，如提高员工的工资和福利待遇、改善食堂伙食等，可是这些努力都没有任何起效。两年后，凯瑞特不得已把自己辛辛苦苦经营了七年的企业抵押出去——那段时间是凯瑞特一生中最灰暗的日子。

凯瑞特沉默了许多天，他经常面对着湖面痴痴地想。一个月后，凯瑞特走出了破产的阴影，决定重新创业，并且成功地应聘到一家晚报搞发行。凯瑞特说他找到了上次创业失败的症结所在——缺乏微笑。于是，凯瑞特印制了全报社独一无二的“微笑名片”，外出发行时也是春风满面。微笑，成了他给客户的第一印象。短短 8 个月的时间，凯瑞特就把业务做强做大了，发行报纸近 20 万份！对于竞争日益激烈的报纸行业来说，这个数目太惊人了！报社老总此时也破格提拔凯瑞特为发行总监。

故事解析

“微笑”就是如此神奇，它让每个人因它而变得神采飞扬，它为很多人化解了愁苦，它是心与心的交接，是情与情的传递，所以，别再吝惜你的微笑，将嘴角稍稍翘起，你便会有另一种生活，此时你将会拥有一个崭新的自我，一片多彩的天空，也必将会收获甜美的果实！

有鲜花的地方，才会吸引蜜蜂和蝴蝶。有微笑的地方，才会有真挚的感情和依赖。毫无疑问地，几乎所有人都喜欢看到面带笑容的面孔，始终挂着发自内心的美好微笑可以让你的生活更精彩。只有种下微笑的种子，才能收获到甜美的果实！

故事穿越

两位垂钓高手一块到海边钓鱼。两人各凭本事，一展身手，没一会儿的工夫，皆大有收获。

忽然间，海边来了十多名游客。看到这两位高手轻轻松松就把鱼钓上来，不免又惊讶又羡慕，于是都在附近的商店买了钓竿来试试自己的运气如何。没想到，这些不擅此道的游客，很长时间后也没钓到一条鱼。

话说这两位钓鱼高手的个性完全不同。其中一人孤僻而且不爱搭理人，单享独钓的快乐，而另一位高手，却是个热心、豪放、爱交朋友的人。热心的这位高手，看到游客钓不到鱼，就微笑着说："这样吧！我来教你们钓鱼，如果你们学会了我传授的诀窍，而钓到一大堆鱼时，每十尾就分给我一尾，不满十尾就不必给我啦。"双方一拍即合，都十分

同意这个观点。

教完这一群人，他又到另一群人中，同样的传授钓鱼术，依然要求每钓十尾鱼分给他一尾。

一天下来，这位爱交朋友的钓鱼高手，把所有时间都用在了指导垂钓新手，获得的竟是满满一大篓鱼，还结识了一大群新朋友，大家因为学到了新知识也都非常高兴，左一声老师，右一声老师的，喊得他心里鲜花怒放。

同来的另一位钓鱼高手，却没享受到这种待遇。当大家围绕着他的同伴学钓鱼时，那人显得越发的孤单落寞了。闷钓一整天，检视着竹篓里的鱼，收获居然远远不如同伴的多。

故事微语

人生就如同钓鱼，用微笑钓鱼，强过用渔竿钓鱼。湖水的微笑形成涟漪；大地的微笑形成花朵；天空的微笑形成云朵。微笑，有一种神奇的力量，它可以使陌生人感到亲切；使朋友感到暖洋洋的。

你给别人以微笑，别人回报你以真情，此时你得到了一份珍贵的馈赠。斯提德说得特别精彩："微笑无需成本，却创造出许多价值。微笑使得到它的人们富裕，却并不使献出它的人们变穷。"从现在起，让我们种下微笑的种子，收获甜美的果实吧！

心灵箴言

微笑乃是具有多重意义的语言。

——[瑞士] 卡尔·施皮特勒

真正值钱的是不花一文钱的微笑。

——[美] 查尔斯·史考勃

人类确有一件有效武器，那就是笑。

——[美] 马克·吐温

不管怎样的事情，都请安静地愉快吧！这是人生。我们要依样地接受人生，勇敢地、大胆地，而且永远地微笑着。

——[德] 卢森堡

童心未泯，让童真给人生增加一点色彩

故事话题

1877 年，现代舞之母邓肯出生在了美国。在她正式登上世界舞坛之前，靠的是孩童般纯真而不屈的精神，使自己创立的舞蹈跻身在了艺术的殿堂。

当邓肯凭借优美的舞姿穿行在富豪家中做家庭舞蹈老师时，如果她只看重眼前的利益，只想着拥有不菲的收入，那么世上多的将只是一个庸碌的舞者，而非伟大的艺术家。但她却用一颗孩子般热烈的心，创作自己的新舞蹈——一种解放心灵、摆脱束缚的现代舞。为了宣传自己的创作，她放弃了一个个待遇不错的工作，坚持理想，绝不妥协。

最后，邓肯的舞蹈震动了纽约舞蹈界，她很快就得到社会各界的认可与赞赏，实现了她一直渴盼的梦想。可以这么说，是邓肯的童真和坚持为她的人生添上一笔最瑰丽的色彩！

故事解析

生活并不曾优待任何人，如果你的眼睛像孩子一样明亮，心灵像孩子一样纯真，就能及时地发现快乐，并放大快乐，那么你的幸福就会变多；如果你的眼睛被黑暗事物蒙蔽，就只能看见生活的粗鄙和不堪，那么，你就当真快乐不起来了。

如果一个人在辛苦艰难的时候无法看到希望和未来，无法孩童般地让自己开心起来，只是任由琐碎而烦闷的生活压力浇灭自己的热情，那么，即使成功的机会来临，他也无法从容地享受成功。学着像孩子一样单纯，想哭就哭一阵子，然后认真努力地发掘生活的乐趣，尽情地享受自己的快乐，让童真给人生增加一点色彩。

故事穿越

南非传奇人物纳尔逊·曼德拉曾因抗议白人的种族主义而被判终身监禁。他所受的苦让人无法想象，但他依然保持孩童般乐天的情怀，乐观进取，最终获得了自由，并且还成为南非的第一任黑人总统，以及世界上最受欢迎的政治家之一。

曼德拉曾在4平方米的狭小牢房中艰难生存，然而，冰冷的水泥地以及刺骨的海风冷却的只会是他的肉体，而绝不会冷却他的思想和智慧。除了按照规定完成劳役外，曼德拉让自己时刻笑容洋溢，他从书本、绘画、养花、音乐、写信之中发现一个又一个的乐趣，并以此来鼓励所有陷入困境的人，当然，这也包括他自己。

曼德拉对生活和死亡有自己独特的见解，他认为人类寿命的长短取决于自己的态度。尽管情况不容乐观，曼德拉仍有心情制订自己的养生计划，丝毫没有表现出悲观绝望。

曼德拉幸运地走出监狱的那一刻，他对全世界大声宣布：“当我走出囚室，迈过通往自由的监狱大门时，我已经清楚，自己若不能把悲痛与怨恨留在身后，那么我其实仍在狱中。”

后来，他在84岁那年举办了个人画展，所有的作品的主题都是监狱生活。他用独特的、轻松明快的风格讲述着自己的故事，并对大家说：“我想用乐观的色彩来画下那个岛，这也是我想与全世界人民分享的。我想告诉大家，只要我们能接受生命中的挑战，连最奇异的梦想都可实现！”

27年的铁窗生活不仅没有让曼德拉成为一个懦弱悲观的糟老头，反而帮他营造出别样的动人光彩。曼德拉乐观执著地等待机会降临，最后他终于成功地完成了自己的使命，让自己破茧成蝶。

故事微语

即使环境艰难，为了未来，我们也要像孩子一样自己找寻生活中的乐趣。让不顺利的环境对自己产生的影响一点点消失。就像身陷囹圄的曼德拉，他代表的是一种永远都不会屈服和妥协的精神。他获得是童真带来的无限乐趣。

孩子们经常感到快乐，那是因为他们很知足，很坦然。如果我们能和孩子一样没有杂念地选择自己的需要，那快乐的机会就会越来越多！所以我们要为自己的感情增加一点童真的浪漫，当坎坷来临时，拒绝沉沦，拒绝悲伤，更拒绝堕落，咬紧牙关和命运抗争。若是你能以这样顽强而快乐的态度生活，就可以远离磨难，拥抱快乐。

心灵箴言

无言的纯洁的天真，往往比说话更能打动人心。

——[英] 莎士比亚

一个人如能让自己经常维持孩子一般纯洁的心灵，带着乐观的心情做事，用善良的心肠待人，光明磊落，他的人生一定比别人快乐得多。

——[法] 罗曼·罗兰

命运不能妨碍我们的欢乐，让它来胁迫我们吧！我们还是要欢笑度日。只有傻瓜才不是这样。如果你愿意享受幸福和快乐，那就像孩子一样微笑吧，让所有的不幸都自动走开！

——[苏联] 高尔基

迎难而上，别被“我不能”打败

故事话题

加布瑞拉·香奈儿是一个出生在法国贫民收容所的私生女，是一个从社会底层走出来的女人。上帝给她的最大财富就是美貌和智慧，无论何时，香奈儿都不肯屈服于卑微的出身，而她也充分利用自己的美貌和智慧，实现自我理想。

尽管经历了很多坎坷，但是香奈儿未曾因此放弃梦想。当她有幸遇到生命中的贵人的时候，她便牢牢地抓住机会，并让机会无限扩大。她和许多跟她同样命运的人不一样的是：香奈儿身上的自信特别强烈，让人不得不被她吸引，然后给予她帮助。

随着名利双收的日子的到来，人们的非议和鄙视无孔不入地侵入了香奈儿的生活。香奈儿痛苦地发现自己的未来必须得到永远的保障，而且她还得有尊严地活着。因此，香奈儿决定凭借自身的能力，创建一个专属于自己的，且不依附于任何人的美丽宫殿。于是，香奈儿选择了永不回头的工作！

香奈儿曾对资助自己生意的情人说：“当我不再需要你的帮助时，我才会明白，我是爱你的。”

然而，当情人西敏公爵要求她放弃事业嫁给他时，她果敢地宣布："公爵夫人多的是，可香奈儿却只有一个。"

香奈儿就像一个女战士一样，抛弃了"一个没有受过专业训练的女人不可能设计服装，引领时尚"的传统想法，适当地利用时机，让一种优雅的生活方式和服装品牌进入了人们的生活。从她身上散发出一种不屈的勇气，一直被后人所称颂。

故事解析

当你觉得一切充满希望的时候，那一切就真的充满希望了。因为“我不能”就像一剂毒药，可以从你的内心摧毁你的反抗，让挫折不战而胜。而“我可以”、“我能”、“我行”则可以让你充满能量，直至战胜所有的窘迫。

人不是被那些磨难打败的，能打败我们的，是自己的绝望和猜疑！若身处不利仍能保持自信，迎难而上，相信厄运终会逐一被消除，现在就让我们迎难而上，不要被“我不能”打败！

故事穿越

尼克松曾就任美国总统，但他却因为一个缺乏自信的错误而毁掉了自己的政治前程。

1972 年，美国大选总统，尼克松竞选连任。因为他在第一任期内政绩斐然，所以大多数政治评论家都预测尼克松将以绝对优势获得竞选的成功。

然而，尼克松本人却特别不自信，他走不出过去几次失败的心理阴影，极度担心自己再次失败。在这种潜意识的驱使下，他居然鬼使神差地干出了一件大蠢事。他指派手下的人潜入竞选对手总部的水门饭店，在对手的办公室内安装了窃听器。事发后，他又接连阻止调查，推卸责任，在选举胜利不久之后便被迫辞职。本来稳操胜券的尼克松，却因为缺乏自信而导致政途的惨败。

故事微语

为什么我们还是会经历一场又一场的失败呢？仔细审视我们的生活细节，你就能惊讶地发现，打败我们的，其实并不是不如意本身，而是一种叫作“我不能”的情绪。它会在我们进行抵抗的过程中，发挥极大的破坏作用。

当挫折和厄运突然降临的那一刻，那个叫作“我不能”的情绪就会悄悄左右你的行动，反复向你证明你的不幸是难以改变的。有了这样糟糕的暗示，人怎么能保持与厄运决斗的信心，怎么能激励自己抗击挫败呢？

一旦我们的心情黯然，精神就会松懈，肉体和灵魂也会跟着颓废起来，厄运自然就会不战而胜，而你即使是上了场也必败无疑！所以我们要以饱满的热情迎接每一次的挑战，不要被“我不能”打败！

心灵箴言

我们应该有恒心，尤其要有自信心。

——[法] 居里夫人

“不可能”这个词，只在愚人的字典中找得到。

——[法] 拿破仑

只有肤浅的人才相信运气，坚强的人相信凡事有因必有果，一切事物皆有规律！

——[古巴] 埃默森

笑对人生，把快乐当成一种习惯

故事话题

史东幼年丧父，家里依靠母亲替人缝衣服来维持生计，为补贴家用，他很小就外出贩卖报纸了。有一次，他走进一家饭馆叫卖报纸，但是很快就被赶出来了。于是，他乘餐馆老板不备，又溜进去卖报。气恼的餐馆老板一脚把他踢了出去。可是史东仅仅揉了揉屁股，手里拿着更多的报纸，再一次溜进餐馆。那些客人看到了他的勇气，于是劝餐馆老板不要再撵他，并纷纷买他的报纸看。史东的屁股虽然被踢了，但他的口袋里却装满了钱。

勇敢地面对困难，笑对人生——史东就是这样的孩子。

史东在上中学的时候，就已经尝试去推销保险了。他来到一栋大楼前，当年贩卖报纸的时候出现的状况再次出现在他眼前，他一边发抖，一边安慰自己“如果你做了，没有损失，而可能有大的收获，那就下手去做。”另外就是“马上就做！”

他想如果自己被踢出来，他准备像当年卖报纸一样，再试着进去。结果是他没有被踢出来。他去每一间办公室做推销。他的脑海里一直想着：“马上就做！”每一次走出一间办公室，如果没有收获的话，他就会担心到下一个办公室依然会碰钉子。不过，他毫不迟疑地强迫自己马上进入下一个办公室。他找到一项秘诀，就是立刻冲入下一个办公室，不要给自己时间感到害怕而放弃。

那天，有两个人在他这里购买了保险。就推销数量来说，他是失败的，但在成长方面，他有了极大的收获。

第二天，他卖出了四份保险。第三天，6 份。他的事业正式起步了。

20 岁的时候，史东自己设立了保险经纪社，不过里面只有他一个人。开业的第一天，他就在繁华的大街上推销了 54 份保险。甚至于有一天，他居然卖出了 122 份保险。以一天

8 小时的工作时间来计算，他每四分钟就会成交一份。

1938 年底，克里蒙·史东成了一名资产过百万的富翁。

克里蒙·史东说成功的秘诀是由于一项叫作“肯定人生观”的东西。另外，他还说：如果你以坚定的、乐观的态度面对艰苦，你反而能从其中找到好处。

故事解析

人生在世匆匆几十载，没有谁的人生总是轻松悠闲；也没有谁的人生会是顺心如意的。人生就像长途远行，一路上既有鲜花相伴，更有荆棘拦路。鲜花沁人心脾，令人心旷神怡；披荆斩棘，历经苦难，依然笑对人生，把快乐当成一种习惯岂不更有意义？

用微笑面对生活，可以使自己在每一天都生活在快乐之中。生活需要我们用微笑对待自己，用微笑对待他人。要相信自己，相信明天，相信未来，当快乐成为一种习惯的时候，幸福还会离我们远吗？

故事穿越

桑兰是浙江宁波人，出生在1981年，93年进入国家体操队，97年成为全国跳马冠军。98年在第四届美国友好运动会上，在练习跳马时，因意外而造成颈椎骨折，胸部以下高位截瘫。

一瞬间，活泼健壮的桑兰成为了瘫痪患者，这样的事实让人无法接受。坚强的桑兰醒来的第一句话是：我什么时候才能练习？在场的人都为之动容。多方治疗依然没能改变桑兰的命运，但这并没有让她低头，面对新的人生境遇，她艰难却又坚毅地开辟了新的人生道路。作为曾经国家体操队的一名旗帜性人物，在遭遇重大人生变故后，桑兰始终以一种平和的心态来看待这件事，不幸只会让她更加成熟稳重。她说：在她最困难的时候，是大众给了她站起来的勇气。她每天都在练习生活动作，每一次刷牙洗脸的动作，都会让她大汗淋漓。

在公众面前的桑兰总是脸上挂着微笑，她凭借着顽强、乐观、坚强、勇敢的心态，用自己的事迹感染着整个世界。她是最富奥运精神的女性榜样。跳马冠军变瘫痪后，她没有沮丧，而是坦然地接受了事实，用自己的方式实现了奥运梦。艰苦的康复训练，没有阻止她求知的决心，2002年她进入北京大学新闻系攻读学士学位，北大见证了桑兰的身残志坚。

大学毕业后，桑兰继续从事和体育有关的报道工作，成为2008年的申奥形象大使之一，08奥运火炬手，以及北京奥运官方网特约记者。另外，桑兰还加盟了星空卫视，成为《桑兰2008》节目的主持人，而且在众多媒体上开设了她的体育评述专栏。

故事微语

在我们的生活中，总会遇到各种坎坷、逆境、苦难、挫折。对于把快乐当成习惯的人来说，苦难只是脚下的一块垫脚石，他会笑着踩着它继续前进；而对于弱者来说，苦难是一个万丈深渊，他会变得束手无策。

笑看人生是一种释然，是一种真谛，更是一种境界。如果没有挫折，我们就会是温室里的花朵，经不起风吹雨打。如果没有挫折，我们怎么会有坚强的毅力来走完这条人生的慢慢长路呢？而当我们学会了笑对人生，将快乐当成一种习惯的时候，还有什么可以击败我们呢？

心灵箴言

如果我今天能够醒来，就高高兴兴地做人。

——许哲

当生活像一首歌那样轻快流畅时，笑颜常开乃易事；而在一切事都不妙时仍能微笑的人，才活得有价值。

——[德] 威尔·科克斯

我们这些具有无限精神的人，就是为了痛苦与欢乐而生的。几乎可以这样说：最优秀的人物通过痛苦才能得到欢乐。

——[德] 贝多芬

心灵榜样微史话

伊索

伊索，公元前 6 世纪古希腊著名的寓言家，与克雷洛夫、拉·封丹和莱辛并称世界四大寓言家。他曾是萨摩斯岛雅德蒙家的奴隶，并被转卖多次，但因知识渊博，聪颖过人，最后获得自由。自由后，伊索开始环游世界，为人们讲述他的寓言故事，他后来被德尔菲人杀害。

公元前 5 世纪末，“伊索”这个名字已是古希腊人尽皆知的名字了，当时的古希腊寓言都归在他的名下。他创作的寓言深受古希腊人民的喜爱。伊索虽然生平多灾多难，但是他依然乐观并自尊地活着，并赢得了别人的尊重和爱戴。

勾践

越王勾践，约前 520—前 465，春秋末年越国国君，姓姒，氏越，名勾践，又名菼执，夏禹后裔，越王允常之子。前 496 年即位，曾败于吴，被迫投降，并随夫差至吴国，臣事吴王，后被放归返国，卧薪尝胆，重用范蠡、文种，使越之国力渐渐恢复起来。前 482 年，吴王夫差为参加黄池之会，尽率精锐而出，仅使太子和老弱守国。越王勾践遂乘虚而入，大败吴师，夫差仓卒与晋国定盟而返，连战不利，不得已而与越议和。前 473 年迫使夫差自尽，灭吴称霸，是春秋最后一位霸主。

勾践卧薪尝胆的故事一直被后人所传颂，故事讲得是他用卧薪尝胆来消除战败的痛苦，终于厚积而薄发，取得了战争的胜利。

张英

张英，1637—1708，字敦复，号东圃，安徽桐城人，清朝文华殿大学士、礼部尚书、工部右侍郎、乾隆九年为内阁学士。

张英的母亲因为房子地界的事情与邻居争吵，张英知道此事后写下：一纸书来只为墙，让三尺又何妨？万里长城今犹在，不见当年秦始皇。用来劝解母亲，他的意思很明确，就是让家人不要再为此事争吵，就算牺牲一点利益也无妨。因此反而赢得了邻居的尊重和赞扬，于是也主动让了三尺地界。

张廷玉

张廷玉（1672—1755）字衡臣、号研斋、安徽桐城人、清朝大臣、康熙朝大学士张英之子、历任保和殿大学士、吏部尚书、军机大臣、太保等。张廷玉历三朝元老，居官 50 年。为人谨小慎微、谨守“万言万当，不如一默”雍正赞扬地“器重纯全，抒诚供职”称其为大臣中第一宣力者。备受雍正、乾隆倚重。张廷玉参与编纂的书稿有《平定朔此方略》《御选咏物诗》《佩文韵府》《三朝实录》《玉牒全典》《治河方略》等。

几米

几米，本名廖福彬，台湾著名绘本作家，其笔名来自其英文名 Jimmy，中国文化大学美术系毕业。1999 年出版《向左走，向右走》，获选为 1999 年金石堂十大最具影响力的书，开创出成人绘本的新型式，兴起一股绘本创作风潮。他的作品风靡两岸三地，美、法、德、希腊、韩、日、泰国等国家皆有译本，部分作品还被改编成音乐剧、电影、电视剧。学界和媒体多次以“几米现象”为主题分析评论。2011 年 11 月 21 日，2011 第六届中国作家富豪榜子榜单“漫画作家富豪榜”重磅发布，几米以 2500 万元的 10 年间版税总收入，荣登漫画作家富豪榜第 2 位，引发广泛关注。

几米在没有成功之前，没有被自己沉甸甸的求生欲望拉进水底，而是尽量忘记眼前的困境，身心放松，顺其自然。最终获得了巨大的成功。

海伦·凯勒

海伦·凯勒，1880—1968，19 世纪美国女作家、教育家、慈善家、社会活动家。享年 88 岁。87 年生活在无声、无光的世界中。在19 个月时因患脑充血和胃充血而导致双目失明，双耳失聪。她完成了一系列著作，并致力于为残疾人造福，建立慈善机构，1964 年荣获“总统自由勋章”，次年被美国《时代周刊》评为 20 世纪美国十大英雄偶像之一。主要著作有《假如给我三天光明》《我的生活》等。

《假如给我三天光明》是美国当代著名作家海伦·凯勒的代表作。该书的前半部分主要写了海伦变成盲聋人后的生活，后半部分则介绍了海伦的求学生涯。同时也介绍她体会不同的丰富多彩的生活以及她的慈善活动等等。她以一个身残志坚的柔弱女子的视角，告诫身体健全的人们应珍惜生命，珍惜造物主赐予的一切。此外，本书中收录的《我的人生故事》是海伦·凯勒的自传性作品，被称为“世界文学史上无与伦比的杰作”。

萧伯纳

萧伯纳（1856.7.26—1950.11.2）爱尔兰剧作家，1925 年因为作品具有理想主义和人道主义而获诺贝尔文学奖，是英国现代杰出的现实主义戏剧作家，是世界著名的擅长幽默与讽刺的语言大师，同时他还是积极的社会活动家和费边社会主义的宣传者。他支持妇女的权利，呼吁选举制度的根本变革，倡导收入平等，主张废除私有财产。

他的代表作《社会主义的经济基础》和《向社会主义过渡》收入了《费边论丛》。此外，他还著有《一个不合群的的社会主义者》《费边主义宣言》《无政府主义的不可能性》《费边主义和帝国》《百万富翁的社会主义》等。

萧伯纳生性乐观，胸襟豁达，具有高度的幽默感与机智，被称为“英国文学史上最诙谐作家”。他的作品常以幽默的形式表现出机智与风趣；同时，也是他待人接物处世交际的方式。在家庭生活中，对妻子相敬如宾；对朋友体贴入微；对误解攻击的论敌，从不发火，能保持超脱和镇静的态度或以机智的语言、幽默的妙用去化解；对穷困不幸的人，能给予同情与爱心。

希拉里

希拉里·黛安·罗德姆·克林顿，美国第 67 任国务卿，前联邦参议员，美国著名律师、政治家，美国第42届总统比尔·克林顿的妻子，美国前第一夫人(1993—2001)。

比尔·克林顿卸任后，她参加了2008年美国总统选举，并曾在民主党总统候选人初选中大幅度领先，但最终败给了伊利诺伊州的联邦参议员贝拉克·奥巴马。奥巴马成功当选后，提名她出任国务卿，并最终成为美国历史上的第3位女性国务卿。她的政治立场偏向自由主义，在政界的影响力也不俗。舆论普遍认为她是美国历史上最有实权的第一夫人。

希拉里出版自己的自传小说时，遭到一位脱口秀主持人的挑衅，但最终希拉里还是用智慧的幽默化解了这场纷争。

马克·吐温

马克·吐温，美国著名作家和演说家，真实姓名是萨缪尔·兰亨·克莱门。“马克·吐温”是他的笔名。马克·吐温一生写了大量作品，题材涉及小说、剧本、散文、诗歌等各方面。从内容上说，他的作品批判了不合理现象或人性的丑恶之处，表达了这位当过排字工人和水手的作家强烈的正义感和对普通人民的关心；从风格上说，专家们和一般读者都认为，幽默和讽刺是他的写作特点。

马克·吐温12岁时，父亲去世，他只好停学，到工厂当小工。后来他又换了不少职业，曾做过密西西比河的领航员、矿工及新闻记者工作。渐渐地着手写一些有趣的小品，开始了自己的写作生涯。后来，马克·吐温发现经商特别赚钱，于是选择了经商，但是在马克·吐温发现自己不适合从商后，依然选择了放弃，扬长避短，继续演讲，才取得了之后一系列的成绩。

唐国强

唐国强，中国影视男演员，导演。现为中国国家话剧院一级演员。曾在《南海风云》、《走在战争前面》等影片中饰男主角。1979年，因在《小花》中饰赵永生，获文化部1979年优秀青年创作奖、“电视十佳演员”、“首届全国百佳电视工作者”，获得“金鹰”最佳男主角和“飞天”优秀男演员提名。

1985年入北京电影学院表演专修班学习。后在《今夜星光灿烂》

《路漫漫》《高山下的花环》等影片中扮演角色。1988 年，参加拍摄《到莫斯科去》《三国演义》《雍正王朝》《开国领袖毛泽东》。1998 年，出演《长征》，荣获第四届中国电影华表奖最佳男演员的称号。2003 年，获第二十二届电视剧飞天奖优秀男演员奖、金鹰奖等。

他曾说自己演不好很多角色，比如说鲁智深等。因为每个演员由于外型、气质等天生的原因，都有一定的局限性。虽然大家都在尝试突破自己，但不是任何角色都能够胜任，演员要懂得去扬长避短。

纳尔逊·曼德拉

1918 年 7 月 18 日，纳尔逊·罗利赫拉赫拉·曼德拉出生于南非特兰斯凯一个大酋长家庭，先后获南非大学文学士和威特沃特斯兰德大学律师资格。曼德拉自幼性格刚强，崇敬民族英雄。他是家中长子而被指定为酋长继承人。但他表示："决不愿以酋长身份统治一个受压迫的部族"，而要"以一个战士的名义投身于民族解放事业"。他毅然走上了追求民族解放的道路。1944 年他参加南非非洲人国民大会。1948 年当选为非国大青年联盟全国书记，1950 年任非国大青年联盟全国主席。1952 年先后任非国大执委、德兰士瓦省主席、全国副主席。同年年底，他成功地组织并领导了"蔑视不公正法令运动"，赢得了全体黑人的尊敬。为此，南非当局曾两次发出不准他参加公众集会的禁令。

后来，纳尔逊·曼德拉在 84 岁时举办了个人画展，所有的作品都是以监狱生活为主题。他用独特的、轻松明快的风格讲述自己的故事，并对人们说："我想用乐观的色彩来画下那个岛，这也是我想与全世界人民分享的。我想告诉大家，只要我们能接受生命中的挑战，连最奇异的梦想都可实现！"

车胤

车胤，字武子，晋代南平（今湖北省公安市）人，从小家里一贫如洗，但读书却非常用功。常无油点灯，夏夜就捕捉萤火虫，用以照明夜读，学识与日俱增。车胤囊萤照读的故事，在历史上被传为美谈，激励着后世一代又一代的读书人。

车胤历任中书侍郎、侍中、国子监博学、骠骑长史、太常、护军将军、丹阳尹、吏部尚书。为人公正、不畏强权，后被会稽王司马道子世子元显逼令自杀，死后追谥忠烈王。

心灵修养用语微解

忙碌：近义词：匆忙。反义词：悠闲、清闲。形容非常忙，忙得不可开交。造句：叔叔刚刚大学毕业，正在为工作的事情忙碌着。

释然：是当我们有疑虑、嫌隙等消失后心中平静的样子，愉快的样子显现的意蕴。不仅在我们日常言语中常出现，在古代文言诗句中出现的比例也较高，常被利用表达其感受。

等待：不行动，直到所期望的人或事出现。元·宫天挺《范张鸡黍》楔子：“哥哥，您兄弟在家杀鸡炊黍，等待哥哥相会。”明·刘基《送医士贾思诚还浙东》诗之二：“还山须种千株杏，等待仙华道士来。”

鼓励：指激发；勉励。也指振作精神。鼓励使人进步，打击使人落后。无论在东方还是在西方，人们都把由衷的夸奖和鼓励看作是人类心灵的甘泉。刘献廷《广阳杂记》卷五：“臣惟亲列行伍，鼓厉官兵，水陆督战。”

舒缓：1.缓慢。2.缓和。3.坡度小。反义词：急促、紧张。出处：晋·潘岳《笙赋》：“勃慷慨以憀亮，顾踌躇以舒缓。”明·吴承恩《寿熙台潘公八帙序》：“天且益厚之，使舒缓以观余庆，则大年遐福可契而取也。”

活力：1.旺盛的生命力。2.行动上、思想上或表达上的生动性。3.朝气蓬勃，刚劲有力。4.激动的情绪，生气周恩来《关于和平谈判问题的报告》：“一切新生事物之可贵，就因为在这新生的幼苗中，有无限的活力在成长。”

洒脱：道家哲学。形容非常潇洒、豪放，无拘无束，举止或行动自然，不受拘束。《老残游记续集遗稿》第六回：“我看逸云那人洒脱得很。”郭沫若《芍药及其他·银杏》：“那是多么的嶙峋而又洒脱呀，恐怕自有佛法以来也不曾产生过像你这样的高僧。”

快乐：欢乐，指感到高兴或满意，是人们心情的一种表达方式。近义词：高兴，兴奋，愉悦，欢喜，愉快，开心，喜悦，欢乐，欢快。反义词：伤心，痛苦，悲伤，生气，厌烦，难过，难受。汉·焦赣《易林·乾之履》：“富饶丰衍，快乐无已”。《敦煌变文集·妙法莲华经讲经文》：“王住宫中快乐多，更於终日奏笙歌”。

本色：1. 指本来面目。陈师道《后山诗话》：“退之以文为诗，子瞻以诗为词，……要非本色。”2. 古以青黄赤白黑五色为正色，亦称本色。3. 指本行。《新唐书·柳仲郢传》：“仲郢以为医有本色官，若委钱谷，名分不正。”4. 指以米麦缴纳的田税。《明史·食货志二》：“于是谓米麦为本色，而诸折纳税粮者谓之折色。”清代承用之。

简单：就是不复杂；头绪少。也指草率；不细致、平凡等。语出茅盾《宿莽·陀螺》四：“她的那间屋子多么精致，事务又简单。老了干不动时，我想谋这份差使。”巴金《探索集·春蚕》：“我的经验很简单，很平常，一句话：不说谎，把心交给读者。”峻青《海啸》第二章：“小于，你真是好样的，一口气能在水里憋那么长的时间，真不简单。”

幽默：它是外来词，由英文音译而来的。而英文中的这个词，则来源于拉丁文的，本义是“体液”。古希腊有一位名叫希波克拉底的医生认为，人的体液有血液，粘液，黄胆汁，黑胆汁等等，其组成的比例不同，而幽默一词的广泛运用，则要归功于英国人文主义戏剧家琼生了。他创作的《个性互异》和《人各有癖》两部作品，均以幽默见称。他的讽刺喜剧代表作《伏尔蓬涅》里，其人物性格便是按照“气质”划定的。

扬长避短：发扬长处，回避短处。出处：秦牧《漫记端木蕻良》：“选择这样一个题材来写作，既扬长避短，也施展了抱负。”

迎难而上：迎：面对；难：困难；而：就，所以；上：克服。就算遇到困难也不退缩，迎着困难去克服它。形容不怕困难，不怕挫折，勇敢地挑战。

有的放矢：成语出处：宋·叶适《水心别集·十五·终论》：“论立于此，若射之有的也，或百步之外，或五十步之外，的必先立，然后挟弓注矢以从之。”

童心未泯：特指那些有着小孩特质心态、心境、个性、趣味的一类人，他们与生俱来的童心情结，始终保持着对钢铁森林的抗拒感；就算是外表不可避免的变得成熟，也要在内心保留小孩儿的一角。